〈第３版〉　21世紀の

現代社会福祉用語辞典

DICTIONARY OF SOCIAL WELFARE

九州社会福祉研究会【編】

田畑洋一　門田光司　鬼﨑信好
倉田康路　片岡靖子　本郷秀和
【編集代表】

学 文 社

九州社会福祉研究会編

編集代表

田畑 洋一　門田 光司　鬼﨑 信好
倉田 康路　片岡 靖子　本郷 秀和

編集委員

岩井 浩英　江口 賀子　大山 朝子　片岡 靖子　門田 光司
河谷 はるみ　鬼﨑 信好　倉田 康路　滝口 真　田畑 洋一
茶屋道 拓哉　本郷 秀和　村山 浩一郎

執筆者

秋竹 純	奥村 賢一	坂本 雅俊	永松 美菜子	益田 仁
穴井 あけみ	鬼塚 香	佐藤 直明	中村 幸子	益満 孝一
安部 計彦	笠 修彰	佐藤 眞子	中村 秀一	松岡 佐智
天羽 浩一	笠野 恵子	佐野 正彦	中村 秀郷	松久保 和俊
荒木 剛	笠野 華代	島﨑 剛	中山 慎吾	松元 泰英
有村 玲香	梶原 浩介	下田 学	夏秋 圭助	松山 郁夫
飯干 真冬花	片岡 靖子	新田 博之	鍋田 耕作	溝内 義剛
生野 繁子	勝 智樹	園田 和江	西島 衛治	蓑毛 良助
池本 賢一	加藤 稔子	平 直子	西田 美香	宮﨑 聡
石踊 紳一郎	門田 光司	髙田 裕子	西原 尚之	宮地 あゆみ
泉 賢祐	川池 智子	滝口 真	西山 雅子	宮本 隆文
稲富 和弘	川﨑 愛子	田島 望	納戸 美佐子	村岡 則子
井上 明信	川﨑 竜太	田中 顕悟	野中 弘美	村尾 直也
井上 明彦	川﨑 泰代	田中 茂實	萩沢 友一	村尾 睦美
井上 俊孝	河谷 はるみ	田中 将太	橋本 みきえ	村山 浩一郎
猪谷 生美	河村 裕次	田中 弘子	畑 香理	森木 朋佳
今給黎 陽	鬼﨑 信好	田中 安平	花田 美那子	森 実紀
今村 浩司	北川 慶子	谷村 紀彰	林 眞帆	矢ヶ部 陽一
今村 英幸	木場 千春	種橋 征子	林田 貴久	安田 征司
岩井 浩英	木山 淳一	田畑 洋一	原口 恵	梁井 雄太
岩崎 房子	久保 英樹	田畑 寿史	原田 啓介	矢部 航
岩田 直子	隈 直子	田原 美香	原田 直樹	山下 利恵子
岩永 耕	隈﨑 伸弥	玉木 千賀子	久永 佳弘	山添 佐依子
浦 秀美	倉田 康路	玉利 勇治	日田 剛	山田 美保
占部 尊士	倉光 晃子	単 宗華	平川 泰士	山本 佳代子
江口 賀子	久留須 直也	茶屋道 拓哉	福﨑 千鶴	吉岡 久美
大川 絹代	黒木 真吾	冨安 恵子	福永 康孝	吉武 順一
大西 良	黒田 清香	中馬 充子	福永 良逸	吉留 久晴
大野 さおり	孔 英珠	寺島 正博	藤島 法仁	吉留 康洋
大林 和子	高口 恵美	土井 幸治	藤戸 美保子	吉村 健
大山 朝子	河野 高志	富樫 八郎	二又 一人	四元 真弓
岡田 洋一	古賀 政文	戸丸 純一	古野 みはる	（五十音順）
岡部 由紀夫	小窪 輝吉	中井 康貴	本郷 秀和	
岡村 ゆかり	齊藤 優	中川 美幸	前田 佳宏	
小桐 修	坂上 竜三	中條 大輔	前原 寛	

はしがき

日本社会福祉学会における九州地区ブロックの会員数は，年々増加傾向にあります．それにともない，九州地区ブロックで年１回開催している研究大会の研究発表数や研究誌『九州社会福祉学』の論文投稿数も増えてきています．このことは，九州における若手研究者が着実に育ってきている証といえます．そして，この若手研究者たちに将来，日本や海外を代表する社会福祉研究者として活躍していってもらうためには，九州内の社会福祉研究者が一丸となって社会福祉研究を牽引していく土壌を築いていくことが必要です．そうした観点から，2010年５月当時，九州在住の研究者・実践家・院生等を会員とする九州社会福祉研究会を組織することになり，その取組みの始まりが，今回の社会福祉用語辞典の刊行です．

社会福祉の学習や実践に必要な用語を数多く網羅し，しかも新しい用語を加え，分かり易い解説がなされているのが本書の特長です．また，単なる用語解説ではなく，読者の社会福祉における学習を深めていただきたいという編集委員の願いから，社会福祉における重要な用語には多くの字数を割いています．

このような趣旨で本書が発刊されていますので，社会福祉を学ぶ大学生や社会人，社会福祉士及び精神保健福祉士の国家試験に臨む受験生，社会福祉現場の職員や研究者など，多様な方々に活用していただけるものと考えています．

本書は３年の歳月をかけ，九州社会福祉研究会の180名余の会員によって執筆されたもので，編集には５名の研究者が中心となってあたりました．本書が読者の皆様方にとって社会福祉の学びを深め，研究の進展に貢献できることを執筆者一同願っております．

2013年３月

編集代表

田畑洋一・門田光司・高木邦明・鬼﨑信好・片岡靖子

第３版はしがき

本書は初版が2013年，第２版が2019年に出版されたが，それ以降の社会情勢の変化や法制度の改廃などに伴い，社会福祉の辞典用語の見直しが必要になってきました。今回は，第２版の頁数を大きく増やすことなく，すでに使用されなくなっている用語や重複用語は除外し，逆に新たに生まれた用語や既刊から漏れていた重要度の高い用語を加え，結果的に新規用語の50項目を第２版に組み入れ，第３版として発行することにしました。

第３版も，これまでと同様，広く社会福祉の領域から用語を抽出し，平易な記述をするよう心がけるとともに，必要に応じて語順を改めました。執筆者も，若手研究者の育成という日本社会福祉学会九州地域ブロックのコンセプトを基に，大学院で指導を受けた院生や修了者をはじめ，新たに仲間になられた先生方に加わっていただきました。

世は今，新型コロナウイルス感染症（COVID-19）により，人々は自粛生活を余儀なくされ，これまでの日常が激変してしまい，先の見通しも立たなくなっている状況にあります。こういう時期だからこそ，自らの生活をポジティブに捉え，読書や学問研究に勤しみ，社会福祉の学びを深めていただきたい。このことをわたくしども執筆者一同は願うばかりです。

2022年１月４日

編者一同

凡　例

特　長

- 掲載項目数　2222。
- 社会福祉に関連するすべての用語を抽出。
- 各種法令に準拠した用語をやさしく，わかりやすく説明。
- 社会福祉士，介護福祉士，保育士，精神保健福祉士，介護支援専門員などの業務に携わる人に必携な用語を抽出。

見出し

- 現代かなづかいにより，五十音順に配列。
- 人名項目（　）内数字は，生年，没年を示す。
- 欧文表記については，慣用的な読みに従い，それ以外はカタカナ表記とし，五十音順にした。
- 類似項目もしくは参照項目については，→で示した。

本　文

- 文末の矢印は，関連項目および参照項目を示し，五十音順に配列。
- 文中の著作名のあとの（　）内の数字は，発行年を示す。

あ

♧ IASSW

国際ソーシャルワーク学校連盟（International Association of Schools of Social Work）のこと。1928年にパリで開かれたソーシャルワーク国際会議で始まった。IASSW は，質の高い教育と国際連携の推進，国際機関におけるソーシャルワーク教育を提示することを目的としている。また，公正で排除のない世界の達成に尽力し，人間の尊厳を，ソーシャルの教育プログラム，教育戦略と方針，および研究に反映した，ソーシャルワークの価値および人権として支持する旨の「人間の尊厳に関する声明」を発表している。 ［池本賢一］

♧ ISO

正式名称は，国際標準化機構（International Organization for Standardization）という。非政府組織（NGO）である。1947年に発足して，本部はジュネーブに置かれている。日本は，1952（昭和27）年に日本工業標準調査会が加入した。国家間の製品やサービスの交換を助けるために，標準化活動の発展を促進することを目的とし，電気及び電子技術分野を除く全産業分野に関する国際規格の作成を行っている。 ［河谷はるみ］

♧ IMR（Illness Management and Recovery）プログラム

精神疾患を患う人を対象としたリカバリーを志向する心理社会的介入プログラムである。参加者が，リカバリーの目標を設定し，症状の管理やリカバリーに役立つ情報・技術を，心理教育，社会生活技能訓練等を統合したパッケージ化されたプログラムを通して学び，身につけることで，病気とうまく付き合い，本人が望む自分らしい生活を送られるように支援することを目的とする。９つのテーマがあり，精神疾患，薬物療法，社会資源等について専用の資料を用いて理解を深め，体験の振り返りや意見交換をするとともに，ロールプレイ，症状・ストレスへの対処や再発防止の方法について具体的に計画を立てること等を行う。週１～２回，５～10か月にわたり，グループまたは個人を対象に実施される。1998年にアメリカで「科学的根拠に基づいた実践プロジェクト」として始められ，日本でも，医療機関，障害福祉サービス事業所等で，実践が少しずつ広まってきている。 ［平　直子］

♧ ILO（International Labour Organization；国際労働機関）

雇用・労働条件の改善を目的とした国連の専門機関。本部はスイスのジュネーブで，1919年に設立された。ILO は，ディーセント・ワークの実現に向けて，仕事の創出，社会的保護の拡充，社会対話の促進，労働者の権利の保障という４つの戦略目標，そして，これらを貫くジェンダー平等という共通目標を掲げ，この目標を達成するために各国へ指導・勧告などを行っている。組織は，国連機関の中で唯一，政府，使用者，労働者の代表からなる三者構成の原則を採り，これにより加盟国の政府と労使が構成する社会的パートナーが自由かつオープンに話し合い，労働基準や政策を立案できる独特の合意形成の場となっている。2018年現在187か国が加盟（日本は1951年５月に加盟）している。 ［田中弘子］

♧ IL（自立生活）プログラム（Independent Living program）

アメリカで発展した IL（自立生活）

運動の中で培われたプログラム。施設や在宅の閉鎖的な場所で暮らしてきた障害者が社会で自立生活をしていく時に先輩の障害者から生活技能を学ぶためにつくられたプログラムであり，自己選択によって自分らしい生活を実現するための生活の知恵や方法を伝えあい，分かち合う場でもある。日本においても1970年代以降の障害者運動はすでにそうした要素をもっていて，個別相談をしたり街に出ることを促したりしてきた。また，生活を試験的に体験する場所を提供して自立生活への移行を援助してきており，これらの実践がアメリカのプログラムと相まって発展した。IL プログラムの具体的内容は，介助者との接し方，対人関係，金銭管理，健康管理，住宅，トラブルの処理方法，社会資源の使い方，外出や移動のしかた，性について等々である。プログラムは個人プログラムとグループプログラムの２種類で，短期プログラムと長期プログラムがある。

［岩田直子］

♧ IQ（Intelligence Quotient；**知能指数**）

知能の発達水準を示す指標の一つで，ビネー（Binet, A.）が知能検査を開発したことによって数値化してとらえることができるようになった。精神年齢（標準化されている尺度に対応させ，被験者の発達水準が何歳何か月にあるかをみるもの）（MA）と，生活年齢（CA）を用いて算出する。算出方法は，IQ＝精神年齢（MA）÷生活年齢（CA）×100となる。IQ は100に近いほど出現率（人数）が多い。50～70は軽度知的障害，35～50は中度知的障害，20～35は重度知的障害とされるが，40未満を測れない検査も多い。

［大西　良］

♧ ICIDH（International Classification of Impairments, Disabilities and Handicaps；**国際障害分類**）

1980年に WHO（世界保健機関）が，慢性疾患や外傷後後遺症が増加したことに対処するために，国際疾病分類の補助分類として発表した障害に関する分類法。障害を「心身レベルの障害」，「能力レベルの障害」，「社会的レベルの障害」という３つの階層レベルを一方向の構造として分類したことは障害のとらえ方に新たな視点をもたせた。しかし，この障害モデルでは環境的な因子が考慮されず「障害が直接的に社会的不利につながる」という認識がなされるという問題があった。また，精神障害などにはうまく適用できないことも指摘された。WHO はそれらを受けて改定作業を重ね，2001年に ICIDH の改定版として ICF（国際生活機能分類）を採択するに至った。

［大林和子］

♧ ICN（International Council of Nurses；**国際看護師協会**）

各国の看護師協会（National Nurses' Association / NNAs）から成る組織で，130以上の国の看護師を代表する，国際的な保健医療専門職団体である。ICN は，看護師のために看護師によって運営されており，看護師および健康の向上を推進し，質の高い看護，堅実な世界的保健政策および看護の知識の発展をめざす。活動領域は「専門看護実践」「看護規制」「社会経済福祉」にわたり，さまざまな活動を行っている。

［笠野華代］

♧ ICF（International Classification of Functioning, Disability and Health；**国際生活機能分類**）

WHO（国際保健機関）が2001年５月ジュネーブで開いた第54回総会において

採択した人間の生活機能と障害の分類である。ICF は ICIDH（国際障害分類）を大幅に見直したもので，その特徴として以下があげられる。心身機能・構造，活動，参加のどのレベルにおいても「生活機能（functioning）」が制限されている状況を「障害」としてとらえていること。「環境因子」が新しく位置づけられ，人間と環境との相互モデルとなっていること。「個人因子」も要素に入れられているが現在の ICF では分類されていない。各次元・要素が相互に影響しあうことを双方向の矢印で示している。ICF は障害のみの分類ではなく，「人が生きること」を生命・生活・人生という各レベルに対応させてとらえる認識手段を提供し，広い視点から「生活機能」と「障害」を理解することをめざしている。
［大林和子］

♧ICD（International Statistical Classification of Diseases and Related Health Problems；国際疾病分類(こくさいしっぺいぶんるい)）

WHO（世界保健機関）が定めた国際疾病分類であり，疾病及び国連保健問題の国際統計分類。異なる国や地域から，異なる時点で集計された疾病・傷害や死亡のデータの体系的な記録，分析，解釈及び比較を行うため分類されたものであり，各国に行政上の目的の諸統計に使用することを勧告している。わが国で使用されている疾病，傷病及び死因統計分類表は，これを採用している。［福永良逸］

♧愛着(あいちゃく)

人間と情緒的に結びつきたいという要求に基づいてなされる行動ないしはその状態を愛着と呼ぶ。愛着理論を提唱したボウルビィ（Bowlby, J.）は「愛着は特定の対象との情緒的な結びつきを指し，乳幼児が母親との情緒的な相互作用を通して，母親と確固たる絆である愛着が形成される」としている。また，愛着の状態は愛着要求の向けられる対象，表現される行動の様式，要求の行動によって知ることができる。エインズワース（Ainsworth, M.D.S.）らによる乳児を対象とした研究では，乳児の最初の特定の愛着の対象（７～８割は母親）は生後６か月前後で出現し始め12か月頃までには明らかにみられること，愛着の質のタイプなどが報告されている。
［藤島法仁］

♧愛着障害(あいちゃくしょうがい)

愛着は，生まれて２年目までに主に親子間で形成される。しかし，通常の愛着が２～３年以内に形成されない場合には，愛着は遅れて形成される。愛着障害の主な症状は，スキンシップや触れられたりすることを嫌う，反抗的挑戦的になったり口論をする，愛情を素直に表現できない，悪いことをした後に反省したり後悔したりするそぶりを見せないなどである。さらに症状が進むと，内気で感情を押さえ，人との関わりを避けたりする「抑制型愛着障害」，誰でも区別無く安らぎと注目を求め，年齢よりもかなり幼く振舞ったりする「脱抑制型愛着障害」が指摘されている。［門田光司］

♧アイデンティティ（identity）

エリクソン（Erikson, E.　H.）は，人間の一生の心理的発達を８段階に区分し，各発達段階の心理的課題が達成されていくことで，心理的発達が推進されていくとした。アイデンティティという概念は「同一性」と訳されているが，青年期の発達段階で現れるものである。青年期は，自己意識が高まり，自分とはどのような人間なのか，これから自分は何をしていきたいのかを意識していく。しかし，自分が抱く理想と現実のギャップに自信を喪失したり，友人と比べて卑下し悩んだりする。この青年期の心理的課題において，自分自身の価値観や方向性を定めていくことがアイデンティティであり，定めきれず混乱している場合を「同一性（アイデンティティ）の拡散」という。　［門田光司］

♧愛の手帳

知的障害児者に交付される療育手帳のこと。この手帳をもつことで各種の援助措置（特別児童扶養手当，税の減免，公営住宅の優先入居，NHK 受信料の免除，JR 等の旅客運賃の割引など）を受けやすくすることを目的とした制度である。地方自治体によって手帳の名称が異なったり，障害程度区分に違いがある。東京都や横浜市は「愛の手帳」，青森県は「愛護手帳」などと呼ばれている。
［福永良逸］

♧アウトカム評価

事業の結果を通じて生じる意識や行動の変化や地域社会の変化など，事業の成果や効果に対する評価とされる。アウトプットが事業の実施によって直接的に生じる結果のことを指すのに対し，アウトカムは，アウトプットを通じて生じる変化のことであり，本質的な成果を指す。アウトカムには事業の実施や終了後，短期間で成果が得られるものと，成果が得られるまでに長時間かかるものもある。社会福祉の領域では，主に福祉サービスの目的・目標の達成度に対する結果を評価する際に用いられる。　［久留須直也］

♧アウトリーチ

支援者が積極的に出向いていく援助のこと。生活上の問題・困難を有しているにもかかわらず支援を拒否するなどの人に対して，積極的に働きかけることを指す。福祉サービス利用などに際し，申請主義をとるわが国においては，自発的に申し出をしない人に対し，積極的に働きかけて支援の実現をめざすことは重要である。近年，コミュニティソーシャルワークの考えが広がり，潜在化したニーズをキャッチするための手法として重要視されている。　［池本賢一］

♧青い鳥症候群

診断名として確立した用語ではない。精神科医の清水將之が，1983年の著書『青い鳥症候群 偏差値エリートの末路』の中で提唱した概念である。「今よりもっといい人が現れる」「今よりもっといい仕事が見つかる」など現実を直視せず根拠の無い「青い鳥」を探し続ける人たちを指す通俗的な呼称である。メーテルリンクの童話『青い鳥』にちなんで命名された。　［井上俊孝］

♧アカシジア（akathisia）

抗精神病薬および抗うつ薬や一部の胃腸薬や制吐剤などその他の薬剤によって起こることのある副作用のこと。症状は次のようなものがある。「体や足がソワソワしたりイライラしてじっと座っていたり，横になっていたりできず，動きたくなる」「じっとしておれず，歩きたくなる」「体や足を動かしたくなる」「足がむずむずする」「じっと立ってもおれず，足踏みしたくなる」などである。徘徊も同時に見られれば，タシキネジア（tasikinesia）と呼ばれる。　［井上俊孝］

♧明るい長寿社会づくり推進機構

1990（平成２）年度より実施されている高齢者保健福祉推進10か年戦略（ゴールドプラン）によって設置された組織で，高齢者の生きがいと健康づくりを全国47都道府県で推進していくものである。今後高齢化が一層進む中で，高齢者の社会参加と生きがいのある人生設計が重要となる。そこで，この事業では，老人クラブ等との連携の下で高齢者の社会活動についての啓発普及，生きがい健康づくり推進協力員（コーディネーター）

や高齢指導者（シニアリーダー）の養成・研修，各関係組織間の連携の推進等の活動が実施されている。 ［門田光司］

♧亜急性連合性脊髄変性症（あきゅうせいれんごうせいせきずいへんせいしょう）

ビタミン B_{12}欠乏（悪性貧血，胃全摘出後，菜食主義，薬剤等）で起こる脊髄疾患で，脊髄にある神経線維が変性し，感覚異常などの症状を引き起こす。発症は1万人に1人程度で，好発年齢は40～60歳代である。なお，亜急性とは，急性と慢性の中間（概ね1～3か月程度）を指し，連合性とは，脊髄の側索＋後索（脳から末梢へと続く脊髄の運動神経の通り道）のことを指す。症状は，手足の感覚障害（手足のしびれ，チクチクする痛み，焼けるような痛み）や全身の脱力感から始まる。進行はゆっくりと経過するが，悪化すると四肢の位置感覚を失い動作がぎこちなくなり，歩行が難しくなるなどの症状がみられるようになる。また，脳，視神経，末梢神経にも損傷が及ぶこともあり，眠気を伴ったり，無感動や錯乱などの精神障害や視力低下などの症状が現れる場合もある。治療は，ビタミン B_{12}を注射によって補給する薬物療法が効果的とされている。発症から数週間以内の早い段階で発見され治療を行うことで多くの人が完全に回復することができるが，治療が遅れると損傷を受けた機能の回復は見込めないとされている。 ［岩崎房子］

♧アクションプラン
(action plan)

行政等の実施する政策実現のための計画で，具体的な行動綱領や行動計画を指す。施策に関する基本的な計画を作成し，目標達成までのプロセスを明確にしたもの。一般に，2～3年程度に設定した中期プランと，数か月程度の短期プランの2種類がある。中期プランは施策の優先順位をもとに，どのような手順で行動するのかという道筋を設定したものであり，短期プランは，数か月程度の具体的な行動を明示したものである。社会福祉の領域では，さまざまな福祉施策に関する基本計画や実施計画がこれにあたり，地域福祉計画，地域福祉活動計画，介護保険事業計画などがある。

［久留須直也］

♧アクションリサーチ
(action research)

実際の社会的な問題を解決するための調査手法の一つである。研究者等が問題解決に向けて直接現場に出向き，そこで取り組んで得られた知見をもとに，社会に有益な変化をもたらすことを目的として行われる。この方法は，「実践を通しての研究」に位置づけられる。アクションリサーチに取り組む当事者は，問題の解決を促進する。社会的な問題の解決をめざし，実践活動を中心にその効果を客観的に分析・評価し，実践活動の改善を図る。 ［梶原浩介］

♧アクセシビリティ
(accessibility)

アクセス（接触・接続）のしやすさのこと。直訳として，接近容易性・近づきやすいこと・わかりやすいこと，情報やサービスがどのくらい利用しやすいかを示すもので，障害や高齢のために不自由となっていることも含め，誰もがさまざまな場面で支障なく利用できるかどうか，あるいはその度合いをいう。より多くの人びとが利用できる環境を，「アクセシビリティが高い」と表現する。

［髙田裕子］

♧ACT（Assertive Community Treatment；包括型地域生活支援プログラム（ほうかつがたちいきせいかつしえん））

アメリカの脱施設化政策等を背景にウィスコンシン州マディソン市で日常生

活の維持が困難な重度精神障害者の地域ケアのためのプログラムとして開発された。日本語では「包括型地域生活支援プログラム」等と訳される。集中的・包括的ケアマネジメントのモデルの一つで，多職種から構成される専門のチームによる24時間365日体制の支援を原則としている。質の高いサービスを確保するために，利用者数とスタッフの比率の上限を10：1に設定し，積極的なアウトリーチの手法によりチームが責任をもって必要なサービスを直接提供する。原則として期間を限定しない継続的な関わりを保証している。［稲富和弘］

♧ACT-J

アメリカ，カナダ，オーストラリア，イギリスなど，海外の精神科領域で有効性が認識され実践されているACT（包括型地域生活支援プログラム）の日本版。厚生労働科学研究費の助成を受け，2002（平成14）年，研究プロジェクトを立ち上げ，2003（平成15）年，千葉県市川市国立精神・神経センター国府台病院にACT臨床チーム（ACT-J）を組織し，日本で初めての臨床活動が開始された。2008（平成20）年，研究事業の終了に伴いNPO法人リカバリーサポートセンターACTIPSに運営が引き継がれ実践活動を継続している。国内での普及，制度化をめざす組織として，2009（平成21）年，ACT全国ネットワークが設立され，ACT-Jをモデルとした実践が徐々に広がりつつある。［稲富和弘］

♧浅賀（あさが）ふさ（1894-1986）

わが国における初めての医療ソーシャルワーカーであり，その草分け的存在である。1894（明治27）年愛知県に生まれる。1924（大正13）年にアメリカのシモンズ女子大の社会事業学校で医療ソーシャルワークについて専門的に学ぶ。その後，1929（昭和4）年に聖路加国際病院に勤務し，結核相談所を開設した。社会的問題を抱えた患者に予診を行い，問題発見をし，医師に情報提供するとともに，療養についての相談援助等を行い，医療ソーシャルワークを確立した。［河村裕次］

♧アサーティブ（assertive）

個性や価値観の異なる集団における円滑なコミュニケーションを構築するための手法とされる。1950年代のアメリカで心理療法のひとつとして取り入れられ，人権擁護の思想や運動を土台として発展した。近年，日本においても，他職種連携が重要視されている医療・福祉の現場において重要視されている。アサーティブの４つの柱として，①誠実，②率直，③対等，④自己責任があり，他者と交流する際に，どのような姿勢で向き合うかを示している。［久留須直也］

♧アサーティブネス（Assertiveness）

自己と他者を相互に尊重した自己表現法。アサーションともいわれ，相手の権利を侵害することなく，自分の気持ちや考えなどを率直かつ対等に相手に伝え，平等な関係を築けるようになることに重点を置いた自己表現の考え方・方法である。こうした自己表現法を習得するためのトレーニングは，アメリカにおいて1960年代以降，人種差別撤廃運動などが展開する過程で注目されるに至った。わが国でも1980年代から，医療や看護，福祉関係の職業に従事する者などを対象としてトレーニングが実施されている。［吉留久晴］

♧朝日訴訟（あさひそしょう）

憲法第25条に規定する「健康で文化的な最低限度の生活を営む権利」，いわゆる生存権を焦点として，1957（昭和32）年に行われた訴訟であり，原告の朝日茂

（あさひしげる，1913-1964）の姓をとって朝日訴訟と呼ばれる。結核のため国立岡山療養所に入院中であった朝日茂は，生活保護の生活扶助としての日用品費月額600円では生存権が保障できないとして，厚生大臣を被告に提訴した。第1審では原告が勝訴したが，第2審では「すこぶる低額」ではあるが違法とまではいえないとして1審判決を取り消した。その後，最高裁に上告したが，朝日氏が死亡したため結審となった。この訴訟は，国民の基本的人権への意識を高め，生活保護費の改善や社会保障制度の発展に大きな影響を与えた。［夏秋圭助］

♧アセスメント

事前評価といわれ，ソーシャルワーク過程（エンゲージメント－アセスメント－プランニング－インターベンション－モニタリング－評価・終結）の一局面である。アセスメントは，プランニングやインターベンションの基礎資料となる。基礎アセスメントでは，クライエント理解のための個人の属性や身体的・心理的・社会的状況，社会資源の活用状況などの情報収集が行われる。生活課題（問題）のアセスメントでは，円環的因果関係（交互作用）で生活課題（問題）を理解することが求められる。対処能力のアセスメントでは，クライエントの生活課題（問題）に対する現実認識能力や対人関係能力，自尊感情などの情報収集と分析が行われる。このアセスメントにおいては，クライエントの「問題」の強調ではなく，クライエントのもつ「能力」や「強さ」に焦点をあてることが必要となる。［富樫八郎］

♧アソシエーション
(association)

マッキーバー（MacIver，R.M；1882-1970）によって定義された社会集団の概念で，特定された関心を追求し，一定の目的を達成するために作られた集団や組織をいう。コミュニティが，地域性を結合要素として形成された社会集団を意味するのに対し，アソシエーションは，それを基盤とした上に機能別・問題別に形成された人為的・計画的に形成された社会集団である。学校，会社，組合，自警団などがそれにあたる。しかし，近年，社会および個人の役割の変化により生じた地域の変化により，この社会集団は変容しつつある。［久留須直也］

♧アタッチメント理論（りろん）

アタッチメント理論（愛着理論）は，ボウルビィ（Bowlby，J.）が提唱した理論である。ボウルビィは，愛着は特定の対象との情緒的な結びつきを指し，乳幼児には母親との情緒的な相互作用を通して，母親との確固たる絆である愛着が形成されると説明している。愛着行動には，発信行動（泣き，笑い），定位行動（接近，後追い），能動的身体行動（よじのぼり，抱きつき）がある。母親との情緒的な相互作用を通して，乳幼児との愛着が形成されていると成長後の対人関係でも他者に対して信頼感をもち，友達を作ったり，他者の行為を好意的に受け止めることができる。一方で，十分に愛着が形成されないと相手を避けたり，行動が一貫しなかったり，意図を取り違えたりすると考えられている（マターナル・デプリベーション：母性剥奪），人の愛着形成では，生後3か月から6か月までが母親と子どもの信頼関係を築く上で大切な時期とされる。［梶原浩介］

♧アダムズ，J.
(Addams，Jane；1860-1935)

アメリカ，イリノイ州シダーヴィルに生まれる。シカゴを中心にアメリカのセツルメント運動の先駆者として活動した女性社会福祉事業家。1889年，エレン・スターとともにシカゴにハル・ハウスを開設し，移民や貧困者のためのセツルメント事業を開始した。ハル・ハウスにおけるセツルメント事業は，後のアメリカのセツルメント運動の実践だけでなく，ソーシャルワークの形成にも大きな影響を与えた。また，世界の平和と貧困救済，女性の地位向上にも尽力し，1931年ノーベル平和賞を受賞。　[北川慶子]

♧新しい社会的養育ビジョン

2016年の児童福祉法の改正では，①子どもが権利主体であること，②実親による子どもの養育が困難である場合に，里親や特別養子縁組による家庭的養育が優先されること等の理念が規定された。これを受けて厚生労働大臣の私的諮問機関「新たな社会的養育の在り方に関する検討会」において取りまとめられたビジョンのこと。このビジョンの要点は，(1)市区町村の子ども家庭支援体制の構築，(2)児童相談所・一時保護改革，(3)里親への包括的支援体制（フォスタリング機関）の抜本的強化と里親制度改革，(4)永続的解決（パーマネンシー保障）としての特別養子縁組の推進，(5)乳幼児の家庭養育原則の徹底と，年限を明確にした取組目標，(6)子どもニーズに応じた養育の提供と施設の抜本的改革，(7)自立支援，(8)担う人材の専門性の向上などである。　[川﨑愛子]

♧新しいニーズ

ニーズにはさまざまな解釈があり，サービス利用者の希望を重視してニーズを定義する立場，専門職の判断を絶対視する立場等がある。中立的立場でのニーズの定義は，①本人や家族等が援助してほしいと望んでいること，②本人や家族等が生活上で困っていること，③専門職の目で援助が必要と思われることをいう。ニーズに沿って支援するという考え方は当たり前のように使っているが，非常に解りにくいというのがニーズとなるものの実態である。最近の高齢者や障がい者サービスでは，専門職の判断によるものがニーズと考えるよりも，本人や家族が望むものが，ニーズであると考える傾向がある。　[宮本隆文]

♧アダルトチルドレン

(Adult Children：AC)

語源は Adult Children of Alcoholics の略でありAとCの頭文字を取って AC ともいう。アメリカのソーシャルワーカーなどアルコール依存症者に関わる援助者たちが使い始めた言葉でいわゆる学術用語ではない。その意味はアルコール依存症の家庭の中で生き辛さを持った成人として育った人のことをいう。現在では，広く機能不全家族の中で養育され，生きづらさを抱えた人びとのことを指すようになった。アルコール依存症者の居る家族は暴力（身体的暴力だけでなく情緒的暴力など）に満ちており子どもは発達段階における適切な養育環境を得ることができなかった。そのため，大人になっても自己評価が低く自己受容ができないなどの生き辛さをもつことになる。AC は自分の生き辛さを機能不全家族の中で刷り込まれたものとして解釈しこの刷り込みから回復していくことが可能である。回復のためには自助組織が有効である。　[岡田洋一]

♧アッシュ，S.E.

(Asch, Solomon Eliot；1907-1996)

ゲシュタルト心理学者で，社会心理学の開拓者でもある。比較する判断課題を用いて同調行動に関する実験を行った人物である。アッシュは，人は集団から強要されると間違った発言であっても，それを正しいとみなすようになるということを繰り返し実験で実証したことで知られる。そして，自己判断の確実性についての根拠が薄く，確信がもてずに曖昧な判断をしていると，同調行動が“大きくなる”ということを明らかにした。

［大西　良］

♧アディクション（嗜癖）

ある特定の行動や行為，人間関係などに対して適切な自己調整機能を欠き，執着することを指す言葉として使われている。「嗜癖」と訳され，1957年のWHO定義では，「著明な身体依存」「薬物摂取の抑え難い欲望」「大きな社会的害」の３つの基準をあげている。しかし，身体依存が生じない依存性薬物の存在や，慢性疼痛治療における麻薬性鎮痛薬の使用では精神依存が生じるとは限らないこと，「社会的害」は文化や時代によって基準が異なることから，診断の困難を招いた。そのため，1973年にWHOは「嗜癖（addiction）」の代わりに「依存（dependence）」という用語を示した。その定義の違いは，身体依存を必要とせず中枢神経系作用物質が原因であること，社会的害に関する記述が削除された点である。近年では，中枢神経系作用物質が原因の依存に加え，薬理作用とは関連のないギャンブルや買い物，インターネット依存，摂食障害等の行動や行為，人間関係に対する非合理な耽溺を含めて表す言葉として「嗜癖（addiction）」が使われている。

［西田美香］

♧アドバンスケアプランニング（ACP）

アドバンスケアプランニング（Advance Care Planning）とは，意思決定能力の低下など将来の変化に備え，あらかじめ今後の医療および介護について，本人を中心に，家族等や医療および介護サービス提供者が繰り返し話し合いを行い，本人の意思決定を支援するプロセスのことである。当事者の価値観や意思を尊重した将来の医療および介護を具体化することを目的としている。2018年，厚生労働省はアドバンスケアプランニングの愛称を「人生会議」と称し，11月30日（いい看取り・看取られ）を「人生会議の日」として人生の最終段階における医療・介護について考える日としている。

［松岡佐智］

♧アドバンス・ディレクティブ（Advance Directive）

事前指示などと訳され，将来自らが判断能力を失った際，自身に行われる医療行為について前もって意向を示しておくことをいう。自身が意思表示できなくなった場合に，意思決定の代理を委任する代理人指示（proxy directive）と医療者側へ医療行為に関する指示を与える内容的指示（substantive directive）に分けられ，内容的指示を文書で表したものがリビング・ウィルといわれる。アドバンス・ディレクティブはアドバンスケアプランニングにおけるプロセスの一部であり，自分自身の人生観や価値観を家族，医療者と共有するプロセスを支える。

［梁井雄太］

♧アドボカシー（advocacy）

社会福祉のサービス利用者が自らの意思の表明が可能となるように支援すること，および表明された意思の実現を権利として援護していく権利援護活動を意味している。また，意思表明することが困難な者については，利用者の利益を変わって援護する（代弁）ことも含まれる。もともと，法曹が依頼人の代弁・弁護を行うことに関わる法律用語であったが，1960年代の公民権運動の影響により，1969年に全米ソーシャルワーカー協会がソーシャルワークの機能として位置づけるようになった。アドボカシーは，個人や家族の権利援護を目的とするケース・アドボカシーと，また社会的に脆弱な集団や階層を対象としてその機能を果たしていくクラス・アドボカシーに区分される。

［矢ヶ部陽一］

あ

♧アドミニストレーション (administration)

社会福祉運営管理といわれ，国や地方自治体の福祉政策や福祉行政，福祉機関，福祉施設の運営管理を意味する。社会福祉の権利性や普遍性，公平性，総合性は，社会福祉運営管理の原理とされている。また，社会福祉運営管理の原則は，社会福祉は「誰でも，いつでも，どこでも，自由に」利用できる（接近性），福祉サービスの選択ができる（選択性），生活課題の解決・緩和につながる（有効性），サービス内容等の説明（説明責任性）などがある。社会福祉行政の運営管理は，計画管理，調整管理などからなる。また，社会福祉施設の運営管理は，サービス管理，財務管理，人事管理などからなる。　［富樫八郎］

♧アドラー心理学（しんりがく）

アドラー（Adler, A.）によって提唱された心理学である。個人の心は分割できないと主張し，個人心理学（Individual Psychology）を創始する。日本では，創始者の名前をとって「アドラー心理学」と呼ばれている。人間は行動をとり，過去に行動の理由を求めるというものである。たとえば，小学校時代のいじめ体験が原因で不登校になった子どもが，大人になってひきこもりになった場合，「不登校の経験が原因でひきこもりになった」のではなく，「ひきこもりになった理由は小学校時代のいじめ体験のせい」ととらえるのである。人は「原因」によって行動するのではなく，現在の「目的」によって行動するのが，アドラー心理学の特徴である。　［梶原浩介］

♧アノミー (anomie)

社会規範が変容したり，崩壊することによって生じる社会の混乱状態を示す言葉。社会学者デュルケーム（Durkheim, É.）は『社会的分業論』（1893）と『自殺論』（1897）においてアノミーの概念を提示した。『社会分業論』においては，社会的分業により分化した諸機能が統合されていない状態が，『自殺論』においては，経済の危機や急成長などにより人びとの欲求が無規制に異常に肥大化して生じる葛藤状態がアノミーとして示された。　［矢部　航］

♧アーバニズム (urbanism)

シカゴ学派の都市社会学者ワース（Wirth, L.）が「生活様式としてのアーバニズム」（1938）で示した概念。アーバニズムは都市的生活様式を構成する諸特性の複合体をいい，次の3側面からなる。①職場と住居の分離といった空間的凝離など（人間生態学の側面），②家族・近隣の紐帯の弱化，専門的な制度への移行など（社会組織の側面），③無関心な態度，一時的・合理的な社会的関係など（社会心理学の側面）。ワースは「都市」を「人口の規模」「人口密度」「人びとの異質性」の3要素によって定義する。そのような都市からアーバニズムが生み出され，アーバニズムは都市から郊外へ，さらには農村へと拡大していく，とされる。ワースは第二次的接触の増大を強調したが，第一次的接触の存続を指摘する研究者もいる。　［中山慎吾］

♧アファーマティブ・アクション (affirmative action；積極的格差是正措置（せっきょくてきかくさぜせいそち）)

ポジティブ・アクション（positive action）とも呼ばれ，性別や人種など社会的差別を積極的に是正し救済するための措置である。障害者などに対して機会の平等を保障するとともに，雇用，教育，補助金の配分などにおいて積極的に登用，選抜，採用していくことも含まれる。わが国においては，2002年に厚生労働省が「ポジティブ・アクションのための提言～意欲と能力のある女性が活躍できる職場づくり～」を発表し，男女の雇用や仕事内容など，男女間の格差を解消するために，企業に対し自主的で積極的な環境整備を進めていくよう提言している。［岩崎房子］

アプテカー，H.H.
(Aptekar, Herbert H.)

アメリカのソーシャルワーク研究者。アメリカにおいて1920年代後半以降，フロイトの精神分析論を拠り所とする診断学派ケースワークが主流となる。これに抗して1930年代中頃から，ランクの意志心理学を基にする機能学派ケースワークが確立される。アプテカーは，対立する両学派の共通点が，治療技法に内在する力動性の概念（ケースワークの関心が心理的あるいは人格的側面にある）にあることを見出し，両学派の発展的統合を試みた。［富樫八郎］

アメリカグループワーカー協会（きょうかい）
(American Association of Group Workers：AAGW)

1936年発足の全国グループワーク研究会（National Association for the Study of Group Work：NAGSW）が，1939年にアメリカ・グループワーク研究会（American Association for the Study of Group Work：AASGW）に名称変更した後に改組され1946年に発足した専門職団体である。1949年に「グループワーカーの機能に関する定義」を採択し，グループワーカーについて「各種のグループを援助して，グループ相互作用とプログラム活動によって，個人の成長と望ましい社会的諸目標が達成できるようにつとめる」とし，グループワークの理論化・体系化および専門性の強化に尽力した。その後，1955年に全米ソーシャルワーカー協会（National Association of Social Workers：NASW）の下に統合された。［田中顕悟］

アメンチア (amentia)

感染症や膠原（こうげん）病，中毒などでみられる意識が混濁した状態。思考の錯乱や一過性の幻覚・妄想などをがあり，本人が意識障害を自覚し，困惑する特徴がある。［中川美幸］

あゆみの箱（はこ）

1963年に発足した公益社団法人の名称。あゆみの箱は，映画や演劇など文化活動を通じた福祉の増進や，社会福祉事業の発展への貢献を目的としている。また，同法人が行っている募金活動で使用されている募金箱の名称でもある。あゆみの箱は芸能人によって行われている慈善活動の草分け的存在である。募金箱の名称は「この募金箱によって，手足の不自由な子どもたちが少しでも歩めるように」という創設者の故伴淳三郎と故森重久彌の思いに由来している。［村尾直也］

アルコール依存症（いぞんしょう）

アルコール依存症は飲酒の常習によって形成される。強い飲酒欲求が現れ身体依存が形成されアルコールがコントロールできなくなる病気である。その結果，肝機能障害や糖尿病などの生活習慣病の悪化，アルコール精神病なども引き起こされる。家族などの親密な人間関係を壊し仕事や社会的活動にも支障が出てくる。さらに自殺の問題も指摘されている。しかし，啓発活動が不十分なため，当事者は自分がアルコール依存症であることに気づきにくい。そのため，アルコール依存症者の問題行動などで苦しんでいる家族などが医療機関などに相談に来ることが多い。医療スタッフ，ソーシャルワーカーが協力しアルコール依存症者を治療に導入できるように支援する。アルコール依存症者の回復は断酒を継続し続けることであるため，アルコールリハビリテーションプログラムでの治療・支援とAA（Alcoholics Anonymous）や断酒会などの自助組織が欠かせない。なお，アルコール問題の予防と早期治療，リハビリを増進するために，2013年，アルコール健康障害対策基本法が成立した。　　　　　　　［岡田洋一］

♧アルツハイマー型認知症（がたにんちしょう）

認知症をきたす疾患の一つであり，その中で一番多い疾患である。原因は不明であるが，脳内でさまざまな変化が起こり，脳の神経細胞が急激に減ってしまい，脳が委縮して（小さくなって），高度の知能低下や身体全体の機能も衰えていく。二次性の合併症によっては，最終的に死に至ることも少なくない。発症率は女性に多い傾向がある。初期症状として，記憶障害（物忘れ）から始まり，見当識障害（時間や場所の区別がなくなる）が生じる。進行性であり，確実に除々に悪化していく脳の病気である。以前は，「アルツハイマー型痴呆」と呼ばれていたが，2004（平成16）年12月，「認知症」へと呼称が変更された。この背景には，「痴呆」は侮辱的で，高齢者の尊厳を欠く表現であることなどがあげられる。　　　　　　　［宮本隆文］

♧RDD

世論調査の標本抽出法の一つ。コンピュータ等によって無作為に数字を組み合わせ，無作為に電話をかける方法。固定電話と携帯電話の両方が対象となる。メリットとしては電話帳に記載されていない番号も対象となるため対象者の範囲が広がることや，標本抽出が迅速であること等が挙げられる。デメリットとしては調査対象者が「知らない電話番号に出ない」ことによる調査協力率の低下や，電話に出たものが調査対象者となるため調査に偏りが生じる等がある。

［寺島正博］

♧アルマ・アタ宣言（せんげん）

1978年に旧ソビエト連邦のアルマ・アタ（Alma-Ata）で世界保健機関（WHO）と国連児童基金（UNICEF）の共催による国際会議が開催され，新しい健康概念としてプライマリー・ヘルス・ケア（Primary Health Care：PHC）が提唱された。この会議において，「2000年までにすべての人に健康を（Health for All by the Year 2000）」が目標に掲げられ，PHCを目標達成の鍵としたアルマ・アタ宣言が採択された。宣言では，国家は人びとの健康に対する責任があり，個人も自ら自身のヘルスケアに参加する権利と義務があること，先進諸国と発展途上国の健康格差是正への世界各国・機関等の支援の必要性等が強調された。　　　　　　　［田原美香］

♧アルマナー（almoner）

医療ソーシャルワーカー（MSW）の起源とされる制度。アルモナーと記されることもある。1895年，イギリスのロイヤル・フリー・ホスピタル（王立施療病院）に配置された職名。当初，病院運営資金の面から，患者が無料診療の対象となるかどうかを審査し，病院利用の適正化を図ることを目的に導入された。最初に同院のアルマナーとして採用されたCOS（慈善組織協会）の地区書記であったスチュアート（Stewart, M.）は，しだいに，治療に関わる患者の生活や社会問題への介入が不可欠であるとの思いに至り，その後のアルマナーの役割に大きな影響を与えた。アメリカでは，1905年にマサチューセッツ総合病院のキャボット医師がMSWの重要性を認めて職員を採用した。わが国のMSW第1号は1929年に誕生した。聖路加国際病院の浅賀ふさ（後に日本福祉大学教授）である。　　　　　　　［岡村ゆかり］

♧アンガーマネジメント
(anger management)

自分の中に生じた怒りが不適切に処理されると，精神的に不安定になったり，衝動的に攻撃行動を引き起こしたりすることになる。このような自分の怒りを適切に処理できないでいると，人間関係でのトラブルも生じやすくなる。アンガーマネジメントは，このような自分の中に生じた怒りを上手く処理し，適切に対処していく技術を段階的に学ぶ方法である。自分の怒りを適切に対処していくことで，良好な人間関係を結んでいくことを目的とした心理的トレーニングである。［門田光司］

♧アンソニー，W.
(Anthony, William ; 1942-)

アメリカ・ボストン大学精神科リハビリテーションセンター（Center for Psychiatric Rehabilitation）の所長を務め，精神科リハビリテーションの研究，教育，発展に寄与した。リカバリー概念の提唱者でもある。精神科リハビリテーションの対象と役割を「長期にわたり精神障害を抱える人びとの機能回復を助け，専門家による最小限の介入で，彼ら自身が選択する環境で落ち着き，満足するようにすることである」と定義。精神科リハビリテーションの基本原則を９項目に整理し，当事者の技能開発と環境的支援開発が精神科リハビリテーションの二大介入であること等を提唱した。主著に Cohen, M., Farkas, M. との共著 *Psychiatric Rehabilitation*（1990）があり，日本語にも翻訳されている。［稲富和弘］

♧アントン症候群
(Anton-Babinski syndrome)

両側後頭葉の広汎な病変によって全部または一部の視覚を喪失する障害であるが，自己の視覚障害を自覚せず，これを否認する（しばしば，作話によって視覚障害を否定しようとする）ものをいう。これは，失認，認知障害の一種で，失認とは，感覚が正しく入力されているにもかかわらず，それを正しく認識できない障害である。後頭葉には視覚野が存在するため，両側の後頭葉が広範に障害されると視力は全く失われ，皮質盲と呼ばれる状態になる。広い範囲の皮質盲が突如として起こることにより，患者は自己の盲目を自覚せず，時にこれを否認し，見えていないものを見えているように振る舞うことがある稀な病態である。本症は，ガブリエル・アントン（Anton, Gabriel ; 1858-1933）とジョセフ・バビンスキ（Babinski, Joseph ; 1857-1932）の名にちなんで，アントン－バビンスキ症候群（Anton-Babinski syndrome）と名付けられているが，日本では一般にアントン症候群と呼称されている。［岩崎房子］

♧アンペイドワーク

アンペイドワークは，無償労働，無報酬労働などと訳されており，家庭内での家事や社会的活動といった家計の構成員や他人に対して行う対価を要求しない労働を指す。具体的には，無償労働には，そのサービスを第３者に代わってもらうことができる（市場化されている）サービスを利用できる家事（炊事，掃除，洗濯，縫物・編物，家庭雑事），介護・看護，育児，買い物，社会的活動が含まれる。2011年時点の無償労働の貨幣評価額は，プリコード方式で97.4～138.5兆円，アフターコード方式で125.3～179.1兆円と推計されており，その約８割を女性が担っている。［久保英樹］

♧あん摩マッサージ指圧師，はり師，きゅう師等に関する法律

戦後，GHQ は三療（あんま・はり・

灸）が非科学的であるとして禁止しようとしたのに対し，多くの関係団体が抗議運動や陳情をし，1947（昭和22）年に「あん摩・はり・きゅう・柔道整復等営業法」が公布される。1964（昭和39）年の法改正では，「あん摩師」が「あん摩マッサージ指圧師」とされた。また1970（昭和45）年に「柔道整復師法」が単独法となる。1988（昭和63）年の改正では，試験の実施と登録事務が都道府県知事から厚生大臣に変更となり，国家試験に位置づけられることとなった。本法の第一条には，「医師以外の者で，あん摩，マツサージ若しくは指圧，はり又はきゆうを業としようとする者は，それぞれ，あん摩マツサージ指圧師免許，はり師免許又はきゆう師免許を受けなければならない」とされている。　［門田光司］

♧安楽死（あんらくし）

助かる見込みのない人（あるいは動物）を苦痛から解放し，安楽に死なせること。英語の「euthanasia」は，ラテン語の「良き死」に由来する。苦痛を緩和するための薬剤投与などによる積極的安楽死と，延命治療を行わないといった消極的な安楽死にわけられている。ただし，法的，倫理的には大きな問題となっている。　［中川美幸］

い

♧EEG（Electroencephalograph；脳波（のうは））

脳の電気活動をとらえるために，頭に装着した電圧計で測定し，波形として描き出したものが脳波である。脳波は，脳の機能障害（てんかん，脳血管障害，脳腫瘍，他）の有無の診断に役立てられている。脳波による機能障害の判定は，周波数，振幅，波形の３つから検討される。　［門田光司］

♧イエステンデンシー

アンケート調査等の質問に対して潜在的に「はい（イエス）」と答える傾向があること。イエステンデンシーには文法上のイエステンデンシー（「～Ａだと思いますか」よりも「～Ａではないと思いますか」という質問の仕方）だけではなく，調査者に向けたイエステンデンシー（調査対象者が調査者の意図を汲み取って「はい」と答える），世間へのイエステンデンシー（調査対象者が世間から外れない回答をする）等がある。　［寺島正博］

♧イエ制度（せいど）

イエ制度とは，1898（明治31）年に制定された明治民法において規定された日本の家族制度である。イエを統率する家長に戸主権と家督相続を規定し，家族・親族集団に対する全権とともに扶養義務を与えた。イエは戸主と家族から構成される。戸主はイエの統率者として身分を持つ者であり，家族はイエを構成する者のうち戸主でないものをいう。戸主は戸籍上，筆頭に記載され，イエの統率者として家族に対する扶養義務を負うほか，戸主権が規定された。戸主の地位は，戸主の財産権とともに家督相続により継承される。家督相続人となる者は，旧戸主と同じ家に属する家族の中から男女・摘出子庶子・長幼の順で決められた上位の者，被相続人により指定された者，旧戸主の父母や親族会により選定された者などの順で決めることになっていたが，通常は長男が家督相続人として戸主の地位を継承した。戦後，民法改正が行われ，イエ制度は廃止されたが，現行民法の親族扶養義務規定（第877条）などにイエ

制度の片鱗がみられる。 ［久留須直也］

♧医学的リハビリテーション

心身機能・能力の障害に対し，医学的側面からアプローチするリハビリテーションの一分野である。障害の原因となる傷病の医学的な診断や治療や管理にとどまらず，社会的・心理的なものまで含めて総合的にとらえ，機能回復訓練や補装具・福祉機器の利用等を通して障害をもつ人の心身機能・能力の向上と維持を図ることを目的としている。また，二次障害の発生予防や機能維持，健康管理など他のリハビリテーション分野との関わりも多い。 ［田原美香］

♧医学モデル

19世紀に確立した近代医学に基づき，疾病をもつ人びとを個別的に総体的に見ず，疾病とその原因を一元的な因果関係で結び付けて解明する特定病因論に寄与するアプローチである。疾病や障害といった問題の所在を個人に帰着させ，問題発生の原因を探り（検査），その原因を突き止め（診断），除去・克服することで解決を図る（治療）。感染症が中心の時代には効力を発揮したが，疾病構造の変化に伴い生活習慣病や高齢者ケアが中心になると，心理的・社会的・環境的要因等さまざまな要因との関係性を考慮したアプローチが必要となった。近年，生物・心理・社会モデルが提唱され「疾病」から「疾病をもつ人」に焦点を当てた全人的医療によるアプローチも一般化してきている。 ［田原美香］

♧生きがい

生活を楽しみ，生きがいをもって生きられるように援助しようとする社会福祉の概念である。国の21世紀における高齢者福祉施策においても，「介護サービスの基盤の整備」だけでなく，「健康づくりや生きがいづくり」を推進していくことが提唱されている。従来の社会福祉は，生活ができればいいという「生活保障」の考え方が強かったが，これからの社会福祉は，さらに一歩進み「生きがい保障」まで踏み込むことが求められている。具体的には，生涯学習・レクリエーション・スポーツ等も社会福祉に組み込んでいこうとするものである。現在では，社会保障全般においても「生きがい保障」を中心にしていこうという考え方が出てきている。 ［宮本隆文］

♧異議申立て

行政不服審査法に基づく不服申立ての一種である。行政庁の処分あるいは不作為について，処分庁又は不作為庁に対して行う不服申立てのことをいう。処分についての不服申立ては，審査請求を原則としており，法律で異議申立てをすることができる旨の定めがある場合以外は，審査請求をすることとされている（審査請求前置主義）。異議申立て期間は原則として処分があったことを知った日の翌日から起算して60日以内であり，処分があったことを知らなくても処分のあった日の翌日から1年以内に提起しなければならない。→不服申立て・行政不服申立て ［川﨑竜太］

♧育児・介護休業法

正式名称は「育児休業，介護休業等育児又は家族介護を行う労働者の福祉に関する法律」。1999（平成11）年に法制化され，その後2001年（平成13），2004年，2009年，2016年，2017年などたびたび改正され，育児休業期間の延長，介護休業の取得回数緩和，企業の努力規定の義務化などが盛り込まれた。育児休業は，子どもが1歳になるまで育児のために仕事を休める制度で，両親ともに育児休業を取得する場合は子が1歳2か月になるまで取得可能となる。保育所に入所を希望しているが入所できないなどの場合に

い

は，1歳6か月になるまで延長でき，さらに1歳6か月に達した時点でも保育所に入れないなどの場合には，再申請することにより最長2歳になるまで延長可能である。介護休業制度では，家族1人が要介護状態に至るごとに通算93日まで3回を上限として分割して介護のために仕事を休むことができる。介護の対象は配偶者（事実婚を含む），父母，子，配偶者の父母，祖父母，兄弟姉妹，孫である。休業中は雇用保険を財源に，原則通算93日間，3回を限度として介護休業給付金（休業開始時賃金日額×支給日数×67%）が支給される。→育児休業

［矢ヶ部陽一］

♧育児休業（いくじきゅうぎょう）

育児・介護休業法に基づき，労働者が育児のために，一定期間休業することを保障する制度である。労働者に対し，子どもが1歳（一定の条件を満たす場合は最長で2歳）に達するまで事業主への申し出により育児休業の取得が可能となる。父母ともに育児休業を取得する場合は，子どもが1歳2か月に達するまでの間に，1年まで休業することができる（パパ・ママ育休プラス）。また，配偶者の出産後8週間以内に，父親が育児休業を取得した場合には，特別な事情がなくても申し出により再度の育児休業取得が可能（パパ休暇）となる。2004年の改正に伴い，一定の条件を満たすことで，有期契約労働者においても育児休業が取得可能となった。休業期間中の所得保障としては，雇用保険の育児休業給付が，休業して6か月間は67%，その後は50%に相当する額が給付される。その他，この看護休暇制度や短時間勤務の措置などがあり，育児休業を取得したことによる解雇やその他の不利益な取り扱いに関しても禁止している。ただし，取得率は女性が約80%，男性が約3%と差が大きく，男性の育児休業取得の促進といった課題もあげられる。

［田島　望］

♧育児ノイローゼ（いくじノイローゼ）

元来，「ノイローゼ」（独：Neurose）（英：neurosis）とは神経症のことであり，「育児ノイローゼ」は育児のストレスや不安を要因とする神経症ととらえられることがあるが，これは通称であって，ICD-11やDSM-5といった精神疾患の診断基準には存在しない病名である。しかし，育児によるストレス等により精神的に不安定になる状態があり，イライラや無気力，不眠，抑うつなどの症状が見られ，これらを育児ノイローゼと総称する。この育児ノイローゼを発症する要因として，育児に他者の協力を得ることができず孤立している場合や，育児に完璧を求めてしまう場合，家庭環境や経済的問題といった育児以外のストレスを抱えている場合などがある。そのため，乳児家庭全戸訪問事業（こんにちは赤ちゃん事業）や養育支援訪問事業など，市町村が積極的に訪問するアウトリーチ型（訪問型）の子育て支援を実施することで，子どもの健全な育成環境の確保が図られている。

［原田直樹］

♧イコールフッティング

イコールフッティングとは，対等な条件のもとで競争が行えるようにすることをいう。介護・障害・保育分野において，サービス供給がNPO法人や株式会社でも参入可能となっているが，第一種社会福祉事業の経営主体は社会福祉法人に限定されており，さらに税制上の優遇措置も受けている。利用者の立場に立って利便性を高め，サービスの質を向上させるために多様な経営主体の参入規制を緩和し，経営主体間での異なる財政上の措置を見直し，対等な条件のもとで競争すべきとの考えである。

［山添佐依子］

♧石井十次（1865-1914）

日本で最初に孤児院を創設した明治期の社会事業家であり，濃尾震災や東北凶作での孤貧児救済等，児童養護思想において先駆けとなった宮崎県出身の人物である。1887年，岡山市に孤児教育会（後の岡山孤児院）を設立し，幼児は遊ばせ，子は学ばせ，青年は働かせるという発達段階に応じた「時代教育法」，バーナードホームをならって主婦と子ども十数人が家族のように暮らす「小舎制」，里親への委託制度など，多岐にわたる特徴的な実践に取り組む。さらに，非体罰主義による虐待防止など，先駆けとなる12の思想を集約した「岡山孤児院十二則」や農業を中心とした自立支援思想等，先進的な児童養護思想を形成した。

［夏秋圭助］

♧石井亮一（1867-1937）

滝乃川学園の創設者であり，日本における知的障害児・者福祉の先駆者。1891(明治24)年，濃尾大地震で親を失った少女孤児を救うために，「孤女学院（後の滝乃川学園)」を創設した。「救いを求める人に手をさしのべることは，私たちのなすべきつとめである」というキリスト教の精神を受け継ぎ，その理念を実行した。1897年に孤女学院を滝乃川学園と改称し，知的障害児の教育を本格的に始めた。知的障害児教育に一生を捧げ，社会や公共の福祉に貢献した。

［四元真弓］

♧意識障害

意識障害は２つの分野に区分して整理することができる。一つは覚醒機能の高低（量的変化）によるもので，意識清明から軽度の意識混濁（注意散漫や記銘障害など)，中等度の意識混濁（傾眠や嗜眠)，重度（昏睡など）がある。もう一つは意識狭窄や変容のことであり，質的な変化に伴う障害である。催眠状態やアメンチア（思考のまとまりのなさ，支離滅裂な会話など)，錯乱，幻覚を伴うせん妄（意識障害に加え，精神運動性興奮を伴う)，もうろう状態などがあげられる。

［茶屋道拓哉］

♧意志心理学（意思心理学）

意志心理学は，精神分析学者ランク(Rank, O.）によって提唱された学問である。人間の「自由意志」という概念を重視し，自我心理学や意志心理学(意志療法)等を確立させた。意志療法では，トラウマの悪影響を克服することができる人間の生得的な意志の力を信頼し，自分が本当に希望する人生を歩めるという確信を強めていく。そして，自分の精神機能を最大化し，創造的な活動や幸福な生活が実現できる方向に自己を高めていくものである。

［梶原浩介］

♧意思疎通支援事業

障害者総合支援法における地域生活支援事業として，市町村が実施する意思疎通支援事業がある。この事業は，聴覚，言語機能，音声機能その他の障害のため意思疎通を図ることに支障がある障害者等その他の者との意思疎通を支援するために手話通訳者または要約筆記者を派遣し，円滑なコミュニケーションを図ることにより，自立と社会参加の促進に資することを目的とする。派遣の対象内容は，日常生活および社会生活を営むために必要なものである。たとえば，医療機関の受診，学校の授業参観や保護者面談，聴覚障害者の社会参加の促進に必要と認められる講演会や会議，各種手続きや相談，冠婚葬祭などである。ただし，社会通念上派遣することが好ましくないと認める内容や公共の福祉に反する内容は派遣対象とはならない。

［門田光司］

♧ECT（Electro Convulsive Therapy；電気けいれん療法）

1938年イタリアのツェルレッティ（Cerletti, U.）とビニ（Bini, L.）が確立し，現代でも有効で安全な治療法。頭部左右のこめかみに専用の器具で100V程度の交流を数秒間流す電気治療。しかしこの療法が最優先されるのではなく，統合失調症や気分障害により自殺の危険が非常に高い場合や，重いうつ病像を呈し，生命の危険がある場合などに用いられる。　［秋竹　純］

♧いじめ

いじめは文部科学省の統計によると2017（平成29）年度で小学校約23万8千件，中学校約7万1千件，高等学校約1万3千件，特別支援学校約2千件であり，全体では32万件を超えている。同省の2017年の定義では，「いじめとは，当該児童生徒が，一定の人間関係のある者から，心理的，物理的な攻撃を受けたことにより，精神的な苦痛を感じているものとする。なお，起こった場所は学校の内外を問わない」とされている。これに対して，近年では学校内にスクールソーシャルワーカーおよびスクールカウンセラー等を配置し，教員とともに対応にあたるよう体制を整えつつある。

［滝口　真］

♧いじめ防止対策推進法

2011（平成23）年に滋賀県大津市で起きたいじめ自殺事件が契機となり，わが国で初めていじめの防止等のための対策に関する基本的方針の策定を定めた法律である（2013年制定施行）。学校の設置者および学校が講ずべき基本的施策では，①道徳教育等の充実，②早期発見のための措置，③相談体制の整備，④インターネットを通じて行われるいじめに対する対策の推進を定める。また，いじめの防止等に関する措置および重大事態への対処について定めている。［門田光司］

♧異食症

栄養がないものや食べ物としてふさわしくないものを食べることである。食するものとしては，砂，土，石，草，髪の毛，布，糞，ゴミ，ペンキなどが挙げられる。異食症は，乳幼児に多くみられる。その理由は，乳幼児が手に触れるものを口に持っていく傾向にあったり，食べ物としてふさわしいものかどうかを識別するのが難しかったりするためである。異食症は，不足した栄養を補おうとすることが発症のきっかけとなる場合がある。また，口唇欲求を満たそうとすることも原因の一つだと考えられる。

［吉村　健］

♧移送サービス

高齢者や障害者（児），患者等について，自力での移動が困難な対象者のために目的地まで移送を行うこと。移送サービスの中で，最近では，介護保険での「介護タクシー」なども見られるようになった。高齢者や障害者（児）が通いサービス等の利用や社会参加を積極的に行い，在宅福祉の向上を図ることを目的としている。今後は，公的サービス（介護保険制度，障害者福祉制度）だけでなく，市町村や各事業所の移送サービスの充実が求められる。　［宮本隆文］

♧遺族基礎年金

国民年金から支給される遺族年金。①被保険者が死亡したとき，②被保険者であった者であって，日本国内に住所を有する60歳以上65歳未満の者が死亡したとき，③老齢基礎年金の受給権者（受給資格期間が25年以上である者に限る）が死亡したとき，④受給資格期間が25年以上である者が死亡したときに，その死亡した者によって生計を維持していた子のある配偶者または子に支給される。ただし①と②については，障害基礎年金と同様の受給資格期間の定めがある。また配偶者は，子と生計を同じくすること，子は，18歳に達する日以後の最初の3月31日の間にあるか，または20歳未満であって障害等級1・2級の障害の状態にあり，かつ，現に婚姻していないことが要件として加わる。遺族基礎年金の額は定額であり，妻に支給するときは，子の法定額が加算され，子に支給するときは，受給権者である子が2人以上の場合に法定額が加算される。 [谷村紀彰]

♧遺族（補償）給付（いぞく（ほしょう）きゅうふ）

労災保険の遺族補償給付は，遺族補償年金または遺族補償一時金である（労災16条）。遺族補償年金を受給することができる遺族は，労働者の配偶者，子，父母，孫，祖父母および兄弟姉妹であり（労災16条の2第1項），労働者の死亡当時その収入によって生計を維持していたものである。近年，地方公務員災害補償法における遺族補償年金の受給資格の男女差（夫と妻で年齢要件の区別がある）が争われたが，最高裁（最判平成29.3.21労判1162号5頁）は，合憲（憲法14条1項）と判断した。なお，遺族補償年金の受給資格者がいない等の場合（労災16条の6）は，遺族（労災16条の7）に対して，遺族補償一時金が支給される。

[河谷はるみ]

♧依存性パーソナリティ（依存性パーソナリティ障害）（いぞんせい／しょうがい）

自分の面倒を他人に見てもらいたいという強い願望に基づき，他者に従属的でしがみつくような行動をとる。面倒を見てくれる他者との分離不安が強く，自分自身で何かを決定し，計画的な行動をするということが苦手で，他者からの指示なしには決断が困難な場合もある。それゆえ，リーダーには不向き（ならない）で，他者の意見に反対することなどができない。場合によっては家庭内における虐待や暴力，不誠実な家族との関係にも長期間我慢を続け，問題が潜在化することもある。 [茶屋道拓哉]

♧一時保育（いちじほいく）

厚生労働省や文部科学省による「一時預かり事業」である。事業実施要綱では，「一時的に家庭での保育が困難な家庭に対しても，保育所，幼稚園，認定こども園その他の場所において児童を一時的に預かることで，安心して子育てができる環境を整備し，もって児童の福祉の向上を図ることを目的とする」としている。 [門田光司]

♧一時保護（いちじほご）

児童福祉法第33条第1項では，「児童相談所長は必要があると認めるときは，児童に一時保護を加え，又は適当な者に委託して，一時保護を加えさせることができる」としている。一時保護の目的として，厚生労働省は子どもの生命の安全を確保すること，単に生命の危険にとどまらず，現在の環境におくことが子どものウェルビーイング（子どもの権利の尊重・自己実現）にとって明らかに看過できないと判断されるときは，まず一時保護を行うべきであると述べている。一時保護の期間は原則2か月に限ることとされ，児童相談所にて一時保護が行われる。ただし，子どもの年齢や心身の状況，地理的要件等を勘案して，やむを得ない場合には，医療機関，児童福祉施設，里親，警察署その他適当な者に委託一時保護できることとなっている。子どもが一時的に保護者から離れることで，保護者も落ち着くことができ，援助を開始する動機付けにつながる。 [門田光司]

♧一時保護委託（いちじほごいたく）

主として児童相談所に付設した一時保

い

護所において対応されるものである。児童相談所運営指針では，子どもを一時保護する必要がある場合は，一時保護所を利用することを原則とするが，夜間発生した事例等で直ちに一時保護所に連れてくることがいちじるしく困難なとき，乳幼児など基本的な生活習慣が自立していないため一時保護所において保護を行うことが適当でないというときは，受理会議等で慎重に検討し，決定された場合は，警察署，医療機関，児童福祉施設，里親等に一時保護を委託することができるとされている。同運営指針では，一時保護の決定は受理会議等において検討し，児童相談所長が決定することとなっている。［滝口　真］

♧一次予防（いちじよぼう）

1953年，リーベル（Leavell,H.R.）とクラーク（Clark,E.G.）により疾病予防には一次予防，二次予防，三次予防の３段階に区分された。一次予防とは，健康な時期に健康診断や健康教育，運動・食生活・休養・喫煙等の生活習慣，住居環境，労働環境等の改善による健康増進を図り，予防接種や環境衛生の改善等による感染症予防，家庭や職場，学校，地域の安全確保による災害・事故による障害の発生を予防することである。［田原美香］

♧一番ヶ瀬康子（いちばんがせやすこ）（1927-2012）

社会福祉学者。経済学博士。日本女子大学名誉教授，日本社会福祉学会会長・日本介護福祉学会会長・日本福祉文化学会会長・長寿社会文化協会会長等を歴任。1995年の阪神・淡路大震災後には首相の諮問機関「阪神・淡路復興委員会」の委員を務めた。また，女性研究者の地位の向上にも尽力した。著書には，『アメリカ社会福祉発達史』（光生館，1963），『福祉文化へのアプローチ』（ドメス出版，1997），『一番ヶ瀬康子社会福祉著作集１～５』（労働旬報社，1994），その他，高齢者福祉，障害者福祉，児童福祉，海外の社会福祉など多数がある。［門田光司］

♧一部事務組合（いちぶじむくみあい）

地方自治法第284条において，地方公共団体の組合とは，一部事務組合及び広域連合とされる。普通地方公共団体および特別区は，その構成団体または執行機関の事務の一部を共同処理する特別地方公共団体の性質をもつ。地域において市町村間で共同処理することで，必要な事務の一部を合理的に処理にできる。国または都道府県からの事務・権限委譲ではなく，関係地方公共団体が，その議会の議決を経た協議により規約を定め，都道府県が加入するものは総務大臣，その他は都道府県知事の許可を得て設けることができる。［坂本雅俊］

♧一過性全健忘（いっかせいぜんけんぼう）

一過性の記憶障害を呈する症候群である。原因は不明で，中高年に起きることが多い。再発は比較的少ない。記憶をなくしている間は意識障害や脳機能障害は生じないため，行動には問題ない。しかし，その間自分が何をしていたのかの記憶がないため，それに関する質問を繰り返す。発作前の記憶はかなり思い出すが，発作中の記憶はほぼ回復しない。症状は１日以内で改善するため，一般的に治療を必要としない。［門田光司］

♧逸脱行動論（いつだつこうどうろん）

逸脱（deviance）とは同調（conformity）に対する言葉で，そもそも標準からの偏差を意味する統計用語だったが，社会諸現象のうち犯罪や非行などのように他者からマイナスの評価を受けやすい社会諸現象を指示して使われるようになった。従前より使われてきた「正常＝異常」概念や「健全［健康］＝病理

[病気]」概念があらかじめ先験的価値判断を表明しているように考えられたことから，より価値中立的な「同調＝逸脱」概念が使われるようになった。逸脱行動論とは，犯罪や非行など社会規範に反する行動・現象を価値中立的観点からとらえ，より科学的立場からその原因論の追究を企図した。［佐野正彦］

♧ 5 つの巨人（きょじん）

ベヴァリッジ報告（『社会保険及び関連サービス』）で示された社会の発展を阻む 5 大悪（five giants）である窮乏（want），疾病（disease），無知（ignorance），不潔（squalor），怠惰（idleness）のこと。本報告では，これら社会悪への広範な社会政策の必要性を強調するとともに，窮乏に対する攻撃の手段が社会保障であるとし，社会保険を中核に位置づけ，それを公的扶助と任意保険で補完する社会保障の体系を構想した。

［谷村紀彰］

♧ 一般会計歳出（いっぱんかいけいさいしゅつ）

国や地方公共団体において，基本的・一般的な施策を推進する経費を中心に編成される会計のことを一般会計という。この一般会計は歳入と歳出に区分され，国の場合，租税および印紙収入，公債金収入等による歳入が，福祉，教育といった公的サービス等にどのように歳出されているかを明らかにしている。国の一般会計歳出予算の歳出項目の中で国債費等を除く部分が政策的経費である。年金，医療，社会福祉などの社会保障や教育などへ支出されており，国民生活と密接な関係をもった一般会計予算の実体的な部分であることから一般歳出とも呼ばれている。一般歳出は，一般会計の歳出から，国債費と地方交付税交付金を除いた政策的経費に充てる分をいう。

［占部尊士］

♧ 一般歳出（いっぱんさいしゅつ）

国の一般会計予算のうち歳出全体から国債費と地方交付税交付金，地方特例交付金を除いた額のこと。また，景気や経済の状況に応じ，政府の裁量で内容・規模等が決められるため政策的経費とも呼ばれており，社会保障関係費，公共事業関係費，文教及び科学振興費，防衛関係費，その他の政策的経費で構成されている。一般歳出の約 7 割は，年金・医療・福祉に使われる社会保障関係費や公共事業関係費，文教及び科学振興費が占めている。［河村裕次］

♧ 一般財団法人（いっぱんざいだんほうじん）

一定の額の財産の集まりに法人格を与えるもので，その主たる事務所の所在地において設立の登記をすることにより成立する法人である。一般財団法人を設立するには，設立者が定款を作成し，これに署名又は記名押印する必要がある。定款に記載する事項は，①目的，②名称，③主たる事務所の所在地，④設立者の氏名又は名称及び住所，⑤設立に際して設立者が拠出をする財産及びその価額，⑥設立時評議員，設立時理事及び設立時監事の選任に関する事項，⑦設立しようとする一般財団法人が会計監査人設置一般財団法人であるときは，設立時会計監査人の選任に関する事項，⑧評議員の選任及び解任の方法，⑨公告方法，⑩事業年度となっている。そして，設立に際して設立者が拠出をする財産及び価額の合計は300万円以上でなければならない。しかし，設立者に剰余金又は残余財産の配分を受ける権利を与えることや，理事又は理事会が評議員を選任又は解任することを定款に記載しても無効となる。

［占部尊士］

い

♧一般(いっぱん)システム理論(りろん)
(General Systems Theory：GST)

ソーシャルワークにおけるシステムアプローチは，システム理論に根拠をなすものであり，その代表的なものが一般システム理論である。これは，ベルタランフィ（Bertalanffy, L.）により提唱されたものであり，システムについて相互作用・相互制御している構成要素の複合体として全体をとらえ，ソーシャルワークの「人と環境の関係性・全体性」をとらえる理論的枠組として1970年代よりソーシャルワーク理論の中に導入されるようになった。とくに，ピンカス（Pincus, A.）とミナハン（Minahan, A.）は，この一般システム理論を援用し，ソーシャルワーク実践について「クライエントシステム，ワーカーシステム，ターゲットシステム，アクションシステム」の４つのシステムを提唱した。

［田中顕悟］

♧一般社団法人(いっぱんしゃだんほうじん)

「一般社団法人及び一般財団法人に関する法律（平成18年法律第48号）」に基づいて設立された社団法人のことをいう。営利を目的としない（非営利）法人で，目的や事業内容について，法律上の制限はなく，公序良俗に反しない限り，どのような目的で事業を行うことも自由である。この点が，事業内容が法令に列挙された特定非営利活動に制限される特定非営利活動法人（NPO 法人）とは異なる。設立には，一定の手続きおよび登記さえ経れば，資本がなくても誰でも設立することが可能である。なお，一般社団法人の設立のための要件として，２名以上の人（社員）が必要になる。社員には，個人のほか，会社などの法人も就任できる。また，設立後も行政からの監督・指導はない。営利法人と同じく収益事業や共益事業なども行うことができるが，株式会社等と異なり，設立者に剰余金または残余財産の分配を受ける権利を与えることはできず，そのような趣旨の定款は無効となる。

［岩崎房子］

♧一般就労(いっぱんしゅうろう)

企業において労働基準法や最低賃金法といった労働関係法令の下で働くことを一般就労という。これに対して一般就労より手厚い福祉サービスや支援のもと授産施設や作業所で働くことを福祉的就労という。しかし，一般就労や福祉的就労という言葉は，政府の障害者関連文書においてしばしば用いられるが，その定義が明確に示されているわけではない。

［松久保和俊］

♧イデオロギー

政治や社会などのあり方に関する特定の思想・観念の体系。「観念形態」や「意識体系」と訳される。たとえば，資本主義，共産主義，保守主義，民主主義などが代表的なイデオロギーとしてあげられる。

［矢部　航］

♧遺伝子検査(いでんしけんさ)

遺伝情報として採血による血液細胞，唾液，口腔粘膜，皮膚，毛髪，爪等を検査に用いる。親から子に伝わる遺伝子変異は生涯変化しないが，一般的な病気について遺伝的素因の有無を示し，予防策や早期の診断を促す。現在は，がん，免疫，血管，視覚，神経，心臓，胃腸，内分泌腺，関節，その他薬の効き目や副作用など，40の病気について遺伝的なリスク要因を調べられるようになった。

［秋竹　純］

♧イ　ド（id）

S.フロイトは精神分析理論において，人格はイド（又はエス），自我，超自我の３領域によってつくりあげられた一つの全体であると考える。これらの３つは同時に現れず，イド，自我，超自我の順に現れる。最初に現れるイドは，誕生時の新生児期から存在する。できるだけ多くの快楽を獲得していくことだけを追求し，苦痛をさけていくという快楽原則に支配されている。その意味で，新生児の人格は，イドのみから成っているといえる。 ［門田光司］

♧移動支援事業（いどうしえんじぎょう）

障害者総合支援法における地域生活支援事業として，市町村が実施する移動支援事業がある。この事業は，屋外での移動が困難な障害者等について，外出のための支援を行うことにより，地域における自立生活および社会参加を促すことを目的とする。実施方法として，個別支援型は個別的支援が必要な者に対するマンツーマンによる支援，グループ支援型は，①複数の障害者等への同時支援，②屋外でのグループワーク，同一目的地・同一イベントへの複数人同時参加の際の支援，車両移送型は①福祉バス等車両の巡回による送迎支援，②公共施設，駅，福祉センター等障害者等の利便を考慮した，経路を定めた運行，各種行事の参加のための運行等，必要に応じて支援がある。 ［門田光司］

♧糸賀一雄（いとがかずお）（1914-1968）

戦後の混乱が収まらない1946（昭和21）年，戦災孤児や知的障害児の入所施設である「近江学園」を設立し，その実践を基に1963（昭和38）年には重症心身障害児施設「びわこ学園」を設立した。代表的な著書に『この子らを世の光に』（1965），『福祉の思想』（1968）がある。すべての人間には尊厳と可能性があり，主体的かつ社会的な存在であるという視点で関わることで，重度障害児を含むすべての人びとが発達し，「世の光」となれるという「発達保障」の理論と思想を生み出した。 ［中條大輔］

♧イニシャルコスト

イニシャルコストとは，新規事業等を実施する場合の初期の設備投資費用を意味する。一般的には，何らかの事業を実施する際，その事業に必要な各種機器・機材やシステムの導入などに伴う費用となる。社会福祉施設や事業所等の場合でも同様であるが，何らかの福祉事業を新規事業として実施する場合等，施設整備に必要な初期費用を意味する（例：介護報酬請求業務等に使用するパソコンの導入等）。なお，各種福祉事業におけるランニングコストとは，福祉サービスの提供や運営管理業務等の通常業務に伴う運転費用であり，保守管理に必要な費用を意味する。 ［本郷秀和］

♧イネイブラー

側面から援助する人，または役割助力，力を添える人と訳される。利用者の主体性や自己決定の原理を具体化させることがその役割とされる。利用者の主体性や自己決定の尊重といった原理を援助者の立場から具体化することで，拡大されてきたソーシャルワーカーの役割の一つ。たとえば，アルコール依存症者は，1人で長期にわたって飲み続けることはできない。逆にいうと，長期に飲み続けている依存症患者の周りには，「飲み続けることを可能にしている人」がいることになる。この人を「イネイブラー」という。 ［井上俊孝］

♧イネイブリング

依存症者を手助けすることでかえって依存症の回復を遅らせてしまう周囲の人間の行為のことをいう。たとえば，アルコール依存症の場合，それを取り巻く家族をはじめとする親しい人間が，さまざまな問題行動に巻き込まれる。早期では，依存症者の社会生活が損なわれないように，周囲の人間が問題を小さくするよう協力・援助してしまう傾向があり，飲酒による借金の肩代わりや，酔いつぶれているのを迎えに行ったり，酔って散らかしたり壊したものを片づけてきれいにしたり，二日酔いなどで欠勤する電話をしたりするなどの「飲酒問題の後始末」「尻拭いをする」などがある。このような援助を依存症者におこなっている者がイネイブラー（支え手）で，その行為をイネイブリングという。

［井上俊孝］

♧井上友一（1871-1919）

明治一大正時代の官僚，1915（大正4）年に東京府知事になっている。1918年の米騒動時期には，公設廉売市場および簡易食堂を開設するなど，感化救済事業や地方改良運動等を推進させ，地方行政の基礎づくりに尽力した。明治期における地方自治研究の中心人物であり，わが国の近代化における地方自治理論の創案者といえる。地方自治充実の方策を示すなど日本社会事業理論の形成に大きな影響を与えた。主要著書は『救済制度要義』『自治要義』などである。

［新田博之］

♧EPA（Economic Partnership Agreement；経済連携協定）

経済連携協定は，経済条約のひとつで，自由貿易協定（FTA）を柱として，貿易の自由化や円滑化を進めている。投資，人の移動，知的財産の保護や競争政策におけるルール作り，さまざまな分野での協力の要素等を含む，幅広い経済関係の強化を目的としている。経済活動の連携の強化と観点から，経済連携協定（EPA）に基づき，公的な枠組みでインドネシアとフィリピンから日本の入管法が規定する「特定活動」として，看護師・介護福祉士候補者を特例的に受け入れている。

［福﨑千鶴］

♧EBM（Evidence-Based Medicine）

1991年，ガイアット（Guyatt,G.H.）が「Evidence-Based Medicine（EBM），根拠に基づいた医療」に則った診断方法を提唱した。その後，サケット（Sackett,D.L.）によって「個々の患者のケアにおける意思決定において，現時点で入手可能な最新で最良の根拠を明示的に思慮深く利用すること」と定義された。EBMの手順は患者の問題を抽出・定式化し，情報収集から得た最新のエビデンスを批判的に吟味した後に患者に適用し，そのプロセスを評価するというものである。現在，EBMは医療分野のみならず，政策や社会福祉の分野まで広く普及している。

［田原美香］

♧イミプラミン（imipramine）

最初に開発された抗うつ薬。化学構造式に，ベンゼン核を2つ含む3つの環を有する構造をしているため，三環系抗うつ薬と呼ばれる。憂うつな気分をやわらげ，意欲を高める薬。子供の夜尿症の治療にも用いられることがある。また，不安や緊張した気分をほぐして，気持ちを楽にすることから，うつ病のほか，パニック障害や過食症などいろいろな心の不具合に応用される。脳内の神経伝達物質であるノルアドレナリンやセロトニンの量を増やし，神経の働きをよくする。ノルアドレナリンの増加は「意欲」を高め，セロトニンの増加は不安感をやわらげ「気分」を楽にするといわれている。主な副作用として抗コリン作用（口渇，便秘）やめまい，ふらつき，立ちくらみ，眠気などがある。

［中川美幸］

♧医療観察法⇒心神喪失等の状態で重大な他害行為を行った者の医療及び観察等に関する法律

♧ 医療観察法鑑定（いりようかんさつほうかんてい）

医療観察法により審判を行うにあたって，必要な情報や判断材料を得るために行われるものである。地方裁判所は精神保健判定医の中から鑑定医を選び，鑑定医に診断等を命令する。対象者は原則として鑑定入院をすることとなり，鑑定医は，精神障害の類型，過去の病歴，現在及び対象行為を行った当時の病状，治療状況，病状及び治療状況から予測される将来の症状，対象行為の内容，過去の他害行為の有無及び内容並びに当該対象者の性格を考慮しながら鑑定を行う（医療観察法第37条2項）。併せて，鑑定医は，医療観察法における医療の必要性について「疾病性」「治療反応性」「社会復帰要因」の評価軸と過去・現在・未来といった時間軸を組み合わせて検討し，意見を付すこととなっている。［茶屋道拓哉］

♧ 医療計画（いりようけいかく）

医療法30条の4には，都道府県は，地域の実情に応じて医療提供体制の確保を図るための計画（以下「医療計画」という）を定めるものとする，とされている。医療計画で掲げる事項としては，医療連携体制の事項，広範かつ継続的な医療の提供が必要と認められる疾病に関する事項，救急医療等確保事業（救急医療，災害時における医療，へき地の医療，周産期医療，小児医療等）の事項，居宅等における医療の確保に関する事項，その他などである。［門田光司］

♧ 医療審議会（いりようしんぎかい）

医療法第72条に基づいて，都道府県における医療提供体系に関する事項を調査審議するために設置されるもの。審議会は，医師，歯科医師，薬剤師，医療サービスを利用する人および学識経験者から都道府県知事が任命する30人以内の委員によって組織される。主な審議事項は，地域医療支援病院の承認，医療計画の作成・変更，病院の開設等に係る勧告，医療法人の設立・合併・解散の認可などである。審議会では，必要に応じ，専門委員や部会を設置することができる。

［山田美保］

♧ 医療人類学（いりようじんるいがく）

文化現象としての病いと健康を人類学の方法論を通して考察する学問体系をいう。近代医学ではあたりまえと考えられている病気への対応が，すべての社会で受容されるわけではない。また，近代医学では「病気でない」と診断される人が，社会によっては「病気だ」と考えられていることもある。医療人類学はこのような現象を理解するための学問体系であり，身体にかかわる文化的事象を研究しようとする人類学の学問的立場と，よりよい生活の質をもとめる近代医療の社会実践が折衷的に融合したものとみてよい。［笠野華代］

♧ 医療ソーシャルワーカー（いりょうソーシャルワーカー）

医療ソーシャルワーカー（Medical Social Worker：MSW）とは，学問基盤を社会福祉学に置きながら病院等の医療機関に所属し，入院及び通院患者やその家族等からのさまざまな相談にあたる専門職である。近年では診療報酬の影響も受け，社会福祉士有資格者の配置が進んでおり，地域医療連携室や医療福祉相談室等（名称はさまざま）に勤務している。MSWの主な業務は，医療ソーシャルワーカー業務指針（厚生労働省健康局長通知，2002年）に示されており，病院等の管理者による監督の下で，①患者の療養中の心理的・社会的問題の解決，調整援助，②退院援助，③社会復帰援助，④受診・受療援助，⑤経済的問題の解決・調整援助，⑥地域活動を行うことが示されているが，あくまでも指針であり，多様な役割も求められている。なお，精神科病院には，精神保健福祉士が配置されており，相談支援や退院調整等の精神科ソーシャルワークに取り組んでいる。［本郷秀和］

♧医療ソーシャルワーク（いりょう）

(Medical Social Work)

1895年にロンドンのロイヤル・フリー病院に，最初の医療ソーシャルワーカー（当時は病院アルモナーと呼ばれた），メアリー・スチュワート（Stewart, M.）が雇用された。アメリカでは1905年に，マサチューセッツ総合病院でリチャード・クラーク・キャボット（Cabot, R.C.）博士がガーネット・ペルトン（Pelton, G.）（６か月で退職）とアイーダ・キャノン（Cannon, I.）（40年間勤務）を医療ソーシャルワーカーとして最初に採用した。日本では1929年に，アメリカで学んだ浅賀ふさが聖路加国際病院に採用され，医療ソーシャルワークを導入した。医療ソーシャルワークは，保健医療機関において，社会福祉の立場から患者やその家族の方々の抱える経済的・心理的・社会的問題の解決，調整を援助し，社会復帰の促進を図っていく。［門田光司］

♧医療扶助（いりょうふじょ）

医療扶助は，生活保護の種類の一つであり，生活保護法第15，34条において規定されている。医療扶助は，原則として現物給付によって行われる。現物給付のうち，医療の給付は，医療保護施設または生活保護法第49条の規定により指定を受けた医療機関にこれを委託して行うこととされている。医療扶助のための保護金品は，被保護者に対して交付される。その内容は，困窮のため最低限度の生活を維持することができない者に対する，①診察，②薬剤または治療材料，③医学的処置，手術及びその他の治療並びに施術，④居宅における療養上の管理及びその療養に伴う世話その他の看護，⑤病院または診療所への入院及びその療養に伴う世話その他の看護，⑥移送である。［大山朝子］

♧医療扶助審議会（いりょうふじょしんぎかい）

生活保護法に基づく医療扶助の適正実施を図るため，生活保護の給付を行う自治体に置かれる。生活保護法第34条「医療扶助の方法」の項目に基づき，生活保護法による要保護者への医療の給付に関する要否などの事項について審査を行った上で，給付を行う自治体の首長の諮問に応じる。医師，福祉従事者，学識経験者，自治体職員の中から構成員が自治体より委嘱される。概ね委嘱期間は２年である。［中條大輔］

♧医療法（いりょうほう）

日本の医療供給体制の基本的な法律となるのが，1948（昭和23）年に制定された医療法である。この法律は，病院，診療所，助産所などの医療施設に関し，その開設，管理・整備，規模，人員などの基準が定められたものである。病院，診療所，助産所の定義に始まり，医療法人等について規定されている。医療を受ける者の適切な選択及び安全を確保するために必要な事項を定めることにより，医療を受ける者の利益の保護及び良質かつ適切な医療を効率的に提供する体制の確保を図り，もって国民の健康の保持に寄与することを目的としている。少子高齢化の進展，国民の多様なニーズへの対応から，日本の保健医療福祉政策は大きく変化している。それに伴い第１次から第８次に渡り医療法が改正されている。［梶原浩介］

♧医療保障（いりょうほしょう）

医療保障とは，国民の基本的人権としての健康に対する権利保障の制度的枠組みで，国民の健康の維持・増進・回復を目的として，そのために傷病などの予防と，傷病に罹った場合にはそれを治療し，後遺症などについてはリハビリテーションによって自立を援助するなどを国民のすべてに保障する社会的な仕組みである。医療保障という概念は，1956（昭和31）年の社会保障制度審議会における「医療保障制度に関する勧告」において明確化され，以後の諸制度に反映することとなる。年金などの現金給付とは異なり，医療サービスの利用が保障される必要があるため，医療機関・看護師等の医療従事者による医療提供体制の整備を前提にしたうえで，医療保険制度等によって医療サービスに要する費用の相当部分が保障される。医療保障の方式は国により異なり，ドイツやフランスはわが国同様，社会保険方式であるが，イギリスはNHS（国民保健サービス）という社会扶助方式を採っている。［田中弘子］

♧医療法人（いりょうほうじん）

医療法の規定に基づく病院，診療所，介護老人保健施設を開設することを目的とした法人である。医療法人は，その形態によって社団医療法人と財団医療法人に区分される。社団医療法人は，定款において出資持分に関する規定しているか否かによっても区分される。定款で出資持分を設ける社団医療法人を出資持分のある医療法人という。出資持分のある医療法人は，第５次医療法改正によって新設が認められなくなり，既存法人については経過措置により存続可能となった。また，出資持分のある医療法人のうち，社員の退社時の出資持分の払戻しや法人の解散に伴う残余財産分配の限度額を定款に定めている場合は，出資額限度法人として区分される。出資持分のない医療法人は，医療法を根拠とする基金拠出型法人，社会医療法人と租税特別措置法を根拠とする特定医療法人に分類される。［山田美保］

♧医療保険制度（いりょうほけんせいど）

社会保険における一分野で，傷病を保険事故として扱う制度の総称。1961（昭和36）年に国民健康保険法が改正され，わが国では国民皆保険体制が確立され，国民すべてが何らかの医療保険制度に加入し，病気やけがをした場合に医療給付が受けられることとなった。医療保険には，サラリーマンが加入する被用者保険（職域保険），自営業者・サラリーマンOBなどが加入する国民健康保険（地域保険），75歳以上の人が加入する後期高齢者医療制度がある。さらに被用者保険は職業によっていくつかの種類があり，主に民間企業のサラリーマンが加入する健康保険組合と全国健康保険協会（協会けんぽ），公務員等が加入する共済組合がある。これら医療保険制度は公的年金制度とともに社会保障制度の根幹をなすものである。［田中弘子］

♧医療保護施設（いりょうほごしせつ）

生活保護法第38条に基づく保護施設の一つであり，医療を必要とする要保護者に対して医療の給付を行うことを目的としている。設置主体としては，都道府県，市町村，社会福祉法人，日本赤十字社に限られている。医療保護の単独の施設ではなく，指定病院や診療所の許可病床であるため，独立した施設というよりも，病院に付随する機能の施設で，医療扶助の指定医療機関が増加する中で，医療保護施設の存在意義が問われている。［田中弘子］

♧医療保護入院（いりょうほごにゅういん）

「精神保健及び精神障害者福祉に関する法律（精神保健福祉法）」第33条で定められている入院形態である。「医療保護入院」では「精神科病院の管理者は，次に掲げる者について，保護者の同意があるときは，本人の同意がなくてもその者を入院させることができる」としている。「次に掲げる者」とは，指定医による診察の結果，精神障害者であり，かつ，医療及び保護のため入院の必要がある者等で，任意入院が行われる状態にないと判定された者である。　［門田光司］

♧イレオストミー（回腸人工肛門）

消化管の疾患などにより便を排泄するために，手術によって腹部に造設された消化管排泄孔（消化管ストーマ）のうち，回腸（小腸）を腹部に開口させたものをいう。これにより，肛門からの排泄に代わり，ストーマ（人工肛門＝手術によって腹壁に造られた排泄口）から排泄することになる。一般的には腹部の右側に造設される。回腸（小腸）を排泄口とするため，水分の吸収が行われておらず（水分の吸収は大腸で行う），一日に約800mlの電解質を含んだ水様便が排出されるため，電解質のバランスが崩れ，ふらつき，気分不快，脱水等に注意が必要である。なお，ストーマは肛門や尿道口のように括約筋がないことにより，排泄を我慢することができないため，ストーマ装具を用いて排泄の管理を行う。

［岩崎房子］

♧岩永マキ（1849-1920）

明治大正時代の社会福祉事業家。長崎県生まれ。1870（明治３）年キリシタンへの弾圧により，岡山鶴島に送られるが，1873（明治６）年キリシタン弾圧停止により，岡山から浦上に帰る。1874（明治７）年，赤痢や天然痘の流行に際しド・ロ神父に協力して救護活動を行い，同年孤児の養育を始める。1877（明治10）年には女子修道院浦上十字会を創立し，会長に就任。共同生活をしながら，孤児救済において献身的活動を行った。その偉業は，その後長崎の聖婢姉妹会の社会福祉事業として発展し，現在に至っている。　［大山朝子］

♧インクルーシブ教育システム

「障害者の権利に関する条約」第24条によれば，「インクルーシブ教育システム」（inclusive education system）とは，人間の多様性の尊重を強化し，障害者が精神的及び身体的な能力等を可能な最大限度まで発達させ，自由な社会に効果的に参加することを可能とするという目的の下，障害のある者と障害のない者が共に学ぶ仕組みをいう。そこでは，障害のある者が一般的教育制度（general education system）から排除されないこと，自己の生活する地域において初等中等教育の機会が与えられること，個人に必要な「合理的配慮」が提供される等が必要とされている。文部科学省は，2012（平成24）年「共生社会の形成に向けたインクルーシブ教育システム構築のための特別支援教育の推進（報告）」にて，今後，インクルーシブ教育システムを推進していくとしている。［門田光司］

♧インクルージョン（inclusion）

障害の有無にかかわらず，すべての子どもが通常の学校で教育を受けるためには一人ひとりのニーズに合った適切な支援を行う必要があるという考え方である。これは1980年代にアメリカの特殊教育の分野で急速に広まった。わが国における戦後の障害児教育は学校教育法に位置づけられ，障害別に分離され提供されていた。その後，障害児教育が義務教育となり，障害の程度に応じ特別な場で指導する特殊教育体制となった。しかし，1994年特別ニーズ教育に関するサマランカ宣言が出され，日本の障害児教育はインクルージョンへと転換を図ることとなる。サマランカ声明では，特別な教育ニーズをもつ子どもにはニーズに添って地元の通常の学校へのアクセスの確保が教育を受ける権利の保障であるとした。これにより，わが国の障害児教育も通常の学級に在籍する学習障害や高機能自閉症などのある子どもを含め，一人ひとりの教育的ニーズに沿った適切な支援を提供する特別支援教育体制へと移行した。
［林　眞帆］

♧因子分析（いんしぶんせき） (factor analysis)

1904年にスピアマン（Spearman, C.）によって提案された，いくつかの観測変量間における，共通の要因（共通因子）を探り出す分析手法のこと。データを潜在因子に分解し，共通の要因に注目する。主因子法などを用いて因子負荷量を算出し，プラス・マイナスや絶対値の大きい観測変量に，それぞれの因子に意味づけを行う。主成分分析とよく似ているが，主成分分析がいくつかの変量を統合化するのに対し，因子分析は，それらの変量のもとにある共通の要因に注目している。
［秋竹　純］

♧インスリン (insulin)

膵臓のランゲルハンス島のβ細胞より分泌されるホルモンのこと。インシュリンともいう。生体内においてエネルギー源であるブドウ糖を細胞内に取り組むことで血糖を降下させる唯一のホルモンである。三大栄養素の一つである糖（ブドウ糖）を体の細胞が利用する際に重要な役割を果たす。インスリンは血糖降下作用以外にも，血液中の余分なブドウ糖をグリコーゲンに変え，肝臓や筋肉に蓄えたり，脂肪組織に中性脂肪として蓄える働きや必要なときにグリコーゲンをブドウ糖に変える働きを行っている。免疫異常やウイルス感染などでランゲルハンス島β細胞が破壊されインスリンが分泌されない場合（Ⅰ型糖尿病＝インスリン依存型糖尿病）や，過食や運動不足などによりインスリンの絶対量が不足する場合（Ⅱ型糖尿病＝インスリン非依存型糖尿病）などは，食物を摂取しても体がブドウ糖を利用することができず，血液中の血糖値（ブドウ糖濃度）が上昇する。
［岩崎房子］

♧陰性症状（いんせいしょうじょう）

統合失調症の症状であり，陰性症状のほかに陽性症状がある。代表的な陰性症状には，意欲・気力が減退する，喜怒哀楽等の感情表現が乏しくなる，周囲のことに関心を示さなくなる，家に引きこもるようになるなどがある。陽性症状は適切な薬物療法において回復する場合が多く，一方，陰性症状は薬物療法の効果が乏しく，その多くは寛解期に現れるためリハビリテーションなどが重要となる。
［畑　香理］

♧陰性症状評価尺度（いんせいしょうじょうひょうかしゃくど） (Scale for the Assessment of Negative Symptoms：SANS)

統合失調症の陰性症状を定量的に評価するための尺度として，1982年にアンドレアセン（Andreasen, N.C.）によって発表された。尺度は，５つの症状（Ⅰ情動の平板化・情動鈍麻，Ⅱ思考の貧困，Ⅲ意欲・発動性の欠如，Ⅳ快感消失・非社交性，Ⅴ注意障害）に関する30の下位項目で構成されており，０（なし）から５（最重度）の６段階で評価する。原著は，全項目の合計ではなく，各症状の下位項目の合計（下位尺度得点）を用いて総合的に評価することを推奨している。
［山田美保］

♧インターグループワーク説（せつ）

ニューステッター（Newstetter, W.I.）により提起されたコミュニティ・オーガニゼーション技法の一つで，地域内の組織や集団から民主的に選ばれた代表者が集まり，協議し，計画を立てて実行していくことをいう。地域社会においてさまざまな機関・団体・組織を巻き込んで共通した目標のもとに活動をすすめ，実行していくうえで効率的な方法と

い

して用いられる。　[倉田康路]

♧インターネット調査(ちょうさ)

インターネットを利用した市場調査のことであり,「インターネットリサーチ」「WEB 調査」とも呼ばれる。インターネット調査の主な手法としては,予めリサーチ会社にモニター（パネル）として登録されているユーザに対し,メールなどを通じて回答を依頼する。インターネット調査のメリットとしては,調査コストが低く抑えられ,調査票の配布や回答の回収が速い。また,大規模な調査を行うことができる等があげられる。一方,デメリットとしては,調査対象がインターネット利用者に限定されるため,母集団に対して調査漏れが生じやすい,回答の信頼性を担保することが難しい等があげられる。　[寺島正博]

♧インターベンション
(intervention)

社会福祉分野においては,一般システム論の導入後,個人と環境へのソーシャルワークによる個人や集団,地域の問題解決の目標達成のために行われる援助過程を指し,「介入」と訳される。従来のソーシャルワーク過程における治療や処遇の段階に相当する。介入の目的は,個人のウェルビーイングの増進をめざし,社会の変革を進め,人間関係上の問題解決を図り,人びとのエンパワメントと解放を促進することである。つまり,人間の行動と社会システムに関する理論などを活用し,人びとがその環境と相互に影響し合う接点にソーシャルワーカーは介入する。危機介入,認知行動療法などによる認知・行動への介入から,社会システムやネットワークへの介入など多種多様である。　[益満孝一]

♧インテグレーション
(integration)

「統合化」といわれ,障害の有無にかかわらずに共に生活するノーマライゼーションの理念を具体的に展開するうえでの原則の一つとされている。現在,施設を中心とした障害者福祉から居宅を中心とした地域生活での障害者の自立支援を促進し共生社会の実現が求められている。つまり,地域社会で障害のある人と健常者を分離するのではなく,あらゆる機会を通して,相互に就学・就労・自立生活できる可能性を追求する統合化が重要である。この障害者の完全参加と平等は,差別や偏見がある社会の中で,障害者がひとりの人間として尊厳を有し,権利と義務を有するという人間尊重の理念であり,その発展がインクルージョンといわれる。　[益満孝一]

♧院内保護(いんないほご)／院外保護(いんがいほご)

イギリス救貧法で用いられた貧民の救済方法である。貧民を労役場において収容保護することを院内保護というのに対し,施設の門戸の外,すなわち貧民の居宅で救済する方法を院外保護という。1782年には有能貧民に対する就労斡旋による院外保護の道を開いたギルバート法（Gilbert's Act）が制定された。さらに,1795年のスピーナムランド制度（Speenhamland System）による賃金補償は,院外保護の一層の拡大に貢献した。しかし,1834年の新救貧法（改正救貧法）では,再び有能貧民の院外保護が禁止され（労役場収容原則）,同時に劣等処遇の原則,全国的統一基準の原則が確立した。これらの原則は,1948年の国民扶助法成立時まで存続した。　[齊藤　優]

♧インフォーマル・ケア

(informal care)

家族，親族，友人，近隣，ボランティア，地域社会などが行う非公式な援助の総称である。インフォーマル・ケアはフォーマルケアを補完する社会資源の一つとして位置づけられており，要援護者のおかれた環境や状況に応じて柔軟な取り組みが可能である。 ［福﨑千鶴］

♧インフォーマルサービス

(informal service)

国や地方公共団体等の行政組織が各種の法制度（介護保険制度や医療保険制度等）に基づき提供する公式なサービス（フォーマルサービス）とは違い，行政が関与できない非公式なサービスの総称を意味する。わが国では，主に福祉活動に取り組むNPO法人やボランティア団体，市民活動団体等の民間組織がインフォーマルサービスの中心的担い手となっているが，福祉サービス利用者の家族，友人や知人等によるボランティア的支援も考えられる。特徴として，制度では充足困難な利用者のニーズに柔軟に応えようと，インフォーマルサービスを自発的に提供する場合が多いため，専門性の確保が困難になりやすい面もある。具体的には，有償・無償で行うひとり暮らし高齢者のゴミ出しや買い物支援，話し相手や見守りなど，さまざまなサービスが考えられる。 ［本郷秀和］

♧インフォーマルサポート

(informal support)

生活上に困難を有する個人に対して社会的な支援を行う際に構築される関係がソーシャルサポートであり，インフォーマルサポートはそのソーシャルサポートのうち個人を取り巻く家族，友人，知人，隣人など専門家ではない援助者によって構成されるインフォーマルな支援関係をいう。インフォーマルサポートは，福祉・保健・医療などの専門職や機関・施設・団体などによって構成される支援関係としてのフォーマルサポートとともに地域での生活支援をすすめていくうえで重要なサポートといえる。

［倉田康路］

♧インフォームド・コンセント

(informed consent)

十分な説明に基づく同意と訳されている。医師が患者に対して病状や治療内容，さまざまな治療方法と治療に伴うリスクや予後，さらに治療を拒否した場合の結果などについてわかりやすく説明し，治療に対する患者の同意を得ること。患者の自己決定を重視するという立場から一歩進んで，患者の権利という点から，法的には医師の「説明義務」としてとらえられるようになってきている。高齢者の場合，視力や聴力の低下，麻痺等に伴う身体的能力の低下や発語など意思疎通の困難さ。また，認知症の場合，コミュニケーションをとるうえで難しい点等があるが，絵や文字を使用するなど，極力患者本人に伝えるように努力をすることが大切である。福祉サービスの利用などにおいては，とくにこの点は利用者との信頼関係を保つ上からも重要であり，個別化を図るという観点からも，さまざまな援助のあり方が検討されてきている。 ［田中安平］

う

♧ウィニコット，D.W.（Winnicott, Donald Woods；1896-1971）

イギリスの小児科，精神科医。独立学派の精神分析家で，移行対象論が有名である。彼は母子関係の発達において，「絶対的依存期」（生後0か月～生後6か月），「移行期」（生後6か月～1歳頃），「相対的依存期」（1歳頃～3歳頃），「独立準備期」（3歳以降）の段階を考えた。この段階で，とくに全面的な母親への依存が弱まっていく過渡期の移行期では，不安が高まったときに子どもが不安を和らげるために，今まで遊んでいたぬいぐるみや人形，玩具，おしゃぶり，毛布，ハンカチなどが愛着の対象となる。この対象を「移行対象」（transitional object）といい，彼が提唱した概念である。子どもはこの移行対象に十分戯れることで，母親からの精神的自立を発達させていくとする。 ［門田光司］

♧ヴィンター，R.（Vinter, Robert；1918-2006）

1940年代から1950年代における集団援助技術（グループワーク）の実践モデルとして，「治療モデル」が発展してきた。ヴィンターはこの「治療モデル」の推進者であり，治療モデルはグループに参加するメンバーの治療や矯正を目的とし，とくにグループワーカーの積極的なグループへの介入と個人の変化に影響力をもつグループの力動が治療に効果的であるという考えを提唱した。 ［門田光司］

♧ウィンチ，P.（Winch, Peter；1926-1997）

イギリスの哲学者。社会科学，ウィトゲンシュタイン研究，倫理学，宗教哲学に貢献した。ウィンチは，著書『社会科学の理念』（1958）で社会科学の研究における自然科学的方法の有効性を否定し，社会の研究は認識論的・哲学的研究であるべきであると主張した。 ［矢部　航］

♧ウェクスラー式知能検査（しきちのうけんさ）（Wechsler Intelligence Scale for Children：WISC）

ウェクスラー（Wechsler, D.）によって開発された児童向けの知能検査。一般に，WISC（ウィスク）といわれる。1949年にWISCが発表された後，WISC-R，WISC-Ⅲ，WISC-Ⅳが開発され，それぞれ日本版も開発されている。この検査の目的は，検査結果のプロフィールを分析することで，個人の知能の構造を把握していくことにある。近年では，学習障害の診断にも活用されている。ウェクスラーは知能を，「知的要因（抽象的思考・問題解決能力等）と非知的要因（意欲・忍耐力等）の総合的な能力」ととらえている。対象年齢は5歳から16歳11か月とされ，偏差IQを使用している。 ［蓑毛良助］

♧ウェクスラー成人知能検査（せいじんちのうけんさ）（Wechsler Adult Intelligence Scale）

ウェクスラー（Wechsler, D.）によって開発された成人用の知能検査。一般にWAIS（ウェイス）といわれる。1995年に発表された後，WAIS-R，WAIS-Ⅲが開発され，それぞれ日本版も開発されている。対象年齢は，16歳から74歳とされ，偏差IQを使用している。 ［蓑毛良助］

♧上田敏（うえださとし）（1932-）

福島県出身。医学博士。1964（昭和

39）年ニューヨーク大学リハビリテーション医学研究所留学。帰国後，創設間もない東大病院リハビリテーション部に専属医として勤務。東大教授，同リハビリテーション部部長，帝京大学教授，帝京平成大学教授を経て，現在，日本障害者リハビリテーション協会顧問。リハビリテーション医学の権威である。著書に『リハビリテーションの思想—人間復権の医療を求めて』（1987），『脳卒中のリハビリテーション』（1990），『科学としてのリハビリテーション医学』（2001）等，多数。［田畑洋一］

♧ウェッブ夫妻（ふさい）

（Webb, Sidney；1859-1947, Webb, Beatrice；1858-1943）

ウェッブ夫妻は，どちらもイギリスの社会学，経済学の研究者，社会民主主義者。夫妻で多数の共著を著し，『産業民主制論』（1897）ではナショナル・ミニマムの概念を提唱した。救貧法に関する王立救貧法委員会のメンバーでもあり，少数派の意見をまとめた「少数派報告」（1909）では失業対策等を提案し，救貧法の改革を訴えた。労働組合等の研究を行うほか，フェビアン協会の中心的存在であった。イギリス労働党の創設に関わり，夫シドニーは労働党内閣で商務相や植民相を務めるなど社会面や政治面で幅広く活躍した。［隈　直子］

♧ヴェーバー，M.

（Weber, Max；1864-1920）

19世紀後半から20世紀はじめにかけて活躍したドイツの社会科学者。多大な業績を残し現代社会学の確立者といわれている。ヴェーバーは，歴史上初めて西洋に出現した近代社会の本質は合理主義にあるとし，歴史の合理化過程の解明を学問的関心の中心に据えていた。たとえば，ヴェーバーの著作の中でも最も有名な『プロテスタンティズムの倫理と資本主義の精神』では，プロテスタンティズムの倫理に支えられた禁欲的生活態度が生活営為の徹底的な合理化をもたらし，それがやがて西洋における近代資本主義を成立させた過程が論じられている。こうした分析の基礎となる社会学的方法論として，ヴェーバーは「理解社会学」を提唱した。理解社会学は，歴史の動きを個人の社会的行為の主体的動機から把握しようとするもので，ヴェーバーが示した社会的行為の４類型（目的合理的・価値合理的・伝統的・感情的）はその後の社会学的行為論の出発点となっている。［村山浩一郎］

♧ウェルナー症候群（しょうこうぐん）

思春期以降にさまざまな老化徴候が出現することから，代表的な早老症候群の一つに数えられる常染色体劣性遺伝病であり，成人性プロジェリアと呼ばれることもある。なお，本症は，難病疾患に指定されている。1904年にオットー・ウェルナー（Werner, O.）により，「強皮症を伴う白内障症例」として，アルプス地方居住の４人兄弟の症例が初めて臨床報告された。患者は低身長，低体重，白髪，両側性白内障，皮膚の硬化・萎縮，嗄声（させい）（かすれた声）などの外観を呈し，臨床像として耐糖能低下，骨粗鬆症，性腺機能低下，尿中ヒアルロン酸量の増加が顕著である。多くの場合，平均40～50歳で動脈硬化もしくは悪性腫瘍が原因となる疾患によって死亡する。世界各地で約1,200例の症例報告がされているが，そのうちの８割が日本人であり，日本人10万人に対し３人が本症の患者であるといわれている。原因は解明されつつあるが，現状はビタミン剤の投与などの対症療法が主だったものとなっている。今後，遺伝子治療など，根治療法が開発されることが望まれている疾患である。［岩崎房子］

♧ウェルニッケ失語

感覚性失語症ともいう。ブローカ失語症（運動性失語症）と並ぶ失語症で，左側頭葉の損傷によって生じる。流暢で錯語が目立つ発話，理解障害，復唱障害を特徴とする失語である。視野障害以外の神経症状は伴わず，失語が表立つ例が多い。発話は，構音と抑揚に問題はなく，話す文の長さも保たれているが，内容は質問や状況に合わないことが多い。また，言いたいことを思い出すことが困難なことや発話量の割にしっかりした内容や実質がない発話のこともある。急性期には，しばしば多弁であり，他者が遮らない限り喋り続ける語漏を呈することがある。［岩崎房子］

♧ウェルニッケ脳症

ビタミンB_1（チアミン）の欠乏によって脳が障害される疾患で，代表的な症状は，眼球運動障害・運動失調・意識障害である。本症は，ビタミンB_1の欠乏のみでも発症するが，アルコールの多飲やインスタント食品の偏食などによる栄養の偏りなども発症要因となる。その他，長期の点滴治療で点滴中にビタミンB_1が投与されなかったために発症した例も報告されている。慢性期になると，見当識障害，健忘，記銘力障害などが主体となる。治療は早急にビタミンB_1を投与することで，早ければ早いほど効果が期待できる。［岩崎房子］

♧ウェルビーイング（well-being）

WHO憲章前文において，健康は，「病気や虚弱でないことを意味するのではなく，身体的，精神的，そして，社会的によりよい状態で機能していること（well-being）を意味する」とされている。またリフ（Ryff, C.D.）（1989）は，人生全般における肯定的な心理機能として心理的ウェルビーイングを提唱し，人格的成長（新たな体験に挑戦し続け，自身が成長し続けているとの感覚を持つこと），人生の目的（人生に意味のある目的や方向性を見出していること），自律性（他者の評価を過度に気にすることなく，内的に行動を調整できる感覚），環境調整力（環境に圧倒されることなく，自身で最適な環境を作り，コントロールできる感覚），自己受容（長所も短所も含めて自己を受け入れ，前向きな態度を示すこと），積極的な他者関係（暖かく，満足でき，信頼できる人間関係を構築しているという感覚）の6次元から構成されるとした。［西山雅子］

♧ウェルフェア（welfare）

一般的に，公的扶助や公的サービスによりもたらされる個人や社会の構成員の幸福を意味する。そのため，障害の有無にかかわらず誰もが地域社会の一員として自立した生活を営めるよう社会福祉（social welfare）を目的とした事業（障害者支援施設・重症心身障害児施設・養護老人ホーム等の経営，保育所の経営，ホームヘルプ・デイサービス・相談事業など）が行われている。また，社会福祉に関する活動として，住民参加型のボランティアなどがあり，日本においては震災後の復興支援などの役割を担っている。［西山雅子］

♧ウェルフェアミックス⇒福祉多元主義

♧ヴォルフェンスベルガー，W.（Wolfensberger, Wolf；1934-）

ドイツの社会学者。ノーマライゼーションの理念をアメリカに導入した。ヴォルフェンスベルガーは障害者などの社会的マイノリティが保護や哀れみの対象として一般市民から下に見られるのではなく，社会的意識の面で一般市民と対等な立場とすることがノーマライゼーションのめざすべきことであると考えた。1983年にノーマライゼーションの原理にかわる新しい概念として「ソーシャル・ロール・バロリゼーション」を提唱。「ソーシャル・ロール・バロリゼーション」とは，社会的に低い役割が与えられている障害者などの社会的マイノリティに対して高い社会的役割を与え，なおかつそれを維持するために能力を高めるように促すことで社会的意識の改善をめざす概念である。 [村尾直也]

♧ウォルフェンデン報告（ほうこく）

民間財団の委託を受けた委員会によってまとめられ，1978年に「民間福祉組織の将来」として発刊された，民間福祉（ボランタリー）組織の将来のあり方について検討された報告書である。この報告では，社会福祉サービスの供給主体はソーシャル・ニーズを満たす，①インフォーマル部門，②公的部門，③民間営利部門，④民間非営利（ボランタリー）部門の４つの部門からなるとし，福祉多元主義を打ち出した。複雑化・高度化する社会の中で，民間福祉組織はソーシャル・ニーズを満たすだけでなく，広く市民参加を得るための手段や媒体として重要性が増すという見解であった。そのため公的サービスの主要な役割を認めながらも，民間非営利部門のメリットを積極的に評価し，さらに民間非営利部門と公的部門，民間非営利部門とインフォーマル部門との関係を重視した。

[飯干真冬花]

♧内田（うちだ）・クレペリン精神作業検査（せいしんさぎょうけんさ）

クレペリン（Kraepelin,E.）により考案された連続加算法を内田勇三郎らが内田・クレペリン精神作業検査として標準化したもの。本検査は３～９までの数字が１行に121個並記され，上下２段に17行ずつ印刷された検査用紙で実施される。検査は，15分実施・５分休憩・15分実施で行われる。結果の整理は，①各行の最終回答の数字を線で結び，「作業曲線」をつくる，②各行の計算の誤りを調べる，③各行の作業量から休憩前と休憩後の平均作業量を算出する，④作業量の段階を示す，である。検査結果の判定は，作業量段階の判定と曲線型の判定の２尺度で行われる。 [門田光司]

♧うっ血性心不全（けつせいしんふぜん）

うっ血とは，局所的な血液循環障害で，静脈血の局所からの流出が妨げられて，組織，臓器に血液が滞った状態である。心不全とは，さまざまな原因により心臓のポンプ機能が損なわれ，血液循環の機能が不十分となることで発生する。その結果，十分な量の血液が送り出されなくなり，血液が組織に貯留することで，うっ血が起きる場合があり，このような心不全をうっ血性心不全という。主な症状は，呼吸困難である。呼吸器の疾患でも呼吸困難の訴えは多くみられるが，心不全は肺のむくみ（肺水腫）に起因するため，就寝のため横になると息苦しくなるという夜間の発作性呼吸困難や，上半身を起こすと呼吸が楽になるという起座呼吸などが特徴である。うっ血性心不全を起こす背景には，虚血性心疾患（狭心症や心筋梗塞），高血圧性心疾患，弁膜症，心筋症などさまざまであるが，虚血性心疾患が最も多いといわれている。 [岩崎房子]

♧うつ病（びょう）

アメリカ精神医学会『精神障害の診断・統計マニュアル』（DSM-5）（2013）におけるうつ病の診断は，以下の９つの症状のうち①または②を含む５つ以上の症状があり，それが２週間以上続いている場合である。①ほとんど毎日の抑うつ気分，②ほとんどすべての活動における興味または喜びの著しい減退，③有意の体重減少，または体重増加，④ほとんど

え

毎日の不眠または過眠，⑤ほとんど毎日の精神運動焦燥または制止，⑥ほとんど毎日の疲労感または気力の減退，⑦ほとんど毎日の無価値観または過剰，不適切な罪責感，⑧思考力や集中力の減退または決断困難がほとんど毎日認められる，⑨死についての反復思考，反復的な自殺念慮または自殺企図。　［門田光司］

♧うつ病性仮性認知症（びょうせいかせいにんちしょう）

脳の器質的な障害である「認知症」とは異なり，治療や環境調整を行うことで改善することがある。症状としては，自覚のある物忘れや日時・場所等の状況把握の困難さといった「記憶力」の低下や，抑うつや不安感，イライラや焦燥感など「感情」の障害，想像力の低下や基本的動作の低下など「思考力」の低下が見られる。　［高口恵美］

♧うつ病性昏迷状態（びょうせいこんめいじょうたい）

抑うつ状態が強いときに見られる症状の一つである。正常な意識が失われ，刺激を与えても十分な反応が見られない状態であり，運動機能や精神活動の低下が見られる状態をいう。症状が重い場合は，食事や排せつなどもしなくなり，あらゆる刺激に反応しなくなることもある。　［高口恵美］

♧上乗せ（うわのせ）

介護保険制度において，厚生労働大臣が定めたサービスごとの区分支給限度額基準額を上回った介護サービスのことをいう。上乗せを行う趣旨としては，全国的に決められている区分支給限度基準額を条例で上乗せし，居宅サービス全体としての利用量を増やすなどの方策のためである。　［宮本隆文］

♧運営適正化委員会（うんえいてきせいかいいんかい）

社会福祉法第83条の規定に基づき，社会福祉，法律，医療等の学識経験を有する者で構成され，公正・中立な第三者機関として都道府県社会福祉協議会に設置されている。委員会には２つの役割があり，一つは福祉サービス利用援助事業が適正に行われているかを調査し，助言・勧告する。もう一つは各事業者に設置される第三者委員会で解決が難しい苦情に対応するとともに，利用者からの直接の申立てを受け，相談，助言，事実調査，当事者間のあっせんを行う役割である。委員会には，福祉サービス利用援助事業の運営監視事務を行う運営監視合議体と，第三者の立場から福祉サービスに関する苦情解決事務を担う苦情解決合議体が設置されている。　［石踊紳一郎］

♧運動性失語（うんどうせいしつご）

(expressive aphasia)

失語症の一つで，他者の話すことは理解できるが，自分の思っていることを言語に表現できない状態である。大脳（左前頭葉）の発語に必要な筋を支配する運動性言語中枢（ブローカ野）の損傷による。ブローカ失語症ともいう。脳梗塞，脳出血，外傷などの脳血管障害による中枢神経系の損傷によって起こることが多い。→感覚性失語症（ウェルニッケ失語）　［岩崎房子］

え

♧AA (Alcoholics Anonymous)

アルコホーリクス・アノニマスの略語であり，無名のアルコホーリクたちという意味である。飲酒の問題をもつ人たちが，互いの経験・力・希望を分かちあうことで問題を解決して，酒を飲まない生き方を身につけること，同じ問題で苦しむ人たちに回復の経験を伝えて，飲まない生き方ができるように手助けすることを目的とした自助グループである。プライバシーの保護，平等性の保持等のために名前や社会的地位等を語らず無名に留まることを原則とし，ミーティングでは，「言いっ放し，聞きっ放し」で互いの体験を語りあう。回復の指針として「12のステップ」，グループの指針として「12の伝統」をもつ。なお，この方法は，他の自助グループの活動に影響を与え，一つのモデルとなっている。1935年にアメリカで始まり180以上の国に広がった。日本語のミーティングは1975年に始まり，2018年現在，600以上のグループが存在する。 ［平　直子］

♧英国(えいこく)ソーシャルワーカー協会(きょうかい) (British Association of Social Workers：BASW)

イギリスのソーシャルワーカーの専門職団体を統括する組織のこと。1970年にソーシャルワーカーの専門性と資質の向上を図ることを目的として設立された。1973年には「専門職化」の第14動議が採決され，資格制の登録強化が行われた。独自の倫理綱領をもち，イギリスにおける社会福祉実践の中核として機能している。 ［池本賢一］

♧AGIL理論(りろん)

パーソンズ（Parsons, T.）が社会全般にわたる一般理論の構築に向けて開発した理論の一つ。社会を行為システムととらえ，その下位システムに経済システム，政治システム，統合システムなどをあげる。そして，社会システムを分析するために，４つの機能に分けた。Aは適応（Adaptation），Gは目標達成（Goal attainment），Ｉは統合（Integration），Ｌは潜在的パターンの維持・緊張処理（Latent pattern maintenance and tension management）である。このAGILによって社会システムの活動や維持，発展を分析しようとした。 ［四元真弓］

♧エイズ (Acquired Immune Deficiency Syndrome：AIDS)

厚生労働省「感染症法に基づく医師及び獣医師の届出について」では，後天性免疫不全症候群（エイズ）の定義を「レトロウイルスの一種であるヒト免疫不全ウイルス（human immunodeficiency virus：HIV）の感染によって免疫不全が生じ，日和見感染症や悪性腫瘍が合併した状態」としている。日和見感染症とは，免疫力が低下することによって生じる感染症のことである。そして，医師は患者の症状からエイズと診断した場合には，７日以内に保健所に届け出なければならない。 ［門田光司］

♧HIV（ヒト免疫不全(めんえきふぜん)ウイルス；Human Immunodeficiency Virus）

大きさは約0.1μm（0.0000001m）で，体を病原体から守るために重要な働きを行う細胞であるＴリンパ球やマクロファージ（CD４陽性細胞）などに感染し，これらの細胞を破壊していく。主な感染経路は性行為による感染，血液による感染，母子感染である。急性期には，発熱・咽頭痛・倦怠感・下痢など，風邪やインフルエンザに似た症状から，筋肉痛や皮疹などが出る場合もあるが，いずれも通常は数日から数週間で症状は自然に消失する。急性期を経て，無症状の時期が数年から10年程続く（無症候性キャリア期）。しかし，この期間には個人差がある。また，この時期は自覚症状がないため，HIVに感染している自覚がない。無症状であっても，体内ではHIVが増殖を続け，Ｔリンパ球やマクロファージ数の低下により免疫力は徐々に低下していく。保健所でHIV抗体スクリーニング検査を匿名で受けることができる。なお，HIV とエイズ（AIDS：後天性免疫不全症候群）は混同されることが多いが，HIV はウイルス名，エイズはその発病の状態を指し，意味が異なる。→エイズ（AIDS）　［岩崎房子］

♧ ADA（Americans with Disabilities Act of 1990；障害をもつアメリカ国民法）

アメリカにおける障害による差別を禁止する公民権法である。この法律により，1964年制定の公民権法にはなかった，障害者に対する差別に関する規定が制定された。特徴として，①障害者の定義，②差別の定義，③能力要件が掲げられている。2008年に改正 ADA AA（Americans with Disabilities Act Amendments Act of 2008）。この改正により，①障害の範囲を明確化，②緩和措置・矯正器具の取り扱い，③最大限広く解釈するべきことを明記，④みなされる障害への合理的配慮は不要等が掲げられた。

［江口賀子］

♧ AD/HD（Attention Deficit/Hyperactivity Disorder）⇒注意欠陥多動性障害

♧ ADL，IADL（日常生活動作）

食事，衣服の着脱，移動，排泄，入浴など，日常の基本的な生活動作を ADL（activity of daily living）といい，「ひとりの人間が独立して生活するために行う基本的な，しかも各人とも共通に毎日繰り返される，一連の身体的動作群」と定義づけられている。ADL よりも複雑な生活能力としての電話，遠くへの外出，買い物，炊事，その他の家事，金銭管理など，社会生活を送るための能力などの手段的日常生活動作を IADL（instrumental activity of daily living）という。高齢者の生活の全体性をとらえる視点として，ADL の評価のみに偏ることがないように留意する必要がある。

［村尾睦美］

♧ エイブス報告

イギリスにて1969（昭和44）年に公表された報告書。エイブス（Aves, G.M.）を委員長として，全国ソーシャルサービス協議会と全国ソーシャルワーカー研究所が社会福祉サービスにおけるボランティアの役割を検討した。報告書では，ボランティア活動とソーシャルワークの関係に着目し，専門家では担うことができないインフォーマルケアの展開方法を強調している。社会福祉サービスの拡大化に反して，人的資源であるソーシャルワーカーの供給が間に合わない社会的状況が背景となり，ボランティアの活用を図る必要性があったという指摘がなされ変更。行政と民間が協調した公私のパートナーシップを形成していく方向性が示されている。　［矢ヶ部陽一］

♧ 栄養機能食品

不足しがちな栄養素（ビタミン・ミネラル）の補給を目的とした食品で，栄養素の機能を表示するものをいう。主に，サプリメントや飲料水などに表示されている。表示には，特定の疾病や症状に対する効能はない旨の注意書きや，目安となる摂取量の記載，バランスの良い食事の啓発などの表記も義務付けられている。この表示は，2001（平成13）年に導入され，厚生労働省の設定した基準を含んでいれば，食品衛生法に基づき表示が可能である　［川﨑泰代］

♧ 栄養所要量

国民の健康の保持・増進と，生活習慣病の予防の為の標準となるエネルギー量と各栄養素の摂取量を厚生労働省が示したもの。健康増進施策，栄養改善施策等の基本となるもので，栄養指導や給食計画等の基準として利用されている。1970

(昭和45) 年の策定から5年ごとに改定され，第6次改定では，欠乏症を防ぐ必要量（所要量）とともに，過剰摂取による健康障害を防ぐ上限（許容上限摂取量）が設定され，総称して「食事摂取基準」とされた。［川﨑泰代］

栄養摂取量（えいようせつしゅりょう）

摂取した食品の種類と量を基に，どれだけ栄養素が摂取されているかを示したもの。栄養素のうち，細胞の主要構成物質であるタンパク質，炭水化物，脂肪を三大栄養素といい，三大栄養素にビタミンとミネラルを加えたものを五大栄養素という。日本人の栄養摂取量は毎年行われている国民健康・栄養調査として公表されている。栄養摂取量が不足の場合には欠乏症状が現れ，反対に過剰の場合には肥満や脂質代謝異常などの健康障害が現れる。［川﨑泰代］

駅型保育施設（えきがたほいくしせつ）

駅ビルや駅周辺の建物に設置された保育施設。1994（平成6）年度の「今後の子育て支援のための施策の基本的方向について（エンゼルプラン）」の一つとして，国が，こども未来財団を通じて助成を行ったことがその始まりとされる。助成事業は，2010年度に終了したが，その後も，ＪＲ各社等の鉄道会社が，地域の企業や民間保育施設と共同で開設し続けている。認可保育所もあればそうでない施設もある。通勤途中に送迎しやすく，延長保育や一時保育など，さまざまなニーズに合わせた保育を提供するところも多く，保護者にとって利便性は高いが，環境上，乳幼児にとって好ましい保育の場といえるのか，課題が残る。［川池智子］

エコシステム（ecosystem）

システム思考と生態学的視座を包括的に統合したソーシャルワークのメタ理論。前者は，組織学的で論理的，科学的な関係を中心にした組織体の構成など，全体を統合的にとらえる分析的な概念であるのに対し，後者は，人間や環境のもつ実体を，ありのままの生活体として価値志向も含めた生きざまとして実証的にとらえ，時間的空間的変化の認識から生活全体の内容を説明しようとする概念である。これらの特徴を併せもつエコシステムは，具体的な技術やアプローチを示すものではなく，ソーシャルワーク実践を方向づける羅針盤と考えられている。［河野高志］

エコマップ

(eco-map, ecological-map)

人間関係相関図，生態地図。エコマップは，一般システムや生態学などの理論的枠組みを基盤にしており，さまざまな生活上の課題を抱えたクライエントと関連する人（家族・友人等）や環境（機関・施設等）に関する情報を，地図のようにシステム的に図式化して表現する方法として，1975年にハートマン（Hartman, A.）により考案された。作成方法は，紙の中央部に円を描き，その内側に家族関係，外側に関係する人や環境を一定の線，矢印，円，記号などを用いて記していく。必要に応じて説明等も書き記すことで，クライエントを取り巻く人や環境の構成要素やそこから生じる交互作用の状況について理解を深め，援助課題を明確化していくことができる。また，エコマップの作成に当たっては，援助者だけでなく利用者も参加することで，より効果的・実際的なものを作り上げることが可能になる。［奥村賢一］

エコロジカル・アプローチ

(ecological approach)

エコロジカル・アプローチは，ジャーメイン（Germain, C.）とギッターマン（Gitterman, A.）が生態学理論を背景に構築したアプローチである。生態学理論は，生物と環境は相互に影響を与え合う関係であるという立場をとる。この視座を取り入れたエコロジカル・アプローチは，人間を環境と切り離した個人としてとらえるのではなく，環境との交互作用関係としてとらえる。言い換えれば，クライエントが直面するニーズや問題は，生活のなかで起こる「人と環境」の交互作用の結果として理解するものである。このようにエコロジカル・アプローチは，人と環境の接触面（interface）を焦点化することでソーシャルワークの対象を把握し，援助を行おうとするアプローチである。［林　眞帆］

♧ 壊　死

生体の一部の組織・細胞が死ぬこと。生体の組織や細胞は血液循環や神経の作用によって酸素や栄養分を得て生きているが，動脈硬化や血栓により心臓の筋肉組織に血液が供給されなくなって心筋梗塞を起こす血流障害，高熱による火傷，低温による凍傷，薬物，ウイルス感染，毒物，圧迫，電流，放射線，分泌物などといった，細胞を直接損傷し死滅させる因子によって，壊死の状態が生ずる。［岩崎房子］

♧ SSW ⇒スクール（学校）ソーシャルワーク

♧ SST（Social Skills Training；社会生活技能訓練）

SST は，「社会生活技能訓練」や「生活技能訓練」などと呼ばれる。カルフォルニア大学ロサンゼルス校のリバーマン（Liberman, R.）によって考案された訓練法である。Social Skills とは，社会の中で暮らしていくための技術のことをいい，具体的には，人に何かをお願いしたり断ったりするなどのコミュニケーションスキルや，歯を磨く，決まった時間に薬を飲む，洗濯や掃除をするなどの日常生活を営む上での生活スキルもテーマとして扱うことがある。SST は，古くから精神科デイケアなどの医療機関で用いられることが多かったが，最近では教育機関や矯正施設などでも用いられることがある。［大西　良］

♧ SCT（Sentence Completion Test；文章完成検査）

未完成な文章，たとえば，「子どもの頃，私は…」といった刺激文の続きを思いつくままに自由に書かせることで，個人のパーソナリティを診断する投映法の心理検査である。1897年，エビングハウス（Ebbinghaus, H.）が知能を測定するために開発したものといわれている。日本でよく使用される精研式 SCT には，年齢別に小学生用，中学生用，高校・成人用がある。刺激文は60項目から成り，パーソナリティの全体像を評価するために構成されている。［門田光司］

♧ ST（Speech-Language-Hearing Therapist；言語聴覚士）

音声機能，言語機能又は聴覚に障害のある者の機能の維持向上を図るため，言語訓練その他の訓練，これに必要な検査及び助言，指導その他の援助を行うことを業とする国家資格。言語聴覚士となるためには，高等学校卒業の場合，養成学校として認定された３～４年制の専門学校，３年制の短期大学，または４年制の大学に進学し卒業必要単位を取得することにより国家試験受験資格が得られ，その後，国家試験に合格することにより資格が得られる。［寺島正博］

♧ SDS（Self-Development System：自己啓発援助制度）

OJT，OFF-JT と並ぶ教育・研修の形態の一つで，職場内外での職員が必要とする自主的な自己啓発活動としての資格取得等の個人活動・自主勉強会等のグループ活動を，職場が研修として認め，時間的・経済的に支援したり，施設設備を提供することを認める制度。職員が自発的に動機付けを行い，個人別の年間育成計画として支援するもので，公平な機会と予算化が必要とされる。［平川泰士］

♧ SDGs（持続可能な開発目標；Sustainable Development Goals）

SDGsとは，2001（平成13）年策定のミレニアム開発目標（MDGs）の後継として，2015（平成27）年９月の国連サミットにて全会一致で採択された。地球上の「誰一人取り残さない（leave no one behind）」持続可能で多様性と包摂性のある社会の実現のため，2030（令和12）年までに目指す国際目標（17のゴール・169のターゲット等から構成）である。貧困，飢餓，エネルギー，気候変動，保健，教育，平和などわれわれが直面する世界的な課題に対して国際社会の一員として一人ひとりが行動に取り組む上での明確な目標となる。SDGsは発展途上国のみならず，先進国自身が取り組むユニバーサル（普遍的）なものであり，行政，民間の企業，医療機関，福祉関係機関，地域住民等による幅広い領域で目標実現に向け取り組まれている。

［梶原浩介］

♧ エスノメソドロジー（ethnomethodology）

人びとが日常生活で営んでいる諸活動を観察や記述を通して分析していく方法論である。この用語は，ガーフィンケル（Garfinkel, H.）がつくった造語である。エスノメソドロジーでは，日常生活でのさまざまな場面における社会秩序を解明していくために，日常会話などの詳細な「会話分析」などを通して究明していく。［門田光司］

♧ エスピン-アンデルセン，G.（Esping-Andersen, Gøsta；1947-）

デンマーク出身の社会学者。「脱商品化（労働市場に参加しない・できない状態において，生活を送ることができる条件が社会の中にどの程度確保されているか）」と「階層化（社会政策がさまざまな格差をどの程度固定化させているか）」の２つの指標をもとに福祉国家を類型化した。アンデルセンによると，福祉国家は，①個人の自由と責任が強調され，市場を重視する「自由主義的レジーム」（アメリカ合衆国，イギリスなど），②家族の役割が大きく，職域別の社会保険を中心とする「保守主義的レジーム」（ドイツ，イタリアなど），③脱商品化の程度が最も高く，所得再分配を通じて平等化が図られている「社会民主主義的レジーム」（スウェーデンなど）の３つに分類されるという。→脱商品化

［益田　仁］

♧ エディプス・コンプレックス（Oedipus complex）

３～５歳ごろの男児が母親に性的関心をもつと同時に，父親に敵意を抱き，父親から罰せられるという去勢不安をもつとされる無意識的複合感情をさす。ギリシア神話に，実父と知らずに父親を殺し，実母と知らずに母親と結婚したエディプス王の物語があり，これにちなんでS.フロイト（Freud, S.）が命名した。フロイトはエディプス・コンプレックスがあらゆる神経症の中核的コンプレックスであり，神経症的固着や性的倒錯などの原因は未解決のエディプス・コンプレックスに遡ることができると主張した。通常の発達において男児はこの危機を父親との同一視で乗り切り次の潜伏期へと進んでいくとされる。女児の場合はエレクトラ・コンプレックスと呼ぶが，便宜的にエディプス・コンプレック

スと呼ぶこともある。　[小窪輝吉]

♧エーデル改革

スウェーデンが1992年１月に行った高齢者及び障害者福祉政策に関する改革である。これにより，ランスティング（県）とコミューン（市町村）の役割分担，つまり保健・医療と社会福祉サービスの行政責任が明確となった。具体的には，介護サービスはランスティングの行う医療サービスと分離され，コミューンの責任下となり，これによって地方分権化が進んだ。この改革は，社会的入院の減少など，1990年代前半の財政逼迫の時代に，効果があったといわれている。

[河谷はるみ]

♧NHS（National Health Service）

1946年に制定された国民保健サービス法（National Health Service Act）に基づき，疾病予防やリハビリテーションを含め包括的な医療サービスを提供するイギリスの医療制度。国の一般財源によって経費を賄うことにより，国民のすべてに医療サービスを保障する。住民は日常の健康管理の責任者である家庭医（General Practitioner：GP）を登録し家庭保健サービスを受け，専門的な治療が必要な場合は病院の専門医にて外来治療や入院治療といった病院サービスを受ける。また，保健師や看護師といった専門職が家庭医と連携し，地域保健サービスを担っている。　[今給黎陽]

♧NGO（Non-Governmental Organizations；非政府組織）

政府や政府間の協定によらずに作られた民間の団体。NGO という用語は，もともとは国連の場で政府以外の関係組織を示すのに使われていた言葉が広まったものである。NGO には，途上国の貧困問題に取り組む国際協力 NGO，地球環境問題に取り組む環境 NGO，その他平和協力や人権問題に関わる NGO など取り組む問題によって役割が異なる。一般的には，開発，貧困，紛争，環境等に対する国際的に活動するものを指すのに使われる。世界的な問題に対して，政府や国際機関とは違う“民間”の立場から，国境や民族，宗教の壁を越え，利益を目的とせずにこれらの問題に取り組む。現在，国際協力活動に取り組んでいる日本の NGO の数は，400以上あると言われている。NGO は，途上国の地域社会・住民に密着した草の根レベルのきめ細かい援助や，迅速・柔軟な緊急人道支援活動が可能であるという点で，国際社会において重要な役割を果たしている。

[笠野華代]

♧NPO 法（特定非営利活動促進法）

特定非営利活動を行う団体に法人格を付与することによって，ボランティア活動をはじめとした社会貢献活動の発展を図るため，1998（平成10）年12月に「特定非営利活動推進法」が施行された。阪神淡路大震災などをきっかけとして法律制定の機運が高まった。任意団体が法人格をもつことによって信頼性が高まり，権利義務の主体である法人として取引等を実施することができる。特定非営利活動としては，「保健，医療又は福祉の増進を図る活動」をはじめとして20分野の活動が規定されている。内閣府の集計では，平成30年３月31日現在，「保健，医療又は福祉の増進を図る活動」を実施する法人数は３万530法人となっている。

[矢ヶ部陽一]

♧エバリュエーション（評価）

評価は，支援開始前に計画した支援目的が達成されているかどうかを調べる手段である。評価には，プロセス評価とアウトカム評価がある。プロセス評価は，支援過程を通して，計画した支援目的が達成されているかどうかを継続的に調べ，良い成果が見られていない場合には再度，支援計画や支援方法を見直していくことを目的とする。アウトカム評価は，支援終結時に支援目的が達成されたか，良い成果が見られたかを調べることが目的である。いずれの評価も成果の可否を判断する指標は，支援開始前に収集したデータがどのように変動していくかである。このデータには，数量や行動変化，ソーシャルワーカーが利用者と一緒に作成した尺度等が使われる。

［門田光司］

♧エプスタイン，L.
(Epstein, Laura；1914-1996)

ライド（Reid, W.J）やパールマン（Perlman, H.H.）らとともにシカゴ大学のSSA（School of Social Service Administration）で，相談援助技術の指導に当たった。金字塔となった「課題中心ケースワークモデル（Task-Centered Casework)」をライドとともに1972年に出版し，日本でも翻訳された。同モデルは，1960年代初頭のアメリカにおける相談援助技術の一つのモデルである。短期間（6～12週間程度）による課題中心ケースワークモデル（短期ソーシャルワーク・モデル）として，特定の解決目標を設定し，それを達成することに有効なモデルを開発した。問題解決のための課題を明確化し，そのための介入の焦点を定め，ケースワークを計画的（回数・期間）に実施し，課題の達成を図るケースワーク方法論である。とくに処遇の最終段階で，クライエントが達成したことを確認し，今後の課題を明らかにする援助を行う課題中心ケースワークは，個人，家族，集団（学校ソーシャルワーク，企業のメンタルヘルスなど）に多様な形で適用され，発展してきた。その後，エビデンスに基づく実践（evidence-based practice），そして認知統合実践（cognitive-integrative practice）へと進展してきている。

［北川慶子］

♧MRSA感染症（かんせんしょう）

メチシリン耐性黄色ぶどう球菌（Methicillin-Resistant Staphylococcus Aureus）の感染によって起こる病気で，MRSAは耐性遺伝子をもっているために抗生物質（菌を殺す薬）が効きにくい。日本では院内感染が問題となっている。主な症状としては，敗血症，肺炎，骨髄炎，手術後の傷への感染，腸炎などがあげられるが，未熟児や高齢者，大手術後の患者，抗がん剤を使用している人などが感染を起こしやすい。治療としては，抗生物質のバンコマイシンが使われるが，それぞれの症状に応じた対症療法が行われる。

［門田光司］

♧MMPI（Minnesota Multiphasic Personality Inventory；ミネソタ多面人格検査（ためんじんかくけんさ））

1943年にミネソタ大学で開発され，世界各国で翻訳され，以来最も広く使われている質問紙法性格検査となっている。臨床経験に基づいて作られた1,000ほどの質問項目から，正常者群と精神疾患者群の識別に寄与する550の質問項目が選ばれている。日本では1993（平成5）年にMMPI原版をもとに再標準化が行われ，MMPI新日本版として使われている。MMPI新日本版は，受検態度を示す4つの妥当性尺度と精神病理学的類型を示す10の臨床尺度，及び顕在性不安尺度（Manifest Anxiety Scale：MAS）などの16の追加尺度からなる。実施法にはカード式と冊子式，採点法には手採点とコンピュータ採点がある。アメリカで1989年にMMPI原版の質問項目の見直しを含めた再標準化が行われ，新しいMMPI-2が作られた。MMPI-2の質問項目数は567で，妥当性尺度と10の臨床尺度および15の内容尺度からなっている。

1992年には，14〜18歳の青年向けのMMPI-Aも作られた [小窪輝吉]

♧M-GTA

木下康仁が開発した質的分析の手法。Modified-Grounded Theory Approach（修正版グラウンデッド・セオリー）の頭文字をとってM-GTAと略される。M-GTAの採用に適している研究領域は，①社会的相互作用に関係し，人間行動の説明と予測に関するもの，②ヒューマンサービス，③研究対象とする現象がプロセス的性格を持っているものである。M-GTAは，オープン・コーディングの際にデータの切片化をせず，そのコンテキストの理解を重視することが特徴となる。概念生成には，概念名・定義・ヴァリエーション・理論的メモ・対極例からなる分析ワークシートを用いる。生成された概念・カテゴリーや，その関係性を，継続的比較分析によって理論的飽和化する。それらを網羅的に一つのまとまりに仕上げ，結果図やストーリーラインを用いて，グラウンデッド・セオリー（分析結果）を示す。

[池本賢一]

♧MCOモデル

パールマン（Perlman, H.H.）は，ソーシャルケースワークを「個人が自分の社会的機能問題に効果的に対処できるよう，福祉機関によって行われるプロセス」と定義づけている。ケースワークで重要となるのは，「問題」（problem）をもつ「人」（person）が，特定の「プロセス」（process）によって「専門職」（a professional representative）や「制度・施策・資源」（provisions）のサービス援助を得る「場所」（place）に来ることであるとする。このプロセスは，専門職とクライエントの関係性によって取り組まれる問題解決から成る。クライエントにはサービスを利用して問題解決に取り組む力（ワーカビリティ）が求められ，その要素としては「動機づけ」（Motivation），「能力」（Capacity），「機会」（Opportunity）がある。この3つの要素からのアプローチをMCOモデルと呼ぶ。 [門田光司]

♧MDS・RAPs

MDS・RAPs（Minimum Data Set と Resident Assessment Protocols）は，MDSというアセスメント表とケアプラン作成上の検討指針となるRAPsで構成されるアセスメント・ケアプラン作成ツール（Resident Assessment Instrument：RAI）である。MDSにそって認知能力，身体機能，精神，行動などの側面から約350項目の情報を入手，把握された内容から誘因項目を確認し問題領域を選定する。RAPsには18の領域が設定されていて，具体的な問題の所在やケアプランを策定する際に検討すべき課題や着眼すべき点が提示されているので，問題点を特定しケアプランの適否を判断しケアプランの策定を行う。RAIは，アメリカのナーシングホームで実施されているアセスメントの手法で，日本では施設版のMDSとして紹介されており，介護保険施設等で用いられている。

[久保英樹]

♧MDS-HC・CAPs

MDS-HC・CAPs（Minimum Data Set Home Care と Client Assessment Protocols）は，MDS・RAPsを基に，アメリカやヨーロッパ，日本などの10数か国の研究者によって構成された団体であるインターライ（InterRAI）により開発された在宅版のアセスメント・ケアプラン作成ツール（Resident Assessment Instrument Home Care：RAI-HC）である。MDS-HCにそって約200項目の情報を入手，把握された内容について在宅ケアプラン指針の領域選定表を用いて問題領域を選定(トリガー)する。CAPsには30の領域が設定されていて，具体的な問題の所在やケアプランを策定する際に検討すべき課題や着眼すべき点が提示されているので，問題点を特定しケアプラン策定の適否を判断しケアプランの策定を行う。 ［久保英樹］

♧エリアサンプリング

母集団から調査対象者を選び出す方法の一つで，住宅地図を用いて調査対象者を選定する方法である。まず，市販の住宅地図から該当ページ(調査対象ブロック)を無作為に選定する。その後，選定されたページの中から，スタート地点となる世帯を無作為に選定する。スタート地点の世帯から時計回り(もしくは反時計回り)に一定間隔で決められた調査対象世帯を順次回り，調査を進めていく。主に調査対象者リストが無い場合に用いられる。 ［永松美菜子］

♧エリクソン，E.H.（Erikson, Erik Homburger；1902-1994）

ドイツで生まれ，ウィーンでA.フロイト（Freud, A.）から精神分析の訓練を受けた。ウィーン精神分析協会の正会員として認められた1933年にナチスの台頭を懸念してアメリカに移住し，児童分析家としてクリニックや大学で精神分析の臨床活動や教育活動を行い，精神分析的自我心理学を展開した。また，S.フロイトの心理＝性的発達理論を引き継ぎながら，生まれてから死ぬまでのライフサイクルを８つの発達段階に分ける心理＝生理的発達段階説を提唱した。青年期の発達課題の中で，アイデンティティの確立やアイデンティティの拡散，モラトリアムなどの概念を提起した。 ［小窪輝吉］

♧エリザベス救貧法（きゅうひんほう）

イギリスのエリザベス女王治下の1601年，それまでの残虐な救貧法を集大成し，大衆の窮乏化への対策と浮浪者の救貧を目的として制定された法律。農業改革や囲い込みによる秩序崩壊に対しての身分階層の保全がその背景にあった。教区を救貧行政の単位とし，治安判事の監督のもとで，貧民監督官が貧民の保護・監督の責任を負い，その費用としての救貧税の課税・徴収を行った。貧民の労働能力の有無を区別したうえで，「労働能力のある貧民」に対しては労働を強制し，これを拒否する場合は処罰された。「労働能力のない貧民」には，血縁関係者の扶養義務の履行を前提に最低の生活扶助を，「養育者のない児童」には徒弟奉公という名の労働強制を行った。この制度の本質は，救貧法というには程遠く，治安のために貧民を管理する抑圧を内容とするものであった。 ［齊藤　優］

♧LASMI（Life Assessment Scale for the Mentally Ill；精神障害者社会生活評価尺度（せいしんしょうがいしゃしゃかいせいかつひょうかしゃくど））

障害者労働医療研究会精神障害部会により，1993年に開発された統合失調症患者の社会生活能力を評価するための尺度。LASMIは，臺弘（うてなひろし）の「生活のしづらさ」に基づき，「D（Daily living）／日常生活」12項目，「I（Interpersonal relations）／対人関係」13項目，「W（Work）／労働又は課題の遂行」10項目，「E（Endurance & stability）／持続性・安定性」２項目，「R（self-Recognition）／自己認識」３項目の５つの下位尺度40項目から構成されている。特徴としては，「E／持続性・安定性」「R／自己認識」という既存の尺度にない下位尺度を有していること，評価基準に必要とする援助の度合いを組み込んでいること，などがあげられる。 ［笠　修彰］

え

♧LGBT
レズビアン（Lesbian），ゲイ（Gay），バイセクシャル（Bisexual），トランスジェンダー（Transgender）の頭文字をとった性の多様性を表す用語。レズビアンは「性自認（自分をどの性別と認識しているか）が女性の同性愛者」，ゲイは「性自認が男性の同性愛者」，バイセクシャルは「性的指向（恋愛対象になる性）が女性・男性の両方である人」，トランスジェンダーは「身体的な性別と性自認が一致しない人」を指す。この他にも，インターセックス（Intersex：一般的に定められている女性・男性のどちらとも断言できない身体構造をもつ人）やクエスチョニング（Questioning：性自認や性的指向がわからない，決まっていない，意図的に決めていない人）などの表現もあり，性の多様性への認識は近年拡大してきている。また，性の多様性を表す用語には，性的指向（Sexual Orientation）と性自認（Gender Identity）の頭文字をとったSOGIもある。

［河野高志］

♧LD ⇒学習障害

♧L-ドーパ（L-DOPA）
パーキンソン病の治療薬として高い効果を示す。パーキンソン病は，脳内のドーパミン（神経伝達物質）が不足することで起こるため，それを補充するために使われる。ただし，長期に服用すると効き目が低下したり，不随意運動（ジスキネジア）が現れたり，吐き気，不整脈などの副作用が出やすくなる。

［門田光司］

♧エルバーフェルト制度
(Elberfeld system)

エルバーフェルト制度は，ハンブルク制度の影響を受け，発展させた公的救貧制度であり，イギリスのCOS（慈善組織協会）やわが国の方面委員制度のモデルとなったともいわれている。1852年に制定されたエルバーフェルト市新救貧規則に基づいて，1853年1月から実施された。実施機関は，市議会議員，市議会で選出された市民，市長等からなる市救貧部であり，市議会議員，市議会で選出された市民から構成される7人委員会が最高の議決機関とされた。救貧部の下では，在宅扶助と救貧施設における扶助が行われた。当初，在宅扶助については市を10地区に分け1名の管理人を置き，各地区をさらに15区域に分け，各区域には担当者として1名の救済委員を置いた。救済委員には市民から無給の名誉職委員を委嘱し，各地域の貧民の生活調査，救済，生活指導にあたらせた。また，各地区に地区救済委員会を設置し，救済の適正化を促した。救済の内容は，生活維持の必要最低限とし，労働能力の活用，自助の努力を強調することとされた。

［大山朝子］

♧エンカウンターグループ
(encounter group)

集中的なグループ体験を通して個人の自己覚知や自己洞察を促したり，態度変容や行動変容の学習を行う心理療法の一種。ロジャース（Rogers,C.）によって開発された。基本的出会いのグループにおける本音と本音の交流を通して，自己覚知の深化，豊かな感情体験や感情表現，対人関係やコミュニケーションの改善など，参加者の人間的成長を図る点に特徴がある。エンカウンターグループと本質を共有するグループ活動として，Tグループ（training group）や感受性訓練（sensitivity training）などがある。

［笠　修彰］

♧嚥　下
食物を認識して口に取り込むことか

ら，胃に至るまでの一連の過程を指す。過程は3つの時期に分けられ，第1期：口腔から咽頭に入るまで。舌の動きによっておこる随意運動，口腔相ともいう。第2期：咽頭から食道に入るまで。食塊が咽頭粘膜を刺激して反射的におこる。咽頭相。第3期：食道の蠕動運動によって反射的に胃に運ばれる過程。中枢は延髄にある（嚥下中枢）。食道相。舌の運動麻痺，口腔内の炎症，神経疾患等があると，嚥下困難となる。［江口賀子］

♧エンゲージメント
(engagemeni)

利用者とソーシャルワーカーが互いに情報提供しあう過程をともに経験し，支援に関する個別の取り決めを確認しながらパートナーシップを形成していく最初のかかわりを示す局面。そこでは，①問題を理解すること，②感情を同一視すること，③ゴールを認識すること，を行う。また，この局面で認識・理解した問題がソーシャルワーカーの所属する施設・機関では対応できない場合，他の適切な施設・機関に委託することも含む。

［河野高志］

♧嚥下性肺炎

誤嚥性肺炎または吸引性肺炎とも呼ばれ，飲食物などが口腔内の細菌とともに気管や気管支に入ってしまったため（誤嚥）に起こる肺の炎症をいう。これまで，全身麻痺のときに起こる肺合併症として知られていたが，今日，嚥下性肺炎は全身麻痺患者に限らず意識障害のある患者や全身状態が著しく低下した患者にもみられることがある。また，高齢者においては，しばしば遭遇する肺炎の一つである。厚生労働省の2017（平成29）年の人口動態統計（同年より統計分類及び統計上のルールが変更されたため従来の順位と異なる）によると，肺炎は，がん，心疾患，脳血管疾患，老衰に続き，死因の第5位を占めており，とくに，体力や免疫力が全般的に低下している高齢者は，命にかかわる危険性が高くなる。予防としては，口腔ケア，飲食時の姿勢の保持，嚥下機能の回復，栄養状態の改善による身体機能の向上などがある。

［岩崎房子］

♧エンゲル，ジョージ・リブマン
(Engel, George Libman；1913-1999)

アメリカ合衆国ニューヨーク出身の内科・精神科医。エンゲルは1970年代後半，医学の主流であった還元主義と心身二元論に根ざした生物学的モデルに対し，一般システム理論に基づくバイオ・サイコ・ソーシャルモデル（Biopsychosocial Model）を提唱した。その内容は1977年の「新しい医学モデルの必要性—生物医学への挑戦（The need for a new medical model）」と1980年の「身体心理社会的モデルの臨床—応用心疾患患者の例—（The clinical application of the biopsychosocial model）」等で示され，医療における認識論的転換を図った。その後はバイオ・サイコ・ソーシャルモデルの臨床家育成に力を注ぎ，心身医学やコンサルテーション・リエゾン医学の発展に貢献した。

［梁井雄太］

♧エンゲル方式

家計に占める飲食物費の割合により生活程度を測定できるというエンゲルの法則を基に生活水準を算定する方式のこと。1961（昭和36）-1964（昭和39）年度までの生活扶助基準の算定に使用された。日本人の標準栄養所要量を満たすことができる飲食物費を理論的に計算し，それと同程度の飲食物費を現実に支出している低所得世帯を抽出し，そのエンゲル係数で飲食物費を除することによって総生活費を計算し，生活扶助の基準としていた。

［二又一人］

♧遠城寺式乳幼児分析的発達検査

九州大学の遠城寺宗徳らによって，1958（昭和33）年に発表された，乳幼児向けの発達検査法である。とくに発達の遅れや心身障害児の判別指導を意図して作成されている。1977（昭和52）年に全面的に改訂。移動運動・手の運動・基本的習慣・対人関係・発語・言語理解の6領域に分かれており，0か月から4歳7か月まで適用できる。比較的簡単で短時間に検査ができ，折れ線グラフによるプロフィールにより保護者等への説明がしやすいものとなっている。［前原　寛］

♧援助関係

利用者の抱える課題を利用者とソーシャルワーカーが協働して解決・改善していくためには，ワーカーと利用者間の「関係」（relationship）が重要となる。ワーカーと利用者は本質的に平等であるが，ソーシャルワークを展開していく場合，ワーカーは援助する人であり，利用者は援助を受ける人となる。この「援助関係」の有り様で，援助経過は異なってくる。援助関係の過程では，言葉や態度，考え，知識，情緒などの力動的な相互作用が生じる。バイステック（Biestek, F.P.）は，両者の良好な援助関係を築いていくために，ケースワークにおける7つの原則（個別化，意図的な感情の表出，統御された情緒関与，受容，非審判的態度，自己決定，秘密保持）を提示した。［門田光司］

♧援助付雇用

アメリカを中心に発展した就労支援サービスの一つで，「Supported Employment」と表現されることもある。アメリカでは1986年に米国リハビリテーション法が改正され，1987年から「援助付き雇用」が制度化された。「援助付き雇用」は，①重度障害者が対象，②週20時間以上の仕事で最低賃金が支払われる労働条件，③障害者と健常者が統合された職場環境，④継続支援の4つの要件を満たすものとされている。ジョブコーチと呼ばれる支援者が事業所等に配置され，障害者に対して，現場において必要な支援が提供される。支援者による支援の量については，時間の経過とともに頻度が減少するが，支援者が現場に居ることで，障害者と事業主共に不安を解消しながら，職務遂行及び定着に向けて取り組むことが期待できる。これにより，重度障害者が働くうえで援助が必要であることを事前に障害者，事業主が相互理解したうえで働き始め，援助を受けることで継続して働くことの可能性が高まる。［松久保和俊］

♧エンゼルプラン

正式名称は「今後の子育て支援のための施策の基本的方向について」であり，1994（平成6）年12月，文部省，厚生省，労働省，建設省4省が合意して策定された子育て支援の計画で，少子化対策の一環として策定されたものである。「子育てと仕事の両立支援の推進」「家庭における子育て支援」など5つの基本的方向のもと，「仕事と育児との両立のための雇用環境の整備」「多様な保育サービスの充実」など7つの重点施策が打ち出された。［川池智子］

♧延長保育

地域子ども子育て支援事業として，通常の保育時間を超えて保育すること。子どもの保育時間は1日8時間を原則とすると児童福祉施設の設備及び運営に関する基準第34条で規定しているが，保護者の就労形態の多様化に伴い，その前後での保育需要は高まっている。そのため，現在通っている保育所に保護者が申し出ることにより保育時間を延長できる。延長できる時間は園によって異なり，別途

料金が必要になる。［安部計彦］

♧**エンパワメント**
(empowerment)

個人，集団等が問題に対処していく能力（パワー）を自覚的にとらえ，それらを発揮することができるよう援助を行うソーシャルワーク（社会福祉援助活動）実践アプローチの一つ。ソロモン（Solomon, B.）は『黒人のエンパワメント』（*Black Empowerment*）（1976）において，エンパワメントを社会環境から否定的評価として負わされたスティグマにより，個人または集団が差別や偏見による経験からもたらされたパワーの減退（powerlessness）を改善するために，ソーシャルワーカーや他専門職がクライエントと協働して取り組む一連の援助活動のプロセスとして定めた。対象となる個人や集団等の人権や社会正義が脅かされている状況において，心理的・社会的な支援を行い，クライエントの自立（自律）に向けて，その潜在的な能力や可能性，さらに人としての尊厳を取り戻していくところに特徴がある。このエンパワメントの概念は，ストレングスモデルをはじめとする多くのソーシャルワーク実践理論に大きな影響を与えている。［奥村賢一］

♧**エンプティネスト**（empty-nest）
⇒**空**(から)**の巣症候群**(すしょうこうぐん)

♧**延命医療**(えんめいいりょう)（medical care for life prolongation）

生命を延ばすための医療行為をいう。医療技術や医療機器の発達により長期延命が可能になった。その結果，意識不明・全身麻痺などの状態のまま，人工呼吸器を装着したり，人工栄養や人工透析，輸液（点滴）などで長期に生き続ける患者が増えてきている。患者自身の苦痛や，また意識のない患者を自宅などでケアする家族の負担，支援制度の未整備が問題となっている。そして，患者が延命を希望しない尊厳死，死ぬ権利という考え方が論じられるようになった。欧米では，終末期に延命医療を希望しないDNR指示（Do Not Resuscitate order：蘇生をするなという指示）を患者が要請することがある。［猪谷生美］

お

♧**OECD 8 原則**(げんそく)
(The OECD's Eight Principles)

1980年9月23日にOECD（経済協力開発機構）の理事会で採択された「プライバシー保護と個人データの国際流通についての勧告」の中で提唱されている8つの原則を指す。①収集制限の原則，②データ内容の原則，③目的明確化の原則，④利用制限の原則，⑤安全保護の原則，⑥公開の原則，⑦個人参加の原則，⑧責任の原則という8つの原則がある。国際的な情報化及びIT社会の進展に伴い，個人情報やプライバシーの保護に関する社会的要請が高まる中，個人情報保護に関する法整備を行う際の国際的ガイドラインとなっている。［久留須直也］

♧**O157**（**腸管出血性大腸菌**(ちょうかんしゅっけつせいだいちょうきん) O157）

毒力の強いベロ毒素を産生する大腸菌の一種である。汚水や家畜糞便から水や食物を介して感染したり，感染した人から感染する。熱に弱く，75℃で1分間加熱すれば死滅するが，低温条件に強いため冷凍庫では生き残ると考えられている。また，酸性条件にも強いため胃酸の中でも生き残る。感染が成立するために必要な菌の量はわずか100個程度とされており，感染者から周囲へと広がりやすいという特徴がある。潜伏期間は４～９日，初期症状としては軽い腹痛，水溶性下痢がみられるが，重症になると鮮血を伴う出血性下痢と激しい腹痛などの症状をきたす。腎機能や神経学的障害などの後遺症を残す可能性のある溶血性尿毒症症候群（HUS）や脳症（けいれんや意識障害）を起こした場合，乳児，幼児，高齢者などは死亡に至る場合もある。予防としては，汚染された食品から感染を起こすため，衛生的な食材の取り扱いおよび食品の十分な加熱調理，手洗い・消毒の徹底などがある。　［岩崎房子］

♧ 応益負担

応能負担の対語である。応益負担とは，受けたサービスの程度に応じて費用を負担する仕組みであり，所得に関係なくサービス利用から得られる便益の対価として，利用料などを負担する仕組みである。具体例として，介護保険サービス利用時の本人の自己負担分は応益負担といえる。　［川﨑竜太］

♧ 応急入院

精神保健及び精神障害者福祉に関する法律第33条の７に定められた入院形態の一つ。精神保健指定医の診察の結果，直ちに入院治療を必要とする精神障害者で，任意入院を行う状態になく，家族等の同意が得られない場合，72時間以内に限り応急入院を行うことができる。指定医の代わりに特定医師が診察した場合は，入院期間は12時間に制限される。応急入院を行う病院は，厚生労働省が定めた基準を満たし，都道府県知事から指定を受けた病院に限られる。　［鬼塚　香］

♧ 横断調査（cross-sectional study）

調査は調査設計の観点から横断調査と縦断調査に分けることができる。横断調査は調査を1回だけ実施して調査対象について分析記述をするものである。縦断調査は調査を繰り返して継時的な変化を把握することを目的とするものである。横断調査は縦断調査に比べると調査の負担がかからないという利点があり，特定時点での調査対象の実態把握をする場合に用いられることが多い。また，変数間に因果関係を想定した統計手法を用いることもできる。しかし，厳密な意味での因果関係を確かめるには横断調査では不十分なところがある。　［小窪輝吉］

♧ 応答責任⇒レスポンシビリティ（responsibility）

♧ 応能負担

本人の所得や扶養義務者の所得税額等を基に判定される負担能力に応じて，福祉サービス等利用の際に生じる費用の負担を行うこと。サービス利用量に応じた負担を行う応益負担と相対する負担方法である。応能負担が適用されるものとしては，保育所の保育料，養護老人ホームや母子生活支援施設入所に要する費用の徴収金等がある。　［谷村紀彰］

♧ 近江学園

1946（昭和21）年に糸賀一雄らによって，障害児らが共に生活し教育や療養を受ける場として全国に先駆けた取り組みを進め，1948（昭和23）年に児童福祉法施行に伴って県立の児童福祉施設になった。その後，知的障害者施設や重症心身障害児施設「びわこ学園」などを創設した。現在も先人達の理念を受け継ぎ，滋賀県湖南市で福祉型障害児入所施設として運営されている。 なお糸賀は「知的障害を持つ人たち自身の真実の生き方が世の光となるのであって，それを助ける私たち自身や世の中の人々がかえって人間の生命の真実に目覚め救われていく」という考えを「この子らを世の光に」と表現し社会に大きな反響を起こし

た。　[安部計彦]

応用行動分析（おうようこうどうぶんせき）

学習の原理を基盤とするスキナー（Skinner, B.F.）のオペラント条件づけは，初期は動物を使って研究が行われていた。この動物を使った研究成果が人間の行動にも同様にあてはまるのかどうかに関心が向けられた。とくに，人間の行動を変化させることにおいては，行動変容という用語が使われた。さらに人間の現実の生活場面で行動変容法を適用した研究成果を発表する機関誌『応用行動分析雑誌』（*The Journal of Applied Behavior Analysis*）が1968年に発刊される。この機関誌で応用行動分析という用語が広がるが，その定義としては「仮説的な行動の原理を特定の行動の改善のために適用し，同時にそこで生じた変化が確かにその原理を適用したためであるかどうかを確かめるプロセスである」としている。　[門田光司]

大河内一男（おおこうちかずお）（1905-1984）

昭和時代の経済学者。1929（昭和４）年東京帝国大学経済学部を卒業後，伝統的社会政策の無力さを痛感し，『社会政策の基本問題』（1940年）を通じ，社会政策を経済政策の一分肢として把握する独自の理論体系を構築した。大河内はこれを「社会政策の経済理論」と称したが，一般には「大河内理論」と呼ばれ，日本の社会政策における支配的学説となった。また，大河内は社会政策が「労働力」をその対象とするのに対し，社会事業の対象を「被救恤的窮民」に代表される「経済秩序外的存在」であるとした。この点は孝橋正一に批判され，その立場から社会事業研究にも影響を与えた。　[大山朝子]

岡村重夫（おかむらしげお）（1906-2001）

社会福祉学者。大阪府生まれ。東京帝国大学卒業。大阪市立大学，関西学院大学，佛教大学にて教授を歴任後，大阪社会事業短期大学（現・大阪府立大学人間社会学部）では学長を務めた。個人が基本的欲求を充足するために利用する社会制度との関係を社会関係としてとらえ，これらの客観的側面だけに着目する一般的な政策だけでは不十分であることを指摘したうえで，社会関係の主体的側面を問題とする個別化援助方策の必要性を指摘した。さらに，日本の地域福祉の基礎を築いたことでも知られており，コミュニティケアの考えを取り入れた。

[奥村賢一]

岡山孤児院（おかやまこじいん）

1887年（明治20），石井十次（いしいじゅうじ，1865-1914）によって創設されたわが国で最初の本格的孤児院であり，戦前のキリスト教経営に基づく代表的な児童養護の施設である。最初は孤児教育会として岡山市門田屋敷に設立された。「無制限収容主義」を発表し，最大で1,200人の孤児を受け入れた時期もあった。慈善的な側面にとどまらず，自立独立の教育方針に基づき，子どもの全人格的発達をめざした。　[古賀政文]

小河滋次郎（おがわしげじろう）（1864-1925）

明治・大正時代の社会事業家。長野県生まれ。1884（明治17）年東京専門学校を卒業後，1886（明治19）年内務省へ入省。後に内務省警保局監獄課に勤め，1900（明治33）年感化法，1908（明治41）年監獄法制定等に参画し，監獄学の先駆的研究を行った。その後，留岡幸助などと親交を持ち，民間社会事業を知るところとなり，1912（明治45）年『社会問題・救恤十訓』を著し，社会事業へ指針を与えた。1913（大正２）年当時の大阪府知事大久保利武に招かれ大阪府救済事業指導嘱託に就任し，1918（大正7）年には当時の府知事林市蔵の下で大阪府方面委員制度の創設に尽力した。また救済事業研究会を組織し，当時の大阪府の社会事業行政の成立に重要な役割を果たした。代表的著作として『社会事業と方面委員制度』（1924年）がある。

［大山朝子］

♧ OJT（On the Job Training；職場内訓練）

職場において通常の職務を遂行しながら実施する研修あるいは訓練を行う人材育成の方法を意味する。一般的には，職場の上司や先輩が，その職務を通じて部下や後輩を指導し，職務に必要な実践的な知識，技術，価値観，態度等を体験的に習得することを目的に，意図的かつ計画的に行われる活動である。実施の形態は，スーパーバイザーによって行われる個別のスーパービジョンの形態，ケース会議等の集団を通じた場面で個人では見過ごされがちな課題について検討する形態，職場の育成プログラムに外部から専門家を招聘してコンサルテーションとして行われる形態等，さまざまである。

→ Off-JT

［原田直樹］

♧ おたふくかぜ（流行性耳下腺炎）

ムンプスウイルスによる全身感染症で，飛沫又は接触により感染する。潜伏期間が2～3週間あり，発病数日前から耳下腺の腫れが引くまでの約7～10日間は感染力があるとされている。罹患者の約30～40％が不顕性感染で，一度かかると生涯にわたる免疫（終世免疫）ができる。主な症状は，頭痛，発熱，耳下腺の腫れと痛みである。合併症として，髄膜炎，卵巣炎，感音性難聴などのほか，思春期以降の男子に精巣炎がみられ，稀に両方の精巣が損傷し不妊症になる場合がある。予防として，1989年からMMR（新三種混合）ワクチンの定期接種が行われていたが，無菌性髄膜炎の発生率が高いことから中止された。現在は，髄膜炎の発生率が比較的低いムンプスワクチン単剤での任意接種が行われている。

［山田美保］

♧ オタワ憲章（Ottawa Charter for Health Promotion）

1986年に世界保健機関（WHO）が作成した，健康づくりについての憲章。同年11月にカナダの首都オタワで開かれた第1回ヘルスプロモーション国際会議において採決された。1978年カザフスタンの首都でのプライマリ・ヘルス・ケア会議で出された「アルマ・アタ宣言」の『すべての人々に健康を』という目標を，さらに進める重要な原則とされる。ヘルスプロモーションを「自らの健康を決定づける要因を，自らよりよくコントロールできるようにしていくこと」と定義した。健康を生きるための目的ではなく手段としてとらえ，実現のための戦略を示した。日本でも『健康日本21』運動や『健康増進法』の施行などにその影響が及んでいる。

［原田啓介］

♧ 音　絵

音楽療法士の出す楽器の音や，CDから聞こえてくるさまざまな音楽を聴きながら，対象者が音の動き（リズム・音の長さや強弱）に合わせて筆を動かして絵を描くこと。絵に替えて，粘土でオブジェを作るなどの創作も含まれる。音や音楽のイメージを自由に表現する活動により，対象者の自己表現力を引き出し，自己決定や自己肯定感を高めることを狙いとする。

［園田和江］

♧ 音付け絵本

絵本に描かれている世界をさまざまな楽器による音やメロディーによって表現することで，情景や物の概念の理解を促し，視覚と聴覚の統合をはかる。音付け絵本には，絵本の読み手と演奏者という2つの役割がある。絵本の場面に合わせて，そこに登場する人物・動物・事柄・感情等の状況（例：小さいアリ，大きな象，長いヘビ，短い青虫，柔らかい布，硬い岩，喜怒哀楽などの感情）に合わせて，楽器を使い分けて表現する。音絵本，音付き絵本ともいう。　［園田和江］

♧ Off-JT（Off the Job Training；**職場外研修**(しょくばがいけんしゅう)）

職場を離れて実施される研修あるいは訓練を意味する。OJT のように職場において職務を遂行しながら実践的な知識，技術，価値観，態度等を体験的に習得するというメリットはないが，特定の課題に対応する系統的な研修や，多くの専門家による研修を受講することで，短期間に専門的な知識や技術を得ることが可能となる。また，職場を離れることで，客観的に業務について振り返る機会ともなる。ただし，職場で設定された研修ポイントの獲得のみを目的にする等，研修を受ける者の受講動機が不十分である場合は，高い研修効果は望めない。→OJT　［原田直樹］

♧ オペラント条件付け(じょうけんづ)（operant conditioning；**道具的条件付け**(どうぐてきじょうけんづ)）

スキナー（Skinner, B.）は，レバーと食物皿のついた実験装置（スキナー・ボックス）の中にラットを入れて自発的にレバーに触れる頻度を記録した。次に，ラットがレバーに触れるたびに食物皿にエサを落とした。そうするとレバー押し反応の頻度が増大することを観察した。生体の自発的行動に対してエサなどの欲求刺激が与えられるとその行動の生起頻度が高まる。このように，行動と結果の結びつきの学習が起こることをオペラント条件付けという。オペラント条件付けでは，自発的行動に欲求刺激を随伴することで行動の生起頻度を高めることを正の強化，嫌悪刺激を除去することで生起頻度を高めることを負の強化，嫌悪刺激を与えることで行動の生起頻度を下げることを正の罰，欲求刺激を除去することで行動の生起頻度を下げることを負の罰と呼ぶ。オペラント条件付けの原理は，行動療法において望ましい行動形成をめざす技法として応用されている。

［小窪輝吉］

♧ おもちゃ図書館(としょかん)

障害のある子どもたちにおもちゃの素晴らしさと遊びの楽しさを提供したいとの願いから始まったボランティア活動である。1935年，ロサンゼルスで創設され，1963年にはスウェーデンで，1990年には，国際おもちゃ図書館協会（international toy library association）がイタリアのトリノで創設された。わが国では，1975年頃から，おもちゃによる治療教育を目的として，レコテク（おもちゃのコレクション）が試みられていたが，国際障害者年（1981年）を契機に，ボランティアの運営するおもちゃ図書館第１号が，東京都三鷹市で誕生した。当初はおもちゃの貸し出しが中心であったが，現在は遊び方を教えたり，プレイセラピーの実施，子どもが安全に遊べる場所，地域のコミュニティの場所など，幅広い目的をもって全国的に展開されている。　［岩崎房子］

♧ オルタナティブ・ストーリー

一般に，ナラティブセラピーや家族療法などで広く使用されている概念である。クライエントが支援者に語ることにより，クライエントの「常識」や問題視していない経験（課題）について，クライエント自らがオルタナティブな物語（別の物語）として認識し，考えることによって，自らの問題や課題に気づくようになる。そして，クライエントはこの語りでの気づきによって，自らの課題解決の機会を得ることになる。［大西　良］

♧オールド・オールド⇒後期高齢者（こうきこうれいしゃ）

♧折（お）れ線（せん）グラフ

時間経過に対して度数がどの程度変化しているかを視覚化する際に使用されるグラフ。たとえば，人数や価格の変化を経過観察する場合に適している。横軸を時間として等間隔で示すことが多い。各時点での数値をマーキングし，その点を順次，直線で結んでいく。描かれたグラフからは，度数の増減や変化量（直線の傾き）が容易に把握できる。［下田　学］

♧温罨法（おんあんぽう）（warm compress）

身体の一部を温めることにより，局所あるいは全身に温熱刺激を与える。温熱刺激が伝導し，循環器系，神経系，筋肉系などに作用し，新陳代謝をよくし，炎症や痛みを軽減させ心身の苦痛の緩和につながったりする。腰背部の温罨法は，腸蠕動を高めて排ガスや排便を促進させる効果もある。湿性温罨法には温湿布，パップ，蒸気圧注，などがある。乾性温罨法には熱気浴，湯たんぽ，カイロ，各種電気保温器，高熱の照射などがある。

［福﨑千鶴］

♧音楽療法（おんがくりょうほう）

「音楽のもつ生理的，心理的，社会的働きを用いて，心身の障害の軽減回復，機能の維持改善，生活の質の向上，問題となる行動の変容などに向けて音楽を意図的，計画的に使用すること」（日本音楽療法学会の定義）。音楽の生理的な働きとしては，自律神経・反射神経を刺激，呼吸・心拍数など身体機能を加速・減速，リズム運動を促す，心理的な働きとしては，記憶・感情や気分を刺激しコントロールする，社会的な働きとしては，集団に一体感をもたらし統合する，などがある。これらの働きの効果を対象者に合わせて活用することである。この音楽療法には，その対象者の音楽への関わり方によって，次の2つのタイプがある。【能動的音楽療法】音楽療法の対象者が，歌を歌う（または発声する），楽器を使って自由に演奏する，合奏する，音楽に合わせた身体運動などの主体的な活動を行うことで，心身の健康の回復・維持・向上や行動の変容をめざす音楽療法のこと。【受容的音楽療法】音楽療法の対象者が楽器を演奏したり歌を歌ったりといった身体的な活動をせずに，音楽を主体的に聴くことによって，音楽の生理的効果を通して心身のリラクセーションを図り，情緒・行動の変容を目的とする音楽療法のこと。［園田和江］

♧音楽療法士（おんがくりょうほうし）

音楽を通じて心身に障害のある人に働きかけ，言語や薄れかけた記憶，人間的な感情などを取り戻させ，その回復を図ることを目的とするミュージックセラピスト（Musical Therapist）のこと。国家資格ではなく，民間資格である。音楽療法士の認定は，日本音楽療法学会と全国音楽療法士養成協議会の2つの団体が行っている。日本音楽療法学会の認定資格を得るには，まず学会の認定校に入学し，音楽療法について体系的に学び，必要なカリキュラムを修了して学会認定音楽療法士（補）受験資格を得ることが必要である。具体的には，（補）資格審査（筆記試験）に合格して（補）資格取得後，学会認定音楽療法士資格審査（面接試験）に合格すると資格が得られる。また，認定校での履修が困難な人は，学会が主催する（補）資格試験受験のための必修講習会を受講し，（補）資格試験の受験資格を得る方法もある。この場合，①日本音楽療法学会の正会員である，②大学，短大，高等専門学校，専門学校（2年以上）を卒業している，③臨床経験が5年以上あることが要件になる。このほか，全国音楽療法士養成協議会には，音楽療法士養成課程をもつ全国の大学と短大が加盟しており，指定カリキュラムの履修により音楽療法士（1種，2種）の資格を得ることができる。
［園田和江］

♧温湿布（おんしつぷ）

温湿布には，トウガラシの成分であるカプサイシンが含まれている。カプサイシンは血行を促進し，患部の温度を上げる作用がある。そのため，血行の改善・保温・消炎・鎮痛などを目的として患部に貼用する。使用方法としては，打撲や捻挫など急性期を過ぎた時期に，患部の血液循環の改善や血管の拡張，新陳代謝促進効果を期待して使用する。腫脹がある時期には冷湿布を用いる。→冷湿布
［岩崎房子］

♧恩賜財団済生会（おんしざいだんさいせいかい）

日本最大の社会福祉法人，慈善事業団体である。病院及び診療所は，医療法第31条の公的医療機関として位置づけられている。正式名称は，社会福祉法人恩賜財団済生会。名称は明治天皇の勅語に由来し，1911（明治44）年2月11日，時の内閣総理大臣・桂太郎を御前に召され，基金を下賜したことが始まりである。生活困窮者に対して医療面を中心とした，「施薬救療（無償で治療すること）によって救おう」と「済生勅語」を発し，支援を行う団体の創設を提唱されたものである。
［今村英幸］

♧オンブズマン制度（せいど）

1809年に，スウェーデンの憲法によって創設された歴史をもつ。オンブズマン（ombudsman）とは，スウェーデン語で「代理人，代表者，弁護人」という意味である。現在は，北欧，イギリス，アメリカなど世界約30か国で採用されている。諸外国では，もともと「国民の代理人」との意味合いであることから議会に設置されているものが多い。日本においては，行政・自治体から一定の権限を与えられた行政監察官（オンブズマン）が，行政の違法や不正な行政活動に対して，中立の立場で監視したり，行政改善の提言を行って国民の権利や利益を守る仕組みのことである。国レベルでは本制度は存在しないが，自治体レベルにおいて川崎市をはじめ約50の自治体で導入されており，設置形態は行政の付属機関または首長の私的諮問機関という形をとっている。
［川﨑泰代］

か

絵画統覚検査（かいがとうかくけんさ）

絵画統覚検査とは，ある場面が描かれた絵画を1枚ずつ被検査者に提示し，その絵画を見て自由に空想の物語をつくってもらい，その物語を「欲求」「圧力」というマレーの理論に基づいて分析することで，被検査者のパーソナリティの特徴や欲求を探る方法である。TAT（Thematic Apperception Test），主題統覚検査ともいう。1935（昭和10）年にモーガン（Morgan, C.D.）とマレー（Murray, H.A.）によって開発された。　［梶原浩介］

絵画フラストレーション検査（かいがフラストレーションけんさ）⇒P-Fスタディ

⇒P-Fスタディ

回帰分析（かいきぶんせき）

複数の変数の間の関係を明らかにするための統計的手法。2変数の場合は単回帰分析を，3変数以上の場合は重回帰分析を用いる。この項目では単回帰分析について記述する。ある変数Yが他の変数Xの影響を受けるとき，2変数の関係はY＝aX＋bという式で表される。この式を回帰方程式，回帰関数などと呼び，Xを独立変数，説明変数，Yを従属変数，被説明変数などと呼ぶ。単回帰分析では，回帰係数aおよびbを推定することでXとYの定量的な関係の構造を求めることを目的とする。［矢部　航］

介　護（かいご）

介護は，知的・身体的・精神的障害や，加齢，病気などにより日常生活を営むうえで援助が必要な人（要介護状態の人）を対象に，社会の中でその人らしい生活を継続し，自立や成長・発達をめざすことを目的に行われる。介護の実践は，介護に関する知識や技術を基盤として行われ，要介護者，援護者のニーズや状況に応じた支援が求められる。生活の場面では，身体介助，家事援助，健康管理などを行うこと。具体的には，日常生活行動（洗面，清拭，入浴，衣服の着脱，排せつ，整髪・洗髪，髭そり，移動，体位変換など）の介助や身の回りの世話，健康管理（水分や栄養補給，換気や室温湿度管理，照明の調節，衛生面への配慮，精神的な援助），家事援助（掃除，洗濯，買い物，食事の支度，金銭管理の援助），社会的活動の援助などをいう。　［福﨑千鶴］

介護移住（かいごいじゅう）

介護サービスを求めて居住地を変えることを指す。近年の日本では，入居できる介護施設や高齢者向け住宅が慢性的に不足している地域があり，仮に空きがあったとしても入居費用が高額なため入居できない場合もある。そのため，都市部の高齢者がいわゆる地方で介護を受ける状況が増えているとされている。今後，人口構成上のボリュームゾーンである団塊の世代が後期高齢者に到達する2025年に，医療・介護サービスの不足，医療費の増大などの問題が生じることが懸念されている。　［益田　仁］

介護医療院（かいごいりょういん）

2018（平成30）年4月1日施行された「地域包括ケアシステムの強化のための介護保険法等の一部を改正する法律」により創設された医療と介護を一体的に提供する長期療養・生活施設のこと。具体的には，要介護者であって，主として長期にわたり療養が必要である者に対し，施設サービス計画に基づいて，療養上の管理，看護，医学的管理の下における介護及び機能訓練その他必要な医療並びに日常生活上の世話を行う（介護保険法第８条第29項）。サービスの類型としては，介護療養病床（療養機能強化型）相当のサービス（Ⅰ型）と，老人保健施設相当以上のサービス（Ⅱ型）があり，医療と介護の複合的ニーズに対応できるよう，人員・施設・運営基準を定めている。

［田畑洋一］

介護機器（かいごきき）

要介護者や心身に障害のある者などの日常生活上の便宜を図る機器のことである。高齢化が進み，2025（令和７）年には介護にかかる社会保障費は19.8兆円，介護職員は約38万人の不足と予測される。財政及び社会保障システムの維持には，介護需要増加の抑制と介護サービスの効率化が必要となる。そこで，外国人介護労働者の導入が始まり，また，2012年に安価で利便性の高いロボット介護機器の開発として「ロボット介護機器開発５か年計画」がスタートした。2018年度はロボット介護機器開発・標準化事業として，経済産業省と厚生労働省の両省で開発分野を特定し，民間企業研究機関等とともに開発を進めている。ロボット技術開発重点分野は，移乗介助（装着・非装着），移動支援（屋内・屋外），排泄支援，認知症の方の見守り（施設・在宅），入浴支援から，移動支援（装着），排泄支援（排泄予測）（動作支援），見守り・コミュニケーション，介護業務支援と変化している。

［吉岡久美］

介護給付（かいごきゅうふ）

介護保険制度における保険給付には介護給付，介護予防給付，市町村特別給付がある。介護給付は要介護認定が要介護１～５の人が利用できる介護保険のサービスのことをいう。14種類のサービスがあり，居宅介護サービス費，特例居宅介護サービス費，地域密着型介護サービス費，特例地域密着型介護サービス費，居宅介護福祉用具購入費，居宅介護住宅改修費，居宅介護サービス計画費，特例居宅介護サービス計画費，施設介護サービス費，特例施設介護サービス費，高額介護サービス費，高額医療合算介護サービス費，特定入所者介護サービス費，特例特定入所者介護サービス費の支給がある。

［田中茂實］

介護給付等費用適正化事業（かいごきゅうふとうひようてきせいかじぎょう）

介護保険における介護サービスの適切な給付を図る目的で導入された事業。介護保険制度が定着してサービスの利用が進む中で，その必要性，効果に疑問のあるケースや，過度なサービス提供の問題が見られるようになった。不適切なサービス給付の削減を図り，介護給付費，介護保険料の高騰を抑える狙いもある。国，都道府県，市町村が連携して取り組む事業であり，具体的には①要介護認定の適正化，②ケアプランの点検，③住宅改修・福祉用具の点検，④医療情報との突合等，⑤介護給付費通知の５つの事業からなる。

［日田　剛］

介護給付費審査委員会（かいごきゅうふひしんさいいんかい）

介護保険サービスにおいて，介護保険サービス提供事業者が作成する介護給付費請求書を審査する委員会。介護サービスに定められた単位をもとに介護給付費の決定，支払いや，介護サービスの質の向上に関する調査とサービス事業者に対する指導・助言が行われるが，担当するのは各都道府県に設置されている国民健康保険団体連合会である。介護給付費審査委員会は国民健康保険団体連合会内に置かれ，主に介護給付費請求書の審査を行う。

［日田　剛］

介護記録（かいごきろく）

介護を行ううえで必要な記録である。その種類は，氏名・生年月日・住所・介護認定状況などの基本情報，日常生活の状態などが記された生活情報，日々の経過を記載する経過記録，状況をまとめたサマリーなどがある。介護計画も介護記録の一つである。経過記録の方法にはPOS 方式や経時記録などがある。介護の実践は日々，記録として残すことが重要であり，それは対象者の経過を知るため，記録を見ることで継続した援助を実施するためであり，さらには，自らの行為を示す証拠ともなり得る。つまり，法的に有効なものであり，事実を記載し，改ざん，破棄などしてはならない。記録をするには，消えることのない筆記用具を用い，不要な余白をあけず，誤記には取り消し線を引いて訂正しなければならない。記録をしたら必ずサインをして責任の所在を明確にしておく必要がある。介護記録は，個人情報保護に留意し，管理を徹底しなければならない。［吉岡久美］

♧介護金庫（かいごきんこ）

ドイツの介護保険は，疾病保険に基づき制度化されており，その運営主体は，各疾病金庫が設立した介護金庫である。これは疾病金庫とは独立の公法人であり，財政的にも分離されている。また介護金庫は，疾病保険の医療チーム（Medizinische Dienst der Krankenversicherung：MDK）の審査に基づいて要介護認定を行う。ドイツの介護保険の財源は，ほぼ全額が保険料によって賄われており，保険料率も全国一律である（労使折半）。［河谷はるみ］

♧外国人技能実習制度（がいこくじんぎのうじつしゅうせいど）

2016年11月に公布され，2017年11月に施行された外国人の技能実習の適正な実施及び技能実習生の保護に関する法律に基づいて，新しい技能実習制度が実施された。この制度は技能実習に関し，基本理念を定め，国等の責務を明らかにするとともに，技能実習計画の認定及び監理団体の許可の制度を設け，技能実習の適正な実施及び技能実習生の保護を目的とするもので，外国人の技能実習生が日本において企業や個人事業主等の実習実施者と雇用関係を結び，出身国において修得が困難な技能等の修得・習熟・熟達を図るものである。期間は最長５年とされ，技能等の修得は技能実習計画に基づいて行われる。［単 宗 華］

♧外国人ケア労働者（がいこくじんケアろうどうしゃ）

介護人材が不足するなか，わが国では外国人ケア労働者に対する期待が高まっている。現在，経済連携協定（EPA）による外国人介護福祉士候補者の受け入れや，「出入国管理及び難民認定法」による在留資格「介護」および「外国人の技能実習の適正な実施及び技能実習生の保護に関する法律」による技能実習「介護」の追加による受け入れ態勢の整備が図られている。［久保英樹］

♧介護計画（かいごけいかく）

「介護サービス計画（ケアプラン）」はケアプランの全体を指しているが，介護計画はケアプランに基づく各々のケアの介護個別援助計画を指している。介護計画は介護過程のアセスメントで明確になった生活課題を解決するための具体的方法を表したもの。その内容には介護目標（長期・短期），具体的な支援方法，支援の期間，実施時の留意点が含まれる。介護計画立案時の留意点としては，①利用者や家族の意向を反映し個別性があること，②長期目標と短期目標は連動した実現可能なものであること，③誰が見てもわかる具体的内容であること，④利用者の同意を得ること等があげられる。［生野繁子］

♧介護券（かいごけん）

生活保護の被保護者が介護保険の要介護・要支援認定を受け介護サービスを利

用する場合，指定介護機関（居宅介護，介護予防，施設介護）及び指定居宅介護支援事業者，指定介護予防支援事業者，指定介護予防・日常生活支援事業者が，本人に代わって保護の実施機関より介護券の送付を受ける。指定介護機関は，介護券をもとに被保護者に対して現物として介護の給付を行う。給付内容は基本的に介護保険の給付対象サービスと同一の内容となっており，介護保険の被保険者以外の者には，介護費用の10割が介護扶助として給付され，介護保険の保険給付が行われる場合は，保護の補足性の原理により介護保険給付が優先し，自己負担分が介護扶助の対象となる。［村尾睦美］

♧介護サービス基盤強化のための介護保険等の一部を改正する法律

介護保険法，老人福祉法，健康保険法等，社会福祉士及び介護福祉士法等の一部改正として2012（平成24）年４月１日施行された。要旨は，「高齢者が可能な限り住み慣れた地域でその有する能力に応じ自立した日常生活を営むことができるよう，定期巡回・随時対応型訪問介護看護等の新たなサービス類型の創設，保険料率の増加の抑制のための財政安定化基金の取崩し，介護福祉士等による痰の吸引等の実施等の措置を講じる」ものである。その内容は，地域密着型サービスに「定期巡回・随時対応型訪問介護看護」，「複合型サービス」追加，財政安定化基金の一部取崩し，有料老人ホーム等の利用者保護のための規定創設，後見に係る体制整備等，介護療養型医療施設の2018年３月までの効力延長（同施設廃止については，2024年３月末まで延長），介護福祉士及び研修修了介護職員等のたん吸引等実施などである。［吉岡久美］

♧介護サービス計画（ケアプラン）

介護サービスを利用するために必要なもので，要介護・要支援認定を受けた後，本人や家族が利用するサービス内容や利用頻度などについて立てる計画（介護サービス・介護予防サービス計画）のこと。介護サービス計画作成にあたっての自己負担はない。要介護１～要介護５の認定を受けた場合は居宅介護支援事業所に介護サービス計画，要支援１・要支援２の認定を受けた場合は地域包括支援センターに介護予防サービス計画作成を依頼することになる。自分で介護サービス計画を作成することもできるが，その場合は市町村（高齢者福祉課，介護保険課等）に介護サービス計画を届け出る必要がある。在宅サービスであっても，施設入所の場合でも介護サービス計画作成は必要である。施設入所中の場合は施設が作成することになる。［川﨑泰代］

♧介護サービス情報の公表

2005（平成17）年の介護保険法（平成９年法律第123号第115条の35）の改正により設けられた制度。利用者や家族が，個人にあった適切な介護サービス事業者の選択を行えるように，すべての介護サービス事業所に毎年情報の公表を義務付けた。公表する介護サービスの情報は２種類あり，事業所が記入する「基本情報項目」（事業所の名称，所在地，連絡先，利用者数，職員配置等）。都道府県知事または都道府県知事が指定した指定調査機関（調査員）が事業所を訪問して事実かどうかを客観的に調査する「調査情報項目」（介護サービスの内容，サービスに関するマニュアルの有無等）がある。情報を公表することで介護サービス全体の質の向上についても期待されている。［江口賀子］

♧介護支援サービス

2000（平成12）年に施行された介護保険制度において，介護支援専門員（ケアマネジャー）は介護を必要とする利用者が適切なサービスを受けることができるように，介護サービス提供に関する計画等を作成し調整する。対象となる利用者・家族の要望をもとにさまざまな情報からニーズをとらえ，介護保険のフォーマルサービスのみならず利用者を取り巻くインフォーマルサービスも活用しながら介護サービス計画を立案し，利用者が自分らしく生活できるように支援することが目的である。居宅介護支援サービスや施設介護支援サービスによってさまざまな専門職の連携のもとにサービス提供が行われる。 ［吉岡久美］

♧介護支援専門員（ケアマネジャー）

介護保険法において要支援者・要介護者等からの相談を受け，その心身状態や要望に応じて適切なサービスを利用できるように，市町村やサービス事業者と連絡調整等の取りまとめを行う者。介護保険法（第123号第７条５項）に定められ，通称をケアマネジャーという。要介護者等が自立した日常生活を営むのに必要な援助に関する専門的知識及び技術を有する者として，一定の実務経験（５年以上，10年以上）を有する者が，都道府県知事の行う介護支援専門員実務研修受講試験に合格し，研修を修了し，知事への登録を行う必要がある。義務として，公平誠実な業務遂行，信用失墜行為の禁止，秘密保持義務等があげられ，反した場合都道府県知事は登録を抹消することができる。2005（平成17）年の介護保険法改正により資質の向上を図り，専門性を向上させるため，資格の更新制度（５年間），都道府県知事が行う更新研修の義務化，主任介護支援専門員の創設等がなされ，法律上の位置づけがより明確化された。 ［江口賀子］

♧介護支援専門員協議会

介護支援専門員は，利用者ができる限り住み慣れた地域で，自立した日常生活を送るために，医療・保健・福祉といった多様なサービスが一体的に提供されるとともに，利用者を取り巻く多職種と連携・協働しながら支援できるよう適切にケアマネジメントを行う必要がある。介護保険制度の基本理念を徹底し，質の高いケアマネジメントを行うためには，専門職としての専門性の向上を図り，関係団体との連携・協力を推進する必要がある。これらを実現するために各地域で介護支援専門員同士がネットワークを構築し協議会として職能団体を設立している。現在は，一般社団法人日本介護支援専門員協会を中心に各都道府県支部が設置され，地域に合わせた活動が行われている。 ［藤戸美保子］

♧介護支援専門員実務研修

介護支援専門員として，利用者の自立支援に資するケアマネジメントに関する必要な知識及び技能を習得し，医療との連携をはじめ多職種協働を実践できる介護支援専門員を養成することを目的とし，介護支援専門員実務研修受講試験に合格した者を対象として実施されている研修である。研修は，ケアマネジメントに必要な知識及び技術などについて，講義・演習を通して実施され，居宅介護支援事業所における実習もある。実務研修は87時間あり，全科目を履修し到達目標に達成していると認められたものが修了となり，介護支援専門員証の交付を受けてはじめて業務に従事することができる。研修は都道府県が企画・立案，実施，評価を行うが，研修の実施は実施事業者へ委託する場合もある。

［藤戸美保子］

♧介護支援専門員実務研修受講試験

介護支援専門員になるためには，介護支援専門員実務研修受講試験に合格し，介護支援専門員実務研修課程を修了し介護支援専門員証の交付を受けなければならない。介護支援専門員実務研修受講試験は，保健医療福祉分野での実務経験が５年以上あることが受験の要件となっており，試験では介護支援分野，保健医療福祉サービス分野から出題される。介護支援専門員実務研修受講試験は年１回，都道府県によって実施されている。2018（平成30）年度までで20回実施されており，累計では約70万人が合格している。
［藤戸美保子］

♧介護施設整備法（かいごしせつせいびほう）

地域における公的介護施設等の計画的な整備等の促進に関する法律（地域介護施設整備促進法）は，地域介護・福祉空間整備交付金の根拠法とされている。この法律は，地域における医療と介護の総合的な確保を促進するために改正され，消費税増収分を活用した新たな基金の創設（都道府県に設置）と医療・介護の連携強化が検討された。2018年度の地域医療介護総合確保基金予算（案）は，公費ベースで1,658億円（医療分934億円，介護分724億円）となっている。
［河谷はるみ］

♧介護実習・普及センター（かいごじっしゅう・ふきゅうセンター）

介護講座等による介護知識や介護技術の普及，福祉用具の展示，相談等による福祉用具の適切な利用の普及等を主な事業として，高齢者や障害者が住み慣れた地域で安心して，自立した在宅生活を送ることができるよう支援する機関であり，1992（平成４）年から実施されている。「介護実習・普及センター運営事業の実施について」に基づき，各都道府県と政令指定都市を主体として設置され，運営は社会福祉法人などに委託することもできる。その支所として「地域介護実習・普及センター」の設置も進んでいる。
［夏秋圭助］

♧介護職員（かいごしょくいん）（介護従事者（かいごじゅうじしゃ））

介護職員とは，高齢者福祉施設や介護保険施設，障害者児の福祉施設，病院等で介護を要する状況にある利用者に対して，職業として介護サービスの提供を直接的に行う者を意味する。具体的な介護行為としては，着替えや入浴，食事，移動，排泄の介助，体位変換，その他環境整備等も含まれるが，訪問介護等の在宅サービスの場合には，必要に応じて家事支援を行うこともある。介護従事者には介護福祉士の国家資格保持者や介護職員初任者研修修了者のみではなく，無資格で行う職員も存在する。とくに近年では，介護職員不足により外国人の活用や介護ロボットの導入などもはじまってきている。
［本郷秀和］

♧介護人材確保法（かいごじんざいかくほほう）

2018（平成30）年４月１日，介護・障害福祉従事者の人材確保に関する特別措置法が施行された（一部，公布日施行）。介護・障害福祉従事者の賃金改善のため，特別な措置等を定めることにより，優れた人材を確保し，要介護者等並びに障害者及び障害児に対するサービスの水準の向上に資することを目的とする。少子高齢化の進展に伴い，介護人材は量的な確保のみならず，質的な向上にも重点を置きながら，介護職の離職防止と定着促進対策を推進していかなくてはならない。
［河谷はるみ］

♧介護相談員（かいごそうだんいん）

介護サービスが提供されている事業所などに赴き，利用者から直接話しを聞いて相談に応じる活動を行う者。利用者が事業所に直接訴えることができない疑問や不安，不満を受け付け，事業者との橋渡し役となってサービスの改善，質の向上につなげることが狙いである。また，介護相談員を派遣する事業を介護相談員派遣等事業といい，実施主体は市町村である。介護相談員は相応しい人格と熱意を有し，一定以上の研修を修了した者が市町村から委嘱される。［日田　剛］

♧介護相談員派遣等事業（かいごそうだんいんはけんとうじぎょう）

2000（平成12）年の介護保険制度施行と同時に実施された事業。介護保険の被保険者が適切にサービスを利用できるよう，保険者であり事業の実施主体である市町村が介護サービス提供の場に介護相談員を派遣し，利用者や家族等からの相談に応じる等の活動を行うことによって，その疑問や不満，不安の解消を図るとともに，派遣を受けた事業所における介護サービスの質的な向上を目的としている。2006（平成18）年施行の改正介護保険法では，介護保険制度に新たに位置づけられ，地域支援事業の中での事業実施が方向づけられた。［穴井あけみ］

♧介護付き住宅（かいごつきじゅうたく）

「有料老人ホーム」や「ケアハウス」，「シルバーハウジング」，「高齢者向け優良賃貸住宅」，「シニア住宅」といった「介護サービスを受けられる住宅」の総称。この「高齢者向け優良賃貸住宅」とは，床面の段差をなくし，手すりを設けるなどバリアフリー化した構造・設備が備わっているとともに，緊急時対応サービスが受けられる住宅として，都道府県知事が認定した住宅を指す。また「シルバーハウジング」とは，公営住宅やUR都市再生機構賃貸住宅などの「公共賃貸住宅」のうち，住宅をバリアフリー化するとともに，生活援助員が生活相談や緊急時対応などのサービスを提供することで60歳以上の人が地域で安全・安心に自立した生活が送れるための住宅のことである。［岩永　耕］

♧介護付き有料老人ホーム（かいごつきゆうりょうろうじんホーム）

介護等のサービスが付いた高齢者向けの居住施設で，介護が必要になっても介護サービスを利用しながらホームの居室で生活を続けることができる。そのホームの職員が介護サービスを提供する場合（一般型特定施設入居者生活介護）と，ホームの職員が安否確認やサービス利用計画の作成等を行うが，介護サービスは委託先の介護サービス事業所が提供する場合（外部サービス利用型特定施設入居者生活介護）とがある。この「特定施設入居者生活介護」の指定を受けていなければ「介護付き」または「ケア付き」と表記してはならない。なお有料老人ホームは「老人福祉施設や認知症対応型老人共同生活援助事業を行う住居その他厚生労働省令で定める施設でないもの」に限られている。［岩永　耕］

♧介護ニーズ（かいごニーズ）

自立生活に向けて，いかなるフォーマル・インフォーマル資源を利用者に結びつけるかというケアプランの中で，解決すべき介護上の課題（ニーズ）を介護ニーズといい，単なる必要ではなく必需としての内容をいう。2000（平成12）年の介護保険制度施行に伴い，医療・保健・福祉の連携が期待される中で介護ニーズも多様化し，家族支援も考慮に入れた中での利用者サービスが提供されるようになってきた。これまで，介護というと身体介助や家事援助を中心に入浴・排泄・食事の三大介護が主体に考えられていたが，2007年の「社会福祉士及び介護福祉士法」改正により，介護福祉士の業が三大介護中心から「心身の状況に応じた介護」へと改正され，通院への介助や，不穏状態への対応も含めた幅広い支援を介護ニーズととらえるようになってきている。［田中安平］

♧介護認定審査会（かいごにんていしんさかい）

保健・医療・福祉に関する学識経験者の中から市町村長が委員を任命し，認定にかかる審査・判定を行う，市町村の付属機関として設置されている。委員の定数は政令で定める基準に従い，市町村の条例で定められ，5人を標準とする委員で構成する合議体で審査・判定する。合議体には委員の互選により選出された長が一人置かれる。委員の任期は2年である。市町村が独自で審査・判定業務を行うことが困難な場合は，都道府県に委託することも可能。但し，新規の認定調査（指定市町村事務受託法人に委託可能）や認定自体は当該市町村が行う。審査会では，調査員の基本調査から導き出された一次判定（コンピューター判定）を，特記事項やかかりつけ医の意見書をもとに審査・判定し，結果を受け，市町村が申請日から30日以内に被保険者に通知することになっている。［田中安平］

♧介護の社会化（かいごのしゃかいか）

高齢化が進み，介護が必要な高齢者が増加しているが，家族形態の変化によってこれまで家族が担ってきた高齢者の介護が困難をきたすようになってきた。この社会問題に対して，社会的に介護を保障するために，2000（平成12）年に介護保険法が施行された。介護の社会化とは，個人・家族のみが介護の負担を抱えることなく，国民による税や保険料などの負担により公的に専門性のある介護サービスを提供するものである。また，高齢者のみならず介護を必要とする人に行われるケアの実践や，それに要する時間などといった個人・家族による介護を，社会的問題としてとらえ，ケアの内容と時間を費用として示し，介護を専門的支援として明確に可視化するものである。［吉岡久美］

♧介護費用（かいごひよう）

要介護状態では，介護に使用する用具の購入や居宅の改修工事が必要になることがある。また，食事の準備や掃除などの援助，入浴や排泄などの援助も行われることになる。介護保険制度を利用することで，要支援・要介護者は生活に必要な適切なサービスを少ない費用負担で受けることができる。この制度では，サービス提供にかかる費用の1割（一定以上の所得を有する第1号被保険者は2割）が自己負担金として支払われるのみであり，残る9割（もしくは8割）は，保険者（市町村または特別区）に請求される。介護サービスは，介護認定の決定後に判定され，介護支援専門員等が作成する介護サービス計画により実施される。介護度によって利用できる上限額が設定され，超過分は自己負担することでサービスを受けられる。施設入所では介護度によって費用が異なり，居住費と食費などは自己負担である。施設によってこの費用は異なり，介護費用にも差が発生する。［吉岡久美］

♧介護福祉（かいごふくし）

日常生活を維持することが困難な状態である介護を必要とする者が，尊厳を持った自立した生活が営むことができるよう，専門的な知識や技術をもって援助することである。その援助の中心となるのが介護福祉士である。［吉岡久美］

♧介護福祉士（かいごふくしし）

介護福祉士は，介護に関する国家資格である。1987（昭和62）年「社会福祉士及び介護福祉士法」が制定され，1988年より介護福祉士の養成が始まった。介護福祉士とは，介護福祉士の名称を用いて，専門的知識及び技術をもつて，身体上又は精神上の障害があることにより日常生活を営むのに支障がある者につき心身の状況に応じた介護を行い，並びにその者及びその介護者に対して介護に関する指導を行うことを業とする者をいう。介護福祉士の資格を取得するためには，大学・短大・専門学校などの養成施設，福祉系高校，実務経験（実務3年以上），経済連携協定（EPA）などのルートがある。2007（平成19）年の「社会福祉士及び介護福祉士法」の改正により，2015（平成27）年からは実務経験ルートの場合，450時間の実務者研修が義務づけられた。その他，医療的ケアの教育および喀痰吸引等研修も開始されている。［岩崎房子］

♧介護福祉士国家試験（かいごふくししこっかしけん）

財団法人社会福祉振興・試験センターが実施する介護福祉士となるための国家試験である。1989（平成元）年から実施され，試験は筆記試験である第一次試験と実技試験である第二次試験で構成され，第一次試験合格者が第二次試験を受ける。受験資格は学校教育法に基づき文部科学大臣及び厚生労働大臣の指定した学校において3年以上（専攻科2年以上等）必要な知識，技術を習得した者，3年以上（従事日数540日以上）介護等業務従事者，これらと同等以上と認められる者であって厚生労働省令で定める者である。2005年から介護技術講習会が開始され，修了者は第二次試験である実技試験が免除される。2017年から実務者研修受講が義務付けられ，実技試験は事実上廃止され，福祉系高校ルートやEPA介護福祉士候補者ルートで受験する場合のみ必要となった。試験は年1回の開催で，2017年の第29回国家試験から「医療的ケア」科目が追加され125問となった。

［吉岡久美］

♧介護福祉施設サービス（介護老人福祉施設）（かいごふくししせつ（かいごろうじんふくししせつ））

介護保険法に基づいて，介護老人福祉施設に入所する要介護者に対し，施設サービス計画に基づいて行われる入浴，排せつ等の介護，その他の日常生活上の世話，機能訓練，健康管理及び療養上の援助サービスである。介護老人福祉施設は，常時介護が必要な要介護者の長期入所が可能な生活施設として，大きな役割を担っている。医療的なケアを中心に置く介護老人保健施設や介護療養型医療施設（介護医療院）とは役割が異なる。

［宮本隆文］

♧介護福祉士養成施設（かいごふくししようせいしせつ）

「社会福祉士及び介護福祉士法」において介護福祉士国家試験の受験資格を供与することが認められた，厚生労働省が指定する大学や短大，専門学校などの施設のこと。「高校卒業」か「それに準ずる者」が2年制以上の養成施設で1,800時間以上の指定科目を履修し卒業することで介護福祉士に登録され，その資格を取得することができる。社会福祉士及び介護福祉士法等の一部を改正する法律（2007）により，2017（平成29）年4月から介護福祉士養成施設卒業者も介護福祉士になるためには介護福祉士試験に合格しなければならないことになったが，2022年3月までは経過措置が設けられている。［岩永　耕］

♧介護扶助（かいごふじょ）

生活保護法の定める8種類の扶助のうちの一つで，2000（平成12）年度実施の介護保険法に対応して新設されたものである。要介護者・要支援者を対象とし，居宅介護，福祉用具，住宅改修，施設介護，介護予防，移送など，介護保険と同一内容の介護サービスを現物給付の方法などにより受けることができる。40歳以上65歳未満の医療保険に加入していない被保護者は，そのサービス費用（10割）が介護扶助として実施される。他方，65歳以上の被保護者は介護保険の第1号被保険者となるので，その保険料は生活扶助に加算され，サービス費用の1割の本人負担分が介護扶助として支給される。

［木場千春］

♧介護プロフェッショナルキャリア段位制度

介護現場における介護職員の職業能力を評価し，キャリア・アップを目的とする制度。2014（平成26）年度までは内閣府が主導で，実践的な職業能力評価・認定制度（キャリア段位）を実践キャリア・アップ戦略としてキャリア構築を図っていたが，2015（平成27）年度より，厚生労働省へ移管し，「介護職員資質向上促進事業」として実施され，シルバーサービス振興会が実施機関となっている。介護福祉士等の既存の資格である「わかる（知識）」を評価しつつ，介護現場における「できる（実践的スキル）」を重点的に評価する。シルバーサービス振興会が実施する講習を受けた各事業所のアセッサー（評価者）が，介護職員がめざす目標レベル（レベル２‐①，レベル２‐②，レベル３，レベル４）を取得できるようOJTを実施し，介護職員のスキルアップ（キャリア・アップ）を図る。 ［坂上竜三］

♧介護報酬

介護保険制度において，介護保険施設や介護サービス事業者が，利用者（要介護者または要支援者）に介護サービスを提供した場合に，その対価として支払われる報酬のこと。原則として報酬の１割（一定所得がある場合には２割または３割「2018年８月から」）は利用者の負担，残りを保険料と公費で賄う。介護報酬はサービスごとに設定されており，基本的なサービス提供にかかる費用のほか，各事業所のサービス提供体制や利用者の状況等に応じて加算・減算される仕組みとなっている。居宅サービスには要介護ごとに支給限度額があり，限度額以上のサービス利用は自己負担となる。なお，介護報酬は３年ごとに見直され，介護保険法上，厚生労働大臣が社会保障審議会の意見を聞いて定めることとされている。 ［岡部由紀夫］

♧介護保険事業計画

厚生労働大臣が定める基本指針に即して，３年を一期とする，地方自治体が策定する介護保険事業計画であり，介護保険の保険給付を円滑に実施するための計画である。市町村が策定する「市町村介護保険事業計画」と，都道府県が策定する「都道府県介護保険事業支援計画」がある。要介護者の実態を通じてサービス需要を把握し，それに対応した必要なサービス量を把握し，差異を明確にすることにより，サービス量の不足分の基盤整備を図りつつ事業推進する。また，本計画は介護保険の給付と，負担バランスに影響されるので，地域住民の意見が反映されなければならない。そのことは，事業計画やサービスの量，数値目標や需要等は公共・民間事業者運営にも影響することとなる。 ［今村英幸］

♧介護保険施設

介護保険法による施設サービスを行う施設のことである。①指定介護老人福祉施設，②介護老人保健施設，③介護療養型医療施設（介護医療院）の３種類に分けられた。介護保険施設へ入所するためには，要介護認定を受けていることが必要であり，利用者または家族等が直接，申込みを行い，契約を結ぶ。なお，指定介護老人福祉施設は，2015（平成27）年より，原則，要介護３以上が入所条件となった（ただし，特例あり）。また，介護保険施設は，いずれも施設サービス計画を作成し，サービスの提供を行い，指定介護老人福祉施設は日常生活の介護や健康管理を，介護老人保健施設は医学的な管理のもとでの介護や看護，リハビリを受けることができる。 ［宮本隆文］

か

♧介護保険審査会

この審査会は，介護保険法第183条に基づき都道府県が設置することとされている。その機能は，被保険者が要介護認定・要支援認定の結果や保険料の決定等の処分に不服がある場合に，審査請求を受け付けて裁決することにある。介護保険審査会は，①被保険者を代表する委員（３名），②保険者（市区町村）を代表する委員（３名），③公益を代表する委員（３名以上）から構成されている。

［鬼﨑信好］

♧介護保険制度

主たる保険事故を加齢に伴う要介護（要支援）状態とする保険制度であり，介護保険法に基づく公的介護保険と民間運用の私的介護保険がある。公的介護保険制度の保険者は，市区町村であり，原則として40歳以上の者は全員が被保険者となり，保険料を支払うこととなる。40歳以上の被保険者は，年齢，費用徴収の面，受給要件等により，第１号被保険者と第２号被保険者に２分類される。当該被保険者が介護サービスを受給しようとするときは，申請により要介護認定を受け，これに基づいて要支援（１，２），要介護（１～５）と認定されたときに，介護給付費の一部（原則１割，所得によって２割あるいは３割）を払って介護サービスを利用する。また居宅介護サービス及び地域密着型サービスについて，要介護度ごとに１か月間において利用したサービス費用の合計額に対する保険給付の支給限度額が決められている。また市町村は保険給付を行うほかに，第１号保険料のほかに公費や内容によっては第２号保険料を財源とする地域支援事業を実施している。地域支援事業には，介護予防・日常生活支援総合事業，包括的支援事業，任意事業がある。［山下利恵子］

♧介護保険制度（韓国）

老人長期療養保険法が2008年７月１日に施行された。目的は「高齢や老人性疾病等によって日常生活を一人で遂行し難い老人等に提供する身体活動又は家事支援等の長期療養給付に関する事項を規定して，老後の健康増進及び生活安定を図り，その家族の負担を減らすことで国民の生活の質の向上を図ること」である。日本とドイツの介護保険制度を折衷したものである。保険者は国民健康保険公団。被保険者は国民健康保険の被保険者である。保険料は保険公団が医療保険料と一緒に介護保険料として徴収する。給付対象者は65歳以上の高齢者または65歳未満で，大統領令に定める認知症等の老人性疾患を有する者である。サービスには在宅給付，施設給付，特別現金給付がある。施設給付は20%，在宅給付は15%が自己負担であるが，低所得や国民基礎生活保障制度による受給者は優遇される。等級については2014年に３等級から５等級と拡大している。［黒木真吾］

♧介護保険地域密着型サービス外部評価

地域密着型サービスは2005（平成17）年の介護保険法改正に伴い創設された。住み慣れた地域で馴染みの関係性を大切にして柔軟なサービスを提供することを狙いとして，小規模多機能型居宅介護，認知症対応型共同生活介護などが地域密着型サービスとして位置づけられた。地域密着型サービスは原則として年に１回の評価が義務付けられており，事業所自らが行う自己評価と，評価機関によって実施される外部評価とがある。自己評価による主観的な評価と外部評価による客観的な評価を実施することで総括的な考察が可能となり，サービスの質を向上させる目的がある。［日田　剛］

介護保険方式

介護保険方式の導入の狙いは，社会保険制度にすることにより，介護サービスも医療保険における医療と同じく権利性が明確になり，またサービス利用についても，医療機関を選択することと同じように，自ら選択した指定事業者と直接契約を結んで対等な立場で利用することができるようにするという点にある。また介護を「必要」とする者は，保険者（市町村）から要介護認定を受け，その認定された程度（給付限度額）を前提として，必要な介護保険サービスを選択するという，一定の前提条件の下での利用システムとなっている。サービスの利用に要した費用は，保険者である市町村が指定業者に費用の９割～７割を介護報酬として支払い，残りの１割～３割を利用者が支払うという代理受領方式がとられている。　［二又一人］

介護保険法施行規則

介護保険法の条項に示された厚生労働省令で定めるとされた事項について，具体的な費用や手続きについて示したもの。たとえば，介護保険法第41条第２項の居宅介護サービス費の支給について，第２項において厚生労働省令で定めるとされており，同施行規則第61条において，食費，おむつ代などが規定されている。　［坂本雅俊］

介護保険料

介護保険の給付に必要な費用の50％を被保険者から支払われる保険料で賄う。第１号被保険者（65歳以上の者）の保険料は，原則として所得段階別の定額保険料となっており，その額は政令で定める基準に従い，条例で定め算定した基準額に所得に応じた保険料率を乗じて得られる。市町村は独自に保険料段階の細分化，保険料率の変更をすることができる。所得段階については，標準として当初５段階であったが，2015（平成27）年度から９段階となった（市町村によっては９段階以上の設定も可）。徴収方法は市町村が個別に徴収する普通徴収と年金（年額18万円以上）から天引きする特別徴収とがある。特別徴収の対象は老齢・退職年金受給者に加え，2006（平成16）年４月からは遺族年金，障害年金受給者まで拡大された。また，2005（平成17）年10月から普通徴収による介護保険料の収納事務がコンビニエンスストアなどに委託可能となった。第２号被保険者（40歳から65歳未満の医療保険加入者）の保険料は，医療保険の各保険者が医療保険各法等の規定に基づいて医療保険料と合わせて賦課・徴収し，社会保険診療報酬支払基金に介護納付金として納付する。現行制度では各医療保険者は被保険者一人あたり全国均一の額に第２号被保険者の数に乗じた額を納付していたが，2017（平成29）年の法改正により，被用者保険（協会けんぽ，健保組合，共済組合）間では総報酬割（総報酬に比例した）負担が段階的に導入される。被用者保険の場合は事業主負担（原則労使折半），国民健康保険の場合は国庫負担がある。介護保険料は概ね３年ごとに改訂されることになっており，第１号被保険者と第２号被保険者の保険料の負担割合は，ほぼ同水準になるように定められている。　［佐藤眞子］

介護補償給付

介護補償給付（介護給付）は，労働災害補償保険の一つで，被災労働者の介護者の負担を軽減するために創設され，1996（平成８）年４月１日から実施されている。その給付は，傷病補償年金（傷病年金）または障害補償年金（障害年金）を受ける権利を有する労働者が，これらの支給事由となる障害であって厚生労働省令で定める程度のものにより，「常時」または「随時」介護を受けているときに，当該介護を受けている間，当該被災労働者の請求に基づいてその者に支給する。給付は，月を単位として支給され，時効は，支給事由が生じた月の翌月の初日から起算して２年となっている。［田畑寿史］

♧介護(かいご)マンパワー

介護が必要となる要介護者もしくは要支援者に，専門的な知識と技術をもとに食事，入浴，排せつなどといった日常生活の援助及び相談，指導を行う者である。介護の実践は，国家資格である介護福祉士や，研修によって知識や技術を習得した実務者研修修了者などを中心に行われる。超高齢社会となり介護が必要な高齢者も増加している近年では，介護従事者が不足しており社会的問題となっている。2025（令和７）年には団塊の世代が後期高齢者となることから2025年問題とされ，要介護者は増加するうえ，介護ニーズも多様化し医療依存度の高い要介護者や障害者等も増加することが予測できる。厚生労働省は2025年度に約38万人の介護職員不足となることを推測し，介護人材を増強し介護マンパワーを確保するために，介護のイメージアップなどによる参入促進，労働環境・処遇の改善，資質の向上をめざしている。［吉岡久美］

♧介護用具(かいごようぐ)

用具とはあることをするために使う道具のことであり，介護の実践に用いられる道具のことを介護用具という。介護保険制度では介護に必要な道具として，福祉用具が定められている。また，福祉用具としては，介護保険制度で定めるほかに障害者の生活・学習などに必要な補装具などといった道具も含まれる。つまり，広義での介護用具とは，日常生活や学習・就労などに必要となる道具のことを意味している。制度を利用して，車いすや杖，ベッド，簡易スロープなどのレンタルできる用具もあるが，入浴用滑り止めマットなどの入浴や排泄に関する道具は購入となる。→介護用品，福祉用具，福祉機器［吉岡久美］

♧介護用品(かいごようひん)

用品とは，あることに使用するために必要な品物をいい，介護が必要な高齢者，障害者の生活や学習，就労などを支援するために用いられる品物を介護用品という。なかでも，その用具を使用することで日常生活動作における能力が維持・改善されることが見込まれる道具は福祉用具として介護保険法等に定められている。その福祉用具以外に，介護に必要となる用品として，紙おむつや尿取りパッド，ディスポーザブル手袋，エプロンなどといった消耗品があり，日常生活を送るうえでは欠かせない用品である。つまり，介護用品は費用負担が多いことが課題となっている。そこで，経済的負担を軽減させ生活を少しでも安定させるために，市町村によって「家庭用品支給事業」などで紙おむつ費用助成やごみ袋の支給などといった，給付や助成をしている場合もある。［吉岡久美］

♧介護予防(かいごよぼう)

介護予防とは，高齢者が要介護状態等になることの予防，または，要介護状態等の軽減もしくは悪化の防止を目的として実施することを意味する。従来の介護予防の課題として，心身機能を改善するための機能回復訓練に陥りがちであったこと，また介護予防活動が終了した後の場づくりが十分でなかったことがあげられている。今後の介護予防は，高齢者の運動機能や栄養状態等といった心身機能の改善のみではなく，国際生活機能分類（ICF）に基づく活動や参加という要素も加えた生活機能についてアプローチしていく必要性がある。高齢者の日常生活の活動性向上，家庭や地域，社会への参

加等を含むもの，すなわち生きがいや自己実現といった生活の質の向上もめざしていくものである。［矢ヶ部陽一］

ことととなっているが，居宅介護支援事業所に業務委託をしている場合もある。［久保英樹］

♧介護予防ケアマネジメント

介護予防のため，高齢者自身が地域にて自立した日常生活を送れるよう支援する方法であり，ケアマネジメントのプロセスに基づくものである。制度としては，介護予防・日常生活支援総合事業における介護予防ケアマネジメントとして位置づけられ，地域包括支援センター等が実施主体となる。要支援者及び基本チェックリストの記入内容が事業対象の基準に該当した者を対象として，利用者の状況に即したアセスメントを行い目標を設定する。そして，訪問型サービス，通所型サービス，その他の多様な生活支援サービスを含むケアプランを作成する。要支援者等の状況にあった適切なサービスが包括的かつ効率的に提供されるよう必要な援助を行う事業である。地域の中で生きがいや役割を持って生活していくことを支えるために，高齢者の心身機能，活動，参加にバランスよくアプローチすることが重要である。

［矢ヶ部陽一］

♧介護予防サービス計画

介護予防サービス計画は，要支援1または要支援2の認定を受けた者が介護予防サービス等を利用する際に提供される介護予防支援で作成されるケアプラン（介護予防サービス計画）である。地域包括支援センター（指定介護予防支援事業所）の介護支援専門員や保健師その他介護予防支援に関する知識を持つ者が，自宅で介護予防のためのサービスを適切に利用できるよう，心身の状況や生活環境，本人や家族の希望等に沿って作成しサービス事業所との連絡・調整などを行う。介護予防支援は，地域包括支援センター（指定介護予防支援事業所）が行う

♧介護予防10カ年計画

介護予防10カ年戦略のこと。国民の「健康寿命」を伸ばすことを基本目標に置き，「生活習慣病予防の推進」「介護予防の推進」の2つのアプローチにより政策を展開するものとして，2004（平成16）年に健康フロンティア戦略が開始された。介護保険制度施行以来，軽度要介護者の増加が著しいことから，介護予防の推進で要介護者を当時の7人に1人から10人に1人とすることをめざした。この政策の内容として，働き盛りの健康安心プラン，女性のがん緊急対策，介護予防10ヵ年戦略，健康寿命を伸ばす科学技術の振興の4点がある。介護予防10ヵ年戦略のねらいは，高齢者が要介護となる主な原因である「生活機能低下」「骨折」「脳卒中」「認知症」をできる限り防ぐために，効果的な介護予防対策を推進することにある。のちの2007年に新健康フロンティア戦略が策定され，内容の見直しが行われた。［吉岡久美］

♧介護予防・地域支え合い事業

介護保険法における要支援者（予防給付）と二次予防事業対象者（要介護になるおそれのある者への介護予防事業）について，市町村が実施する任意事業として介護予防・日常生活支援総合事業が2012（平成24）年に創設された。さらに2014年改正において，予防給付の訪問介護と通所介護を加え全国の市町村が2017年4月から実施している。基本チェックリストにより生活機能の低下がみられる者が利用できる「介護予防・生活支援サービス事業」と65歳以上の全員が利用できる「一般介護予防事業」がある。高齢者の筋力向上，栄養改善，転倒骨折や認知症予防の教室やイベント，生きがい

活動のサロンや外出支援サービス，家族介護教室や介護者交流会等，NPO やサロン等，地域の人材により支え合う事業である。［坂本雅俊］

か

♧介護予防・日常生活支援総合事業（かいごよぼう・にちじょうせいかつしえんそうごうじぎょう）

介護予防・日常生活支援総合事業は，2012（平成24）年４月から施行された改正介護保険法で位置づけられた。介護保険制度の財源を用いて，要支援または要介護状態への予防を目的に実施されている。2018年度からは改正事項が施行され，市町村事業として取り組まれているが，直接的なサービス提供は社会福祉協議会や NPO 法人等に委託している場合も多い。介護予防に資するために利用者の状態や意向を市町村が判断し，介護予防と生活支援サービスの一体的提供を図っている。本事業は，地域支援事業の一環として取り組まれているが，実質的には地域包括支援センターがその中核を担っている。［本郷秀和］

♧介護療養型医療施設（かいごりょうようがたいりょうしせつ）

介護保険制度による入所サービス３施設の一つ。急性期の治療を終え，長期療養を必要とし，要介護１～５に認定された人が利用できる。2024（令和６）年３月末までに廃止が予定されている。その転換施設として「介護医療院」が2018年４月から新設された。この施設は，主に長期にわたり療養が必要な要介護１～５の人が対象の施設で，「日常的な医学管理」「看取り・ターミナルケア」等の機能と,「生活施設」の機能を持つ新たな介護保険施設であり，医療と介護を一体的に受けることができる入所サービスの一つとなる。［生野繁子］

♧介護老人福祉施設（かいごろうじんふくししせつ）

介護老人保健施設，介護医療院（介護療養型医療施設）と並ぶ介護保険施設の一種で，介護保険法第86条で指定された都道府県知事が指定する介護福祉施設サービスを提供する施設であり，特別養護老人ホームが指定を受けている。可能な限り居宅への生活復帰を念頭にした施設サービス計画に基づいて，生活支援（老人福祉法第５条の２で示す，入浴，排せつ，食事等の介護，日常生活上の世話，機能訓練，健康管理及び療養上の世話）を行う施設である。厚生省令で定める要介護状態区分に該当する状態である者その他居宅において日常生活を営むことが困難な要介護者が給付対象である。［坂本雅俊］

♧介護老人保健施設（かいごろうじんほけんしせつ）

老人保健施設は，医療機関から在宅へ退院する場合の，在宅生活がスムーズに行えるためのリハビリテーションを受けられる中間施設として，老人保健法（廃止）を根拠法として1988（昭和63）年に創設された。介護保険法（第94条）の施行により介護老人福祉施設等と並ぶ介護保険施設となり，都道府県知事の開設許可を受け，介護保健施設サービスを提供している。要介護状態区分に該当する状態である者を対象とし，施設サービス計画に基づき，看護，医学的管理のもとにおける介護及び機能訓練その他医療並びに日常生活上の世話等の包括的ケアサービスを行っている。在宅復帰施設として入所者の自宅生活が可能か少なくとも3か月ごとに検討することや，在宅生活支援やケア技術を習得できる地域に根差した施設としての役割を持っている。［坂本雅俊］

♧介護労働安定センター（かいごろうどうあんてい）

公益財団法人である介護労働安定センターは，1992（平成４）年に介護労働者の雇用管理の改善，能力の開発・向上，その他福祉の向上を図るための総合的支援機関として設立され，介護保険法施行後は介護事業者を含む介護分野全般に対する支援事業を実施している。主な事業は，職業能力開発の支援，雇用管理改善の支援，介護事業者向け補償制度，ケアワーカーの支援，介護情報の提供などがある。介護労働安定センターは各都道府県に設置されている。［藤戸美保子］

♧ χ^2検定（けんてい）

χ^2（カイ２乗）検定は，クロス集計表などで変数間に関連があるかどうかを把握するために用いられる統計手法である。主に適合度の検定（標本から全体を推測）と独立性の検定（標本の特徴を把握）のための手法である。２×２やｍ×ｎのクロス表で使われる。なお，どのデータに特徴があるかを把握する方法として，さらに残差分析を行うことがある。とくに少数のサンプルの場合は，２×２のクロス集計表におけるフィッシャーの直接確率検定（正確確率検定）等を用いる。［梶原浩介］

♧ 介助（かいじょ）

病気やけがによって日常生活動作に支障がある人の手助けをする行為。介護よりも狭義かつ直接的な支援行為を指す。［山田美保］

♧ 介助犬（かいじょけん）

肢体に不自由がある人をサポートするよう訓練された犬。身体障害者補助犬法（2002年４月制定）に定められ，厚生労働大臣から指定された公益法人等から認定されることで補助犬となる。具体的には，物の拾い上げ，着脱衣の補助，体位の変更，起立及び歩行の際の支持，ドアの開閉，スイッチの操作，緊急の場合における救助の要請等を行えるように訓練されている。身体障害者補助犬法では，国，地方公共団体，公共交通事業者などは，介助犬の同伴を拒んではならないと定められ，国及び地方公共団体は，介助犬が果たす役割の重要性について国民の理解を深めるよう努めなければならないと謳われている。［大川絹代］

♧ 改正少年法（かいせいしょうねんほう）

2021（令和３）年５月21日少年法等の一部を改正する法律が成立。2022（令和４）年４月１日施行。成年年齢を18歳とする民法の一部を改正する法律の施行に伴い，改正。選挙権年齢や民法の成年年齢が20歳から18歳に引き下げられ，18・19歳の者は，社会において，責任ある主体として積極的な役割を果たすことが期待される立場になった。18・19歳の者が罪を犯した場合には，その立場に応じた取扱いとするため，「特定少年」として，20歳以上，17歳以下の少年とは異なる新たな処分や手続きを定めた。主な改正点として，「特定少年」としての引き続きの少年法適用，全件が家庭裁判所に送られ処分決定，原則逆送対象事件の拡大，実名報道の解禁が挙げられる。

［江口賀子］

♧ 疥癬（かいせん）

体長0.4～0.2㎜の疥癬虫（ヒゼンダニ）が人の皮膚の角質層に寄生し，炎症を起こす皮膚疾患である。感染してから，２週間から約１か月の潜伏期間があって発症する。重症の疥癬から移った場合は，その潜伏期間は短くなる傾向がある。症状としては，皮膚の柔らかい指間，四肢屈側，腋の下，乳房下，下腹部，外陰部の皮膚に数㎜の長さの細い線状の高まり（疥癬トンネル）ができ，その中で0.4㎜前後の雌の疥癬虫が産卵する。しかし，近年流行している疥癬の症例では，疥癬トンネルが認められるものが少なく，大半は虫刺されや湿疹に似た赤い隆起が体幹を中心とした前述の各部位に多発する。激しい痒みのために夜間の不眠をきたすことも多い。まれに全身状態のよくない場合には，角質がカキ殻状に厚く増殖するノルウェー疥癬（角化

か

型疥癬）がみられる。ノルウェー疥癬の場合は寄生数が多く，強い感染力をもっているため，個室管理が必要となる。
［岩崎房子］

♧回想法（かいそうほう）

1960年代初頭にアメリカの精神科医バトラー（Butler, R.）によって始められた心理療法である。主に高齢者を対象としており，「1対1もしくは少数の集団で昔の思い出などを語る」方法が用いられている。「昔語り」をすることで，今までの人生の歩みを振り返り，一人の人間として存在した意義を振り返り，自分の人生のまとまりを確認する（統合する）ことができる。回想法研究では，満足感や自尊心の向上が見られるだけではなく，落ち込んだ気分が改善したり，不安が減るなどといった効果が実証されている。回想法は，欧米を中心に豊富な臨床・実践・研究が行われており，高齢者施設などでは認知症改善に繋がるとして積極的に実施されている。　［川﨑泰代］

♧街頭面接法（がいとうめんせつほう）

街頭や店頭等で調査員が調査対象者を見つけて面接をしながら調査を行う方法。街頭面接法のメリットとしては，短時間に多数の者に調査をすることができ，提示物やCDプレーヤーを視聴してもらう等柔軟な調査が可能であることなどがあげられる。デメリットとしては，長時間に渡る調査が難しく対象者の協力が得にくいことや，調査場所の許可等が必要となるなどがあげられる。
［寺島正博］

♧潰瘍（かいよう）

皮膚・粘膜層において，上皮組織の部分的欠損が深部に及んでいるものをいう。ただし，皮膚の欠損がごく表層に限られていたり，粘膜の欠損が粘膜筋板を越えない場合は，びらん（糜爛）と呼び，潰瘍とは区別されている。胃潰瘍，十二指腸潰瘍が代表的である。皮膚と異なり胃や十二指腸は常に強酸にさらされているため，治癒しにくい。なお，潰瘍を形成する特徴をもった炎症を潰瘍性炎症，組織の欠損がさらに進んで消化管などの壁を貫くものを穿孔性潰瘍という。
［岩崎房子］

♧カウンセリングとカウンセラー

心理的問題の解決に援助を必要とする来談者と面接し，主として言語的手段を用いて問題解決の援助をすること。ロジャース（Rogers,C.R.）の来談者中心療法以来，現代カウンセリングでは心理療法的側面の意味合いが強調されてきた。狭義には心理療法と同義語として用いられている。一般には，心理療法が人格の深層に関わるのに対して，カウンセリングは人格の比較的表層部分と関わり，相談，指導，ガイダンスなどによって生活上の適応問題の解決をめざすものといえる。また，カウンセラーは，環境から受けるストレスや，個人内部で生じる葛藤や不安によって，社会的・心理的・身体的に不適応状態に陥っている来談者の主訴を傾聴し，何が問題となっているのか，どのような関わりをしてきたのか，よりよい方法の援助など，来談者の主体性を尊重しながら関わっていく。狭義にはセラピストと同義に用いられる。　［滝口　真］

♧下顎呼吸（かがくこきゅう）

異常な呼吸の一つ。通常であれば，胸郭と腹部などの呼吸筋を使って効率よく呼吸をしているが，脳や脊髄の中枢神経の損傷や機能の低下により，呼吸筋を十分に働かすことができないため下顎だけを動かすことによって呼吸している状態で，あえぎ呼吸ともいう。この呼吸は，中枢神経系の血管障害・腫瘍・炎症・損傷など，とくに脳幹部の橋や延髄レベルの障害の状態が非常に悪い重症疾患の末期や意識障害の患者などの呼吸困難の状況下に見られ，死の直前を意味する状態であるとされている。［岩崎房子］

い
♧ かかりつけ医

日常的な診療や健康状態の把握を行い，健康管理全般に渡って相談を受けたりアドバイス等を行う医者。また，日頃の診療から本人の健康や疾病を総合的に理解している医者。［秋竹　純］

か がわとよひこ
♧ 賀川豊彦（1888-1960）

1888年（明治21）年７月10日，神戸市生まれ，幼少時に両親と死別，1914年（大正３）プリンストン大学およびプリンストン神学校に留学し世界連邦運動に参加する。大正・昭和期のキリスト教社会運動家，社会改良家。戦前日本の労働運動，農民運動，無産政党運動，生活協同組合運動において，重要な役割を担った人物である。日本農民組合創設者。「イエス団」創始者。茅ヶ崎の平和学園の創始者である。1920（大正９）年に出版された自伝的小説『死線を越えて』は大ベストセラーとなり，1947，1948年にノーベル文学賞の候補となった。［今村英幸］

かく か ぞく
♧ 核家族

アメリカの人類学者マードック（Murdock，G.P.）が1949年の著書で提唱した概念であり，夫婦とその未婚の子からなる家族をいう。マードックは，核家族を人間社会に存在するあらゆる家族の普遍的な核的要素とみなし，家族が性・生殖・経済・教育の４機能を担うための最小単位であるとした。その後，核家族の概念は社会学に導入され，産業化や都市化に伴う家族変動により家族が小規模化していく傾向を示す概念として「核家族化」が用いられるようになった。［村山浩一郎］

かく さ しゅくしょうほうしき
♧ 格差縮小方式

生活扶助基準の算定方式として，1961（昭和36）年から1983（昭和58）年まで間に採用されていた。その当時，一般世帯の生活（消費）水準が急速に上昇していくなかで，被保護世帯に保障される生活（消費）水準との格差が，大きくなる状況であった。格差縮小方式は，その格差の縮小を目的として，国民の生活(消費)水準の伸び率を基礎として，その伸び率以上に生活扶助基準を引き上げることにより，被保護世帯と一般世帯との生活水準を縮小させていく方法である。［河村裕次］

がくしゅうしょうがい
♧ 学習障害（Learning Disabilities：LD）

発達障害の一つである学習障害は，読字障害，書字表出障害，算数障害の３つに分類される。基本的には，全般的な知的発達に遅れはないが，聞く，話す，読む，書く，計算する又は推論する能力のうち特定のものの習得と使用に著しい困難を示すさまざまな状態を指し，その原因として，中枢神経系に何らかの機能障害があると推定されるが，知的障害等の障害や環境的要因が直接の原因となるものではない。［蓑毛良助］

がくしゅう り ろん
♧ 学習理論

学習に関する理論には，生理学説，教授理論，数理学的理論，サイバネティックス，学習制御論など数多くの立場からのものがある。学習心理学では，学習の実験的研究によって見出された事実の解釈を巡っていろいろな法則が立てられているが，学説は連合説と認知説に大きく二分される。連合説では，刺激―主体―反応―強化（報酬）という流れで学習を説明し，発達の初期の学習（色の分別など）に適応できる。一方の認知説では，場の構造を問題解決のために再構成する中での学習で，人間の後期の学習（洞察など）に適応できる。今日では，連合説と認知説の互いの理論を接近させる方向で，理論化が進められている。
［養毛良助］

♧覚せい剤依存

精神作用物質依存の一つである。アンフェタミン類の精神刺激薬（覚せい剤）を摂取すると，中枢神経興奮作用によって一時的に覚醒作用や爽快気分がもたらされる。次第に同様の効果を得るために使用量が増え，摂取頻度が高まるなど，耐性の形成が早く，薬効が切れると反跳現象（強い脱力感・不眠・疲労感・抑うつ気分など）が現れる。光や音などの知覚過敏，幻視，幻臭，妄想などを呈する場合もある。そのような不快な状況を回避するために，さらに覚せい剤を摂取する。社会的立場や家族関係などに多大な影響が出ることが予測できる場合であっても，自分ひとりの力ではやめることができない状態を依存という。覚せい剤の使用は「覚せい剤取締法」で違法行為とされており，刑事処罰を受ける。その後の回復（再使用しないため）にはピアサポーターの存在が不可欠であり，回復のための更生施設「ダルク」が有名である。
［橋本みきえ］

♧覚せい剤取締法

1951（昭和26）年に公布された法律である。覚せい剤の乱用による保健衛生上の危害を防止するため，覚せい剤及び覚せい剤原料の輸入，輸出，所持，製造，譲渡，譲受及び使用に関して必要な取り締まりを行うことを目的としている（第1条）。この法律で覚せい剤とは①フェニルアミノプロパン，フェニルメチルアミノプロパン及び各その塩類，② ①に掲げる物と同種の覚せい作用を有するものであって政令で指定するもの，③ ①②に掲げる物のいずれかを含有する物とされている（第2条）。また第41条，42条には違反したときの刑罰が規定されており，第43条には行政罰の規定もある。
［橋本みきえ］

♧拡大家族（extended family）

人類学者マードック（Murdock, G.P.）は世界各地の民族の家族を調査し，家族を「核家族」「拡大家族」「複婚家族」の3つに分類した。そのうち拡大家族とは，世代の異なる核家族がタテに2つ以上結合した家族の総称であり，複数の核家族が接合して，同居を通して一体としての家族を形成している点に特色がある。同居を前提とする拡大家族に対して，核家族化の進んだ今日，別居をしつつも頻繁な近親関係・援助関係を維持している家族もあり，そうした家族をリトワク（Litwak, E.）は「修正拡大家族」と呼んだ。なお，家族を夫婦家族（核家族）・直系家族・複合家族の3つに分類した場合，直系家族と複合家族が拡大家族にあたる。→核家族　［益田　仁］

♧拡大読書器

新聞などの細かい文字などをモニターテレビ画面に大きく映し出す機器である。視覚障害者の補助機器の一つで日常生活用具にも認定されており，補助金給付の対象となっている。対象は視覚障害者で身体障害者手帳が交付されている者で等級は原則として問わないが，運営にあたっては各市町村の行政判断が適応されるので，各市町村に問い合わせる必要がある。
［福永良逸］

♧確定拠出年金（企業型）

事業主が拠出する掛金と，加入者たる従業員が自己責任でその掛金の運用指図を行った結果得られる運用収益の合計に基づいて給付額が決定される年金制度。本年金制度では，拠出された掛金が個人ごとに明確に区分されているため，年金資産残高（掛金と運用収益の合計）の把握が容易となる，離転職の際に年金資産の持ち運びが可能になる等のメリットがある。制度を実施するためには，事業主が労使合意に基づいて企業型年金規約を作成し，厚生労働大臣の承認を受けなければならない。加入対象者となるのは，60歳未満（企業型年金規約において60歳以上65歳以下の一定の年齢に達したときに企業型年金加入者の資格を喪失することが定められているときは当該年齢に達するまで）の実施企業に勤務する従業員である。給付の種類には，老齢給付金，障害給付金，死亡一時金の３つがあるが，これに加えて，当分の間，一定の脱退者に対しては本人の請求により脱退一時金が支給される。　［谷村紀彰］

♧確定拠出年金（個人型）

企業年金の一種であり，加入者自身が年金資産を運用し，その成果に応じて給付額が変動する仕組みである。確定拠出とは掛金が確定していることである。制度のモデルとなったアメリカの確定拠出年金401ｋプランにちなんで日本版401kと呼ばれ，2001（平成13年）年10月施行の「確定拠出年金法」により導入された。個人型は，個人事業主や企業年金制度がない企業の従業員が自分で掛金を払い込む形式のことである。　［川崎竜太］

♧学童・生徒のボランティア活動普及事業

都道府県・指定都市社会福祉協議会を実施主体として，1977（昭和52）年から国庫補助事業として行われている。乳幼児，障害者，高齢者等とさまざまな人との交流やボランティア活動を通して，学童・生徒の頃から福祉への関心が高まるよう，地域全体での福祉教育の推進を目的としている。都道府県・指定都市内において「ボランティア協力校」として小学校・中学校・高等学校等が指定され，それぞれの地域の実情に応じた事業が行われている。　［山本佳代子］

♧学童保育

親の労働等の理由によって，下校後に親等が不在家庭の小学校就学児童を対象に，小学校の余裕教室や児童館，公民館等の施設を利用して，子どもに学習や遊びの場を提供し，健全育成を行うことをいう。児童福祉法では「放課後児童健全育成事業」と称され，学童保育のほか児童クラブ等とも呼ばれる。2015（平成27）年に施行された子ども・子育て支援制度では「学童保育の質と量の充実」が図られ，学童保育の対象年齢も概ね10歳である小学校３年生から小学６年生までに引き上げられた。学齢期の子どもをもつ共働き家庭等からのニーズは高く，地域に応じた学童保育の取組みが行われている。　［山本佳代子］

♧笠井信一（1864-1929）

笠井信一は，静岡県出身の政治家である。帝国大学法科大学（現・東京大学法学部）を卒業後，内務官吏を経て1914（大正３）年に岡山県知事に就任する。在任中の1916年，宮中で開催された地方長官会議の場で，大正天皇より受けた「県下の貧民の状況はいかに」との御下問を契機に，県下の生活困窮の実情を調査した結果，県民の約１割が悲惨な生活状態にあることが判明する。この事態の重大さにドイツのエルバーフェルト市で行われていた救貧委員制度を参考に1917（大正６）年，「済世顧問設置規程」を公布し済世顧問制度を創設，方面委員制度，民生委員制度の先駆けとなった。後に知事在任中の行政を評価され，北海道庁長官，貴族院勅選議員を務めている。　［久保英樹］

♧家事援助

障害者総合支援法に基づく介護給付の一つである訪問介護員による居宅介護の

援助内容のうち，掃除，洗濯，調理，生活必需品の買い物といった家事を援助することである。居宅介護(家事援助)は，単身の利用者又は家族等と同居している利用者であって，当該家族等の障害，疾病，就労等の理由により，当該利用者又は当該家族等が家事を行うことが困難である者が利用できることとなっている。介護保険法に基づく介護給付の一つである訪問介護では，家事援助と同等の内容を生活援助と称する。　[種橋征子]

♧ 過失責任主義（かしつせきにんしゅぎ）

他人に損害を与えた場合，故意または過失がなければ損害賠償責任は発生しないという考え方。民法では，「過失責任の原則」としてこの考え方を認めている。個人の自由な活動を保障するための原則であるが，過失の証明が困難等の理由から加害者に救済が行われない場合も生じる。そのため，民法では「過失責任の原則」を維持しつつも，故意または過失がなくても損害賠償責任は発生するという「無過失責任の原則」を一部採用している。　[永松美菜子]

♧ 過食症（かしょくしょう）

精神疾患の一つである。過食を頻繁に繰り返し，食欲のコントロールができなくなる。何らかの心理的ストレスが引き金となる場合が多く，大量に食物を食べ続け動けなくなるほどになると自己誘発おう吐を繰り返す。過食後は強い後悔の念や自己嫌悪，抑うつ気分など心理的に不快な状況になる。また強迫観念・強迫行為，不安発作などを併発することもある。発症の背景には個人的要素（自己肯定感の低さ，パーソナリティー障害，ストレス耐性の欠如など）や，家族・社会関係要素（家庭内での食生活の問題，強い家族間葛藤，ジェンダーの問題など），生物学的要因（発症後は中枢性の摂食調節機能に二次的な異常が発生するなど）があるといわれている。DSM-Vでは代償行動（おう吐や過度な運動など）の有無で「神経性大食症」と「むちゃ食い障害」を分けた診断基準を示している。　[橋本みきえ]

♧ 仮性認知症（かせいにんちしょう）

高齢者の精神状態が不安定であったり，言動がまとまらなかったりするが，記憶障害や物忘れはない，もしくは軽度にとどまる状態であり，しばしば認知症と誤診される。CT，MRI などの脳の画像診断，脳波などの検査では大きな異常はみつからない。原因は，多くは配偶者の死などによる強い精神的ショック，入院などの急激な環境変化，老年期のうつ病やせん妄などの意識障害，躁うつ病などの精神疾患，薬物の副作用や脱水症状，栄養不足などがある。鑑別が困難であるため医師の診断が必要である。早期に発見・治療することで改善する場合が多い。　[岩崎房子]

♧ 家政婦（かせいふ）

依頼者の家庭や病院，施設において掃除，洗濯などの家事の代行や補助，高齢者や障害を持つ人の介護や世話，育児の手伝いを行う職業をいう。仕事は，公共職業安定所の許可を得た有料職業紹介所である家政婦紹介所から紹介あっせんされ，依頼者と雇用契約を結ぶ。 家政婦(夫）になるには特別な資格は必要ないが，2016（平成28）年11月から，公益社団法人日本看護家政紹介事業協会が実施し，厚生労働大臣が認定する家政士検定試験が始まり，家事に関する学科試験と実技試験が行われている。　[種橋征子]

♧ 仮説検証（かせつけんしょう）

研究を遂行するにあたり，研究の目的を明確にし，従来の研究を基に予想される結果を仮説として提示する。研究の結果と従来の研究からの考察で仮説を検証することを仮説検証という。意識的・無意識的な予想や期待の役割を仮説というが，仮説を立てる際にも，考察で仮説を検証する際にも，従来の研究や実態把握などの確固たる情報に基づいていることが重要である。 [蓑毛良助]

♧ 過疎化（かそか）

「過密」の対義語としての「過疎」という語は，1967（昭和42）年に経済審議会の地域部会中間報告で初めて公式に登場したもので，人口の著しい減少によって，学校，商店などが閉鎖されたり，地元の伝統芸能の継承が困難になったりして，地域の活力が乏しくなった状態をいい，人口が減少して過疎の状態になりつつある状態，あるいは過疎がさらに進行する状態を過疎化という。過疎化が進行し，地域社会（コミュニティ）としての機能を失った集落を限界集落と呼ぶこともある。かつては都心部から離れた村落，離島など，へき地においてそれは発生しやすいと見られていたが，今日では都会といえども，地方の過疎化と似通った状況に見舞われている地区がある。もはや，過疎化は地方の問題でもなければ，遠い地域の問題でもない。

[田畑洋一]

♧ 家族会（かぞくかい）

障害者，認知症高齢者，拉致被害者などの家族により組織化された相互扶助を目的とした組織・団体。代表的な組織としては，「公益社団法人全国精神保健福祉会連合会」，「公益社団法人認知症の人と家族の会」，北朝鮮による「拉致被害者家族連絡会」，「全国薬物依存症者家族連合会」などがある。このうち，「公益社団法人全国精神保健福祉会連合会」は統合失調症，うつ病などの精神疾患をもつ人を身内にかかえる家族などでつくる相互扶助を目的とした障害者関連団体である。また「公益社団法人認知症の人と家族の会」は，1980（昭和55）年に京都で任意団体の「呆け老人をかかえる家族の会」として設立，2006年に現名称の「認知症の人と家族の会」に改称され，認知症に関する相談受け付け，会報誌やセミナーによる情報の発信をおこなっている。家族会を大別すると，病院を基盤とする家族会，地域を基盤とする家族会，さらに近年は施設を基盤とする家族会，地域の枠を超えて有志が結成した家族会などがあり，その形態も規模も多様化している。 [田畑洋一]

♧ 家族介護者教室（かぞくかいごしゃきょうしつ）

家族介護者教室は，介護保険法に基づく地域支援事業における任意事業の一つである家族介護支援事業の具体的な取り組みのことである。介護家族に対し，介護方法や介護予防，介護者の健康づくり，メンタルヘルス等の知識・技術を習得させるための教室を開催し，要介護高齢者の状態の維持・改善を目的としたものである。2017（平成29）年度の介護保険事務調査によると家族介護支援事業を実施している1,593市町村（全市町村の91.5%）の内，介護者教室を実施しているのは704市町村で，半数に満たない。

[種橋征子]

♧ 家族関係図（かぞくかんけいず）（ジェノグラム）

フェイスシートなどケース記録に用いられる家族等の系譜を記号を用いて視覚化したものである。３世代以上の家族の人間関係を図式化したもの。男性は正方形，女性は円で表し，該当者は二重枠で示す。また，婚姻関係については，両者を平行な線で結ぶ。さらに，子どもであることを示す場合には，婚姻関係を示す線から直線に降りる線で結んで表し，同居者は実線で囲むなどがある。その他にも死亡や離婚，再婚なども他の表示や記号によって表される。家族関係を把握するにあたり，文字により記述した記号を補完し，一目で家族構成などを理解することができ，追加記入などができる。家族で繰り返される虐待やアルコール依存症などの家族連鎖性の特徴を把握し，専門的な機関につなげるさいにも有効である。 ［滝口　真］

♧家族サービス協会（アメリカ）(Family Service Association of America)

フロイト（S. Freud）の精神分析理論を基盤とした診断主義学派と，ランク（Rank. O）の意思心理学を基盤とした機能主義学派は，それぞれの立場からケースワークに関する視点を提示していたため，その対立は著しいものであった。そこで，家族サービス協会（Family Service Association of America）が両学派の対立に関連して，ケースワーク実践の基礎概念を検討する委員会を立ち上げ1949年に報告を行ったが，両学派の対立の解消には至らなかった。 ［田中顕悟］

♧家族支援事業（家族介護支援事業）

介護保険法に基づく地域支援事業における任意事業の一つである。地域支援事業の目的は，地域の高齢者が，住み慣れた地域で安心してその人らしい生活を継続していくことができるようにするため，介護保険事業の運営の安定化を図るとともに，地域の実情に応じた必要な支援を行うことである。その一環として実施される家族介護支援事業には，介護者教室や，認知症高齢者見守り事業，家族介護継続支援事業がある。これらの事業によって，介護方法の指導その他の要介護高齢者を現に介護する者の支援を行い，要介護高齢者の地域での生活が継続できるようにすることをめざしている。 ［種橋征子］

♧家族システム理論

家族療法や家族ソーシャルワークにおける主要な中範囲理論の一つ。問題を特定の家族成員の原因とするような因果関係ではなく，家族システム全体を円環的に理解し，相互関係による人間関係の歪みのパターンとして問題が現れるという視点をもつ。1950年代に，ベルタランフィの一般システム理論を家族に応用し，サイバネティックス論，コミュニケーション理論を取り入れ発展している。家族を，単なる個人の集まりとしてではなく，互いに影響し合う独特な有機的構造体，つまり一つのシステムとしてとらえる。家族システムの機能不全や問題が特定の家族成員だけに病や問題として発現したり，逆に，家族の担う役割に柔軟性がなかったり，特定の家族成員に役割や責任が偏っていたりしていても，全体としてまとまりがとれていることなどにより，表面的には問題がないように見えたりすると解釈する。 ［平川泰士］

♧家族周期 (family life-cycle)

家族の生活周期をさす。夫婦と未婚の子よりなる，いわゆる核家族をモデルとして考えた場合，家族は結婚によって成立し，新婚期，育児期，教育期，子どもの独立期を経て，やがて成人した子どもが他出・婚出していくことによってふたたび夫婦２人となり，配偶者の死亡によってこの家族は消滅する。この一連の過程を家族周期と呼ぶ。都市の労働者世帯を調査したラウントリー（Rowntree, B.S.）は，貧困が家族の発展段階に応じて循環することを発見した（このことを個人の視点からとらえると，自分自身の児童期，子どもを育てる養育期，リタイアした後の高齢期の３回となる）。現代では未婚化の進展，産児の減少，寿命の延長，職業移動などによって家族周期は大きく変化している。→ラウント

リー，B.S.　［益田　仁］

♧家族ソーシャルワーカー
(family social worker)

クライエントの抱える問題に対して，家族単位で問題を扱うソーシャルワーカーのことである。家族間の関係性やコミュニケーションのあり方などに着眼し，家族間の適応力を上げていく。社会状況が変化する中で，家族の構造も変化し，家族機能が弱体化している今日，家族ソーシャルワーカーのニーズが高まっている。わが国では，福祉事務所，児童相談所，児童養護施設などの公的機関で家族中心に支援を行っているものがこれにあたる。　［土井幸治］

♧家族ソーシャルワーク
(family social work)

ソーシャルワーク領域の一つである。クライエントが抱える問題を家族全体の中でとらえ，家族関係のあり方に介入することで問題の解決・緩和を図ろうとする援助方法である。たとえば，家庭内暴力や児童虐待という問題に関して，家族間の関係性やコミュニケーションのあり方などを分析し，家族構成員を他の家族に適応させたり，社会資源を活用して問題の解決・緩和を図る。わが国では，福祉事務所，児童相談所，児童養護施設などの公的機関で必要とされる技術である。　［土井幸治］

♧家族的責任条約

ILO（国連：国際労働機関）が1981年に採択した「家族的責任を有する男女労働者の機会及び待遇の均等に関する条約（ILO156号条約）」のこと。労働者は，職業上の責任のみならず，家庭内の子どもや要介護者に対する責任があり，これは，男女ともに平等に行われるべきであるとする。なお，このことが職業上の責任との間に抵触を生むことなく就労する権利を行使できる体制を確立し，家庭的責任の生ずる労働者と他の労働者が，労働と生活の調和が図れる機会と待遇の平等化に向けた政策の実現を目的としている。わが国は「育児休業，介護休業等育児又は家族介護を行う労働者の福祉に関する法律」の法制化を契機に1995（平成7）年に批准している。　［中村秀一］

♧家族の機能（家族機能）

社会の統合や維持に対して，あるいは，個人の欲求の充足に対して，家族という集団が果たす貢献のことを意味する。オグバーン（Ogburn，W.F.）によれば，近代以前の家族は，経済・地位付与・教育・保護・宗教・娯楽・愛情の7つの機能を果たしていたが，産業化が進むと，愛情以外の6つの機能が衰弱したとする。このような主張を「機能縮小説」と呼ぶ。マードック（Murdock，G.P.）は，性・経済・生殖・教育の4つの機能を家族の本源的機能と考え，これらの機能を果たす最小の単位が核家族であるとした。マードックの立場は「核家族普遍説」と呼ばれる。パーソンズ（Parsons，T.）は，近代社会における夫婦家族の主な機能を，「子どもの一次的社会化」と「成人のパーソナリティの安定化（緊張の解消）」の2つの機能だとした。パーソンズは，近代社会においては家族の本来的機能が明確化し，家族機能が純化したととらえた。このパーソンズの説を「機能純化説」と呼ぶことがある。　［中山慎吾］

♧家族福祉

家族を構成する家族集団あるいはその構成員を援助し，家族関係・家族機能・家族生活の維持，安定を図る社会福祉の一分野である。多くの社会福祉サービス体系が高齢者分野，障害者分野，児童分野等，種別ニーズに基づいて提供されるのに対して，対象者ごとではなく，包括

か

的に全体としての家族を焦点化し，総合的な支援を実施する。たとえば最近では「児童福祉」にかわって「子ども家庭福祉」という表現が主流になっている。なお「家庭福祉」と「家族福祉」は厳密に区分されてはいない。また家族福祉を家族自体が保有している福祉資産と定義化する場合がある。その場合はジェンダー問題（女性が担うシャドーワークとしての家族内役割）を内包した定義といえる。 ［天羽浩一］

♧家族療法（かぞくりょうほう）

1930年代にアッカーマンが家族単位の治療に精神分析と社会心理学を応用したのが起源とされ，1950年代アメリカにおいて，家族を対象とする心理療法の一つとして発展した。一般システム理論，コミュニケーション理論，システムズアプローチ，ダブルバインド仮説等を取り入れ，社会構成主義へと変化している。複数の学派があり，個人に問題と原因を求める視点から，家族成員間の相互作用として発現した問題ととらえ直すことで，家族全体として問題を見つけ困難に対処することを目指す。対人関係として地域・職場・学校などの環境を含めて対象とすることもある。 ［平川泰士］

♧課題中心ケースワーク（かだいちゅうしん） (task-centerd case work)

ケースワークの実践モデルの一つである。1970年代はじめにリード（Reid, W.）とエプスタイン（Epstein, M.L.）によって形成された。クライエントが問題としたものに焦点化し，その中で具体的に解決できそうな課題を明らかにし，短期間（２～４か月程度）で計画的に取り組んでいく点が特徴的である。伝統的ケースワークが長期処遇であったことへの批判から，短期処遇のモデルが提唱された。対象とする問題は，①対人関係の葛藤，②社会関係上の不満，③形成の整った組織体との問題，④役割の遂行に伴う問題，⑤社会的過渡期の問題，⑥反応性の情緒的苦悩，⑦適切な資源の欠如，に分類される。著書として，1972年の共著『課題中心ケースワーク』（Task centered casework）がある。 ［土井幸治］

♧片麻痺（かたまひ）

脳梗塞や脳出血を起因とし，脳の一部の機能が障害されることによって起こる障害で，運動をつかさどる脳細胞から出た神経線維が延髄で交叉し，反対の脊髄へ移行するため，その障害された脳の部位とは反対側の半身に麻痺が出現すること。 ［秋竹　純］

♧片山潜（かたやません） (1859-1933)

明治時代から昭和時代にかけての社会主義活動家。岡山県生まれ。1884（明治17）年に渡米し，キリスト教的社会学と社会改良主義を学んで，エール大学神学部を卒業する。帰国後，1897（明治30）年にアメリカやイギリスのセツルメント運動を参考に，東京の神田三崎町にわが国で最初のセツルメントハウスとしてのキングスレー館を設立。後に社会問題研究会に参加し，労働組合期成会を結成する。1901（明治34）年には社会民主党の発起人となり，『我社会主義』（1903年）を出版。セツルメント活動や労働運動に尽力した。 ［大山朝子］

♧カタルシス (catharsis)

ギリシャ語の「浄化」に由来する。精神医学分野で，ブロイアー（Breuer, j.）は，ヒステリー患者の中に抑圧された記憶が，催眠状態の下で感情を伴って再生され，除去されることを発見した。人間が過去の出来事等で抑圧された感情や葛藤を意識して，自らの言語や行動で具体的に表現することによって，その不安感や緊張感というものを解消することを意味する。フロイト（Freud, S.）は，個人の抱える苦しみや悩みを言葉で表出したり行動で表現することで，その苦しみや悩みを軽減・解消するとして精神分析の治療の一つとして用いた。具体的な援助場面においては，援助者は利用者の抑圧された感情を表出させ受容する。その浄化の過程を援助者と利用者が，ともに共有することで援助関係を円滑に展開していくことになる。

［佐藤直明］

♧学校（がっこう）ソーシャルワーク

学校ソーシャルワークは，学校をベースに，児童生徒の最善の利益，福祉の価値を基盤に教育を受ける権利や機会の保障をめざす専門的援助活動である。課題を抱える児童生徒の生活環境へ働きかけ，関係機関とのネットワークの構築・連携・調整，学校内のチーム体制の構築・支援等，多様な支援方法を用いて課題解決への対応を図る。子ども・家族・学校教職員に対する直接的な支援（ミクロレベル），学校の校内体制づくり（メゾレベル），制度・政策立案等のシステムづくり（マクロレベル）において，学校ソーシャルワークは展開される。その実践者をスクールソーシャルワーカーという。社会福祉士や精神保健福祉士等の福祉に関する専門的な資格を有する者である。

［梶原浩介］

♧学校臨床心理相談員（がっこうりんしょうしんりそうだんいん）

主に，臨床心理士や教育関係の心理士，元教育関係者などが，文部科学省・地方自治体・教育委員会任用のスクールカウンセラーやスクールアドバイザーとして赴き，教育相談や学生相談を始め，発達面，学業面，生活面などの問題に対して心理的援助を行う。児童・生徒・学生本人との心理カウンセリングのほか，教職員への心理コンサルテーション，保護者への心理コンサルテーションなども実施する。校内においては養護教諭や教員などとの連携が，重要視されている。

［笠野恵子］

♧葛藤解決（かっとうかいけつ）の原則（げんそく）

ソーシャルワークの方法の一つであるグループワーク（集団援助技術）の実践に求められる原則の一つ。グループワークでは同じ問題を共有するグループ（集団）の構成員同士による相互の働きかけ（相互影響作用）を活用しながら，問題の解決や軽減を図っていく。その援助過程で起きたさまざまな葛藤（苦悩）の体験は，集団全体や利用者個々人の成長のために，いつも自らに問いかけながら解決を図らなければならない。グループワークでは，グループメンバー自身やグループ内の葛藤に向き合うことで，メンバー達が相互に自己の成長を促進させていく力になるといわれている。グループワーカーはメンバーが葛藤の体験を踏まえて，自主的（主体的）に問題を解決できるように働きかけていく。［佐藤直明］

♧家庭学校（かていがっこう）

1899（明治32）年に，留岡幸助が東京の巣鴨に非行少年を感化救済するために設立した入所施設である。留岡はキリスト教の精神に基づく精神教育を説く一方，実行主義の考えから，木工，農業などの実科や体育などを重視した。その後，留岡は，1914（大正3）年には家庭学校北海道分校を設立している。この留岡らの功績により，1900（明治33）年に感化法が制定され，感化院が設置されることになった。不良行為またはそのおそれがある児童及び，家庭環境等の事情で生活指導等を要する児童を預かり，助言指導を行う施設である今日の児童自立支援施設の原型になる。

［松元泰英］

♧家庭裁判所（かていさいばんしょ）

わが国における，下級裁判所の一種

で，おもに家庭事件および少年保護事件を扱う。その所在地や管轄地域は，地方裁判所と同様で，全国に50か所設けられている。家庭裁判所は，相応な員数の裁判官で構成される。また家庭裁判所には事務局が付置され，裁判所書記官などが配置されるほか，家庭裁判所特有の職員として，家庭裁判所調査官が置かれている。常勤の職員ではないが，民間から選任される参与員および家事調停委員も置かれている。家事審判，家事調停，少年審判などの権限を有し，2004（平成16）年からは，離婚訴訟などの人事訴訟も管轄するようになった。また，戸籍上の改名の許可・不許可も家庭裁判所の管轄となっている。なお，審判や調停に必要な調査は，家庭裁判所調査官が行っている。　［戸丸純一］

♧家庭裁判所調査官（かていさいばんしょちょうさかん）

各家庭裁判所に置かれる裁判所職員。その職務は，家事事件手続法で定める家庭に関する事件の審判（家事審判）及び調停（家事調停）に必要な調査，少年法で定める少年保護事件の審判に必要な調査，人事訴訟法で定める人事訴訟の第一審の裁判に必要な調査とされている。とくに家事審判・家事調停など家庭事件を担当するものを家事係調査官，少年事件を担当するものを少年係調査官という。さらに，家庭裁判所調査官の事務を補助するものとして家庭裁判所調査官補がある。　［戸丸純一］

♧家庭支援専門相談員（かていしえんせんもんそうだんいん）

ファミリーソーシャルワーカーとも呼ばれ，虐待等の家庭環境上の理由により入所している児童の保護者等に対して，児童相談所との密接な連携のもとに電話，面接等により児童の早期家庭復帰，里親委託等を可能とするための相談援助等の支援を行い，入所児童の早期の退所を促進し，親子関係の再構築等が図られるよう努めることを業務とする。配置施設は，児童養護施設，乳児院，情緒障害児短期治療施設及び児童自立支援施設で，社会福祉士又は精神保健福祉士の資格を有する者等が資格要件である。　［門田光司］

♧家庭児童相談室（かていじどうそうだんしつ）

福祉事務所内に設置されており，家庭における児童の健全な養育・福祉の向上を目的に，家庭相談員が相談や指導，援助を行っている。子どもの性格や生活習慣に関すること，非行や問題行動に関すること，子どもの養育に関すること，家庭の経済的問題や児童虐待に関すること，子どもの障害に関することなど，多種の相談に応じている。　［門田光司］

♧家庭相談員（かていそうだんいん）

福祉事務所に設置された家庭児童相談室で家庭における子どもの養育技術に関する事項や人間関係，その他家庭児童の福祉に関する事項の相談指導業務を専門に担当する非常勤の職員。なお，常勤の社会福祉主事と職務を行い，児童相談所との連携をもとに指導委託ケースの助言指導等も行う。資格は，大学で一定の指定科目を専修する学科等の卒業，または医師，社会福祉士，社会福祉主事として２年以上の従事経験，学識経験を有する者のいずれかに該当する者から任用される。　［中村秀一］

♧家庭的保育（かていてきほいく）

1950年代より産休明けや乳児保育の補完として位置づけられ，自治体等の補助事業として条例，規則，要綱等の定めのあるものを家庭的保育制度と呼んできた。過去には，区市町村等の定める研修を修了した保育士その他の厚生労働省令の定める者が，保育者自身の居宅などで行う保育を指すことが多かったが，子ども・子育て支援新制度がスタートした

2015年以降は，「地域型保育事業」の一つとして，地域に密着した保育を担うことが期待されている。 [森木朋佳]

♧家庭的養護（かていてきようご）

わが国では児童虐待やネグレクト，保護者の精神疾患，経済的困窮などさまざまな理由で親と一緒に家庭生活を送ることができない子どもたちの多くが，施設においてケアを受けている。本来，このような社会的養護を必要とする子どもの育ちにおいては一般家庭に近い生活体験や個別養育を受けるなどの機会が重要である。家庭的養護は，ユニットケアやグループホームのように施設でのケア単位の小規模化や，里親等への委託を通し，社会的養護が必要な子どもが家庭養育と同様の環境で，継続的に養育されることを保障する養護の形態をいう。

[山本佳代子]

♧家庭内暴力（かていないぼうりょく）

広義には，家庭内で起こる暴力行為のこと。配偶者による暴力（ドメスティックバイオレンス）のほか，親から子へ（児童虐待），子から親へ，長子から下の子へ，成人の子から高齢の親へ，孫から祖父母（高齢者虐待）へといった，さまざまなパターンがある。狭義には，両親，まれには祖父母に向けられる子や孫の暴力，危害，虐待，暴言，罵詈雑言および家庭内の物品などの破壊・破損行為をいう。このように暴力の内容は，相手に怪我を負わせるものから，暴言を主とするもの，家具や家財を破壊するなどケースにより異なるが，家庭外では全く発揮されないという特徴がある。この用語は一般的には狭義に用いられることが多い。 [田畑洋一]

♧家庭奉仕員制度（かていほうしいんせいど）

1963（昭和38）年に制定された老人福祉法において「老人家庭奉仕員派遣事業」として制度化された。この事業の先駆けとして，長野県家庭養護婦派遣事業（1956年），大阪市臨時家政婦派遣制度（1958年）など，自治体による単独事業がある。制度化の背景には，1950年代後期からの核家族化の進展，高齢者人口の増加などの介護問題の顕在化がある。発足当初は，ひとり暮らしの低所得の高齢者を対象として家事援助を中心とした援助が提供された。その後，1967年には身体障害者，1970年には心身障害児を対象とした家庭奉仕員派遣事業が制定され，「家事援助」「身体援助」「相談・助言」がサービス内容として位置づけられた。

[玉木千賀子]

♧稼得所得税額控除（かとくしょとくぜいがくこうじょ）

1975年にアメリカで時限立法として導入された Earned Income Tax Credit（以下，EITC とする）のことである。EITC の対象は，児童を扶養する扶養者（納税申告者）で，夫婦は合算申告をしなければならなかった。EITC では，4,000ドル以上の稼得所得に対する税額控除額の減額率は10%であり，税額控除額がゼロになるのは，稼得所得が8,000ドルであった。EITC は1975年に成立後，改正されるが，その役割に大きな変化はなく，依然としてその水準は社会保障税の税率をわずかに下回る水準に設定され，その範囲内で労働インセンティブを与える役割を担っていた。

[河谷はるみ]

♧寡　婦（かふ）(widow)

母子及び父子並びに寡婦福祉法においては，「配偶者のない女子であつて，かつて配偶者のない女子として民法第877条の規定により児童を扶養していたことのある者」（第6条4項）とされている。一方，所得税法上での定義としては，第81条において寡婦（寡夫）控除が規定されるとともに，第2条30項において，①

夫と死別し，若しくは夫と離婚した後婚姻をしていない者又は夫の生死の明らかでない者で生計を一にする子のある人。②①に掲げる者のほか，夫と死別した後婚姻をしていない者又は夫の生死の明らかでない者で合計所得金額が500万円以下であるものとされている。上記のようにそれぞれの法では婚姻の有無について定義が異なっている。2012（平成24）年より寡夫がいずれの法律にも加わった。　［片岡靖子］

♧家父長制（かふちょうせい）

父系の家族制度において，家長である男性が家族を統率・支配する家族形態。民法では家父長的家制度が廃止されたものの，男性中心の権力構造はさまざまな社会領域で維持されており，こうした状況を批判するフェミニズムの主要概念としても家父長制の概念は用いられるようになってきた。　［矢部　航］

♧寡婦年金（かふねんきん）

国民年金の第1号被保険者として，保険料納付済期間と保険料免除期間が10年以上ある夫が死亡した場合に，その死亡のときに夫に扶養されており，死亡したときまで引き続き10年以上の婚姻関係があった妻に，60歳から65歳になるまでの間支給される。ただし，死亡した夫が障害基礎年金の受給権者であったとき，または，老齢基礎年金を受給したことがあるときは支給されない。寡婦年金の額は，夫が受けられたであろう第1号被保険者期間にかかる老齢基礎年金の額の4分の3に相当する額である。　［田畑寿史］

♧貨幣的ニーズ（かへいてき）

三浦文夫によって，貨幣的ニーズ，非貨幣的ニーズの概念が提唱された。貨幣的ニーズとは，ニーズそのものが貨幣的に測定できるものであり，主に金銭給付によって充足されるニーズをいう。非貨幣的ニーズは，ニーズを貨幣的に測定することが難しく，貨幣の給付だけでは充足が困難であり，物的サービスや人的サービス等の金銭以外の給付により充足されるのが適当とされる。多くの先進諸国と同様に，わが国の社会福祉においても，経済的な成長と社会保障制度の整備に伴い，貨幣的ニーズよりも非貨幣的ニーズに重点が変化してきたとされる。　［隈　直子］

♧仮面様顔貌（かめんようがんぼう）（mask-like face）

パーキンソン症候群の三大症候の一つ。疾病による顔面の筋肉の異常により仮面のように無表情でまばたきも少なく，一点を見つめるような顔つきが特徴。仮面状顔貌とも呼ばれる。表情は乏しいが，感情が失われている訳ではない。パーキンソン病のほか，うつ病などの精神疾患の症状の一つとしてもみられ，症状の程度は患者によって異なる。　［中川美幸］

♧空の巣症候群（からのすしょうこうぐん）（empty-nest syndrome）

子どもの自立（就職・結婚）により，それまでの母親としての役割を終えた女性が虚無感や喪失感，抑うつ気分，不安などの状態に陥ることを指す。ひな鳥が巣立った後の空っぽになった巣に例えてこのような呼び方がなされる。一方，近年では同じような時期に親との死別による介護の終了，夫婦関係の見つめなおし，個としての自立など複眼的要素を持つことが多くなっている。女性のライフステージから，更年期障害とも重複することが多く，その引き金や悪化の要因になることが多い。　［茶屋道拓哉］

♧カリタス（caritas）

ラテン語で，キリスト教の愛，慈悲を意味する。罪深い人間に対する神の愛。ギリシャ語ではアガペー（agape），英語ではチャリティ（charity）にあたる。自己犠牲的，非打算的な愛をいい，愛に基づく慈善事業や福祉事業の理念，精神に対して用いられることが多い。キリスト教の基本的な徳の一つとして考えられている。慈善活動の思想的根拠であり，ローマには，「カトリック教会の国際的慈善事業組織「カリタス・インターナショナル」（国際カリタス）の本部があり，医療事務，福祉事業，教育事業などを手がけている。日本のカトリック団体（カリタスジャパン）も加盟して，災害救援や発展途上国に対する救済活動なども行っている。 ［髙田裕子］

♧加齢（かれい）

時間の経過に伴って生じる機能低下またはその過程のこと。老化と同義語として用いられるが，老化が衰退や死を連想させることから加齢を用いることがある。人間は誕生から成長，成熟，老化の過程を経て死に至るが，これらの過程のうち，発育の完了した成熟期以降に生じる形態的・生理的・機能的低下を加齢（老化）現象という。加齢現象はすべての人間にみられるが，その変化の速度は個人差が大きく，諸機能の低下についても必ずしも一様な変化が起こるとは限らない。身体的機能の低下により起居に介助が必要であっても精神機能は保たれている，身体的な機能低下はみられないが認知症により状況判断が困難など，加齢による変化のあらわれ方はさまざまである。 ［玉木千賀子］

♧河上肇（かわかみはじめ）（1879-1946）

明治時代から昭和時代にかけての経済学者。日本におけるマルクス主義経済学の先駆者。山口県生まれ。1898（明治31）年東京帝国大学に入学，1903（明治36）年には東京帝国大学講師となるが，1905（明治38）年に辞職。その後，読売新聞記者を経て，1908（明治41）年京都帝国大学講師となり，1916（大正５）年９月から12月まで『大阪朝日新聞』に「貧乏物語」を連載し，その中でブースやラウントリーの貧困調査などを紹介するとともに，資本主義社会の生み出す貧困問題を国民の共通認識として提起し，注目を集めた。 ［大山朝子］

♧がん（cancer）

人体の細胞は通常，臓器や組織などの必要に応じて増殖・分裂し，新たな細胞を作る。しかし細胞が制御を失って増殖する病態で，ある一定の特徴（自律性増殖，浸潤と転移，免疫機能への影響）を満たすものを「がん」という。なお，上皮細胞から発生した悪性腫瘍も上皮細胞のない場所の悪性腫瘍（脳腫瘍や血管肉腫など）も「がん」と呼ばれている。 ［中川美幸］

♧簡易生命表（かんいせいめいひょう）

簡易生命表は厚生労働省が総合的な保健福祉指標の一つとして毎年発表している。生命表は，同時に出生した10万人が観察集団の日齢，月齢，年齢別死亡率で死んでいくという仮定のもとに，任意の年齢までの生存者数や任意の年齢における平均余命などを男女別に計算されるもので，死亡率，生存率，生存数，静止人口，生存延年数，平均余命などの諸指数から求められる。５年ごとに実施され最も信頼性の高い国勢調査による人口（確定数）と人口動態統計（確定数）による死亡数，出生数に基づいて5年に一度作成される「完全生命表」と，住民基本台帳に基づく人口推計による推計人口と人口動態統計月報年計（概数）による死亡数，出生数に基づいて毎年作成される「簡易生命表」がある。「平成29年簡易生命表」（2018年７月公表）によると，平均寿命は男性81.09年，女性87.26年とともに前年を更新し過去最高となった。 ［中馬充子］

か

♧簡易浴槽（かんいよくそう）

体が不自由であったり，寝たきりのため浴室で入浴できない要介護者が，居室で寝たままの姿勢で入浴することができる移動可能な浴槽で，使用するときに取水や排水の工事を伴わないものである。ポリウレタンやビニール製で，ポンプで空気を入れ膨らませるタイプや折り畳み式，使用しないときは立てかけておく浴槽のみのものなどがある。介護保険制度においては購入対象の特定福祉用具である。障害者総合支援法においては，日常生活用具として給付される。［種橋征子］

♧寛解（かんかい）

完全に治った状態ではなく，症状が落ち着くか無くなった状態が一時的，もしくは長く続く状態をいう。再発を防ぐため，定期的な受診により症状を観察していくことが必要となる。一方，完全に治った状態を治癒（ちゆ）という。

［片岡靖子］

♧感化院（かんかいん）（reformatory）

日本の最初の感化院は，1883（明治16）年に池上雪枝によって大阪市の自宅を開放して設立された池上感化院であったといわれている。その後，1985（明治18）年，東京本郷区に高瀬真卿（たかせしんけい）により私立予備感化院（翌年東京感化院と改称）を開設（現在の社会福祉法人錦華学院），1986（明治19）年に千葉県下仏教寺院連合により千葉感化院（現在の成田学園）が設立された。その後，1900（明治33）年に感化法が制定され，各県に感化院が設立した。本法律の制定に尽力したのは，小河滋次郎（おがわしげじろう），運営については北米を視察した留岡幸助らの尽力による。その後，1933（昭和８）年には，感化法が少年救護法に改正。感化院は少年救護院と改称された。さらに1947（昭和22）年に児童福祉法が制定されるとともに，教護院と改称され，1998（平成10）年に，児童自立支援施設との名称になり現在に至っている。［片岡靖子］

♧感化救済事業（かんかきゅうさいじぎょう）

(correction and relief work)

救済事業に感化事業を加えて，行政主導による非行少年の感化事業の組織化を図ったものであり，慈善事業の再編を目的としていた。この背景には，防貧と感化事業の国家主導による組織化，治安対策，私的な相互扶助による救済，国家権力の提示などがあったと考えられる。1908（明治41）年９月に第１回の感化救済事業講習会が開催され，井上友一らによってこれらの活動が推進された。

［片岡靖子］

♧感覚（かんかく）

身体の外部及び身体内部からの情報を感覚器官で受容して起こる感情や意識の体験である。人間や動物は，感覚を持つことで環境にうまく適応し，生き延びることができる。感覚は，受容する情報の種類により，外部情報を受容する視覚，聴覚，嗅覚，味覚，皮膚感覚の５つ，内部情報を受容する運動感覚，平衡感覚，内臓感覚の３つに分類される。情報の受容を感覚，そして受容した情報を解釈したものを知覚，と区別することもあるが，情報の受容から解釈までを含めて知覚と呼ぶこともある。［小窪輝吉］

♧感覚記憶（かんかくきおく）

記憶の情報処理モデルにおいて，感覚器で受け取った外部情報がそのままの形で一時的（１～２秒間）に保持される記憶システムを感覚記憶という。感覚記憶はあらゆる刺激を一瞬だけ記憶するという意味で容量は無限大と考えられている。それぞれの感覚器に合わせて，視覚の場合アイコニック記憶，聴覚の場合エコーイック記憶と呼ばれている。感覚記憶の多くはその場その場で忘れ去られるが，注意を向けられた感覚記憶は短期記憶に送られ，そこでリハーサルが行われて長期記憶へと転送され，長期記憶からの検索を経て思い出される。［小窪輝吉］

♧感覚失語

感覚失語は，言語優位半球の上側頭回後部（ウェルニッケ野）の障害により生じる。言葉の音の処理障害を特徴とする感覚失語では，語音を聞き取れないため言葉の復唱や聴覚理解が困難になる一方で，文字の視覚的理解は残存しており，視覚理解を通じてコミュニケーションがとれる可能性がある。また，言葉の意味の理解障害を特徴とする感覚失語では，語音は聞き取れるため復唱はできるが，その意味を理解することが難しく，かつ，文字の視覚的理解も困難になってしまう。失語には代名詞失語，ブローカー失語，ウェルニッケ失語，伝導失語，全失語，超皮質性運動性失語，超皮質性感覚性失語などの分類が存在するが，それぞれ重複する部分もあり，障害の部位を特定し，理解することが重要とされる。

［西山雅子］

♧間隔尺度

間隔尺度は，統計学における尺度水準のうち，比尺度とともに量的変数とされる。数値間が等間隔であり，変数の値の差に意味を持つ尺度である。例として，温度があげられる。間隔尺度の特徴として，数値間の距離に意味を持つが，数値間に連続性がなく，絶対原点を持たない。したがって，平均値，中央値，最頻値の算出は可能だが，統計解析手法が限定される。しかし，調査によっては，数値を得点として扱い，比尺度と同様に取り扱う場合もある。［島﨑　剛］

♧感覚代行器

視覚・聴覚・嗅覚・平衡などの感覚を受容し，中枢に伝える部位（感覚系）が障害により機能しない場合に，別の感覚系を通じて代行伝達するための機器。感覚代行器は，光や音を電気信号に変換する「センサ部」，センサを処理・変換する「処理変換部」，触覚など代替感覚系に信号を提示する「インタフェース部」で構成される。実用化が進んでいるものとして，触覚や聴覚を通じて文字や物の形状などを伝える視覚代行器や会話や音響情報を視覚や触覚により伝達する聴覚代行器がある。感覚代行器の開発の課題として，視覚・聴覚以外の感覚を代行する機器及び2つ以上の感覚を一つの機器で伝達する技術を開発することがあげられている。［山田美保］

♧感覚プロファイル

個人の感覚刺激に対する反応傾向を評価するために開発された質問紙であり，感覚処理の問題を把握するアセスメント・ツールとして開発された。視覚，聴覚，味覚，触覚，嗅覚など感覚の問題は，本人の感じ方であり，他者との違いに気づきにくい。感覚の過敏さや過鈍さは乳幼児期からみられ，早期からの把握が重要である。2013年に刊行されたアメリカ精神医学会による診断基準 DSM-5では，自閉スペクトラム症の診断基準に，痛みや体温に無関心，特定の音や触感に対する反応など感覚刺激に対する過敏さ・過鈍さ，環境の感覚的側面への過度な興味が含まれた。発達障害，とくに自閉スペクトラム症の特性のある人に，感覚処理の問題が顕著にみられるという研究や実践の報告が多数あげられている。［四元真弓］

♧環境基本法

複雑化・地球規模化する環境問題に対

処するため，「環境の保全に関する施策を総合的かつ計画的に推進」することを目的として1993（平成５）年に制定された法律。環境保全についての基本理念が定められており，日本の環境政策についての指針が示されている。その理念を具体化する法律として「循環型社会形成推進基本法」及び「生物多様性基本法」が存在する。環境基本法は政府に環境基本計画の策定を義務付けている。［益田　仁］

♧環境療法（かんきょうりょうほう）(milieu therapy)

環境療法とは，クライエント（サービス対象者）の抱える課題が，クライエントの置かれている社会環境にある場合，その環境（クライエントの人間関係，生活環境など）を調整，改善することにより，課題解決を図る方法のことをいう。たとえば，児童養護施設に入所する児童に対し，環境療法を実施する場合は，施設の生活場面全体を治療環境としてとらえ，課題解決を図る。［松岡佐智］

♧看護（かんご）

看護は，人類の出現とともに誕生したともいわれ，母親のわが子に対する保護的・愛育本能からうまれる気遣いのすべてを看護の原点とする考え方もある。近代看護の祖といわれ，学問としての看護学，専門職業としての看護の基礎を築いたナイチンゲール（Nightingale,F.）は，看護は科学でありアート（芸術）であるとした。ナイチンゲールは，『看護覚え書』（*Notes on Nursing*）（1860）の中で，看護とは「患者の生命力の消耗を最小にするよう整えること」を意味すると述べている。日本看護協会は「看護にかかわる主要な用語の解説」の中で看護の概念的定義について「看護とは，広義には，人びとの生活のなかで営まれるケア，すなわち家庭や近隣における乳幼児，傷病者，高齢者や虚弱者等への世話等を含むものをいう。狭義には，保健師助産師看護師法に定められるところに則り，免許交付を受けた看護職による，保健医療福祉のさまざまな場で行われる実践をいう」としている。［田原美香］

♧看護師（かんごし）

看護師とは，1948（昭和23）年に制定された保健師助産師看護師法を根拠法とし，病気や障害がある人もしくは出産後の人に対して療養の世話や医師の診療の補助を行うことを職業とする専門職である。看護師になるためには，看護師国家試験に合格し厚生労働大臣の免許を受ける必要があり，看護師でなければ看護を提供してはならず，それに似た名称を用いることも禁止されている。看護師の資格を持ったものが，より専門的な教育を受けた場合には，認定看護師，専門看護師になり，それぞれ認定や専門の分野が細かく分類されている。看護師の活動の場は，主に医療機関で通院・入院中の患者を対象に看護を提供しているが，在宅医療の普及にともない自宅で療養している利用者宅を訪問し看護を提供する訪問看護師や，医療処置を必要とする児童が通う学校，高齢者や障害者の通所・入所施設など，活動領域は年々広がっている。［藤戸美保子］

♧看護小規模多機能型居宅介護（かんごしょうきぼたきのうがたきょたくかいご）

小規模多機能型居宅介護と訪問看護を組み合わせたサービスで，2012（平成24）年の介護保険法改正により創設された。介護と看護を一体的に提供できるサービスであり，要介護度が高い，あるいは看取りを含めた医療ニーズが高い高齢者が住み慣れた地域で生活することを支援する。創設当初は「複合型サービス」という名称だったが，2015（平成27）年の介護報酬改定で「看護小規模多機能型居宅介護」と名称変更された。［野中弘美］

♧看護婦（士）⇒看護師

♧観　察

社会福祉において，観察は一般に2つの意味をもってとらえられる。一つは，人間を対象とする実践活動としての観察である。臨床実践の活動に従事する者は，援助やケア等の行為のすべてのプロセスにおいて観察は欠かせない。もう一つは，社会からデータをとる方法としての観察である。このいずれにも共通するのは，分析する情報を得るための重要な方法ということである。観察の類型としては，対象をありのままに観察する自然観察，事象の条件を整えて統制して観察する実験観察，装置等を用いて量的に測定する定量的観察，言葉や行動等の背景にある心理や価値等の質的な側面に着目する定性的観察等があげられる。

［矢ヶ部陽一］

♧観察学習（モデリング）

他者（モデル）の行動を観察することで，その行動を学習してしまうことを観察学習という。アメリカの心理学者，アルバート・バンデューラ（Albert Bandura）によって実証された社会的学習理論である。たとえば，姉が母親のお手伝いをして褒められるのを見た（観察した）弟が，自分もお手伝いをする（学習する）といったことや，ある昆虫をひどく怖がる兄の姿を初めて見た妹が，それまでその昆虫を怖がらなかったのに怖がるようになるなどである。ただし，バンデューラは，観察学習の成立には注意過程，保持過程，運動再生過程，動機づけ過程が必要であると説明している。

［門田光司］

♧観察法（observational method）

調査法の一つの方法であり，目の前の事象を注意深く観察することで，一定のデータを収集する方法である。観察の方法としては大きく3つあり，一つめとしては，目の前の事象に手を加えず，ありのままに観察し，データを得る方法で，仮説を立てる際に実施することが多い。2つめは実験観察法であり，目の前の事象に実験者が何らかの統制を加え，観察し，データを得る方法である。3つめとしては，参加観察法であり，観察者の観察場面への関与による方法である。いずれの方法においても，目の前の事象の観察からデータを積み上げ，そこから何らかの法則性を見出そうとする帰納法的研究方法である。

［片岡靖子］

♧感情失禁

情動失禁ともいう。身体的または心理的な状態が不安定になったり，逆に状態が安定，強化されたと感じたりした時に，感情の調整がうまくいかず，わずかな情動的刺激で恐怖，快感，感激，悲しみ，嫌悪などの感情を強く表出する状態のことをいう。脳血管性認知症やアルツハイマー型認知症などの脳器質性疾患の人にみられやすい。また，極度の疲労や恐怖などの状況に置かれたあとにも感情失禁の状態がみられることもある。

［玉木千賀子］

♧感情障害

喜怒哀楽など，ころころと変わる「感情」よりも，一定期間続く「気分」の方がふさわしいということから，現在，「気分障害」と呼ばれるようになった。「気分障害」は，一般的に知られている病名でいえば，「うつ病」や「躁うつ病」のことを指す。「DSM-IV」と「ICD-10」等の判断基準で示されている。ICD-10では「抑うつ（不安を伴ってもよい）または高揚の方向に向かう気分あるいは感情の変化を基本的な障害とし，通常それに全般的な活動レベルの変化を伴うもの」と規定されている。

［今村浩司］

♧感情転移（かんじょうてんい）

オーストリアの精神分析学者フロイト（Freud, S.）によって提唱された。面接過程において，患者が過去に自分にとって重要だった人物（多くは両親）に対してもった感情を，目前の治療者に対して向けるようになるという現象を転移という。転移は，患者がもっている心理的問題と深い結びつきがあることが観察されたことから，その転移の出所（幼児期の性的生活）を解釈することで，治療的に活用できるとされた。転移の解釈は，精神分析治療の根幹とされている。反対に，治療者の側に未解決な心理的問題があった場合，治療場面において，治療者が患者に対して転移を起こしてしまう場合を逆転移という。　［今村浩司］

♧感情鈍麻（かんじょうどんま）

感情が平板化すること。表情に動きがなく，人と目を合わせず，感情表現が欠如する。普通の人なら笑う，あるいは泣くような状況でも，何の反応も表さない。無関心ともいわれ，統合失調症の中心症状であるが，感情鈍麻が進み，身体感情まで鈍って痛みなども感じなくなることがあり，これを感情荒廃という。統合失調症，うつ状態，急性精神病でも一時的に出現する。無感情の際は，意欲の減退を伴うことが多く，無為となり，感情と意欲が同時に鈍麻化するので情意鈍麻とも呼ばれる。　［今村浩司］

♧間接援助技術（かんせつえんじょぎじゅつ）

個人や家族，集団に対する直接的援助に対比して，地域や行政，福祉施設等を対象とした間接的援助の技術を意味する。その方法には，①地域福祉課題の解決と住民組織化への支援を展開する「地域援助技術」（コミュニティワーク），②福祉ニーズの把握や福祉サービスの評価等の調査を行う「社会福祉調査法」（ソーシャルワーク・リサーチ），③福祉施設サービスの計画や運営改善等を図るための「社会福祉運営管理」（ソーシャル・ウェルフェア・アドミニストレーション），④福祉制度や施策，福祉サービス等の改善や社会啓発をめざす「社会活動法」（ソーシャルアクション），⑤地域福祉計画等に関わる「社会福祉計画法」（ソーシャル・ウェルフェア・プランニング）がある。　［門田光司］

♧関節可動域（かんせつかどういき）（Range of Motion：ROM）

関節とは骨と骨を連結する部分で，人間の体には260余りの関節がある。それぞれの関節には可動する範囲があり，これを関節可動域という。たとえば膝の関節の場合，正常可動範囲は屈曲時は0度～130度，伸展時は0度である。この可動性によって，膝の関節を屈曲することでしゃがんだり，伸展することで立ち上がるなど日常生活動作などが可能となる。関節可動域には，自分の力で動かすことができるもの（自動 active）と外的な力によって動かされるもの（他動 passive）がある。　［種橋征子］

♧関節可動域訓練（かんせつかどういきくんれん）

障害や疾患等による麻痺や筋力の低下などによって関節の動きが悪くなり，関節可動域が制限されると日常生活動作などができなくなる。このため，関節可動域の改善，拘縮の予防を目的に行う訓練を関節可動域訓練という。具体的には，施術者によって関節を動かす他動的関節可動域訓練と自分で関節を動かす自動的関節可動域訓練がある。関節可動域訓練には，関節可動域の改善，拘縮の予防以外にも血流の改善や痛みの軽減，日常生活動作の改善といった目的もある。関節可動域訓練を行うときは，患者の関節や周囲の組織の状態や痛みの有無，正常な関節の構造や可動域等について知ってお

く必要がある。 ［種橋征子］

♧関節可動域テスト（Range of Motion Test）

身体の各関節を自動的，他動的に動かして可動域を測定することをいう。関節可動域テストは，関節の動きや日常生活動作を阻害している因子の発見，障害の程度の判定，治療法の示唆を得ること，治療，訓練効果の評価手段とすることなどを目的に行われる。測定方法は，角度計を用いて，各関節の基本肢位（解剖学的肢位）を0度として，可動範囲を５度刻みで測定する。また，関節痛がある場合は，どの範囲で痛みがあるのかといったことも記載するようになっている。

［種橋征子］

♧間接的サービス

社会福祉に関わるサービスは，直接的サービスと間接的サービスによって構成されているが，間接的サービスとは，直接個人に関わる直接的サービスと異なり，間接的に働いて福祉条件を向上させるような諸種のサービスをいう。情報提供により，生活に関する各種サービス・システムと利用者をつなぐインフォメーション・サービス，施設やプログラム（事業）の運営・管理にかかわるマネジメント・サービス，広報活動などがこれにあたる。 ［笠　修彰］

♧感　染

病原体が体内に入り込み，入り込んだ病原体が体内で増えたとき「感染」，そして何らかの不快な症状が出てきたときに「病気＝感染症になった」という。ウイルスや細菌のほか，真菌（しんきん：カビ類），寄生虫など「人から人」へだけでなく，動物や虫，食べ物や水から人の体内に入ってくることをいう。「うつる病気」の総称を感染症といい，近年は鳥インフルエンザなど，「動物（ペットも含まれます）と人が共通にかかる感染症」も大きな問題となっている。

［中川美幸］

♧完全参加と平等

1981（昭和56）年の国際障害者年のテーマであり，障害者の社会生活と社会の発展に対する「完全参加」，他の市民と等しい生活諸条件を意味する「平等」の目標の実現，社会的経済的発展による生活諸条件改善の平等の享受という目標を示すものである。「完全参加」とは障害者が社会へのあらゆる活動に参加していくことであり，「平等」とは同等の権利と機会が障害者にも平等に享受されることである。国際障害者年では，障害者を社会の形成者として位置づけ，その主体とすることが明確にされた。その後，インクルーシブな社会建設の理念の下に，政治的，経済的，社会的，文化的，人間的な次元において障害者が全面的に参加し，権利を平等に享受できる社会の実現が求められ続けている。→ノーマライゼーション ［二又一人］

♧感染症の予防及び感染症の患者に対する医療に関する法律（感染症予防法）

従来の「伝染病予防法」「性病予防法」「エイズ予防法」が統合され，1998（平成10）年に制定された法律である（1999年４月１日施行）。以降，数回の法改正が行われたが，2007年に「結核予防法」が本法に統合されている。国民を感染症から守るための法律であり，感染性が強く生命および健康に重大な影響を与える感染症を指定し，その予防・蔓延（まんえん）防止について規定している。本法では，感染力や重症度等によって感染症を１類から５類に分類している。１類には「エボラ出血熱」「天然痘」「ペスト」「ラッサ熱」など，２類には「ポリオ」

「結核」「ジフテリア」など，３類には「コレラ」「細菌性赤痢」「腸管出血性大腸菌感染症」など，４類には「狂犬病」「炭疽」「マラリア」「日本脳炎」など，５類には「アメーバ赤痢」「マイコプラズマ肺炎」「破傷風」などがある。この他，「新型インフルエンザ等感染症」，「指定感染症」，「新感染症等」の分類がある。なお，本法では感染症を発見した医療機関や患者自身による都道府県知事への届け出や措置等についても規定されている。 ［秋竹 純］

♧完全生命表（かんぜんせいめいひょう）

生命表とはある期間における死亡状況（年齢別死亡率）が一定で変化しないと仮定した時に，各年齢の者が平均してあと何年生きられるかという期待値などを，死亡率や平均寿命などの指標（生命関数）によってあらわしたものをいう。生命表には，国勢調査に基づいて５年ごとに作成される完全生命表と，毎年作成される簡易生命表がある。完全生命表は簡易生命表に比べて分析が厳密であるが，５年ごとの公表であるため，その間の指標としては簡易生命表が用いられる。 ［玉木千賀子］

♧感染予防（かんせんよぼう）

感染予防とは，病原体が体内に侵入，増殖することを予防することをいう。感染予防の方法としては，大きく分類して３つある。第一に，感染者の治療や隔離を行い，病原体を除去する。第二に，手洗いやうがい，マスクや人ごみをさけるなど，病原体の侵入経路を遮断する。第三に，食生活等による体調の管理や予防接種により抵抗力を高めることである。 ［松岡佐智］

♧カンファレンス（conference）

会議や協議会のこと。特定の集団において，共通するテーマに沿って行われるもので，情報の共有，方針や手順の確認，技術やサービスの向上などを目的に，意見交換や議論・協議が行われる場である。開催するうえでは，その目的や目標・対象を明確にする必要がある。医療・保健・福祉の分野においては，ドクターカンファレンス，ナースカンファレンス，ケースカンファレンス，ケアカンファレンス，チームカンファレンスなどがある。医師，看護師，ソーシャルワーカー，ケアマネジャー，行政機関の職員など多職種の専門家や当事者・地域住民が参加（チームアプローチ）することにより，多元的・重層的な効果が期待できる。また，コンサルテーションやリエゾン，スーパービジョンの要素も含まれている。 ［吉武順一］

♧官僚主義（かんりょうしゅぎ）（bureaucratism）

行政機構やそれと類似のヒエラルヒーの構造をもつ大規模組織に発生しやすい病理的な行動および思考の様式。具体的には，形式主義，秘密主義，文書主義，セクショナリズム，権威主義，事なかれ主義，規則万能，先例踏襲などがこれに当たる。このような官僚主義を生みだす官僚制そのものは，組織の合理性・能率性を高めるために確立されてきたものである。たとえば，ヴェーバー（Weber, M.）は複雑な集団を極限まで合理的に組織化したものが官僚制であるとし，支配の三類型の一つである合法的支配の最も純粋な型として官僚制をあげている。しかし，そうした制度がかえって組織の機能低下を招き，非合理的・非能率的になってしまうことが「官僚制の逆機能」（Merton, R.K.）として指摘されている。→官僚制 ［益田 仁］

♧官僚制（かんりょうせい）

大規模な集団・組織の管理・支配のシステム。近代以降，人間の集団・組織は大規模化していき，これを血縁・地縁などの非合理的・感情的な結びつきなどを前提にした前近代的・封建的な管理・支配によることは不可能である。結局のところ，ヴェーバー（Weber, M.）によれば，近代合理的な諸規則に基づいた管理・支配のシステムである「近代官僚制」に不可避的に向かうということになる。ちなみに，一般に単に官僚制という場合には，このヴェーバーによる近代官僚制のことを指す。ヴェーバーによって提示された近代官僚制の諸特徴には，以下のようなものがある。①権限の原則（職務義務や権限が明確であること），②階統制の原則（上位下位関係が明確な階統制＝ヒエラルヒー＝ピラミッドになっている），③文書主義（指示・命令の内容が最終的には文章化されること），④公私の区別（職務上の金銭関係を私有財産と区分する），⑤専門性の原則（資格＝メリットに基づく職務担当），⑥専任制の原則（兼職の禁止），⑦規則による規律（職務の遂行が合理的な一般的規則に従うこと）。なお，マートン（Merton, R.K.）は「訓練された無能力」といった概念によって「官僚制の逆機能」を指摘している。 ［佐野正彦］

♧緩和ケア（かんわケア）

WHO（世界保健機関）は2002年に「緩和ケアは生命を脅かす疾患による問題に直面している患者とその家族に対して，痛みやその他の身体的問題，心理社会的問題，スピリチュアルな問題を早期に発見し，的確なアセスメントと対処（治療処置）を行うことによって，苦しみを予防し，和らげることでクオリティ・ライフを改善するアプローチである」（特定非営利活動法人日本ホスピス緩和ケア協会訳）と定義している。日本のホスピス・緩和ケアの対象は主に末期の悪性腫瘍（がん）の患者または後天性免疫不全症候群（AIDS）に罹患している患者と定められており，医師や緩和ケア認定看護師，ソーシャルワーカー，理学療法士，作業療法士，薬剤師等専門職がチームとなって，患者と家族を支援していく。 ［種橋征子］

き

♧記憶（きおく）

経験したことを記銘（覚える），保持（記銘したことを保存する），再生（保持したことを取り出す），再認（再生されたことと記銘したことを一致させる）する過程のことをいう。記憶には命題的記憶（知識や社会的常識，思い出や個人の生活史などを頭で憶える記憶）と，手続き的記憶（運動機能や習慣的行動のように手順や手続きを自動的に再現できる記憶）に区分される。さらに，記憶の持続時間によって，短期記憶と長期記憶に区分される。 ［玉木千賀子］

♧記憶障害（きおくしょうがい）

記憶障害とは，記憶に関する障害の総称で，新たなことを覚えることができない短期記憶障害，記憶を思い出すことができない長期記憶障害がある。長期記憶障害については，自分が体験してきたことそのものを忘れてしまうエピソード記憶の障害，ものや言葉の意味を忘れてしまう意味記憶の障害，繰り返し学習や練習によって身につけた技術を忘れてしまう手続き記憶の障害に分類される。認知症における中核症状の一つでもある。直前に起きたことも忘れる症状が顕著で，過去の記憶は比較的保たれているが，認知症が進行すると，それらも失われていく。レビー小体型認知症の場合，初期であれば物忘れを自覚していることが多いが，アルツハイマー型認知症では，初期でも物忘れを自覚していない。認知症の進行度に合わせて記憶障害の症状も悪化し，一般的な物忘れの場合と異なり自覚がないため，日常生活に支障が出てくる。　[松山郁夫]

♧機会の均等化（きかいのきんとうか）

教育・雇用・社会的活動等の分野で差別されることなく，平等に機会が与えられることをいい，「結果の平等」と対比されて用いられることもある。教育の機会均等（教育基本法４条）や男女雇用機会均等（男女雇用機会均等法１条）等がこれに当たる。障害者福祉の分野では，1993年，第48回国連総会で「障害者の機会均等化に関する基準規則」が採択された。その中で，「機会均等化が意味するのは，社会の仕組みと，サービスや活動，情報，文書といった環境を，全員に，特に障害を持つ人に利用できるようにする過程である」（序文24）と定義されている。2007年９月に日本が批准した障害者の権利条約においても，機会の均等（第３条 一般原則(e)）があげられている。　[木場千春]

♧企画指導員（きかくしどういん）

全国の民間社会福祉活動の推進方策について，総合的な調査研究及び企画立案を行うほか，広報や指導活動に従事する全国社会福祉協議会の職員である。人格が高潔で，思慮が円熟し，社会福祉の増進に理解と熱意を有し，社会的信望がある者で，社会福祉士又は社会福祉法第18条に規定する社会福祉主事の任用資格を有する者がその任を担う。　[井上明彦]

♧機関委任事務（きかんいにんじむ）

機関委任事務とは，国・地方公共団体その他の公共団体の事務であって，法律またはこれに基づく政令により，地方公共団体の長その他の執行機関に委任された事務をいう（旧地自法148条）。国の機関委任事務を委任された機関は，国の指揮監督に服し，その処理を怠った場合は職務執行命令及びそのための訴訟手続きが定められ（旧地自法151条の２），その結果，長の罷免や代執行が可能となっていた。日本ではこれまで機関委任事務の占める割合が極めて高く，かつ中央集権的性格の強い事務であるので，「地方自治の本旨」にそぐわないという批判があった。1999（平成11）年，地方分権一括法により機関委任事務は廃止され，現在では，法定受託事務と自治事務に区分されることになった。　[木場千春]

♧気管カニューレ（きかん）

頸部気管の前を切開し，体腔内に挿入し酸素の通路とする場合などに用いるパイプ状の医療器具。気管カニューレの挿入の目的として，呼吸困難を伴う気道閉塞の予防のため，気管・気管支における分泌物の貯留の処置と予防のため等がある。挿入により発音ができなくなることがある。挿入後の注意点として，加湿の調整，冷気を吸入させない，ほこりや感染に注意する等，環境整備について心がけることがあげられる。　[江口賀子]

♧基幹相談支援センター（きかんそうだんしえん）

地域の相談支援の拠点として，障害のある方々の総合的な相談業務及び専門的相談支援，地域移行（入所施設や精神科病院への働きかけ）や地域定着（地域の体制整備に係るコーディネート），権利擁護（成年後見制度利用支援事業）や虐待防止，地域の相談支援体制の強化の取組（相談支援事業者への専門的指導・助言，相談支援事業者の人材育成，相談機関との連携強化の取組）などを行う。職員としては，相談支援専門員，社会福祉

士，精神保健福祉士，保健師等が配置されている。［門田光司］

基幹的社会福祉協議会

日常生活自立支援事業における基幹的社会福祉協議会とは，事業実施主体である都道府県社会福祉協議会から，次の業務委託を受けた市町村社会福祉協議会を指す。①相談，②申請の受付，③本事業の契約を締結する能力の確認，④契約書・支援計画の作成，⑤契約の締結，⑥支援計画に基づく援助，⑦それらの業務に関わる職員の配置と援助である。基幹的社会福祉協議会は，複数の市町村社会福祉協議会を担当エリアとして受け持つ。［池本賢一］

危機介入

危機の克服あるいは対処の失敗がその人の成長あるいは崩壊につながるという考えのもと，危機状態に置かれた人に積極的に介入し，できるだけ早く回復できるよう支援する方法。危機は日常生活において誰にでも起こりうることであるが，今まで行ってきたようなやり方では対処しきれない出来事に出会い，生活のバランスが崩れたり情緒的な混乱に陥ったりする状態になると介入が必要である。危機状態は通常６週間程度持続し，その後は均衡状態となる。その間に回復しなければ何らかの形で固定化し不適応状態が定着するため，早急に対処能力を高めることや対処のための社会資源を獲得できるように支援することが重要である。［河野高志］

企業委託型保育サービス事業

就労形態の多様化に伴う育児ニーズの変化とそのサービスの提供は，就労及び子育て支援の観点から必要な時代にある。企業委託保育サービス事業は，これらのニーズに対応するために，企業と保育事業を行う社会福祉法人との契約によって，企業の従業員の子どもを保育する仕組みであり，残業や休日出勤による保育ニーズに対し，深夜，日曜・祝日の保育サービスを行うことで，現行の保育制度の補完的な役割を担う。法人施設の空部屋，空きベッド，空き時間を活用して実施することができる。［中村秀一］

企業年金

企業等に勤めている人たちのためにつくられた年金である。年金制度を３階建てに例えるのであれば，１階の基礎年金，２階の厚生年金の上にあたる３階部分である。確定給付企業年金，厚生年金基金，確定拠出年金などがあり，それぞれが独自の役割を果たしている。企業年金をつくるかどうかは企業の自由であるため公的年金とは異なる。しかし，私たちの老後の安心した生活を保障するうえで２つの重要な機能を果たしている。一つめは年金の給付額にさらに年金を乗せて高くする，上乗せ機能。２つめは退職から基礎年金や厚生年金を受け入れるまでの間をつなぐ，つなぎ（部分的代替）機能である。［田島　望］

企業福祉

企業福祉とは企業が従業員の福利厚生を目的に行う各種事業の総称であり，労務管理の一環として行われるものである。その内容は従業員を対象とした健康保持にむけての医療・保健にかかわるもの，文化，スポーツ，余暇にかかわるもの，社宅，寮，家賃補助など住宅にかかわるものなどがあげられる。近年，景気の低迷や労働力の流動化がすすむなかで企業福祉は縮小化する傾向にあるといえる。［倉田康路］

危機理論

ボストンのココナッツ・グローブのナイトクラブの大火で死亡した人たちの家族や生き残った人たちの悲嘆過程につい

て臨床報告したリンデマン（Lindemann, E.）の研究が起源となる。その後，キャプラン（Caplan,G.）等とともに理論的枠組みが提示され，危機介入技術の発達を促すこととなった。キャプランは危機について「危機は，人が大切な目標に向かう時障害に直面し，それが習慣的な問題解決の方法を用いても克服できない時に生じる。混乱の時期，動転の時期が続いて起こり，その間にさまざまな解決の試みがなされるがいずれも失敗する」と定義している。その目標は，個人が直面している危機を心理的に解消すること，危機以前の社会生活の機能水準まで回復させていくことにある。介入の特徴は，積極的，短期的，目標志向的な取組みがなされる点である。

［片岡靖子］

♧義　肢（ぎ　し）

義肢とは，外傷や病気などで手足を失った場合に用いる人工の手足である。主に上肢・手腕に装着する義手と下肢・足部に装着する義足に大別される。失われた肉体の一部を人工物で代替することにより，患者自身の機能的・精神的な問題を軽減させるために用いられるもので，機能を回復させるものと，外見を回復させるものとがある。　［村尾直也］

♧義肢装具士（ぎしそうぐし）

義肢装具における義肢とは，上下肢に欠損がある者に装着し，補てん又は機能を代替する器具器機を指す。また，装具とは，上下肢・体幹の機能に障害のある者に装着して機能回復，機能低下抑制，機能補完をするための装具機器である。これらは，義肢装具士法（1987年法律第61号）に根拠法が認められ，厚生労働大臣の免許を受けて，義肢装具士の名称を用いて業務を行うことのできる名称独占の国家資格である。義肢装具士は，医師の指示の下，義肢及び装具の装着部位を採寸・採型，設計及び製作を行う専門職のことである。　［滝口　真］

♧器質性精神障害（きしつせいせいしんしょうがい）

脳の損傷又は機能不全を生ずる器質的変化によって起こる精神障害である。症状として，意識混濁や意識変容，興奮，失語，失行，失認，記憶・思考・見当識・理解力・計算・学習能力・言語力の低下，人格変化，情緒の不安定，感情の変化，意欲の低下がみられ，幻覚，妄想などの精神症状がみられることもある。

［高口恵美］

♧器質性脳症候群（きしつせいのうしょうこうぐん）

病気などにより脳そのものの器質的変化によって引き起こされる障害のことをいう。原因となる脳の病気としては，髄膜炎，脳炎，脳梗塞，脳出血などが考えられる。症状としては，頭痛，発熱，食欲不振，ふるえ，痙攣などがみられ，精神的症状として，集中力や判断能力の低下，無気力状態，意識障害，幻覚などが起こることもある。また，呼吸停止など生命の危険が生じる場合もある。

［高口恵美］

♧技術教育（ぎじゅつきょういく）

生産技術に関する知識と技能の習得を目的とする教育。わが国では，中学校における技術科教育（普通教育）や高校における工業教育（高校職業教育），大学における工学教育（専門教育）など，さまざまな段階・形態で技術教育が行われている。これらの技術教育のうち，普通教育としての技術教育については，ユネスコ第31回総会で採択された「技術・職業教育に関する改正勧告」（2001）において，「普通教育の本質的な構成要素になるべき」で，初等教育と前期中等教育では必修，後期中等教育などでは選択の学習として位置づけるべきとされている。しかし，現時点でわが国では普通教

育としての技術教育のための教科は，中学校（技術・家庭科）にしか設置されていない。 ［吉留久晴］

♧ 記述統計（きじゅつとうけい）

記述統計は，収集したデータの統計量（平均や分散等の代表値，最頻値等）を計算して分布を明らかにすることにより，データの特徴をとらえる統計の一手法である。実験や調査から抽出されたデータをもとに，度数分布表やクロス集計表を用いて，代表値（平均値や中央値等），散布度（標準偏差等）といったデータの作業である。とらえたデータをもとにヒストグラムや散布図等，グラフや表を表示してデータを視覚的にとらえることができる。 ［梶原浩介］

♧ 基準及び程度の原則（きじゅんおよびていどのげんそく）

生活保護法の基本原則の一つである。同法第８条において，「保護は，厚生労働大臣の定める基準より測定した要保護者の需要を基とし，そのうち，その者の金銭又は物品で満たすことのできない不足分を補う程度において行うものとする。保護基準は，要保護者の年齢別，性別，世帯構成別，所在地域別その他保護の種類に応じて必要な事情を考慮した最低限度の生活の需要を満たすに十分なものであって，かつ，これをこえないものでなければならない」と規定されている。これは保護の実施にあたり，要保護者への「健康で文化的な最低限度の生活」を保障するためには，どの程度の保護が必要であるかという，具体的・客観的な保護基準が定められたものである。 ［大野さおり］

♧ 基準生活費（きじゅんせいかつひ）

基準生活費とは，生活保護法の生活扶助基準の一つであり，居宅基準，入院基準，救護施設基準，介護施設基準の４種類である。生活保護受給者は，いずれかの基準に分類されて世帯の基準生活費が決定する。①居宅基準：第１類と第２類があり，第１類は衣類や飲食物費など個人が消費する生活費のための支給で。金額は世帯員の年齢によって決まる。第２類は電気，ガス，水道など世帯全体として，まとめて消費する生活費のための支給で，金額は世帯の人数によって決まる。②入院基準：入院期間が１か月を超えた場合，入院日の翌月から入院基準に変更となる。入院基準の基本額は全国一律22,780円である（平成30年10月現在）。③救護施設基準：救護施設や更生施設に入所が決まった場合に変更となる。金額的には，ほぼ居宅基準と同額である。④介護施設基準：介護施設に入所した日の翌月から介護施設基準に変更になる。介護施設基準の基本額は全国一律9,730円である（平成30年10月現在）。 ［井上明信］

♧ 基礎年金（きそねんきん）

国民年金法に基づく年金給付で，1985（昭和60）年の年金制度の改正によって全国民が加入する全国民共通の年金給付である。従来の日本の公的年金制度は，農業や漁業などの自営業者は国民年金に加入し，民間の被用者や公務員は厚生年金，共済年金に加入する「タテ割り」の仕組みであった。そのため，被用者年金制度と国民年金制度に分かれ，制度間格差や障害年金の保障に欠けるなどの問題が生じていた。そのような問題を解消するために，被用者年金の被保険者とその配偶者にも国民年金を適用することで，全国民共通の基礎年金を支給できるようになった。国民年金は，老齢基礎年金，障害基礎年金及び遺族基礎年金の３種類から構成される。 ［川﨑竜太］

♧ 基礎年金番号（きそねんきんばんごう）

公的年金制度を一元的に記録，管理する年金番号。1997（平成９）年１月に導入されるまでは，国民年金，厚生年金保険，共済組合（2015（平成27）年10月に厚生年金保険に統一された）毎に独自の年金番号が振られていた。基礎年金番号導入により，加入する制度の異動の有無にかかわらず，生涯を通じて同一の年金番号で記録，管理，照会が可能となったため，各種届け出の簡素化，年金の相談や裁定の迅速化に繋がるとともに，年金の加入履歴や年金見込額などの通知を行えるようになった。　［谷村紀彰］

きだてつろう
♧木田徹郎（1902-1971）

日本社会事業大学の教授であり，日本社会福祉学会の第４期代表理事でもあった。氏の理論の特徴は，1960年代以降，わが国の社会福祉理論研究の潮流として政策論と技術論と呼ばれる２つの理論の対立状況が生じている中で，この二分法的な論争に対して，「構造的な社会福祉の体系」である制度体系と「臨床的な社会事業の体系」である専門行動体系に区分し，政策と技術とを統合する新たな理論体系の可能性を提示した点にある。　［片岡靖子］

きどうかくほ
♧気道確保

上気道の狭窄や閉塞によって，呼吸ができず窒息するのを防止するため人為的に気道を開通させること。心肺蘇生において最も優先順位の高い処置。気道確保の方法として，体位変換による方法や下顎挙上法，頭部後屈顎先挙上法，エアウェイ挿入，気道内挿管，気管切開等がある。　［畑　香理］

♧ギドロン，B.

(Gidron, Benjamin, 1941-)

ギドロンは，イスラエル ネゲブのベン・グリオン大学教授，ISTR（International Society for Third-Sector Research）の創設者である。ギドロンらは，行政と NPO（Not-for-Profit Organization）の関係を財源とサービス供給の２つの要素で定式化し，以下の４つの基本類型を示している。「政府優位型」は，財源と供給の両方で政府が主な役割を担うモデル，「NPO 優位型」は財源と供給の両方で NPO が主要な役割を担うモデルである。「二重構造型」は政府と NPO がそれぞれ個別に財源と供給の両方を担うモデルであり，「協調型」財源については政府が担い，供給については第三部門が担うというモデルである。　［久保英樹］

きのうかいふくくんれん
♧機能回復訓練

機能回復訓練とは，先天的な身体的問題や疾病などの後遺症に対して医学的・精神的なアプローチにより障害の維持や改善を図り，地域で自立した生活を営むことをめざしている。わが国では1950年代に「職業能力の損傷された身体障害者の職業復帰」を目的に身体障害者更生施設において展開された。しかし，1981年の国際障害者年を経て，機能回復訓練は「人間的復権をめざした医学的・職業的・精神的・社会的分野の総合的リハビリテーション」という包括的な概念として認識されることになった。現在では国際生活機能分類（ICF）において，他の市民と同様な活動・社会参加ができない状況を障害とすることを明確に示し，医学・職業・教育・社会という４つの分野でリハビリテーション（機能回復訓練）が展開されている。　［林　眞帆］

きのうかいふくくんれんしどういん
♧機能回復訓練指導員

「身体的及び精神的条件に応じ，機能を回復し又は機能の減退を防止するための訓練に参加する機会を与える」との規定に基づき，養護老人ホーム及び特別養護老人ホームの設置及び運営に関する基準において配置される職員である。また，特別養護老人ホームには，機能回復訓練室は必置である。一般に理学療法士及び作業療法士が配置されるが，常勤雇用が困難な場合が多いため，看護師，あん摩マッサージ指圧師，柔道整復師の有資格者が，医師の指導下において機能回復訓練等の業務にあたるとされている。 ［滝口　真］

♧機能学派（きのうがくは）

ランク（Rank, Otto；1884-1939）による意志療法の考え方に基づいて形成されたケースワークの理論学派の一つ。クライエントは創造的に問題解決できる力を本来的に有するという前提に立ち，支援者の役割は，クライエントが自発的な意志をもって自己決定できるよう支援することとされている。 ［河野高志］

♧技能検定（ぎのうけんてい）

国が労働者のもつ技能を一定の基準に基づいて検定し，公証する制度で，職業能力開発促進法（第44条～51条）に基づいて実施されており，労働者の技能と地位の向上を図ることを目的としている。技能検定は1959（昭和34）年に始まり，2017（平成29）年４月１日現在で126職種について実施されている。各職種の技能の内容に応じて，等級（特級・１級・２級・３級）に区分するものと等級に区分しないもの（単一等級）がある。実施体制には，厚生労働省，中央職業能力開発協会，都道府県及び都道府県職業能力開発協会で事務を分担する都道府県方式と厚生労働省および民間の指定試験機関で事務を分担する指定試験機関方式の２種類がある。試験は検定職種ごとに実技試験及び学科試験が行われ，合格者は合格証書が交付されて技能士と称することができる。 ［佐藤眞子］

♧機能主義（きのうしゅぎ）

ケースワークの理論的立場の一つであり，診断主義と対峙する立場をとる。ランク（Rank, O.）が提唱した意志心理学を基盤として，タフト（Taft, J.）やロビンソン（Robinson, V.P.）などペンシルバニア大学の研究者を中心に形成された。クライエントは自らの自発的な意志で問題解決できる力を有するという前提に立ち，ワーカーは所属する機関の機能をクライエントに自由に活用させることによって，クライエントの自我の自己展開ができるよう援助を提供する。したがって，ワーカーのクライエントに対する直接的な介入よりも社会福祉機関などの社会資源の活用を重要視することになる。 ［笠　修彰］

♧機能的アプローチ（きのうてき）

1930年代にタフト（Taft, Jessie；1882-1960）やロビンソン（Robinson, Virginia Pollard；1883-1977）によって提唱され，1960年代にスモーリー（米 Smalley, Ruth E.；1903-1979）によって精緻化されたアプローチである。その特徴は，成長の心理学を基盤とし，特定のソーシャルサービスの運営方法に関心をもち，ソーシャルワークを援助の過程として発展させた点にある。また，クライエントのパーソナリティの健康な部分に着目し，支援関係の中でクライエントが自らもっている意志の力を十分に発揮できるように促すことを目的としている。介入の原則には，「効果的な診断の活用」「時間の段階の意識的・意図的活用」「機関の機能と専門職の役割機能の活用」「構造の意識的活用」「関係を用いることの重要性」の5つがある。 ［河野高志］

♧キーパーソン（key person）

何らかの目的をもってつくられた組織，コミュニティ，人間関係の中で，とくに強い影響力をもつ人のことをいう。ソーシャルワークにおいては，ソーシャルワークの支援を必要とする人や福祉サービスを利用する人の意志決定を支える人のことを指す。支援に際してキーパーソンを選定する場合には，支援を必要とする人およびサービス利用者本人との関係性や情緒的な結びつき，家族メンバーへの影響力などの観点から見極めることが必要である。加齢や疾病，重度の障害などによって，生命や生活の維持を他者に依存している人の場合には，キーパーソンの存在の有無や力が，その人の生活の質に大きな影響を与える。

［玉木千賀子］

♧気分障害（きぶんしょうがい）

感情障害とあらわされることもある精神疾患の一つである。気分（感情）の変調，すなわち抑うつ気分や高揚した気分が一定の期間持続することにより，日常生活に何らかの支障をきたす。抑うつ気分，高揚気分のどちらか一方のみを呈する単極性や両方を周期的に呈する双極性がある。薬物療法が中心であり，症状が重い場合は入院治療が選択される。近年，社会状況の変化に伴ううつ病患者の急増がみられ，自殺との関連も小さくない。またⅡ型双極性障害（躁エピソードが小さい）が問題となっている。

［橋本みきえ］

♧基本的人権の尊重（きほんてきじんけんのそんちょう）

人間が，人間らしく生きていくために生まれながらに持っている基本的な自由と権利を，基本的人権という。基本的人権の尊重は，国民主権や戦争放棄と並ぶ日本国憲法の３原則とされる。13条に「すべて国民は，個人として尊重される。生命，自由及び幸福追求に対する国民の権利については，公共の福祉に反しない限り，立法その他の国政の上で，最大の尊重を必要とする」と規定されている。第11条及び第97条で「基本的人権は，人類の多年にわたる自由獲得の努力の成果」によって確立されたものであり，「侵すことのできない永久の権利」と保障している。人権の中に，自由権・社会権・参政権・受益権・幸福追求権・平等権などの種類がある。また，現代社会の進展によって，環境権や知る権利，プライバシーの権利等の「新しい人権」の考え方が出てきている。

［原田啓介］

♧期末一時扶助（きまついちじふじょ）

生活保護法による生活扶助の一種で，12月から１月にかけて継続して保護を受給する者に支給される。国民の生活習慣に基づき，正月のもち代として，年末・年始の特別の需要に応じるために創設された扶助で，1960（昭和35）年から支給が開始された。現在も年末の越年資金として，保護世帯の12月分生活費に上乗せして支給される。支給金額は，各級地ごとに居宅地もしくは入所保護施設の所在地に分けて定められている。

［二又一人］

♧逆転移（ぎゃくてんい）

援助者とクライエントの心理的交流は現実的な関係を反映しているだけではなく，過去の医療体験も含めた対人関係様式や情緒が無意識的に投影されている。これを精神分析理論では，転移と呼ぶ。転移は陽性転移と陰性転移の２つの感情に分けられる。その一方で，援助者もさまざまな考えや情緒を抱きながらクライエントに関わっており，それを逆転移と呼ぶ。逆転移は援助者のクライエントに向ける種々の無意識的感情態度や考えなど，すべての無意識的心理反応のことである。逆転移は，大別して２つに分けられる。一つは，治療関係とは無関係に出現する，個人的な対人様式や情緒的反応。もう一つは，治療関係を理解するために重要な情報となる，クライエントの転移に対する反応である

［宮地あゆみ］

♧キャッテル，R.

(Cattell, Raymond；1905-1998)

イギリス生まれの心理学者。キャッテ

ルの功績としては，次の3つがあるとされている。一つめとしては，知能を結晶知能（学校教育・仕事・社会経験等で得た知能）と流動性知能（新しい問題や環境に適応するための能力）に分けた。2つめとしては，社会環境による影響をほとんど受けない文化自由知能テストを開発した。3つめとしては，オールポート（Allport, G.W.）らが抽出した4,505種類の性格特性語を因子分析を用いて抽出を試み，16性格因子質問紙（16PF）を開発した。［片岡靖子］

♧キャボット，R.

（Cabot, Richard C.；1868-1939）

キャボットは，アメリカのマサチューセッツ総合病院（Massachusetts General Hospital：MGH）の医師で，移民や黒人の外来診療を担当していた。マサチューセッツ州は，アメリカ建国の歴史として移民から始まった州であり，マサチューセッツ総合病院の建つボストンは，移民やアメリカ南部の黒人たちが流入する貿易と産業を中心とした地域であった。キャボットは診療の中で，患者の生活環境に関する情報を得ることが診断や治療にとって必要であることに気づき，1905年初めてソーシャルワーカーを採用した。［畑　香理］

♧キャリア教育(きょういく)

中央教育審議会キャリア教育・職業教育特別部会の最終答申（2011）では，「一人一人の社会的・職業的自立に向け，必要な基盤となる能力や態度を育てることを通して，キャリア発達を促す教育」と定義されている。一定又は特定の職業に従事するために必要な知識や技能などを育てる「職業教育」とは異なる。キャリア教育の目的は，さまざまな教育活動を通して，「人間関係形成・社会形成能力」「自己理解・自己管理能力」「課題対応能力」「キャリアプランニング能力」といった基礎的・汎用的能力を中心に育成することにある。上記答申では，これまで取り組まれてきたキャリア教育をさらに充実させ，幼児期の教育から高等教育まで，発達の段階に応じて体系的に実施することが提唱されている。

［吉留久晴］

♧キャリアコンサルティング

就職希望者に，自らの興味，適性，能力，経験などに応じて職業生活を設計して効果的に職業選択や職業能力開発を行うことができるように支援していくことである。方策の実行により，新たな仕事への適応が生まれ就職，異動，昇進，転職へと繋がっていく。キャリア・カウンセリングと同義で使われる。キャリアとは，一般に「経歴」「経験」「発展」さらには「関連した職務の連鎖」等と表現される時間的持続性，継続性をもった概念。コンサルティングとは，専門家から助言や相談などの支援を受けるといった意味合いがある。［髙田裕子］

♧キャリアパス（career path）

個人や組織の人事課が個々の職員のキャリアを磨いていくために提示する，キャリアアッププランの道筋である。具体的には，職位，職責，職務内容，それに伴う賃金等を段階的に提示することであり，将来設計やめざすべき方向性を提示することに繋がる。効果性としては，職員の定着率や意欲を促進することが考えられる。介護職員処遇改善給付金の支給要件として，2010（平成22）年10月から，介護職員の能力，資格，経験等に応じた処遇を行うことを定めることとされ，キャリアパスの要件が加わった。

［片岡靖子］

♧キャリーオーバー効果(こうか)

質問紙調査において，ある質問がその後の質問の回答について影響を与えるこ

き

とを指す。たとえば，調査の組み立て上，必要な質問の順番があるにもかかわらず，逆の順序で質問をした場合には，順序通りの質問をした場合と比較すると，その答えの様相が変わってくることが予想される。このように，キャリーオーバー効果は，関連する質問が直後に続くとき，近い場所にあるときに生じやすいため，この効果を防ぐ有効な手段としては，関連する質問同士を離れた場所に配置することが考えられる。

［戸丸純一］

♧キュア（cure）

キュア（cure）とは治療する，治す，という意味で，病気が治って健康を取り戻すという医学的な目標，あるいは医師の診断から治療までのプロセスのことをいう。キュアの対置概念として用いられているケア（care）は，世話，配慮，看護，介護などの意味合いで用いられている。今日の医療では，完治が困難な疾患や進行性の疾患など，治療と日常生活の一体的支援のニーズが高まっている。したがって，キュアからケアへという一方向的な支援としてではなく，キュアを含む包括的な支援（ケア）を提供するための多職種協働（チームアプローチ）が求められている。［玉木千賀子］

♧救急救命士（きゅうきゅうきゅうめいし）

救急救命士法（平成3年4月23日制定）第2条2項で，「厚生労働大臣の免許を受けて，救急救命士の名称を用いて，医師の指示の下に救急救命処置を行うことを業とする者をいう」と定義されている。救急救命士は一般の救急隊員とは異なり，医師の具体的な指示を得て救急救命士のみが行える特定行為（救急救命処置）が許されている。特定行為にはAEDを用いた除細動処置，器具を用いた気道の確保，乳酸リンゲル液を用いた静脈路確保などが行える。さらに認定救急救命士であれば強心剤などの薬剤の投与，気管挿管も行える。［片岡靖子］

♧休業補償給付（きゅうぎょうほしょうきゅうふ）（休業給付（きゅうぎょうきゅうふ））

労働者が業務上または通勤による傷病による療養のため，労働することができないために賃金を受けない場合に支給される。支給期間は，休業した日の第4日目から療養のため休業を要する期間中である。休業補償給付が支給されない休業の最初の3日間については，労働基準法第76条により事業主が休業補償を行う。ただし，通勤災害については事業主に休業補償の責任はない。休業補償給付（休業給付）の支給額は，休業日1日につき給付基礎日額の60％に相当する額である（第14条）。この他，社会復帰促進等事業（被災労働者等援護事業）として特別支給金，労災援護金，休業補償特別援護金の支給などがある。［二又一人］

♧救護施設（きゅうごしせつ）

生活保護法第38条において保護施設として定められた施設であり，身体上又は精神上著しい障害があるために日常生活を営むことが困難な要保護者（困窮のため最低限度の生活を維持することのできない者）を入所させて，生活扶助を行うことを目的とした施設である。社会福祉法第2条第2項1号において，第一種社会福祉事業として定められており，都道府県，市町村及び地方独立行政法人のほか，社会福祉法人及び日本赤十字社でなければ設置することができないとされている。

［鍋田耕作］

♧救護法（きゅうごほう）

1929（昭和4）年，それまでの恤救規則から新たな救貧法制度として救護法が制定された（財政難のため1932（昭和7）年に実施）。救護法による救護対象者は，65歳以上の老衰者，13歳以下の幼者，妊産婦，傷病あるいは身体・精神の障害のため就業困難な者であり，労働能力のある者，怠惰・素行不良者は対象外とされた。恤救規則に比べ救護内容・種類が拡大し，救護を国の責務として明確化したが，被救護者の選挙権剥奪，要救護者の救済権を認めないなどの課題はあった。［隈　直子］

♧休日・夜間保育（きゅうじつ・やかんほいく）

保護者の就労形態が多様化しているため，日曜日や国民の祝日等の休日，及び夜間（22時頃まで）においても保育に欠ける児童に対する保育を実施することで，安心して子育てができる環境を整備し，あわせて児童の福祉の向上を図ることを目的とした事業である。事業は，年間を通じて開所する保育所が実施する。［門田光司］

♧95年勧告（ねんかんこく）

正式名称は，「社会保障体制の再構築に関する勧告—安心して暮らせる21世紀の社会を目指して」といい，1995（平成7）年7月に厚生労働省に設置された社会保障制度審議会（現社会保障審議会）より出されたものである。社会保障制度審議会の勧告は，1995（平成7）年までに1950年勧告，1962年勧告がだされており，95年勧告は同審議会の3回目の勧告となる。95年勧告では，1950（昭和25）年の勧告当時は，社会保障の理念は最低限度の生活の保障であったが，現在では「広く国民に健やかで安心できる生活を保障すること」が，社会保障の基本的な理念であるとし，国民の自立と社会連帯の考えが社会保障制度を支える基盤となることを強調し，介護保険制度の創設を強く示唆した。［山下利恵子］

♧給食サービス（きゅうしょく）

おおむね65歳以上で，ひとり暮らし，もしくは高齢者のみの世帯，又はこれに準じる世帯で，老化や心身等の障害により食事の調達が困難な人びとに対し，栄養のバランス等を考慮した食事を定期的に自宅に届け，安否確認を含めて，在宅生活を支援すること。また，家に閉じこもりがちな高齢者同士がふれあいを深める目的で，ボランティア団体等が地域の集会所などを会場にして，給食センターなどで調理した食事を提供して行う会食型の事業もある。［井上明彦］

♧求職者給付（きゅうしょくしゃきゅうふ）

雇用保険の失業等給付の一つ。失業した労働者が次の職を見つけるまでの間の生活の安定のために支給される給付。仕事に就く意思のない人や仕事を探せる状態でない人には支給されない。一般被保険者に対しては，基本手当，疾病手当，技能就職手当，寄宿手当の4種が，高年齢継続被保険者には高年齢求職者給付金が，短期雇用特例被保険者には特例一時金が，日雇労働被保険者には日雇労働求職者給付金が支給される。［片岡靖子］

♧救世軍（きゅうせいぐん）

キリスト教プロテスタントの一派で，イギリスのメソジスト派の牧師であったウイリアム・ブース（Booth, W.）によって1865年に貧民伝道から始められた慈善団体で，1878年に救世軍と改称された。スラムの貧民を対象に伝道と慈善事業を結び付けた組織で，軍隊の組織形態を採用した。日本での活動は，1895（明治28）年，石井十次の意を受けて山室軍平らが指導し，主要目的の伝道以外にも出獄人保護事業，廃娼運動，断酒運動などに実績を残した。社会福祉事業や社会鍋募金運動も行っている。［二又一人］

♧急性灰白髄炎（きゅうせいかいはくずいえん）⇒ポリオ

♧救貧事業（きゅうひんじぎょう）

救貧事業とは，生活に困窮している人が抱えている問題に対し，救済するサービスや制度の総称のことである。公的扶助はイギリスが始まりであり，1601年に貧民や浮浪者への各種対策を集大成させる形でエリザベス救貧法（旧救貧法）が定められた。その後，1942年ベヴァリッジ報告が発表された。この報告で社会保障についての具体的な内容を示し，国民の最低限度の生活（ナショナル・ミニマム）を保障するという，福祉国家の理念を主張し，スローガンで「ゆりかごから墓場まで」と掲げられている。日本で最初の救貧制度は1874（明治７）年に制定された恤救規則である。原則として，家族や近隣による助け合いによって維持させ，「無告ノ窮民」に対してのみ国家が救済を行うことと規定した。その後，1946（昭和21）年11月に日本国憲法が制定され，第25条の生存権により，すべての国民が「健康で文化的な最低限度の生活」を保障されるようになった。

［今村浩司］

♧救貧法（きゅうひんほう）

イギリスのヘンリー８世時代の1531年法の制定が始まりとされている。この背景には中世封建制度の解体，絶対王政による中央集権体制の強化，急激な人口増加と物価の上昇等により貧民問題が深刻化したことにある。その後の1536年法，1563年法では労働不可能貧民と労働可能貧民の区別，労働可能貧民への厳罰化，児童の徒弟制度の導入，強制労働等が定められた。さらに1572年法では救貧税が創設され，教区に貧民監督官が設置され，1576年法では労働可能貧民をさらに区別し，労働意欲はあるが職がない貧民と労働意欲のない怠惰な貧民とに細分化し，労働不可能貧民を救貧院に収容した。その後，これらの救貧法を統一し，1601年にエリザベス救貧法が制定された。特徴としては，国家単位の救貧行政であったということ，教区単位に治安判事のもとに貧民監督官を配置し，救貧税の徴収・配分・貧民の監督を行ったこと，貧民を労働可能貧民，労働不可能貧民，児童に分類し，労働不可能貧民に対しては救貧院での保護もしくは在宅での現物給付による扶養が行われたことが特徴としてあげられる。16～17世紀の救貧行政は，いずれも増加した乞食と浮浪者の強制労働と取り締まりを行う治安対策を目的としていた。18世紀において，救貧行政は停滞したが，博愛事業が組織的に展開され，人道主義的な対応がとられた時代であった。1782年のギルバート法の制定は，劣悪な施設処遇を改善し，労働不可能貧民を保護する施設としてワークハウスを設置，労働可能貧民は原則的に居宅保護の政策をとった。1795年にはスピーナムランド法が制定され，保護基準を設定し差額補助を行ったが，低賃金の固定化，労働意欲の減退といった状況を招いた。19世紀，1834年の新救貧法により救貧行政改革が行われた。本法は，全国統一の均一処遇の原則，劣等処遇の原則，院内救済の原則の３原則を提示した。

［片岡靖子］

♧球麻痺（きゅうまひ）

舌，咽頭，口蓋，喉頭などの筋運動をつかさどる延髄の脳神経核の損傷によって生じる麻痺のこと。延髄部分が球のように見えることから，慣用的に球麻痺と呼ぶ。球麻痺は，主に発語や発声，嚥下，呼吸などの機能の障害をきたす。また，口輪顔面筋や咀嚼筋麻痺を伴うことが多い。球麻痺の進行は，嚥下障害や構音障害に始まり，三叉神経運動核も損傷し，咀嚼障害を引き起こすとされている。また，球麻痺同様に嚥下障害や構音障害を引き起こすものに仮性球麻痺（偽性球麻痺）がある。仮性球麻痺は，延髄よりも上位の損傷が原因で，球麻痺にみられる舌萎縮がないことが特徴的であるとされている。これらの診断にはCT，MRIが有用とされている。　［山田美保］

窮民救助法案（きゅうみんきゅうじょほうあん）

1874（明治７）年に，日本で最初の救貧制度として恤救規則が制定された。しかし，この原理は「人民相互ノ情誼」，つまり相互扶助の重要性を掲げ，国家は「無告ノ窮民」に対してのみ救済を行うと規定されていた。この恤救規則に代わるものとして，1890（明治23）年，第１回帝国議会に山縣政府が窮民救助法案を提出したが，貧民の救済は惰民の育成につながるばかりであり，隣保相扶で十分であるとして反対され，結局，廃案となった。［河谷はるみ］

教育委員会（きょういくいいんかい）

戦前の軍国主義教育の反省から，地方分権と民主化，自主性の確保を目的に1948（昭和23）年に都道府県と市町村の両方に設置された。教育委員会は議会の承認に基づき首長によって任命される合議制の行政委員会（狭義の「教育委員会」）であるが，実際の職務処理に当たる教育委員会事務局全体を指す場合（広義の「教育委員会」）もある。権限は，子どもの就学や教職員の任罷，公立小中高校の管理運営，社会教育，学術文化と幅広い分野にわたる。なお2015（平成27）年度に施行された地方教育行政の組織及び運営に関する法律の改正に伴い，委員の互選による教育委員長職は廃止され，教育長が代表権と主宰権を持つようになった。［安部計彦］

教育機会確保法（きょういくきかいかくほほう）

正式名称は，「義務教育の段階における普通教育に相当する教育の機会の確保等に関する法律」，2016（平成28）年に制定された。不登校の理由により教育を受ける機会に欠けている児童生徒に対して，教育機会の確保等に関する施策を総合的に推進することを目的としている。基本理念としては，不登校児童生徒等が安心して教育を受けられるように学校における環境を確保すること，多様な学習活動の実情を踏まえ個々の状況に応じた必要な支援を行うこと等とされ，国・地方公共団体の責務が明らかにされるとともに，基本指針も定められた。なお，本法制定に基づき，地方公共団体は，夜間その他特別な時間において授業を行う学校（夜間中学等）における就学機会の提供等を講ずることとされ，学校以外の場（家庭，フリースクール等）における個々の状況に応じた学習活動への支援等も実施される。［岩井浩英］

教育訓練給付金（きょういくくんれんきゅうふきん）

一般教育訓練給付金，専門実践教育訓練給付金，教育訓練支援給付金から構成される。一般教育訓練給付金とは一定要件を満たす被保険者等が，厚生労働大臣指定の教育訓練を受講し修了した場合，教育訓練受講に支払った費用の一部が支給される。専門実践教育訓練給付金とは一定要件を満たす被保険者等が，厚生労働大臣指定の専門実践教育訓練を受講し修了した場合，教育訓練受講に支払った費用の一部が支給される。教育訓練支援給付金とは一定の要件を満たす者が，専門実践教育訓練期間中，失業状態にある場合に雇用保険の基本手当を基に計算され支給される。いずれも雇用の安定と再就職の促進を図ることを目的とした雇用保険の給付である。［寺島正博］

教育支援委員会（きょういくしえんいいんかい）

文部科学省「障害のある児童生徒等に対する早期からの一貫した支援について（通知）」（2013年10月４日）は，多くの自治体に当時設置されていた「就学指導委員会」を，就学先決定以前の早期からの教育相談も含めた一貫した支援を行うべきであるという観点から，「教育支援委員会」と改称し，機能拡充することを示唆した。また，同委員会については，教育学，医学，心理学等の専門家の意見を聴取することに加え，本人と保護者の意向を可能な限り尊重する必要があるとした。さらに，中教審報告「共生社会の形成に向けたインクルーシブ教育システム構築のための特別支援教育の推進」（2012年7月）は，総合的な観点からの就学先の決定を見直し，教育相談体制の整備，個別の教育支援計画等の作成などを前提に，教育支援委員会の在り方の検討を求めた。子ども一人ひとりの教育的ニーズに応じた支援を保障するため，乳幼児期を含め早期から教育相談や就学相談を行うことにより，本人と保護者に十分な情報を提供し，本人，保護者，学校，教育委員会が，合意形成を図りながら教育支援の具体的中味を決定していくことが期待されている。　［中馬充子］

♧ 教育的リハビリテーション（きょういくてき）

リハビリテーションの4分野のうちの一つ。年齢を問わず，障害のある者に対してだけではなく，犯罪を犯した少年の社会復帰支援，家族に対する心理教育，社会人への生涯教育などとしても提供することが求められる。教育的手段を用いながら，医学的，社会的，職業的にも総合的に提供し，福祉サービス・教育等とも連携し，社会に包摂される機会をつくる。日本では，学校教育における教育機会の保障としての障害児に限定された特別支援教育や子どもへの医学的リハビリテーションと混同されがちである。

［平川泰士］

♧ 教育扶助（きょういくふじょ）

生活保護法による8種類の扶助のうちの一つ。義務教育を受けるために必要な教科書等の学用品，通学用品，教科外活動費などが一定の基準額によって支給されるほか，教科書に準じる副読本的な図書，学校給食費，通学費等の費用を支給する。支給先は，被保護者，親権者などのほか学校長に対しても交付することができる。なお，教育扶助は義務教育段階までが対象であり，高等学校等での教育にかかる費用は生業扶助の対象となり，高等学校等就学費として支給される。

［隈　直子］

♧ 仰臥位（ぎょうがい）

仰向けで寝ている姿勢のこと。背臥位ともいう。身体の重みを受ける基底面が広いため安定しており，就寝時や休息時の姿勢として用いられることが多い。長時間仰臥位を続けると，腰痛や仙骨部等の褥瘡の原因となる。自力で寝返りを打つことが困難な場合は，介助者が定期的に身体の向きを変えたり，身体とベッドの隙間にクッション等を入れたりしながら，本人にとって安楽な姿勢を保つことが必要である。　［永松美菜子］

♧ 境界例（きょうかいれい）（境界性パーソナリティ障害（きょうかいせい…しょうがい））

DSM-5（精神障害の診断と統計マニュアル第5版）では，以下のうち5項目以上が存在すれば「境界性パーソナリティ障害」と診断される。①実際のまたは想像上の見捨てられる体験を避けようとする懸命の努力（ただし，自殺，自傷行為を含めない），②過剰な理想化と過小評価との両極端を揺れ動く特徴をもつ不安定で激しい対人関係の様式，③同一性障害，④衝動性によって自己を傷つける可能性のある領域の少なくとも2つにわたるもの（たとえば，浪費，セックス，薬物常用，万引，無謀な運転，過食。ただし，⑤に示される自殺行為や自傷行為を含まない），⑤自殺の脅かし，そぶり，行動または自傷行為の繰り返し，⑥著明な感情的反応性による感情的な不安定さ，⑦慢性的な空虚感，退屈，⑧不適切で激しい怒り，または怒りの制御ができないこと，⑨一過性のストレスに関連した妄想的念慮，もしくは重症の解離症状。　［門田光司］

♧共　感（きょうかん）

他者が感じている感情を知覚し，自分も同じような感情を体験すること。一般に他者に共感することは円滑な人間関係を形成することにつながるが，とくに対人援助においては，クライエントとの援助関係の形成に重要な意味をもつ。バイステック（Biestek, F.P.）は，1957年の著書 *The Casework Relationship*（邦題：ケースワークの原則）において「クライエントは，彼らの感情表現に対して，ケースワーカーから共感的な理解と適切な反応を得たいと望んでいる」とし，こうしたクライエントの基本的なニーズに適切に対応し，援助関係を形成するための7原則を提示した。

［村山浩一郎］

♧共　助（きょうじょ）

戦後，経済活動を中心に発展してきたわが国において，モノが豊かになった結果，人びとの価値観が，モノや金におかれるようになった。その結果，温かい人間関係や地域でのつながりが崩れ，心の安らぎが失われ，崩壊した地域社会が生まれた。このため，日常の生活の中で，個人の力だけでは解決が困難な事柄について，人と人とがふれあい，ともに支え合い助け合う中で，地域の中でのつながりを再生し，周囲や地域が協力して問題解決に取り組むこと。　［井上明彦］

♧狭心症（きょうしんしょう）

さまざまな原因により酸素需要に見合った血液を心筋に供給できず，結果として心筋が虚血に陥った状態である。「狭心症・無症候性心筋虚血・急性冠症候群・その他（陳旧性心筋梗塞など）」に分類される。心筋が虚血に陥る成因として「Ⅰ心筋への血液（酸素）供給減少」と「Ⅱ心筋の酸素消費量の増加」があり，「Ⅰ供給減少」の原因には，a冠動脈壁の血栓形成，b冠動脈の器質的病変，c冠動脈の機能的病変，d冠動脈灌流圧の低下などがあり，「Ⅱ消費量の増加」の原因には大動脈弁狭窄症などがある。危険因子として，①加齢，②冠動脈疾患の家族歴，③喫煙，④高血圧（140/90以上），⑤肥満（BMI25以上で臍上周囲径男性85㎝女性90㎝，⑥耐糖能異常，⑦高 LDL コレステロール血症（140㎎/dl 以上），⑧高中性脂肪血症（150㎎/dl 以上），⑨低 HDL コレステロール血症（40㎎/dl 以下），⑩メタボリックシンドロームなどがあり生活習慣の改善が予防につながる。［花田美那子］

♧行政指導（ぎょうせいしどう）

一定の行政目的を実現するための助言，勧告，要求，警告などのことである。行政処分のような強制力はなく，従うかどうかは自由である。また法的根拠に基づかず，指導の相手の自発的な同意が必要となる。　［片岡靖子］

♧行政事務（ぎょうせいじむ）

改正前の地方自治法において地方公共団体の事務は固有事務，団体委任事務，行政事務に分類されていた。しかし，2000（平成12）年に施行された改正地方自治法において地方公共団体の事務が見直され，地方公共団体の事務を自治事務と法定受託事務として新たに区分されることとなった。行政事務は2000年の地方分権改革以前の概念といえ，規制的で権力的な事務という性格をもつ。　［倉田康路］

♧行政処分（ぎょうせいしょぶん）

行政が国民に対して働きかける行為であり，国民の合意を必要とせず，一方的に国民の権利や義務に影響を与える行為全般のことを指す。行政処分には行政が取り消さない限り有効となる公定力があり，国民は処分内容に従う必要がある。処分内容に不服がある場合には行政不服審査法により異議申し立てができる。

［片岡靖子］

♧行政争訟（ぎょうせいそうしょう）

行政権の作用に対する国民の権利利益の救済と行政の適法性及び合目的性を目的とした行政上の紛争のこと。国民が行政活動によって権利・利益が侵害される場合において，原因となる行政上の決定（行政処分）の妥当性をめぐって，その処分の取消しを求めるための仕組み。主に行政不服申立における司法が行政上の争いを裁く制度である行政事件訴訟と行政上の争いを行政が裁く制度である行政不服申立制度を併せて，行政争訟と呼ぶ。

［岡部由紀夫］

♧行政手続法（ぎょうせいてつづきほう）

これまで各個別法にて規定してあった行政の事前手続について，統一するための一般法として1993（平成５）年に制定され，1994（平成６）年10月から施行された。同法は，行政運営における公正の確保と透明性の向上や，申請に対する処分や不利益処分の手続きなど，不当な処分がされることを事前に回避し，国民の権利利益の保護を図ることを目的としている。申請に対する処分についての内部基準の作成や意見陳述の手続き，手続きの迅速化等が規定されている。2006（平成18）年改正では，行政機関が政令等を制定する際に，案を公示して広く一般から意見を公募するパブリックコメント手続き（意見公募手続）の制度が設けられた。

［岡部由紀夫］

♧行政不服審査（ぎょうせいふふくしんさ）

行政庁の違法又は不当な処分その他公権力の行使に当たる行為に関し，国民に対して広く行政庁に対する不服申立てのみちを開くことによって，簡易迅速な手続による国民の権利利益の救済を図るとともに，行政の適正な運営を確保することを目的としたものである。不服申立ては，審査請求が原則となるが，個別法に特別の定めがある場合に限り，審査請求の前に処分をした行政庁に対して行う再調査の請求や審査請求の裁決後に当該個別法に定める行政庁に対して行う再審査請求をすることができる。［山下利恵子］

♧行政不服申立て（ぎょうせいふふくもうした）

行政庁の違法または不当な処分その他公権力の行使に当たる行為に関し，訴訟によらず国民の権利救済を行う制度。国民の権利救済のための最終手段としては訴訟による方法があるが，手続費用等の面から提訴することは容易ではない。このような点を補い，国民の権利救済を簡易迅速に行い，違法のみならず不当な処分等について救済を行うことに不服申立て制度の意義がある。不服申立ては，処分だけでなく不作為に対してもすることができる。行政不服審査法による不服申立ての種類には，処分庁または不作為庁の原則最上級行政庁（上級行政庁がない場合は処分庁または不作為庁）に対して行う。①審査請求，法律に再調査の請求ができる旨の定めがある場合に処分庁に対して行う，②再調査の請求，審査請求に対する裁決を経てもなお不服がある場合で，かつ，法律に再審査請求ができる旨の定めがある場合に処分庁に対して行う，③再審査請求の３つがある。

［谷村紀彰］

♧行政立法（ぎょうせいりっぽう）

行政立法とは，政策の執行や事務，行政権の行使を行う国や地方公共団体の行政機関（administrative agency）が，法規命令を定立（規範定立），行政規則を定めることをいう。行政立法は，内容によって２分類される。立法は，議会によって行われるが，①外部効果を有する法規命令と②内部効果のみ有する行政規則がある。とくに行政立法が必要性があるとされるのは，規範の定立の専門性，状況変化への柔軟な対応性，中立性の確保が図られるからである。すなわち行政立法には，委任命令と執行命令はあるが，独立命令はない。政令，府省令，外局規則，独立機関の規則，告示・警察・公正取引などがある。［北川慶子］

♧競争市場制度（きようそうしじょうせいど）

市場とは，一般的にいえば労働生産物が商品化され，貨幣を媒介に商品が交換される場であり，生産，分配，消費の過程が商品交換を通して調整される場であると理解されている。社会福祉基礎構造改革により，社会福祉の市場化がいわれはじめ，2000（平成12）年の介護保険制度の導入により制度に取り入れられた。そのため，さまざまな実践主体が，介護市場へ自由に参入し，利用者を獲得するため，価格やサービスの質等で，供給者間の競争が介護サービス分野ではとくに形成されつつある。［田畑寿史］

♧協調融資制度（きょうちょうゆうしせいど）

協調融資は，「シンジケートローン」（syndicated loan）とも呼ばれる。複数の金融機関が共通の貸出先に融資条件を協定したうえで貸し出す制度である。大型の資金調達ニーズに対して，それを引き受けるために，複数の金融機関が協調し，複数の金融機関で結成される団体が協調融資団を組織し，一つの融資契約書に基づき同一条件で貸付（融資）を行うことをいう金融業務用語である。これは，金融機関にとっては，危険分散のリスク管理となり，また複数の融資団体を作ることで巨額の資金を調達でき，融資機会が増大する利点がある。日本においては，都市銀行と地方銀行の組み合わせ，いくつかの都市銀行の組み合わせなどがある。具体的には，取りまとめ役であるアレンジャー（主となる金融機関）が融資条件を取りまとめて契約するため，事務手続きの手間が省ける等のメリットがある。しかし，近年の金融の証券化の進展等を背景に，協調融資に対するニーズは低下しつつあるという見方もある。［北川慶子］

♧敬田院（きょうでんいん）

593年に聖徳太子が創設した。四天王寺の四箇院の一つ。「敬田院」「施薬院」「療病院」「悲田院」の四箇院が設けられ，仏教の根本精神の実践の場として，中心伽藍の北には，仏法修行の道場である「敬田院」，病者に薬を施す「施薬院」，病気の者を収容し病気を癒す「療病院」，身寄りのない者や年老いた者を収容する「悲田院」がある。［占部尊士］

♧協　働（きょうどう）

支援を要する人びとに対する地域を基盤とした支援体制の構築が求められている。このためには，家族，友人，近隣住民，ボランティア等による支援（インフォーマルサポート），公的サービスや専門職等による支援（フォーマルサポート）の充実が不可欠である。このためには，前者の主体間，後者の主体間，さらには前者と後者の主体間による連携・協働が求められる。また，医療・保健・福祉分野のみならず，1990年代末頃から進められている地方分権改革により，行政主導ではなく住民と行政との協働によるまちづくりが強調されるようになった。［萩沢友一］

♧共同生活援助（きょうどうせいかつえんじょ）（グループホーム）

障害者総合支援法の訓練等給付の福祉サービスで，地域で共同生活を営むのに支障のない障害者に対して，主として夜間において，共同生活を営む住居で相談，その他の日常生活上の援助を行うものである。共同生活援助には，介護サービス包括型と外部サービス利用型がある。介護サービス包括型は，グループホーム従事者が主として夜間において共同生活を営むべき住居で入浴，排せつ，食事の介助等を行う。外部サービス利用型は，グループホーム従事者が主として夜間において共同生活を営むべき住居における相談その他に日常生活上の援助を行う。また，利用者の状態に応じて，外部の事業者が入浴，排せつ又は食事の介護その他日常生活上の援助を行う。
［門田光司］

♧共同保育所（きょうどうほいくしょ）

保護者と保育士により協働で運営されている認可外保育所のこと。主に1970～80年代に開設された。現在では，認可・認証されているものもある。共同保育所の設立の意義は，女性運動，労働運動，住民運動の高まりの中で，保護者が主体となって，託児から保育へと子どもの福祉を増進させようと展開した運動の中から生まれたことにある。
［片岡靖子］

♧共同募金（きょうどうぼきん）

都道府県の区域を単位として，毎年1回厚生労働大臣の定める期間内に限って全国的に行われる寄附金の募集。各都道府県に設置されている社会福祉法人共同募金会が主体となって行う。戦後，民間社会福祉事業への公金の支出が禁止されているなか，それらを支える財源として1947（昭和22）年，全国的規模で共同募金が始まった。当時は，社会福祉施設の整備などの復旧に大きな役割を果たした。その後も，この活動は社会福祉を目的とする事業の活動を幅広く支援し，地域福祉の増進を図るという目的をもって，「赤い羽根共同募金」として国民の間に定着して活動が続けられている。募金には，町内会，自治会等を通じて行う戸別募金，会社などの法人が行う法人募金，街頭募金，学校・職域募金などがあり，募金の期間は，10月1日から翌年3月31日までの6か月間。12月に行われる共同募金は，とくに「歳末助け合い募金」として行われている。集まった募金は社会福祉を目的とする事業を経営するものなど（国及び地方公共団体を除く）に配分される。
［玉利勇治］

♧共同募金会（きょうどうぼきんかい）

社会福祉法に定められている共同募金事業を行うことを目的として各都道府県に設立されている社会福祉法人。共同募金を行う事業は第一種社会福祉事業。共同募金会以外の者が共同募金を行うことはできない。また，集まった寄附金の公正な配分を行うため，共同募金会に配分委員会を置いている。共同募金会が共同募金を行うに当たって，あらかじめ，都道府県社会福祉協議会の意見を聴き，配分委員会の承認を得て，共同募金の目標額，受配者の範囲及び配分の方法を定めてこれを公告しなければならない。
［玉利勇治］

♧協同労働（きょうどうろうどう）

雇用されて働く働き方や，自営する働き方とは異なる新しい働き方。協同労働は「働く人・市民がみんなで出資し，働き，民主的に経営し，責任を分かち合い，人と地域に役立つ仕事をおこす」ことを目的に協同労働の協同組合を組織し，仕事おこし，地域おこしに取り組む。第2次大戦後後のヨーロッパで，戦争により崩壊した産業と生活を立て直すため，市民が出資し企業経営を行い，若者の職業訓練や女性の働く場を創っていった歴史に始まる。日本では1970年代に失対事業に従事していた高齢者が事業打ち切りに対し，行政の委託を受けられる事業団を結成し，仕事と生活を守ったことに始まる。行政の委託事業の公園清掃や病院清掃を主事業としてきたが，食や環境などに事業拡大し，1990年代後半から地域福祉事業に積極的に取り組んでいる。日本では協同労働の協同組合法が制定されていないため，NPO 法人や企業組合の形態で運営されている。

［大林和子］

きょうどこうどうしょうがい
♧ 強度行動障害

直接な他害（噛み付き，頭突き等）や間接的な他害（睡眠の乱れ，同一性の保持等），自傷行為等が通常考えられない頻度と形式で出現している状態を指す。家庭で通常の育て方をして，かなりの養育努力があっても著しい処遇困難が持続している状態である。コミュニケーションの苦手さや感覚の過敏症など，環境にうまく合っていないことが，人や場に対する嫌悪感や不信感を高め，行動障害をより強いものとしていく。強度行動障害を有する方への支援では，2013（平成25）年度に強度行動障害者支援者養成研修事業が都道府県地域生活支援事業に盛り込まれた。

［門田光司］

きょうはくしんけいしょう
♧ 強迫神経症

精神障害の一種で現在は「強迫性障害(Obsessive-compulsive disorser：OCD)」と呼ばれている。DMS-5においては「強迫症および関連症群/強迫性障害および関連障害群」に分類され，同じ行為を繰り返してしまう「強迫行為」と，同じ思考を繰り返してしまう「強迫観念」が，1日1時間以上あらわれるか，もしくは臨床的に意味ある苦痛，または社会的，職業的，または他の重要な領域における機能の障害を引き起こす。ICD-10コードは F42であるが，2019年の世界保健総会へ提出される予定のICD-11では6B2Z に分類される。

［鬼塚　香］

ぎょうむどくせん
♧ 業務独占

業務独占とは，医師や弁護士等の一定の国家資格保持者のみが，その資格に関する業務を独占して行うことができるものである。たとえば，医師の場合には，患者に大きな侵襲を与える治療を行うこともあり，高い専門性（倫理・知識・技術）が求められる。したがって，無資格者がその業務を行うと法令違反となり罰せられる。これに対し，わが国には名称独占の国家資格も多数存在しているが，これは資格をもっていない者がその名称を用いて業務に従事してはならないことを意味する。

［本郷秀和］

きょ　けつ
♧ 虚　血

全身性の貧血とは区別し，末梢組織への血液供給が急激に不足する，局所的貧血。動脈の圧迫や血栓などの閉塞が原因で，血流量が減少することで起こる。脳や心臓，腎臓などに起こることが多い。長時間，虚血の状態が続くと，組織や臓器への酸素や栄養素の供給が不足するため，結果的に組織の壊死や萎縮が起こることもある。虚血性疾患の主なものとして，虚血性心疾患，虚血性大腸炎などがある。

［中川美幸］

きょじゃくこうれいしゃ
♧ 虚弱高齢者

一般的には，心身の障害や疾病によって要介護状態に陥ってはいないが，基本的な日常生活を一人で行うには困難が伴うか，または相当時間がかかる状態にある高齢者のこと。介護保険制度では要支援状態の高齢者を指す。虚弱高齢者数は要介護状態の高齢者数とほぼ同じ割合で増加すると見込まれており，一人暮らしの高齢者の閉じこもりの問題，買い物難民，貧食などのさまざまな問題が予測されている。そのため適切な栄養指導及び食事サービスや転倒予防などの介護予防サービスの充実が必要であるとされている。

［片岡靖子］

きょしゅつせい
♧ 拠出制

拠出制という言葉は，英語では contribute（動詞形；拠出する，貢献する），contribution（拠出，貢献）の単語にあるように,，公的年金保険制度の中で用いられることが多いが，意味的には掛金（保険料）を被保険者・加入者が全部または一部を負担する意味で用いる。第二次世界大戦後のイギリスは福祉国家をめざし，国民の一人ひとりが社会生活を営むうえで遭遇する社会的事故（傷病，老齢・定年等）による経済的な損失・負担を補填する制度を位置づけた。そのための財源は，租税ばかりではなく，国民（社会の構成員＝被保険者）もそれぞれにお金を出し合い，負担することにした。一方，無拠出制年金とは，保険料などを納めることなく受け取れる年金のことで，第２次世界大戦の日本においては，国民皆年金制度が本格的に導入された1961年当時，年齢の関係で国民年金に加入できなかった50歳以上の人々が無年金者になったため，老齢福祉年金を位置づけ，70歳を迎えた人に支給した。これは，年金保険料をかけていないという意味では，無拠出制年金であり，年金財源はすべて国が負担する。

［鬼﨑信好］

きょじゅうけい し せつ
♧ 居住系施設

要介護状態にある高齢者が入所して介護サービスの提供を受ける施設のことをいう。介護保険法では介護老人福祉施設（特別養護老人ホーム），介護老人保健施設，介護医療院（介護療養型医療施設）の３施設を指す。その他にもサービス付き高齢者向け住宅，有料老人ホーム，養護老人ホーム，軽費老人ホーム，認知症高齢者グループホームも居住系施設に該当する。また，障害者総合支援法に定められた，共同生活援助（グループホーム），施設入所支援といった居住系サービスを提供する施設を居住系施設と呼ぶ場合もある。

［日田　剛］

きょしょくしょう
♧ 拒食症

精神障害の一種で，「過食嘔吐症」「過食症」とともに摂食障害が示す症状の一つで「神経性食思不振症」と呼ばれている。著しい低体重を積極的に維持する，体型や体重に対する態度や考え方が非常に頑固であることが特徴であり，10代の女性が最も発症しやすく，日本を含め先進諸国全般で増加傾向にある。DSM-5では「食行動障害および摂食障害群」に分類され，ICD-10コードはF50であるが，2019年の世界保健総会へ提出される予定のICD-11では6B8Yに分類される。

［鬼塚　香］

きょたくかい ご
♧ 居宅介護

居宅で介護を希望する要介護者に対して，可能な限り自立した日常生活を送ることができるように介護サービスを提供するものである。介護保険法によって都道府県が指定した事業者等のフォーマルサービスや，家族・近隣住民などのインフォーマルサービスも含まれる。介護支援専門員が要介護者の心身の状態や環境に応じて介護サービスを利用するためのケアプランの作成と適切なサービス提供の調整，連携を行う。→居宅介護サービス費

［吉岡久美］

きょたくかい ご　けいかく ひ
♧ 居宅介護サービス計画費

居宅介護サービス計画費は，要介護者が指定居宅介護支援事業者から，介護サービス計画の作成等の居宅介護支援を受けた際に，そのかかった費用に対して支払われる介護保険給付（介護給付）である。その全額（10割）が介護保険から給付されるため，利用者の負担はない。

指定居宅介護支援事業者へ支払われる居宅介護支援費は，要介護１又は要介護２と要介護３，要介護４又は要介護５の２区分に分かれていて，後者に支払われる費用が高くなっている。これを基本に

厚生労働大臣が定める基準を下回った場合には減算が行われ，さらに高い基準を満たせば加算される仕組みとなっている。具体的には，利用者が入院した際の情報連携や退院・退所時の調整，ターミナルケア等に対しての加算が設けられている。［久保英樹］

♧居宅介護サービス費（きよたくかいごさーびすひ）

居宅の要介護者が指定居宅サービス事業者から，居宅サービスの提供を受けたときに支払われる介護給付で，訪問介護，訪問入浴介護，訪問看護，訪問リハビリテーション，居宅療養管理指導，通所介護，通所リハビリテーション，福祉用具貸与，短期入所生活介護，短期入所療養介護及び特定施設入居者生活介護が支給対象となる。

なお，居宅サービス費の対象となる特定福祉用具販売は，居宅介護福祉用具購入費から支給されるため，居宅介護サービス費には含まれない。［久保英樹］

♧居宅介護支援（きよたくかいごしえん）

介護保険制度の居宅サービスのひとつ。介護支援専門員（ケアマネジャー）がケアプラン作成支援をするほか，利用者が安心して介護サービスを利用できるよう支援するもの。この居宅介護支援については利用者の自己負担はない。具体的には，在宅の要介護・要支援者が在宅介護サービスを適切に利用できるように，利用者の依頼を受けて，その心身の状況・環境・本人及び家族の希望等を勘案し，利用するサービス等の種類・内容・担当者・本人の健康生活上の問題点・解決すべき課題・在宅サービスの目標およびその達成時期等を定めた計画を作成し，その計画に基づくサービス提供が確保されるよう，事業者等との連絡調整等の便宜の提供も含まれる。介護保険施設への入所が必要な場合は施設への紹介等も行われる。それらの一連の支援を総称している。［生野繁子］

♧居宅介護支援事業者（きよたくかいごしえんじぎようしや）

要介護者が，居宅において介護給付によるサービスを適切に利用するため，居宅サービス計画作成及びその実行，管理を介護支援専門員（ケアマネジャー）が支援する業務（ケアマネジメント）を担当する事業者。居宅介護支援事業者は，利用者の心身の状況や環境を把握し，利用者の選択に従い，適切なサービスを多様な居宅サービス事業者を使って総合的かつ効果的に提供するよう配慮することとされている。また，特定のサービスの種類及び事業者に不当に偏ることがないよう配慮すること，本人や家族に代わって，要介護認定や更新認定の申請手続きを行うこと，介護保険施設等への入所が必要な場合は当該施設等への紹介を行うこと，同じ居宅介護支援事業者や保健・医療・福祉サービスとの連携を行うこと等が定められている。さらに，居宅介護支援事業者は，市町村（委託を受けている国民健康保険団体連合会）に対し，法定代理受領サービスの文書による報告を行うこととなっている。［泉　賢祐］

♧居宅介護住宅改修費（きよたくかいごじゆうたくかいしゆうひ）

居宅の要介護者が自宅に手すりを取り付ける等の住宅改修を行う際に20万円を限度として支給されるもので，手すりの取り付け以外にも，段差の解消，滑りの防止及び移動の円滑化等のための床又は通路面の材料の変更，引き戸等への扉の取替え，洋式便器等への便器の取替え，その他付帯して必要となる住宅改修が対象となる。

支給限度基準額は，ひとり生涯20万円までだが，要介護状態が３段階上昇（重くなった）時や転居した場合には，再度20万円までの支給限度基準額が設定される。居宅介護住宅改修費の支払い方法には，自治体により償還払い方式と受領委

任払い方式がある。 [久保英樹]

♧居宅介護福祉用具購入費

居宅介護福祉用具購入費は，居宅の要介護者が特定福祉用具販売に係る指定居宅サービス事業者から販売される特定福祉用具を購入した際に支給されるもので，腰掛便座，自動排泄処理装置の交換可能部品，入浴補助用具，簡易浴槽，移動用リフトのつり具の部分が対象となる。居宅介護福祉用具購入費の限度額は，毎年４月１日から翌年３月31日までの１年間につき10万円を限度として支給され，その支払い方法には，自治体により償還払い方式と受領委任払い方式がある。 [久保英樹]

♧居宅サービス

自宅で暮らす利用者に対して提供されるサービスの総称である。主に，利用者宅へ訪問しサービスを提供する形態，施設に通ってくる利用者に対してサービスを提供する形態，一定期間施設に入所する利用者に対してサービスを提供する形態等がある。介護保険における居宅サービスは，訪問介護，訪問入浴介護，訪問看護，訪問リハビリテーション，居宅療養管理指導，通所介護，通所リハビリテーション，短期入所生活介護，短期入所療養介護，特定施設入居者生活介護，福祉用具貸与，特定福祉用具販売のことを指している。→居宅介護サービス費 [永松美菜子]

♧居宅サービス計画

介護保険制度において，要介護1～5と認定された人の介護サービス（在宅サービス）利用に際し，心身の状況，介護状況，住宅環境などを考えてサービスを組み合わせて利用する計画書（居宅サービス計画書）を作成することである。都道府県の指定を受けた居宅介護支援事業所の介護支援専門員（ケアマネジャー）が利用者や家族の依頼により作成するが，利用者自らが作成することも可能である。居宅サービス計画書は，要介護者の健康・生活上の問題点や課題，利用する居宅サービス等の種類と内容，サービス担当者，到達すべき目標と達成時期，居宅サービス等の提供される日時，利用者の自己負担金の額などの計画原案を介護支援専門員が作り，その後サービス担当者会議で専門的な立場から計画原案を検討し，要介護者の同意を経て作成される。作成にあたっては，残存（潜在）能力の引き出し，生活への関心・意欲の向上，社会資源の活用が追求されなければならない。 [田中茂實]

♧居宅療養管理指導

介護保険制度に基づく居宅サービスの一つで，医師，歯科医師，薬剤師，管理栄養士，看護師などが，要支援，要介護状態で通院困難な居宅の利用者を訪問し，療養上の指導や管理を行うサービスである。また，ケアプラン作成などに必要な情報提供並びに利用者または家族に対し，居宅サービス利用に関する指導，助言を行うことも必要である。2012（平成24）年度の介護報酬改定では介護支援専門員（ケアマネジャー）への情報提供が必須となった。 [片岡靖子]

♧ギルド（Guild）

中世ヨーロッパの都市における商工業者の同業組合である。社会秩序の安定によって商業が発達し，都市が形成されると商人や職人の利益擁護のためにギルドが結成された。地域や職域の間で，相互扶助が行われ，貧困者対策も行っていたといわれている。 [河谷はるみ]

♧ギルバート法（Gilbert's Act）

1782年に成立したイギリスの旧救貧法の一つである。それまでの貧民の請負労働制を禁止し，また有能貧民の院外救助を認めるものであった。これにより労働能力のある者とない者との間に線が引き直され，労役場は救貧院として高齢者，児童，疾病者のための施設へと転換し，有能貧民は，居宅近くで農業や商工業の雇主に関係づけられた。［山下利恵子］

♧筋萎縮性側索硬化症（ALS）

全身の筋肉が急速に萎縮していく進行性の神経難病であり，人工呼吸器を使わない場合２～５年で死亡に至るとされている。病気が進行すると言語障害，嚥下障害，呼吸障害などを生ずるが，対症療法を行うことで生存期間は伸びている。発症は中年以降が多いが，多くは60～70歳台に発症し，男性にやや多くみられる。原因は不明で治療法はいまだ確立されていない。1973（昭和48）年より特定疾患治療研究事業が開始され，1974年に対象疾患となった。その後2014年に「難病の患者に対する医療等に関する法律」が公布され，2015年より始まった難病医療費助成制度に移行している。進行を遅らせる作用のある薬として1999年よりリルゾールが使われている。また，2015年にエダラボンの効果・効能が承認された。［村尾直也］

♧緊急措置入院

通常の措置入院は，自身の生命や身体を傷つける行為，または他人に害を及ぼす（自傷他害）おそれがある精神障害者を都道府県知事もしくは政令指定都市市長の権限によって強制的に入院させる入院形態である。国や都道府県等が設置した精神科病院か指定病院への入院となり，都道府県知事の指定する精神保健指定医２名以上の診断結果の一致が必要になる。緊急措置入院は，急速を要し，措置入院の手続き要件を満たすことができない場合に精神保健指定医１名の診断で72時間に限り緊急措置入院の措置をとることができる。ただし，72時間以内に再度２名の精神保健指定医が診察を行い措置入院に切り替えなければならない。［森　実紀］

♧緊急保育対策等５か年事業

1994（平成６）年に策定された「エンゼルプラン」の施策の具体化の一環として，厚生・大蔵・自治の３大臣合意のもと緊急保育対策等を推進するための基本的考え方として策定され，1995年度から1999年度までに整備すべきものとされた保育対策等事業をいう。これら事業の柱は①多様な保育サービスの充実，②保育所多機能化のための整備，③子育て支援のための基盤整備となっており，それぞれの事業ついて1999年度までの具体的な目標値が示されている。［山本佳代子］

♧キングスレー館

労働者のための教育文化活動とキリスト教的社会主義の理念に立つ地域福祉事業の発展をめざす拠点として，1897（明治30）年に片山潜によって東京の神田三崎町に作られた日本で最初のセツルメントである。イギリスの労働者教育運動の重要な一翼をなしていたセツルメント運動を片山がイースト・ロンドンにおいて視察したことがきっかけとなっている。キングスレー館の名称は，イギリスのキリスト教社会主義者であるキングスレー（Kingsley, C.）にちなんで付けられている。［川崎竜太］

♧禁止行為

児童福祉法第34条に規定されている，児童虐待に関する禁止行為で，9項目が規定されている。しかし本法における禁止行為の多くは1933（昭和８）年制定の児童虐待防止法に規定された禁止行為の概念をそのまま継承している。現在の児童虐待とは社会的背景，行為内容が異なっており，児童福祉法に示されている禁止行為は現状と合致していない点が多い。厚生労働省は現代の児童虐待について具体的な該当事項を列挙しており，「子ども虐待対応の手引き」に詳細に記されている。［天羽浩一］

筋ジストロフィー

体の筋肉が壊れやすく，再生されにくい症状を持つ疾患の総称。2015（平成27）年7月から指定難病。骨格筋障害に伴う運動機能障害を主症状とするが，関節拘縮・変形，呼吸機能障害，心筋障害，嚥下機能障害，消化管症状，眼症状，難聴，中枢神経障害等を合併することも多い。つまり，筋ジストロフィーは骨格筋以外にも多臓器が侵される全身性疾患である。運動機能の低下を主症状とするが，病型により発症時期や臨床像，進行速度はさまざまである。歩行機能の喪失，呼吸筋障害や心筋障害による呼吸不全や心不全等の合併はADLやQOL，生命予後に大きく影響する。また，筋力トレーニングは，筋肉を傷めてしまうが，適切なリハビリテーションは，健康維持や生活の質を維持する上で早期からの導入が重要と言われている。

［中川美幸］

金銭給付

社会保障制度におけるサービスの給付形態の一つで，金銭を支給することによってニーズの充足を図る。現金給付ともいう。金銭給付は①直接的な金銭の給付，②税制上の控除や減免，③融資・貸付等に分類される。支給された金銭によって必要なサービスや物品等を自由に選択できるが，反面，金銭が本来の目的に使用されず，他に流用されるおそれもある。［佐藤眞子］

緊張型統合失調症

カタレプシー，運動活動性，極度の拒絶症，無言症，奇異な姿勢，常同運動，衒奇症，しかめ面，反響言語または反響動作などの症状がある。20歳前後に急性に発症するが，薬物療法による治療が有効で，予後は良好である。また，回復時に障害を残さないことも特徴的である。この症状は，工業国ではみられなくなってきており，社会的要因との関連があるとされていることから，近年は比較的発症数が少なくなってきている。

［宮地あゆみ］

勤労の権利

日本国憲法第27条で保障している社会権の一つ。第27条第1項では「すべて国民は，勤労の権利を有し，義務を負ふ」と規定し，勤労の自由を侵害されない側面（自由権的側面）と，就労の機会を与えられる側面（社会権的側面）がある。第2項では「賃金，就業時間，休息その他の勤労条件に関する基準は，法律でこれを定める」と規定し，国が労働者の保護を目的としており，具体化した法律として労働基準法，男女雇用機会均等法等がある。第3項では「児童は，これを酷使してはならない」と規定し，歴史上，児童が劣悪な環境で酷使されてきた経緯を踏まえ規定している。［寺島正博］

く

草の根保守主義

伝統的言い伝えや，古来の考え方，習慣，規則制度等社会組織・教えなどを重要視し，革命や新しい変革などに反する考え方で社会的・政治的な立場を示すことであり，その思想や傾向など主張することである。このことが大きく影響しているのが高度経済成長前の地域活動組織であり，町内会・自治会活動であった。

そのため，地域交流や地域福祉活動を推進するにあたり，新住民との軋轢や反発もあり，非民主的との指摘もあった。しかしながら時代とともに，個人主義，核家族化，都市化する中でも少なからず，地域助け合いや防犯防災意識等で組織が継続維持されてきたことも事実である。世代や新住民の考え方に影響されることもなく，居住生活環境・地域情報等「安心安全」など生活維持のために重要な部分であったといえる。今後も新旧住民が地域生活の共存・共通基盤となり，それぞれの立場を尊重しながら依存関係が維持され重要視されることとなる。

［今村英幸］

♧苦情解決事業（くじょうかいけつじぎょう）

福祉サービスに関して社会福祉事業の経営者は利用者等からの苦情の適切な解決に努めなければならないことが社会福祉法（第82条）で規定されている。また，同じく社会福祉法（第83条）では都道府県社会福祉協議会に運営適正化委員会を置き，苦情解決の申出があったときには相談に応じ，申出人に必要な助言をし，当該者に係る事情を調査したり，苦情解決の斡旋を行うことができるものとされている。さらに介護保険サービスについては介護保険事業者のほか市町村（保険者），居宅介護支援事業者，国民健康保険団体連合会が苦情申立て窓口としての役割を担うこととされている。

［倉田康路］

♧苦情解決制度（くじょうかいけつせいど）

2000（平成12）年からの社会福祉法では，福祉サービスに関して，利用者の利益の保護（第１条），個人の尊厳の保持を旨とすること（第３条），事業経営者は利用者の意向を十分に尊重すること（第５条）などが総則にあげられている。さらに社会福祉事業の経営者には，常に福祉サービスを受ける者の立場に立って良質かつ適切な福祉サービスを提供するように努める義務があり（第78条），都道府県社会福祉協議会に設置する運営適正化委員会での苦情解決が定められている（第83，85条）。このほか，各種の福祉施設や事業所では，利用者からの苦情解決体制の整備が運営基準で規定されている（苦情受付担当者，苦情解決責任者，第三者委員の配置等）。なお，介護保険制度における苦情対応窓口としては，介護事業者・施設，市町村（保険者），国民健康保険団体連合会などがあり，重層的な仕組みとなっている。

［本郷秀和］

♧虞犯少年（ぐはんしょうねん）

20歳未満で将来，犯罪や触法行為を行う虞（おそれ）が認められる少年をいう。具体的には，①保護者の正当な監督に服しない性癖がある，②正当な理由がなく家庭に寄りつかない，③犯罪性のある人もしくは不道徳な人と交際し，またいかがわしい場所に出入りする，④その性格・環境などから，将来，犯罪や触法行為を行う虞（おそれ）が認められる，などである。少年法にて「犯罪少年」「触法少年」とともに非行少年に位置づけられている。

［門田光司］

♧組合管掌健康保険（くみあいかんしょうけんこうほけん）

健康保険組合が実施する被用者保険を指す。健康保険組合は，単一組合の場合700人以上，総合組合の場合3,000人以上を使用する事業者が単独または共同で設立することができる。事業主，事業所の従業員である被保険者，任意継続被保険者で組織され，組合員である被保険者の健康保険を運営する。被保険者の業務外の事由による疾病，負傷，死亡または出産に関して保険給付を行い，併せてその被扶養者にも同様の保険給付を行う。また法定給付に併せて，組合の財政状態に応じて付加給付を行うことができるようになっている。保険料は労使折半であるが，事業主負担分の割合を増加させることができるようになっている。2018年4月現在の組合数は1,405である。高齢者医療への支援金負担等の理由により，運営が厳しい状況に置かれている。

［木場千春］

♧くも膜下出血

くも膜下出血は，くも膜と軟膜の間にあるくも膜下腔で出血することによって起こる。突然の激しい頭痛や嘔吐，意識障害等が出現する。20歳～30歳代で発症する者もいるが，40歳以降に多くみられ，男性より女性が多いとされる。主な発症原因として，脳動脈瘤の破裂がある。その他に，脳動静脈奇形等といった脳血管の形態異常や頭部外傷等によっても出血が起こる。また，脳動脈瘤は高血圧・喫煙・大量の飲酒等が危険因子となるほか，遺伝性の病気であるため家族内で既往歴がある場合はリスクが高まる。

［畑　香理］

♧クライエント（client）

1917年のリッチモンド（Richmond, M.）の著書『社会診断』の中で，貧困者（poor）という呼称に代わりクライエント（client）の呼称が登場する。ソーシャルワークなどの相談援助を求めて訪れる来談者を総称してクライエントという。そもそも弁護士等への依頼人，銀行などの顧客をクライエントとよんだ。クライエントとソーシャルワーカー等の援助者との関係は，対等である。また，援助関係では，クライエントの主体性や自己決定が尊重される。相談援助を申請した段階では，申請者（applicant）であるが，援助者との契約が成立した段階からクライエントと呼ぶ。

［富樫八郎］

♧クライエントシステム

個人，家族，集団，組織，地域など，ソーシャルワーカーが援助の対象とするシステムのことである。ピンカスとミナハン（Pincus, A. & Minahan, A.）は，一般システム理論を用いたソーシャルワーク実践では，4つのシステムとの関係に関心を向ける必要があるとしている。4つのシステムとは，チェンジ・エージェント・システム（ソーシャルワーカーを雇用している機関），クライエント・システム，ターゲット・システム（ソーシャルワーカーが，目標を達成するために影響を及ぼしていかなければならない人びと），アクション・システム（ソーシャルワーカーが課題を達成するために働きかける関係機関などの職員等）である。

［富樫八郎］

♧クライエント中心療法

アメリカの心理学者のロジャーズ（Rogers, C.）によって提唱された非指示的カウンセリングで，来談者中心療法とも訳されている。カウンセラー中心の指示的なカウンセリングに対し，クライエントを，自己実現の力をもつ存在，問題の所在と解決方法を知る存在ととらえ，クライエントに対する「個人の価値と意義」や「非指示的」な姿勢を強調している。また，援助過程で変化が起こるための必要かつ十分な条件を援助者の態度においている。援助者には，自己矛盾のない本心を表明できる「自己一致（純粋さ）」，受容という言葉で一般的に理解されている「無条件の積極的・肯定的な関心」，クライエントの情緒的体験をあるがままに理解する「共感的理解」といった援助態度が不可欠であるとしている。そのためには，援助者自身の自己覚知が課題となる。このクライエント中心療法は，ソーシャルワーク実践の発展に大きな影響を与えた。

［富樫八郎］

♧クライン，M.

(Klein, Melanie ; 1882-1960)

ウィーンに生まれ，のちに児童精神分析家としてイギリスで活躍した，現代クライン派の源流となった女性である。クラインは，子どもは誕生直後から母親との授乳関係を軸とし，母親を「良い乳房」「悪い乳房」とに分けて理解する部分対象から，乳房と母親を統合し全体対象として理解できるようになると説明した「対象関係論」を発展させた。他にも，クラインは数多くの児童臨床の経験を通し，遊戯療法，早期エディプス・コンプレックス，フェミニティ・コンプレックス，投影同一化など，重要な方法論や概念を構築した。［山本佳代子］

♧グラウンデッド・セオリー

(Grounded Theory)

1960年代にグレーザー(Glaser, B.G.)，ストラウス（Strauss，A.L.）という2人の社会学者によって提唱された質的分析の手法。データに密着した分析から独自の理論を生成する研究法として着目されている。頭文字をとってGTA（Grounded Theory Approach）と略される。GTAは，データに含まれる現象の構造とプロセスを示す研究に適している。主に，①データ収集，②データの読み込み，③データの切片化，④コーディングの流れで実施する。なお，木下康仁が考案した修正版グラウンデッド・セオリー・アプローチ（M-GTA）との大きな相違は，データを切片化することによって，分析者のバイアスを排除し，多角的に検討を行った上でカテゴリーを生成する点にある。［池本賢一］

♧クラスター分析（ぶんせき）

量的調査において類似した共通の質問項目や回答者等に基づいてグループ化を行う多変量解析の一つ。基準が明確ではないデータや直接的な質問項目だけではわからないこと等を類似性から明らかにする。クラスター分析には階層クラスター分析と非階層クラスター分析がある。階層クラスター分析とは類似の組み合わせから順番にグループ化する方法である。非階層クラスター分析とはあらかじめ分類するクラスター数を決めてグループ化する方法である。［寺島正博］

♧繰出し梯子の理論（くりだ　はしご　りろん）

イギリスにおいて，「平行棒理論」とともに，公私関係論の見解として出されたものである。繰出し梯子の理論はウェッブ（Webb, S.）によって唱えられた理論であり，民間活動が行政の活動を先導する試行的なものとして，民間活動の独自領域を設定している。わが国でも「公私分離の原則」(旧社会福祉事業法第5条）において反映されているものである。また，この理論は住民の生活課題に対してサービス等が行き届かない場合には，そこに届くように梯子を繰出す活動がボランティア活動であるというように多くの場において活用されている。［河村裕次］

♧クリニカル・ソーシャルワーク

1960年代アメリカにおいて精神科医療や家族クリニックで心理療法を行う特殊なソーシャルワークを示す用語として用いられた。その後，1984年全米ソーシャルワーカー協会は独自の専門性をもつソーシャルワークとして公式に認めている。クリニカル・ソーシャルワークは，専門的・直接的なソーシャルワーク実践であり，心理療法を強調し，状況におかれた個人や家族の問題解決に焦点をあてた治療的介入とともに問題解決過程をとおしてクライエントの成長や発達を促進する。最終的には，心理社会的機能の向上・維持を図ることを目的としている。方法として，カウンセリング，ケース

ワーク，グループワークなどの技術を用いる。［林　眞帆］

グリフィス報告（Griffiths Report）

1988年3月，イギリスの保健社会保障省から発表されたグリフィス（Griffiths, R.）によるコミュニティ・ケア政策の在り方に関する報告書「コミュニティ・ケア：行動計画」（Community Car：Agenda for Action）をいう。福祉多元主義を基本に国から地方自治体に財源を移譲し，ニーズ判定，費用支出及び施設と在宅ケアの行財政を一元化することを提言し，地方自治体によるコミュニティケア計画の策定やサービスの購入者と提供者の分離，さまざまなサービスの活用，ケアマネジメントの重要性など，コミュニティケアの指針を示した。［田中将太］

グリーンウッド，E.（Greenwood, Ernest；1910-2004）

アメリカの社会学者。グリーンウッドは，「専門職の属性」（1957）で専門職に必要な属性として，①体系的な理論，②専門職的権威，③社会的承認，④倫理綱領，⑤専門職的文化の5つを提示した。そして，ソーシャルワーカーにはこれらの属性に該当する点が多いことから，ソーシャルワーカーはすでに専門職であると結論づけた。［矢部　航］

グループ・インタビュー

質的研究法の一つに位置づけられる面接法。1グループ6名から12名程度とし，グループ内での相互作用（グループダイナミックス）を促すことによって，単独インタビューでは得られないデータを得ることを目的に実施する。グループ・インタビューの記録は，IC レコーダー等による録音だけでなく，表情や身振りなどの情報もビデオ等を用いて記録し，データを検討する際の資料とすることができる。これらの機器が確保できない場合は，インタビュアー，記録者，観察者の3名を置くことが望ましい。インタビューは通常，1時間半～2時間半で行う。［池本賢一］

グループ記録

グループワーク記録とは，その展開過程である「準備期・開始期・作業期・終結期」のすべての段階において必要とされるものである。その一例として，グループワークにおける利用者の参加状況やグループの課題への対応状況及びそれらに関するソーシャルワーカーの所見等が整理される。記録の目的としては，グループワークの質の向上，グループワークを実施する機関の機能向上，担当する職員の教育訓練や調査研究のためであり，記録形式としては「個人記録」「グループ記録」に大別される。［田中顕悟］

グループダイナミックス

一般に「集団力学」と訳される。社会心理学者であるクルト・レヴィン（Lewin, K.）は，グループを単なる個人の寄せ集めとしてではなく，むしろ一つの全体として独自の動きをもつものととらえ，集団や人間関係の相互依存性による力動に着目し，グループの個人に与える影響や問題解決の過程などについて実証的に明らかにした。また，この集団力学から得られた知見は，意図的なグループ経験におけるメンバー同士の相互作用を活用し，個人やグループの成長と地域社会の諸問題の解決を図るグループワークの発展生成に大きな影響を与えている。［林　眞帆］

グループホーム（高齢者）

認知症対応型共同生活介護を行う施設。介護保険給付の中で地域密着型サービスに該当し，「指定地域密着型サービスの事業の人員，設備及び運営に関する基準」に従い（又は基準を標準として）市町村の条例で定める。厚生労働省令で定める基準第93条では，「その入居定員を5人以上9人以下とし，居室，居間，食堂，台所，浴室，消火設備その他の非常災害に際して必要な設備その他利用者が日常生活を営む上で必要な設備を設けるものとする」とされている。

［孔　英珠］

♧グループホーム（障害者）

障害者総合支援法における共同生活援助を行う施設。訓練等給付サービスの一つで，就労または就労継続支援等の日中活動系サービスを利用している障害者が対象となる。主として，夜間において共同生活を営むべき住居において，相談その他の日常生活上の援助を行うことになっている。主に障害支援区分が区分1以下に該当する身体障害者，知的障害者及び精神障害者が対象となる。グループホームに対し，障害支援区分が区分2以上に該当する身体障害者，知的障害者及び精神障害者が対象となるグループホーム（共同生活介護）がある。

［松久保和俊］

♧グループワーク（集団援助技術，ソーシャル・グループワーク）

19世紀後半の英米のYMCAやセツルメント運動をその母体としている。その運動は個人の心理的成長と社会改善をめざすものであった。援助者であるソーシャルワーカーと参加者で構成された集団で意図的なプログラム活動を行うものであり，ソーシャルワークの方法の一つである。個人や集団の目標達成，集団の構成員の問題解決などについて，集団力学や集団の相互作用を活用する方法である。参加者の個人や集団のニーズの充足，社会生活能力や対人関係能力の向上，趣味や学習活動を通して心理的成長，参加者間の人間関係の促進，集団の目標達成，集団による教育的あるいは治療的機能を活用する方法であり，結果よりも過程（プロセス）を重んじる。プログラム活動は話し合い，レクリエーション，行動変容をめざすもの，社会環境の改善に取り組むものなど多種多様である。

［益満孝一］

♧グループワークの原則

ワーカーが専門的で効果的な援助を行ううえで必要不可欠なものであり，継続的なグループワークの評価基準としても有効な項目ともなる。グループワークの研究者であるコノプカ（Konopka, G.）は，グループワークの14の原則として，①メンバーの個別化，②グループの個別化，③受容，④意図的な信頼関係の確立，⑤協力関係の構築への支援，⑥グループ過程への介入，⑦参加，⑧問題解決の支援，⑨葛藤解決，⑩経験，⑪制限，⑫プログラムの活用，⑬継続評価，⑭ワーカーの自己活用を提唱している。この原則には個人の自由と人間性の尊重というソーシャルワーク全体に共通する社会福祉実践の価値観が含まれている。

［益満孝一］

♧車いす

疾患や障害，下肢筋力の低下等により歩行が不可能または困難となった者が，移動の際に用いる車輪付きのいすのこと。大きく分けて，使用者自身が車いすを操作する自走型，介助者が押して操作する介助型がある。自走型には，手動で動かすものや電動で動かすものがある。また，利用者の座位耐久能力や体調により，背もたれを動かすことができるリクライニング式や，机などで作業がしやすいよう車いすのシートの位置を変えることができる座席昇降型など，さまざまな種類がある。使用者の身体状況や能力，使用目的，介助者の能力に応じた選択が必要である。

［馬場由香里］

♧クレペリン精神作業検査

ドイツの精神科医学者クレペリン（Kraepelin, E.；1856-1926）が精神作業の実験研究のために，一桁の数字の加算作業を行わせる「連続加算法」を考案した。それを内田勇三郎（1894-1966）が，性格傾向と作業態度を診断するために発展させたのが，内田・クレペリン精神作業検査である。この検査は，1分ごとの作業量の変化を，作業曲線グラフにして判定する。この検査では，他の心理検査と併用することによる補助診断，障害特性，性格傾向，治療効果，職業特性などの情報が得られる。近年では，検査の特性から教育分野や産業分野などにも普及しており，企業においては採用時の職業適性検査や，社員のメンタルヘルス管理などにも利用している。

［宮地あゆみ］

♧クロイツフェルト・ヤコブ病

特定疾患（治療研究事業対象疾患）に指定され，日本国内では，年間100万人に1人が罹患し，平均発症年齢は68歳とされる。症状としては，発症後数か月以内に認知症，妄想，失行などが急速に進行し，多くの場合発病から半年で自発運動が困難となり，寝たきり状態となる。治療法は開発されておらず，対症療法が実施される。難病医療費等助成対象疾病であり，40～64歳の場合でも「初老期の認知症」として介護保険の申請が可能である。

［島﨑　剛］

♧クロス集計

調査データの分析に用いる統計技法で，得られたデータを異なる属性や基準に分類し集計すること。アンケート調査ではもっとも一般的に用いられる集計方法である。一つの変数（測定された内容を数量で表したもの）の特性を表す統計を単純集計と呼ぶのに対して，2つ以上の変数間の関係を表す統計がクロス集計である。クロス集計することによりさまざまな視点から質問事項の相互関係をより明確にすることができる。

［石踊紳一郎］

♧グローバル化

グローバル化とは，これまでの国や地域などの境界を越え，地球が一つの単位のようになる趨勢のことをいう。比較的早い時期（1970年代）に，地球環境を人類の課題だとして，地球的課題に取り組む視点をグローバル化という。90年代には，経済のグローバル化が強調された。経済のグローバル化は，実質的には米国の経済的優位に重なることが多い。経済の，グローバル化は資本の支配による，貧富の差の拡大を誘発し，環境と固有文化を破壊するという反グローバリズムの主張もある。現代社会のグローバル化が進展する中で，2007年には，日本とインドネシア間におけるEPA（経済連携協定）によって，2008年8月にインドネシア人の看護師・介護士候補者第1期生（208名）が来日し，2011年にはインドネシア，フィリピン両国から計788人（フィリピン：360名，インドネシア：428名）の候補者が来日した。2012年の介護福祉士国家試験では受験者95名中36名が合格し，専門職に従事している。なお，2018（平成30）年12月の臨時国会で，「改正出入国管理・難民認定法」（入管難民法）が成立をしたため，2019年4月以降，外国人労働者が増大することになる。

［北川慶子］

♧グローバルヘルス

地球規模で人びとの健康に影響を与える課題に対し，その課題解決のために世界的な協力や連携が必要な領域のことを指す。グローバル化が進んでいる現在，世界中の国々が密接に関係しており，保健医療問題が国境を越えて広がることが多くなってきた。たとえば，インフルエンザなどの感染症の世界的流行では，一国で起こったことが瞬時に世界中に広まり，現在の保険医療の課題は一つの国では対処しきれない，世界規模の課題となっている。それぞれの国が制度を作るだけでは十分でなく，国境を越えて経験と知恵を共有することによって，世界規模の保健医療問題を解決していくことが求められる。グローバルヘルスで対象となる分野は極めて広いが，従来からの懸念としてあがっているのは感染症，母子保健，栄養不足問題などである。今日では，気候変動，精神疾患，ユニバーサルヘルスケアカバレッジ，非感染症なども，世界共通の公衆衛生の重要課題としてとらえられており，広義の意味でもグローバルヘルスのアジェンダとして扱われるようになってきている。［笠野華代］

♧クローン病（びょう）

厚生労働省により特定疾患治療研究事業対象疾患に指定されている原因不明の難病。主として若年者（10歳代から20歳代）が発症し，口腔から肛門に至る消化管の部位の炎症や潰瘍が起こる。とくに小腸の末端部分が好発部位で，腹痛や下痢，血便，体重減少などの症状が見られる。男女比は2対1で，男性に多く見られる。根本的な治療方法はなく，再発を繰り返し慢性化の経過をたどる。

［片岡靖子］

け

♧ケ　ア

ケアには，世話，配慮，手入れ，メンテナンスなどの意味があり，その対象には人のみならずヘアケア，ネイルケアといったように身体の一部や，衣服や動物などもある。また，医療を示すキュア（cure）と比較して看護や介護のことをケア（care）とする場合もあるが，看護のケアは看護ケアとして称されることが多い。「他者」の「自己」が「成長」・「実現」するのを助けることとも言われ，さまざまな領域で研究されている。ケアを受ける対象者は世話を受けることで安全で安楽な状態となり，癒しを感じる。同時に，援助する専門職をはじめとしたケアをする人も，対象者との関係の中で癒しを得ている。これが得られるには，そのケアが対象者にとって必要なことかどうかで発生するが，必要度が低くても関係性が深ければケアの効果は大きい。

［吉岡久美］

♧ケアガイドライン

2002（平成14）年3月に厚生労働省は，障害者ケアガイドラインを示した。これは，市町村が主体となって障害者の保健・福祉等のサービスを提供する際のケアマネジメントの理念，原則，実施体制等を明らかにしている。このケアガイドラインによってケアマネジメント希望者に，多様なニーズを満たすためのサービスを提供することができる。障害の種別に関係なく，相談窓口で福祉サービス等について情報を獲得できて相談できる体制をとることで，総合的で調整のとれたサービスの提供，身近な相談窓口の利用ができるように示している。身体障害者ケアガイドラインや精神障害者ケアガイドラインをともに活用することで，さらにニーズを満たすケアとなる。

［吉岡久美］

♧ケアカンファレンス

より良いサービス提供のために，介護職，看護職，介護支援専門員（ケアマネジャー）等の専門職が集まり，情報の共有や共通認識を図るために専門的立場から利用者の支援内容について意見交換する会議のこと。介護保険制度においてはサービス担当者会議を指し，介護支援専門員がケアプラン（介護サービス計画書）を作成する際に，介護職や看護職，医師など関係者，利用者本人や家族が集まり，利用者・家族の意向の確認，目標の設定など提供される介護サービスについて検討を行うための会議で，法令により開催が義務づけられている。

［石踊紳一郎］

♧ケア付き住宅

高齢者や障害者などでケアが必要な人たちでも地域で安心して暮らすことができるように，設計などにも配慮がなされ，必要に応じた介護・医療等のサービスが利用できる住宅の総称。たとえば緊急時の医療サービスや緊急通報システム，入浴や給食サービスといったものが整備されているものが多く，知的障害者や精神障害者のための「グループホーム」や高齢者のための「ケアハウス」などもこの中に分類することもある。

［岩永　耕］

♧ケアパッケージ

要介護者である利用者やその家族に対して，提供される介護サービスの内容，頻度，時間数など，援助ニーズを達成するための各種公的サービスやインフォーマルな支援を組み合わせることである。保健，医療，福祉の専門化チームがアセスメント，ケアプラン作成の会議（サービス担当者会議）を実施し，本人の生活全般の課題やニーズを特定して，その解決を図るのに必要なケアパッケージが決定される。

［石踊紳一郎］

♧ケアマネジメント

何らかの理由により，身体的，精神的，社会的な援助等の社会生活上の問題を抱えている人のニーズを充足させるために各種の福祉サービスを提供し，利用者の生活の維持，さらには改善していくことを目的にした課題解決の方法。ケアマネジメントは，インテークから始まり，アセスメント，ケアプラン作成，サービス提供，モニタリング，そして必要に応じて再アセスメントが行われるものである。複数のニーズがあり，それを自力で解決できない人を対象とするため，①利用者の生活全体を支援するという視点（全体性），②利用者個人の事情に応じた支援を行う（個別性），③利用者の抱える課題について，その時点だけでなく，過去から未来にわたっての見通しを立てた援助を行う（継続性），④利用者が生活する地域の特性に配慮する（地域性）といった4つの視点をもつことが求められる。

［浦　秀美］

♧ケアマネジャー⇒介護支援専門員

♧ケアリング

ケアをする過程において，かかわりの中にある助け合いやもてなしの気持ちなどにより，相互に豊かな情感や癒しの感覚が発生することであり，また，ケアをする意思や能力の存在をいう場合もある。ケアをすることで対象となる人が成長し，自己実現することを助けることであり，看護領域で多く研究され用いられている。ケアを行うにはケアリングが発生することから，教育，養育，医療，福祉における援助，また，人が他者とかかわりをもつときにはケアリングが存在するといえる。

［吉岡久美］

♧ケアワーカー

ケアワーク（care work），すなわち介護活動を行う人であり，一般には介護職員を指す。介護職員は職名であり，多様な背景の職員が含まれる。狭義には国家資格の専門職として介護福祉士を指す場合もあるが，介護福祉士は名称独占資格であるため，広義には訪問介護員（ホームヘルパー）等の資格者，あるいは無資格者であっても，現にケアワーク担当職員を指す場合が多く，曖昧なまま使用されている現状がある。［生野繁子］

♧ケアワーク

日常生活を送る上で，必要不可欠となるさまざまな生活行為（食事，排泄，入浴，着替えなど）が困難又は介助が必要な人に対する直接的な援助（身体的援助，生活援助）の実践。ソーシャルワークの視点（社会的援助，精神的援助）をもつことも求められる。［秋竹　純］

♧経管栄養（けいかんえいよう）

病気や障害等によって，口から食べ物や飲み物，薬を摂取できない患者であって，消化管機能に問題がない患者に対し，鼻や胃などの消化管内にチューブやカテーテルを挿入して必要な栄養（流動食）を注入し，栄養状態の維持，改善を図る方法である。経管栄養には，鼻の穴から食道や胃にチューブを通す「経鼻経管栄養」，胃に造設した瘻孔に管を通す「胃瘻」，腸に造設した瘻孔に管を通す「腸瘻」がある。社会福祉士及び介護福祉士法の一部改正により，2012（平成24）年4月1日から，一定の研修を受けた介護職員等においては，医療や看護の連携による安全確保が図られていること等，一定の条件の下で，医療行為である経管栄養の行為を実施できるようになった。［種橋征子］

♧KJ法（ほう）

問題を解決するために収集した多様な情報を統合化する手法。発案者である文化人類学者の川喜田二郎（かわきたじろう，1920-2009）のイニシャルから KJ法と名付けられた。調査などから得たデータやアイデアを短く要約してカードに書き込み，それらをグループ化したり組み替えたりしながら整理した情報を図解化・文章化して問題の構造を明確にしていく。［河野高志］

♧継続雇用制度（けいぞくこようせいど）

高年齢者が年齢にかかわりなく働き続けられる環境整備に向け，「高年齢者等の雇用の安定等に関する法律」は，65歳までの安定した雇用確保のため，企業に定年制の廃止または定年年齢の引き上げ，継続雇用制度の導入のいずれかの措置を講じることを義務付けた。継続雇用制度とは，具体的には，「勤務延長制度」（定年年齢に達した者を直ちに退職させずに継続して雇用するもの），「再雇用制度」（定年年齢に達した者をいったん退職させ，改めて企業との雇用契約を締結するもの）をいう。2012（平成24）年改正で，継続雇用制度の対象者につき事業主が労使協定で定める基準によって限定できる仕組みを廃止し，継続雇用制度の対象者を雇用する企業をグループ企業まで拡大する仕組みを設けるなどした。［隈　直子］

♧傾聴（けいちょう）

面接場面においてクライエントの話に真摯に耳を傾けて聴く基礎的な技法および態度。クライエントとの信頼関係を構築するために，ソーシャルワークの初期段階においてとくに重視される。受容と非審判的態度を基本とし，うなずきや相づちなどによって聴く姿勢をクライエントに伝えることが一般的である。［河野高志］

♧軽費老人ホーム（けいひろうじん）

老人福祉法に基づく老人福祉施設の一種で，家庭環境や住宅事情等の理由により居宅において生活をすることが困難な者を低額な料金で利用させることを目的に設置されている。種類はA型（3食提供）とB型（原則として自炊）であったが，1989（平成元）年から住まいと介護を想定した新しいタイプのケアハウスが位置付けられ，介護保険制度導入に伴って，「特定施設入居者生活介護」の指定を受けることも可能となっている。
［鬼﨑信好］

♧契　約

一般的には，2人以上の当事者が形式上相対立する立場に立ち，意思表示の合致によって相互間に権利・義務を発生させる合意のことをいう。福祉現場における「契約」についても，サービスを受けたいもの（利用者）と福祉サービスを提供するもの(事業者)との合意によって内容が決定し，それぞれの間に「サービスを受ける権利と提供する義務」，「対価を払う義務と得る権利」の関係が生じるものである。これに対して，行政がサービスの内容や開始・廃止等を一方的に決定する仕組みを措置という。［穴井あけみ］

♧契約利用制度

利用者と福祉施設との対等な関係性の構築をめざし，1998（平成10）年社会福祉基礎構造改革によって，高齢者福祉や障害者福祉等に関する福祉サービスの利用方式は，行政が利用者の利用要件を判断し，利用する事業所を決定する措置制度から，利用者が事業所を選択し，事業所との間で契約を交わすことによって利用する契約利用制度に転換された。事業所との契約をするにあたり，判断に困難さを持つ人たちの権利を護るための成年後見制度や施設選択のための情報の公表の制度も創設された。［種橋征子］

♧敬老の日

日本の国民の祝日の一つで，9月の第3月曜日にあたる。9月15日を「としよりの日」とした兵庫県の敬老行事をきっかけとして，1966（昭和41）年には国民の祝日「敬老の日」となり，2003年からは9月の第3月曜日となった。国民の祝日に関する法律によれば，「多年にわたり社会につくしてきた老人を敬愛し，長寿を祝う。」ことを目的としている。なお，9月15日は老人福祉法によって「老人の日」と定められ，そこから1週間を老人週間として，「国民の間に広く老人の福祉についての関心と理解を深めるとともに，老人に対し自らの生活の向上に努める意欲を促す」ことを目的としている。［夏秋圭助］

♧ケインズ，J.M.（Keynes, John Maynard；1883–1946）

イギリスの経済学者。その著書『雇用・利子および貨幣の一般理論』(1936)において，社会の経済活動（生産・所得）の水準と雇用量は，購買力を伴った需要である有効需要によって決定される(「有効需要の原理」）と主張し，古典派経済学の理論である「セイの法則（供給が需要を創出する)」を否定した。そのうえで，不況の克服や完全雇用の実現は，政府が積極的に経済に介入し，有効需要の拡大を図ることで可能になるとしたのである。ケインズの理論は，アメリカ大統領フランクリン・ルーズベルト（Roosevelt, F.D.）が行ったニュー・ディール政策の理論的根拠となる等，資本主義国の政策に大きな影響を与えることとなった。［谷村紀彰］

♧ゲシュタルト心理学（Gestalt Psychology）

心理現象は一つのまとまりをもったゲシュタルトをなしているという考え方のもとに，それ以前の機械論的心理学を批判して，ウェルトハイマー（Wertheimer, M.)，ケーラー（Köhler, W.)，コフカ(Koffka, K.)，レヴィン(Lewin, K.）らが打ち立てた心理学体系である。

彼らは，「全体は部分の寄せ集め以上のものである」と考え，人間の心理現象は単なる部分や要素の集合ではなく，全体性や構造が重要であるという立場から，心理現象の全体性，有機性を強調し，力学原理や場の理論などの考え方を導入した。そして彼らの考え方は知覚，学習，発達，情緒の領域，さらには社会心理学的事象の領域に多大な影響を与え，現代心理学の大きな柱の一つとなっている。なお，ゲシュタルト（Gestalt）とは，たとえば，目，鼻，口といった部分部分を一つの顔として認識し，意味のある全体像として理解することである。したがって，ゲシュタルト心理学は形態心理学ともいわれる。［大西　良］

♧化粧療法（けしょうりょうほう）

1985年にグラハム（Graham, J.N.）とクリッグマン（Kligman, A.M.）は，化粧の臨床的効用に関する書籍を発刊し，化粧療法という領域を築いた。化粧療法は，化粧を用いた治療法で，化粧が心理学的な過程を介して心理・生理的な治療効果をもたらすことを期待して行われるものである。日本では，老人保健施設やデイサービスなどの福祉や医療の現場で取り入れられ始めた。［門田光司］

♧ケース記録（きろく）

ケースの記録を記すことは，利用者支援をより良くするために，また援助者の支援における専門性を向上していくうえで重要である。記録の様式には，叙述体，要約体，説明体がある。叙述体は，利用者との面接内容を時間に沿って記していくものである。面接内容を記載する場合，詳しく書き留めたものを過程叙述体，内容を短く圧縮したものが圧縮叙述体である。要約体は，面接内容を要約し，整理したものである。説明体は，援助者の解釈や考えを記述したものである。記録の記載にあたって，事実を記載する客観的なものと援助者の解釈や考えを記載する主観的なものを区別しておくことは，利用者支援や援助者の引き継ぎ，スーパービジョンにおいて重要となる。［門田光司］

♧ケーススタディ（case study）

一つの社会的単位（個人・家族・集団等）の事例や関係者へのインタビュー，カルテ，生活歴などを取り上げ，その社会的・文化的背景と関連させながら記述することで法則性を見出していく研究方法である。人，出来事，社会グループといった特定の現象について調査する。個々の事柄について多角的，精細なデータを収集，分析し，その諸因子間の複雑な相互関係を明らかにして類似した事例の原則や法則性の発見をめざす。［梶原浩介］

♧ケースヒストリー（case history；生活歴（せいかつれき））

生育歴，生活史とも訳される。相談援助に関する機関や施設，病院，サービスなどの利用者や患者の生活背景について，時間の経過に沿って記録化したもの。個人的情報としての，心身の発達の状況，身体的・精神的健康，情緒的反応，教育，職業，経済状況などにとどまらず，対人関係（家族・友人・インフォーマルグループ）や社会的情報（地域の文化・組織との関係・住環境）なども含まれる。その作成プロセスでは，ワーカーとクライエント間で，これまでの重要な出来事や置かれてきた状況を振り返り，課題の整理や現在の感情の共有がなされる。支援や援助活動を行う際，現在の課題や問題の根底を押さえておくことは，援助目標の焦点化・明確化において有用である。［茶屋道拓哉］

♧ケースワーク（個別援助技術，ソーシャル・ケースワーク）

ケースワーク（個別援助技術）は，19世紀後半にイギリスの慈善組織協会（COS：Charity Organization Society）が行ったCOS運動で生まれた生活課題解決のための援助法である。心理学・精神分析学（社会科学）の影響を受け，個別性を重視する。リッチモンド（Richmond, M.）は，ケースワークについて「個人と環境に総合的に働きかけ，その関係を望ましい状態に調整しながら，パーソナリティの発達を図ろうとするもの」と述べている。ケースワークでは，クライエント（問題を抱えている人）に対してソーシャルワーカーが，社会資源を活用しながらクライエント自身が主体となって問題の解決ができるように援助していくものである。［園田和江］

♧ゲゼル，A.

（Gesell, Arnold Lucius；1880-1961）

アメリカの小児科医・発達心理学者。1915年にイエール大学内に児童発達臨床研究所を創設し，心理学と医学の観点から児童発達の研究を行った。一卵性双生児による学習と成熟の研究を行い，成熟優位説を説いたことは有名である。ゲゼルの実験以降，一卵性双生児を用いた双生児統制法による実験が多く試みられるようになった。そのほかにも，縦断的な発達の観察，写真等を用いた行動の記述，発達診断テストの作成など多くの研究を行った。［吉村　健］

♧ゲゼルシャフト

ドイツの社会学者テンニース（Tönnies, F.）が『ゲマインシャフトとゲゼルシャフト』（1887）で示した，集団あるいは社会の類型の一つ。契約社会と訳される。テンニースは，本質意思に基づく有機的関係であるゲマインシャフトに対して，選択意思に基づく機械的関係をゲゼルシャフトと呼び，近代化の過程をゲマインシャフトからゲゼルシャフトへの推移として論じた。ゲゼルシャフトの例としては，企業や大都市などがあげられる。［矢部　航］

♧血圧

心臓から送り出された血液が動脈の血管を通過するときに血管壁にかかる圧力のこと。正常範囲は，収縮期血圧で130mmHg未満，拡張期血圧で85mmHg未満とされている。血圧が上昇した場合，血圧反射機能により，自律神経を介した反射性の制御が行われ，心拍数が減少し，血管が拡張し，血圧は正常な範囲に保たれている。健康人においても，加齢によって正常血圧は上昇する。正常範囲を超えた血圧が維持されている状態は高血圧症と呼ばれ，生活習慣病の一つである。また，正常範囲より低い状態は低血圧症と呼ばれる。低血圧症は，疲れが取れにくい，慢性的に体がだるい重い，耳鳴りがする，動悸や息切れがする，脳貧血で意識を失いやすいなどの症状が出る場合がある。［片岡靖子］

♧結核

結核菌の感染によっておこる感染症。1882年にロベルト・コッホ（Koch, Robert）により発見された。わが国の結核の約8割は肺結核である。肺以外では，腎臓・リンパ節・骨・脳等あらゆる部位に影響が及ぶことがある。症状として，初期は風邪と似ているが，咳・痰・発熱等が長く続くことが特徴である。その他に，体重減少・食欲不振等もおこる。症状がすすむと，だるさ，息切れ，血の混じった痰，喀血，呼吸困難等が出現し，死に至ることもある。感染の診断は，ツベルクリン反応検査・インターフェロンガンマ遊離試験（IGRA）などによって可能となっている。日本では，明治時代初期までは「労咳」と呼ばれており，大正時代にかけて増加，1947～1950年には死亡原因となる疾患の第1位であった。しかし，治療法が開発されてからは患者数が減少し，1980年以降は疾患別死亡者数が10位以下となった。
［畑　香理］

欠格条項（けつかくじょうこう）

公的な資格・免許又は業の許可，特定の業務への従事，公共的なサービスの利用等において，事前に排除されるべき条件（欠格事由）として身体又は精神の障害を掲げている規定を障害者に係る欠格条項という。たとえば，自動車等の運転免許，専門職の資格免許（薬剤師免許・栄養士免許・調理師免許・理容師免許・美容師免許・医師免許・歯科医師免許・理学療法士免許・作業療法士免許他）などである。しかし，障害者が社会活動に参加することを不当に阻む要因とならないよう「障害者対策に関する新長期計画」（1993（平成5）年3月）の推進のため，対象となるすべての制度について見直しが行われ，必要と認められる措置がなされている。
［門田光司］

結核対策（けつかくたいさく）

1951（昭和26）年にできた「結核予防法」で対策が行われてきたが，2007年からはほかの感染症と共に「感染症法」の法律で対応されてきた。結核は2類感染症の一つとして位置づけられており，これに応じた対策（届出，感染防止，隔離，健康診断など）が規定されている。また，感染症法で取り扱われる他の感染症とは別に，結核は患者登録，医療費の公費負担，健康診断などの独自の対策が規定されている。
［中川美幸］

結核予防法（けつかくよぼうほう）

結核の予防および結核患者に対する適正な医療の普及により，結核患者は著しく減少した。また，人権への意識の高まりや，既存の結核予防法の枠組みの中では入院勧告や措置等ができないという法律上の限界があるといった理由により，結核予防法については，法律上，感染症法と独立した形での存続理由は乏しいといえるため，結核を感染症法の2類感染症に分類し，位置づけた。これにより，厚生労働省は，1951年から続いた結核予防法を2006年に廃止。2007年結核予防法は感染症法へ統合された。
［中川美幸］

結晶性知能（けつしょうせいちのう）

キャッテル（Cattel, Raymond Bernard；1905-1998）は，因子分析法によって結晶性知能と流動性知能を発見した。結晶性知能とは正式には結晶性一般能力とされ，過去の学習経験を高度に適用して得られた判断力や習慣，専門的知識等である。多様な経験から獲得してきた結果が結晶化された専門的または個人的な能力で，言語性の知能ととらえられる。結晶性知能は，新しい場面への適応を必要とする際に働く能力である流動性知能を基盤とするが，経験の機会など環境因子，文化因子により強く影響される。結晶性知能は20代から60代まで上昇し，その後は緩やかに低下するとされている。過去に得た経験が知能の土台であるため，加齢による低下は少なく，認知症が発症しても結晶性知能は保たれていることが多く見られる。高い結晶性知能を維持することにより流動性知能の低下が補われるため，認知症の発症を予防するには結晶性知能を維持する必要がある。老年期の認知症を理解するのに用いられる概念にもなっている。
［松山郁夫］

血栓（けつせん）

血管内の脂肪性沈着物に血液や血液中の繊維成分が混ざって成長し塊となったもの。血管内で塊が増大したり，剥がれて血管内を詰まらせると酸素や栄養を運ぶ血液の流れが途絶えることで，壊死や脳梗塞，心疾患を引き起こす。
［秋竹　純］

♧欠損家庭（けつそんかてい）

欠損家族ともいい，家族成員に未成年者がいる家庭で，片親もしくは両親が欠けている家庭のことを指す。両親もしくは片親の欠損事由は，死別・生別を問わずいろいろあるだろうが，従前より子どものパーソナリティ形成や社会化に悪影響を及ぼすものとしてとらえられてきた。ところで，欠損家庭といわれる家庭は，その大半は片親が欠け残りの片親が未成年の子の面倒をみる型であり，これまで母子家庭，父子家庭，片親家庭などと呼ばれてきた。こうした呼称は，先験的に「悪・マイナス・スティグマ」などとして差別的ニュアンスを想起させるので，より価値中立的な用語として「単親家族(家庭)」という用語が使われるようになってきた。
［佐野正彦］

♧結腸人工肛門（けつちょうじんこうこうもん）

大腸や肛門に影響を及ぼす疾患が原因で，排泄機能に問題が生じたことにより，人為的に結腸を体外に 1 ～ 2 cm 引き出し，開放した排便孔を作って便を受ける袋（パウチ又はストーマ袋）を装着した人工肛門のこと。結腸を使う結腸人工肛門の中で，最も多いものが直腸がんの手術時に作られるＳ状結腸ストーマである。
［秋竹　純］

♧血友病（けつゆうびょう）

血液の凝固に時間がかかる先天性の血液凝固疾患の一つである。血友病は出生男児 1 万人に 1 人の割合で発生する伴性劣性遺伝の病気であるが，中には発生に関して遺伝形式の不明な突然変異と考えられるものもある。血友病では重症度を凝固因子により分類し，凝固因子が健常人の 1 ％未満を重症，1 ～ 5 ％を中等症，5 ％以上が軽症とされている。血友病は深部出血が多く，関節・筋肉・頭蓋・腎臓内での出血などが特徴的である。
［片岡靖子］

♧ゲートキーパー（gatekeeper）

自殺の危険を示すサインに気づき，適切な対応（悩んでいる人に気づき，声をかけ，話を聞いて，必要な支援につなげ，見守る）を図ることができる人のことで，言わば「命の門番」とも位置づけられる人のこと。自治体や地方公共団体が実施している養成研修会を受講し，専門知識や対処方法を学んだうえで，身近な環境で自殺対策を支援する啓発活動を担う。
［隈﨑伸弥］

♧ゲマインシャフト

ドイツの社会学者テンニース（Tönnies, F.）が『ゲマインシャフトとゲゼルシャフト』（1887）で示した，集団あるいは社会の類型の一つ。ゲゼルシャフトが契約社会と訳されるのに対し，ゲマインシャフトは共同社会と訳されることがある。本質意思に基づいた全人格的な結びつきを基礎とするゲマインシャフトでは，人びとはあらゆる分離にかかわらず本質的に結びついている。ゲマインシャフトの例は家族，村落，中世的都市などである。
［中山慎吾］

♧権威主義的パーソナリティ（けんいしゅぎてき）

権威のある者に対しては批判することなく同調し，弱い者に対しては絶対的な服従を強制するパーソナリティ類型。人種的な偏見をもち，思考の硬さが目立つ。アドルノ（Adorno, T. W.）らの『権威主義的パーソナリティ』（1950）が有名。差別意識がなく寛容な態度をもつ民主的パーソナリティと対比されることがある。フロム（Fromm, E.）は『自由からの逃走』（1941）で，権威主義的性格をもつ中産階級が，ヒトラーのファ

シズムを支持したという議論を行っている。 ［中山慎吾］

♧限界集落（げんかいしゅうらく）

1991（平成３）年大野晃（高知大学名誉教授）によって提示された概念であり，農山漁村や離島といった過疎地域において，人口の50％以上が65歳以上の高齢者となることで，経済的，社会的に共同生活を維持していくことが困難となり，存続が危ぶまれている集落のことをいう。わが国の過疎地域対策については，1970年以来，４次にわたり議員立法として制定された過疎対策立法のもとで各種の対策が講じられてきており，時限立法として施行された過疎地域自立促進特別措置法の有効期限は2021年３月末日まで延長されている。また，「限界」という表現が住民にとって耳障りであるということから行政では「小規模・高齢化集落」という言い換えもなされている。［田中将太］

♧幻覚（げんかく）

対象が現実世界には存在していないのに，それ（人物，物，景色，音，臭いなど）があたかも存在しているかのように知覚すること。種々の精神疾患でしばしば観察される。精神状態を基盤とした体験の異常であり，出現する感覚器官によって，幻視，幻聴，幻臭，幻触，幻味，体感幻覚などに分けられる。統合失調症における代表的な症状の一つであり，とくに幻聴による本人への批判や指示・命令，監視といった内容が代表的である。 ［茶屋道拓哉］

♧現業員（げんぎょういん）

社会福祉法の規定により福祉に関する事務所（福祉事務所）に置かれる，業務を直接担当している職員である。一般的に，ケースワーカーと言われる。現業員の職務は，「所の長の指揮監督を受けて，援護，育成又は更生の措置を要する者等の家庭を訪問し，又は訪問しないで，これらの者に面接し，本人の資産，環境等を調査し，保護その他の措置の必要の有無及びその種類を判断し，本人に対し生活指導を行う等の事務をつかさどる」と規定されている（社会福祉法第15条）。現業は社会福祉主事があたる。

［隈　直子］

♧現金給付（げんきんきゅうふ）

生活保護，医療保険，介護保険で，治療や介護でかかった費用を現金で給付する方法。医療保険では，傷病手当金，出産手当金，出産育児一時金，埋葬料などがあり，介護保険では原則として現金給付は行われない。生活保護法においては現金給付が原則であるが，医療扶助，介護扶助は現物給付となっている。→金銭給付 ［片岡靖子］

♧健康増進法（けんこうぞうしんほう）

「21世紀における国民健康づくり運動（健康日本21）」を中心とする健康づくり施策を推進するための法的基盤として2002（平成14）年に制定された。「健康日本21」の基本方針等は，健康増進法に基づく「国民の健康の増進の総合的な推進を図るための基本的な方針」として位置づけられ，都道府県には健康増進計画策定の義務，市町村には同計画策定の努力義務が健康増進法に規定された。また，健康増進法において，国の統計調査である従来の国民栄養調査の内容に生活習慣の状況に関する調査を加え，国民健康・栄養調査として内容の拡充が図られたほか，多数の者が利用する施設の管理者に対し受動喫煙の防止措置を講ずる努力義務が規定されている。2018年７月25日に「健康増進法の一部を改正する法律」（2020年４月１日施行）が公布され，「望まない受動喫煙」をなくすという観点から，受動喫煙対策をより一層徹底することが求められた。 ［中馬充子］

♧ 健康手帳（けんこうてちょう）

医療費の増大化を抑制するため1982（昭和57）年老人保健法（2008年に廃止）が施行され，とくに生活習慣病等の予防を重視した保険制度の展開が本格化した。予防を効果的に進めるために，持病の管理，日常の健康状態を管理する記録及び健康の保持増進のために必要な事項を記載し，自ら生活習慣病の予防のために活用する。対象年齢は40歳以上。年1回の基本健康診査と合わせて病気の予防，早期発見と治療を実現することができるようになった。同法廃止後は，健康増進法と特定健診・特定保健指導が2008（平成20）年4月より始まった。健康手帳の交付は，市町村により，高齢世帯にのみ配布するなど，継続的に運用されている。 ［坂本雅俊］

♧ 健康保険（けんこうほけん）

被用者保険のうち，健康保険は民間企業に勤務する被用者を対象とし，健康保険法に基づいて実施される。主に中小企業の被用者を対象にし全国健康保険協会を保険者とする全国健康保険協会管掌健康保険（協会けんぽ）と，大企業の被用者を対象にし厚生労働大臣の許可を得て設立された健康保険組合を保険者とする組合管掌健康保険とがある。給付は被保険者の業務外の事由による疾病，負傷，死亡，出産等に関して行われ，その被扶養者にも同様に行う。保険給付には医療サービスそのものを給付する現物給付と所得保障として傷病手当金等の現金給付がある。保険給付は支給要件，給付の額が法律で定められている（法定給付）が，各健康保険組合は規約に定める給付として付加給付を行うことができる。健康保険の主な財源は保険料，国庫負担および国庫補助からなる。保険料は総報酬制で標準報酬月額（50等級区分）および標準賞与額（年間上限573万円）に保険料率を乗じた額である。保険料は原則として事業主と被保険者が折半で負担するが，組合管掌健康保険は事業主負担分を増やすことができる。 ［佐藤眞子］

♧ 健康保険組合（けんこうほけんくみあい）

健康保険組合は，健康保険法上の保険者にあたり，政府が行う健康保険事業を，政府に代わって行う公法人である。単一事業において従業員数が700人以上の場合は，国の認可を受けて単独で健康保険組合を設立できる。また，同業種の事業所がいくつか集まり，従業員数が3,000人以上になる場合には共同で健康保険組合を設立できる。これを総合健康保険組合と呼ぶ。その他，健康保険法上の保険者として，全国健康保険協会がある。 ［田島　望］

♧ 健康保険組合連合会（けんこうほけんくみあいれんごうかい）

健康保険法に基づき，健康保険組合が共同して設立した法人。通称「健保連（けんぽれん）」。全国の健康保険組合の連合組織として活動している。加入者数は3,000万人を越えており，全国民の約4分の1をカバーしている。医療制度改革に向けた活動，医療費適正化のための活動，健保組合間の共同事業の推進活動，健保組合運営のサポート活動等，保険者機能の充実・強化に向けた活動を行っている。 ［田畑寿史］

♧ 健康保険法（けんこうほけんほう）

ドイツの疾病保険法（1883）に影響を受け，わが国最初の社会保険立法として1922（大正11）年に制定公布され，1927（昭和2）年に施行された法であり，その後，度重なる改正を経て今日に至っている。法の目的は，労働者又はその扶養義務者の業務災害（労働者災害補償保険法第7条第1項第1号に規定する業務災害をいう）以外の疾病，負傷若しくは死亡又は出産に関して保険給付を行い，もって国民の生活の安定と福祉の向上に寄与することであり，被保険者及び被保険者の被扶養者に対しても保険給付を行うものである。ここにいう被保険者とは，適用事業所に使用される者及び任意継続被保険者をいう。ただし，適用除外に該当する者は，日雇特例被保険者となる場合を除き，被保険者となることができない。保険者は，全国健康保険協会及び健康保険組合である。健康保険の給付には，疾病又は負傷に対して医療サービスそのものを給付する現物給付と，所得の保障としての傷病手当金などの現金給付がある。 ［山下利恵子］

♧健康保険法の規定による療養に要する費用の額の算定方法

傷病について診療治療行為を行った医師や医療機関などに対して支払われる報酬額の算定方法のこと。個々の医療行為を評価し，料金化して，点数表にしてあり，診療報酬点数表には診療行為の細目にわたって，1点10円の「点数」の形で医療サービスの価格が公定されている。算定方法はその時の診療行為の点数を合算して計算する出来高払い方式などによって行われる。医療機関等は，診療行為点数や薬剤点数を記載した診療報酬明細書（レセプト）を作成し，これを添付した診療報酬請求書を翌月10日までに社会保険診療報酬支払基金などに提出し，診療報酬の支払いを請求する。診療報酬点数表は，健康保険法第82条の規定に基づき，厚生労働大臣が中央社会保険医療協議会の意見を聴いて定める。

［二又一人］

♧言語障害

言語によるコミュニケーションの障害をいう。言語障害は，音声機能の障害と言語機能の障害に大きく分けられる。音声機能の障害とは，音声や構音，話し方の障害であり，構音障害（機能性，器質性，運動障害性，聴覚性），吃音症，痙攣性発声障害（ジストニア），速話症，乱雑言語症，早口言語症，音声障害（脳性麻痺，口蓋裂，聴覚障害，咽頭摘出等）がある。言語機能の障害とは，言葉の理解や表現の障害であり，失語症，高次脳機能障害，言語発達障害などがある。言語発達障害には，特異的言語発達遅滞のほか，LD との重なり，知的障害，自閉症（広汎性発達障害）等に伴う場合がある。 ［鬼崎信好］

♧顕在的ニーズ

潜在的ニーズの対義語。クライエントのニーズを分析していく際，福祉的ニーズをはじめ，問題解決の必要性をクライエント自身が自覚的に感得しているものから，他者（援助者）への依存的欲求を明確に抱いているものまで含まれる。すなわち，クライエントが日常生活において現実的に直面した生活課題に対し，それを改善へと導く手段として具体的な制度・サービス等の利用を含めた援助等の需要が顕在化しているものを顕在的ニーズという。 ［奥村賢一］

♧現実性の原理

クライエントが社会生活上で抱える基本的欲求とは，本来は社会諸制度により充足されることが望ましいが，現実的には実存する施策・サービス等がクライエントとの社会関係において満たされないことも多い。さらに，日常生活とは絶え間なく活動的かつ現実的でありながら，その基本的欲求には時間的余裕のないものが大半である。これらを踏まえ，一定の効率性は求められながらも，現実的に可能な範囲で利用可能となる新しい社会資源を用いた制度的解決を行うことを重視する考えを，社会福祉領域では現実性の原理という。 ［奥村賢一］

♧原子爆弾被爆者に対する援護に関する法律

1994（平成６）年，法律117号。1995（平成７）年７月より施行。略称：原爆被爆者援護法。国の責任において，高齢化の進行している原子爆弾被爆者に対する保健，医療及び福祉にわたる総合的な援護対策を講じ，あわせて，国として原子爆弾による死没者の尊い犠牲を銘記するために制定された法律。従来，1957（昭和32）年に制定された「原子爆弾被爆者の医療等に関する法律」と，1968（昭和43）年に制定された「原子爆弾被爆者に対する特別措置に関する法律」が被爆後50年を機に一本化された。被爆者には被爆者健康手帳が交付される。この法律は，被爆者の健康管理のための健康診断，原爆の障害作用による病気やけがに対する医療の交付各種手当（医療特別手当，特別手当，原子爆弾小頭症手当，健康管理手当，保健手当，介護手当又は家族介護手当及び葬祭料）の支給及び相談事業，居宅生活支援事業，養護事業等の福祉事業の規定を行っている。
［安田征司］

♧原子爆弾被爆者に対する特別措置に関する法律

1968（昭和43）年法律53号。略称：原爆特別措置法。1995（平成７）年の「原子爆弾被害者に対する援護に関する法律」の施行により廃止された。広島，長崎の被爆者に対して各署の手当の支給等を行い，その福祉をはかることを目的とする。何度かの改正により給付内容が改善されたが，廃止直前の給付内容は，被爆者に医療特別手当，特別手当，健康管理手当，原子爆弾小頭症手当，保健手当，介護手当及び葬祭料の７種類の手当等の支給が定められた。　［安田征司］

♧原子爆弾被爆者の医療等に関する法律

1957（昭和32）年法律41号。略称：原爆医療法。1995（平成７）年の「原子爆弾被害者に対する援護に関する法律」の施行により廃止された。広島，長崎の被爆者に対しての医療の給付等を行い，その健康の保持・向上を図ることを目的としている。何度かの改正により給付内容が改善されたが，廃止直前の給付内容は，被爆者に被爆者健康手帳を交付し年２回の健康診断の実施，原爆に起因する傷病にかかっていると厚生大臣が認定した被爆者に全額国費による医療を給付し，被爆者のその他の医療については，医療保険等の給付対象外の部分を公費負担とした。　［安田征司］

♧幻　聴

幻聴とは，幻覚の一種であり，その場にはいないのに「人の声が聞こえる」やそのような事実はないのに「他人から悪口を言われる」など，実際には聞こえるはずのない声が聞こえるように感じることである。とくに統合失調症の陽性症状で幻聴を生じることがある。幻聴は主として人の声である場合が多く，音が聞こえることは少ないとされる。なお，幻覚は知覚の種類にしたがって，幻聴，幻視，幻触，幻臭（嗅），幻味，体感幻覚などに分けられる。　［大西　良］

♧現任訓練

実務従事者に対し職務上必要とされる能力向上・技術開発等を目的に，一定期間を利用して行われる公的な研修または訓練のことであり，各業務に必要な専門的知識や技術等を習得させることを意味する。その対象は，新任，中堅，指導者など経験年数や専門職種別に行われる場合が多く，国・地方自治体・民間団体などが主体として実施する。研修内容は，その目的に応じて柔軟に対応するものであり，多様化していく社会問題や行政施策を踏まえ，実践現場の実態に即して行われる。研修形態についても，講義形式やフォーラム形式などを組み合わせて実施されている。［奥村賢一］

♧ケンプセンター（The Kempe Center）

1972年に児童虐待の予防とその早期発見を目的としてアメリカ（コロラド州）に設立されたセンターである。これは，小児科医ケンプ（Kempe，C.H.）が1958年に児童虐待保護チームを創設したことにさかのぼる。1962年，ケンプは親からの暴力とみられる外傷を負った児童を「殴打児症候群」として発表し，虐待する親の存在と児童の不適切な養育環境を明らかにした。このことは，後のアメリカにおける児童虐待防止政策に大きな影響を与え，同センターは虐待防止の積極的な機能を果たしている。［中村秀一］

♧現物給付（げんぶつきゅうふ）

医療保険や介護保険では現物給付が原則となっており，医療サービスや介護サービスの現物（サービス）が給付されることをいう。一方，医療保険においては，「出産育児一時金」「葬祭費・埋葬料」「傷病手当金」「出産手当金」などが現金給付となっている。介護保険では原則として現金給付を行わないこととなっている。［片岡靖子］

♧健　忘（けんぼう）

個々の事実やある時間内の体験に限定して，再生機能が脱落することで，過去の一定の期間の事柄を思い出すことができない症状のこと。物忘れとは区別され，主に脳の器質性疾患の際に見られる。不快な記憶が無意識の下に抑圧されて追想できない心因性の健忘もある。大脳への酸素供給減少や糖質などの供給異常などによる意識障害などの場合にもみられる。［坂本雅俊］

♧健忘失語（けんぼうしつご）

失語症の中では最も軽いタイプ。意識が清明であるが事物の名前が思い出せないのが主症状である。言われたことはよくわかり，多くはその物の用途や形状はわかっているが，話す場合に言葉が思い出せずに回りくどく説明をしがちである。脳の器質的障害の場合，腫瘍，外傷，梗塞などの何らかの理由で発生する。また，聞いたことを繰り返せるがその意味がわからない超皮質性失語，話すことだけが困難，聞いて理解することだけが困難，読むことだけが困難，書くことだけが困難な失読や失書がある。

［坂本雅俊］

♧健忘症候群（けんぼうしょうこうぐん）

記憶障害のうち，意識が清明であって記銘力が著しく低下する記銘障害のほかに健忘，見当識の喪失，作話を伴うものが健忘症候群又はコルサコフ症候群である。慢性アルコール中毒，認知症，器質性脳疾患などでこうした症状がみられる。経験しないのにしたと思い込む再生の障害，記憶錯誤，偽似記憶などとは区別される。［坂本雅俊］

♧憲法第25条（けんぽうだい　じょう）

日本国憲法の第３章「国民の権利及び義務」に定められる条文の一つで，基本的人権の社会権のうち「生存権」を定めている。生存権は，国民の生存，生活に必要な諸条件を国家の責任として，社会福祉・社会保障・公衆衛生を規定するものであり，社会福祉や社会保障に関する法律やサービスの根拠となっている。「第１項　すべて国民は，健康で文化的な最低限度の生活を営む権利を有する」「第２項　国は，すべての生活部面について，社会福祉，社会保障及び公衆衛生の向上及び増進に努めなければならない」。生存権の具体的な保障基準については，国家の政策的目標や政治道徳的義務としてのプログラム規定説，生存権を具体化する法律を十分に立法しない場合に違憲確認ができる抽象的権利説，具体的な法律がなくとも直接の根拠として給付請求できる具体的権利説がある。

［夏秋圭助］

♧権利擁護（けんりようご）

福祉サービス利用者のもつ権利性を明確にしていくとともに，権利侵害の予防・防止，侵害された権利の救済・解決を支援する活動をいう。権利擁護が注目されるようになった背景には，福祉サービス利用者に対するさまざまな権利侵害の実態が顕在化したこと，1990年代後半の社会福祉基礎構造改革において福祉サービスの利用に契約方式が導入されたことなどがある。とくに，契約方式による福祉サービスの利用においては，認知症高齢者や知的障害者など判断能力が不十分な人びとに対して，権利擁護の視点に基づいた支援が重要となってくる。現在，社会福祉法においては権利擁護に係るさまざまな規定がみられる。また，権利擁護に向けた取組みとして，日常生活自立支援事業，成年後見制度，サービス評価制度，苦情解決制度などが制度化されている。

［荒木　剛］

♧権利擁護システム（けんりようご）

福祉サービス利用者に対する権利侵害の予防・防止，権利侵害後の救済・解決を図ることを目的とした制度や仕組みのこと。わが国では，福祉サービス利用者への人権侵害が顕在化したことや，1990年代後半の社会福祉基礎構造改革を背景として，さらにその必要性が高まってきた。現在，主な権利擁護システムとして日常生活自立支援事業，成年後見制度，苦情解決制度，サービス評価制度，福祉オンブズマン制度などがある。また，行政の相談窓口や各種の専門相談機関もその一つに位置づけられる。これらの重層的・横断的なネットワークにより，権利擁護システムとしての実効性を高めることが重要となる。

［荒木　剛］

こ

♧小石川養生所（こいしかわようじょうしょ）

1722（享保７）年に設立された徳川幕府直営の救療施設。小石川在住の医師小川笙船が貧困病者のための施薬院を設置するよう求めた目安箱への投書が発端となって，将軍徳川吉宗の指示により，小石川薬草園の敷地内に設置された。町奉行の支配に属しており，町方の与力，同心が管理運営にあたったとされる。当初は寄合医師，小普請医師などの幕府医師が治療にあたっていたが，1843（天保14）年からは町医者による治療に切り替えられた。明治維新後は鎮台府所属となり貧病院と改められ，1868（明治元）年医学所の所属となった。

［大山朝子］

♧コイル，G.

（Coyle, Grace L.；1892-1962）

グレース・コイルは，アメリカの社会福祉教育者であり，「グループワークの母」と呼ばれる。YMCA やセツルメントでの実践経験をデューイの進歩主義教育学と結びつけ，グループワーク（集団援助技術）を社会福祉と社会教育の中に取り入れ，社会福祉援助技術の一方法として理論的な体系化に尽力した人物である。著書に『グループワーク年鑑』（1939）がある。

［原田直樹］

♧広域障害者職業センター（こういきしょうがいしゃしょくぎょう）

「障害者の雇用の促進等に関する法律」に規定され設置されるセンター。広範囲の地域にわたり，系統的に職業リハビリテーションの措置を受けることを必要とする障害者に，障害者職業能力開発校または「独立行政法人労働者健康安全機構法」に掲げる療養施設もしくはリハビリテーション施設，その他の厚生労働省令で定める施設との密接な連携の下に，厚生労働省令で定める障害者に対する職業評価，職業指導及び職業講習を系統的に行うこととなっている。障害者職業カウンセラー等の専門職員が配置され，医療リハビリテーションとの連携を図り，障害者職業能力開発校との一体的運営を行い，特別な支援を必要とする障害者を重点的に受け入れている。独立行政法人高齢・障害・求職者雇用支援機構が設置・運営しており，全国に2施設，埼玉県の国立職業リハビリテーションセンターと岡山県の国立吉備高原職業リハビリテーションセンターがある。 ［松久保和俊］

♧広域連合（こういきれんごう）

さまざまな広域的ニーズに柔軟かつ効率的に対応するために，1995（平成7）年6月から施行されている制度である。一例をあげると，後期高齢者医療制度の実施は，都道府県単位に設立される広域連合（後期高齢者医療広域連合）が保険料の賦課，医療給付の実施等を行っている。ただし，保険料徴収等の事務は市町村が行うことになっている。

［河谷はるみ］

♧行為障害（こういしょうがい）

行為障害は，DSM-5（アメリカ精神医学会による『精神疾患の診断・統計マニュアル』）で「素行障害」あるいは「素行症」と訳される。反復的で持続的な反社会的，攻撃的，反抗的な行動パターンを特徴とし，年齢相応の社会規範や規則を大きく逸脱している状態をいう。一般的に行為障害の小児は，わがままで他者とうまく付き合うことができず，罪悪感が欠落していることが多い。また他者の行動を脅しであると間違ってとらえたり，攻撃的に反応する傾向もある。行為障害には性差があり，男児の場合はけんかをしたり，破壊行為をしたりすることが多いが，女児の場合は，家出をしたり，嘘をついたり，ときには売春行為をしたりすることがみられる。行為障害の小児の約3分の2は，成人するまでに不適切な行動をしなくなるが，問題行動が成人期まで続くと，法的なトラブルを起こすことが多くなり，しばしば反社会性パーソナリティ障害と診断されることがある。 ［大西　良］

♧公営住宅（こうえいじゅうたく）

1951（昭和26）年制定の公営住宅法に基づいて地方公共団体等が建設し，住宅に困窮する低所得者等に対して割安な家賃で提供する住宅である。低所得者の生活の安定と社会福祉の増進を目的としているため，収入によって入居制限が設けられている。母子世帯向け，高齢者向け，心身障害者等の特定目的公営住宅制度もある。近年，家族形態や社会情勢の変化から若年単身者への入居の緩和や高齢化の進展に伴う認知症高齢者等への収入申告義務の緩和がなされている。

［古野みはる］

♧公益法人（こうえきほうじん）

2008（平成20）年12月1日に施行された「公益社団法人及び公益財団法人の認定等に関する法律」（公益法人認定法）で認定された公益社団法人と公益財団法人の総称である。従来は，1898年に施行された旧民法第34条の「学術，技芸，慈善，祭祀，宗教などその他の公益に関する社団又は財団」のことを指していた。

2008年からの新しい公益法人制度により，それまでの公益法人は一般社団法人・一般財団法人，公益社団法人・公益財団法人に再編され，公益性の認定を受けた場合のみ公益法人として取り扱われることとなった。税制上の優遇措置を受けるほか，事業計画書，事業報告書を毎年行政庁に提出する義務を負う。社会福祉法人も，1951年に成立した社会福祉事業法により，社会福祉事業の公共性をふまえてこれを目的とする特別公益法人として創設された。2008年の公益法人の制度改革は，2016年の社会福祉法人制度改革とその議論に大きな影響を与えた。

［田中茂實］

♧構音障害（こうおんしょうがい）

言語障害の一種で，舌，口唇，顎等の発声器官の筋肉や神経の障害により，正しい構音（調音）ができない，つまりうまくしゃべることができない状態を指す。本人の思考・理解，書字・読書には問題がないため，言葉の意味内容の障害（失語症など）とは異なる。器質性構音障害，機能性構音障害，麻痺性構音障害に分けられる。原因として，口蓋裂，脳血管障害，パーキンソン病，小脳疾患，重症筋無力症等により起こる。

［平川泰士］

♧公害健康被害の補償等に関する法律（こうがいけんこうひがいのほしょうとうにかんするほうりつ）

「公害健康被害補償法」（1973（昭和48）年10月制定）が1983（昭和48）年に改正され，この名称となった。事業活動等によって生じる相当範囲の大気汚染または水質の汚濁の影響による健康被害の被害者に対し，療養の給付や障害補償などの給付を行うことと，被害者の福祉に必要な事業及び健康被害を予防する事業を行うことを規定している。健康被害の起きている地域を「第1種地域」「第2種地域」と指定することとしているが，現在は「第1種地域」については新規患者を認定していない。

［平川泰士］

♧高額介護サービス費（こうがくかいごサービスひ）

介護保険法に基づく介護サービスの定率利用者負担（1割，2割，3割）には，負担軽減のために月々の負担の上限が設定されている。高額介護サービス費は，1か月に支払った利用者負担の合計が負担の上限を超えた分について行われる給付である。負担の上限額は，生活保護受給者は個人で15,000円，世帯の全員が市区町村民税非課税の人は，世帯で24,600円，世帯員の誰かが市区町村民税を課税されている人，現役並み所得者に相当する人がいる世帯の人は，世帯で44,400円である。ただし，同じ世帯のすべての65歳以上の人（サービスを利用していない人も含む）の利用者負担割合が1割の世帯に年間上限446,400円が設定されている。

［種橋征子］

♧高額療養費支給制度（こうがくりょうようひしきゅうせいど）

家計に対する医療費の自己負担が過重なものにならないように，月ごとの医療費の自己負担が，医療保険の被保険者個人や世帯の所得に応じて設定された自己負担限度額を超える部分について，申請に基づいて保険者から事後的に給付される（償還払い）制度である。医療費の負担の上限額は，同じ年収でも高齢者の方が若者世代より低く設定されているため，世代間の公平をはかるという目的で2017（平成29）年8月，2018（平成30）年8月に70歳以上の高額療養費制度が見直され，自己負担額の上限額が引き上げられた。

［種橋征子］

♧効果測定（こうかそくてい）

ソーシャルワークや社会福祉サービスによる介入が，クライエントの問題を解決あるいは軽減できているかを科学的方法を用いて測定すること。本来の目的は，より効果的な援助の方法を導き出すことにあり，この効果測定の結果や評価といった科学的な根拠に基づく実践をエビデンス・ベースド・プラクティス（Evidence Based Practice：EBP）という。効果測定は，介入によって生じたクライエントの変化を把握し，さらにその変化が当該介入以外の要因で起こったものではないことを確認する必要がある。測定方法には，シングル・システム・デザインとグループ・デザインがあるが，クライエントを実験群とコントロール群に分ける実験デザインには，倫理的問題について確認する必要がある。

［原田直樹］

♧交感神経（こうかんしんけい）

自律神経のうち，覚醒時や活動を行う際などに働く神経である。交感神経が働いているときは，血管が収縮するため血圧が上昇し，心拍数も増加する。脳や神経は興奮して活性化する。大きなストレスがかかり，自律神経に不調を起こすと，不眠や便秘などの体の異常が見られるようになり自律神経失調症などを発症するため，副交感神経とのバランスをとる必要がある。

［島﨑　剛］

♧後期高齢者（こうきこうれいしゃ）

2008（平成20）年に75歳以上の者を対象とした後期高齢者医療制度を創設し，75歳以上の者を後期高齢者とし，65~75歳未満を前期高齢者として制度化した。後期高齢者をオールド・オールド，前期高齢者をヤング・オールドともいう。前期高齢者，中期高齢者，後期高齢者の分類方法もあるが，何歳からを高齢者とするのかについては明確ではなく，老人福祉法においても定義をしていない。法制度上では，制度運用の枠組みのために年齢区分を設けているにすぎない。

［坂本雅俊］

♧後期高齢者医療制度（こうきこうれいしゃいりょうせいど）

市町村が加入する後期高齢者医療広域連合が運営主体として保険料を年度毎に決定し医療の給付を行っている。2008（平成20）年に創設され，加入条件は，被保険者が「75歳以上の者」及び「65歳以上75歳未満で一定の障害があり都道府県広域連合の認定を受けた者」であり，市町村に保険料を納付する。それまで健康保険の被扶養者であっても，75歳に達すると保険料（所得割と被保険者均等割りの合算額）を一人ひとりに課している。対象者は約1,600万人，財源構成は，患者負担（1割又は現役並み所得者は3割）を除いて公費5割（国 都道府県 市町村＝4：1：1），現役世代の医療保険からの支援金4割で，残り1割を後期高齢者医療保険の被保険者の保険料で賄う仕組み。

［坂本雅俊］

♧高機能自閉症（こうきのうじへいしょう）

自閉症スペクトラムの中で「明らかな知的発達の遅れを伴わない（おおむねIQ70以上)」群である。自閉症スペクトラムは，ウィング（Wing, L.）によって提唱され，自閉症・高機能自閉症が含まれる。高機能自閉症は，3歳くらいまでに現れ，他人との社会的関係の形成の困難，言語発達の遅れ，特定のものにこだわる（固執する）ことを特徴とする。この症例でその後順調に言語発達が進む場合もある。また，この症例には，中枢神経系に何らかの要因による機能不全があると推定されていて，SST（ソーシャルスキルトレーニング）や視覚的手がかりを与えての学習やコミュニケーションの方法などが取り入れられている。

［蓑毛良助］

♧公共職業安定所（ハローワーク）（Public Employment Security Office）

職業安定法に基づいてすべての国民および企業が無料で利用できる国の行政機関。求職者に対し，職業相談・職業紹介，職業指導，職業訓練の斡旋，雇用保険の給付などを実施し，求人者には求人の受理，求人条件の助言・指導，雇用管理改善指導，雇用保険の適用，雇用に関する助成措置を含むさまざまな支援を実施している。取締や規制は業務としていない。1990（平成２）年にハローワークと愛称がつけられた。公共職業安定所が行う業務の調整や指導は都道府県労働局が行っている。近年の雇用対策として，平日夜間及び土曜日の職業相談サービス，一つの場所で職業相談，住居や生活支援の相談・手続きができるワンストップ・サービス・デイ，子育てをしながら就職を希望する女性を支援するためのマザーズハローワーク事業，福祉・介護人材確保対策，新規学校卒業者の就職を支援する高卒・大卒就職ジョブサポーターなどがある。専門支援窓口としては正社員就職をめざすフリーター等に対する「わかもの支援コーナー・窓口」，65歳以上の高年齢求職者に対する「生涯現役支援窓口」などが設置されている。また，障害者に対する就労支援の推進のため，「精神障害者雇用トータルサポーター」や「難病患者就職サポーター」を配置している。　［佐藤眞子］

♧公共の福祉

自由権の衝突を防ぐ内在的制約と，社会権を実現するために必要な財産権等を制約する政策的制約という２つの原理から成り立つ。公共の福祉とは，日本国憲法第12条，13条，22条の１項，29条の２項・３項に規定されている人権制約の原理のことである。これは，社会全体の共通する利益であり，人間として当然ながらに持っている権利である基本的人権ばかりを主張してはならず，また，他人の権利や主張，信教の自由や幸福等を妨害するような権利を濫用してはならないというものである。　［今村浩司］

♧校区社会福祉協議会（小地域社会福祉協議会）

小学校区という一定の地域社会を基礎に住民の福祉活動を展開するため，住民組織や個々の住民が集まってつくる組織。小地域ネットワーク活動やふれあい・いきいきサロンなどの小地域福祉活動を担う基礎組織として，市町村社会福祉協議会がその組織化を支援している。全国・都道府県・市区町村の各レベルの社会福祉協議会とは異なり，社会福祉法上の規定はなく，地区社会福祉協議会，小地域社会福祉協議会，校区福祉委員会など，地域によってさまざまな名称で呼ばれている。　［村山浩一郎］

♧合計特殊出生率

１人の女性が生涯に産むことが見込まれる子どもの数の平均値を示す指標。15～49歳の女性の年齢別出生率を合計して算出される。出生動向を表す他の指標として，人口1,000人あたりの１年間の出生数の割合である「普通出生率」があるが，それは人口構成の違い（性別や年代の偏り等）による影響を受けるため，年次間・地域間・国家間の比較をする際には合計特殊出生率が用いられる。なお，合計特殊出生率には，「期間合計特殊出生率」と「コーホート合計特殊出生率」の２つの種類が存在する。前者は，特定の年における各年齢（15～49歳）の女性の出生率を合計したものであり，一般にこれが年次推移や地域間・国家間での比較に用いられる。後者は，同一世代（コーホート）の女性の各年齢（15～49歳）での出生率を過去から積み上げて算

出するものであり，特定の世代の出生動向を把握することができる。［益田　仁］

高血圧（こうけつあつ）

動脈を流れる血液の圧の高いもの。1962年にWHOが設定した高血圧の分類（1999年改定）では最高血圧160㎜Hg（ミリ水銀柱）以上又は最低血圧95㎜Hg以上のどちらか，又は両方に当たる場合を高血圧症（血圧亢進症）という。正常では，最高血圧140㎜Hg以下，最低血圧90㎜Hg以下の両方に当たる場合で，その間を境界高血圧と分類される。高血圧になる原因によって，最も多くみられる本態性高血圧の他，内分泌高血圧，腎性及び腎血管性高血圧，動脈硬化性高血圧，大動脈縮窄症などがある。高血圧症が憎悪する場合，心臓病や脳症，網膜症などの合併症状を伴うこともある。［坂本雅俊］

後見監督人（こうけんかんとくにん）

後見人の事務の監督や支援を行う者。任意代理であれば，委任者自らが代理人の権限行使を監督し権限濫用を防止できるが，後見等の場合，被後見人は判断能力が不十分な状況にあるため，自らが監督し，権限濫用を防止することはむずかしい。そのため，家庭裁判所は，必要があると認められるときは，被後見人等，その親族もしくは後見人の請求，又は職権で後見監督人を選任することができることとなっている。未成年後見人には未成年後見監督人（民法第848条）が，成年後見人には成年後見監督人（民法第849条）が選任される。［岡部由紀夫］

後見人（こうけんにん）

日常生活や療養看護に関する法律行為，財産の管理ができない者に対して，身上監護や財産管理を行う法定代理人のこと。後見人には，未成年者に対して親権を行う者がいない，又は親権者に財産管理権がない時に置かれる未成年後見人と，精神上の障害（認知症，知的障害，精神障害のほか，自閉症，事故による脳の損傷又は脳の疾患に起因する精神的障害等）により判断能力（事理を弁識する能力）が不十分な者に対して後見開始の審判がなされた時に置かれる成年後見人の２つがある。［岡部由紀夫］

抗告訴訟（こうこくそしょう）

行政事件訴訟法に規定される行政事件訴訟の審理手続きの一つであり，行政庁の公権力の行使に不服があり，裁判所に訴えを起こすことをいう。この抗告訴訟（同法第３条第１項）は，行政庁の処分が違法であり，その取消しを求める「処分の取消しの訴え」（同条第２項）や行政の裁決（審査請求等）が違法であり，その取消しを求める「裁決の取消しの訴え」（同条第３項）のほか，「無効等確認の訴え」（同条第４項），「不作為の違法確認の訴え」（同条第５項），「義務付けの訴え」（同条第６項），「差止めの訴え」（同条第７項）の６類型に類型化されている。［岡部由紀夫］

高失業率社会（こうしつぎょうりつしゃかい）

高失業率社会とは，失業率（労働力人口に占める失業者数の割合）が高水準である状態の社会を示すものである。わが国の失業率（完全失業率）は，2017（平成29）年では2.8%と低下傾向にあり，主要国と比較しても，低い値となっている。しかし年齢別に失業率をみてみると，若年者（15～24歳）の失業率が2017年では4.6%と他の年齢層に比べて高い値となっている。若者の失業問題はフリーター問題等の社会問題としても取り上げられ，新規学校卒業者やフリーター・若年失業者等への就職支援，若者を対象とした就業意欲啓発等が行われている。［河村裕次］

♧ 高次脳機能障害（こうじのうきのうしょうがい）

一般に外傷性脳損傷，脳血管障害等により脳に損傷を受け，その後遺症等として生じた記憶障害（すぐに忘れる，新しいことを覚えられなくなった），注意障害（不注意が多くなった），社会的行動障害（固執性，感情コントロールの低下，欲求コントロールの低下，依存性及び退行）などの認知障害等を指すものである。高次脳機能障害と診断されれば，精神障害者保健福祉手帳の申請対象になる。障害者総合支援法第3章にて，市町村及び都道府県の地域生活支援事業を受けることができる。 ［門田光司］

♧ 公私分離の原則（こうしぶんりのげんそく）

1954（昭和29）年，GHQ（連合国軍最高司令官総司令部）の「救済福祉計画に関する覚書」により，国民の最低生活保障に関して国家責任を基本とし，民間への責任転嫁を禁じ，公私の責任を明確にした。公私分離の原則は，社会福祉法や憲法で規定されている。社会福祉法第61条では，民間への公的責任の転嫁や財政的援助要求の禁止，民間への不当関与の禁止，民間による不当な援助要求の禁止などを規定している。憲法89条では，公金その他の公の財産は，宗教上の組織若しくは団体の使用，便益若しくは維持のため，又は公の支配に属しない慈善，教育若しくは博愛の事業に対し，これを支出し，又はその利用に供してはならないと規定している。 ［川﨑竜太］

♧ 公衆衛生（こうしゅうえいせい）（public health）

公衆衛生とは，人間集団や地域ないしコミュニティの健康と病気を扱う学術分野であり，衛生（hygiene）とほぼ同義で用いられることも多く，その方法論は疫学（epidemiology）と称される。1948年に設立された世界保健機関（WHO）は，公衆衛生を「コミュニティ（共同生活の領域）の組織的な努力により疾病を予防し，寿命を延長し，身体的および精神的健康を増進する科学と技術である」と定義した。その後「アルマ・アタ宣言」（1978年）ではプライマリ・ヘルス・ケアを重視するとともに，早期発見と早期治療から予防と健康増進にシフトした公衆衛生活動の重要性を指摘している。また，日本国憲法25条は「すべて国民は，健康で文化的な最低限度の生活を営む権利を有する」「国は，すべての生活部面について，社会福祉，社会保障及び公衆衛生の向上及び増進に努めなければならない」として国民の生存権，および国民の権利としての健康を謳っており，公衆衛生が国民の生存権に必須の要件であることを宣言している。 ［中馬充子］

♧ 公衆衛生審議会（こうしゅうえいせいしんぎかい）⇒厚生科学審議会（こうせいかがくしんぎかい）

♧ 後縦靭帯骨化症（こうじゅうじんたいこつかしょう）

特定疾患に指定され，感覚障害や運動障害などの神経症状をきたす疾患である。50歳前後で発症することが多く，糖尿病や肥満の患者に発症頻度が高いとされる。症状は個人差があり，骨化する部位によって症状は異なるが，骨化部が急速に大きくなることは少なく，軽度の場合は薬物療法が行われ，重度になると手術治療が必要な場合もある。難病医療費等助成対象疾病であり，40～64歳の場合，介護保険の申請が可能である。 ［島﨑　剛］

♧ 拘　縮（こうしゅく）

疾患や障害，手術などによって自分で体が動かせなくなり，長期間関節を動かさない状況が続くことなどが原因で起こる関節周囲の軟部組織（関節包，靭帯，腱，骨格筋，皮膚など）の器質的変化（収縮）による可動域制限のことである。拘縮の予防，あるいは，拘縮となっても悪化させないよう短縮した軟部組織を伸長するために，関節に外力を加えるなどのリハビリテーションが求められる。場合によっては，手術によって腱延長や組織解離を行うこともある。 ［種橋征子］

♧恒常性（こうじょうせい）（homeostasis）

生物体が，外部の環境の変化にかかわらず生存を維持するために，体温や血圧，血液成分など内部環境を一定に保とうとする性質のことをいう。たとえば，気温が低く，寒い場合，体が震えるのは，体の筋肉を伸縮させることで熱が発生し，体温が下がらないように調節しているのである。逆に気温が高く，暑い場合，汗をかくことによって気化熱で体温を奪い，体温が上がらないようにしている。この恒常性が崩れている場合が，病気になっている状態であるといえる。

［種橋征子］

♧厚　生（こうせい）

中国の古典から引用された言葉で，生活を重厚に，豊かにするという意味がある。1938（昭和13）年にスタートした「厚生運動」と同年に新たに作られた「厚生省」が，この語を初めて用いている。現在では休養娯楽，保健衛生，社会福祉などを含み，幅広く理解されている。 ［川﨑竜太］

♧更　生（こうせい）

一般的には生き返ること，立ち直らせることと解される。福祉の領域では，リハビリテーションと同義語で扱われることが多い。障害者や犯罪を犯した者等が職能訓練により職業的・経済的自立を図ることや，社会生活適応・生活習慣の確立により日常的な生活の安定を図ること等をめざす。身体障害者福祉法，知的障害者福祉法，生活保護法，更生保護法等で用いられる。 ［平川泰士］

♧更生医療（こうせいいりょう）

障害者総合支援法の自立支援医療の一つで，身体障害者福祉法に基づき身体障害者手帳の交付を受けた者で，その障害を除去・軽減する手術等の治療により確実に効果が期待できる者（18歳以上）に対して提供される。対象となる障害は視覚障害，聴覚障害，言語障害，肢体不自由，内部障害であり，実施主体は市町村である。

［平川泰士］

♧厚生科学審議会（こうせいかがくしんぎかい）

中央省庁等の改革を推進するため，「審議会等の整理合理化に関する基本計画」（1999年４月27日閣議決定）に基づき，「公衆衛生審議会」は「厚生科学審議会」に整理統合された（2001年１月６日）。厚生労働省設置法第８条（1999年７月16日）によると，厚生科学審議会は，厚生労働大臣の諮問に応じて，①疾病の予防及び治療に関する研究その他所掌事務に関する科学技術に関する重要事項，②公衆衛生に関する重要事項を調査審議し厚生労働大臣又は関係行政機関に意見を述べること，③厚生労働大臣または文部科学大臣の諮問に応じて，保健師，助産師，看護師，理学療法士，作業療法士等の学校または養成所等の指定又は認定に関する重要事項を調査審議すること，④感染症の予防及び感染症の患者に対する医療に関する法律，検疫法，生活衛生関係営業の運営の適正化及び振興に関する法律等の規定により本審議会の権限に属する事項を処理するとなった。

［中馬充子］

♧更生施設（こうせいしせつ）

生活保護法第38条に基づき設置される保護施設の一種である。身体上又は精神上の理由によって養護や生活上の指導を必要とする要保護者を入所させ，生活扶助を行うことを目的としている。生活扶助を行うと同時に社会復帰を目的とした施設であるため，救護施設に比べて障害の程度は軽く，施設での援助内容は，入所者の勤労意欲の助長や施設退所後に健全な社会生活が営めるようにするための生活指導に加えて，施設退所後自立するのに必要な技能修得のための作業指導に力点がおかれている。施設数は横ばい状態である。　［福永良逸］

♧向精神薬

中枢神経に作用し精神活動に影響を及ぼす薬物の総称で，抗精神病薬，抗うつ薬，抗不安薬，睡眠薬などがある。抗精神病薬や比較的依存性の強い睡眠導入剤などの薬物は「麻薬及び向精神薬取締法」で規制されている。向精神薬は，医師の処方がなければ購入することはできず，乱用すれば錯乱や幻覚などの副作用が生じたり，強い依存症に陥ったりすることもある。なお，近年では，医師から処方された向精神薬を過量服薬する例も多く社会問題となっている。［大西　良］

♧公正性の概念

アメリカの哲学者，ロールズ（Rawls, J.）が唱えた「公正としての正義（justice as fairness)」が有名。ロールズは社会契約説を現代的に再構成することによって，リベラルで反功利主義的な政治的正義論を展開した。ロールズは「公正としての正義」という構想を具現化する次の2つの原理を提起している。①すべての人は基本的自由を保障する枠組みへの平等な権利を有する，②社会において許容される社会経済的な不平等とは，(1)社会の中でもっとも不利な立場に置かれた人びとにとって最大の利益となり，(2)かつそうした不平等がすべての人に開かれた地位や職務に根差すものに限る。一般に①は均等原理，②は格差原理と呼ばれている。→ロールズ，J.／ロールズ正義論　［益田　仁］

♧更生相談

身体障害者福祉法・知的障害者福祉法において，生活や就業などに関する福祉施策の相談・指導に応じることを指す。相談は身体障害者更生相談所や，福祉事務所などで実施されている。身体障害者更生相談所，知的障害者更生相談所が更生援護に関する専門的な相談や判定を行う。これらの設置主体は都道府県であるが，指定都市については任意に設置することができる。　［福永良逸］

♧厚生年金

労働者の老齢，障害又は死亡について保険給付を行い，労働者及びその遺族の生活の安定と福祉の向上に寄与することを目的とする（厚生年金保険法第1条）。政府が管掌し，保険給付は老齢厚生年金，障害厚生年金及び障害手当金，遺族厚生年金で，政府及び実施機関が行う（第2条及び第32条）。適用事業所には，強制適用事業所と任意適用事業所がある。被用者年金制度一元化後の被保険者の種別は，第1号厚生年金被保険者（国家公務員，地方公務員，私学教職員以外の被保険者)，第2号厚生年金被保険者（国家公務員)，第3号厚生年金被保険者（地方公務員)，第4号厚生年金被保険者（私立学校教職員）である。2017（平成29）年4月1日からは，被保険者数が常時500人以下の企業であっても，労使の合意があれば短期間労働者にも適用されることになった。　［河谷はるみ］

♧厚生年金基金

老齢厚生年金の一部を国に代行して給付を行うとともに，基金独自の年金を上乗せして支給する確定給付型の企業年金である。基金が国に代行して給付する部分（代行部分）とは，老齢厚生年金のうち物価スライドおよび賃金スライド部分を除く部分であり，物価スライドおよび賃金スライド部分は，国から支給される。基金の設立形態には，一つの企業で設立する単独設立，同一資本系列にある企業などが共同で設立する連合設立，同種同業の中小企業や同一地域の企業が共同して設立する総合設立の3つがある。基金は老齢年金給付と脱退一時金の支給を行うほか，遺族給付金や障害給付金（年金または一時金）の支給を行うこともできる。なお，バブル経済崩壊後の経済状況悪化により基金の多くが財政難に陥ったこと（保有資産が代行部分を賄える水準に達していない，いわゆる「代行割れ」の常態化と上乗せ給付の積立不足），AIJ投資顧問による年金消失事件の発生等を受け，2013（平成25）年，新規の基金設立を認めない，代行割れを起こしている基金の解散促進対策等を定めた法改正が行われた。 ［谷村紀彰］

♧ 抗生物質（こうせいぶっしつ）

微生物その他の生活細胞の機能を阻止または抑制する作用，すなわち抗菌性をもつ物質。カビや放線菌などの微生物によって作られ，他の微生物や生細胞の発育を阻害する有機物質。1941年，ペニシリンの治療効果が確認されて以来，現在まで約4,000種の抗生物質が発見され，そのうち約300種は医薬品などに用いられている。現在では微生物に限らず，高等植物から得られたり，合成されたりした抗菌性の物質をさすようになった。医薬としては，単に感染症だけでなく，悪性腫瘍にも用いられるものがある。最近では，抗生物質が効かない突然変異した細菌の出現により，重大な感染症や院内感染が問題となっている。 ［中川美幸］

♧ 更生保護制度（こうせいほごせいど）

更生保護は，「犯罪をした者及び非行のある少年に対し，社会内において適切な処遇を行うことにより，再び犯罪をすることを防ぎ，又はその非行をなくし，これらの者が善良な社会の一員として自立し，改善更生することを助けるとともに，恩赦の適正な運用を図るほか，犯罪予防の活動の促進等を行い，もって，社会を保護し，個人及び公共の福祉を増進すること」を目的としている（更生保護法第1条）。更生保護法は2007（平成19）年に「犯罪者予防更生法」と「執行猶予者保護観察法」を整理統合し，制定されている。更生保護の主な内容には，①保護観察，②応急の救護等及び更生緊急保護，③仮釈放・少年院からの仮退院等，④生活環境の調整，⑤恩赦，⑥犯罪予防活動がある。また，わが国の更生保護活動は，国家公務員の保護観察官や民間の保護司，更生保護施設などが協力して担っていることも特徴的である。

［茶屋道拓哉］

♧ 厚生労働省（こうせいろうどうしょう）

厚生労働省は，国家行政組織法が規定する「国の行政機関」である省の一つである。「中央省庁等改革のための国の行政組織関係法律の整備等に関する法律」「厚生労働省設置法」に基づき，2001（平成13）年1月に旧厚労省と旧労働省が統合され，厚生労働省が設置された。責務は「国民生活の保障及び向上を図り，並びに経済の発展に寄与するため，社会福祉，社会保障及び公衆衛生の向上及び増進並びに労働条件その他の労働者の働く環境の整備及び職業の確保を図ること」（厚生労働省設置法第3条1項）および「引揚援護，戦傷病者，戦没者遺族，未帰還者留守家族等の援護及び旧陸軍の残務の整理を行うこと」（厚生労働省設置法第3条第2項）と規定されている。内部局部として，医政局，健康局，医薬・生活衛生局，労働基準局，職業安定局，雇用環境・均等局，子ども家庭局，社会・援護局，老健局，保険局，年金局がある。 ［井上明信］

♧構造化面接(structured interview)

相談面接の場面や質的調査の場面において用いられ，必要な情報を一定の基準で得るため，あらかじめ準備しておいた質問項目や選択肢に従って面接や質問を行うものである。マニュアルに基づいて，すべてのクライエントや被調査者に対して，同一の雰囲気，順序，文章で質問を行う。相談面接の場面では，インテーク面接等の一定の査定が求められる面接において有用とされ，調査の場面では質的内容を量的に把握する場合などに適している。面接の構造は，構造化面接の他に，半構造化面接，非構造化面接に分類され，構造化面接に比して構造化度は低くなり，クライエントや被調査者の回答の自由度が高まるが，高い面接の技術が求められる。　[原田直樹]

♧構造的アプローチ

構造的アプローチの諸定義は，1970年代の公害反対・住民運動・革新自治体誕生という当時の時代背景を地域福祉の概念規定に反映させたものである。主として，地域福祉を制度・政策論，さらに運動論的アプローチからとらえようとする見方であり，①国家独占資本主義段階の「地域政策」，②資本主義社会の生み出す貧困問題を対象とした貧困・低所得層政策，③地域における最低生活保障を支える公的施策，④施策の内容は，住民運動など社会運動を媒介に規定される，⑤公的責任原則の５つに特徴が確認できる。地域での生活を成り立たせる基本的要件として国や地方自治体による関連公共政策などを地域福祉の構成要件に位置づけている。　[滝口　真]

♧交代性無呼吸

チェーンストークス呼吸とも呼ばれ，中枢神経の異常，うっ血性心不全，重度の腎疾患，肺炎，中毒，失神，肺炎などの時に見られる。状態としては，小さな呼吸から次第に呼吸の深さや回数が増加し，30秒ほどの無呼吸となることを繰り返す。　[片岡靖子]

♧構築主義

さまざまな事象や社会問題について研究する場合に，それらを客観的実在として取り扱うのではなく，人びとの営みや言説によって社会的につくられた構築物であると考え，その構築過程に注目する立場を総称して構築主義あるいは構成主義という。この立場の研究者として著名なスペクター（Spector, M.）は，ある社会状況についてクレーム申立てを行う人びとと，それに対して反応する人びととの相互作用を通じて，その社会状況が「社会問題」として立ち現れる過程を明らかにしている。　[村山浩一郎]

♧交通バリアフリー法⇒高齢者・身体障害者等の公共交通機関を利用した移動の円滑化の促進に関する法律

♧公的社会福祉

政府セクターによる社会福祉資源の配分のこと。今日において福祉サービスの直接的な供給主体としての国や都道府県の比重は減少する方向にあり，この傾向は一層拡大することが予想される。その反面において，市町村の福祉サービスの提供主体としての役割は逆に拡大する傾向にある。すなわち，同じ政府セクターといっても国や都道府県のレベルと市町村のレベルでは役割が異なってきている。国や都道府県の役割は条件整備，環境整備的なものとなりつつある。逆に，市町村の場合には，地域住民の生活に責任を負う基礎自治体として，直接的な資源配分責任者としての役割は近年一層拡大する傾向にある。また，そのことが求められている。民間セクターによる社会福祉資源の配分を民間福祉事業という。
[占部尊士]

♧公的責任の原則（こうてきせきにんのげんそく）

貧困・疾病・障害といった生活事故を個人の責任とするのではなく，社会に内在する危険が顕在化したものと考え，社会（国家）の責任でそうした人びとを保護しなければならないという考え方であり，社会福祉制度が成立する背景となった思想である。現在，日本では憲法第25条に生存権が規定され，生活保護法第1条に国家責任の原理が明記されており，すべての社会福祉サービスに共通している考え方である。公的責任については，サービス提供の責任主体，実施主体，財政負担責任，最低基準設定責任等があるが，社会福祉基礎構造改革以降，サービス利用に契約制度が導入され，民間事業者の参入が推進されるなど，公的責任の果たし方が大きく変化してきている。
[木場千春]

♧公的年金（こうてきねんきん）

国民の生活の安定・安心を公の責任において保障する社会保障制度の一環である。医療保険や介護保険などと同様に，事前にお金（保険料）を出し合っておくことで，病気や高齢になった際にサービスや給付を受け取る仕組みを有する（社会保険方式)。わが国では原則20歳以上から60歳未満のすべての国民が公的年金制度に加入することになっている。これを国民皆年金といい，1961（昭和36）年から実施されている。1985年の改正以降，誰もが20歳になれば基礎年金に加入し，勤め人は厚生年金にも加入するといった現行の公的年金制度が形作られた。現在，年金制度は3階建てとなっており，1階部分の基礎年金と2階部分の厚生年金を公的年金，企業年金や確定拠出年金などの3階部分を私的年金とよぶ。また，公的年金は「世代間扶養」という特徴があるが，人口構造や働き方などの変化により，制度の持続可能性が課題でもある。将来安定した給付水準を保てるような制度設計が求められる。
[田島　望]

♧公的扶助（こうてきふじょ）

公的扶助とは，日本国憲法第25条「健康で文化的な最低限度の生活」を国が国民に対し保障し，社会的・精神的に自立した生活が送ることができるよう自立を助長する制度である。生活保護がその一つであり，保護が必要なものに対し資力調査（ミーンズテスト）にて厳密な調査が行われ，生活に必要な扶助が行われる。生活保護とは，いわば社会保障における最後のセーフティーネットである。
[今村浩司]

♧行動援護（こうどうえんご）

障害者総合支援法の介護給付で，知的障害又は精神障害により行動上著しい困難を有する障害者等であった常時介護を有する者（障害支援区分3以上で，障害支援区分の認定調査項目のうち行動関連項目等12項目の合計点数が10点以上ある者）に対し，行動する際に生じ得る危険を回避するために必要な援護，外出時における移動中の介護，排せつ及び食事等の介護その他の行動する際に必要な援助，予防的対応，制御的対応，身体介護的対応の支援を行う。
[門田光司]

♧行動障害（こうどうしょうがい）（Behavioral and Psychological Symptoms of Dementia：BPSD）

認知症疾患に伴う，幻覚・妄想・うつ状態などの精神症状及び攻撃的言動・性的逸脱・徘徊などの行動障害の総称。これらは本人の苦痛のみならず，認知症者に関わる人びとの介護負担や陰性感情にもつながりやすく，家庭での介護の継続困難や高齢者虐待の原因となる場合がある。治療には，対症療法的に薬物療法が行われるが，BPSD は認知症の症状そのものというよりは，中核症状（記憶障害・認知障害）を介した認知症者の情緒的反応として理解できる側面をもっており，認知症者自身が安心して過ごせる環境を整えることや，本人のペースに合わせた穏やかな対応により緩和するケースも少なくないとされている。そのため，BPSD の問題を二次的に複雑なものにしないためにも，認知症者と接する介護者自身がゆとりをもって介護に取り組めるよう支援することが大切といえる。

［稲富和弘］

♧行動変容アプローチ（こうどうへんよう）

行動理論に基づいたソーシャルワークのアプローチであり，従来からの疾病をモデルとした批判のなかから生まれた新しいモデルの一つ。利用者の問題行動を利用者のパーソナリティ問題とはとらえず，修正可能な行動上の問題としてとらえ，行動療法的アプローチによる練習や訓練によって行動を変容させることができるという理論である。利用者の意識や葛藤などの内面的な行動の原因を探ろうとするのではなく，実際の行動に直接影響を与える環境的な要因を重視している。援助者が利用者の環境的要因に働きかけ，新しい刺激や環境との関係を利用者自身が体験することによって，問題とされる行動の除去もしくは修正をもたらそうとする点に特徴がある。［滝口　真］

♧行動療法（こうどうりょうほう）

アイゼンク（Eysenck, H.J.）によって提唱された学習理論に基づいて行動を修正しようとするものである。行動療法には，学習理論によってさまざまな技法があるが，正と負（報酬と罰）のフィードバックによって望ましい行動を強化し，望ましくない行動を抑制するというオペラント条件付けを利用するものが一般的である。この療法では，利用者の自傷行動などの社会的に望ましくない行動は，過去の誤学習か適応行動の未学習によるものであり，それを無強化によって消去するか，あるいは拮抗条件付けによって制止し，社会的に望ましい行動を再学習させることによって行動修正を図ろうとするものである。最近では，応用行動分析という手法も取り入れられている。

［蓑毛良助］

♧高度経済成長期（こうどけいざいせいちょうき）

1950年代後半から第一次石油危機の起こった1973年の期間を呼ぶ。とくに1960年代は，ほぼ10%を超える高度成長を達成し，日本はこの期間に驚異的な経済成長を遂げた。1968（昭和43）年にはアメリカに次ぐ GNP（国民総生産）第 2 位となった。急激な経済成長の背景には，技術革新による生産性の向上，石炭から石油へのエネルギー転換，重化学工業の発展，また池田内閣による国民所得倍増計画といった経済政策，公共事業の促進，低金利政策などが考えられる。しかし急激な経済成長は，水俣病やイタイイタイ病などの公害病の発生，都市への人口集中による過密，地方からの人口流出による過疎の問題も発生した。

［片岡靖子］

♧高年齢求職者給付金（こうねんれいきゅうしょくしゃきゅうふきん）

65歳以前から引き続き雇用されていた労働者が65歳以上で失業した場合に支給される一時金のこと。支給額は，雇用保険の被保険者であった期間が 1 年未満の場合は基本手当日額の30日分，1 年以上の場合は50日分に相当する額である。高年齢求職者給付金の支給を受けるには，住居地を管轄する公共職業安定所に来所し，求職の申込みをしたうえ，高年齢支給資格の決定を受けなければならない。受給資格要件として，算定対象期間（原

則は離職前1年間）に被保険者期間が通算して6か月以上あることが必要である。［川﨑泰代］

♧高年齢雇用継続給付

雇用保険法に基づく雇用継続給付の一種。具体的には60歳以降，継続して就労する場合に支払われる高年齢雇用継続基本給付金と，60歳以降に再就職した場合に支払われる高年齢再就職給付金に分かれている。どちらの給付も被保険者であった期間が5年以上必要であり，60歳以降の賃金が60歳時点の賃金と比べて75%未満に減少した場合に支給される。高年齢雇用継続基本給付金は被保険者が60歳に達した日から65歳に達する月まで，高年齢再就職給付金は60歳以降の就職した月から2年又は1年を経過する日の属する月まで支給される。［日田　剛］

♧高年齢者雇用安定センター

定年の引上げや継続雇用を通じて高年齢者等の職業の安定と福祉を図ることを目的とした「高年齢者等の雇用の安定等に関する法律」に基づき1986（昭和61）年に設置された。この年は法律改正により60歳定年制が努力義務化された年であり，センターは高年齢者の雇用に関する相談・助言活動，啓発活動などを通して，雇用主に対する高年齢者の継続雇用推進の役割を果たすこととなった。その後，平均寿命の伸長，人口減少社会への対応としてさらなる雇用年齢の引上げなど「生涯現役社会の実現」をめざした支援は，高齢・障害・求職者雇用支援機構に引き継がれている。［加藤稔子］

♧高年齢者雇用環境整備奨励金

「高年齢者等職業安定対策基本方針」に基づき，2001（平成13）年に定められた助成金制度。65歳超雇用推進助成金のうち，高年齢者雇用環境整備支援コースで支給される。高年齢者が年齢に関係なくいきいきと働ける社会の構築をめざし，高年齢者向けの職場環境の改善や，雇用数を増加させる等，高年齢者の雇用環境整備の措置を実施した事業主が支給申請できる。主な受給要件は，①雇用環境整備計画の認定を受けていること，②認定された雇用環境整備計画に基づき，高年齢者雇用環境整備措置を実施すること等の要件をすべて満たすことが必要である。支給対象経費は，①機械設備の導入等，②雇用管理制度の導入等の措置に係る経費が対象となる。事業主は，事業所の所在する独立行政法人高齢・障害・求職者雇用支援機構の都道府県支部で申請の手続きを行う。［飯干真冬花］

♧高年齢者職業経験活用センター

高年齢者職業経験活用センターは，1994（平成6）年の「高年齢者等の雇用の安定等に関する法律」の改正において，厚生労働大臣が指定した，民法第34条の法人である。60歳定年の義務化に伴い，高年齢者が自らの意欲や能力に応じて，職業経験を通して得られた知識・技能の活用を図ることができる，短期的な雇用による，就業機会の確保や提供を促進することを目的として設立された。2004年の法改正の際に，高年齢者職業経験活用センターの指定法人制度が廃止された。［飯干真冬花］

♧高年齢者等の雇用の安定等に関する法律

この法律は，定年の引上げ，継続雇用制度の導入等による高年齢者の安定した雇用の確保の促進，高年齢者等の再就職の促進，定年退職者その他の高年齢退職者に対する就業の機会の確保等の措置を総合的に講じ，もつて高年齢者等の職業の安定その他福祉の増進を図るとともに，経済及び社会の発展に寄与することを目的とする（第1条）。年金の支給開始年齢の引上げ等に合わせて，法改正が行われてきた経緯がある。2004（平成16）年改正（2006年施行）では，65歳未満の定年を定めている事業主に対して，65歳までの雇用を確保するため，定年の引上げ，継続雇用制度の導入，定年の定めの廃止という高年齢者雇用確保措置の導入が義務付けられた（第９条第１項）。2012年改正（2013年施行）では，雇用確保措置を充実させるため，継続雇用制度の対象者を限定する仕組みが廃止された。 ［河谷はるみ］

♧孝橋正一（こうはししょういち）（1912-1999）

兵庫県神戸市生まれ，京都帝国大学卒業。文学博士。大阪社会事業短期大学，龍谷大学，東洋大学，佛教大学の教授を歴任する。社会科学的視点から社会事業研究を行い，「孝橋理論」と呼ばれる独自の理論を構築した。資本主義社会の構造から必然的に生まれてくる社会的諸問題を２つに分け，基本的・本質的な課題を「社会問題」とし，そこから関係的・派生的に生まれてくる課題を「社会的問題」とした。そして，前者に対応する社会的施策を「社会政策」，後者に対応する社会的施策を「社会事業」ととらえ，「社会政策」に対する補充的，代替的なものとして「社会事業」を位置づけた。 ［笠　修彰］

♧公費負担医療制度（こうひふたんいりょうせいど）

わが国は1961（昭和36年）４月１日を機に「国民皆保険・皆年金制度」が導入され，医療の面では，国民のすべてが何らかの公的医療保険（被保険者は医療保険料を拠出）に加入することになった。しかし，生活保護，社会福祉五法，公衆衛生関係法などの各種法律に基づいて，国や地方自治体が特定の疾患や生活困窮者などに対して医療費を公費（税金）で負担する制度も位置づけられた。公費負担医療制度の適用には，法令ごとの診査があり受給資格を得た者には，受給資格証明書等が交付される。代表的なものとしては，精神障害者の措置医療，ひとり親家庭医療，乳幼児医療，未熟児養育医療，戦傷病者に対する療養の給付，原子爆弾被爆者に対する医療，小児慢性特定疾患治療研究事業，特定疾患治療研究事業，結核患者医療，感染症法による新感染症の入院医療，石綿（アスベスト）健康被害・石綿健康被害救済給付などがある。 ［片岡靖子］

♧公民館（こうみんかん）

社会教育法に基づいて，生活に関係する文化・教育的事業を通して，住民の教養の向上，健康増進，情操の純化を図るとともに，生活文化の振興，社会福祉の増進に寄与することを目的として市町村が設置する施設である。公民館は，一般社団法人又は一般財団法人でも設置することができる。公民館の主な事業は，定期講座，講習会や展示会等の開催，体育，レクリエーション等に関する行事の開催である。また，学校，社会教育関係団体や民間団体と共同して学習機会の提供，図書や資料を住民が利用するための設備，住民座談会など公共目的での集会場所としての機能も有する。公民館には，社会教育に関する知識と経験を有する館長を置き，その規模や活動状況に応じて必要な職員を置くこととなっている。 ［山田美保］

♧公民権運動（こうみんけんうんどう）

1950年代から1960年代を中心にアメリカで行われた，黒人差別撤廃運動のこと。アメリカでは選挙権や公共施設の利用などでの黒人差別があり，それらに対する反対運動が展開された。とくにキング牧師（King Jr., M.L.）による非暴力の差別撤廃運動は，白人の間にも支持が広まり，大きな成功をおさめた。1964年の公民権法と翌年の選挙権法では公共施設の利用と選挙権の差別が撤廃された

が，差別が完全になくなったわけではない。［中山慎吾］

♧合理化（ごうりか）

フロイト（Freud，S.）の精神分析理論において，自分を傷つけるものから自己を守ろうとする働きを「防衛機制」という。防衛機制にはいくつかあるが，その一つが「合理化」である。合理化とは，自尊心を失うことになりそうな行動に対して，論理的な説明をこしらえあげることである。たとえば，恋人にふられた男性が，彼女には欠点があり，そのため自分にはふさわしくない恋人だったという場合，男性はふられたことへの自尊心の低下を防ぐために，都合のよい論理的な説明をこしらえたのである。

［門田光司］

♧合理的配慮（ごうりてきはいりょ）

2006年12月13日，第61回国連総会で採択された「障害者の権利に関する条約」では，「合理的配慮」を「障害者が他の者と平等にすべての人権及び基本的自由を享有し，又は行使することを確保するための必要かつ適当な変更及び調整であって，特定の場合において必要とされるものであり，かつ，均衡を失した又は過度の負担を課さないものをいう」と定義づけている。そして，2016（平成28）年4月に施行された「障害を理由とする差別の解消の推進に関する法律」（障害者差別解消法）では，障害のある人に「合理的配慮」を行うことなどを通じて，共生社会の実現をめざしていくとする。合理的配慮は，障害のある人から，社会の中にある物理的・制度的・意識的・情報上などのバリアを取り除くために何らかの対応を必要としているとの意思が伝えられたときに，負担が重すぎない範囲で対応すること（事業者においては，対応に努めること）が求められるものである。［門田光司］

♧交流教育（こうりゅうきょういく）

学校教育法に位置づけられた特別支援教育の一環であり，障害がある児童生徒と障害のない児童生徒の交流及び共同学習として実施されている。学校がその目的を達成するため，地域や学校の実態等に応じ，家庭や地域の人びとの協力を得るなど家庭や地域社会との連携を深め，社会性を養い，好ましい人間関係を育み，地域の人びとが障害のある子どもに対する理解と認識を深めるという意義をもつ重要な活動とされている。

［松久保和俊］

♧交流分析（こうりゅうぶんせき）（Transactional Analysis：TA）

エリック・バーン（Berne，E.）によって構築された人間行動に関する理論で，互いに反応し合っている人びとの間で行われている交流を分析することにある。交流分析では，人はみな3つの私をもつとしており，それらを自我状態と呼ぶ。人がもつ3つの自我状態とは，親の自我状態（自分を育ててくれた親から取り入れた部分），大人の自我状態（現実を客観的に評価することを目的に自律的に働く部分），子どもの自我状態（子ども時代と同じような感じ方，考え方，ふるまい方をする部分）である。この3つの自我状態を基盤に，人間関係の交流分析では，4つの分析が行われる。それは，構造分析，交流パターンの分析，ゲーム分析，脚本分析である。相談支援において人間関係の分析を行っていくうえでは，交流分析の理論は多くの示唆を与えてくれるといえる。［門田光司］

♧行旅病人及行旅死亡人取扱法（こうりょびょうにんおよびこうりょしぼうにんとりあつかいほう）

行旅途上において病気を発症した者，あるいは死亡した者等の取扱いについて定められ，1899（明治32）年に成立した法律。法による救済対象者は，歩行に堪えざる行旅中の病人であり，療養の途を有せず救護者のない者，飢えにより歩行できなくなった行旅者，行旅中の妊婦であって手当を要するが，その途を有しない者，旅行者または住所および居所のない者もしくは明らかでない者であって，引取者がなく，かつ警察官が救護の必要があると認めて引渡した者，行旅病人または行旅死亡人の同伴者等である。なお，行旅病人並びに同伴者への救護はその所在地の市町村が行うこととされ，それに要した費用については，救護者もしくは扶養義務者に請求することになる。しかし，被救護者の弁償がされない場合で，扶養義務者がいないときまたは明らかでないとき，その他扶養義務者が被救護費用の弁償ができない場合には，都道府県に対して弁償を請求することになる。　［大山朝子］

こうれいかりつ
♧高齢化率

人口の高齢化を示す指標であり，全人口に占める65歳以上人口（老年人口）の割合のことである。高齢者の定義は時代や社会によって異なるが，日本で65歳以上が「高齢者」として区分されるようになったのは，1956年に国際連合が提出した「人口高齢化とその経済的・社会的意味」という報告書が発行されてからである。この報告書では，65歳以上の人口が総人口の７％を超えた社会を「高齢化社会」と規定した。日本は，1970（昭和45）年に７％（高齢化社会），1994（平成６）年に14％（高齢社会），2007（平成19）年に21％（超高齢社会）に達している。さらに，2050年には40％近い水準に達することが予測されている。　［孔　英珠］

こうれいしゃいりょうせいど　ろうじんいりょうせいど
♧高齢者医療制度（老人医療制度）

高齢者の医療対策の総称。1973（昭和48）年から各地の自治体で健康保険による自己負担分を肩代わりする「老人医療費支給制度」が普及し，その後70歳以上の高齢者に対して老人医療費の無償化が実施された。1982（昭和57）年に「老人保健法」が制定され，公費と国保や健保からの拠出金及び患者負担という仕組みがとられた。2008（平成20）年４月より，75歳以上の高齢者を対象に「後期高齢者医療制度」が施行され，自己負担は一般・低所得者が１割，現役並み所得者は３割である。また，前期高齢者については各保険者の負担率を調整する財政調整が行われた。前期高齢者の自己負担は３割（70歳から74歳の一般・低所得者は２割）である。民主党政権時にこの法案の廃止が成立したが，2012（平成24）年の「社会保障制度改革推進法」にて必要に応じて改善を図るとした。栄養指導・予防・健康づくりの充実や予防・健康づくりに対するインセンティブの強化が図られている。　［坂上竜三］

こうれいしゃかいたいさくきほんほう
♧高齢社会対策基本法

1995（平成７）年法律第129号。高齢社会対策に関する基本理念と基本事項を定めることにより，高齢社会対策を推進し，経済社会の発展と国民生活の安定向上を図ることを目的としている。法律の基本理念は①国民が生涯にわたって就業その他の多様な社会的活動に参加する機会が確保される公正で活力ある社会，②国民が生涯にわたって社会を構成する重要な一員として尊重され，地域社会が自立と連帯の精神に立脚して形成される社会，③国民が生涯にわたって健やかで充実した生活を営むことができる豊かな社会を構築することであり，就業及び所得，健康及び福祉，学習及び社会参加，生活環境などの施策について基本的な方向を示している。政府は同法に基づいて高齢社会対策の指針（高齢社会対策大綱）を定め，国会に毎年，高齢化の状況と高齢社会対策の実施の状況に関する報告書を提出することが定められてい

る。［藤島法仁］

♧高齢社会対策大綱

政府が推進する高齢社会対策の中長期にわたる基本的かつ総合的な指針。高齢社会対策基本法によって作成が義務づけられ，1996（平成８）年に最初の大綱が策定された。以後，数度の改正を経て，2018年の改正では①年齢による画一化を見直し，すべての年代の人びとが希望に応じて意欲・能力をいかして活躍できるエイジレス社会をめざすこと，②地域における生活基盤を整備し，人生のどの段階でも高齢期の暮らしを具体的に描ける地域コミュニティを作ること，③技術革新の成果が可能にする新しい高齢社会対策を志向すること，といった３つの基本的な考え方に沿って高齢社会対策を進めることが提起されている。［藤島法仁］

♧高齢社会白書

高齢社会対策基本法に基づき，内閣府により毎年国会に提出され公表されている報告書である。高齢化の状況，高齢社会対策の実施の状況，高齢化の状況に応じて講じようとする施策の状況について明らかにされている。平成29年版高齢社会白書では「平成28年度　高齢化の状況及び高齢社会対策の実施状況」「平成29年度　高齢社会対策」の２つの構成からなり，平成29年度における高齢社会対策について明らかにしている。具体的には，基礎的な統計資料から高齢化の状況と高齢者の生活状況を多面的に示し，その上で，高齢社会対策について詳細な説明が示されている。［大川絹代］

♧高齢者虐待（elder abuse）

家族など養護者や養介護施設従事者などが高齢者に対して虐待行為を行うことをいい，「高齢者虐待の防止，高齢者の養護者に対する支援等に関する法律」（高齢者虐待防止法）（2006年施行）では，身体的虐待，介護・世話の放棄・放任，心理的虐待，性的虐待，経済的虐待があげられる。高齢者虐待の背景として介護にかかわる介護者の負担やストレス，養護者本人の問題（性格や生活苦など），社会的関係の希薄性，介護技術の未熟性，介護サービスの未整備などが考えられる。高齢者虐待防止にむけては，虐待を発生させないようにするための取組み，虐待が発生した時に早期に通報，連絡するための取組み，発見された虐待を解決するための取組みなど地域全体からのアプローチが必要となる。［倉田康路］

♧高齢者虐待の防止

2006（平成18）年に制定された「高齢者虐待の防止，高齢者の養護者に対する支援等に関する法律」の規定から高齢者虐待の具体的行為として身体的虐待，心理的虐待，介護・世話の放棄・放任，性的虐待，経済的な虐待があげられ，これらの虐待が発生する背景として，介護者の負担（介護疲れ），無関心・無理解・非協力，介護の知識や技術の不足，介護者の特性，介護サービス不足などが指摘されている。高齢者虐待を防止するうえでは，①虐待そのものを発生させないための取組み，②発生した虐待を早く発見するための取組み，③発見された虐待の問題を解決するための取組みなどがあげられ，それぞれの場面で防止していくことが求められる。虐待そのものを発生させないためには介護者の負担軽減や介護知識・技術の向上，高齢者の特性の理解などが，虐待を早く発見するためには住民などへの啓発や通報・連絡・報告につなげていくことが，発見された虐待の問題を解決していくためには行政や社会福祉専門職による地域におけるさまざまな社会資源，家族などと連携した支援が必要となる。［倉田康路］

♧高齢者虐待防止ネットワーク

2006（平成18）年4月1日に施行された「高齢者虐待の防止，高齢者の養護者に対する支援等に関する法律（いわゆる，高齢者虐待防止法）」では，国，地方公共団体等の責務が規定されており，市町村は高齢者虐待の防止，虐待を受けた高齢者の保護及び養護者支援について，第一義的な責任を持つ役割を担うことが規定されている。そのため，市町村には，関係機関や民間団体との連携協力体制の整備が求められている。具体的には，地域包括支援センターを中心として多面的な支援ができる体制，いわゆる高齢者虐待防止ネットワークの構築が必要である。高齢者虐待防止ネットワークには，早期発見・見守りネットワーク，保健医療福祉サービス介入ネットワーク，関係専門機関介入支援ネットワークといった3つの機能からなるネットワークがあり，それぞれのネットワークは地域の実情や特性に合わせて構築される。

［藤戸美保子］

♧高齢者虐待防止法

「高齢者虐待の防止，高齢者の養護者に対する支援等に関する法律」のことを意味し，2006（平成18）年4月1日から施行された全30条からなる法律である。第1条では「高齢者に対する虐待が深刻な状況にあり，高齢者の尊厳の保持にとって高齢者に対する虐待を防止することが極めて重要であること等にかんがみ，高齢者虐待の防止等に関する国等の責務，高齢者虐待を受けた高齢者に対する保護のための措置，養護者の負担の軽減を図ること等の養護者に対する養護者による高齢者虐待の防止に資する支援のための措置等を定めることにより，高齢者虐待の防止，養護者に対する支援等に関する施策を促進し，もって高齢者の権利利益の擁護に資することを目的とする」とされている。また，「高齢者虐待」とは，主に養護者による高齢者虐待及び養介護施設従事者等によるものを意味し，身体的虐待，心理的虐待，放置・放任（ネグレクト），経済的虐待，性的虐待に分類される。

［本郷秀和］

♧高齢者居住安定法（高齢者の居住の安定確保に関する法律）

急速に増加した高齢者人口に加え，単身，夫婦世帯の高齢者が増えてきていることから，高齢者の安心，安定した居住環境を整備することを目的に2001（平成13）年に制定された法律。高齢者円滑入居賃貸住宅の登録制度，バリアフリーを取り入れた高齢者向け優良賃貸住宅制度，終身建物賃貸借制度，加齢対応構造等を有する住宅への改良に対する支援措置が規定された。2011（平成23）年に改正された際には，「高齢者円滑入居賃貸住宅」，「高齢者専用賃貸住宅」，「高齢者向け優良賃貸住宅」は廃止され，それらの住宅の後継として，バリアフリー構造等を有し，介護・医療と連携し高齢者を支援するサービスを提供する「サービス付き高齢者向け住宅」の登録制度が創設された。

［種橋征子］

♧高齢者居住安定確保計画

高齢者の居住の安定確保に関する法律に基づいて都道府県と市町村は高齢者居住安定確保計画を定めることができる。計画においては，区域内の高齢者に対する賃貸住宅及び老人ホームの供給の目標を設定し，目標の達成に向けた賃貸住宅及び老人ホームの供給の促進や管理の適正化などに関する事項を定めている。各都道府県においては住生活基本計画や高齢者支援計画などとの整合性を図りながら計画を進めることが課題となっている。

［藤島法仁］

♧高齢者権利擁護等推進事業

高齢者の尊厳を守るため，①虐待防止，②虐待を受けた高齢者救済，③成年後見制度などの権利擁護推進をする事業である。実施主体は都道府県で，事業内容は，①身体拘束ゼロ作戦推進会議の開催，②介護施設・サービス事業従事者の権利擁護推進事業，③権利擁護相談支援事業，④権利擁護強化事業，⑤高齢者虐待防止シェルター確保事業，⑥都道府県市民後見人育成事業であり，各都道府県の事情に応じた専門的な相談体制等の整備，虐待を受けた高齢者の緊急時一時保護施設の確保，市民後見人養成研修の実施等，各都道府県の高齢者権利擁護を推進している。あわせて，介護保険施設等の入所施設や介護保険居宅サービス事業者等，老人福祉法や介護保険法で規定されている高齢者向け福祉・介護サービスに従事する職員に対する身体拘束の廃止に向けた研修や取組みを支援している。

［新田博之］

♧高齢者住宅整備資金貸付制度

60歳以上の高齢者と同居する世帯を対象とし，高齢者の居住環境を改善するため，高齢者の専用居室等を増改築または改造（ただし，維持補修費的なものは除く）するために必要な経費の貸付を行うことにより，高齢者と家族の間の好ましい家族関係の維持に寄与することを目的としている。国が要綱を制定し，都道府県または市町村が実施主体として行う。そのため，貸付限度額や貸付条件は，国が制定した要綱で提示しているが，貸付額や貸付利率等は，各実施主体や世帯の実情に応じて定められている。申込み・問い合わせは，実施主体である都道府県や市町村に行う。

［黒田清香］

♧高齢者，身体障害者等が円滑に利用できる特定建築物の建築の促進に関する法律（ハートビル法）

1994（平成６）年に施行され，不特定多数の人が利用する病院または診療所，劇場，観覧場，映画館等の特定建築物を高齢者や身体障害者等が円滑に利用することができるよう，建築物にエレベーターを設置する等のバリアフリー化を促進するための法律である。2003（平成15）年の法改正では，対象の範囲が拡大され学校や共同住宅などにも適用されることとなった。ハートビル法と交通バリアフリー法は2006（平成18）年12月に「高齢者，障害者等の移動等の円滑化の促進に関する法律（バリアフリー新法）の施行に伴い廃止された。

［永松美菜子］

♧高齢者・身体障害者等の公共交通機関を利用した移動の円滑化の促進に関する法律（交通バリアフリー法）

2000（平成12）年に制定され，交通バリアフリー法と呼ばれている。この法律は，高齢者，身体障害者等の公共交通機関を利用した移動の利便性及び安全性の向上を図り，もって公共の福祉の増進に資することを目的としている（第１条）。この法律において，公共交通事業者は，旅客施設の新設若しくは大改良又は車両の導入を行う場合は，移動円滑化のための基準に適合させなければならないことが明記されている。2006（平成18）年，「高齢者，障害者等の移動等の円滑化の促進に関する法律」（バリアフリー新法）制定により，同法は廃止された。

［納戸美佐子］

♧高齢者生活福祉センター（生活支援ハウス）

創設当初は，過疎地域の高齢者を対象

とし，デイサービスと居住部門をもつ複合施設として設置された。1998年度に過疎地域のみという地域の限定は廃止された。現在は，生活支援ハウスと名称変更されている。生活支援ハウスは，「高齢者に対して，介護支援機能，居住機能及び交流機能を総合的に提供することにより，高齢者が安心して健康で明るい生活を送れるよう支援し，高齢者の福祉の増進を図ること」を目的としている。老人デイサービスセンター等に居住部門を併設した小規模多機能施設である。居住部門の利用対象者は，原則として60歳以上の単身または夫婦のみ世帯等であり，高齢等の理由により居宅において独立して生活することに不安のある者である。居住部門の利用定員は，おおむね10人程度とされている。［納戸美佐子］

♧高齢者世帯（こうれいしやせたい）

世帯類型の分類の一つで，65歳以上の者のみで構成されるか，もしくはこれに18歳未満の未婚の者が加わった世帯をいう。厚生労働省の2016（平成28）年の国民生活基礎調査によれば，世帯類型を，高齢者世帯，母子世帯，父子世帯，その他の世帯と分類しており，このうち高齢者世帯は26.6％を占めている。一方，65歳以上の高齢者が世帯構成員にいる場合を指す「65歳以上の者がいる世帯」は，全世帯の48.4％を占めている。

［孔　英珠］

♧高齢者世話付住宅（こうれいしやせわつきじゅうたく）

公営住宅やUR（都市再生機構）賃貸住宅などの公共賃貸住宅のうち，住宅をバリアフリー化するとともに，生活援助員（ライフサポートアドバイザー）が，生活相談や緊急時対応などのサービスを提供することで60歳以上の人が地域で安全・安心に自立した生活が送れるための住宅のこと。「シルバーハウジング」ともいう。この事業は，建設省と厚生省によって1987年から実施されており，地方公共団体や住宅・都市整備公団（現UR），地方住宅供給公社が供給している。［岩永　耕］

♧高齢者総合相談センター（こうれいしやそうごうそうだん）

シルバー110番ともいわれる。高齢者やその家族が抱える介護・保健・福祉問題のほか，生活・家族・就労などの一般相談，法律・税金・医療などの専門相談など，高齢者に関する総合的な相談に応じる施設である。1987年に社会福祉協議会を実施主体として都道府県に1か所ずつ設けられた。来所相談や巡回相談のほか，電話，ファックス，メールなどの相談にも応じ，電話番号は全国共通の「#8080（ハレバレ）」で，無料で相談に応じる。なお，2006年に設置された地域包括支援センターが総合相談窓口機能を有することから，これを「高齢者総合相談センター」と称している場合もある。

［田中茂實］

♧高齢者の生きがいと健康づくり推進事業（こうれいしゃのいきがいとけんこうづくりすいしんじぎょう）

明るい活力ある長寿社会の実現に向けて，高齢者が家庭・地域・企業等社会の各分野において，それまで培った豊かな経験と知識・技能を活かし，生涯を健康で，かつ生きがいをもって社会活動ができるように，高齢者，青壮年，婦人等社会の各層における高齢者観についての意識改革を図るとともに，社会の各分野において高齢者の社会活動が活発に展開されるように「高齢者の社会活動についての国民の啓発」「高齢者のスポーツ活動，健康づくり活動及び地域活動等を推進するための組織づくり」「高齢者の社会活動の振興のための指導者等育成事業の推進」等の事業を実施することとしている。実施体制としては，「長寿社会開発センター」を推進の中核とし，「都道府県明るい長寿社会づくり推進機構」を整

備し，併せて，試行的市町村を指定することにより，具体的な実践活動の展開を図っている。［鍋田耕作］

♧高齢者の医療の確保に関する法律（高齢者医療確保法）

1982（昭和57）年法律第80号。従来，健康手帳の交付や健康診査などの老人保健事業は老人保健法に基づいて実施されてきた。しかし，医療保険制度の改革に伴い，老人保健法は2008年に高齢者の医療の確保に関する法律に改正され，従来の老人保健事業は廃止された。代わって，高齢者の医療の確保に関する法律のもとで，医療保険者による40歳以上75歳未満の加入者に対する特定健康診査と特定保健指導の実施，また，後期高齢者に対する医療制度（後期高齢者医療制度）が創設された。後期高齢者医療制度では，75歳以上の給付について現役世代の支援金と公費で約９割を賄い，老人保健制度の課題であった現役世代と高齢者の費用負担関係を明確にした。一方で，後期高齢者は独立した医療保険制度の下で被保険者として保険料を支払うことになるなど負担の増加も起こしている。［藤島法仁］

♧高齢者の居住の安定確保に関する法律の一部を改正する法律

この法律により，高齢者の居住の安定を確保するため，バリアフリー構造等を有し，高齢者に医療と介護が連携したサービスを提供する「サービス付き高齢者向け住宅」の登録制度が開始された(2011年４月公布，同年10月施行)。全国的には順調に供給されているが，サービスの質の保証や高齢者の単なる「住まい」というだけではなく，医療と介護等サービスが適切に受けられる地域包括ケアシステムへの位置づけが求められている。［河谷はるみ］

♧高齢者のための国連原則

1991年国連総会が採択した高齢者の自立（independence）・参加（participation）・ケア（care）・自己実現（self-fulfillment）・尊厳（dignity）の５つを基本原理とした18原則。国連総会は1982年「高齢化に関する国際行動計画」に対して支持表明を行ってから９年後に当たる1991年12月16日にこの原則を採択し，これら18原則について各国政府ができるかぎり自国の政策プログラムに盛り込むよう奨励した。原則の中には，高齢者は「収入や家族・共同体の支援及び自助努力を通じて十分な食料，水，住居，衣服，医療へのアクセスを得るべきである」，「社会の一員として，自己に直接影響を及ぼすような政策の決定に積極的に参加し，若年世代と自己の経験と知識を分かち合うべきである」，「家族及び共同体の介護と保護を享受できるべきである」，「自己の可能性を発展させる機会を追及できるべきである」，「尊厳及び保障を持って，肉体的，精神的虐待のない生活を送ることができるべきである」といった項目がある。［孔　英珠］

♧高齢者福祉

主に高齢者を対象とした社会福祉制度，政策を指し，老人福祉とも呼ばれる。広い概念では高齢者に対する社会保障や福祉サービス，その提供の在り方，また，課題や問題点に対しての学術的な研究も含まれる。1970（昭和45）年にわが国の高齢化率が７％を超え，高齢化社会となったことを契機に高齢者福祉に対する注目度は一気に上昇した。行政計画など政策面では福祉分野を高齢者，障害者，児童，生活困窮者などに分けられる場合が多い。しかし社会福祉に関わる問題はそれぞれの分野が重なり合っており，1990年の福祉関係八法改正，2000年，社会福祉法改正に伴い，それぞれの

分野を統合した地域福祉という概念が認知されるようになった。［日田　剛］

♧高齢者福祉の三原則（デンマーク）

デンマークでは，増大する高齢者福祉にかかる支出を減らし，かつサービスの質を落とさないための高齢者の処遇改善に向けた具体的対応策を講じた。1979年から1982年にかけて政府内に「高齢者問題委員会」を設置し，「高齢者福祉の三原則」が打ち出された。三原則とは，①誰もが住み慣れた環境で，可能な限り生活が継続されるべきという考え方（生活の継続性に関する原則），②心身の状態により自己決定が難しくなったとしても，生き方や暮らし方の最終決定は本人がすべきという考え方（自己決定の原則），③本人ができない部分だけを支援するのではなく，できることを認め評価し自立を促すという考え方（残存能力活用の原則）である。［飯干真冬花］

♧高齢者保健福祉推進十か年戦略

通称ゴールドプラン。21世紀の高齢化社会を国民が健康で生きがいをもち安心して生涯を過ごせる社会としていくため，高齢者の保健福祉サービスに関し，1999（平成11）年度までに確保すべき在宅福祉サービスおよび施設福祉サービスの目標量を示したもの。大蔵（現在の財務省）・厚生（同厚生労働省）・自治（同総務省）の３大臣の合意により1989年12月に策定された。このゴールドプランでは，施設サービスの充実，在宅福祉サービスの推進，ねたきり老人ゼロ作戦などが強調された。その後，ゴールドプランで示された目標を上回るサービス整備の必要が明らかとなり，1994年に新・高齢者保健福祉推進十か年戦略（新ゴールドプラン）が策定された。［穴井あけみ］

♧高齢者向け優良賃貸住宅制度

床面の段差をなくし，手すりを設けるなどバリアフリー化した構造・設備が備わっているとともに，緊急時対応サービスが受けられる住宅として，都道府県知事が認定したものを「高齢者向け優良賃貸住宅」といい，この住宅を整備する費用や住宅家賃の減額に対する助成制度のこと。「高齢者の居住の安定確保に関する法律」の改正によって2009（平成21）年に導入された。医療や介護サービスとの連携を強めた住宅整備へと転換を図るために「高齢者住まい法」が改正され，この制度は「サービス付き高齢者向け住宅の登録制度」に変更された。

［岩永　耕］

♧高齢・障害・求職者雇用支援機構

高齢者の雇用の確保，障害者の職業的自立の推進，求職者等の職業能力の開発及び向上のために，高齢者，障害者，求職者，事業主に対し総合的な支援を行う独立行政法人である。業務概要として，高年齢者等の雇用促進のための給付金の支給，高年齢者等の雇用に関する事業主への相談・援助，高齢期の職業生活設計に必要な助言・指導，障害者職業センターの設置及び運営，障害者職業能力開発校の運営，障害者雇用納付金関係業務，職業能力開発短期大学校等の設置及び運営等を行っている。［大川絹代］

♧誤　嚥

異物を誤って飲み込むこと，また，気管内に飲食物などの異物が誤って入ってしまうことをいう。飲食物や口腔内に分泌される唾液などは，口腔から咽頭に運ばれ，食道から胃へ送られる。この過程の飲み込む動作を嚥下という。嚥下時に喉頭蓋が気道をふさぎ，食道に流れる仕組みとなっているが，嚥下機能障害がある麻痺や神経障害，加齢による筋力の低下などによって誤嚥する。誤嚥時はむせたり，咳込んだりするが，全く反射がおこらないことで気づきにくい場合があり，注意しなければならない。誤嚥は固形よりも液状のもので起こりやすく，飲食中のみならず，睡眠中などにも唾液が流れ込むことによっておこることもあり，誤嚥性肺炎の原因となる。誤嚥の予防は，口腔体操や口腔ケアの実施，飲食中には可能な限り座位，もしくは座位に近い状態で頭部前屈の姿勢をとる，お茶などの液体にはとろみをつけて飲み込みやすくする，食事の一口量を多くしないなどである。 ［吉岡久美］

♧ 誤嚥性肺炎（ごえんせいはいえん）

嚥下に関する機能障害のために，細菌が唾液や食べ物などとともに気道に入ったり，呼吸によって吸引したりすることにより肺炎を引き起こすことをいう。嘔吐などにより起こることもある。とくに脳血管疾患や神経疾患のある者や長時間臥床せざるをえない者，嚥下機能が低下しやすい高齢者の発症が多い。原因菌としては，肺炎球菌，口腔内の嫌気性菌が多くみられる。口腔内の清潔が不十分であると原因菌の増殖がおこり，気道から肺に吸引されることでおこる。また，低栄養や免疫力低下した状態では，わずかな細菌の侵入でも発症する。症状は，咳，痰，発熱などで肺炎同様であるが，食欲不振，不活発といった状態の変化のみおこることもあり，早期に胸部X線検査や，炎症反応など血液検査で診断し治療を開始する。発症機序からみても繰り返すことが多く，予後不良の場合もある。予防は，食事時の頭部前屈などの姿勢保持や口腔ケア，また，肺炎球菌ワクチン接種を行う。 ［吉岡久美］

♧ 工業化社会（こうぎょうかしゃかい）（industrial society）

産業構造が農業中心の型から工業中心の型に移り変わりつつある社会のこと，または工業を産業の中心とする社会を指す。工業化社会においては，農林漁業などの第1次産業従事者が減少し，工業などの第2次産業に従事する者が増加する。日本において第2次産業に従事する人口割合は，統計が開始された明治期以降，基本的に上昇傾向であったが，1970年頃に頭打ちとなる。日本のみならず先進各国にも同様の現象が見られ，工業に代わってサービス業（第3次産業）の比重が増加してきた。そうした社会は「脱工業化社会」（ダニエル・ベル；Bell, D.）や「情報化社会」とも呼ばれる。 ［益田　仁］

♧ 国際家族年（こくさいかぞくねん）

1989年，第44回国際連合総会において1994年を「国際家族年」とする決議が採択された。国際家族年の目的は，「家族の問題に関する認識を，政府と民間の双方から高めるとともに，家族の重要性を強調し，家族の機能やそれらの問題をよりよく理解すること，家族の福利を支援，促進するための諸施策を策定し，実施，フォローしていくことを強化すること」である。また，「家族：変化する世界における資源と責任」をテーマに，「家族からはじまる小さなデモクラシー」を各国共通のスローガンに掲げ，社会生活における家族の役割の重要性を強調した。 ［笠　修彰］

♧ 国際看護（こくさいかんご）

国際的視点を持ち，世界の人びとの健康に資するための看護を実践していくための科学である。対象となる国・地域・民族の歴史，文化，政治，経済，社会システムなどを総合的に理解したうえで，人びとの健康と看護の質の向上をめざす看護の一領域であり，看護の国際協力および外国人に対する保険医療・看護活動を推進するための知識の体系といえる。グローバル化に伴う人の移動や地球規模の健康問題など，看護を取り巻く環境は変化しており，看護職の国際化への対応が迫られている中，国際社会において広

こ

い視野に基づき，看護師として諸外国との協力を考えることが求められる。国際看護は，「国際協力」のような「諸外国で保健医療活動を実践すること」だけでなく，国内での国際的視点を持った看護活動も含まれる。国内では，在日外国人への対応や，非日常的な空間に遭遇する場合（「異文化」の空間に入る場合）などに対して行われる看護活動を含む。すなわち，多様な生活習慣や文化，対象の価値観を考慮し，対象の生活に即した看護実践が必要とされる場合である。

［笠野華代］

♧国際高齢者年（こくさいこうれいしゃねん）

国際連合が「高齢者のための国連原則」の普及・促進を図るために1999年に設定したものである。ここで示された原則とは，高齢者の自立，参加，ケア，自己実現および尊厳の実現であり，世界規模で広がる高齢化社会への対応について加盟国共通の認識を図るために制定されたといえる。日本においてもこの原則に従い，政府（例：リーフレット作成やシンポジウムの開催など）のみならず，地方自治体や民間組織等においてもさまざまな取り組みがなされている。

［本郷秀和］

♧国際児童年（こくさいじどうねん）

1976年12月，国連第31回総会において1979年を国際児童年とすることが決議された。国連総会で「児童の権利宣言」(1959年）が採択されてから20年目にあたり，これを記念し，また，その機会をとらえて改めて「すべての国において，児童のための計画が，児童の福祉向上のみならず，経済的社会的進歩を促進するための広範な努力の一環として，基本的に重要であること」を確認し，「すべての国において，各国の児童の福祉向上のための計画を再検討すること」が決議された。国際児童年の推進機関としては，ユニセフ(国際連合児童基金)が指定されるとともに，各国政府に対し児童の福祉の向上に一層努力すること，国際児童年の準備及び実施のために必要な経費をユニセフに拠出すべきことが要請された。

［川池智子］

♧国際障害者年（こくさいしょうがいしゃねん）

国際連合は1970年代ごろから障害者施策の推進に係る議決を行ってきたが，1971（昭和46）年の「精神薄弱者の権利に関する宣言」，1975（昭和50）年の「障害者の権利に関する宣言」の実施を促すために，1981（昭和56）年を国際障害者年（テーマ：「完全参加と平等」）と定めた。そして，各国に取組みを求めるために，1983（昭和58）年から1992（平成４）年を「国連障害者の十年」と定め，「障害者に関する世界行動計画」が策定された。国際障害者年は，障害者理解の促進を中心としたものであったが，同時に，それまで比較的障害種別に分かれて活動していた障害者団体・障害者関係団体が国連障害者年推進の事業のため一つにまとまって活動する機会にもなった。これはその後の多くの障害者団体同士の連携機運を高めたといわれている。

［門田光司］

♧国際障害者年行動計画（こくさいしょうがいしゃねんこうどうけいかく）

第34回国連総会（1979年）において採択された計画。同計画は，1981年の国際障害者年に向けてノーマライゼーションの理念と，障害者の人権の確立をめざした。また，各国がとるべき措置を具体的に示した。さらに，「完全参加と平等」(Full participation and equality)」をスローガンとするとも示された。計画の方向性として，障害が社会環境と個人の間の関係性の中にあるという視点，障害者団体の存在の重要性，途上国の障害者の現状をフォーカスすること，戦争によって障害を持つ者が多いことから平和を希求することが示された。同計画の一節には,「ある社会がその構成員のいくらかの人びとを閉め出すような場合,それは弱くもろい社会なのである。障害者は,その社会の他の異なったニーズを持つ特別な集団と考えられるべきではなく,その通常の人間的なニーズを満たすのに特別の困難を持つ普通の市民と考えられるべきなのである」がある。

[岩田直子]

♧国際人権規約(こくさいじんけんきやく)

国際人権規約は1966年第21回国際連合総会で採択され1976年に発効した。日本では1979(昭和54)年に批准されている。この規約は社会権規約(人権A規約)と自由権規約(人権B規約)の内容を持っている。B規約では「人類社会すべての構成員」が「固有の尊厳および平等のかつ奪い得ない権利」を持っていることを認め「すべての個人に対し,人種,皮膚の色,性,言語,宗教,政治的意見その他の意見,国民的若しくは社会的出身,財産,出生又は他の地位等によるいかなる差別もなしにこの規約において認められる権利を尊重し及び確保する」としている。第10条では,「自由を奪われたすべての者は,人道的にかつ人間の固有の尊厳を尊重して,取り扱われる」と謳われている。 [岡田洋一]

♧国際(こくさい)ソーシャルワーカー連盟(れんめい)(IFSW)

ソーシャルワーカーの国際組織である。加盟資格は1国で1組織となっており,世界で90余の各国組織が加盟している。国際的なレベルでの協力や活動を通して,①専門的職業としてのソーシャルワークの促進,②各国のソーシャルワーカー組織のサポート,③世界中のソーシャルワーカーの交流を深めること,④ソーシャルワーカーという専門的職業を国際的なレベルで提示すること,⑤国際的組織が行う社会計画・社会開発・社会活動・社会福祉プログラムの実行を援助することを目的としている。 [土井幸治]

♧国際婦人年(こくさいふじんねん)

1972年の国連総会において,性差別撤廃に世界的規模の行動で取り組むことを目的に,国際連合は1975年を国際婦人年とすることを宣言した。それを契機として女性の地位向上を図る議論が展開されることとなる。また,同年メキシコ・シティで行われた,「国際婦人年世界会議」において女性の自立と地位向上をめざし,各国の指針となる「世界行動計画」が採択された。平等・発展・平和を目標に掲げ,1976年から1985年までを「国連婦人の10年」とすることが宣言され,国連加盟国にはその10年間に,各国で男女平等のための法的整備を整えることが課せられた。わが国においても,「婦人問題企画推進本部」(総理府)が1975(昭和50)年に設置され,「世界行動計画」に基づき,1977(昭和52)年に「国内行動計画」が策定された。 [河村裕次]

♧国際養子縁組(こくさいようしえんぐみ)

国籍が異なる養親と養子との間で養子縁組がおこなわれることを国際養子縁組という。戦争や貧困,虐待等の理由で養育できなくなった外国の子どもを養子として迎え入れる場合や国際結婚をしたときに国籍の異なる配偶者の連れ子を養子にする場合などが一般的なケースである。1993年に採択された「国際的な養子縁組に関する子の保護および協力に関する条約」は子どもの最善の利益にかなうような国際養子縁組制度を締約国にもとめているが日本はこの条約を批准していないため(2018年時点),望まない妊娠で生まれた乳児などが不透明なプロセスで海外に送り出されているという問題が指摘されている。 [西原尚之]

♧国際リハビリテーション協会（こくさいりはびりてーしょんきょうかい）

(Rehabilitation International：RI)

1922年，ニューヨークで設立された「国際肢体不自由児協会（International Society for Crippled Children）」に端を発するリハビリテーションの国際組織。障害の予防，障害のある人のリハビリテーション，障害のある人や家族の機会均等化などを目的としており，日本では，日本障害者リハビリテーション協会と独立行政法人高齢・障害者・求職者雇用支援機構の2つが加盟している。1999年，当該組織がまとめた「RI2000年代憲章」において，「私たちはすべての社会においてあらゆる人びとの人権が認められ，保護されるようにするという決意を持って，新世紀を迎える。本憲章はこのビジョンを現実へと変えていくこと」を宣言し，2000年代のリハビリテーションに関わる国際的な取組みを示した。なお，当該組織は，WHO，ILO，ユネスコなどの専門機関の諮問機関としても活躍している。［笠　修彰］

♧国際連合（こくさいれんごう）

世界の平和維持と国際協力を目的として，1920年に創設された国際連盟に代わり，1945年10月24日に国連憲章に基づき正式に設立された国際機構である。通称国連と呼ばれ，ニューヨークに本部が置かれている。国際連合は，①国際の平和と安全を維持すること，②人民の同権および自決の原則の尊重に基礎をおいて諸国間の友好関係を発展させること，③経済的，社会的，文化的または人道的性質を有する国際問題を解決し，かつ人権および基本的自由の尊重を促進することについて協力すること，④これらの共通の目的を達成するにあたって諸国の行動を調和するための中心となることを目的とすることが，国連憲章に明記されている。［河村裕次］

♧国勢調査（こくせいちょうさ）

統計法に基づき総務大臣が国勢統計を作成することを目的として，国内の人口・世帯の実態を把握していく全数調査。10年ごとに実施され，実施後から5年目の中間年次に簡易調査を行っている。調査対象は，国内に居住している者すべて（外国人を含む）としている。調査方法としては，国勢調査員が調査票を世帯ごとに配布し，調査員が取集するか郵送で提出する方法を採用していたが，2015（平成27）年国勢調査から全国でインターネット回答方式も導入している。［下田　学］

♧国民皆保険皆年金（こくみんかいほけんかいねんきん）

国民のすべてが，何れかの公的医療保険制度の適用を受けるとともに，何れかの公的年金制度の適用を受けるように社会保障制度が整備されていること。わが国において国民皆保険皆年体制が成立したのは，下記の施策が全面施行された1961（昭和36）年4月のことである。すなわち，1958（昭和33）年に全面改定された国民健康保険法が，国民健康保険事業の実施を全市町村に義務付け，公的医療保険に未加入の者すべてに対し市町村国民健康保険への加入を義務付けたこと，そして，1959（昭和34）年の国民年金法公布により，被用者年金制度が適用されてこなかった自営業者や農林漁業従事者等に国民年金への加入を原則義務付けたことにより，形式上は国民皆保険皆年体制が成立したのである。［谷村紀彰］

♧国民健康保険（こくみんけんこうほけん）

健康保険と並んで，国民の医療保障を担う国民健康保険は，他の公的医療保険に属さない自営業者・農業者・退職者などを対象とし，そのなかに，医師・薬剤師など同業種で構成される国民健康保険組合の組合員も含まれる。国民健康保険の被保険者に該当する者は強制加入で，任意加入は認めていない。国民健康保険においては，被扶養者という概念はなく，各人が被保険者であり，疾病，負傷，出産または死亡に関して必要な保険給付を行う。2018年（平成30）年度から国民健康保険の広域化が始まり，その結果，これまでの市町村と国民健康保険組合に加え，都道府県も保険者となった。都道府県は財政運営の責任主体となり，保険給付費等交付金の市町村への支払いを行い，市町村は都道府県が市町村ごとに決定した国保事業費納付金を都道府県に納付する他，被保険者証の発行や保険料の賦課・徴収，保険給付の決定等の役割を担う。なお，2018年以降の一斉更新から新しい被保険者証等には居住地の都道府県名が表記されることになる。

［田畑洋一］

♧ 国民健康保険組合（こくみんけんこうほけんくみあい）

医師や理容業など同種の事業又は業務に従事する者で当該組合の地区内に住所を有するものを組合員として組織する公法人であり，全国で163（2017年6月時点）の組合がある。1958（昭和33）年の国民健康保険法の改正に伴い，全市町村に国民健康保険事業の実施が義務づけられたが，職域の国民健康保険組合については存続させることとしたのである。同組合は，主たる事務所の所在地の都道府県知事の認可を受けて成立するが，1972（昭和47）年以降，新たな国民健康保険組合の設立は認められていない。

［山下利恵子］

♧ 国民健康保険高額医療費共同事業（こくみんけんこうほけんこうがくいりょうひきょうどうじぎょう）

国民健康保険の財源としては，保険料，国庫負担（補助）のほか，都道府県補助金，市町村補助金，市町村の一般会計からの繰入金等がある。市町村国保は，小規模な保険者が多いため，高額な医療費が発生すると財政状況が悪化する場合が多い。そこで，高額な医療費の発生による，国保財政の急激な影響の緩和を図るため，一種の再保険事業として設けられたものである。各市町村国保からの拠出金を財源として，都道府県単位で費用負担を調整し，国及び都道府県は市町村の拠出金に対して4分の1ずつを負担している。

［河谷はるみ］

♧ 国民健康保険団体連合会（こくみんけんこうほけんだんたいれんごうかい）

国民健康保険法第83条に基づき，各都道府県に1団体，計47団体設立されている，市町村及び国保組合が構成会員となっている団体である。事業としては，診療報酬の診査及び支払い，特定健康診査・特定保健指導に関する事業，保健事業，国民健康保険に関する広報活動及び調査研究事業，介護給付費の診査及び支払い，介護サービス苦情処理に関する事務，介護保険事業の円滑な運営に資する事業，障害者自立支援給付等支払事業，出産育児一時金等の支払い等に係る事務などをおこなっている。

［片岡靖子］

♧ 国民国家（こくみんこっか）

国民国家とは，共通の社会的文化的伝統を持つ国民（ネーション）によって構成された近代国家であり，国民を主体とし，市民社会を基盤として作られた国家のことである。ヨーロッパ諸国で誕生し，それまで王が絶対的権力を持っている時代であったが，イギリスのピューリタン革命・名誉革命やフランスのフランス革命（1789年–1799年）のような市民革命により王政が崩壊し，国の主体は王ではなく国民であり，国民は国家の一員であるという認識ができ，国民主体の政治へと移り変わっていった。

［今村浩司］

♧ 国民主義（こくみんしゅぎ）

国民の人権や自由を尊重しつつ，国民の政治への参加による国家形成，発展をめざす思想や運動。国家主義，民族主義，ナショナリズムなどともいう。1960年代，ミュルダール（Myrdal, K.G.）は，国民主義と福祉国家の結びつきを指摘し，福祉国家の国民主義的限界を指摘した。［隈　直子］

♧国民主権（こくみんしゅけん）

国の政治，経済，社会あらゆる面にわたってそのあり方や将来を最終的に決める権利は国民にあるという考え方を国民主権という（憲法前文，1条）。基本的人権の尊重，平和主義と並んで日本国憲法の基本原理とされる。その方法としては，日本では，国民の意思を反映する国家機関（国会）を通じて行使する間接民主制がとられているが，住民投票による特別法の制定（憲法95条）等のように直接民主制をとる制度もある。社会保障・社会福祉制度のあり方もまさに国民が決めていくことになるが，国会提出法案も政府提出が大部分であるうえ，多くを官僚の作業に頼っているという現実があり，「国民主権」が空洞化しているのではないかという批判もある。［木場千春］

♧国民生活基礎調査（こくみんせいかつきそちょうさ）

統計法に規定される基幹統計である国民生活基礎統計を作成するための調査のことである。本調査の目的は，保健，医療，福祉，年金，所得等国民生活の基礎的事項を調査し，厚生労働省の所掌事務に関する政策の企画及び立案に必要な基礎資料を得るとともに，各種調査の調査客体を抽出するための親標本を設定することを目的としている。また本調査には，毎年実施される簡易調査（平均所得や人員構成など）と3年に1回で実施される大規模調査（保健，医療，福祉，介護などの項目も含む）がある。

［土井幸治］

♧国民生活センター（こくみんせいかつ）

国民生活センター法に基づき1970（昭和45）年に設立された特殊法人で，2003年に独立行政法人に移行。国民生活の安定及び向上を図るため，総合的見地から国民生活に関する情報の提供及び調査研究を行うことを目的としている。具体的には，国や全国の消費生活センター等と連携して，消費生活に関する情報を収集し，消費者被害の未然防止・拡大防止，消費センター等が行う消費者の苦情相談を支援するとともに，紛争解決手続きを実施している。さらに，苦情相談解決のための商品テストや注意喚起のための商品群のテスト，地方公共団体職員・消費生活相談員を対象とした研修，小規模な消費者センターへの巡回指導，生活に関する調査研究などを行っており，消費者が安心した生活が送れるよう支援している。［石踊紳一郎］

♧国民総生産（こくみんそうせいさん）

（Gross National Product：GNP）

一定期間に，ある国の国民によって新しく生み出された，商品やサービスなどの付加価値（儲け）の総額のこと。つまり，日本のGNPとは，ある期間にどれだけ国内だけでなく海外においても日本人が付加価値（儲け）を生み出したのかを示す指標のことである。以前は国の経済力を図る指標としてこのGNPが用いられてきたが，企業の海外進出の増加やグローバル化の進展により，国の経済力を正確に示す指標としては難しくなってきた。そこで現在国内の経済（景気）をより正確に反映する指標として国内総生産（Gross Domestic Product：GDP）という概念が重要視されている。GDPは国民ではなく国内において新たに生み出された付加価値（儲け）の総額を示すものである。［田島　望］

♧国民年金基金（こくみんねんきんききん）

厚生年金や共済年金は，老齢基礎年金に所得比例の年金を上乗せする2階建て年金になっている。一方で自営業者等の国民年金の第1号被保険者に対する老後の所得保障は，基礎年金のみとなっていたことから国民年金にも2階部分の年金をつくるために1991（平成3）年4月に国民年金基金制度が創設された。国民年金基金には各都道府県にそれぞれ一つある地域型と医師・弁護士など25職種でつくられている職能型の2つのタイプがある。加入できるのは第1号被保険者であり任意加入の完全積立方式である。給付の種類は老齢年金と遺族一時金である。加入員は，1口目は終身年金に必ず加入し，2口目から終身年金と確定年金のいずれかの給付の種類と口数を選択できる。なお基金に加入していた者が万一早期に亡くなった場合は，遺族一時金が支給される。 ［二又一人］

こくみんねんきんほう
♧国民年金法

憲法25条に規定する理念に基づき，老齢，障害または死亡によって国民生活の安定が損なわれることを国民の共同連帯によって防止し，健全な国民生活の維持および向上に寄与することを目的とする国民年金制度を規定する法律（昭和34年法律第141号）。国民年金制度は1985（昭和60）年改正において，原則20歳以上60歳未満の全国民に加入が義務付けられる制度に改められ，国民年金から全国民に共通する基礎年金である老齢基礎年金，障害基礎年金および遺族基礎年が支給されることとなった。国民年金に強制加入する被保険者は，第1号被保険者（日本国内に住所を有する20歳以上60歳未満の自営業者，農林漁業従事者，学生・生徒等で，第2号，第3号被保険者のいずれにも該当しない者），第2号被保険者（厚生年金の被保険者），第3号被保険者（第2号被保険者の被扶養配偶者であって20歳以上60歳未満の者）で構成される。 ［谷村紀彰］

こくみんふたんりつ
♧国民負担率（ratio of public to national income）

国民所得に占める租税と社会保障（社会保険料）の負担の合計額の割合で，社会保障のための負担を表す指標として用いられる。国民負担率の推移をみると，1970（昭和45）年度の24.3%から若干変動し1979（昭和54）年度以降は30%台で推移し，2007（平成19）年度に40%に達した。2017（平成29）年度は42.5%となっている。また，財政赤字という将来の国民負担を含めた潜在的国民負担率（国民負担率＋財政赤字対国民所得比）は近年，50%前後で推移している。諸外国の国民負担率をみると，2014（平成26）年はスウェーデン55.9%，フランス68.2%，ドイツ52.4%，イギリス45.9%，アメリカ32.7%で，わが国は相対的に低い水準となっている。社会保障の財源はその大部分が保険料と税金であるが税金は社会保障以外にも使われ，また負担の中から社会保障の給付が行われていることから，国民負担率は社会保障の負担の大きさのみを示しているわけではないが，社会保障給付費の増加は国民負担率と密接に関係している。 ［佐藤眞子］

こくりつこうどせんもんいりょうけんきゅう
♧国立高度専門医療研究センター

国立がん研究センター，国立循環器病研究センター，国立精神・神経医療研究センター，国立国際医療研究センター，国立成育医療研究センター，国立長寿医療研究センターの以上6つの法人を総称して国立高度専門医療研究センターという。高度先駆的医療の研究・開発・普及，病因・病体の解明，新たな診断・治療法の開発・研究，医療の提供，専門的医療従事者の研修及び情報発信等を総合的・一体的に行っている。また，2010（平成22）年4月に独立行政法人に移行し2015（平成27）年4月からは「研究開発成果の最大化」を目的とする国立研究

開発法人へと組織改革がなされ国民的な医療課題に対応している。 [村岡則子]

♧国立光明寮（こくりつこうめいりょう）

視覚に障害のある者に対してその更生に必要な知識・技能の付与及び訓練（あん摩マッサージ指圧師，はり師，きゅう師となるのに必要な知識及び技能の習得，日常生活活動についての適応訓練）を行うことにより社会復帰を図ることを目的とする施設である。現在は2010年の厚生労働省組織令の一部改正に伴い，国立障害者リハビリテーションセンターとの組織統合が実施され，国立視力障害センターへと改称されている。［村尾直也］

♧国立コロニー（のぞみの園）（こくりつ／その）

国立コロニーのぞみの園は，重度知的障害者の親の死亡後のための施設を求める動きにこたえて1971（昭和46）年に群馬県高崎市に開設された。その後ノーマライゼーションの思想が広まっていき，脱施設化が主流となっていく中で，2003年に国立コロニーのぞみの園を運営していた特殊法人心身障害者福祉協会が解散し，同年に独立行政法人国立重度知的障害者総合施設のぞみの園（国立のぞみの園）として発足，施設入所者の地域生活への移行を進めている。 ［村尾直也］

♧国立社会保障・人口問題研究所（こくりつしゃかいほしょう・じんこうもんだいけんきゅうしょ）

少子高齢化や経済成長の鈍化により，人口と社会保障との関係は以前に比べて密接となり，両者の関係を総合的に解明することが不可欠となってきたことを受け，厚生省（当時）は時代に応じた厚生科学研究の体制を整備するため厚生省試験研究機関の再編成を検討し1996（平成8）年に厚生省人口問題研究所と特殊法人社会保険研究所との統合によって設立された。厚生労働省に所属する国立の研究機関であり，人口や世帯の動向をとらえるとともに，国内外の社会保障政策や制度についての研究を行っている。5年周期で，出生動向基本調査，人口移動調査，生活と支えあい調査，家庭動向調査，世帯動態調査を行っており，諸外国の社会保障・人口問題の調査研究の国際協力も行っている。 ［井上明信］

♧国立重度障害者センター（こくりつじゅうどしょうがいしゃ）

国立重度障害者センターは，国立別府保養所を前身としている。厚生労働省が設置する障害者支援施設で，重度の肢体不自由者に対し，医学的管理のもとに施設障害福祉サービスを提供することを目的としている。1952（昭和27）年に重度の戦傷病者を対象に国立保養所が開所。その後，1964年に厚生省組織規程の一部改正により国立重度障害者センターへ改称。さらに2010年に国立更生施設の組織再編に伴い，国立障害者リハビリテーションセンターの内部組織となり，国立障害者リハビリテーションセンター自立支援局別府重度障害者センターへと改称されている。 ［村尾直也］

♧国立身体障害者リハビリテーションセンター（こくりつしんたいしょうがいしゃ）

1979（昭和54）年，国立身体障害者リハビリテーションセンターとして発足したが，近年の社会変化を鑑み，2008（平成20）年10月に国立障害者リハビリテーションセンターへと名称が変更された。日本における障害者リハビリテーションの中核をなす機関であるとともに，保健・医療・福祉サービスを総合的に提供する施設である。事業内容としては，障害のある人に対して，医療や福祉，また社会参加や自立のきっかけともなる就労支援サービス等を提供している。また，専門職の育成に関する調査・研究，研修機会の提供や，支援技術の開発研究，WHO や JICA への事業協力等も行っている。 ［笠 修彰］

♧国立秩父学園(こくりつちちぶがくえん)

1958（昭和33）年に国立の知的障害児施設として開設され，現在は福祉型障害児入所施設である。重度の知的障害児や自閉症等で著しい行動障害がある児童，視覚や聴覚に障害のある知的障害児などを入所させ，その保護と指導を行っている。また地域療育支援室では，研究・地域連携のモデル発信等を主目的に通園療育等を実施している。なお1963（昭和38）年から附設されていた保護指導職員養成所は，2012（平成24）年に国立障害者リハビリテーション学院に組織統合された。また2010（平成22）年度より正式名称が，国立障害者リハビリテーションセンター自立支援局秩父学園となった。

［安部計彦］

♧国立知的障害児施設(こくりつちてきしょうがいじしせつ)

国家行政組織法，厚生労働省設置法及び厚生労働省組織令の規定に基づき，1958(昭和33)年，わが国唯一の国立知的障害児施設として，秩父学園が埼玉県所沢市に開設した。当該施設では，知的障害の程度がいちじるしい児童又は目が見えない，耳が聞こえない，口がきけない知的障害児を入所させて，その保護及び指導を行っていたが，2012(平成24)年の児童福祉法一部改正により，国立福祉型障害児入所施設へと施設種別が変更された。これに伴い，発達障害児が入所の対象とされたことや，児童の家族も含めた療育支援が行われるようになっている。主な取組みとしては，入所者の障害特性に応じた日中活動の支援，専門的診療・療育訓練を行うための外来診療及び地域療育支援，地域生活への意向を促すことを目的として３～６か月程度少人数による生活体験の場を用意し，自立生活の能力向上に必要な支援がなされる地域生活トレーニングホーム，児童指導員の養成及び研修事業があげられる。［笠　修彰］

♧国立病院・療養所(こくりつびょういん・りょうようじょ)

1945（昭和20）年，厚生省所管の施設等機関として，旧陸海軍病院を引き継ぎ国立病院が，傷痍軍人療養所を引き継ぎ国立療養所が発足した。その後，国立病院・療養所の再編成や設置が行われたが，2004（平成16）年４月，国立高度専門医療研究センター及び国立ハンセン病療養所を除く全国154か所が独立行政法人国立病院機構へと移行した。当該機構では，「医療の提供，医療に関する調査及び研究並びに技術者の研修，その他附帯する業務を行い，国民の健康に重大な影響のある疾病に関する医療その他の医療であって，国の医療政策として機構が担うべきものの向上を図り，公衆衛生の向上及び増進に寄与すること」を目的としている。

［笠　修彰］

♧国連児童緊急基金(こくれんじどうきんきゅうききん)（UNICEF）

第２次世界大戦で被災した国々の子どもたちの緊急支援のために，1946年12月，第１回国連総会で設立された国連機関。正式名称は，国際連合国際児童緊急基金 United Nations International Children's Emergency Fund）。日本は，1949年から1964年にかけて，主に脱脂粉乳や医薬品などの援助を受けた。緊急援助が行き渡った1953年，戦争被災国だけでなく開発途上国の子どもたちも困難な状況にあることから，国連総会はこれを恒久機関とすることにし，名称を現在の United Nations Children's Fund（国際連合児童基金）に変えたが，略称は UNICEF のまま残された。

［川池智子］

♧個室化(こしつか)

1963（昭和38）年の老人福祉法制定によって規定された特別養護老人ホームの居室は，施設建設時の基準により，６人部屋，４人部屋が主流であり，入居者のプライバシーが守られないという問題があった。このため，特別養護老人ホームの居住環境を抜本的に改善し，入居者の尊厳を重視したケアの実現するため，厚生労働省は2001年に個室・ユニットケアを特徴とする特別養護老人ホーム（新型特養）の整備を進め，2002年から新型特養に対する施設整備費補助を導入した。　　［種橋征子］

♧互酬性（ごしゅうせい）

人は個人として家庭を構成して生活していく一方で，他の家庭とも相互に共同して社会を形成し，その一員として生きる。そのためには，お互いに守るべき生活規範がある。それは，相互扶助と相互規制という社会規範である。それが社会的な相互行為としての互酬性である。とくにボランティア活動は，人びとの自由な意思と循環的な精神による，最も自由な互酬性である。　　［井上明彦］

♧互　助（ごじょ）

住民同士の支え合い，助け合いのこと。地域包括ケアシステムでは，自助，互助，共助，公助の概念が示されており，互助はボランティア活動や近隣住民同士の組織による活動を意味する。基本的に互助の場合は必要な費用が制度によって定められているわけではなく，当事者の自発的な活動を指す場合が多い。地域包括ケアシステムは地域の特性に応じて自助，互助，共助，公助を適切に組み合わせて構築することが目指されている。　　［日田　剛］

♧個人情報保護法（こじんじょうほうほごほう）（個人情報の保護に関する法律）

コンピュータの普及や発展に伴い，個人情報を保護する必要性の認識が高まったことから，個人情報の有用性に配慮しつつ，個人の権利利益を保護することを目的とする法である。「個人情報の保護に関する法律」（平成15年法律第57号）は，2003（平成15）年に成立した。個人情報の保護に関する国及び地方公共団体の責務等を明らかにし，個人情報を取り扱う事業者の義務等についても定めている。また，個人情報の利用目的の特定，利用目的による制限，安全管理のための措置，第三者への提供等について規定している。さらに，本人からの個人データの開示や訂正の申し出についての対応も定められている。　　［納戸美佐子］

♧子育てサークル（こそだてサークル）

地域などに任意に形成される子育て仲間のグループである。グループ形成の動機は，保健福祉センターや地区センターなどでの母親学級，育児教室などの同時受講者が，教室終了後も子育て仲間としてグループを継続することが多い。子育てに役立つ情報や発達の相談等を共有しながら，地域での仲間作りや孤立化の予防などにも有効である。　　［有村玲香］

♧子育てサロン（こそだてサロン）

少子化や核家族化の進行などにより，子育ての不安や悩みを抱えながら，孤立した中で子育てをしている親が増え，居住する地域を拠点に，子育ての当事者やその子どもなど地域住民が気軽に集まり，子育てを楽しみ，支え合い，仲間づくりを行ったり，情報交換の場などとなっている。子育て中の親の孤立や虐待の予防につながる活動として，ボランティア団体などの取組みが広がってきている。　　［笠野恵子］

♧子育て支援（こそだてしえん）

子育て支援とは，子どもが誕生，発達，生活する基盤である親及び家庭における子どもの養育機能に対し，家庭以外の私的，公的，社会的機能が支援的に関わることである。具体的には，子どもを育てる保護者に対して，就労状況や家

族・子どもとの関係性を理解して，適切な支援・相談助言を行うことである。 [有村玲香]

♧子育て不安

子育てに自信を失い，不安でいらだつ等の心理状態のことである。主な原因は，子育てに関する知識不足，父親が子育てに参加しない，両親の子育ての価値観の違い，子育てのサポーターがいない，養育者の孤立化などが挙げられる。子育て不安の表れ方は，育児への自信のなさ，心配，困惑，母親としての不適格感，子どもへの否定的な感情といった心理的なものから，攻撃性・衝動性を伴う行動までさまざまなものがある。 [有村玲香]

♧国家公務員等共済組合

国家公務員共済組合法により，国家公務員とその被扶養者の病気，負傷，出産，休業，災害，退職，障害等に対し給付を行うための共済組合。衆議院，参議院，内閣や法務省，財務省等各省庁単位で共済組合をもち，療養の給付，傷病手当金，弔慰金等の短期給付と退職共済年金，障害共済年金（障害一時金），遺族共済年金等の長期給付をおこなっている。また，業務上の災害，傷病については国家公務員災害補償法によって給付が行われている。 [田畑寿史]

♧国境なき医師団

国境なき医師団（Médecins Sans Frontières：MSF）は，非営利・民間の国際的な医療・人道援助団体である。1971年にフランスの医師とジャーナリストのグループにより設立され，1992年には日本事務局が発足した。スイスのジュネーヴに本部を置き，世界各地に29事務局を設置している。主な活動地はアフリカ・アジア・南米などの途上国である。国境なき医師団の活動は，緊急性の高い医療ニーズに応えることを目的としている。苦境にある人びと，紛争や自然災害の被害者，貧困などさまざまな理由で保健医療サービスを受けられない人びとなど，その対象は多岐にわたり，人種，宗教，信条，政治的な関わりを超えて差別することなく援助を提供する。国境なき医師団（MSF）の活動資金は，そのほとんどを民間からの寄付でまかなっている。それは資金の独立性と透明性を保ち，どんな権力からの影響も受けず，自らの決定で必要な場所へ援助を届ける目的を含む。 [笠野華代]

♧骨　髄

骨の内部にある腔（髄腔）と骨端で網状に交差する薄い骨板（海綿質）の小腔を満たしている柔らかい組織で赤血球・白血球・血小板をつくる造血器官である。造血機能が活発な骨髄は赤い色（赤色骨髄）を呈するが，年を経るに従い脂肪が増加して黄色味を帯びる。この脂肪組織で満たされた骨髄を黄色骨髄と呼ぶ。造血機能を有する骨髄は，骨盤の腸骨や胸骨などの扁平骨がより活発で加齢になっても比較的造血幹細胞が残る。 [村岡則子]

♧骨髄移植

血液細胞を作る骨髄に異常や欠損がある場合に，異常な骨髄細胞を死滅させ，正常な骨髄細胞を移植することによって骨髄での造血機能を正常化させる治療法である。適応疾患は，血液悪性疾患と免疫難病である。小児では，重症免疫不全症や代謝性疾患の治療法として用いられる。最も一般的に行われる同種移植（他人の骨髄の移植）のほか，同系移植（一卵性双生児間の移植），自家移植（保存しておいた自分の骨髄の移植）がある。同種移植では，拒絶反応を予防するため白血球型（HLA 型）の一致した血縁者間で移植することが多いが，骨髄バンク

を介してHLA型が一致する非血縁者のドナーから骨髄提供を受けることもできる。 [山田美保]

骨髄バンク事業（こつずいバンクじぎょう）

㈶骨髄移植推進財団（1991年12月設立）が白血病等の血液難病患者への非血縁間骨髄移植の仲介を主な目的として，国（厚生労働省）主導のもと，日本赤十字社や都道府県の協力を得て実施している公的事業である。本事業における財団の役割は，骨髄移植の普及啓発，骨髄提供者（ドナー）の募集，骨髄移植までの連絡調整（患者登録受付，適合ドナーへの説明・確認，主治医や医療機関との連絡・調整），ドナーに対する傷害補償，コーディネーターの養成研修，骨髄移植に係る国際協力事業などである。そして，骨髄提供者（ドナー）の登録受付及びデータ管理及び，移植希望患者の白血球の型（HLA型）に適合するドナーの検索は，日本赤十字社が行う。

[山田美保]

骨　折（こっせつ）

骨がもっている強度を超える外力が加わり，骨組織が一部又は全部破壊された状態のこと。骨折の種類は，外圧のかかり方（圧迫骨折，剥離骨折など）や骨折線の形（縦，横）により，分類される。また，骨が折れるとともに周囲の皮膚が損傷し，骨折部位が外に出た状態を複雑骨折といい，皮膚の損傷がない場合を単純骨折という。骨折の局部的な症状には，痛み，変形・可動性異常，内出血，腫れ，全身性の症状には，ショックによる脈拍異常，血圧低下や脂肪栓塞がある。 [山田美保]

骨粗鬆症（こつそしょうしょう）

骨粗鬆症は，正常な骨の組成のまま骨質量が減少した状態である。さまざまな原因でおこるが，最も多いものは，閉経後の女性，また，高齢によるものである。すべての人は老化に伴って骨質量が減少してゆく。また，女性ホルモンの一種であるエストロゲンは，骨の新陳代謝に際して骨吸収をゆるやかにして骨からカルシウムが溶け出すのを抑制する働きがあるが，閉経によって女性ホルモンの欠乏により，カルシウムの身体需要量が高まり，結果としてカルシウム不足となりやすい。 [花田美那子]

骨軟化症（こつなんかしょう）

骨の石灰化に問題が生じ，類骨という柔らかい骨の割合が多い状態になる病気である。これに対し，同じ症状で，骨が成長する前（子どもの頃）に発症した場合の呼び名を「くる病」という。その原因には，骨を石灰化するために必要な栄養分であるカルシウム，リン，特にビタミンDの欠乏によるものが多い。ビタミンDの欠乏には，腎臓・肝臓の機能が病気などにより十分でないことや，長期間日光にあたらない生活をしていることなどの原因があげられる。発病初期には，痛みを訴えることは少ないが，進行すると関節痛や腰背痛・骨痛・筋力の低下・骨折などの症状がみられる。

[笠　修彰]

コーディネーター (coordinator)

「調整者」と訳される。援助活動の現場で援助者に求められる役割の一つ。社会福祉の援助領域では，利用者の生活問題の解決や軽減を図る取り組みが行われている。援助者は利用者の主体性を活かしながら，多くの専門家と手を携えて，利用者の自立支援を行っている。問題点や課題を分析・検討し，見通しを立てた援助計画を立案し，援助活動を展開していく。そのためには，利用者（クライエント）を取り巻く数多くの社会資源とのやり取り（調整）を通しながら，連携協力体制を作り上げていく必要がある。援助者には，さまざまな場面で多様な調整役を果たす役割と機能が求められている。　　　［佐藤直明］

♧コーディング

調査票の各項目や回答を整理するため，アルファベットや数字等を用いてコードを付け情報の符号化を行うこと。コーディングはプリコーディングとアフターコーディングに大別される。プリコーディングとはアンケート調査票等の作成段階において質問項目をあらかじめ分類し番号や記号を付ける。アフターコーディングとはアンケート調査の自由記述で得られた回答を分類し番号や記号を付ける。　　　［寺島正博］

♧古典的条件づけ（こてんてきじょうけん）

古典的条件づけは，学習者が生まれつきもっている刺激と反応の結びつきを利用して新しい刺激と反応の結びつきを作ることをいう。この学習理論を初めて理論化したのは，ロシアのパブロフ(Pavlov, I.P.）である。これはレスポンデント条件づけともいう。人や動物には反射によって生じる反応がある。たとえば，梅干しを見ると唾液が出たり，驚いた時に思わずまぶたを閉じる反応である。この学習者が生まれつきもっている反応を，無条件反応(レスポンデント)という。そして，レスポンデントを生じさせる刺激を無条件刺激(誘発刺激)という。パブロフは犬の消化腺の研究において，刺激と反応の結びつきによって人間や動物の行動の説明を試みた。

［梶原浩介］

♧孤独死（こどくし）

誰にも看取られずに死亡すること。現在のところ，孤独死の法的に明確な定義はなく，孤立死，独り死という表現が類似語として使われることがある。内閣府の高齢社会白書の平成22年度版では「誰にも看取られることなく息を引き取り，その後，相当期間放置されるような悲惨な孤立死（孤独死)」と表現している。独りで死ぬことよりも，社会的に孤立してしまった結果として，死亡したことを周囲に知らされるまでに相当の時間が要したことを社会的問題としている。孤独死は1995（平成７）年阪神・淡路大震災時に地域コミュニティが脆弱化した仮設住宅で被災者が孤独死したことや，2000年以降，都市部での高齢者の孤独死が多発したことがメディア等で報道されたことから，社会的に関心が高まった。

［孔　英珠］

♧子ども会（こどもかい）

地域を基盤とした異年齢の仲間同士での活動を通し，共に成長しあうことを目的に組織されており，育成者である子どもの親や地域住民をふくめ，子ども会と総称される。子どもは就学前３年の幼児から高校３年生頃までが対象である。子ども会では，スポーツ活動，レクリエーション活動，奉仕的活動など子どもたちが主体となった行事を行っており，学校や家庭だけでは経験できないさまざまな活動を通し，心身の発達が図られる機会が提供される。子ども会の歴史は古いが，近年では子ども会の参加人数が減少の一途をたどっており，地域での子ども集団の組織化の在り方が問われている。

［山本佳代子］

♧子ども家庭福祉（こどもかていふくし）

子ども家庭福祉とは，端的には子どもと家庭に対して行われる社会的なサービスと制度の体系である。従来の児童福祉に代わり「子ども家庭福祉」と呼ばれることが多くなっている。子ども家庭福祉の施策体系は，児童福祉法を中心に実施されている。具体的には，要保護児童施策（乳児院，児童養護施設等）や子育て支援施策（保育所等）等がある。また「次世代育成対策推進法」や「児童虐待の防止等に関する法律（児童虐待防止法）」による施策等も実施されている。なお，「子ども家庭福祉」の呼称や概念の内容については，研究者等の間で諸説があるが，子ども家庭福祉の概念の特徴として，子どもとその家庭（や地域社会）を支援すること，子どもの最善の利益の保障やウェルビーイング（自己実現の保障）の実現，自立支援等があるとされている。［勝　智樹］

♧子(こ)ども・子育(こそだ)て応援(おうえん)プラン

子ども・子育て応援プランは，2003（平成15）年に制定された少子化社会対策基本法に基づき少子化社会対策を総合的に推進するために設置された少子化社会対策会議により，2004（平成16）年に決定された「少子化社会対策大綱に基づく重点施策の具体的実施計画について」のことである。エンゼルプラン（1995（平成7）～1999（平成11）年度），新エンゼルプラン（2000（平成12）～2004（平成16）年度）に続く3期目の子育て支援施策（2005（平成17）～2009（平成21）年度）である。エンゼルプランや新エンゼルプランは，保育サービスの計画的な整備が中心であったが，子ども・子育て応援プランでは，少子化社会対策大綱で示された①若者の自立（トライアル雇用など），②仕事と家庭の両立支援（育児休業制度の周知・定着など），③生命の大切さ，家庭の役割などの理解，④子育ての新たな支え合い（児童虐待防止ネットワークなど）を重点施策としてより幅広い分野に関する目標が掲げられた。また，2003（平成15）年に制定された次世代育成支援対策推進法では，国が定める行動計画に基づいて育児休業制度の定着や育児休業取得率の引上げ等，地方公共団体や企業でも行動計画を策定し，次世代育成支援の取組みを推進することを求めている。［勝　智樹］

♧子(こ)ども・子育(こそだ)て支援新制度(しえんしんせいど)

「子ども・子育て支援新制度」は，2012（平成24）年8月に成立した「子ども・子育て支援法」，「認定こども園法の一部改正」，「子ども・子育て支援法及び認定こども園法の一部改正法の施行に伴う関係法律の整備等に関する法律」の子ども・子育て関連三法に基づく制度のことをいう。主なポイントは，①認定こども園，幼稚園，保育所を通じた共通の給付（「施設型給付」）及び小規模保育等への給付（「地域型保育給付」）の創設，②認定こども園制度の改善（幼保連携型認定こども園の改善等），③地域の実情に応じた子ども・子育て支援，④基礎自治体（市町村）が実施主体，⑤社会全体による費用負担，⑥制度ごとにバラバラな政府の推進体制を整備（内閣府に子ども・子育て本部を設置），⑦子ども・子育て会議の設置などである。［門田光司］

♧子(こ)ども・子育(こそだ)て支援法(しえんほう)

2012（平成24）年8月に成立した子ども・子育て支援法は，子ども・子育て支援給付その他の子ども及び子どもを養育している者に必要な支援を行い，もって一人ひとりの子どもが健やかに成長することができる社会の実現に寄与することを目的とする。子ども・子育て支援給付は，子どものための現金給付（児童手当の支給）及び子どものための教育・保育給付（施設型給付費，特例施設型給付費，地域型保育給付費及び特例地域型保育給付費の支給）とする。その他では，市町村は市町村子ども・子育て支援事業計画に従って地域子ども・子育て支援事業を行う。内閣総理大臣は基本指針を定める。市町村子ども・子育て支援事業計画及び都道府県子ども・子育て支援事業支援計画を定める。内閣府に，子ども・子育て会議を置く等である。［門田光司］

♧子どもの虐待⇒児童虐待

♧子どもの権利条約⇒児童の権利に関する条約

♧子どもの人権オンブズマン

子どもの人権を守るため，1981年にノルウェーで生まれた。日本では，国連の「子どもの権利に関する条約（通称：子どもの権利条約）の批准」が追い風となり，1999年以降から各地で設置が認められている。オンブズマンは権利擁護を実践する者を指し，対象を「子ども」と規定している。本オンブズマンは，子どもの権利を守るための相談や調整，援助を実施することである。また，子どもの権利条約の理念に基づいて，子どもの権利が侵害されていないか等を調査する役割がある。　　［滝口　真］

♧子どもの貧困対策の推進に関する法律

この法律は，子どもの将来がその生まれ育った環境によって左右されることのないよう，貧困の状況にある子どもが健やかに育成される環境を整備するとともに，教育の機会均等を図るため，子どもの貧困対策を総合的に推進することを目的としている。政府は子どもの貧困対策に関する大綱を定めなければならず，都道府県は子どもの貧困対策計画にて教育の支援，生活の支援，保護者に対する就労支援，経済的支援を講じていくことが求められている。また，内閣府に特別機関として子どもの貧困対策会議が設置され，子どもの貧困対策に関する重要事項について審議し，及び子どもの貧困対策の実施を推進することになっている。　　［門田光司］

♧子どもの貧困率

子どもの貧困率は，17歳以下の子ども全体に占める，等価可処分所得が貧困線に満たない子どもの割合をいう。2015（平成27）年の子どもの貧困率は13.9%で，2012（平成24）年の16.3%より改善した。しかし，貧困状態にあるすべての子どもの生活に改善が見られたわけではなく，とくにひとり親世帯の子どもの貧困率は50.8%と半数を超えている。ユニセフの調査では，日本は「貧困撲滅」「不平等の削減」で下位に位置し，国際的にも子どもの貧困問題は大きな課題を抱えている。　　［門田光司］

♧こども未来財団

日本の厚生労働省所管の財団法人であり，子育て支援に関する諸事業を実施している。本財団は，1994（平成６）年に当時から進行しつつあった少子高齢化現象を背景に，子どもを産み育てやすい環境づくりを進めることにより，児童の健全育成に寄与し，活力ある社会の維持・発展に資することを目的として，当時の厚生大臣の認可を得て設立された。本財団は2015年７月に解散し，その後は公益財団法人児童育成協会が事業を継承し展開している。　　［滝口　真］

♧子ども・若者育成支援推進法

有害情報の氾濫等，子ども・若者をめぐる環境は悪化しており，子ども・若者自身もニートやひきこもり，不登校，発達障害等の支援を要する課題が深刻化している。そのため，従来の個別分野における縦割り的な対応では限界にきている状況から，2009（平成21）年に「子ども・若者育成支援推進法」が制定された。この法律は，子ども・若者育成支援施策の総合的な推進のための枠組み整備（地域における計画やワンストップ相談窓口等の枠組み整備，他）や，社会生活を円滑に営む上での困難を有する子ども・若者を支援するための地域ネットワークづくりの推進（子ども・若者支援

地域協議会の設置等）を図ることを目的としている。 ［門田光司］

♧五人組制度（ごにんぐみせいど）

1597（慶長２）年に豊臣秀吉が京都において治安維持のために組織し，江戸幕府によって庶民の組織として体系化されたものである。五人組は，連帯責任・相互監察・相互扶助を目的に五戸を一組とする隣保組織である。農村と村落を支配するための末端機構としての政治的役割をもつものであったと同時に，村落における農民の身分関係の確立，納税確保，農村秩序の維持等の農民の救済に利用された。本制度を中心とする共同体的相互扶助で日常生活での支援や救済が行われた。 ［河村裕次］

♧コノプカ，G.

(Konopka, Gisela；1910-2003)

ユダヤ系ドイツ人としてベルリンに生まれるが，ナチスの迫害を受け，アメリカに亡命する。ミネソタ大学名誉教授。アメリカにおけるグループワークの研究者。グループが持つ力動性を活用した治療的教育グループワークの発展に寄与した。自尊感情の重要性を主張し，相互作用の持つ治療的効果を活用するグループワークの理論の形成に貢献した。グループワークは，ソーシャルワークの一つの方法であり，意図的なグループの経験を通じて，個人が社会的に機能する力を高め，個人，集団，地域社会の諸問題に，より効果的に対処し得るように人びとを援助するものである。 ［佐藤直明］

♧コーピング（coping）

外界からの刺激（ストレッサー）に対して，ストレス反応を低減するための認知的，行動的に対処する過程を意味する。したがってコーピングが適切に行われた場合にストレスは低減する。ラザラス（Lazarus, R. S.）らは，ストレッサーやその環境に直接働きかけ問題の明確化，情報収集，解決策の検討から変化させようとする「問題焦点型コーピング」とストレッサーに対して距離をおく，とらえ方を変える，気分転換などで認知や情動的反応を統制しストレス反応を低減しようとする「情緒焦点型コーピング」の２つがあるとした。 ［村岡則子］

♧ゴフマン，E.

(Goffman, Erving；1922-1982)

アメリカの社会学者。ゴフマンは，人びとの相互作用を「劇（ドラマ)」として解釈する「ドラマトゥルギーの社会学」を展開し，社会学の基礎理論である役割理論について新たな視点（「役割演技論」）を提示した。ゴフマンによれば，人間はあたかも舞台の上で演技する役者のように，顔の表情やジェスチャーなどの非言語的表現を駆使して自己を提示しながら相互に影響を与え合っている。このような人びとの相互作用の特徴から考えると，人間にとって「役割」とは，社会から一方的に課せられたものではなく，他者との相互作用のなかで不断に対応しながら主体的に形成していくものと理解できる。 ［村山浩一郎］

♧個別援助技術（こべつえんじょぎじゅつ）⇒ケースワーク

♧個別面接調査法（こべつめんせつちょうさほう）

調査対象者と面接者が直接面接をし，調査者が質問紙に沿って質問したことに対して，調査対象者が答え，回答を書き取っていくという調査方法である。多くの場合，調査対象者1名に対し面接者1名で実施されるが，必ずしも1対1で実施する必要はない。調査対象者の同意が得られれば，２人の面接者が参加し，一人が質問をし，一人が調査対象者の回答を記録するという方法もある。また，回答者に他者の介入や代弁が必要な場合は，同席させることも可能である。個別で実施

されるため，調査対象者が回答しやすい環境を整える必要がある。［永松美菜子］

♧コーホート調査（ちょうさ）

縦断調査の一つである。ある時点において共通する属性をもつ集団（コーホート：とくに同年齢や同世代を示す場合が多い）を抽出し，一定期間ごとに調査を行っていく手法。パネル調査とは異なり，標本となる対象者は入れ替わることがある。追跡調査により，その年代や世代における意識やニーズ，状態の変化を知ることができる。また，他のコーホートと比較することで時代の影響と年齢による影響を区別した分析が可能となる。［下田　学］

♧コミュニケーション (communication)

記号（言語，表情，身振り等）を介して一定の意味や内容を伝達しあう過程であり，人が相互に感情や態度，意見等を伝達，交換することをいう。コミュニケーションは人間の精神活動と深く関わり，個人の発達，人間関係の形成，社会関係・文化の形成の基礎となるものである。コミュニケーションの方法として，言語による言語的（バーバル）コミュニケーションと，表情や視線等による非言語的（ノンバーバル）コミュニケーションがある。社会福祉の実践活動においても，援助者とクライエントの間で生まれるコミュニケーションの質が援助活動を左右するため，いかにコミュニケーション技術を駆使して援助関係を構築していくかが課題となる。また，援助者はクライエントへの理解を深めるためにも，自身の姿勢や態度を省察することが重要となる。そのためには，非言語的コミュニケーションについての認識や理解も必要である。［矢ヶ部陽一］

♧コミュニティ (community)

一定の地理的範囲としての地域性と，成員の帰属意識に支えられる共同性という要件によって構成される社会のこと。どちらの要件を重視するかにより「地域社会」あるいは「共同社会」と訳出される。マッキーヴァー（MacIver, R.M.）が，人為的・計画的に形成される「アソシエーション」の対概念として設定した自然発生的な社会集団の類型概念で，その特徴として社会的類似性，共同の社会的観念，共同の習慣，共同の伝統，共属感情の存在をあげている。この概念の定着の一方で都市化や産業化の進展に伴う生活圏の広域化，流動型生活構造への移行，さらにIT革新による仮想社会の拡大，個人化の深化などによる地域共同体の解体傾向が指摘されている。それに対して，地域福祉実践の視点から「福祉コミュニティ」や「ケアリング・コミュニティ」など，新たな地域社会形成の目標概念として盛んに用いられている。［小桐　修］

♧コミュニティケア (community care)

ノーマライゼーションの理念にもとづいて，高齢者や障害者，児童等の複合的なニーズをもつ人びとが地域社会のなかで自立した生活を送れるよう支援する地域福祉の体系のこと。コミュニティケアは，1950年代のイギリスで精神保健分野において展開された政策に端を発し，閉鎖的な社会福祉施設でのケア（インスティチューショナルケア）から地域社会における家庭的なケア（コミュニティケア）への転換を意味していた。イギリスにおいてこの理念は，「シーボーム報告」(1968)，「グリフィス報告」(1988)等のなかで明確化され，1990年の「国民保健およびコミュニティケア法」で国家政策として定着した。わが国でこの用語が正式に登場したのは，1969（昭和44）年の東京都社会福祉審議会答申「東京都におけるコミュニティケアの進展について」である。現在では施設サービスと在宅サービスを含む公的サービスと，インフォーマルな支援体制を含めた概念ととらえられている。［小桐　修］

♧コミュニティソーシャルワーク（community social work）

イギリスの「バークレイ報告」（1982年）において提起されたソーシャルワークの方法・実践。地域を基盤として生活課題を抱えた人びとに対する個別支援と並行して，資源開発・調整，福祉啓発・教育，住生活環境の整備，福祉コミュニティづくりなどにも取り組んでいく。わが国ではとくに1990年代以降，地域福祉の具現化が進む中でその実践への関心が高まり，各自治体において専門職の養成や配置が進められている。一方で理論的な整理は十分に行われておらず，現時点でさまざまな概念や見解が示されている。また，実践の内容や機能が多岐にわたることから，専門職間の役割分担やシステム構築の課題も指摘されている。［荒木　剛］

♧コミュニティ・ディベロップメント（community development）

もともとは発展途上国の開発計画の一環として提唱されたものである。現在は地域活動を通じた社会生活の福祉向上を達成（地域共同社会の開発）するための活動，その活動の支援，援助方法を含む概念としてもとらえられている。このことから，地域福祉を推進する方法論の一つに位置づけられることもあり，コミュニティワークとは関連が強い。2018年現在，日本地域福祉学会は地域福祉の英訳としてコミュニティ・ディベロップメントを用いている。［池本賢一］

♧コミュニティ・ベースド・リハビリテーション（Community-Based Rehabilitation：CBR）

リハビリテーションに関する社会資源の乏しい途上国において，障害のある人のおかれている環境を改善するとともに，生活の質を向上させることを目的として，WHO により開発された障害者支援における一つの方法。日本語では，「地域に根ざしたリハビリテーション」「地域住民参加型リハビリテーション」等と訳される。専門家主導で行うのではなく，障害者本人や家族を含む地域住民が主体となって行うところに特徴があり，その定義には WHO 等による次のようなものがある。「CBR とは，子どもから大人まで障害のあるすべて人びとのリハビリテーション，機会の均等，そして社会への統合を総合的な地域のなかで進めるための戦略である。CBR は障害のある人自身とその家族，そして地域，さらに適切な保健，教育，職業および社会サービスの協力により効力を発揮する」。［笠　修彰］

♧コミュニティワーカー（community worker）

主にコミュニティワークを用いて地域を側面から支援する者を指す。近年，地域づくりをテーマとした非営利活動法人や，地域包括ケアの提唱に伴って地域づくりを担うこととされている職員が増加しているが，彼らもコミュニティワーカーととらえることができる。また，地域福祉を推進してきた社会福祉協議会の職員や，地域活動を担うボランティアなどもコミュニティワーカーとしてとらえられている。［池本賢一］

♧コミュニティワーク（community work）

アメリカで提唱されたコミュニティ・

オーガニゼーション（CO）から発展した概念で，地域組織化を中心に展開される地域支援の方法としてとらえられている。ソーシャルワークでは間接援助技術に位置づけられている。CO とほぼ同義としてとらえられ，社会福祉士及び介護福祉士法の成立までは CO が使われることも多かったが，同法成立以後はほぼ統一してコミュニティワークという名称が使われている。その展開過程は①活動主体の組織化，②地域アセスメント（問題の把握），③活動計画の立案，④活動，⑤活動の評価と示され，この一連のプロセスを経て住民の主体性を高め，住民を組織化する方法論としてとらえられることが多い。しかし一方で，今日に至るまでコミュニティワークの定義は明確に定まっておらず，論者によってさまざまであるため，理論の確立が喫緊の課題である。［池本賢一］

♧コミューン（kommun）

スウェーデンの基礎的自治体で，日本の市町村に相当する。スウェーデンの社会保障制度は広範かつ高水準の所得保障を特徴としており，社会保険や各種所得保障の給付制度は国が，保健・医療サービスはランスティング（日本の県に相当する広域自治体）が，各種社会福祉サービスはコミューンが実施している。1982年に施行された社会サービス法により，社会福祉サービスは住民の最も身近な自治体であるコミューンの責任のもとで行われることになった。スウェーデンでは行政サービスはできる限りその影響を受ける人びとの近くで行われなければならないと考えられているため，基礎的自治体であるコミューンの機能が重視されている。［佐藤眞子］

♧米騒動（こめそうどう）

米価の暴騰に苦しんでいた富山県魚津町の主婦が，1918（大正７）年，米の販売を求めて米倉庫前で嘆願し起こした騒動。この騒動は「越中女一揆」として全国の新聞で報道され，名古屋，京都，大阪，東京，広島など全国各地に広がり，参加者は数百万人を超え，寺内正毅内閣の総辞職につながった。米騒動は慈善事業が社会事業へと進展する原動力ともなった。［田畑洋一］

♧コ・メディカルスタッフ

医師，歯科医師，薬剤師等の，メディカルスタッフを除く医療従事者をコ・メディカルスタッフという。主には精神保健福祉士，社会福祉士，臨床検査技師，作業療法士，理学療法士，言語聴覚士，臨床心理士，看護師，等である。近年は，メディカルサービスとソーシャルサービスの連携が重視されてきている。養成課程や職業的役割の異なるスタッフが，同じ目標に向かって共同で医療に取り組むことにより，患者の多角的な評価・計画・実践が効果的におこなえ，より的確に対応できることから，メディカルスタッフとコ・メディカルスタッフによるチーム医療が重視されている。［宮地あゆみ］

♧雇用安定事業（こようあんていじぎょう）

雇用安定事業は，雇用保険二事業の一つとして，被保険者，被保険者であった者及び被保険者になろうとする者に関し，失業の予防，雇用状態の是正，雇用機会の増大その他雇用の安定を図る事業である。具体的内容として，①事業主に対する助成金として，雇用調整助成金や試行雇用奨励金，特定求職者雇用開発助成金等，②中高年齢者等再就職の緊要度が高い求職者に対する再就職支援，③若者や子育て女性に対する就労支援が行われている。［河村裕次］

♧雇用継続給付（こようけいぞくきゅうふ）

雇用継続給付は，1994（平成６）年６

月の雇用保険法の改正により，1995（平成7）年4月1日から導入された。雇用継続給付は，被保険者が，高齢や育児休業，介護休業のために雇用の継続が困難となる場合に，雇用の継続を援助，促進することを目的として創設された制度である。給付の種類として高年齢雇用継続給付（高年齢雇用継続基本給付金，高年齢再就職給付金），育児休業給付（育児休業給付金），介護休業給付（介護休業給付金）（1999（平成11）年4月施行）の3種類がある。　［大山朝子］

♧雇用対策法（こようたいさくほう）

1966（昭和41）年，高度成長期に，積極的な雇用政策の推進を目的として制定された雇用対策立法である。国が雇用対策を立てて労働力の需要と供給のバランスをはかり，完全雇用の達成をはかろうとするもので，雇用対策基本計画の策定，求職者及び求人者への指導，労働者に対する職業転換給付金の支給，中高年者・身体障害者の雇用安定等について定めている。　［河谷はるみ］

♧雇用・能力開発機構（こよう・のうりょくかいはつきこう）

1999（平成11）年10月1日に雇用促進事業団が廃止され，独立行政法人雇用・能力開発機構が設立された。雇用・能力開発機構は，雇用開発，能力開発，勤労者財産形成促進などの業務を，本部と各都道府県センター，職業能力開発大学校および職業能力開発促進センターなどで実施していた。しかし，独立行政法人に係る改革を推進するため，雇用・能力開発機構は2011年10月1日をもって廃止された。そのため，主な業務・施設は，2011年10月1日から独立行政法人高齢・障害・求職者雇用支援機構や独立行政法人勤労者退職金共済機構，あるいは国に移管されている。　［木場千春］

♧雇用保険（こようほけん）

雇用保険は1974（昭和49）年に制定された雇用保険法に基づくものであり，わが国における失業補償制度の中心的役割を担ってきた失業保険法（1947（昭和22）年制定）をその前身としている。雇用保険は，①労働者が失業した場合および雇用の継続が困難となる事由が生じた場合に必要な給付を行うことにより労働者の生活および雇用の安定を図るとともに，求職活動を容易にする等その就職を促進すること，②労働者の職業の安定に資するため，失業の予防，雇用状態是正，雇用機会の増大，労働者の能力開発・向上その他労働者の福祉の増進を図ることを目的としている。給付の内容は，失業等給付（求職者給付，就職促進給付，教育訓練給付，雇用継続給付）および雇用二事業（雇用安定事業，能力開発事業）である。雇用保険は政府が管掌している。雇用保険の適用事業は，労働者が雇用される事業である。ただし，農林水産業については，個人事業で雇用労働者が5人未満のものは，当分の間，任意適用としている。なお，国家公務員，地方公務員（現業の非常勤公務員を除く）は適用除外となっている。　［大山朝子］

♧戸　令（こりょう）

東アジアにみられた法体系を律令といい，令は，律（刑罰法令）以外の法令（主に行政法）をいう。戸は日本の戸籍の単位である。戸令とは，編戸・造籍，家・良賤の秩序，教化・救済政策などを記載したもので，日本では，757（天平宝字元）年に施行された養老律令の第8番目（45条からなる）に含まれている。戸令32（鰥寡：かんか）条では，要援護対象者を鰥寡（鰥は61歳以上の妻のない者，寡は50歳以上の夫のない者），孤独（孤は16歳以下の父のない者，独は61歳以上の子のない者），貧窮（財貨に困る者），老疾（老は66歳以上の者，疾は傷病・障害のある者）で，かつ自分では暮らせない者とした。また援護の実施は，まず近親者による私的扶養で，それが不可能の場合は地方行政に委ねるとするものであった。 ［山下利恵子］

♧コルサコフ症候群（しょうこうぐん）

(Korsakoff syndrome)

健忘症候群と同義に用いられることもある。記銘力障害，見当識障害，逆行性健忘及び記憶の欠損部分を補うための作話を中心的な症状とした症候群で，ロシアの精神科医コルサコフ（Korsakov, S.S.；1854-1900）がアルコール依存症患者の症例を最初に報告したことにより命名された。慢性のアルコール依存症のほか，頭部外傷後遺症，老年期認知症，一酸化炭素中毒，脳炎などでもみられる。ウェルニッケ脳症に続発することが多く，相互に関係性をもつ病態として，ウェルニッケ・コルサコフ症候群と一括して呼ばれることもある。 ［稲富和弘］

♧コルチャック，J.

(Korczak, Janusz；1878-1942)

ポーランド政府は，国連が「児童の権利に関する条約」を採択するべきだという提案を，1978年に開かれた第34回国連人権委員会で提出している。ポーランドは，第２次世界大戦下でユダヤ人収容所で子どもたちと行動をともにしたコルチャック先生の故国である。コルチャック先生は，子どもの権利と子どもたちの完全な平等のために活動した先駆者であり，「孤児たちの家」の院長として子どもによる友人裁判所を創設した。しかし，1942年８月のはじめ，自分の児童養護施設の子どもたちとともにワルシャワ・ゲットー（ユダヤ人収容所）からガス室へと向かう列車に乗り込み，生涯を終えた。 ［門田光司］

♧混合診療（こんごうしんりょう）

混合診療とは，保険で認められている治療法（保険診療）と保険で認められていない治療法（保険外診療）を併用することである。具体的には，健康保険の範囲内の診療は健康保険で，範囲外の診療は患者自身の自己負担で，費用が混合することをいう。日本の医療保険制度では，保険診療と保険外診療の併用は原則として禁止しており，全体について，自由診療として整理される。例外として，保険診療との併用が認められている療養（保険外併用療養費）には，①評価療養（先進医療など保険導入のための評価を行うもの），②選定療養（差額ベッド代などの保険導入を前提としないもの）がある。なお，厚生労働省の基本的考え方は，「混合診療」を無制限に導入した場合，①患者の負担が不当に拡大するおそれ，②科学的根拠のない特殊な医療の実施を助長するおそれがあるため，一定のルールの設定を不可欠としている。 ［中村秀郷］

♧今後（こんご）5か年間（ねんかん）の高齢者保健福祉（こうれいしゃほけんふくし）施策（しさく）の方向（ほうこう）（ゴールドプラン21）

新・高齢者保健福祉推進十か年戦略（新ゴールドプラン）の終了にともない，当時の大蔵，厚生，自治の３大臣の合意により，「今後５か年間の高齢者保健福祉施策の方向（ゴールドプラン21）」が策定された。ゴールドプラン21は，2000（平成12）年度から実施され，４つの目標として①活力ある高齢者像の構築，②高齢者の尊厳の確保と自立支援，③支え合う地域社会の形成，④利用者から信頼される介護サービスの確立が掲げられた。住民に最も身近な地域において，介護サービス基盤の整備とともに，健康づくり・介護予防・生きがい活動支援に重点がおかれており，これらを「車の両輪」として推進することが明確にされた。また，ゴールドプラン21には，各地方公共団体が作成した介護保険事業計画における介護サービス見込み量の集計を基礎として，介護サービス提供の見込み量が明示された。 [納戸美佐子]

♧コンサルテーション (consultation)

他職種，専門職種間で，異なる専門性をもつ複数の者が相談・協議，あるいは指導を受け，具体的な課題に対して，問題を焦点化し集中的に解決しようとする行為。とくにソーシャルワークにおけるコンサルテーションとは，個人・グループ，コミュニティがコンサルタントを依頼して，特殊な問題や実践活動についての助言，技術に関する指導，専門的知識に基づく援助を受ける一連の問題解決過程のことである。コンサルタントとコンサルティの関係は対等であり，クライエントに対する直接的なアプローチをせず，間接的な援助や助言をおこなうことで，特殊な問題や実践活動への助言，あるいは専門的な技術に対する解決法をアドバイスする。一般的には短期間の介入が多く，クライエントとの問題に関してコンサルタントは責任をもたない。 [新田博之]

♧コンシューマー (consumer)

サービスや消費をする人をコンシューマー（消費者）と呼ぶ。福祉領域におけるコンシューマーとは，何らかの疾患や障害があり，このサービスを利用する人を指している。または，ユーザー（利用者）とも呼ばれている。一般的にはサービスや商品の質の向上，消費市場や消費活動への異議申立て等の技術向上や訓練，効果的なサービスや商品の開発や提供等をめざした運動をコンシューマリズムというが，ここでのコンシューマリズムとは，公民権運動や障害者の自立生活運動などによって発展してきたことを指す。コンシューマーの活動形態は自己決定，当事者の利益を守るアドボカシー，エンパワメント，事業運営，政策立案への参加などがある。 [宮地あゆみ]

♧昏睡（こんすい） (coma)

持続的かつ強い刺激によっても覚醒できないくらい深い意識障害の状態。昏睡時には，筋肉の弛緩，角膜反射，腱反射，皮膚反射の消失が見られることがある。昏睡の主な原因は，糖尿病，肝障害，尿毒症などの全身性疾患，脳の疾患および外傷，臓器質性疾患によるものが挙げられる。昏睡状態にある場合には，側臥位にして頭を下げ，頸部を伸ばし，下あごを前方に出す体位（昏睡位）にして，意識低下による舌根沈下，誤嚥を防ぐ。 [山田美保]

♧コンチネンス (continence)

日本語で禁制といい，排尿や排便が本人の意思によってコントロールされる，または，排泄障害がない状態を指す。失禁を意味するインコンチネンス（incontinence）の反意語である。 [山田美保]

♧コンピテンス (competence)

取り巻く環境と効果的な相互作用をする能力のことであり，潜在的能力，社会的自律性ともいわれる。個人が学習を通して獲得した能力で有効に働くと考えられる潜在能力の側面と，ある環境下において潜在能力を有効に活用し自分の有能さを追求しようとする動機付けの側面とを統合した概念である。ソーシャルワークの領域ではクライエントの主体性を活かそうとした概念でもあり，マルシオ（Maluccio, A. N.）は，その概念を「環境を自らのニーズに応じて活用・変容する力」とした。 [村岡則子]

♧コンプライアンス (compliance；法令遵守)

英語の comply には，応じる，命令などに従って行動するなどの意味がある。コンプライアンスはその名詞形である。企業など組織におけるコンプライアンスは，「法令遵守」という意味で用いられる。その背景には，利潤を追求するあまり，法令等を守らずに社会的信頼を失う企業の存在がある。コンプライアンスを確保するための内部組織のあり方が重要となる。保健医療の分野では，服薬などの医療面の指示に従うという意味で用いられる。［中山慎吾］

♧コンフリクト (conflict)

個人の内面における欲求・動機のもつれや，個人間・集団間の争いの苦悩のことで，葛藤あるいは闘争と訳出される。個人の内面に複数の共存できない欲求が同時に存在し，そのどちらを選択するかに困惑する緊張状態（心的葛藤）を，心理学の立場からレヴィン（Lewin, K.）は次の 3 つのパターンに整理している。①接近・接近葛藤（欲しい対象が同時に存在する場合），②接近・回避葛藤（一つの対象に欲しいと避けたいの欲求が併存する場合），③回避・回避葛藤（避けたい対象が併存する場合）である。またコンフリクトを，個人間・集団間で地位・利益・権力等の価値や利害をめぐって展開される協力の拒否・妥協・取引・武力等を伴う緊張状態（社会的葛藤・闘争）ととらえる社会学の立場からは，闘争は社会システムの欠陥ないし緊張の増進と把握する合理理論からの説明と，闘争は社会階級間の経済的利害から必然的に生じるとするマルクス理論からの説明がある。［小桐　修］

♧コンプレックス (complex)

幼少期には「自分は小さく無力であり，大人の支配下にある」と感じることから，自己の存在の中に強いコンプレックスを抱くようになる。コンプレックスは潜伏期（～12歳）までには克服され，社会的・道徳的な自我を形成する。コンプレックスは自分の身体的条件，容貌，性，能力，など広範囲に及び無意識的に表出され，その人の性格や生活態度を決定する基本要因となる。そのほかコンプレックスは失錯行為，夢，神経症の症状の中にも形を変えて表出されることもある。［宮地あゆみ］

さ

♧災害派遣精神医療チーム(DPAT)

自然災害や集団災害等が発生した際，被災地に入って精神科医療および精神保健活動への支援等を行う専門職チームのことをいう。DPAT は Disaster Psychiatric Assistance Team の略。このチームのうち，発災から概ね48時間以内に被災地で活動を開始するチームのことを先遣隊という。先遣隊は，チームの指揮調整や情報収集，連絡調整等を担う本部機能を立ち上げ，精神保健医療に関するニーズアセスメント，急性期精神科医療ニーズへの対応等を行う。また，先遣隊の後続チームは，本部機能の継続，精神科医療の提供等のほかに，災害のストレスによって心身に不調を抱えた遺族・行方不明者の家族等地域住民への専門的支援，被災地支援を行っている地域の医療従事者等への専門的支援を行う。チームの構成員は，専門的な研修および訓練を受けた精神科医師・看護師・後方支援を行う業務調整員等である。その他に被災地のニーズに合わせて児童精神科医，薬剤師，精神保健福祉士等のメンバーで適宜構成される。　［畑　香理］

♧災害派遣福祉チーム(DWAT)

自然災害等が発生した際，一般的な避難所において高齢者，障害者，子ども，妊産婦等の要配慮者のニーズに対応するとともに，地域の避難者が抱える相談に応じて，心理・社会的支援や生活支援等を行う専門職チームのことをいう。DWAT は Disaster Welfare Assistance Team の略。当該チームは，4～6名で構成され，発災後から概ね1ヵ月程度まで活動する。1チームあたり5日間程度を目安に派遣されるため，チームは複数再編されることになる。具体的な活動内容は，一次避難所での生活が困難な要配慮者等に対するアセスメントや福祉避難所への誘導，避難生活による二次被害防止を目的とした日常生活上の支援，相談スペースの設置，一次避難所の生活環境整備，被災地域の社会福祉施設等をはじめとする関係団体との連携等である。チームの構成員は，専門的な研修及び訓練を受けた社会福祉士，精神保健福祉士，介護福祉士，介護支援専門員，保育士，理学療法士等，多分野の福祉人材で編成される。　［畑　香理］

♧在職老齢年金

老齢厚生年金を受給している者が厚生年金保険の被保険者として働き，収入がある場合には，収入をもとに計算された額に応じて年金の一部又は全額の支給停止をし，年金の給付額を調整する。この仕組みを在職老齢年金制度といい，調整された年金を在職老齢年金という。60歳代前半の者と60歳代後半の者では支給停止の方法が異なる。また70歳以上の被用者（1937年4月1日以前に生まれたものを除く）の老齢厚生年金についても，60歳代後半の在職老齢年金と同様の給付調整が行われる。なお，調整されるのは老齢厚生年金だけであり，老齢基礎年金は全額支給される。　［山下利恵子］

♧再審査請求

日本では国や地方公共団体による処分に対して不服がある場合，国民が不服申立てをする仕組みとして行政不服審査制度がある。この制度は，2014（平成26）年行政不服審査法の改正により再審査請求は，審査請求人が審査請求を審査庁（申立先）に行い処分庁（処分を行った行政庁）の主張・証拠及び第三者機関の答申を踏まえて審査請求の裁決を行う。その裁決の内容に不服がある場合に，当該法律の定める行政庁に対して行うことができる。それは審査請求についての裁決があったことを知った日の翌日から起算して30日以内にしなければならない。

［村岡則子］

ざいせいあんていかききん
♧財政安定化基金

財政安定化基金は，介護保険において安定的な財政が確保できるように，国，都道府県，市町村が各３分の１ずつを拠出して都道府県に設置されるものである。保険料収納率低下のために赤字になった場合にその２分の１が同基金から交付金として交付され，残りの２分の１が貸与されることとなっている。貸付金の返済は保険料改訂の際に必要な額が保険料に上乗せされることになる。

［倉田康路］

さいせいこもんせいど
♧済世顧問制度

済世顧問制度とは，生活が困窮している者に対し，社会生活を営むことができる水準に至るまで救済する制度である。1916年（大正５年）皇居で開催された地方長官会議の場で，当時岡山県知事であった笠井信一は，天皇から「県下の貧民の状況はいかに」と県民の貧困の実態に関する御下問を受けた。笠井は生活困窮者の実態調査を行い，県民の１割が悲惨な生活状態にあることが明らかになった。事態の重大さを知った笠井は，貧困救済に関する研究を重ね，ドイツのエルバーフェルト市・ライプチヒ市で行われていた救貧委員制度を参考に，1917年（大正６年）５月に済世顧問設置規程を公布。現在の民生委員制度の源流ともいわれている。

［今村浩司］

さいだいち さいしょうち
♧最大値と最小値

収集したデータの中で最も大きい値を最大値といい，最も小さい値を最小値という。数値を小さい値または大きい値に順に並べた時に，最も大きい値が最大値，最も小さい値が最小値となる。たとえば，１から100のデータの場合，最小値は１，最大値は100となる。

［永松美菜子］

ざいたくいりょう
♧在宅医療

医療が必要になった場合には，通院や入院という方法で医療を受けるが，医療ニーズとともに介護ニーズがある場合には通院できないこともある。そこで，通院，入院以外の医療として自宅にいながら医療が受けられるという在宅医療がある。在宅医療では，主に病状が安定している患者を対象にしており，計画的・定期的に診療を行う訪問診療と，病気の悪化や急変時など緊急時に臨時で診療を行う往診とがある。これらの診療は，診療所や在宅支援診療所が担っている。地域包括ケアシステムでは，医療や介護が必要な状態になっても，できる限り住み慣れた地域で自立した日常生活を営むことができるよう，医療，介護，住まい及び日常生活支援などが包括的に確保される体制が求められているが，在宅医療は地域包括ケアシステムを支える要素の一つである。

［藤戸美保子］

ざいたくかいごしえん
♧在宅介護支援センター

地域の高齢者の問題について高齢者やその介護者，地域の住民らからの相談を受け，要介護者や介護者，市町村，居宅介護支援事業所，老人福祉施設，医療機関，その他の地域団体他との間の連絡・調整などを総合的に行うことを目的にしている機関。2006（平成18）年に改正介護保険法が施行され「地域包括支援センター」が設置されたことにより，現在は多くの「在宅介護支援センター」がこちらに移行している。

［岩永　耕］

♧ 在宅介護相談協力員

要援護高齢者等に対する保健福祉サービスの紹介及び地域包括支援センターの紹介等を行う民間奉仕員。在宅介護相談協力員は，支援センターと連携し各種の保健福祉サービスの広報及びその積極的活用についての啓発を行う。民生・児童委員，老人クラブ，各地区よりはもとより，介護する家族等と接触する機会が多い郵便局等から選出し，市町村が委嘱する。　［孔　英珠］

♧ 在宅ケア

家庭において行われる保健，医療，福祉，住宅等のサービス，支援活動の総称。ノーマライゼーションの思想を背景として，病院，長期療養施設，老人ホームなどで行われる「施設ケア」に対比して使われることが多い。また，高齢社会の進展に伴う高齢者の介護問題への対応策として検討されてきた経緯がある。在宅ケアは，慢性疾患者等の自宅療養をする際に行われる医療システムの「在宅医療」，要介護者の在宅での生活を支えるための「居宅サービス」等の上位概念として位置づけることができる。さらに，在宅生活を支える制度化されたケア（フォーマルサービス）のみならず，住民同士の支え合い活動，住民参加型在宅福祉サービスやボランティア活動等のインフォーマルサービスも含まれる。住み慣れた地域で生活者としての暮らしをできる限り継続させるためには，在宅ケアのさまざまな担い手が連携し，本人の意思を尊重する中で個別的かつ包括的に支援していくことが求められている。　［孔　英珠］

♧ 在宅雇用

通勤困難な障害者にとっては在宅雇用制度を活用することにより就業の新たな可能性が広がることになる。一方，企業にとってもIT技術を用いた業務需要の高まりに対する人材確保に役立つとともに，障害者雇用率にも寄与することになる。独立行政法人高齢・障害・求職者雇用支援機構及び障害者雇用情報センターにおいては，各企業に在宅雇用制度の活用を推奨している。　［福永良逸］

♧ 在宅重度身体障害者訪問診査事業

身体障害者福祉法17条の2に規定されている診査及び更生相談を行う上で，身体の障害により日常生活に著しい支障のある在宅の重度身体障害者に対して医師，看護師，理学療法士，社会福祉主事等の訪問審査班を派遣し，在宅重度身体障害者の福祉の増進を図ることを目的とする事業。医療または保健指導を必要とする者に対しては，医療保健施設への紹介なども行う。実施主体は市町村（特別区を含む）であるが，身体障害者更生相談所との緊密な協力と指導の下に実施される。　［村尾直也］

♧ 在宅入浴サービスガイドライン

1980年代後半に入って増加した民間事業者によるシルバーサービスに対し，厚生省（当時）は，高い専門性と良質なサービスの提供を求め，国，地方を通じて適切な行政指導を行うために，サービスごとにガイドラインをまとめた。在宅入浴ガイドラインは1988（昭和63）年9月16日に厚生省大臣官房老人保健福祉部長，社会局長連名の通知「民間事業者による在宅介護サービス及び在宅入浴サービスのガイドラインについて」の一部である。ガイドラインの内容は，基本事項として，高齢者の心身の状態に対する配慮，高齢者や家族のプライバシーの尊重が挙げられている。他に職員に関する事項，設備類等に関する事項，サービス実施に関する事項，契約等に関する事項からなる。1998（平成10）年に「民間事業者による在宅入浴サービスのガイドライ

ンの改正について（指針）」が出され，職員配置の見直しや職員に対する研修として救急法が追加された。　［種橋征子］

ざいたくふくし
♧在宅福祉サービス
可能な限り居宅（地域）において生活を継続させることを目的とした福祉サービスの総称である。介護保険では介護給付における居宅サービスを指す。主に訪問介護，短期入所，通所介護等である。また障害児・者に対しては障害者総合支援法に定められた居宅介護や短期入所などが在宅福祉サービスにあたる。1978（昭和53）年に全国社会福祉協議会が「在宅福祉サービスの戦略」を報告して住み慣れた地域での生活継続に注目が集まったが，地域包括ケアシステムの推進が図られる現在，在宅福祉サービスはより重要度を増している。　［日田　剛］

ざいたくふくし　ぼんばしら
♧在宅福祉３本柱
主に高齢者福祉の分野で使用され，在宅福祉サービスの柱である，ホームヘルプサービス，デイサービス，ショートステイの事業を示す。1989（平成元）年に策定された「高齢者保健福祉推進十か年戦略（ゴールドプラン）」で在宅福祉の強力な推進を図るため，市町村における在宅福祉対策の緊急整備として，ホームヘルパー，ショートステイ，デイサービスセンターの具体的数値目標を掲げ，大幅な拡充を図った。住み慣れた地域，居宅での日常生活を支える柱ともいうべきサービスである。　［大川絹代］

ざいたく
♧在宅ホスピス
患者の生活の場である自宅において実施される終末期ケアのことをいう。終末期ケアは，余命が限られた回復の見込みがない患者が，身体的，精神的，社会的，霊的苦痛から解放され，心身ともに安楽に生活することを支えるものであり，ホスピスケアや緩和ケアとも呼ばれる。終末期ケアは，自宅や施設で行われているが，自宅で行われる終末期ケアを在宅ホスピスと呼び，患者と家族の理解，希望，同意が重視され，自宅での終末期ケアに当たる関係者は患者の希望を最大限に尊重する必要がある。在宅ホスピスでは，在宅医療を担当する訪問診療，訪問看護や，介護を担当する介護支援専門員，介護サービス提供事業所，ボランティア等さまざまな関係機関が連携し終末期ケアを提供している。

［藤戸美保子］

ざいだんほうじん
♧財団法人
一定の目的のために提供された財産を基礎にこれを運営するためにつくられる法人である。寄附行為（組織・活動を定める根本規則又はその書面のこと）に従い，理事が意思決定，業務執行，対外代表の活動を行う。民法規定によるほか，宗教法人法，学校法人に関する法律等によって規定されるものが多い。法人格の基礎を団体（社団）に置く社団法人とは，この点で異なっている。公益法人制度改革の結果，2008（平成20）年より非営利性を要件とする一般財団法人と，非営利性に加え公益性を要件とする公益財団法人の２階建て方式になった。

［小桐　修］

さいていせいかつほしょう　げんり
♧最低生活保障の原理
生活保護法の基本原理の一つである。同法第３条において，「この法律により保障される最低限度の生活は，健康で文化的な生活水準を維持することができるものでなければならない」と規定されている。生活保護法は，憲法第25条の生存権保障を根拠とするもので，保障される生活水準は単なる最低限度の生活ではなく，健康で文化的な生活水準を維持することのできる内容であることが示されている。ここでいう「健康で文化的な生活水準」とは，「人間に値する生存」ある

いは「人間としての生活」を可能ならしめるような程度のものでなければならない。 ［大野さおり］

♧最低賃金制度

最低賃金法に基づき労働者の重要な労働条件である賃金についてその最低基準を定め，使用者は労働者に対し最低賃金額以上の賃金を支払わなければならないとする制度である。また，労働者と使用者との間の労働契約で最低賃金額に達しない賃金を定めた場合，その部分については無効となり，最低賃金と同様の定めをしたものとみなされる。なお，最低賃金の種類は，各都道府県で決定しなければならない「地域別最低賃金」と一定の事業又は職業について任意決定される「特定最低賃金」との2種類がある。

［村岡則子］

♧最低保証年金

2009年9月民主党政権が誕生した際，被用者と自営業者等の区別を廃止して一元化する「所得比例年金」と消費税を財源とした「最低保証年金」の創設が提案された。最低保証年金は，所得比例年金が一定額に満たない者に対して，月額7万円以上（当時）とされたが，その財源は消費税増額も見込んだ国庫負担であった。なお，スウェーデンは自営業者にも使用者負担部分まで保険料を負担させている。最低保証年金は，無年金や低年金の問題は解消できるものの，一方でモラル・ハザードの問題がある。

［河谷はるみ］

♧在日外国人医療

「在日外国人」とは，日本に居住する外国人の総称であり，この言葉の概念には，「日本に定住している外国人」という要素が含まれる。世界経済のグローバル化によって，多くの人びとが働く場を求めて国境を越えていくようになり，日本に滞在，移住する外国人の人数は年々増加している。2016（平成28）年末時点で日本に在住している外国人は238万人以上であり，前年末に比べ15万（6.7%）以上の増加がみられた。国籍も多岐にわたる。このような国際化の潮流において，人びとの生命や健康を守る取組みは，さまざまな活動の中でも最優先の課題であり，国内の医療機関においても，外国人患者の受入れ体制整備は急務といえる。国際医療交流を支援するものとして，「外国人患者受入れ医療機関認証制度（Japan Medical Service Accreditation for International Patients：JMIP）」がある。2010年に閣議決定した新成長戦略により，国家戦略プロジェクトと位置づけられた。在日・来日外国人患者の受入れのために，多言語による診療案内，異文化や宗教に配慮した対応などの体制を整備し，総合的な医療サービスが提供できる医療機関を認証する制度である。2019年3月1日時点，56医療機関がJMIP認証を得ている。 ［笠野華代］

♧再分配所得

所得を個人や世帯の間で移転させることで所得の格差を是正し，低所得者の生活の安定を図る機能のことであり，垂直的再分配と水平的再分配がある。垂直的再分配は垂直（縦のつながり）という意味で，高所得者から低所得者への所得の再分配のことである。たとえば，生活保護や累進課税などが該当する。水平的再分配は水平（横のつながり）という意味で，同じ水準の所得層で行われる再分配のことである。たとえば，「健康な人」から「病気の人」への再分配といった医療保険などが該当する。水平的再分配の中には，他にも世代間の再分配もある。たとえば，年金を納めている「現役世代」から年金を受給している「高齢世代」への所得分配といった公的年金制度が該当する。 ［黒木真吾］

♧ 座位保持（ざいほじ）

起き上がり座ったままの姿勢を保つことをいう。横になったままでいると，心肺機能や筋力の低下，褥瘡の発生など，廃用症候群のリスクが高まる危険性がある。全身の拘縮やめまい，重い疾患などがない限り，高齢になっても横になったままではなく座位姿勢の生活を心掛けることが大切である。座位で生活することにより，自立度が上がり，同時に介護者の負担軽減にも繋がる。自力で座位が取れない場合，座位保持装置がある。

［川﨑泰代］

♧ 裁量行為（さいりょうこうい）

行政機関の行為のうち，行政機関に一定の裁量の余地が認められているものをいう。対立概念としては，法律によって一義的に明確な要件や内容が定められた羈束（きそく）行為がある。裁量行為はまた，裁量の範囲が制限されない自由裁量行為と法律の客観的な基準により裁量の範囲が制限される法規裁量行為に分けられる。自由裁量行為や法規裁量行為において，裁量権の濫用が認められる場合には，違法な行政処分として取消の対象となる場合がある。［矢部　航］

♧ 作業仮説（さぎょうかせつ）

ある理論仮説を検証するために，調査や実験において測定可能な変数（概念）や変数相互（概念間）の関係について記述した仮説である。たとえば，理論仮説「長命な高齢者は，偏食が少ない」を検証するために，作業仮説「長命な高齢者は，短命な高齢者よりも偏食が少ない傾向にある」を立てる。このように作業仮説は，変数間の関連性の見込みをいう。仮説通りであるか否かは，統計的検定によって検証される。作業仮説の統計的検定にあっては，質問項目の適切性，サンプルの代表性，母集団の一般性などを留意する必要がある。そして，作業仮説がデータで支持されたならば，理論仮説の正しいことが検証されることになる。

［富樫八郎］

♧ 作業療法士（さぎょうりょうほうし）（Occupational Therapist；OT）

身体または精神に障害のある者に対し，主としてその応用的動作能力または社会的適応能力の回復を図るため，手芸，工作その他の作業を行わせることを業とする者。理学療法士及び作業療法士法に定める国家資格で，作業療法士国家試験に合格することでその名称を用いることができる名称独占資格である。

［河野高志］

♧ 査察指導員（ささつしどういん）

スーパーバイザーともいう。福祉事務所は，所長，査察指導員，現業員，事務職員から構成される。査察指導員は，所長の指揮監督を受けて現業事務の指導監督を行う。査察指導員には，現業員が生活保護の相談援助活動を十分にできるよう教育する機能，現業員が適切に業務を実施しているか管理する機能，現業員に職務上必要な支援を行う機能が求められる。現業員と査察指導員は社会福祉主事資格をもつことが必要である。

［隈　直子］

♧ サッチャー，M.H.（Thatcher, Margaret Hilda；1925-2013）

イギリス初の女性首相。鉄の女という異名をもつ。在任当時イギリスは，経済的・政治的に行き詰まっており，「ゆりかごから墓場まで」に代表される福祉政策の転換期であった。サッチャーは「福祉国家」を断罪して政治的に福祉国家を放棄し機会の自由を基本とする自由主義国家をめざし，社会的には，個人主義に基づく自助・自立を基本とする社会をめざした。そのために社会保障制度を根本から見直し，イギリス経済の再建に努めた。回顧録では「援助の目的はただ単に半端な人生を送るのを許すことにあるのではなく，自ら規律を回復させ自尊心をも取り戻させることにあるのです」と述べている。首相退任後，1992年からは貴族院議員を務め，政治の表舞台から退いた。　［中井康貴］

♧サテライトケア

利用者が住み慣れた地域でサービスを受けられるよう，特別養護老人ホーム等の本体となる施設が地域の公民館や民家を借り上げて，そこに施設職員を派遣しサービスを提供すること。通所サービスの場合，山間部など人口密度が低い地域や交通機関が十分に整備されていない地域の利用者は，相当な時間をかけて事業所に通わざるを得なかったが，サテライトを設けることにより身近な地域で施設と同じサービスを受けることができる。　［永松美菜子］

♧里親支援専門相談員（さとおやしえんせんもんそうだんいん）

里親支援専門相談員は，里親支援を行う児童養護施設及び乳児院に配置され，地域の里親及びファミリーホームを支援する拠点としての機能をもち，児童相談所の里親担当職員，里親委託等推進員，里親会等と連携して，①所属施設の入所児童の里親委託の推進，②退所児童のアフターケアとしての里親支援，③所属施設からの退所児童以外を含めた地域支援としての里親支援を行い，里親委託の推進及び里親支援の充実を図ることにある。　［門田光司］

♧里親制度（さとおやせいど）

児童福祉法第６条の４に規定されている。何らかの事情によって親による養育が困難になった場合，児童相談所からの措置により子どもを養育していく制度を養育里親というが，それ以外に養子縁組制度も含めて里親制度という。なお，養育里親制度には専門里親，親族里親，短期里親などの制度があり，養子縁組には普通養子縁組と特別養子縁組制度がある。フォスターケアは欧米における里親制度のことを指している。日本では児童養護施設等施設型のサービスが中心であるが，近年厚生労働省は家庭的養護を推進していくとして里親制度に力を入れてきた。その結果，里親制度は緩やかに社会に浸透し始めている。　［天羽浩一］

♧サービス管理責任者（かんりせきにんしゃ）

障害者総合支援法に基づき，障害者の意思を尊重した質の高いサービスの提供に資することを目的に，所定の障害福祉サービスの提供に係るサービス管理を行う者をいう。障害福祉サービスを提供するには，サービス管理責任者を配置する必要がある。具体的には，利用者の個別支援計画の策定・評価，サービス提供のプロセス全体を管理する。障害者の意思決定支援については，それぞれの障害の状態等において個別性が高く，その支援方法も多様になるため，事業者は各事業者の実情や個々の障害者の態様に応じて不断に意思決定支援に関する創意工夫を図り，質の向上に努める必要がある。　［吉留康洋］

♧サービス担当者会議（たんとうしゃかいぎ）

福祉領域でのサービス担当者会議とは，保健医療福祉サービスを提供する各種専門職（所属組織も異なることが多い）が集まり，利用者の自立支援をめざして行う会議を意味する。保健医療福祉サービスの提供においては，たとえば福祉事務所ケースワーカー，看護師，ソーシャルワーカー（生活相談員等），介護職員，栄養士，理学療法士または作業療法士などのメンバーが考えられ，参加者の専門性を活かした支援調整が可能となる。サービス担当者会議の目的はさまざまでであるが，サービス開始以前では，支援目的や支援計画等の共有化と調整，サービス提供中に生じた利用者の変化や課題への対応協議等がある。会議にはサービス利用者本人や家族の参加が望ましい。なお，近年では通信機器を用いたサービス担当者会議も導入されはじめている。 ［本郷秀和］

♧サービスハウス

一般的にケア付き住宅ともいわれている。スウェーデンにおいて創設され，自立支援や個人の尊厳の保持をめざした高齢者向けの集合住宅を意味し，緊急対応も可能な住宅である。具体的には，日常生活を送るうえでさまざまな障害がある高齢者等が共同生活を行いながら，必要なケアサービスを利用できる住宅である。たとえばアパート形式の場合，建物の1階部分のフロアを入居者や市民が利用できる食堂，レクリエーション室，談話室，入居者専用の洗濯室等を設置し，2階以上を居室（個室）にしているケースもある。→ケア付き住宅 ［本郷秀和］

♧サービス評価（ひょうか）

福祉・介護サービスの内容や質について評価を行うこと。これには事業者自身による自己評価，利用者による利用者評価，外部の評価機関による第三者評価がある。サービス評価への取組みは，サービスの質の向上を目的として1990年代の高齢者福祉分野から始まり，その後，保育分野や障害者福祉分野でもみられるようになった。また，社会福祉基礎構造改革によりサービス利用が「措置制度」から「契約方式」へと転換したことで，利用者の適切な選択を担保するという点でも重要な意味も持つようになった。現在，介護保険法，障害者総合支援法，児童福祉法において「契約方式」が導入されているが，利用者のより良い選択を促すための第三者評価制度が整備されている。 ［荒木　剛］

♧サービスマネジメント（service management）

福祉領域においては，福祉・介護サービスが適切かつ効果的に提供されるための組織の経営・管理活動を意味する。具体的には，情報管理，人事労務管理，サービス業務管理，予算管理，危機管理等が含まれる。従来，福祉領域ではアドミニストレーション（運営管理）と表現されることが多く，それは政策・経営・臨床のすべてを包括した意味合いが強かった。しかし，現在の介護保険制度にみるように福祉サービス提供主体が多様化（多元化）したことから，組織におけるマネジメント（経営管理）の必要性が強く求められるようになったことが背景にあると考えられる。 ［本郷秀和］

♧サーベイヤー（surveyor）

サービス評価を実施する評価調査員を指す。福祉サービスの第三者評価制度において評価調査員になるためには，組織における運営管理業務の実務経験や福祉・医療・保健分野の資格及び実務経験等を有し，都道府県推進組織が実施する養成研修を受講・修了する必要がある。評価調査員は，受審事業所に対する書面調査及び訪問調査を行うが，その際は自らの経験や知識・技能を活用するとともに，中立性や客観性の担保，プライバシー保護などに十分留意する必要がある。 ［荒木　剛］

♧サリービー，D.

(Saleebey, Dennis；1936-2014)

ソーシャルワーク実践におけるストレングスモデルの提唱者。ストレングスモデルは，ソーシャルワーカーがクライエントの支援課題を把握しようとするときに，クライエントの足りない部分や問題点ではなく，クライエントに内在する

「強さ（strengths）」やクライエントを取り巻く外部環境の「強さ」に焦点をあてようとするものであり，サリーベイはこうしたストレングスモデルの視座を理解するための鍵概念として，①エンパワメント，②成員性，③内部からの再生と治癒，④協働，⑤対話と共同，⑥疑念の払拭をあげている。［村山浩一郎］

♧サルコペニア

加齢に伴い生じる骨格筋量の低下及び筋力もしくは身体機能が低下している状態のこと。具体的には，歩くのが遅くなる，手の握力が弱くなるなどの症状が現れる。ギリシャ語の「サルコ（sarx/sarco）＝筋肉」と「ペニア（penia）＝減少」を合わせた造語。活動不足，疾患，栄養不良が危険因子になるとされている。身体機能障害，ADL 低下，転倒，死亡などのリスクを伴う。［野中弘美］

♧残遺型統合失調症

「破瓜型」，「緊張型」，「妄想型」といった統合失調症の症状が急性期を経て慢性期に至った状態において診断される場合がある。陽性症状は消退しており，陰性症状を主たる症状とする段階となった統合失調症の状態である。非言語的コミュニケーションの乏しさや感情鈍麻，自発性低下などにより，対人関係の構築の困難さや作業能力の低下，社会的引きこもりなどが発生する。精神療法や薬物療法に加え，社会生活技能訓練（Social Skills Training：SST）や福祉サービスを含めた社会リハビリテーションなどが有効とされる。［茶屋道拓哉］

♧参加の原則

グループワークにおいて，コノプカ（Konopka，G.）は14の原則を掲げている。その一つが「参加の原則」である。参加の原則は，グループワークのメンバーが各自の能力に応じて参加するよう励まし，またその能力をさらに高めることができるように援助することである。［門田光司］

♧3歳児健康診査

母子保健法に，1歳児健康診査と共に，市町村が行わなければならない，と規定されている健康診査。法令上は，「満3歳を超え満4歳に達しない幼児」を対象とするもの。具体的な検査項目としては，母子保健法施行規則において，身体発育状況，栄養状態，脊柱及び胸郭・皮膚の疾病・眼の疾病・耳，鼻及び咽頭の疾病・歯及び口腔の疾病・四肢運動障害の有無，精神発達の状況，言語障害の有無，予防接種の実施状況，育児上問題となる事項等が規定されている。［川池智子］

♧三次予防

1953年，リーベル（Leavell，H.R.）とクラーク（Clark，E.G.）により，疾病予防には一次予防，二次予防，三次予防の3段階があることが発表された。三次予防では，疾病が発症した後，疾病の進行による重症化を阻止し，合併症予防のための治療を行う。さらに，再発防止対策としての保健指導や後遺症の予防，残存機能を最大限利用できるようなリハビリテーションを行うことによって生活への影響を最小限に留め，社会復帰を図る。［田原美香］

♧3世代同居

祖父母世代と親世代，そして子ども世代が同居することをいう。全国の世帯総数に占める3世代同居世帯の構成割合は一貫して減少しており，平成元年以降は，夫婦のみの世帯数が3世代世帯の世帯数を上回るようになった。［矢部　航］

♧残存機能

何らかの理由により障害を受けた機能

以外に本人が保持している機能のこと。生活が不活発になることで，保持している機能も二次的に筋力低下や関節拘縮などを引き起こす恐れがある。残存機能を把握し，可能な限りできる部分は自分でしてもらうことが自立した生活の実現につながる。障害を受けた機能を補ったり残存機能を活用したりするために，福祉用具や自助具を用いることは有効であるが，残存機能を低下させないよう日々の変化を把握して活用する必要がある。

［永松美菜子］

♧ 3大死因（だいしいん）

2017（平成29）年の人口動態統計における死因順位別によれば，1位が悪性新生物，2位が心疾患，3位が脳血管疾患，4位に老衰となった。悪性新生物は，1981（昭和56）年以降，死因の1位となっており一貫して増加傾向にある。今や3.6人に1人はこの悪性新生物で死亡していることになる。次に心疾患は，1985（昭和60）年に脳血管疾患にかわり2位となりその後も死亡数・死亡率ともに増加傾向にある。脳血管疾患は，1951（昭和26）年に結核にかわって1位となったが，1981（昭和56）年には第2位，1985（昭和60）年には3位となった。その後，2011（平成23）年には，脳血管疾患にかわり肺炎が3位となった。また死因上位に「肺炎」が入った背景には高齢化があり，高齢者は誤嚥性肺炎を含め肺炎にかかりやすくかつ重篤となりやすいことが考えられる。この肺炎による死因の順位は，2016（平成28）年で3位であったが，翌年には5位と順位をさげた。なお2017（平成29）年の肺炎の順位変動の主要因は，死因分類項目の変更によるものと考えられる。［村岡則子］

♧ 3大生活習慣病（だいせいかつしゅうかんびょう）

生活習慣病とは，人びとの毎日の生活習慣の積み重ねから生じてくる病気であるため，適度な運動の実施など，生活習慣の改善によってある程度予防できるとされている。代表的な病気としては，肥満，糖尿病，高血圧，骨粗鬆症，悪性新生物（がん）などがある。また，生活習慣病の多くは進行してから自覚症状が出現しやすいともいわれている。1996（平成8）年の公衆衛生審議会の定義では，「食習慣，運動習慣，休養，喫煙，飲酒等の生活習慣が，その発症・進行に関与する疾患群」と説明されており，生活習慣の乱れを主な原因とする病気の総称として用いられている。なお，わが国では，がん，心疾患，脳卒中が3大生活習慣病といわれている。［本郷秀和］

♧ 散布図（さんぷず）

2変量からなる1組のデータが得られたときに，2変量の関係を表す図。相関図ともいう。一方の変量を縦軸に，もう一方の変量を横軸にとり，各データの該当する位置に点を打って作成する。散布図では2変量の関係を視覚的に把握することができる。散布図上で各点がバラバラに分布しているときには2変量には相関関係がなく，点の分布が何らかの傾向を示すときには2変量に相関関係が存在する可能性がある。［矢部　航］

♧ 参与観察（さんよかんさつ） (participant observation)

観察法は，数量化して把握することが適さない調査の場合に用い，観察という手法により対象者の言動，表情，環境などあるがままの姿を記録してデータ化し分析する方法である。その観察の方法の一つとして参与観察がある。参与観察は，調査者自ら対象となる集団や特定の小集団の活動に何らかの形で関わり参加する一方で，その集団の実態や活動を観察し記録する。この「観察」により得られた質的データは，調査者の主観を通して解釈し新しい概念の構築やモデルの生成につながる。なお，参与観察における調査者の立場は，「完全な観察者」，「参加者としての観察者」，「観察者としての参加者」，「完全な参加者」に分類されこの立場は，調査の過程で変化することもある。［村岡則子］

し

♧CIL（Center for Independent Living；自立生活センター）

障害を持つ人が地域で生活を営むために，障害者自らが中心となって各種のサポートを提供するもの。1972年にアメリカのカリフォルニア大学バークレー校で設立されたのが始まり。ピア・カウンセリング，自立生活プログラム（Independent Living Program）の提供，生活全般の相談，移送サービス，介護者派遣サービス，権利擁護に関する活動等を行っている。［江口賀子］

♧ジェネラリスト・ソーシャルワーク（generalist social work）

1990年代以降に確立した現代ソーシャルワーク理論の構造と機能の体系を指し児童や高齢者そして施設や地域など対象・領域を問わず，現代社会の多様な問題に総合的かつ包括的に機能する援助方法のことである。本人主体，マルチシステム，エコシステム，生活モデル，ストレングスモデルなどの理論を基礎的な視座として，クライエントの抱える問題を包括的にとらえるとともに，特定の理論やアプローチではなく統合化されたさまざまな援助技術を用いる。［村岡則子］

♧ジェネラル・ソーシャルワーク（general social work）

ジェネラルとは，ジェネラリストとしての視点を持ちつつ，多種多様なニーズに対応すべく全体的な視点に基づき柔軟に対応する援助方法である。マクマホン（McMahon, M. O.）はジェネラル・ソーシャルワークをソーシャルワークの基礎を発展，拡大，統合させた概念とし①生態的・システム的視座，②問題の焦点化，③多面的アプローチ，④理論や支援方法の自由な選択，⑤問題解決過程とした。すなわちジェネラル・ソーシャルワークは対象者や援助方法にかかわらず，すべての人間の生活全体を包括的にとらえ人と環境との相互及び交互作用を重視し，社会関係を踏まえ援助を実践する体系的枠組みを意味する。［村岡則子］

♧ジェネリック・ソーシャルワーク（generic social work）

「ジェネリック」という概念は，1929年ミルフォード会議の報告書にて初めて登場しソーシャルワークの共通基盤として，その後の統合化への重要な役割を果たした。従来のソーシャルワークがケースワーク，グループワーク，コミュニティワークに専門分化したことによりソーシャルワークの実践に限界が生じていたことが背景にあった。なお，このミルフォード会議では，ジェネリックとともに専門分野・領域に特化した「スペシフィック」という概念も示された。［村岡則子］

♧ジェノグラム（Genogram）

世代関係図または家族関係図とも呼ばれる。ボーエン（Bowen, M）により開発されたマッピング技法の一つであり，3世代以上の家族間にみられる関係性や環境の特徴ならびにその家族成員に大きな影響を与えたと考えられるライフイベントを理解する目的に用いられる。具体的には，各種の記号（丸や四角など）によりクライエントおよび家族成員を表し，その成員間の関係性については，さまざまな線種（実線・波線・破線等）を用いる。面接などにより収集されたクライエントとその家族に関わる情報を，一つの図に集約・図式化し視覚的に整理することで，クライエントとその家族の課題解決のための介入の方法や視点の整理，仮説の設定等を進める際のツールとして活用されている。　［田中顕悟］

♧シェーピング技法（shaping）

行動療法におけるオペラント条件付け法（行動強化法）の一つであり，形成化法ともいう。目標とする行動を獲得する場合に，簡単な行動課題を設定し，よりむずかしい課題へと段階をおって達成してゆけるように強化しながら最終的な適応行動を獲得する方法である。たとえば，シェーピング技法を活用したひきこもり事例へのアプローチは，「家族で交流できる人との関わり→家族で交流できる人を増やす→親友との交流→友人との交流」などの段階を踏む。さらに，対人交流の内容をシェーピングすると，「メール→手紙→電話→会話→一緒にテレビを観る→一緒に映画を観に行く」と交流の方法や場所を，心理的状態に配慮，工夫しながら段階を踏んで獲得していくようアプローチしていく。

［益満孝一］

♧シェルタードハウジング（sheltered housing）

イギリスの管理人（ワーデン）付きの高齢者用小規模集合住宅のことで，賃貸型と購入型がある。住宅には24時間対応可能なアラーム装置，庭やラウンジといった共用スペースが整備されている。シェルタードハウジングでは，食事の提供，掃除や洗濯といった家事，入浴の介助といったサービスは提供されないため，必要があれば地方自治体や民間のサービス等を利用する。他に，ベリーシェルタードハウジング（very sheltered housing）あるいは，エクストラシェルタードハウジング（extra housing）と呼ばれる，食事や家事，介護を提供するシェルタードハウジングもある。　［種橋征子］

♧支援雇用制度（Supported Employment Program）

1946年にイギリスの政府出資によって設立されたレンプロイ公社が，重度の障害者を対象に保護雇用サービスを公的に実施したのが代表的なものである。しかし，障害者への低賃金問題，一般就労への移行率の低さや特殊な雇用の確保が難しいなど課題を抱えていた。やがて障害者の自営業を促進する「Access to Work」計画では，交通費の支給や職場の設備・環境の調整，業務上のサポートに係る費用など個別的援助がなされていった。一方，日本では障害者総合支援法に基づく就労支援サービスのプログラム（就労移行支援事業，就労継続支援事業（A型），就労継続支援事業（B型））などが展開されている。また，障害者の雇用促進と職業の安定を図ることを目的とし障害者雇用促進法に基づく障害者雇用率，障害者雇用納付金そして職業リハビリテーションの推進などが展開している。

［村岡則子］

♧ジェンダー（gender）

生物学的な性差ではなく，社会的・文化的につくられた性差のことであり，後天的に獲得された「男らしさ・女らしさ」のことをいう。男女の役割についての固定的な観念や一方の性に対する差別的な評価等をジェンダーバイアスといい，性別による役割分担にとらわれずに男女ともに自由に行動・生活できる状態をジェンダーフリーという。［矢部　航］

♧ジェンダー・エンパワーメント (gender empowerment)

家父長制や性別役割分業などにより，本来もっている力を発揮できない状態に置かれている女性たちが，その状態から脱する力をつけること。国連は，1995年より各国の「ジェンダー・エンパワーメント指数（GEM）」を測定し発表している。これは，国会議員に占める女性の割合，管理職や専門職に占める女性の割合，女性の稼働所得割合などを算出し，女性が政治・経済活動に参加し意思決定に参加できる度合を測定するもので，女性がどの程度，社会の中で力をつけているかを示す指標となっている。

［村山浩一郎］

♧ジェンダー・セグリゲーション (gender segrigation)

さまざまな社会生活の場面で男女の生活空間を分離すること。性別によって職域を分離することも，その一種である。性による職域分離は，「女性向きとされる職種」が女性に割り当てられる一方で，特定の職種から女性が排除されることによって，つまり，伝統的な性役割観と特定の職業・職種が結びつくことによって形成される。通常，男性の多い職種は，女性の多い職種に比べて，賃金や社会的地位が高く，男女の賃金格差をもたらす要因となっている。［村山浩一郎］

♧ジェンダー・トラック (gender truck)

成績上位校，中位校，下位校といった，いわゆる学校ランクに対応して，生徒の卒業後の進路は分化している。このように学校教育が，将来の進路に対応して階層化している状態をトラックという。生徒の進路は，個人の成績だけでなく在学する学校のランクすなわちトラックによっても規定されている。しかし，女子生徒の進路は，このような学業成績に基づくトラックだけでなく，性役割観に基づくトラックによっても進路づけられており，これをジェンダー・トラックという。

［村山浩一郎］

♧ジェンダー・ロール (gender role)

「性役割」と直訳しうる。「男らしさ」「女らしさ」は，社会的・文化的に規定されており，その内容は時代や社会によって多様である。家事・育児・介護などの無償労働を「女の仕事」と見なす「性別役割分業」は，近代社会におけるジェンダー・ロールの規定の一部をなす。→ジェンダー

［中山慎吾］

♧支援費制度（しえんひせいど）

社会福祉基礎構造改革のもと，ノーマライゼーションの理念の実現に向けて2003（平成15）年4月に支援費制度が施行された。本制度の大きな特徴としては，身体障害者，知的障害者，障害児を対象にこれまでの措置制度から契約制度への転換にある。その他，利用者の自己決定と選択の重視，利用者とサービス事業者との対等な関係，契約に基づくサービス利用，利用者本位のサービス提供，サービスの質の向上であった。しかし，精神障害者や難病患者は対象とされておらず，サービス提供の地域格差，利用者の急増による財源不足の深刻化などの課題が生じ，2006（平成18）年に障害者自立支援法に移行した。さらに，2013（平成25）年には，障害者総合支援法が施行されている。

［村岡則子］

♧自　我（じが）(エゴ；ego)

フロイト（Freud, S.）のパーソナリティ理論によれば，パーソナリティはイド（又はエス），自我，超自我で構成されている。イドは無意識の部分であり，本能的な欲求や欲望からなる。自我は現

実との接触を保っており，どのような行動が社会に受け入れられたり，どのような行動は社会に受け入れられないかを学習していく。そして，イドが社会に受け入れられないような欲求を充足しようとする場合，社会に受け入れられ，かつイドの欲求を充足させることのできる手段を見つけ出していくのが自我の役割である。さらに，超自我は良心ともいえ，道徳的判断を担う。　［門田光司］

♧四箇院

伝承によれば，聖徳太子が593年に四天王寺に建立したとされている。この時代，仏教思想を背景とし，国家的施策で施設保護が行われていた。四箇院とは，敬田（きょうでん）院，施薬（せやく）院，悲田（ひでん）院，療病（りょうびょう）院の総称で，そこでは孤老・貧者・病者を収容し，寺僧に救済にあたらせるとともに，施薬・治療を行わせたとされ，これが院内救済の発端といわれている。　［木場千春］

♧自我同一性（アイデンティティ）

アメリカの心理学者・精神分析家であるエリクソン（Erikson, E.H.）が，自我心理学の観点から理論化した基本概念である。人間は親子，家族，学校，職場，さらにより広い社会的な集団の中で成長し，適応を遂げていく。このそれぞれの集団で，「親に対する息子・娘としての自分」「学校の生徒としての自分」「社員としての自分」「日本人としての自分」あるいは「男性・女性としての自分」などの「○○としての自分」を身に付けていくことになる。このようなそれぞれの集団において，それぞれの役割を自覚し，自分が自分であることを認識していくこと，それを自我同一性（アイデンティティ）と呼ぶ。　［大西　良］

♧事業経営の準則

公的責任に基づく社会福祉事業と民間における社会福祉事業は，それぞれの特徴を活かし，互いに連携を取り合って社会福祉を増進していくことが望まれる。しかし，行政と民間の社会福祉事業の関係性において，その責任の所在があいまいとなる場合，健全な発展が阻害されるおそれがある。そのため，社会福祉法第61条に「事業経営の準則」として，社会福祉事業にかかわる公私それぞれの主体の責任を明確化するために規定されている。この準則には，責任転嫁等の禁止，民間社会福祉事業の自主性の尊重，民間社会福祉事業の独立性の維持が設けられている。　［岡部由紀夫］

♧事業所内保育施設

事業所内の建物の一部や周辺施設を専用の保育室等として使用し，専任の保育従事者による保育サービスが提供される保育施設であり，おもに当該事業所の従業員の児童がその対象とされる。事業所の労働力の確保や福利厚生の一環として行われるため，多くは認可外の保育施設であるが，地域の子どもを受け入れる等の地域型保育事業としての一定の条件を基に認可を得られるようになった。なお，2016（平成28）年より企業主導型保育事業も導入され，企業への推進が図られている。　［中村秀一］

♧事業費補助方式

利用者のニーズに沿ったサービスを提供するため，サービスの提供量に応じた費用（事業費）を行政が事業者に直接補助する方式であり，わが国では1997（平成9）年度に導入された。基本的な流れとしては①利用者と事業所間でのサービス利用契約の締結，②事業所における利用者へのサービス提供，③利用者による事業所への利用料金の支払い（利用者の自己負担分)，④事業所から行政への補助申請（請求)，⑤行政から事業所への事業費補助（支払い)，という手順で行われている。 [本郷秀和]

♧自計式（じけいしき）

調査票または質問紙を用いてデータを収集するもののうち，調査票または質問紙を被調査者自身が読み，回答を記入する方式のこと。郵送調査法や配票調査法(留置調査法)，集合調査法がこれにあたる。調査方法によっては，調査対象としたい者以外の者が回答する可能性がある。 [河野高志]

♧資源ベース型戦略（しげんベースがたせんりゃく）

経営戦略論には，位置取り戦略（ポジションベース型戦略）と資源ベース型戦略の2つの大きな系譜がある。位置取り戦略（ポジションベース型戦略）が企業の外部環境を重視するのに対して，資源ベース型戦略は企業の内部環境を重視する。すなわち，企業内のヒト，モノ，カネ，情報といった経営資源や能力・ノウハウなどに着目し，その強みを活かした経営戦略を策定・実行することで市場や業界内での競争優位性を獲得しようとするものである。 [荒木　剛]

♧自己覚知（じこかくち） (self-awareness)

ワーカーは利用者へ福祉サービスを提供する中で，ワーカー自身の気持ち，認知，価値観などを自覚する必要がある。これを自己覚知といい，洞察ともいわれる。主体的に生きる利用者とのケースワーク関係を継続するうえで，ワーカーが共感し受容できる精神状態にあることは重要である。たとえば，ワーカー自身の親子関係など未解決な問題により逆転移が生じ，利用者の話が受容できなくなることがある。こうした場合はスーパービジョンによる問題解決が肝要である。 [益満孝一]

♧自己決定の原則（じこけっていのげんそく）

バイステック（Biestek, F.P.）の提唱したケースワーク原則の一つで，ソーシャルワーク過程に共通する重要な原則。利用者が自分自身の主体的な意志と判断によって，生き方を選択して決定する。つまり，ソーシャルサービスを選択して利用・契約し，自分の生活を構築してゆくことである。障害などにより自己決定をするうえで支援の必要な人には，地域生活でも利用できる権利擁護システムの構築が行われている。 [益満孝一]

♧自己肯定感（じここうていかん）（セルフエスティーム）

自分自身を価値ある存在として肯定的にとらえる感情。原語は self-esteem で，「自尊感情」や「自尊心」などとも訳される。人権教育において，他者を尊重するためには，自己肯定感を高めることが肝要であるといわれる。しかし，東京都が実施した「自尊感情や自己肯定感に関する意識調査」(2008) によれば，学年が進行するにつれて，児童生徒の自己肯定感は低下する傾向にある。こうした状況の中，従来よりも一層，学校教育において自己肯定感を高めるための指導・援助が必要であると指摘されている。 [吉留久晴]

♧自己効力感（じここうりょくかん） (self-efficacy)

心理学者バンデューラ（Bandura, A.）によって提唱された概念で，ある行動を効果的に遂行できるという確信を意味する。バンデューラは行動に関する期待概念を，ある行動がある結果を導くであろうという期待（結果期待）と，その結果に必要な行動を自分が遂行できるであろうという期待（効力期待）に区分した。認知された効力期待が自己効力感にあたる。バンデューラによれば，たとえある行動がある結果を導くということを認知していても，その行動を自分が遂

行できるかどうか確信がもてない場合，つまり自己効力感が低い場合，結果としてその行動は生じない。［吉留久晴］

♧自己実現（self-actualization，self-realization）

アメリカの心理学者マズロー（Maslow，A.H.）の欲求５段階説では，自己実現は最上位の欲求で，自己の持つ能力を最大限に発揮したいという欲求である。マズローは，人間には生理的欲求，安全の欲求，所属と愛の欲求，承認の欲求，自己実現欲求の5つの基本的な欲求があり，一つの欲求を満たせば，次の欲求を求めて成長していくものであるとしている。社会福祉援助においては，利用者の潜在能力に働きかけて自己実現を図るための支援が求められている。

［古野みはる］

♧自殺対策基本法

わが国において自殺による死亡者数が高い水準で推移していることから，誰も自殺に追い込まれることのない社会の実現をめざして自殺対策を総合的に推進し，自殺の防止と自殺者の遺族等に対する支援の充実を図り，国民が健康で生きがいをもてる社会の実現を目的とした法律で，2006（平成18）年に施行された。自殺対策に関する基本理念，国や地方公共団体等の責務，自殺対策の基本的な事項などを定めている。国・地方公共団体の基本的施策は，①自殺の防止等に関する調査研究の推進，情報収集，整理，分析，提供，体制の整備，②教育活動，広報活動等を通じた国民の理解の増進，③人材の確保，養成および資質の向上，④職域，学校，地域などでの心の健康の保持に係る体制の整備，⑤自殺防止に関する医療提供体制の整備，⑥自殺の発生を回避するための体制の整備，⑦自殺未遂者に対する支援，⑧自殺者の親族等に対する支援，⑨民間団体が行う自殺の防止等に関する活動に対する支援があげられている。なお，2016（平成28）年に改正され，自殺対策が生きることの包括的な支援として実施されるべきこと，都道府県及び市町村の自殺対策計画の策定等が定められた。［占部尊士］

♧支　持

援助の場面でクライエントを精神的・心理的に支える機能である。クライエントに関心を向け，問題解決の努力等を肯定的にとらえ，ストレングス（強さ）等を評価し示すこと。クライエントを緊張感から解放し，精神的・心理的に支えることにより，クライエント自身が尊重されている感覚や自尊心，自己肯定感を強め，回復を図るという面接上の技術。また，クライエントの自己選択・自己決定を促すことでもある。→受容，傾聴，共感［中井康貴］

♧自　助

一般的には，他人に依存せず，自らの力で自己の事を成し遂げることをいうが，社会福祉の分野では，生活の課題について本人の努力（資産，能力等）を基本とし個人的に対応することをいう。日本型福祉社会論において「自助」は，「公助」（公的な制度やサービス），「共助」（家族・親族や住民同士の相互扶助）に対比して用いられ，自助・公助・共助の連携の必要性や重要性が強調されている。一方，地域包括ケア論においては，ケアの費用を負担する主体としての区分がなされ，「自助」は自らの健康管理を行い市場のサービスを購入することを意味し，「公助」，「共助」，「互助」の基礎と位置づけられている。一方，セルフヘルプ（self-help）として訳され，共通の悩みや問題を抱える人（当事者）やその家族同士が専門家の助けを借りず，自身の問題を解決するための支え合いや課題解決に向けた活動を指す。［孔　英珠］

♧自傷行為(じしょうこうい)

自分自身の身体を不適切に傷つけることをいう。具体的に，皮膚を切る・殴る・頭をぶつける・火傷をつくる・髪を抜く・薬物を過剰摂取することなどがあり，自殺行為とは区別される。自傷行為は，一人きりの状況で行われることが多く，周囲に告白できないことが特徴として挙げられ，つらい感情や怒りを軽減するために行われることが多い。また，自傷行為を繰り返す人の中には精神疾患が疑われる人もおり，精神疾患の二次的な症状であるとされている。［畑　香理］

♧システム理論(りろん)

全体は多様な要素で成り立っており，それぞれの要素間でやりとりを行いながらシステム＝全体を構成するという考えに立つ理論。1950年代にベルタランフィ（von Bertalanffy, L.）らが，「一般システム理論」として体系化した理論に始まり，生物学はもとより心理学や社会科学等の分野において扱われるさまざまなシステム分析に援用されている。この理論でいうシステムとは，部分に還元するだけでは全体としての機能や目的を解明することができないものを指す。社会福祉分野へは，1950年代にハーン（Hearn, G.）が個人・集団・地域システムへの介入という概念を用いて，初期のジェネリック・ソーシャルワーク理論として確立した。1970年代には，ピンカス（Pincus, A.）と，ミナハン（Minahan, A.）がソーシャルワーク実践上の４つのサブシステムの相互作用の理論を示し，1980年代にはエコロジカルな視点に基づくソーシャルワーク方法論の統合化が行われた際，「人と状況の全体性」をとらえる理論的枠組みとして重要な役割を果たした。［小桐　修］

♧次世代育成支援(じせだいいくせいしえん)

2002（平成14）年厚生労働省の懇談会報告書で初めて使用された，少子化対策，子育て支援推進のための用語である。従来は仕事と子育ての両立支援が主であったが，それに加えて，働き方の見直し，子どもの社会性の向上や自立の促進，地域全体による子育て支援，社会保障における次世代支援などを含めている。社会福祉分野に限定されることなく，すべての子育て家庭を包括的に対象とする支援システムの構築を見据えた概念となっている。［前原　寛］

♧次世代育成支援事業主行動計画(じせだいいくせいしえんじぎょうぬしこうどうけいかく)

2003（平成15）年に制定された次世代育成支援対策推進法（2025（令和７）年３月31日までの有効期限）において，国や地方公共団体の取組みのみならず，一定人数以上（101人以上）の労働者を雇用する事業主は，一般事業主行動計画を策定し速やかに届け出なければならないとし，それ以外の事業主には同様の努力義務が課された。なお，国・地方公共団体の機関長等は特定事業主として行動計画の策定が義務づけられている。また，事業主に対する相談援助等を行うため，各都道府県に次世代育成支援対策推進センターがおかれた。これらは，少子化対策から次世代育成（支援）への政策転換であり，国・地方公共団体と企業等の国民全体で取り組むための体制化がめざされている。［岩井浩英］

♧次世代育成支援対策交付金(じせだいいくせいしえんたいさくこうふきん)

次世代育成支援対策推進法に規定される交付金の一種である。地域における子育て支援体制を強化するため，同法に基づき策定される市町村行動計画の定める子育て支援事業，その他の関連事業の実施を支援するソフト交付金である（他に，次世代育成支援対策施設設備交付金

（ハード交付金）がある）。乳幼児家庭全戸訪問事業，養育支援訪問事業，ファミリー・サポート・センター事業，子育て短期支援事業，地域子育て支援拠点事業，一時預かり事業などを対象に交付される。 ［原口 恵］

♧次世代育成支援対策推進法

少子化や家庭及び地域を取り巻く環境の変化から子育て支援が求められる状況の中で2003（平成15）年７月に成立した。この法律において，「次世代育成支援対策」とは，次代の社会を担う子どもを育成し，又は育成しようとする家庭に対する支援その他の次代の社会を担う子どもが健やかに生まれ，かつ，育成される環境の整備のための国もしくは地方公共団体が講ずる施策又は事業主が行う雇用環境の整備その他の取組みをいう，そのための取組みとして，主務大臣による行動計画策定指針と，この指針に即して市町村・都道府県及び事業主による行動計画の策定である。計画期間は2005（平成17）年４月１日から2015年（平成27）年３月31日までの10年間であったが，さらに2025年３月31日までの10年間が延長され，新たな特例認定制度が創設された。 ［門田光司］

♧次世代育成支援対策地域協議会

2003（平成15）年に制定された次世代育成支援対策推進法に規定されている。本法は次代の社会を担う子どもの健やかな育成支援対策のため，地方公共団体及び事業主に対し，次世代育成支援のための行動計画の策定を義務づけており，当初10年間の時限立法であったが，2014年にさらに10年間延長された。次世代育成支援対策地域協議会は次世代育成支援の推進の担い手である都道府県，市町村，事業主，労働者，社会福祉・教育関係者等により組織されており，行動計画策定に関する調査や審議，評価などが行われている。 ［山本佳代子］

♧施設介護サービス費

要介護認定を受け介護保険施設に入所しているものに対して支給される介護給付である。介護保険施設の利用料については，この他に食事の提供に要する費用，居住に要する費用その他の日常生活に要する費用があるが，これらは給付の対象に含まれず利用者負担となる。利用者の経済的負担が過重にならないよう，特定入所者介護サービス費や高額介護サービス費等の制度が設けられている。 ［久保英樹］

♧施設サービス計画

介護老人福祉施設，介護老人保健施設又は介護医療院（介護療養型医療施設）に入所している要介護者について，入所者の能力や置かれている環境，抱えている問題などについて入所者及び家族との面接を通してアセスメントした上で，これらの施設が提供するサービスの内容，その担当者，入所者及び家族の希望，総合的な援助の方針，生活全般の解決すべき課題，施設サービスの目標及びその達成時期，施設サービスを提供する上での留意事項などを定めた計画である。この計画の作成にあたっては，介護支援専門員が作成に関する業務を担当する。また，サービス担当者会議の開催，施設サービス計画の原案について入所者及びその家族への文書による説明と同意，同計画書の書面による交付等が義務付けられている（介護保険法第８条26項）。 ［村岡則子］

♧施設入所主義

高齢や障害等の理由で在宅生活が困難な状況になった人びとを各種福祉施設に入所させ，自立支援を図るという考え方。施設の設置目的にもよるが，長期滞在型の施設に入所することで，たとえば食事や入浴，その他の介護サービスなどを24時間体制で受けることができる。しかし，集団生活であるため，画一的なサービスになりやすいという問題点も存在していた。なお，精神障害者やハンセン病関係の施設においては，隔離的な意味合いで施設入所が行われた歴史もみられる。 ［本郷秀和］

♧施設福祉サービス

在宅福祉サービスに対置する概念として位置づけられており，在宅での生活が困難な人がその人のニーズに合った社会福祉施設に入所し，そこで必要な生活支援を受けるサービスのことである。わが国では，1980年代に入って在宅福祉サービスに力が入れられるようになり，施設福祉サービスは在宅福祉サービスのセンター的役割を果たすようになってきている。また現在は，施設の小規模多機能化が進行しており，施設福祉サービスの在り方そのものが多様化してきている。

［松岡佐智］

♧慈善事業

近代社会で公的救済制度が未整備な時代に行われた民間の貧民救済活動のことである。慈善事業は宗教思想を背景とした民間の援助活動から始まり，やがて宗教から切り離された市民の良心による自主的な福祉的救済や社会奉仕活動に発展していった。代表的な活動団体としては，19世紀のイギリスで誕生したCOS（Charity Organization Society；慈善組織協会）があげられ，アメリカや日本にも大きな影響を及ぼした。慈善事業は財政的基盤が弱いことや個人的，主観的活動になりやすい面があった一方で，その先駆的な取組みは民間の自発的福祉活動の進展や社会事業の発展に寄与したと評価できる。 ［田中茂實］

♧慈善組織協会（Charity Organization Society：COS）

19世紀，新救貧法が敷かれたイギリス・ロンドンで1869年に発足した。この頃イギリスは，資本主義の発展を背景とした貧富の差が顕在化し，国民の貧困問題が深刻な状況となっていた。当時はこの問題を資本主義の発展に伴う構造的・社会的問題としてとらえるのではなく個人の問題とし，その原因を非組織的な慈善事業による濫救や漏救の結果であると認識していた。そこでCOSを設立し，非組織的に行われていた活動を組織化し合理化しようとした。その後COSは貧困者への調査を行い，慈善事業を行う団体の連絡調整によって救済の適正化を図っていくこととなる。また貧困家庭を個別に訪問する友愛訪問が行われた。さらに，COS活動はアメリカに広がり，職員として働いていたリッチモンド（Richmond，M.；1861～1828）はそこでのノウハウを科学化させ，ソーシャルワークの礎を築いていった。 ［畑　香理］

♧肢体不自由児

肢体不自由とは，身体障害の一種であり，身体障害者福祉法施行規則別表で「視覚障害，聴覚又は平衡機能の障害，音声機能・言語機能又はそしゃく機能の障害，肢体不自由，心臓，じん臓若しくは呼吸器又はぼうこう若しくは直腸，小腸，ヒト免疫不全ウイルスによる免疫若しくは肝臓の機能の障害・その他政令で定める障害」と定め，肢体不自由は，上肢，下肢，体幹の機能障害及び乳幼児期以前の非進行性の脳病変による運動機能障害としている。肢体不自由児は，上記障害を有する18歳未満の児童をいい，児童福祉法や障害者総合支援法（障害者の日常生活及び社会生活を総合的に支援するための法律）を基に相談支援の対応が行われている。 ［中村秀一］

肢体不自由児施設（したいふじゆうじしせつ）

1947（昭和22）年児童福祉法制定時に規定された施設で，上肢，下肢又は体幹に相当程度かつ持続的な機能障害があるため，長期間の入院治療を必要とするほか，一般の病院では十分に行うことが難しい機能訓練や職能訓練，および生活指導を必要とする児童が対象とされていた。施設は入所型，通園，療護施設に分けられ，障害程度が重度の児童の場合，満20歳に達した後も引き続き在所が可能となっていた。その後，2012年児童福祉法改正時に，障害児施設・事業の一元化が行われ，肢体不自由児施設は18歳未満では児童福祉法に基づく医療型障害児入所・通所施設となり，また18歳以上は障害者総合支援法による支援サービスとなっている。　　［山本佳代子］

自治事務（じちじむ）

自治事務とは，地方公共団体が処理する事務のうち，法定受託事務以外のものをいう（地方自治法第２条８項）。地方分権一括法（2000年４月施行）により，これまでの国が上級で地方は下級といった中央集権的なあり方を見直し，国と地方は対等な関係にあるとした。それと共に，機関委任事務を廃止し，地方公共団体の事務を「自治事務」と「法定受託事務」に区分した。このことにより，地方公共団体は，法令に違反しない限り自主的で地域の実情応じた取組みが可能となった。　　［田島　望］

視聴覚障害者情報提供施設（しちょうかくしょうがいしゃじょうほうていきょうしせつ）

身体障害者福祉法34条にて，「視聴覚障害者情報提供施設は無料又は低額な料金で，点字刊行物，視覚障害者用の録音物，聴覚障害者用の録画物その他各種情報を記録した物であって専ら視聴覚障害者が利用するものを製作し，若しくはこれらを視聴覚障害者の利用に供し，又は点訳（文字を点字に訳すことをいう。）若しくは手話通訳等を行う者の養成若しくは派遣その他の厚生労働省令で定める便宜を供与する施設とする」と規定されている。　　［門田光司］

市町村介護保険事業計画（しちょうそんかいごほけんじぎょうけいかく）

市町村は国の基本指針に即して，３年を１期とする当該市町村が行う介護保険事業に係る保険給付の円滑な実施に関する計画を定める（介護保険法第117条第１項）。第６期（2015年～2017年）以降の市町村介護保険事業計画は「地域包括ケア計画」と位置づけられ，在宅医療介護連携等の取組みが本格化している。この計画には，基本理念，目標値，要介護者等の実態把握，区域（日常生活圏域）の設定，サービス量の見込み，必要定員総数，地域支援事業の量の見込みなどが盛り込まれる。保険料設定の基礎となる計画であるため，住民も策定に関わることが求められる。　　［河谷はるみ］

市町村高齢者居住安定確保計画（しちょうそんこうれいしゃきょじゅうあんていかくほけいかく）

2016（平成28）年８月，地方分権一括法及び関連する改正省令等が施行されたことに伴い，高齢者の居住の安定確保に関する法律も改正・施行された。同法により，都道府県だけでなく市町村も都道府県と協議の上，市町村高齢者居住安定確保計画を定めることができることになった（第４条の２第１項関係）。市町村は計画を定め，サービス付き高齢者向け住宅の登録基準の強化・緩和など，適合状況も判断する。なお市町村が計画を定める場合，市町村老人福祉計画及び市町村介護保険事業計画との調和を図ることが望ましい。　　［河谷はるみ］

市町村児童家庭相談援助指針（しちょうそんじどうかていそうだんえんじょししん）

2004（平成16）年の児童福祉法の改正に伴い，市民に身近な市町村が児童家庭相談の受け皿となることが法律上明確化されたのを受け，市町村が地域の実情に応じて適正に相談援助活動を行うための指針である。指針作成の背景には，児童虐待の急増と，それに伴って児童相談所に寄せられる相談件数の増加，家庭養育力の低下に伴う身近な子育て相談ニーズの増加等があげられる。2017年の改定では，「支援を要する妊婦等に関する情報提供」，「児童の福祉を保障するための原理の明確化」，「家庭と同様の環境における養育の推進」等を柱に，子どもの権利，保護者及び国・地方公共団体の責務等が明示された。［森木朋佳］

♧市町村障害者社会参加促進事業（しちょうそんしょうがいしゃしゃかいさんかそくしんじぎょう）

本事業の目的は実施要綱より，「障害者にとって最も身近な市町村において，ノーマライゼーションの理念の実現に向けて，障害者の需要に応じた事業を実施することにより，障害者の自立と社会参加の促進を図ること」にある。基本事業は，コミュニケーション支援，情報支援，移動支援，生活訓練，スポーツ振興支援，福祉機器リサイクル，知的障害者支援，精神障害者支援などである。

［門田光司］

♧市町村相互財政安定化事業（しちょうそんそうございせいあんていかじぎょう）

財政規模の小さい複数の市町村が，介護保険財政の安定を図ることを目的として，相互の保険料水準の調整を行い，それぞれの市町村の介護保険財政の悪化の防止を行う事業。市町村相互財政安定化事業を行う場合は，①特定市町村，②調整保険料率，③事業実施期間，④市町村相互財政安定化事業に係る資金の負担及び交付の方法，⑤市町村相互財政安定化事業の実施に関し必要な事項，について定めることになっている。また，都道府県は，市町村の求めに応じて，市町村相互間の必要な調整を行い，調整保険料率についての基準を示す等，必要な助言や指導を行うことができる。［泉　賢祐］

♧市町村地域福祉計画（しちょうそんちいきふくしけいかく）

社会福祉法第107条に基づき，市町村が地域福祉の推進を図るために策定する福祉計画。国により地域共生社会の実現に向けた取組みが推進される中，2017（平成29）年に社会福祉法が改正され，市町村地域福祉計画の充実・強化が図られた。まず，これまで任意とされていた計画の策定が努力義務化された。また，計画の記載事項については，これまでの規定（①地域における福祉サービスの適切な利用の推進に関する事項，②地域における社会福祉を目的とする事業の健全な発達に関する事項，③地域福祉に関する活動への住民の参加の促進に関する事項）に，「地域における高齢者の福祉，障害者の福祉，児童の福祉その他の福祉に関し，共通して取り組むべき事項」が追加され，各福祉分野の上位計画としての位置づけが明確にされたほか，同法第106条の3第1項各号で規定する「包括的な支援体制の整備」に係る事業に関する事項も追加された。さらに，策定の際の住民参加に加え，策定後に定期的に調査，分析，評価の手続きを行い，必要に応じて見直しを行うことが求められるようになった。［村山浩一郎］

♧市町村特別給付（しちょうそんとくべつきゅうふ）

介護保険制度における保険給付には介護給付，介護予防給付，市町村特別給付がある。市町村特別給付は，要介護被保険者（要介護1～5）又は居宅要支援被保険者（要支援1・2）に対し，介護給付・介護予防給付以外に要介護状態等の軽減や悪化の防止のために提供されるサービスである。市町村の条例で定めることとされ，その財源は第1号被保険者の保険料が充てられる。「横出しサービス」ともいわれ，たとえば紙おむつ給付，移送サービス，寝具洗濯サービス，配食サービスなどがある。［田中茂實］

市町村保健センター

市町村保健センターは，地域住民に対し，総合的な保健サービスを提供する施設であり，地域保健法第４章18条で，「市町村は，市町村保健センターを設置することができる。２ 市町村保健センターは，住民に対し，健康相談，保健指導及び健康診査その他地域保健に関し必要な事業を行うことを目的とする施設とする」と記されている。市町村保健センターでは，母子保健をはじめ，健康づくり，精神保健，救急医療，食育，保健衛生など，幅広いサービスを受けられる。また，保健・医療・福祉に関わるさまざまな医療機関，福祉施設，関係機関等との連携・協力を図りながら効果的な保健サービスを提供する拠点としての機能を発揮することが求められる。［井上明信］

市町村老人福祉計画

老人福祉法第20条の８に規定される，市町村が，居宅生活支援事業及び老人福祉施設による事業の供給体制の確保に関する計画を義務として定めるものである。市町村の区域において確保すべき老人福祉事業量の目標を定める。また，老人福祉事業の量の確保のための方策を定める努力義務が課せられている。なお，老人居宅生活支援事業，特別養護老人ホーム等の目標を定めるにあたっては，介護保険法に定める各種の介護サービスの量の見込み等を勘案しなければならない。また，養護老人ホーム等の目標を定めるにあたっては，国が参酌すべき標準を定めることとされている。さらに，その市町村の区域における障害がある高齢者の人数，障害の状況，その養護の実態その他の事情を勘案することも努力義務である。市町村老人福祉計画は，介護保険法に規定される市町村介護保険事業計画と一体のものとして策定されなければならないことになっている。［木場千春］

市町村老人保健福祉計画

老人保健福祉計画とは，1990（平成２）年の老人福祉法，老人保健法を含む福祉八法改正によってその策定が市町村と都道府県に義務付けられたものである。これは介護問題が深刻になるにつれ，家族にそれを任せるのではなく，公的な施設・在宅サービスを充実させていこうとする趣旨であり，福祉計画で初めて数値目標を設定して，その整備を図ることを目的としていた。老人福祉法による老人福祉計画と，老人保健法による老人保健計画を一体として策定されたものであったが，その後，2008（平成20）年老人保健法は高齢者医療確保法に吸収されることで廃止されたので，現在は老人福祉計画だけが残っている。ただし便宜上，老人保健福祉計画という名称をいまも使っている自治体もある。［木場千春］

悉皆調査（全数調査）

悉皆調査（全数調査）とは，調査対象者すべてを対象とする調査のことである。たとえば社会福祉調査を行う際，調査対象者を65歳以上の福岡県民とした場合には，その県内に居住するのすべての65歳以上が調査対象となる。したがって，調査対象者数が膨大になるような調査では，結果への信頼性の低下が危惧されるものの現実的にランダムサンプリングなどのサンプリングを検討することが多い。ただし，回収率にもよるが，調査対象者数のすべてが調査可能であれば，信頼性の高いデータを得られやすいという利点がある。［本郷秀和］

失業等給付

雇用保険の目的には労働者が失業した場合及び労働者について雇用の継続が困難となる事由が生じた場合に，又は労働者の職業訓練に伴う必要な給付を行うために，必要な給付を行うものとされている。雇用保険に加入し，加入期間を満たした労働者が失業した場合に，必要な給付が行われる。失業等給付には，①求職者給付，②就職促進給付，③教育訓練給付，④雇用継続給付がある。求職者給付の支給を受ける者には，誠実かつ熱心に求職活動を行い，職業に就く努力が求められる。　［川﨑竜太］

じつけんけいかくほう
♧実験計画法

効率のよい実験方法を設計し，誤りの少ない統計解析を行うことを目的とした研究手法。フィッシャー（英 Fisher, Aylmer Ronald；1890-1962）によって1920年代に開発された。①反復の原則：同じ条件のもとで２回以上実験を繰り返す，②無作為化の原則：実験順序等をランダムに設定する，③局所管理の原則：影響を調べる要因以外のすべての要因を可能な限り一定にする，というフィッシャーの３原則に基づき実施する。　［河野高志］

しつけんとうしき　けんとうしきしょうがい
♧失見当識（見当識障害）

年月日や時間，ここがどこであるか場所がわからない，人が誰なのか，物が何なのかわからないといったように状況を把握，判断できない状態のことをいう。認知症の中核症状の一つである。認知症が初期の場合は，季節や名前などの情報を繰り返し伝えたり，質問し，現実を認識してもらうリハビリテーションであるリアリティ・オリエンテーションが効果的な場合がある。場所や人に対する見当識が低下していると混乱したり不安になったりするため，介護者は間違いを責めたりせず，本人が安心できる環境づくりが求められる。　［種橋征子］

じつぞんしゅぎ
♧実存主義アプローチ

実存主義は，人間の存在や人間的現実の意味を具体的な相からとらえ直そうとするものである。なぜ自分は生きているのか，なぜ人間は死ぬのか，その実存の意味を問う実存主義を基盤においたソーシャルワークのアプローチが実存主義アプローチである。1978年，クリル（Krill, D.F.）は著書『実存主義ソーシャルワーク』にて，治療過程における実存主義思想での５つの中心的概念をあげている。それは，「選択の自由」「幻滅」「苦悩の意味」「対話の必要性」「応答的傾注の姿勢」である。実存主義アプローチでは，クライエントは現在の問題状況に対して，これまでの価値体系を批判し，新しい価値体系を選択し，新しい生き方，姿勢を見つけ出していくことが求められていく。　［門田光司］

しつてきちょうさ
♧質的調査

社会福祉調査は，「量的調査」と「質的調査」に大きく分けられる。量的調査は，数量の形をとるデータを用いた経験的な調査である。それに対し，質的調査は，数量の形によらないデータを用いた経験的な調査である。数量の形によらないデータとしては，まず事例研究がある。事例内容のデータから当事者の状況を深く分析し，理解していくことが目的となる。またエスノグラフィーでは，当事者の観点に立ちながら，文化を記述し，生活様式を明らかにしていくことがめざされる。さらにグラウンデッド・セオリーは，データから理論を生成していく方法を提示したもので，この場合は対象者との面接等による発言がデータとして使用される。　［門田光司］

しつもんしほう
♧質問紙法

質問紙法とは，社会福祉調査等において，調査票に質問を記載して調査対象者に回答してもらう方法である。主に郵送調査や集合面接調査，配票調査等で活用されるが，インタビュー調査（個別面接調査等）でも利用できる。定量調査（量的調査）の代表的調査手法となっており，近年ではインターネット上での調査も活発化している。作成上の留意点として，①質問数を多くしすぎないこと，②わかりやすい表現を用いること，③使用目的や倫理的配慮（回答者が特定されない配慮等）を踏まえておくこと，④データ保管の方法・期限等を明記すること，⑤必要に応じて言葉の定義を示すこと，⑥回答しやすい順番にすること，⑥拒否できる権限を明記すること，⑦問い合わせへの対応者を明記すること，⑧その後の分析手法を見据えて作成することなどがある。なお，質問紙法により得られたデータは，図表やグラフ作成，統計学的解析等に用いられることが多い。

［本郷秀和］

♧指定介護療養型医療施設（していかいごりょうようがたいりょうしせつ）

療養病床を有する病院又は診療所において，長期療養を必要とする要介護者に対し，医学的管理下において介護保険制度に基づく介護サービスを提供することを目的とし，介護保険事業の指定を受けた施設のこと。施設の指定は，原則病棟（60床以下）単位で行われる。介護療養型医療施設の法的根拠は，旧・医療法第7条第2項第4号および旧・介護保険法第8条第26項である。介護療養型医療施設は，2017年度末までに介護老人保健施設等に転換し廃止する計画であったが，医療ニーズが高い要介護者の増加などの課題により転換が進まず，廃止時期が2023年度末まで延長された。今後，介護療養型医療施設が担ってきた長期療養を必要とする人への医学管理や介護サービスは，2018（平成30）年の介護保険法改正で創設された介護医療院や医療機関に居住空間を併設して提供するサービスで代替することが検討されている。

［山田美保］

♧指定介護老人福祉施設（していかいごろうじんふくししせつ）

介護保険法に規定されている介護保険施設の一つであり，入所する要介護者に対し，施設サービス計画に基づいて，入浴，排泄，食事等の介護その他の日常生活上の世話，機能訓練，健康管理及び療養上の世話を行うことを目的とした施設である。老人福祉法に規定される特別養護老人ホームは，都道府県知事に申請をし，指定を受けることによって，介護保険による施設サービスの対象になる。その基準については，介護保険法の第87条・第88条に明記されており，指定介護老人福祉施設の開設者は，介護保険法第88条第2項に規定された設備及び運営に関する基準に従わなければならない。

［松岡佐智］

♧指定介護老人福祉施設の人員，設備及び運営に関する基準（していかいごろうじんふくししせつのじんいん，せつびおよびうんえいにかんするきじゅん）

1999（平成11）年3月に介護保険法に基づき発令された指定介護老人福祉施設の人員，設備，運営などの基準を定めた厚生労働省令であり，2000（平成12）年4月1日に施行された。指定介護老人福祉施設の指定は，都道府県知事が都道府県の定める条例に適合しているか審査して行うが，その条例が定める人員，設備及び運営などの基準はこの省令が遵守されていなくてはならない。省令では，施設運営や施設サービス提供の基本方針，人員に関する基準，設備に関する基準，運営に関する基準，ユニット型指定介護老人福祉施設の基本方針並びに設備及び運営に関する基準が示されている。

［田中茂實］

♧指定管理者制度（していかんりしゃせいど）

2003（平成15）年の地方自治法の一部改正により公布。公の施設（公共施設等）の管理・運営を，民間の法人・その他の団体に代行させることができる制度。この制度は多様化する住民ニーズに，より効果的，効率的に対応し，住民サービスの向上，経費の削減等を図ることを目的とする。管理主体は民間事業者を含む法人その他の団体も可（個人は不可），議会の議決を経て指定。

［江口賀子］

♧指定居宅介護支援

指定居宅介護支援は，市町村から指定を受けた指定居宅介護支援事業者から提供されるもので，指定居宅介護支援事業者の介護支援専門員は，居宅サービス計画を作成するとともに，サービス事業者等との連絡調整を行い，介護保険施設等への入所を要する場合は，当該施設等への紹介を行う。居宅サービスの提供は，介護支援専門員がアセスメントに基づき作成した居宅サービス計画書の原案をもとに，居宅サービスの担当者や主治医，その他の関係者等を集めたサービス担当者会議を経て実施される。介護支援専門員は，居宅サービスの提供開始後もサービスが適切に提供されているか，状態の変化による新たな支援ニーズが発生していないか等，月１回以上の訪問による面接でモニタリングを行い，必要に応じて計画の変更や事業者との連絡調整等を行う。なお，指定居宅介護支援は2018（平成30）年４月より指定権限が都道府県から市町村へ移譲されている。［久保英樹］

♧指定居宅介護支援事業者

介護保険制度において，指定権者へ申請をし，指定を受けた居宅介護支援事業者のこと。2018（平成30）年度より指定権者の権限は都道府県から市町村に移譲された。申請者は法人であり，一定数の介護支援専門員が配置されていなければならない。また，指定居宅介護支援の事業の運営に関する基準に従い，要介護者の心身の状況等に応じて適切な指定居宅介護支援を提供するとともに，自らその提供する指定居宅介護支援の質の評価を行うことにより，常に指定居宅介護支援を受ける者の立場に立って，これを提供するように努めなければならない。

［岡部由紀夫］

♧指定居宅サービス事業者

都道府県知事が指定した介護保険法居宅介護サービスを提供する事業所のこと。居宅サービスの種類としては，訪問介護，訪問入浴介護，訪問看護，訪問リハビリテーション，通所介護，通所リハビリテーション，短期入所生活介護，短期入所療養介護，特定施設入居者生活介護，福祉用具貸与，特定福祉用具販売，居宅療養管理指導の12種類がある。他の法定サービスとして，地域密着型サービス，施設サービスがある。障害者総合支援法，児童福祉法も在宅で支援を受けるためのサービス事業所を指定している。

［大林和子］

♧児　童

「児童」は法律上，年齢区分で定義されている。児童福祉法第４条では，児童は「満18歳に満たない者」とされ，そのうち満１歳に満たない者を「乳児」，満１歳から小学校就学の始期に達するまでの者を「幼児」，小学校就学の始期から，満18歳に達するまでの者を「少年」としている。「母子及び父子並びに寡婦福祉法」では，第６条の３にて児童は20歳に満たない者と規定されており，法律によって年齢区分が異なる場合がある。なお，「児童の権利条約」ではなく「子どもの権利条約」とするべきであるという論者の考え方にあるように，「児童」は法律上，学術上の用語，すなわち，大人側が用いる言葉であって，子ども当事者の用語ではないので「子ども」という表現を使うべきという考え方が台頭している。

［川池智子］

♧児童委員

児童福祉法に基づいて市町村に置かれる民間の奉仕者であり，民生委員法に基づく民生委員を兼務している。担当区域の児童・家庭等の状況把握，相談援助，関係諸機関との連携，児童健全育成活動などを行う。1994（平成6）年には，区域に限定されずに地域の児童福祉，子育て支援に関する事項をもっぱら担当する主任児童委員も創設されている。2018（平成30）年3月時点で全国で約23万人の児童委員（うち主任児童委員が約2万人）が厚生労働大臣により委嘱されている。 ［前原　寛］

♧児童買春

児童買春とは対価を支払って子どもと性行為を行うことで，児童ポルノや子どもを性商品化する目的の誘拐，人身売買とともに「営利を目的とする子どもの性的搾取」の一つにあたる。買う側の人権侵害性を明確にするために「売春」ではなく「買春」という言葉が用いられるようになった。日本人による海外での児童買春ツアーなどが問題視されるようになり，1999（平成11）年に「児童買春・児童ポルノ禁止法」が成立した。この法律は児童（18歳未満）の権利擁護を目的として掲げ，児童買春行為やその周旋や勧誘，児童ポルノの製造，販売や所持，そして児童買春目的の人身売買などを処罰対象としている。日本国民はこれらの犯罪を国外で犯した場合でも処罰の対象となる。 ［西原尚之］

♧児童買春，児童ポルノに係る行為等の規制及び処罰並びに児童の保護等に関する法律

略称：児童買春・児童ポルノ禁止法。1999（平成11）年成立，2014（平成26）年に法改正・施行されているが，この法律は児童に対する性的搾取及び性的虐待が児童の権利を著しく侵害することの重大性に鑑み，あわせて児童の権利の擁護に関する国際的動向を踏まえ，児童買春，児童ポルノに係る行為等を規制し，及びこれらの行為等を処罰するとともに，これらの行為等により心身に有害な影響を受けた児童の保護のための措置等を定めることにより，児童の権利を擁護することを目的としている。この法律において「児童ポルノ」とは，写真，電磁的記録（電子的方式，磁気的方式その他人の知覚によっては認識することができない方式で作られる記録で，電子計算機による情報処理の用に供されるもの）に係る記録媒体その他の物ものをいう。 ［門田光司］

♧児童家庭支援センター

児童福祉法第44条の2に規定された児童福祉施設で，1998（平成10）年の児童福祉法改正により身近なところで相談援助できる機関として新しく創設された。業務内容は，地域や家庭からの子どもに関する相談を受ける，市町村の求めに応じて職員派遣や教育研修への講師派遣などを行う，児童相談所等からの委託を受けて指導する，関係機関との連絡調整を行う，里親等への支援，などである。児童福祉施設等に付置され，2010（平成22）年4月現在で全国に79か所，2015（平成27）年で109か所ある。なお2018（平成30）年に厚生労働省から出された都道府県社会的養育推進計画の策定要領では，児童家庭支援センターの機能強化の計画および設置に向けた計画を策定するように求めており，今後，さらなる増設が見込まれる。 ［安部計彦］

♧児童家庭相談室

福祉事務所の家庭児童福祉に関する相談指導業務を充実強化し，家庭における適正な児童養育その他家庭児童福祉の向上を図るために，福祉事務所に設置されている。相談は家庭相談員が行うが，その職務としては家庭児童福祉に関する専門的技術を必要とする相談指導業務を行

うとされている。また，児童福祉諸機関（児童相談所，保育所，学校，警察署及び児童その他）との連絡協調，地域住民との情報体制の確立を図ることも求められている。　［門田光司］

♧児童環境づくり基盤整備事業

少子化対策，子育て支援の推進のために，子育てしやすい環境作りや児童の健全育成を支援することを目的とする国庫補助事業。単一の事業ではなく，複数の事業を総称したものである。背景には，少子化の進行，未婚化・晩婚化の進行，婚姻夫婦の出生率の低下，夫婦共働き家庭の一般化，家庭生活との両立が困難な職場など，児童と家庭を取り巻く環境の変化が指摘されている。事業としては，ネットワーク作り，企画・立案及び推進する母体となる組織作り，インターネットやマスメディア，フォーラムなどを活用した啓発活動，資質向上のための研修会，地域資源の活用，児童ふれあい交流の促進等多岐にわたっている。中でも中心的な役割に位置づけられているのが，地域子育て支援拠点事業である。

［前原　寛］

♧児童虐待

児童虐待とは，端的には子どもに対する不適切な関わりの総称である。わが国では，2000（平成12）年に「児童虐待の防止等に関する法律」（児童虐待防止法）が制定，施行された。児童虐待防止法による児童虐待の定義は，①身体的虐待（殴る，蹴る，投げ落とす等），②性的虐待，③心理的虐待（脅かし，無視，DVの目撃等），④ネグレクト（養育の怠慢・拒否）の大きく4つに分類される。

［勝　智樹］

♧児童虐待の早期発見義務

児童虐待の防止等に関する法律第5条において，児童の福祉に職務上関係ある者は，児童虐待の早期発見義務があることが明記されている。これは発見するだけでなく，それに伴う通告義務も伴っている。さらに第6条において，通告義務の対象は，「虐待を受けた児童」だけでなく「虐待を受けたと思われる児童」まで含んでいる。このことは，発見者に通告の義務を求めるものであり，通告したことの適否の責任を負わせるものではないことを意味している。児童虐待の疑いがある場合，虐待であるかどうかの判断よりも児童の安全と保護を最優先することが求められているのである。なお，通告義務は守秘義務に優先するので，この通告によって守秘義務違反に問われることはない。　［前原　寛］

♧児童虐待防止法

正式には児童虐待の防止等に関する法律といい，1933（昭和8）年に制定された児童虐待防止法を現行法に統一し，2000（平成12）年11月に施行された。これにより，親権の部分的制限や保護者への指導，通告義務等が盛り込まれた。2004年以降，3回の改正が行われ，児童虐待の定義の見直し，国及び地方公共団体の責務の改正，児童の安全確保等のための立入調査等の強化，保護者に対する児童との面会又は通信等の制限の強化，児童虐待を行った保護者が指導に従わない場合の措置の明確化等に関する規定等が整備された。さらに2017（平成29）年の改定では，「しつけを名目とした児童虐待の禁止」が明記された。［森木朋佳］

♧児童居宅介護等事業

児童居宅生活支援事業の一つで，身体に障害のある児童又は知的障害のある児童で日常生活を営むのに支障がある者に，家庭での入浴，食事等の介護など必要な便宜を供与するホームヘルプサービス事業である。対象は重度の障害児である。かつては市町村の措置事業であった

が，法改正により2003（平成15）年度より児童の保護者が事業者と直接契約する制度に移行している。 ［前原　寛］

♧児童憲章（じどうけんしょう）

児童憲章は，児童に対する正しい観念を確立し，すべての児童の幸福をはかることを目的に定められている。第２次世界大戦後の荒廃した社会状況の中で，児童福祉法第１条の理念「国民は，児童が心身ともに健やかに生まれ，且つ，育成されるよう努めなければならない」「児童は，ひとしくその生活を保障され，愛護されなければならない」ことを広く国民が再認識するため，国民各層の代表者235人による審議を経て，1951（昭和26）年５月５日，児童憲章制定会議にて制定された。憲章の前文では，「児童は，人として尊ばれる」「児童は，社会の一員として重んぜられる」「児童は，よい環境のなかで育てられる」と児童に対する正しい観念について明記されている。 ［梶原浩介］

♧児童健全育成（じどうけんぜんいくせい）

戦後，児童の健全育成は，児童福祉法に規定された児童厚生施設の一つである児童館の担うところであったが，1997（平成９）年の児童福祉法改正により，「放課後児童健全育成事業」として学童保育が法定化された。「小学校に就学している児童であつて，その保護者が労働等により昼間家庭にいないものに，授業の終了後に児童厚生施設等の施設を利用して適切な遊び及び生活の場を与えて，その健全な育成を図る事業」（法第６条の３第２項）である。なお，2012（平成24）年の子ども・子育て関連３法成立により，「地域子ども・子育て支援事業」に位置づけられた（2015（平成27）年度～）。併せて，放課後児童支援員認定資格も制度化された。 ［岩井浩英］

♧児童厚生員（じどうこうせいいん）

児童館や児童遊園などの児童厚生施設に配置されている専門職をいう。児童福祉施設の設備運営に関する基準（厚生労働省令）では，児童の遊びを指導する者（児童厚生員）と規定されており，保育士，社会福祉士，教諭資格をもつものなどと規定されている。児童厚生員は，地域の子どもの育ちと親の子育てを支援することが主な目的であり，具体的には厚生施設を利用する子どもの遊びや発達援助や親への育児支援，子育て支援団体との協働，子どもの子育てに関する地域実態の把握，児童虐待の早期発見，児童相談所等の関係機関との連携，配慮が必要とされる子ども等への継続的な見守り援助などがあげられる。 ［山本佳代子］

♧児童厚生施設（じどうこうせいしせつ）

児童福祉法に基づく児童福祉施設であり，児童遊園，児童館などがある。児童に健全な遊びを与えて，その健康を増進し，又は情操をゆたかにすることを目的とする施設であると規定されている。このうち児童遊園は屋外型の児童厚生施設とされ，広場，遊具，トイレを設けることが設備基準となっている。一方の児童館は屋内型であり，乳幼児期の子育て家庭への相談・援助，交流支援や子育て問題の発生予防，早期発見と対応，地域組織活動の育成にかかわる役割を担う。いずれの施設も地域の子どもたちの遊びの拠点と居場所となっており，遊び等をとおした心身発達の増進を行っている。また，これらの役割を担う専門職として児童厚生員（児童の遊びを指導する者）がおかれている。 ［山本佳代子］

♧児童指導員（じどうしどういん）

児童指導員とは，児童福祉施設の設置及び運営に関する基準（昭和23年厚生省令第63号）第43条に規定されている任用資格である。家庭の事情や障害等のため，児童福祉施設で過ごす0～18歳までの児童を保護者に代わり，児童が健全に成長できるよう生活環境の整備や生活指導等を行う。主には，児童に対する生活指導計画の立案や会議の運営，内部の連絡・調整，ケースワークやグループワークを通じての家庭的な援助，児童相談所や学校との連絡，児童の引き取りをめぐる保護者との面談，周囲の支援機関との調整等が共通した職務の内容である。主な職場として，児童養護施設，障害児入所施設，児童発達支援センター，情緒障害児短期治療施設，乳児院等がある。　［梶原浩介］

♧児童自立支援施設

児童福祉法第44条に定められた，「不良行為をなし，又はなすおそれのある児童及び家庭環境その他の環境上の理由により生活指導等を要する児童を入所させ，又は保護者の下から通わせて，個々の状況に応じて必要な指導を行い，その自立を支援し，あわせて退所した者について相談その他の援助を行うことを目的とする」施設である。2016（平成28）年10月現在全国に58の施設がある。児童福祉法施行令により都道府県に必置義務があり，民間施設は2施設のみである。また国立施設2施設がある。児童の直接支援にあたる職種は児童自立支援専門員及び児童生活支援員である。　［天羽浩一］

♧児童自立支援専門員・児童生活支援員

1997（平成9）年，児童福祉法改正により教護院の機能強化および名称変更が行われ，児童の教護を行う「教護」の呼称であった職名が1998（平成10）年に改められた名称である。児童自立支援施設にて児童の生活・学習・職業指導を行ない，社会的な自立を支援する役割を主に担っている。　［笠野恵子］

♧児童自立生活援助事業

児童福祉施設退所児童等の社会的な自立を図ることを目的に行われるもので，義務教育修了後，児童養護施設，児童自立支援施設等を退所し就職する児童や，措置を解除された20歳未満の者を対象に共同生活を営む住居（自立援助ホーム）において，相談その他の日常生活援助，生活指導，就業支援を行う事業のことである。入所に際しては，都道府県知事または政令指定都市市長が適当と認めた者が対象となる。　［中村秀一］

♧児童心理治療施設

不登校や非行児童の問題を背景に1961（昭和36）年に児童福祉法の一部改正により，情緒障害児短期治療施設として児童福祉施設に加えられ，軽度の情緒障害を有する児童を短期間の入所または通所により治療することを目的としていた。その後の法改正で，対象児童の年齢がおおむね12歳未満から必要がある場合は20歳までに引き上げられ，退所した児童への支援が加えられた。現在では在籍児童の7割以上を被虐待児が占め，発達障害が疑われる児童も増加している。2017（平成29）年4月からは「児童心理治療施設」に名称変更となり，「家庭環境，学校における交友関係その他の環境上の理由により社会生活への適応が困難となった児童」を対象とした心理ケアおよび生活指導，退所後のフォローアップが行われている。　［山本佳代子］

♧児童相談所

児童福祉法第12条の規定に基づく児童福祉のための専門機関。すべての都道府県および政令指定都市に最低一つ以上設置され，18歳に満たないすべての児童を対象として，対象児童の福祉や健全育成に関する諸般の問題について家庭，本人，その他の相談に応じている。必要な調査，診断，判定を行い，児童，家庭にとって適切な援助を行うことを業務とする児童福祉行政機関である。児童相談所の機能として相談，一時保護，措置機能がある。 ［笠野恵子］

♧児童相談所運営指針（じどうそうだんじょうんえいししん）

児童相談所が地域の実情に即して適切な運営及び相談援助活動の実施に努められるように，厚生労働省が示したものである。1990（平成２）年に作成された後，児童福祉法等の改正に合わせて改訂されており，2007（平成19）年には，虐待相談件数の増加のため，子どもの安全を確保する対応を行うための改正が行われている。また，2018（平成30）年には，「児童福祉法及び児童虐待の防止等に関する法律の一部を改正する法律」が施行されることを踏まえ，指針の一部が改正され適用されている。運営指針の内容としては，児童相談所の概要，児童相談所の組織と職員，相談・調査・診断・判定・援助決定業務，援助，一時保護，事業に係る留意事項，市町村との関係，各種機関との連携，児童相談所の設備・器具・必要書類などについてである。

［松元泰英］

♧児童短期入所事業（じどうたんきにゅうしょじぎょう）

児童福祉法に基づく心身障害児の在宅生活を支援する児童居宅生活支援事業の一つで，他に心身障害児（者）ホームヘルプサービス事業，障害児通園（デイサービス）事業がある。この事業は，1990（平成２）年の児童福祉法の改正によって法定化され，第２種社会福祉事業として位置づけられ，実施主体は都道府県で，社会福祉法人などに委託して行うことができる。保護者の疾病などによって家庭での介護が一時的に困難となった身体障害児・知的障害児などを短期入所させて必要な保護を行う事業である。

［笠野恵子］

♧児童手当（じどうてあて）

児童手当法第１条にある「児童を養育している者に児童手当を支給することにより，家庭等における生活の安定に寄与するとともに，次代の社会を担う児童の健やかな育成および資質の向上に資すること」を目的とし支給される社会保障給付である。国内に住所を有する０歳から中学校修了までの児童を対象とする。1972（昭和47）年の施行以降，額や支給対象等について変遷を見せたが，2012（平成24）年度から現行児童手当法（2012年４月１日施行）に基づき，０歳から３歳未満は15,000円，３歳から小学校修了前は10,000円（第３子以降は15,000円），中学生は10,000円が月額として支給される。手当を受ける者の扶養親族等の数に応じて所得制限限度額が設定されているが，当分の間は特例給付として児童１人につき5,000円が支給される。なお，児童が海外に住んでいる場合，その児童分の手当は原則として支給されない。 ［原口　恵］

♧児童デイサービス（じどう）

身体障害や知的障害，発達に心配のある子どもを対象とし，日常生活における基本的な動作の指導，集団生活への適応訓練などを行う事業。かつては障害者自立支援法に基づく，未就学・就学両方の児童を対象とした障害福祉サービス事業の一つであったが，法改正によって障害者総合支援法が根拠となり，2012（平成24）年度からは児童福祉法に基づく未就学児対象の児童発達支援と，就学児対象の放課後等デイサービスへと移行した。身体・発達・精神などの障害の種類に関わりなく利用が可能となっている。サービスの利用には市町村への申し込みが必要となっており，決定されると障害児通所給付費及び特例障害児通所給付費が支給される。 ［原口　恵］

♧児童の権利委員会

1989年の国連総会において採択された児童の権利に関する条約の締約国が負わなければならない義務に関して履行達成状況を審査する委員会。条約第43条に規定されている。締約国の国民から選出された専門家によって構成され，個人の資格で職務を負う。任期は４年。２年ごとに半数が改選され，再選は妨げられない。条約第44条により，締約国は条約の発効時から２年以内，その後は５年ごとに児童の権利委員会に報告することが義務付けられている。　［前原　寛］

♧児童の権利宣言（Declaration on the Rights of Children）

1948年，国際連合は「世界人権宣言」の中で「すべての人は，人種，皮膚の色，性別，言語，宗教，政治上やその他の意見などによりいかなる差別を受けることなく，すべての権利と自由を享有する権利を有する」と宣言した。また児童は，幸福，愛情及び理解のある雰囲気の中で成長すべきであるとされ，個人として生活するために十分な準備が整えられるべきと示された。そして1959年，児童は身体的，精神的に未熟であり，その出生の前後において適当な法的保護を含む特別な保護及び世話を必要とするため，人類は児童に対して最善のものを与える義務を負うとし，国際連合は「児童の権利宣言」を採択した。この中で，児童が幸福な生活を送り，かつ，この宣言に掲げる権利と自由を享有するために，両親や民間団体，行政機関に対してこれらの権利を守る努力をするよう要請した。さらに1989年，より実効性のあるものとして，子どもの権利に関する条約が国連で採択された。　［西山雅子］

♧児童の権利に関する条約

「子どもの権利条約」とも称される。公定訳では「児童の権利に関する条約」（国連：1989年採択)。本条約は子どもの基本的人権を保障するための国際条約であり，前文と本文54条で構成されている。本条約では，18歳未満を「子ども（児童)」と定義している。本条約は，国際人権規約（国連：1976年発効）が定める基本的人権について，子どもの生存，発達，保護，参加という包括的な権利を実現・確保するために必要となる具体的な事項を規定している。また，子どもに関するすべての措置をとるにあたって，「子どもの最善の利益」が主として考慮されるとして，受動的権利だけでなく能動的権利も保障している点に特徴がある。本条約の締結国は，国連に対する国内での条約の実行と進捗状況の報告義務がある。2017（平成29）年現在，締結国（地域を含む）の数は，196か国である。未締結国（条約に署名したが批准していない国）は１か国である。なお日本は，1994（平成６）年に批准し，158番目の締結国となった。日本では，本条約の批准後「児童虐待の防止等に関する法律」（2000（平成12）年施行）等，国内法の整備も進められている。　［勝　智樹］

♧児童の最善の利益（子どもの最善の利益）

児童の権利宣言（国連：1959年採択）において，「児童は特別の保護を受け……成長することができるための機会及び便益を法律その他の手段によって与えられなければならない」とし，この目的のために法律を制定するに当たって「児童の最善の利益について最善の考慮が払わなければならない」としている。児童の権利宣言を条約化した子どもの権利に関する条約では，子どもに関するすべての措置をとるにあたって，「子どもの最善の利益が主として考慮される」と規定している。なお日本においては，2007（平成19）年に児童虐待防止法が改正され，法の目的として「児童の権利利益に資すること」が明記された。また2011（平成23）年の民法改正により，親権を行う者は，「子の利益のために監護，教育の権利を有し，義務を負う」こととされた（2012（平成24）年4月施行）。

［勝　智樹］

♧児童の世紀（じどうのせいき）

スウェーデンの教育思想家，女性運動家，エレン・ケイ（Ellen Key）が，新たな世紀の幕開けの目前，1900年に著し，日本も含め，世界各国で翻訳され，教育界，女性運動に大いなる刺激を与えた著作の題名である。日本においては，児童福祉の分野では，「児童の世紀」という言葉自体が魅力的なものとして，またそう言われたにもかかわらず，2つの世界大戦の中で多くの子どもが犠牲になったという反省をこめて，しばしば用いられる傾向にある。しかし，もともとこの本は，ケイの教育思想をまとめたものであると共に，スウェーデンの母親たちに呼びかけたものでもある。ケイは，子どもを，未完成な大人としてではなく，独自な存在としての子どもをとらえ，教育を通して子どもの権利が保障されることに大きな期待をかけた。遅れた産業国家として貧しかった当時のスウェーデン，女性や子どもが，その社会の矛盾の犠牲となるような社会問題が広がっていた時代に，女性と子どもの権利を同時に保障する理想の社会を描いた本書，そして「児童の世紀」というメッセージは，今日的な意義を問い直す価値がある。

［川池智子］

♧児童発達支援センター（じどうはったつしえん）

戦後，児童福祉法で示された各障害別の通園施設が，2012（平成24）年4月の法改正で「児童発達支援センター」に変更された。「福祉型児童発達支援センター」は，身体に障害のある児童，知的障害のある児童または精神に障害のある児童（発達障害児を含む）が対象で，①日常生活における基本的な動作の指導，知識技能の付与，集団生活への適応訓練など（児童発達支援），②授業の終了後又は休業日に，通所により，生活能力の向上のための必要な訓練，社会との交流の促進等を行う（放課後等デイサービス），③保育所など児童が集団生活を営む施設等に通う障害児につき，その施設を訪問し，その施設における障害児以外の児童との集団生活への適応のための専門的な支援などを行う（保育所等訪問支援）。「医療型児童発達支援センター」は，上肢，下肢または体幹の機能の障害のある児童に対する児童発達支援及び治療（医療型児童発達支援）を行う。

［門田光司］

♧児童福祉司（じどうふくしし）

児童福祉法第13条に定められており，児童相談所に配置され，児童の福祉に関する事項について，相談に応じ専門的技術に基づいて必要な指導を行う者をいう。人口4万人につき1名の配置を基本とし，虐待相談対応件数に応じて上乗せすることとされている。近年の児童虐待の急増などに伴い，その役割の重要性が指摘されており，専門性の向上を図ることが課題になっている。［前原　寛］

♧児童福祉施設（じどうふくししせつ）

児童福祉法に基づく子ども家庭福祉に関する事業を行う各種の施設であり，現法の第7条には，助産施設，乳児院，母子生活支援施設，保育所，幼保連携型認定こども園，児童厚生施設，児童養護施設，障害児入所施設，児童発達支援センター，児童心理治療施設，児童自立支援施設，児童家庭支援センターと定められている。設置者は，国（独立行政法人を含む），都道府県，市町村（地方独立行政法人を含む）のほか，社会福祉法人等とされており，その設置・運営において「児童福祉施設の設備及び運営に関する基準」（1948（昭和23）年厚生省令「児童福祉施設最低基準」から2013（平成25）年に改称）が遵守されなければならない。　［岩井浩英］

♧児童福祉施設の設備及び運営に関する基準

児童福祉施設の設備や運営についての最低基準を定めるものとして1948（昭和23）年に厚生省令として「児童福祉施設最低基準」が定められていたが，2011（平成23）年に名称変更した。構造設備や懲戒に係る権限の濫用禁止などの一般原則と，助産施設，乳児院など施設ごとの施設や職員に関する基準である。児童福祉法第45条の規定ではあくまで「必要な生活水準の確保」を目的としているが，実際にはこの基準が壁となって人員配置や設備の充実が阻まれている。

［安部計彦］

♧児童福祉週間

5月5日のこどもの日にちなみ，1948（昭和23）年から厚生省（当時）が児童福祉法の周知や児童福祉の理念の普及を目的として始めた。毎年5月5日からの1週間に，厚生労働省や全国社会福祉協議会などが主唱して，全国で子どもの福祉に関する認識を深めるための行事や取組みが行われる。　［安部計彦］

♧児童福祉審議会

児童，妊産婦，母子の福祉などに関する事項を調査，審議する機関。学識経験者や関係事業従事者などで構成され，行政機関の諮問に答えたり，自発的に意見具申したりする。都道府県，指定都市は義務設置であるが，社会福祉審議会に児童福祉に関する審議を行う部門がある場合は設置の必要はない。市町村は任意設置である。国には中央児童福祉審議会が置かれていたが，2001（平成13）年に中央社会福祉審議会などとともに社会保障審議会に統合された。　［前原　寛］

♧児童福祉文化財

「すべての児童は良い遊び場と文化財を用意され，悪い環境から守られる」という児童憲章の理念を実現するため，児童福祉法において，「社会保障審議会（厚生労働省に設置）により児童の健やかな育成に役立つ優れた舞台芸術，映像・メディア，出版物などの児童福祉文化財の推薦を行うこと」が定められている。社会保障審議会の中に福祉文化分科会を設置し，出版物，舞台芸術，映像・メディア等の3分野から推薦を行っている。

［古賀政文］

♧児童福祉法

子どもの福祉に関する総合的な法律である。1947（昭和22）年12月に制定され，1948（昭和23）年から施行された。総則の冒頭に，すべての国民が児童を健やかに育成する努力義務を課し，すべての児童に生存権と愛護される権利を保障し，児童を健やかに育成する責任を，児童の保護者のみならず，国や地方公共団体におわせるという児童福祉の理念・原理が掲げられ，それらが，他の児童に関する法令の施行においても尊重されなければならないことが記されている。戦前の各種の児童関連の法を統合・継承しながらも，戦前と異なり，すべての児童を対象として規定された法律であるが，時代の変遷の中で，幾度となく，改正が行われて今日に至っている。また，同法に基づき，児童福祉法施行令，児童福祉法施行規則などが定められている。

［川池智子］

♧児童福祉法第25条

児童福祉法第25条は，要保護児童発見者の通告義務を規定している。児童福祉法が規定する要保護児童とは，「保護者のない児童又は保護者に監護させることが不適当であると認められる児童」である（法第6条の3第8項）。要保護児童を発見した者は，市町村，都道府県の設置する福祉事務所，児童相談所に通告しなければならない（罪を犯した満14歳以上の児童を除く）。［勝　智樹］

♧児童福祉法第28条

都道府県又はその委任を受けた児童相談所長は，保護者に児童を監護させることが著しくその児童の福祉を害する場合等において，施設入所等の措置が保護者である親権者等の意思に反するときは，家庭裁判所の承認を得て，施設入所等の措置を採ることができる（児童福祉法第28条1項1号）と示されている。なお，保護者が親権者等でない場合において，その児童を親権者等に引き渡すことが児童の福祉のため不適当であると認めるときは，家庭裁判所の承認を得て，施設入所等の措置を採ることができる（同項2号）とも明示されている。児童虐待への緊急的な対応を示したものである。

［滝口　真］

♧児童扶養控除

児童扶養手当の対象は，2010（平成22）年8月から母子家庭だけではなく，父子家庭にも適応されることになった。これは，所得制限による控除については継続している。他にも20歳未満の障害児を養育する父母又は養育者に対して支給される手当である特別扶養手当についても所得制限による控除が認められる。

［滝口　真］

♧児童扶養手当法

児童扶養手当は，父母の離婚などで，父又は母と生計を同じくしていない子どもが育成される家庭（ひとり親家庭等）の生活の安定と自立の促進に寄与し，子どもの福祉の増進を図ることを目的として支給される。支給は，18歳に達する日以後最初の3月31日までの児童または，20歳未満で政令で定める程度の障害の状態にある児童を監護している父子・母子家庭の父または母や，父母にかわってその児童を養育している者に支給される。2012（平成24）年8月からは，配偶者からの暴力（DV）で「裁判所からの保護命令」が出された場合も支給要件に加わった。また，2014（平成26）年12月以降から年金額が児童扶養手当額より低い者はその差額分の児童扶養手当を受給できるようになった。さらに，2016（平成28）年8月より，児童扶養手当の第2子の加算額および第3子以降の加算額が変更された。［門田光司］

♧児童遊園

児童福祉法に規定された屋外型の児童厚生施設であり，広場，遊具，トイレを設けることが設備基準となっている。地域のすべての子どもに開かれた公園としての役割を担っているが，設置目的は遊び場の提供と利用する子どもたちの自主性，社会性，創造性，情操等の育成にある。また，子育て支援の拠点としての機能も有しており，児童の遊びを指導する者（児童厚生員）の配置が必要とされている。［山本佳代子］

♧児童養護施設

児童養護施設とは，「保護者のない児童（乳児を除く。ただし，安定した生活環境の確保その他の理由によりとくに必要のある場合には，乳児を含む），虐待されている児童その他環境上養護を要する児童を入所させて，これを養護し，あわせて退所した者に対する相談その他の自立のための援助を行うことを目的とした施設」として児童福祉法（昭和22年法律第164号第41条）に位置づけられている。保護者のいない児童や保護者に養育させることが適当でない児童に対し，安定した生活環境を整えると共に，生活指導，学習指導，家庭環境の調整等をおこないつつ養育をし，児童の心身の健やかな成長と自立を支援する機能をもっている。近年の児童養護施設の状況として，社会的養護が必要な子どもを，できる限り家庭的な環境で，安定した人間関係のもとで育てることができるよう施設のケア単位の小規模化やグループホーム化が進んでいる。［梶原浩介］

♧児童養護施設分園型自活訓練事業

1992（平成４）年度から実施され児童養護施設に入所している児童が退所前の一定期間に施設外のアパート等で社会的自立に向けた訓練等を行う事業である。訓練期間は退所予定日前のおおむね１年間とし，定員は認可定員のうち６名程度とした。あらかじめ個人指導訓練計画を定め，①自立のための生活指導，②職業適性を高める指導，③社会参加のための準備指導，④学習指導，⑤余暇の活用指導など生活指導が行われる。その後，年長児童を対象とした施策として「児童自立生活援助事業」が登場し義務教育修了後，施設等を退所し就職・就学する児童（20歳未満）に対し共同生活を営む住居で相談，日常生活上の援助及び生活指導，就業支援を行うこととされている。［村岡則子］

♧シニア住宅

独立行政法人都市再生機構や地方住宅供給公社，一定の民間法人などが賃貸する生活支援サービス付きの高齢者住宅のことである。この住宅は，財団法人高齢者住宅財団が定めた一定基準（住宅仕様，バリアフリー設備，緊急時の対応，安否確認，生活・健康相談，家賃支払い方法など）を満たし認定を受けたものである。1990（平成２）年「シニア住宅供給促進事業」にて，高齢者の住生活の安定及び向上を図ることを目的とし，高齢者の生活特性に配慮することとして創設された。その後の高齢者の住まいに係る施策では，2011（平成23）年「高齢者の居住の安定確保に関する法律等の一部を改正する法律」により，これまで国土交通省で整備を進めてきた高齢者向け住宅（高齢者円滑入居賃貸住宅，高齢者専用賃貸住宅，高齢者向け優良賃貸住宅）が厚生労働省と共管となり「サービス付き高齢者向け住宅」として一本化された。［村岡則子］

♧視能訓練士（orthoptist：ORT）

1971（昭和46）年に制定された「視能訓練士法」第２条において，「視能訓練士とは，厚生労働大臣の免許を受けて，視能訓練士の名称を用いて，医師の指示の下に，両眼視機能に障害のある者に対するその両眼視機能の回復のための矯正訓練及びこれに必要な検査を行なうことを業とする者をいう」と規定されている。公益社団法人日本視能訓練士協会では，視能訓練士の業務内容として，①眼科一般検査分野（眼科診療に係わる視機能検査全般），②視能矯正分野（斜視，弱視などの訓練指導），③健診業務分野（集団検診視機能スクリーニング），④視力低下者のリハビリテーション指導の４分野を掲げている。［門田光司］

♧死の受容過程

キューブラー＝ロス（Kübuler-Ross, Elizabeth）が『死の瞬間』（1969）において，終末期にある人やその人と親密な関係にある人が抱く感情を示したものであり，悲嘆のプロセスとも呼ばれる。その過程は，自らに死が迫っていることを否定する段階（否認と孤立：denial & isolation），死が否定できない現実であると認識するも，防衛的反応として怒りや恨みなど否定的可能を発散する段階（怒り：anger），死期を遠ざけようと取引を試みようとする段階（取引：bargaining），取引ができないと認識し，無力感や失望から抑うつ的な状態になる段階（抑うつ：depression），抑うつの段階にはじまる悲嘆への移行を経験しつつ，自らに死期が迫っていることを受け入れる段階（受容：acceptance）で構成される。キューブラー＝ロスは，死の受容過程の各段階は，単一的かつ段階的な現象ではなく，複合的に生じる感情であるとしている。 ［山田美保］

♧渋沢栄一（しぶさわえいいち）（1840-1931）

近代日本の指導的実業家。埼玉県生まれ。1864（元治１）年徳川慶喜に仕え幕臣となり，1867（慶応３）～68（明治１）年巴里万国博覧会使節団の一員として渡欧。フランスをはじめとするヨーロッパ諸国を歴訪し，先進の近代的技術，経済制度を見聞した。1869（明治２）年11月から明治政府に仕官したが，1873（明治６）年には退官。後に第一国立銀行総監役となり，多くの近代的企業の創立と発達に尽力し，指導的役割を果たした。また，1876（明治９）年には東京市養育院事務局長，1885（明治18）年には初代院長，1908（明治41）年には中央慈善協会初代会長となり，多くの社会公共事業に関与し，それを育成発達させることに努力した。1916（大正５）年第一銀行を辞し，実業界を引退。しかし，その後も病床から方面委員による救護法実施促進陳情運動（1931（昭和６））に尽力し，近代日本の発展に大きな役割を担った。 ［大山朝子］

♧自閉症（じへいしょう）スペクトラム

アメリカ精神医学会の「精神障害の診断と統計マニュアル第５版（DSM-5）」では，以前の「DSM-Ⅳ-TR」での自閉症，アスペルガー症候群などの疾患をレット障害の項目を除き，自閉症スペクトラム（ASD）と統合した。そのため，以前は，自閉症やアスペルガー症候群として診断されていた人が，今後は自閉症スペクトラム障害と診断されることが多いと考えられる。この自閉症スペクトラムの診断基準は，３つの特徴を有する自閉症の場合と違い，「社会的コミュニケーションの障害」と「限定された興味」の２つを満たすと「DSM-5」では定義している。スペクトラムとは連続体を意味し，障害と障害の間に境界を設けない考え方を意味する。この疾病は先天的な脳機能障害が原因とされ，知的障害やてんかんを併発する場合が少なくない。 ［松元泰英］

♧司法（しほう）ケースワーク

犯罪などの司法に関係する非行少年や刑余者の社会復帰，予防更生などの生活復帰のため福祉的視点をベースに個別援助技術等の社会福祉援助技術を用いて介入し，援助することなどをいう。司法ケースワークを行う人は，家庭裁判所調査官，保護観察所保護監察官，保護司，家庭裁判所，警察・法務などの公的な司法に携わる者から民間の社会福祉関係者など多岐にわたっている。強い拘束力のある法の権威を背景にクライエントと対応するところに援助関係を樹立する困難さもある。 ［笠野恵子］

♧シーボーム報告（ほうこく）

イギリスでは1965年に，イングランドとウェールズを主とする地方自治体における新たなパーソナルソーシャルサービス（personal social service）のあり方を検討するため，シーボーム委員会が組織された。この委員会での報告，シーボーム報告（1968）では，高齢者や障害者，児童等と別個に実施されていたサービスを一つの社会サービス部（social service department）に統合し，そこにソーシャルワーカーを配置することとした。これにより，包括的なアプローチを展開していくためのジェネリックなソーシャルワークの専門性が重視され，専門職訓練の見直しが提案された。また，コミュニティでのサービス提供者として，民間非営利団体の役割を重視した。［門田光司］

♧嶋田啓一郎（しまだけいいちろう）（1909-2003）

日本の社会福祉学者。社会事業の体系を社会体制論と人間行動科学に基づく統一的理解であると論じた。戦後の社会福祉学の本質をめぐる政策論と技術論の論争の中で，嶋田は社会福祉力動的統合理論として，体制論的観点とシステム理論の知見を踏まえ人間の人格的価値を重視した社会福祉理論を唱えた。著書に『社会福祉体系論―力動的統合理論への途―』（1980）などがある。［村岡則子］

♧市民権（しみんけん）

近代の市民権は，17～18世紀，イギリスの市民革命，アメリカの独立宣言，フランス革命の人権宣言などを媒介して形成された。市民権とは，共同体の構成員が平等に有する権利と義務の総称であり，今日では，憲法によって保障された国民の諸権利を意味し，実定法上に具体的に保障された権利をいう。共同体と無関係な人間の天賦かつ不可侵の権利である自然権とは区別される。市民権は，自由権，参政権，社会権という形で歴史的に発展してきた。当初は信教の自由，思想の自由，言論の自由，私的所有の自由などの自由権の拡充がみられた。19～20世紀，多くの民主主義の諸国では普通選挙という形で参政権が確立された。20世紀に入り，国民への経済的財の公正な配分，労働する権利，社会保障の権利などの社会権が成立し，発展してきた。［二又一人］

♧市民後見推進事業（しみんこうけんすいしんじぎょう）

認知症高齢者や独居高齢者の増加に伴い，成年後見の需要が増大することが見込まれているため，弁護士等の専門職による後見人（専門後見人）だけでなく，それ以外の市民を含めた後見人（市民後見人）を中心とした支援体制を構築する必要がある。本事業はそうした地域における市民後見人の活動を推進する事業のことである。実施主体は市町村で，事業内容は，①市民後見人養成のための研修実施，②市民後見人の活動を安定的に実施するための組織体制の構築，③市民後見人の適正な活動のための支援，④その他，市民後見人の活動推進に関する事業などである。［新田博之］

♧市民後見人（しみんこうけんにん）

家庭裁判所から成年後見人等として選任された一般市民のこと。第三者後見人という点では，弁護士，社会福祉士などの専門職後見人と同じ立場であるが，日常的な金銭管理や安定的な身上監護が中心の事案，紛争性のない事案など，必ずしも専門性が要求されないという点については，専門職後見人とは役割が異なる。現在のところ，市民後見人についての定義や所掌範囲は明確ではなく，実際に家庭裁判所から選任された例はごくわずかである。［戸丸純一］

♧社会移動（しゃかいいどう）

人びとの社会的地位が変化すること。親世代と子世代の社会的地位を比較した場合の社会移動を世代間移動，個人の人生の中での社会移動を世代内移動という。また，基準となる社会的地位よりも高い地位を獲得することを上昇移動，低い地位になることを下降移動という。［矢部　航］

♧社会医療法人（しゃかいいりょうほうじん）

2006（平成18）年度の医療提供体制の改革において創設された。従来，公立病院等が担っていた医療を民間の医療法人が積極的に担うことにより，良質かつ適切な医療を効率的に提供する体制の確保を図ることを目的としている。社会医療法人は医療計画に基づき，地域で提供することがとくに必要な救急医療，災害時における医療，へき地の医療，周産期医療，小児医療（小児救急医療を含む）を担うものとして，厚生労働省が定めた認定要件を満たし，知事が認定した医療法人である。また，医療から福祉までの切れ目のないケアの提供が可能となるように社会福祉事業の一部を行うことも認められている。その経営の安定化を図るため医療保健業に係る法人税の非課税措置，救急医療等確保事業を行う病院および診療所に係る固定資産税等の非課税措置が講じられている。この制度改正により，従前の特定医療法人と特別医療法人は，社会医療法人へ吸収移行される。2019（平成31）年1月1日で306の社会医療法人が認定されている（日本社会医療法人協議会ホームページより）。
［佐藤眞子］

♧ 社会運動（しやかいうんどう）

複数の人びとによる集合行動の一種。社会問題の存在に対して社会的な注意を喚起し，社会問題の解決や改善などのために活動することである。社会運動には，住民運動，市民運動，労働運動，学生運動のほか，フェミニズム，マイノリティ，環境保護といったテーマに関わる運動などが含まれる。近年ではソーシャルメディアなどを通じて生まれたネットワークにより，社会問題の解決に取り組む例もみられる。［中山慎吾］

♧ 社会・援護局（しやかい・えんごきよく）

厚生労働省の組織で，社会福祉などを所管している。2001（平成13）年1月の省庁再編で厚生省と労働省が統合されたのに伴い，厚生省社会・援護局がそのまま組織変更され，厚生労働省社会・援護局となった。所掌事務として社会福祉に関する基本的な政策の推進，生活困窮者などの保護，地域の社会福祉の増進，社会福祉施設の整備・運営，障害者の福祉増進など幅広い社会福祉の推進を行っている。また，引揚・未帰還者・中国残留邦人の援護，戦没者遺族の援護なども実施している。［二又一人］

♧ 社会関係の二重構造（しやかいかんけいのにじゆうこうぞう）

クライエントは，個人としてある法律・制度・サービス等から求められる役割を実行する場合，単にこの課せられた役割部分について他の日常生活場面から切り離して行動へと移行していくのではなく，この制度以外にも多様な法律・制度・サービス，さらには関係機関との間に結んだすべての社会関係に規定されたうえで実行している。つまり，人びとは二重に相反する側面が存在する社会関係の中に身を置いている。このことを社会関係の二重構造という。［奥村賢一］

♧ 社会救済（しやかいきゆうさい）

1946（昭和21）年2月27日，連合国軍最高司令部（GHQ）が，日本の福祉政策のあり方として775番目に発した指令である（Supreme Command for the Allied Powers Instruction Note 775）。生活困窮者の救済について，無差別平等，公的責任（国家責任・公私分離），最低生活保障が原則として示され，これが生活保護制度の基本原則となっていった。［河谷はるみ］

♧ 社会教育（しやかいきよういく）

社会教育法では，「学校の教育課程として行われる教育活動を除き，主として青少年及び成人に対して行われる組織的な教育活動（体育及びレクリエーションの活動を含む。）」と定義されている。社会教育という用語は，わが国独自の概念である。明治期から大正期にかけて通俗教育という語が公的に用いられていたが，1921（大正10）年に文部省によって社会教育が公用語として採用されて以降，この用語が現在に至るまで使用され続けている。社会教育には，学校外の青少年教育や成人教育，女性教育，高齢者教育などが含まれる。こうした社会教育の施設としては，公民館，図書館，博物館，青少年教育施設（国立オリンピック記念青少年総合センター，国立青少年交流の家，国立青少年自然の家等）などがある。現在，社会教育は生涯学習社会の実現のために，学校教育とともにきわめて重要な役割を担っている。［吉留久晴］

♧社会権（しやかいけん）

社会的・経済的に不利な立場にある人びとの生存を保障するため，国家の積極的配慮を求める権利をいう。イギリスの社会政策学者マーシャル（Marshall, T.H.）は，「市民的権利（自由権）」と「政治的権利（参政権）」に加え，「社会的権利」が「市民権（シティズンシップ）」の構成要素の一つとなった段階が福祉国家であるとした。わが国には，このような社会権に対応するものとして，「健康で文化的な最低限度の生活」を保障する憲法25条の生存権の規定がある。

［村山浩一郎］

♧社会構築主義（しやかいこうちくしゆぎ）

人びとの認識が現実を作るという考え方である。社会構築主義のもとでは，現象や対象は客観的・物理的に存在するのではなく，人びとがどのように認識するかによって構築されるものとしてとらえられる。たとえば，社会問題は，人びとがそれが問題であると主張し，認識しない限りは社会問題にはなりえない。

［矢部　航］

♧社会参加（しやかいさんか）

家庭内もしくは家庭外の場所で，何らかの社会的役割を持ってそれに従事すること。また社会，経済，文化その他あらゆる分野の活動に参加することをいう。役割は人によってさまざまだが，たとえば，家庭内であれば夫，妻，父親，母親など，家庭外では会社員，学生，地域コミュニティの構成員などがある。また，役割や社会参加の場所は，その人の身体的，心理的，社会的状況によってさまざまに異なる。［穴井あけみ］

♧社会事業（しやかいじぎよう）

国家が行う社会福祉にかかわる政策・事業を指す総称。歴史的に見ると，近代社会以降，社会福祉にかかわる事業は，民間人や民間団体による「慈善事業」，慈善事業のような私的救済では解決しえない問題に国家が対応しようとした「感化救済事業」という名称のもとに展開されてきた。しかし，それでも解決しない貧困問題や階級対立，具体的には，全国的な米騒動や労働争議の頻発を受け，国家がより積極的に社会福祉を担う必要性が認識され，1917（大正６）年に内務省に救護課が設置された（翌々年に社会課と改称）。それ以降，社会事業という名称が一般的に使われるようになり，中央・地方ともに社会事業行政が始まった。民間の慈善活動も社会事業と名を変えたが，第２次大戦中は軍事主義的に社会事業が再編成され，それが厚生事業という名称で呼ばれた。［益田　仁］

♧社会資源（しやかいしげん）(social resources)

福祉的ニーズを充足させるために活用される個人・集団や施設・機関だけでなく，資金・法律・知識なども含めた総称を意味する。これらは，制度等に基づくフォーマルなものと，地域住民等によるインフォーマルなものに大別される。社会資源は，その情報収集から提供へと展開し，クライエントがそれらを利用しやすいように仲介するなど，多様な援助活動においてその意義を発揮するものであり，それらを機能的に活用すべく必要な環境整備や再活性化を図る。また，新たな社会資源を開発していく取り組みも重要である。　［奥村賢一］

♧社会諸目標モデル（しやかいしよもくひよう）

グループワーク（集団援助技術又は集団援助活動）において確立された歴史ある伝統的な実践モデルの一つ。個人やグループ（集団）には，社会環境において生じるさまざまな日常生活上の諸問題を解決していくために，それらに影響を及ぼす能力を潜在的に有しているという考えに立ち，グループワーカー（援助者）がグループ（集団）の成立・展開を促進するために必要な働きかけを行い，それらを効果的に活用して社会問題の解決を図ることを目的とする集団援助技術の理論モデルである。その際，グループワーカー（援助者）には「イネーブラー(enabler)」としての役割が求められており，活動への参加を通してクライエントは主体性や自己決定を高め，個人の成長と発達ならびに学習を促進させていく。　［奥村賢一］

♧社会診断（しやかいしんだん） (social diagnosis)

「ケースワークの母」と呼ばれるリッチモンド（Richmond, M.E.）による1917年の著書名であり，フロイト(Freud, S.）の精神分析理論の影響を受けて発展した診断主義的ケースワークにおける援助過程の一部である。このアプローチは社会調査，社会診断，社会処遇という過程を重視しており，リッチモンドは社会診断を，クライエントの社会的状況とパーソナリティを明確に理解していくための方法としている。クライエントの社会的困難と社会的要求を把握するために，インテーク（面接）や調査によって収集された社会的証拠を分析し，クライエントと社会環境の関係をできるだけ正確にとらえていく方法とされた。　［原田直樹］

♧社会生活技能訓練（しやかいせいかつぎのうくんれん）
(Social Skills Training：SST)

1970年代にリバーマン（Liberman, R.P.）によって開発された認知行動療法の一つであり，わが国では1990年代に急速に普及した。アメリカでは障害者の自立訓練の一つとして始まったが，わが国では精神障害者のリハビリテーションの一つとして普及している。コミュニケーションスキルや対人行動の改善を行うと同時に，自分がおかれている環境や相手の話す内容を認知し，相手への配慮を行いながら自分の考えや見方を伝える学習方法である。小集団での実施が主流で，実際の生活場面を想定してロールプレイなどを用いて体験しながら適応能力を向上させる訓練である。肯定的に物事をとらえることを基本として，練習の順序は構造化されており，参加者の到達目標は個別に明確化されている。SST は「これから，できることから」という未来志向的な特徴を持ち，各自が自身のペースで訓練を受けることができる訓練法である。　［橋本みきえ］

♧社会正義（しやかいせいぎ）

ベーカー（Baker, R.L.）は，社会正義を社会のすべてのメンバーが同じ基本的権利，保護，機会，社会的恩恵を得ている理想的な状態と定義づけている。社会正義は，すべての人が社会のなかで平等である状態を意味しており，ソーシャルワークの専門的価値基盤の一つである。　［門田光司］

♧社会政策（しやかいせいさく） (social policy)

資本主義社会の特質から生じる社会的諸問題に対応するための国家の政策で，日本では伝統的に雇用・労働条件・最低賃金などの労働問題を焦点に実施される政策ととらえる考え方が強い。社会政策について定説化した概念規定があるわけではなく多義的で，そこに含まれる施策の内容もさまざまである。欧米諸国では，日本の社会保障・福祉政策などに類似した概念として社会政策という言葉を用いることが多い。社会政策とは，現代社会において個人・家族・地域集団・社会組織・社会階層などに介入し，個人・家族・地域社会のもつ社会生活上の諸問題の解決，緩和，軽減を図る施策であり，また，それに関連する活動やそれらを規定し方向付ける原理を意味している。具体的には社会保障，雇用，住宅，環境，教育等に関する公共政策が含まれる。社会政策と社会福祉の関係を基軸として社会福祉研究をしたのが孝橋正一であり，社会福祉の補充性と代替性を明らかにした。　［佐藤眞子］

♧ 社会調査（しやかいちようさ）

社会又は社会集団の実態を把握するための調査であり，収集したデータを分析することで社会の動向や内在する問題等を明らかにすることができる。調査の方法は，大別して量的調査と質的調査がある。量的調査は，アンケート調査であり，比較的大規模な人数の対象者に調査票を用いて行い，得られたデータを計量化し，統計学的処理が行われる。一方，質的調査は，比較的少数の対象者に対して行われる自由度の高い調査である。質的調査によるデータ収集の方法は，主に観察法と面接法があり，このうち観察法には，被調査集団と生活や体験をともにしながら観察する参与観察と，観察者が第三者として被調査者の姿を外部から観察して記録する非参与観察がある。また調査の期間による分類では，多数の個人を対象として，ある一時点に同時に行う横断的調査と，ある特定の集団を対象として数年から数十年の期間のデータを調べる縦断的調査がある。社会福祉の領域に焦点を当てた社会調査を社会福祉調査，あるいはソーシャルワーク・リサーチといい，援助技術の質の向上や政策の立案等に役立てることができる。福祉政策に反映された過去の調査としてブース（Booth，J.C.）やラウントリー（Rowntree，S.B.）による貧困に関する調査が有名である。　［原田直樹］

♧ 社会調査協会の倫理規程（しやかいちようさきようかいのりんりきてい）

一般社団法人社会調査協会が会員に対して，質の高い社会調査の普及と発展，また調査対象者および社会の信頼に応えるために遵守するべき項目を定めたもの。全9条からなる。第1条は科学的な手続きに基づく社会調査の客観的な実施，第2条は国内外の法規の遵守，第3条は調査対象者の自由意志の尊重，第4条は調査データの提供先と使用目的の明確化，第5条は調査対象者のプライバシーの保護，第6条は調査対象者への差別の禁止，第7条は年少者である調査対象者の人権への配慮，第8条は記録機材の使用に関する周知と配慮，第9条は調査記録の厳重な管理，について規定している。　［河野高志］

♧ 社会的ジレンマ（しやかいてき）（social dilemma）

人びとが自己の利益や合理性ばかりを追い求めた行動をとると，社会全体のみならず場合によっては行為者自身にとっても非合理的で望ましくない結果が生じることがある。社会的ジレンマとは，個人的な合理性と社会全体の合理性との間の葛藤状態を指す概念である。学校における掃除を例にとると，個人にとっては掃除をサボることが合理的かもしれない。しかしそうした行為を皆がとると，学校や教室の環境が悪化し，学校全体（ひいては自分自身）にとって望ましい結果ではなくなってしまう。このように，個々人の利己的な行動の集積が，社会的な損失を引き起こす場合がある。こ

うした状況として，たとえばゴミのポイ捨て，環境問題などをあげることができる。　［益田　仁］

しやかいてき
♧ 社会的ニーズ

社会生活を営むうえで発生する欲求や要求であり，疾病や障害そのもの，あるいはそれらから生じる社会的な制約の中で，自力では解決困難な状況にある場合，社会福祉援助の必要性を客観的に示す概念となる。社会的ニーズは発生や性質，充足の方法などから多様に分類することができる。社会福祉サービスの需要との関連では顕在的ニーズと潜在的ニーズに分類でき，サービスの供給方法との関連からは貨幣的ニーズと非貨幣的ニーズに分類できる。また，明らかになった社会的ニーズが個人だけではなく集団の問題である場合は，その充足には政策による対応が必要であり，そのような集団的なニーズの把握には，社会調査が必要となる。　［原田直樹］

しやかいてきにゆういん
♧ 社会的入院

医学的には入院の必要性が薄いにもかかわらず，本人や家族の生活上の都合により，長期入院を続ける状態をいう。高齢の患者や精神科の入院患者に多く，後者について厚生労働省は2004（平成16）年に精神保健医療福祉の改革ビジョンを示し，「入院医療中心から地域生活中心へ」という基本方針のもと10年間で病床約７万床を減らす目標を掲げた。しかし，目標は十分に達成されず，2017（平成29）年に厚生労働省は新たに長期入院患者を2020年度末までに２万８千～３万９千人減らすことを目標に掲げている。OECD加盟国と比較して全病床の平均在院日数は長く，医療費の高騰を招いているという状況があり，医療と介護の連携や地域移行支援の充実が課題となっている。　［藤島法仁］

しやかいてきはいじよ
♧ 社会的排除（social exclusion）

1970年代のオイルショックを契機として，フランスでは移民層や若者の長期失業や非正規雇用，ホームレスが拡大し，1980年代に入り，これらの失業者たちが従来の社会保険や社会扶助などの社会保障システムから排除されている状況にあった。当初，新しい貧困としてこの問題をとらえていたが，従来の資源不足，許容できない欠乏状態を意味する貧困概念とは区別されて使われるようになり，社会への参入が阻止された状態（＝社会的排除）として把握されるようになった。社会的排除は個人や集団，あるいはその地域において社会的な関係から排除されている，さらには社会制度から排除されていることを意味する概念として理解されるようになった。　［佐藤眞子］

しやかいてき ふ り
♧ 社会的不利（ハンディキャップ；handicap）

WHO（世界保健機関）は1980年に障害の定義（国際障害分類：ICIDH（International Classification of Impairments, Disabilities and Handicaps）を示した。ICIDHは，障害を，機能障害（Impairment）→能力障害（Disability）→社会的不利（Handicap）の３つのレベルに分けてとらえた。換言すれば，疾患や傷害を発端として機能障害，能力障害とが連鎖し，その結果として社会的不利を引き起こすとした。ここでいう社会的不利とは，社会の一員として個人の社会的役割を遂行するのに不利が生じることであり，障害を「個人的な」問題としてとらえた（障害の医学モデル：medical model of disability）。これに対し，WHOは2001年に国際生活機能分類（International Classification of Functioning, Disability and Health：ICF）を示して障害の定義を改定した。ICFでは，社会的不利の軽減の手段を，原因となった疾患や傷害ではなく社会の側の環境の改善に求め（社会モデル；social model of disability）て，医学モデルとの統合をめざした。そして，社会的不利は「参加」という普遍的な用語に代え，個人が社会生活を送る上で気候や地形等の物理的因子や態度，習慣，法律等の社会的因子が参加制約を生み出すとした。［岩田直子］

♧社会的包摂（しやかいてきほうせつ）⇒ソーシャル・インクルージョン

♧社会的養護（しやかいてきようご）

厚生労働省は，社会的養護とは「保護者のない児童や，保護者に監護させることが適当でない児童を，公的責任で社会的に養育し，保護するとともに，養育に大きな困難を抱える家庭への支援を行うこと」と定義している。社会的養護の基本理念として，「子どもの最善の利益」「すべての子どもを社会全体で育む」が掲げられている。また，社会的養護の原則として，「家庭的養護と個別化」「発達の保障と自立支援」「回復を目指した支援」「家族との連携協働」「継続的支援と連携アプローチ」「ライフサイクルを見通した支援」が提唱されており，児童養護施設，乳児院，児童心理治療施設，児童自立支援施設，母子生活支援施設，自立援助ホーム，児童家庭支援センター，里親・ファミリーホームがそれらの原則に従い，社会的養護を実践している。［西山雅子］

♧社会的（しやかいてき）リハビリテーション

リハビリテーションは，医学的リハビリテーション，教育的リハビリテーション，職業的リハビリテーション，社会的リハビリテーションの主要4分野から構成され，各分野の専門職者によるチームアプローチによって総合的に実施していくことが効率的であるとされている。国際リハビリテーション協会の社会委員会は，社会的リハビリテーションとは，社会生活力を高めることを目的とするものであり，社会生活力とは，地域社会の中で，自分のニーズを満たし，豊かに社会参加する権利を実現する能力のことであると定義している。［大西　良］

♧社会病理学（しやかいびようりがく）

身体に病気があるように，社会にも病理現象があると考え，その社会的病理現象の解明を目的とする学問領域である。社会病理学という言葉は19世紀終わりから使われはじめたといわれるが，とくに，1920年代以降のアメリカにおいて，急速な都市化に伴って発生した貧困，失業，差別，犯罪，非行，自殺などの諸問題を研究対象として発展し，40年代までに「社会病理学」を題名とする数多くのテキストが出版された。しかし他方では，1940年代以降，ミルズ（Mills, C. W.）らによって，社会病理学者は彼らが暗黙の前提とする価値観に反する行動の発生を病理現象とみなしている等の批判がなされ，1950年代半ば以降，アメリカでは社会病理学の名称はほとんど使われなくなっている。［村山浩一郎］

♧社会福祉（しやかいふくし）（social welfare）

社会福祉は，社会保険（医療や介護，雇用や労災など），公的扶助，公衆衛生及び医療とともに社会保障を構成する一つとなっている。社会保障制度審議会が1950（昭和25）年に出した「社会保障制度に関する勧告（1950年勧告）」によれば「社会福祉とは，国家扶助の適用をうけている者，身体障害者，児童，その他援護育成を要する者が，自立してその能力を発揮できるよう，必要な生活指導，更生補導，その他の援護育成を行うこと」としている。また，社会福祉を国民生活の到達すべき目標として位置づけ，実現すべき理想的な状態を意味するもの

として，社会保障を包含する概念として広義にとらえることもある。［村岡則子］

しやかいふくしえんじょぎじゅつ
♧社会福祉援助技術（social work）

社会福祉の援助において援助者が意図的に用いる専門援助技術の総称である。国際ソーシャルワーカー連盟（IFSW）の定義（2014年）によると「ソーシャルワークは，社会変革と社会開発，社会的結束，および人びとのエンパワメントと解放を促進する実践に基づいた専門職であり，学問である。またソーシャルワークは，生活課題に取り組みウェルビーイングを高めるため，人びとやさまざまな構造に働きかける」とある。19世紀後半，主としてアメリカにおける慈善活動や社会改良運動にその芽生えをみることができる。ソーシャルワークは人権と社会正義，集団的責任，多様性尊重の諸原理を基にクライエントの問題解決にあたるが，その手法はさまざまである。たとえばケースワーク，グループワークからなる直接援助技術やコミュニティワークからなる間接援助技術やソーシャル・アクション，ソーシャル・プランニング，ソーシャル・アドミニストレーションなどからなる関連援助技術がある。また近年では，これらを統合し，共通基盤を確立する試みが行われている。［土井幸治］

しやかいふくしきそこうぞうかいかく
♧社会福祉基礎構造改革

少子高齢化，核家族化等の社会情勢の変化を受けて，戦後50年間維持してきた社会福祉の構造を抜本的に変革するための改革。この改革の基本的な方向性は，福祉サービスの利用形態を従来の措置制度から契約制度へと変更すること，及び利用者本位のサービスを実現することであった。その中心となったのは，2000（平成12）年に社会福祉事業法から改正された社会福祉法の成立である。なお，社会福祉法成立以前の1998（平成10）年度から，保育所の入所における措置制度が廃止されて契約制度となっている。2000（平成12）年4月から，国民相互の連帯という視点から，社会保険方式を導入した介護保険法が施行され，高齢者福祉の分野も措置から契約へと利用制度は大きく転換された。さらに2003（平成15）年からは，障害者を対象に支援費制度が導入された。［河谷はるみ］

しやかいふくしきようぎかい
♧社会福祉協議会

社協と略称され，社会福祉法第109～111条にあるように，地域福祉の推進を図ることを目的とする団体である。戦後，連合国軍最高司令官総司令部（GHQ）による民主化政策や公私責任分離政策により，厚生省の主導で主な社会事業団体を統合して中央社会福祉協議会（1951年）を発足させたことが始まりである。社協は民間団体であり，全国，都道府県，市区町村に組織されている。コミュニティ・オーガニゼーション理論を援用して地域福祉への住民参加と地域組織化を促進する役割を有するところが特徴的であり，主に1960年代に全国各地で取り組まれた厚生省の補助事業による保健福祉地区組織活動はその一例である。市区町村社協の財源確保を図ることや社会的要請を受けて，次第に行政からの補助，委託事業が増え，なおかつ，多くの社協が介護保険事業，障害福祉サービス等を実施するようになり，社協の独自性とは何かを指摘されることが少なくない。近年は，社協によるコミュニティソーシャルワークの展開が期待されている。［萩沢友一］

しやかいふくしけいかく
♧社会福祉計画

社会福祉法（第6条）にて「国及び地方公共団体は，社会福祉を目的とする事業を経営する者と協力して，社会福祉を目的とする事業の広範かつ計画的な実施が図られるよう，福祉サービスを提供する体制の確保に関する施策，福祉サービスの適切な利用の推進に関する施策その他の必要な各般の措置を講じなければならない」として，社会福祉の計画的な推進が要求されるものとなっている。社会福祉計画は，社会福祉の施策をどのようにすすめていくのか，実現をめざす目標などを盛り込んでまとめられたものである。国レベルでの社会福祉計画として高齢者保健福祉推進十か年戦略（1989）などがあり，地方公共団体の地域福祉計画や介護保険事業計画などがあげられる。なお，社会福祉計画を策定し，実施し，評価する一連の過程にかかわる方法や技術については社会福祉計画法という。

［滝口　真］

♧社会福祉サービス

社会福祉の関係者，学界で用いられる社会福祉サービスの範囲，意味は多様であるが，一般的には，社会福祉関係法令に基づく事業（公的サービス），それにボランティア活動，民間団体による福祉活動などを加え，幅広くとらえられている。ラテン語の「Servio」を語源とするサービスが，本来的に相手を尊重し，幸せを希求する人間的行為を意味する語であるとして，サービス利用者にとっての幸せな暮らしを社会的に保障するために行われる取組み，実践活動を意味するものとして考えられている。社会福祉サービスの理解・整理にあたっては，①対象に注目した普遍的サービス，選別的サービスあるいは高齢者サービス，障害者サービス，家庭児童サービス，②サービスの場の違いによる在宅サービス，通所サービス，入所サービス，③サービスの給付形態による現物サービス，現金サービス，役務サービス，④援助技法に基づいた相談支援（ソーシャルワーク）サービス，介護（ケアワーク）サービス，ケアマネジメントなど，いくつかの分類方法が用いられる。　［滝口　真］

♧社会福祉士

社会福祉士とは，1987（昭和62）年の社会福祉士法及び介護福祉士法により制定された，わが国で最初の社会福祉専門職の国家資格で，「専門的知識及び技術をもつて，身体上若しくは精神上の障害があること又は環境上の理由により日常生活を営むのに支障がある者の福祉に関する相談に応じ，助言，指導，福祉サービスを提供する者又は医師その他の保健医療サービスを提供する者その他の関係者との連絡及び調整その他の援助を行うことを業とする者」のことをいう。また社会福祉士は「名称独占」のため，名乗るためには，厚生労働大臣が行う社会福祉士試験に合格し，社会福祉士登録を行わなければならない。　［土井幸治］

♧社会福祉士及び介護福祉士法

わが国では初めて，社会福祉分野における専門職の育成と社会的位置づけを明確にした法律で，1987（昭和62）年に制定された。本法律は，社会福祉士及び介護福祉士の資格を定めて，その業務の適正を図り，もつて社会福祉の増進に寄与することを目的とした法律である。社会福祉士と介護福祉士の国家資格について明記されており，人口の高齢化とそれに伴う要介護高齢者の増大など新たな福祉ニーズの発生などを背景に，福祉サービスの健全育成と質の確保，及び福祉専門職の資格制度の確立をめざして制定された。　［土井幸治］

♧社会福祉事業団

地方公共団体が設置し社会福祉施設の受託経営などを行う社会福祉法人組織の団体。理事長は原則として都道府県知事または市長としている。事業団の主たる事業は，第１種社会福祉事業，第２種社会福祉事業，公益事業などである。

［江口賀子］

♧社会福祉事業に従事する者の確保を図るための措置に関する基本的な指針

この指針は，社会福祉法（昭和26年法律第45号）第89条第1項の規定に基づき，同法第2条に規定する社会福祉事業における福祉・介護サービスを担う人材の安定的な人材確保を図るために，2007（平成19）年に厚生労働省（厚生労働省告示第289号）から告示された。指針の内容は人材確保の方策として，①労働環境の整備の推進，②キャリアアップの仕組みの構築，③福祉・介護サービスの周知や理解，④潜在的有資格者等の参入の促進，⑤多様な人材の参入や参画の促進を図ることが掲げられている。また，経営者，関係団体等並びに国及び地方公共団体が，十分な連携を図りつつそれぞれの役割を果たすことにより，従事者の処遇の改善や福祉・介護サービスの社会的評価の向上等に取り組んでいくことを明記し，指針の実施状況を評価・検証し，必要に応じて見直すことを定めている。同指針は2007年に新たに見直しが行われ（新人材確保指針），労働環境の整備の推進など人材確保に向けた措置が示されている。 [福﨑千鶴]

♧社会福祉施設

福祉関係の施設の総称のことであり，社会福祉法第2条に規定される社会福祉事業には，第1種社会福祉事業及び第2種社会福祉事業がある。たとえば，第1種社会福祉事業には，①生活保護法に規定する救護施設や更生施設などの保護施設，②児童福祉法に規定する乳児院，母子生活支援施設，児童養護施設，障害児入所施設，児童心理治療施設又は児童自立支援施設，③老人福祉法に規定する養護老人ホーム，特別養護老人ホーム，経費老人ホーム，④障害者総合支援法に規定する障害者支援施設，⑤売春防止法に規定する婦人保護施設，⑥その他の社会福祉施設がある。 [福﨑千鶴]

♧社会福祉主事

社会福祉法第18条第1項，2項により都道府県，市及び福祉に関する事務所を設置する町村に置かれる職であり，福祉に関する事務所を設置しない町村に社会福祉主事を置くことができる。職務としては社会福祉法第18条3項，4項により各福祉法に定める援護，育成又は更生の措置に関する事務を行うとされている。また任用資格においては，社会福祉法19条により「都道府県知事又は市町村長の補助機関である職員とし，年齢が20歳以上の地方公共団体の事務吏員または技術吏員であって人格が高潔で思慮が円熟し，社会福祉の増進に熱意がある者」で短大や大学等で厚生労働大臣の指定する3科目以上の単位取得の卒業者や養成機関又は講習会の課程修了者，社会福祉士又は精神保健福祉士，厚生労働大臣の定める試験に合格した者，若しくはこれらの者と同等以上の能力を有する者として厚生労働省令で定められる者である。 [中村幸子]

♧社会福祉審議会

社会福祉審議会は，社会福祉法に基づき，社会福祉に関する事項（児童福祉及び精神障害者福祉を除く）を調査審議するため，都道府県・指定都市・中核市に設置される諮問機関である。社会福祉審議会は，都道府県知事，指定都市・中核市の市長の監督に属し，諮問に答え，関係行政庁に意見を述べる。かつては，中央社会福祉審議会もあったが，2001（平成13）年，中央省庁再編に伴い，社会保障関連の8つの審議会が統合され，社会保障審議会に再編された。 [隈　直子]

♧社会福祉の運営・管理

社会福祉の運営・管理とは，単に団体

や機関及び施設等の運営・管理を意味するのでなく，社会福祉行政・政策とも解釈され，従来の社会福祉施設の運営・管理の概念から広く所得，医療，教育，住宅等の保障までも含んだ概念として取り扱われている。社会福祉のサービスの運営・管理では，社会的ニーズをいかに充足していくかが課題となり，ニーズ充足のための政策形成とその効果，社会福祉の組織や機関の運営過程等がその内容となる。具体的には，社会的ニーズの把握，サービス内容，資源の調達や配分，人的資源及び職員に関する事項等も含まれる。［佐藤直明］

♧社会福祉の価値・理念（しゃかいふくしのかち・りねん）

社会福祉の価値と理念とは，幅広いすべての社会福祉援助活動に際して，基本的な姿勢・態度として，常に人間存在の意義を踏まえておかなければならないことを意味する。社会福祉問題の解決にあっては，人間のあり方を追求し，援助者として何のために何をなすべきであるかを考察しながら活動に取り組まなければならない。援助活動に際しては，人間としての平等と尊厳を尊重する人間観やすべての人の自己実現を図るという観点を忘れてはならない。［佐藤直明］

♧社会福祉の権利（しゃかいふくしのけんり）

社会保険方式をとる医療・介護・年金等のサービスは，加入者が保険料を拠出するため，権利性が高い給付とされてきた。これに対して児童・障害者・高齢者等に対する社会福祉サービスの権利性についてはかなり遅れて考察が始まったため，権利性についてはいまだ十分とはいえないところがある。社会福祉各法の中にみられる「…することができる」という規定（老福法10条の４等）もその例である。社会福祉サービスは，施設や職員の存在が不可欠という点で，所得保障の給付とは性格を異にしているが，これがまさに社会福祉サービスの本質であって，そのことをもって受給権が他の分野に比べて弱められるということはありえない。権利の確立に向けての研究が続けられている。［木場千春］

♧社会福祉の財政（しゃかいふくしのざいせい）

現行のわが国の国及び地方自治体にかかる社会福祉の財政は，老人福祉費，児童福祉費，障害者福祉費など社会福祉行政の領域を考えると，その財源については，①介護保険の被保険者の保険料，②国庫負担金と補助金を含む国庫支出金，③利用者の負担金，④地方自治体の一般財源，という４種類からなっている。社会福祉の運営主体は地方自治体であり，実質的に予算を執行しているのは都道府県や市町村である。国から地方自治体へ支払われる主たる財源は，特定補助金としての国庫負担金と国庫補助金の２通りであり，国庫負担金は，国の義務となっているが，国庫補助金は補助できるという規定のみで，国の裁量に任されており，財政状況に左右されやすい財源といえる。国の負担比率は，生活保護が75%，それ以外の社会福祉サービスは50%となっている。［二又一人］

♧社会福祉の主体（しゃかいふくしのしゅたい）

社会福祉の主体とは，一般的には社会福祉を推進するために，この過程に参加するものをいい，政策主体，実践主体，運動主体を基礎とした，相互関係の総体としてとらえられる。政策主体とは，社会福祉政策の形成を担い，かつ推進体制の大枠を決定する主体で，国や地方公共団体等を意味する。実践主体とは，社会福祉政策の具体的行動を担うもので，社会福祉士，精神保健福祉士，介護福祉士，保育士等の専門職や行政，社会福祉法人等が代表的な主体である。近年では，供給主体の多様化が図られ，企業，ＮＰＯ法人，住民参加型サービス供給主体等，さまざまな主体の参入が図られている。運動主体とは，社会福祉政策の制度改編，制度改革を求めて，政策主体に対して行動化をはかり，政策提言として補っていくことであり，制度全体の修正が図られる。 ［田畑寿史］

♧社会福祉の専門職

病気や障害，老い，貧困など社会生活を送る上で困難を抱えている人びとに対して，社会福祉の専門知識や技術を用いて支援を行う専門職。社会福祉の行政機関，施設・事業所，病院，学校，社会福祉協議会，各種団体で相談，介護，保育，運営管理などの業務に従事している。わが国では，国家資格として社会福祉士，精神保健福祉士，介護福祉士，保育士などがある。また，公的資格として介護支援専門員，ホームヘルパー（訪問介護員・障害児者居宅介護従事者），社会福祉主事任用資格などがある。 ［荒木　剛］

♧社会福祉の専門性

さまざまな見解がありうるが，大学の社会福祉学教育によって習得がめざされる能力を「社会福祉の専門性」とみることができよう。日本学術会議は，社会福祉学教育によって習得される社会福祉学に固有な能力を，①個人の尊厳を重視し支援する能力，②生活問題を発見し，普遍化する能力，③社会資源を調整・開発する能力，④社会福祉の運営に貢献する能力，⑤権利を擁護する能力，⑥個人の力を高め社会を開発する能力，の６点に整理しており（2015年「大学教育の分野別質保証のための教育課程編成上の参照基準社会福祉学分野」），このような能力が社会福祉の専門性を意味すると考えられる。 ［村山浩一郎］

♧社会福祉の補充性・代替性

社会福祉は，人びとの生活を維持し，よりよいものへと発展させていくための社会政策（一般施策や労働政策等）の限界に対応していくため，社会政策と相互に補充し合う関係性としてとらえることができる。つまり社会政策等においては対応できない生活上の課題に対して，社会福祉の視点から補足（社会政策の不足している部分を社会福祉が補う）及び代替（本来社会政策で取り上げるべきであるが対応できないため，社会福祉が代わりに担っていく）していくことである。 ［河村裕次］

♧社会福祉法

社会福祉事業の全分野に共通する基本的事項を定めた法律。社会福祉法は，社会福祉を目的とする事業の共通的基本事項を定め，社会福祉に関する他の法律とともに，利用者の保護，地域福祉の推進，福祉事業の適正な実施，事業者の健全な発達を図り，福祉の増進を目的としている。全12章から成り，社会福祉事業の定義，福祉サービスの基本的理念，社会福祉審議会，福祉事務所，社会福祉主事，社会福祉法人に従事する者の確保の促進，社会福祉協議会，共同募金等について定められている。この法律の第２条では社会福祉事業の定義がなされ，第１種・第２種それぞれの事業名称が列挙されている。また，第４条では地域福祉の推進がうたわれており，地域住民，事業者や施設，ボランティアなどの社会福祉活動を行う者は，「相互に協力し，福祉サービスを必要とする地域住民が地域社会を構成する一員として日常生活を営み，社会，経済，文化その他あらゆる分野の活動に参加する機会が与えられるように，地域福祉の推進に努めなければならない」と定めている。 ［占部尊士］

♧社会福祉法人

社会福祉事業を行うことを目的として，社会福祉法の規定に基づき，所轄庁

し

（基本は都道府県）の認可を受けて設立される法人のことである。ここでいう社会福祉事業とは，第1種社会福祉事業および第2種社会福祉事業のことを指す（社会福祉法第2条）。その他，公益事業や収益事業（社会福祉法第26条）といった3種の事業を行うことができる。社会福祉法人は，公益法人と比べてより厳しい規制が課される一方，税制上の優遇措置や事業費が公費で賄われるといった側面もある。近年の福祉ニーズの変化等を踏まえ，社会福祉法等の一部を改正する法律（2016年3月成立）により，「経営組織のガバナンスの強化」，「事業運営の透明性の向上」，「財務規律の強化」，「地域における公益的な取り組み」をポイントに社会福祉法人制度の見直しが行われた。とくに「地域における公益的な取り組み」を責務化したことにより，法人が対象とする利用者だけでなく，地域の新たなニーズに対応することなどを通して，これまで以上にその存在価値を示していくことが求められている。

［田島　望］

♧社会福祉法人による利用者負担の軽減制度（しやかいふくしほうじんによるりようしやふたんのけいげんせいど）

社会福祉法人による利用者負担の軽減措置は，介護保険の導入に伴う激変緩和の観点から特別対策の一環として，低所得者，とくに生計が困難な者に対してとられることになった。社会福祉法人の公益性・社会的役割から，介護保険サービスの提供を実施するに際し利用者の負担を軽減する制度であり，社会福祉法人が1割の利用者負担，食費及び居住費を軽減した場合，市町村がその助成措置により軽減額の一部の補助を行う。なお，軽減の対象となるサービスは，①訪問介護，②夜間対応型訪問介護，③通所介護，④認知症対応型通所介護，⑤短期入所生活介護，⑥介護福祉施設サービス，⑦地域密着型介護老人福祉施設入所者生活介護，⑧小規模多機能型居宅介護などである。軽減の対象者は，住民税非課税世帯のうちとくに生計が困難である者である。

［二又一人］

♧社会福祉法制（しやかいふくしほうせい）

社会福祉に関わる法制度を総称して社会福祉法制と呼び，その中心となっているのは社会福祉法とその他のいわゆる福祉六法である。社会福祉法は，2000（平成12）年に社会福祉事業法を改正して制定されたものであり，社会福祉を目的とする事業の全分野に関わる共通の基本原則を定めたものである。福祉六法とは，それぞれ受給対象者ごとに制定された生活保護法，児童福祉法，身体障害者福祉法，母子及び寡婦福祉法，老人福祉法，知的障害者福祉法のことをさしている。その他に，母子保健法，障害者総合支援法，精神保健福祉法，介護保険法などの対象者ごとの法制，障害者基本法などの基本法制，児童虐待防止法などの虐待防止法制，交通バリアフリー法や生活困窮者自立支援法などの法制度を広く含んでいうこともある。

［木場千春］

♧社会復帰調整官（しやかいふつきちようせいかん）

法務省下の全国保護観察所に所属し，心神喪失等医療観察法の対象者へ精神保健福祉の専門的視点に基づく支援を行う。主として8年以上の現場経験を有する精神保健福祉士がその役割を担う。処遇決定前の生活環境調査から始まり，処遇決定後は入院，通院問わずその処遇が終了するまで一貫して支援を行う。とくに通院医療時の支援を精神保健観察という。入院・通院医療機関と地域資源，社会を結びながら対象者の社会復帰を共にめざす。

［中條大輔］

♧社会保険（しやかいほけん）

疾病，老齢，失業，介護等，一定類型の保険事故に対して，保険料の拠出という保険技術を用いて画一的給付を行う仕組みである。また，所得の停止や減少に対して一定の補償的機能を果たす給付を行い，現在の生活水準の維持をはかるという意味で防貧的な性格をもつ制度である。世界で最初の労働者保険は，1883年にドイツでビスマルク（Bismarck, O.）によって制定された疾病保険法である。しかし，受給者は労働者本人に限られており，家族は対象とされていなかった。日本の健康保険法（1922（大正11）年制定，実施は1927（昭和２）年）も，労働者本人のみが対象で，家族に拡大されたのは，1942（昭和17）年になってからである。諸外国の事例も含めて，年金の分野における最近の社会保険の動向は，保険原理に対する扶養原理の優越（公費負担の増加）が顕著になってきていることと，これとは逆に，保険原理の強化（拠出責任の強化）が図られていることである。所得に比例した保険料（応益負担），および保険料の額に応じた給付水準（貢献の原則）を特徴としてきたビスマルク型の社会保険は，いまや社会情勢の変化を受けて大きく変容しようとしている。

［河谷はるみ］

♧社会保険診療報酬支払基金（しゃかいほけんしんりょうほうしゅうしはらいききん）

各保険医療機関から提出された診療報酬請求書の審査及び支払い，各保険者への医療費の請求などを行う目的で社会保険診療報酬支払基金法の規定に基づいて設立された。各都道府県に置かれた支部を単位とし診療報酬の審査・請求・支払の他に，後期高齢者医療制度，退職者医療制度，介護保険制度における医療保険者からの拠出金や納付金の徴収と市町村等への交付金の交付などの業務も行っている。なお，退職者医療制度は2015（平成27）年３月末で廃止されたが，2015（平成27）年３月31日までにこの制度の対象となっているものは，その者が65歳になるまでは継続される。

［村岡則子］

♧社会保険庁（しゃかいほけんちょう）

1962（昭和37）年に設置された厚生省（現・厚生労働省）の外局である行政機関であり，主に政府管掌保険（現・全国健康保険協会管掌健康保険），船員保険，厚生年金，国民年金などの事業を運営実施する実務を担当した。しかし，2004（平成16）年以降，年金記録の記入漏れや個人情報の漏えい，年金保険料の不適切な管理・運営など相次ぐ不祥事により社会保険庁改革が行われ，2008（平成16）年に政府管掌保険は全国健康保険協会が担い，2010（平成22）年には公的年金に関する事務を日本年金機構が引き継いだ。これにより各地方にあった社会保険事務所は年金事務所に名称が変更となった。

［村岡則子］

♧社会保険労務士（しゃかいほけんろうむし）

厚生労働大臣が実施する社会保険労務士試験に合格し，所定の実務要件を満たしたうえで，社会保険労務士名簿に登録後，労働社会保険諸法令に関わる事務や相談業務等を行う専門職。具体的には，労働社会保険諸法令に基づき，行政機関等に提出する申請書類や帳簿書類の作成，その手続きの代行のほか，事業における労務管理，その他の労働及び社会保険に関する事項といった企業の人事・労務についての相談・指導等を主たる業務とする。介護保険においては，要介護（要支援）認定申請者の提出手続代行，介護保険審査会への審査請求の代理及び陳述等の代理ができる。

［齊藤　優］

♧社会保障（しゃかいほしょう）

社会保障制度審議会（現・社会保障審議会）は，1950（昭和25）年の「社会保障制度に関する勧告」の中で，社会保障制度を次のように定義している。「いわゆる社会保障制度とは，疾病，負傷，分娩，廃疾，死亡，老齢，失業，多子その他困窮の原因に対し，保険的方法又は直接公の負担において経済保障の途を講じ，生活困窮に陥った者に対しては，国家扶助によって最低限度の生活を保障するとともに，公衆衛生及び社会福祉の向上を図り，……」。個人の責めに帰せられないリスクやニーズが発生したときに，国又は地方公共団体が，すべての国民又は住民に対して，所得保障，医療保障，社会福祉サービスなどの給付を行う制度を社会保障という。その方法としては保険料拠出を基本とする社会保険方式と，全額公費負担方式とがある。21世紀，少子高齢社会を迎えて，社会保障は主として財政的理由から，大きな変革の時代を迎えようとしている。

［河谷はるみ］

♧社会保障審議会（しゃかいほしょうしんぎかい）

厚生労働大臣または関係各大臣の諮問に応じて，社会保障や人口問題に関する重要事項の調査審議を行い，答申を行うとともに，医療法，児童福祉法，社会福祉法，身体障害者福祉法等の規定によりその権限に属する事項の処理を行う厚生労働省に設置される機関。統計，医療，福祉文化，介護給付費，医療保険保険料率，年金記録訂正の6つの分科会が置かれている。2001年（平成13）の省庁再編の際，旧厚生省に設置されていた医療審議会，医療保険福祉審議会，厚生統計協議会，人口問題審議会，身体障害者福祉審議会，中央児童福祉審議会，中央社会福祉審議会，年金審議会を整理合理化して発足した。　［谷村紀彰］

♧社会保障制度に関する勧告（しゃかいほしょうせいどにかんするかんこく）

1949（昭和24）年に総理大臣の諮問機関として設置された社会保障制度審議会（現・社会保障審議会）が翌年1950（昭和25）年10月に出した勧告のことであり，いわゆる50年勧告と呼ばれる。50年勧告では，社会保障を日本国憲法25条に示されている理念を具現化するものとし，生活保障の責任主体は国家であること，その制度の維持・運用に必要な社会的義務が国民にあることを明記している。同勧告によると，わが国の社会保障制度（狭義）は，社会保険，国家扶助，公衆衛生及び医療，社会福祉の4本柱から構成されるものとしている。戦後，わが国の社会保障の整備は，この50年勧告の方向で行われていくことになるが，その後社会状況等の変化とともに，1962（昭和37）年，1995（平成7）年に勧告が出されることとなる。　［山下利恵子］

♧社会保障制度の再構築（しゃかいほしょうせいどのさいこうちく）

少子高齢化，経済の低成長，就業構造の変化，家族形態の変化，国際化など，社会の急激な変化の中で，社会保障制度の再構築が求められている。社会保障制度審議会（現社会保障審議会）は，1995（平成7）年7月に「社会保障体制の再構築」（勧告）を取りまとめている。社会保障はいまや，制度の持続可能性を確保していくことが最大の課題である。社会保障の財源は，社会保険料及び公費を中心としているが，経済が低迷し，国民生活が不安定化するなか，公費負担の増大が求められており，その財源を消費税増税でまかなうという構想が持ち上がっている。給付・負担関係における公平性に加えて，関連する施策・制度との総合的な枠組みでの検討が求められている。

［河谷はるみ］

♧社会保障法（しゃかいほしょうほう）

アメリカの「社会保障法」は，不十分ながら，世界最初に誕生した社会保障制度であり，1935年に策定された。当初，失業，貧困等の問題に連邦国家として対応するため，①老齢年金，②失業保険，③公的扶助（高齢者扶助，視覚障害者扶助，要扶助児童扶助），および，④社会福祉サービス（母子保健サービス，肢体不自由児福祉サービス，児童福祉サービス）から構成され，医療保険と労災保険が存在しない「不完全な社会保障」であった。また，老齢年金，失業保険等の社会保険には，社会保険の原則の一つである「国庫負担」が欠落していた。世界で初めての総合的で体系的な「社会保障法」を制定したのは，1938年の「ニュージーランド社会保障法」であるといわれている。これは，1929年の大恐慌以降の経済破綻や，広範な生活不安を招いていた失業問題を抜本的に解決するために打ち出されたもので，「対象の包括性」や「対象者の普遍性」を併せ持ち，社会保障を「税」で賄うといった方向性を明確にした。 ［田畑寿史］

♧社会モデル（しやかい）

障害者が直面する困難は社会にあり，社会の障壁を取り除いていくことが社会の責務とする考え方を「社会モデル」という。それに対し，障害者個人の障害の克服に主眼を置く考え方を「個人モデル」という。イギリスにおける1970年代の障害者運動を通して確立されてきた「障害学」は，社会的障壁を生み出す社会にこそ問題があるという「社会モデル」の概念を生み出してきた。その後，この障害学における「社会モデル」の概念は，わが国の障害者運動や施策にも普及していった。 ［門田光司］

♧社会問題（しやかいもんだい）

社会構造の矛盾や社会変動などの社会的諸要因によって発生し，それゆえ，その解決のために社会運動や政府による社会政策等の社会的対応が必要となる問題のことである。また，特定の社会状況は，社会の人びとによって社会問題として認知されることではじめて社会問題として立ち現れるという点も重要である。先進資本主義諸国の19世紀後半からの歴史的経緯の中では，貧困問題，労働問題，失業問題が特別に重要な社会問題として社会的に認識され，20世紀に入って社会保障制度が確立されていった。現代ではさまざまな問題が社会問題として提起され，同じ社会状況をめぐっても異なる認識が競合していることから，社会問題そのものの分析やそれに対する社会的対応の研究に加えて，社会の人びとが特定の社会状況を社会問題と定義する過程に焦点をあてる構築主義的アプローチの重要性も高まっている。 ［村山浩一郎］

♧若年性認知症施策総合推進事業（しやくねんせいにんちしようしさくそうごうすいしんじぎよう）

若年性認知症（64歳以下で発症する認知症）の人一人ひとりが，経済的な面も含めて，その状態に応じた適切な支援が受けられるようにする事業。実施主体は都道府県で，事業内容は，①若年性認知症自立支援ネットワーク構築事業，②若年性認知症自立支援ネットワーク研修事業，③若年性認知症実態調査およびニーズ把握のための意見交換会等の開催，④若年性認知症ケア・モデル事業，などがある。このうち，②の研修対象者は，若年性認知症自立支援ネットワーク構成員及び地域の障害福祉サービス従事者や企業関係者など若年性認知症の人に対する支援に携わる者である。 ［新田博之］

♧社団医療法人（しやだんいりようほうじん）

医療法人とは，病院，医師もしくは歯科医師が常時勤務する診療所，又は介護老人福祉施設を開設することを目的としており，医療法の規定により設置が認められている法人のことである。基本的な法人の形態を，「社団」と「財団」に定めることができる。社団医療法人とは，病院または診療所を開設することを目的とした人たちの集合体であり，複数の人から病院開設に必要な費用や場所の提供，必要備品などの出資を受け設立されるものである。また，健全かつ適切に業務運営を行うため，経営の透明性の確保及びガバナンス強化が求められており，医療法の定めにより，社員総会，理事・監事，理事長などを置くこととなっている。　[今村浩司]

♧ジャーメイン，C.B.

(Germain, Carel Bailey ; 1916–1995)

サンフランシスコ生まれ。カリフォルニア大学バークレー校で学士を取得し，コロンビア大学大学院スクールオブソーシャルワークで修士および博士の学位を取得した。1979年から1987年までコネチカット大学ソーシャルワーク学部で教鞭を執る。社会環境における人間の行動と生態学的視点の提唱に関する彼女の広範な学術論文と研究は国際的に認められ，ここ数十年の主要なソーシャルワーカーのリーダーおよび思想家の一人となった。　[河野高志]

♧重回帰分析（じゅうかいきぶんせき）

回帰分析のうち，1つの従属変数が2つ以上の独立変数の影響を受ける場合に用いられる統計的手法。多変量解析の一つ。独立変数が1つの場合は単回帰分析を用いる。重回帰分析の注意点として，独立変数間で強い相関がある場合に適切な分析が実行できないことがある。

[矢部　航]

♧就学援助（じゅうがくえんじょ）

学校教育法第19条において，「経済的理由によって，就学困難と認められる学齢児童生徒の保護者に対しては，市町村は，必要な援助を与えなければならない」とされている。就学援助の対象者は，生活保護法第6条第2項に規定する要保護者及び市町村教育委員会が要保護者に準ずる程度困窮していると認める者である。就学援助の補助対象品目は，学用品費，体育実技用具費，新入学児童生徒学用品費等，通学用品費，通学費，修学旅行費，校外活動費，医療費，学校給食費，クラブ活動費，生徒会費，PTA会費などである。　[門田光司]

♧就学指導委員会（しゅうがくしどういいんかい）⇒教育支援委員会（きょういくしえんいいんかい）

♧就学猶予・免除（しゅうがくゆうよ・めんじょ）

学齢児童生徒に対し，保護者が教育を受けさせる義務は，憲法並びに学校教育法第16条，第17条に規定に規定されている。ただし，学校教育法第18条において，「病弱，発育不完全その他やむを得ない事由のため，就学困難と認められる者の保護者」に対しては，市町村の教育委員会が，文部科学大臣の定めるところにより，その就学義務を猶予したり免除したりすることができるとされている。「貧困」が就学猶予・免除の理由として認められていた時代もあったが，戦後は，その多くが障害をもつ子どもだった。しかし，1979（昭和54）年の養護学校義務制に伴い，急激にその数は減った。近年，数としては多いわけではないが，低出生体重児の就学猶予という課題もでてきている。　[川池智子]

♧終　結（しゅうけつ）

ソーシャルワークによる援助活動を終える段階のことをいう。援助過程を経て問題解決が達成されたり，問題が残されているがクライエント自身で解決できることが確認された場合，終結は適切な時期にクライエントの合意を得てなされる。また，クライエントが自らの意志で援助の終了を希望する場合にも終結を迎える。終結に際しては，ワーカーはクライエントとともにこれまでの援助過程を振り返り，その過程における成果を評価すると同時に，クライエントの自立へ向けた動機付けを行っていくことも重要である。　[笠　修彰]

♧自由権（じゆうけん）

自由権とは，個人の自由が国家権力に

よって侵害されることのない権利のことを指す。基本的人権の一つとされ，自由権的基本権とも呼ばれる。その歴史は長く，古くはイギリスの権利章典，アメリカ合衆国の独立宣言，フランスの人権宣言にも見ることができ，これらを経て現在の世界各国の憲法において，自由権が規定されるに至っている。わが国においても，日本国憲法の基本原理の一つとされる基本的人権の尊重において，自由権は国民に保障されており，その内容については，身体の自由，精神の自由，経済活動の自由の３つに分かれている。 ［戸丸純一］

♧集合調査法（しゅうごうちょうさほう）

量的研究における質問紙調査法。回答者が直接回答を記入する自記式調査に分類される。所定の場所に調査対象者を集め，調査員の指示に従い，一斉に質問紙を配布・回答・回収を行う方法。その場で多数の回答を得られるため回収率が高いこと，費用が安く済むことなどの利点がある。一方で，調査対象者に集合場所や時間などの事前連絡をし，確約を取っておかなければならないこと，調査会場の雰囲気や集合的な効果に回答が影響されるなどの短所もある。 ［飯干真冬花］

♧重症心身障害児（じゅうしょうしんしんしょうがいじ）

重度の知的障害と重度の肢体不自由を重複している障害を重症心身障害児という。重度の障害ゆえに，児童福祉施策の対象としてとりあげられるまでに長い時を要した子どもたちの問題が，ようやく，1967（昭和44）年，施策の対象となった。この年，児童福祉法が改正され，重症心身障害児施設が制度化されたのである。このように，「重症心身障害児」という言葉は，行政上の措置を行うための用語として登場したものであり，医学的な診断名ではない。国による明確な判定基準はないが，通常は「大島の分類」という方法により判定されてきた。 ［川池智子］

♧重層的支援体制整備事業（じゅうそうてきしえんたいせいせいびじぎょう）

社会福祉法第106条の４により，市町村が地域生活課題の解決に資する包括的な支援体制を整備するため，実施することができるとされた事業であり，同条第２項第１号～第６号に規定されている事業（①包括的相談支援，②参加支援，③地域づくり支援，④アウトリーチ等を通じた継続的支援，⑤多機関協働，⑥支援プランの作成）および他の法律に基づく事業を一体のものとして実施することにより，地域生活課題を抱える地域住民およびその世帯に対する支援体制並びに地域住民等による地域福祉の推進のために必要な環境を一体的かつ重層的に整備する事業をいう。 ［村山浩一郎］

♧従属変数（じゅうぞくへんすう）

従属変数とは，「結果」にあたる事象を測定するためのデータをいう。一方で，「原因」にあたる事象を測定するためのデータを，独立変数という。「目的変数」，「説明変数」とも呼ばれている。独立変数と従属変数は，「原因」と「結果」と相互に関連し合っている。重回帰分析でよく用いられる。重回帰分析は，ある結果を説明する際に，関連する原因のうち，どのデータがどの程度，結果を左右しているのか予測を行う統計手法である。 ［梶原浩介］

♧住宅扶助（じゅうたくふじょ）

生活保護の８つの扶助（生活，教育，住宅，医療，介護，出産，生業，葬祭扶助）の一つである。住宅扶助は，被保護世帯に対して所在地域別等に定めた基準額の範囲内で，住居，補修その他住宅維持のために必要なものを支給する。ただし一般の基準では満たすことができない場合は特別の基準が適用される。また住宅扶助は，原則として金銭給付によって行われるが，必要な場合は現物給付によって行うことができ，住居の現物給付は，宿所提供施設を利用させ，又は宿所提供施設にこれを委託して行われる。［山下利恵子］

♧集団圧力（しゅうだんあつりょく）

集団成員が一定の様式で行動し，一定の態度を所有するよう働きかける力をいう。集団が形成されてから一定期間を経ると，集団内の大多数が共有する判断の枠組みや思考様式である集団規範（group norm）が生まれてくるが，集団規範が成立すると成員がその規範に従って行動するように集団圧力（group pressure）が働く。また集団の凝集性が高いほど，集団圧力は強くなる。集団圧力の形態には，規範から外れた言動を取る成員に対して，他の成員が規範に従うよう働きかける直接的圧力と，自らの言動が規範からずれていると認知した成員が自発的に同調の必要性を感じる間接的圧力の２つがある。［笠　修彰］

♧集団規範（しゅうだんきはん）

その集団における独自のルールのこと。集団に属するメンバーの相互作用によって，認知，判断，思考，行動，態度などに「こうあるべき」という一定の基準・価値観が形成され，集団内で共有される。集団規範に同調することは，その集団において是認されるが，集団規範から逸脱した場合は非難の対象となる。規範は集団に属するメンバーの心理と行動を変容させる一つの要因となるため，グループワーク，コミュニティワークの実践者は集団規範の活用を視野に入れることが有用である。［池本賢一］

♧縦断調査（じゅうだんちょうさ）

縦断調査とは，ある一時点の１回限りの調査ではなく，一定の時間や期間をおいて，特定の調査対象に対して繰り返し調査を行う方法である。時系列調査ともいい，そのとらえたデータを時系列データという。特定の調査対象を継続的に調査し，その実態や意識の変化をとらえることにより，集団の変化や変化のタイミング，ニーズの分析等ができる。この調査方法は，動向調査（傾向分析），集団調査（コーホート調査），パネル調査の3つの種類がある。［梶原浩介］

♧重度障害者医療費助成（じゅうどしょうがいしゃいりょうひじょせい）

健康保険に加入している重度障害者が病気や怪我で医療機関にかかったとき，保険診療の一部を助成する制度である。国の事業ではなく，一部の地方公共団体が独自に実施している。助成対象者は，身体障害者手帳１～２級の者や重度の知的障害者などである。助成には制限が設けられており，生活保護を受給している者，医療保険の適用がない治療やサービス（薬の容器代・予防接種の費用・おむつ代・差額ベッド代・文書料など）は助成の対象外とされている。［福永良逸］

♧重度訪問介護（じゅうどほうもんかいご）

障害者総合支援法の介護給付で，対象者は重度の肢体不自由者又は重度の知的障害者若しくは精神障害により行動上著しい困難を有し，常時介護を要する者であって，障害支援区分４以上で，①二肢以上に麻痺があり，障害支援区分の認定調査項目のうち「歩行」「移乗」「排尿」「排便」のいずれもが「支援が不要」以外に認定されている者か，②障害支援区分の認定調査項目のうち行動関連項目等（12項目）の合計点数が10点以上である者のいずれかに概要する者である。サービス内容は，ホームヘルパーが自宅に出向き，入浴・排せつ及び食事の介護，調理・洗濯及び掃除等の家事，その他生活全般にわたる援助，外出時における移動中の介護等を行う。［門田光司］

終末期ケア

終末期とは，適切な治療を受けても治る見込みがなく，死が間近であると判定された状態の期間のことをいい，その期間は病気の種類や進行などにより数日から数か月に及ぶ場合もあり一概に限定できるものではない。終末期の判定には，複数の医師の判断が一致した場合や患者にかかわる医療チームによって判断されることが多いが，各学会により定義が異なる。終末期ケアとは，この終末期を迎えた人に対して延命を目的とする治療ではなく，身体的，精神的，社会的，霊的苦痛などを緩和し，生活の質の向上を目的として提供されるすべてのケアのことをいう。終末期ケアは，医師や看護師だけではなく，臨床心理士，栄養士，薬剤師，社会福祉士，精神保健福祉士，ボランティア等，他職種により提供されることが多く，その提供の代表的な場としては緩和ケア病棟があげられるが，在宅医療の推進により近年では患者の自宅でも提供されている。 [藤戸美保子]

住民参加型在宅福祉サービス

住民が住民を支える互助的な在宅福祉サービスの形態をいう。在宅福祉サービスを提供する者も利用する者もともに住民であり，両者が会員として登録したうえで展開される。また，利用者は金銭や金銭に代わる代償を支払うという有償制であり，サービス内容は家事援助を中心としたものである。住民参加型在宅福祉サービスは，有償制ではあるが営利を追求しない住民互助型の在宅福祉サービスであり，社会福祉協議会，生活協同組合，特定非営利団体，福祉公社などとのかかわりをもちながら実施される。

[倉田康路]

住民主体の原則

地域福祉活動の推進にあたっては，その地域の住民が主体的に参加しなければならないという原則である。地域福祉推進における住民の主体的参加により，福祉コミュニティの形成促進が期待できる。また，住民自身が地域の福祉課題を認識し，解決行動をめざしたり，住民同士のつながりを形成していくうえでもこの原則は重要になる。なお，地域福祉の中心的な推進機関である社会福祉協議会の5つの活動原則の一つとして「住民活動主体の原則」（全国社会福祉協議会「新・社会福祉協議会基本要項」1992年）が存在している。 [本郷秀和]

就労移行支援

2013（平成25）年4月に施行された障害者総合支援法による就労移行支援は「就労を希望する障害者につき，厚生労働省令で定める期間にわたり，生産活動その他の活動の機会の提供を通じて，就労に必要な知識及び能力の向上のために必要な訓練その他の厚生労働省令で定める便宜を供与することをいう」（障害者総合支援法第5条第13項）。就労移行支援は，支援計画に基づき，おおむね2年間の期間に通所により，移行支援事業所内での作業や地域の企業での実習などにより，一般就労への訓練を行う。雇用契約は無い。利用期間中は生産活動などで得られた収益から事業の必要経費を除いた額が工賃として障害者に支払われる。さらに就労後も6か月間の職場定着支援を行う。対象は，特別支援学校の卒業者や施設退所者など，65歳未満で一般企業への就労を希望する障害者や，技術を学んで在宅での就労や起業を望む障害者である。 [大林和子]

就労継続支援

通常の事業所に雇用されることが困難な障害者に対し，就労の機会を提供するとともに，生産活動その他の活動の機会の提供を通じて，その知識及び能力の向上のために必要な訓練などにより，就労を支援すること。事業所には，雇用契約を結び利用する「A型」と，雇用契約を結ばないで利用する「B型」の2種類がある。A型は，利用者と支援事業者が雇用契約を結び，事業所での就労の機会を提供し，一般就労へむけての職業能力を高める。対象として通常の事業所に雇用されることが困難であり，雇用契約に基づく就労が可能な障害者である。B型は，通常の事業所に雇用されることが困難であり，雇用契約に基づく就労が困難である障害者である。事業所での就労の機会や生産活動の機会を提供し，職業能力を高め，一般就労をもめざす支援を行う。事業所の収益に応じ工賃が支払われる。［大林和子］

♧就労支援（しゅうろうしえん）

就労支援とは，利用者の意思を尊重し，就職先の選定，面接練習，書類の書き方等の支援，職場実習，就職後に仕事ができるように能力を身に付けるトレーニングの提供，就職後のアフターフォローまで含まれる。障害者総合支援法により，就労支援のサービス事業は就労移行支援，就労継続支援Ă型・B型となった。医療・福祉・教育機関等とハローワーク，地域障害者職業センター，障害者就業・生活支援センター等と連携・協働を図りながら，利用者の労働価値を高め，社会参加と自己実現，経済的自立の機会を作り出していく取組みが求められている。［井上明信］

♧就労定着支援（しゅうろうていちゃくしえん）

就労移行支援等を利用し，一般就労に移行する障害者が増加している中で，今後，在職障害者の就労に伴う生活上の支援ニーズはより一層多様化かつ増大するものと考えれられる。このため，就労に伴う生活面の課題に対応できるよう，事業所・家族との連絡調整等の支援を一定の期間にわたり行うサービスとして，新たに2018（平成30）年4月1日施行の改正障害者総合支援法の中で「就労定着支援」事業が開始した。具体的には，企業や自宅等への訪問や障害者の来所により，生活リズム，家計や体調の管理などに関する課題解決に向けて，必要な連絡調整や指導・助言等の支援を行う。［門田光司］

♧宿所提供施設（しゅくしょていきょうしせつ）

宿所提供施設は，住居のない要保護者の世帯に対し，住宅扶助を行う施設であり，生活保護法第38条に定められている保護施設の一つである。保護施設には，この他に救護施設，更生施設，医療保護施設，授産施設がある。宿所提供施設は，生活寮的な機能をもち，介護などの援助は行われない。施設の設置主体は，都道府県，市町村，社会福祉法人，日本赤十字社に限定されている。市町村が設置する場合は，あらかじめ都道府県への届出が必要であり，また社会福祉法人，日本赤十字社が設置する場合は都道府県知事の認可が必要である。施設としての役割は，公営(共)住宅の整備にともなって縮小している。［久保英樹］

♧主成分分析（しゅせいぶんぶんせき）（principal component analysis）

観測変量データのばらつき傾向から，少数のあらたな変数（主成分）に統合化すること。何かを総合的に判断したいときに威力を発揮する。主成分分析は，第1主成分を求める1次式にまとめることから始まる。説明変量が4つある場合は，主成分も第1主成分から第4主成分まで固有値の大きい順に存在する。固有値や寄与率を見て，主成分得点を調べ，サンプルに順位をつける。算出される固有値の絶対値が大きいと，観測変数は主成分への貢献度が高い。［秋竹　純］

主訴（しゆそ）

主訴とは，相談者が支援者に対しておこなう訴えである。相談援助の過程では，相談者が何を求めているのか，どのように支援してほしいのか，相談者の意向・希望を把握することが求められる。相談者の主訴は必ずしも本人のニーズを反映しているとは限らない。また求められている援助と，解決すべき問題とが異なる場合もある。相談者の主訴を傾聴するだけでなく，その背景にあるニーズや感情をも理解するように心がけることが大切となる。 ［梶原浩介］

恤救規則（じゅつきゅうきそく）

1874（明治17）年に明治政府が窮民救済を目的として，日本で最初に公布された救貧制度である。その対象は「無告の窮民」に制限され，「人民相互の情誼」（血縁や地縁による相互扶助による救済）をその前提とするなど封建的な内容であり，国家に救済責任があるというものではなく，慈恵的性格が強いものであった。具体的には，極貧の独身障害者，70歳以上の高齢者，13歳以下の児童などの労働能力のない者に対し，米相場を現金に換算して支給するというものであった。恤救規則は制度的に不十分な内容であったため，これを補う形で1880年に備荒儲蓄法，1889（明治32）年に行旅病人及行旅死亡人取扱法などの関連立法が制定された。しかし，窮民救済の効果は上がらず，救貧制度としての恤救規則ではもはや対処することができず，1929（昭和４）年救護法の公布をもって廃止となった。 ［大野さおり］

出産育児一時金（しゅっさんいくじいちじきん）

健康保険法等に基づく保険給付であり，わが国の公的医療保険制度の被保険者およびその被扶養者が出産したとき，出産に要する経済的負担を軽減するため，支給される給付金。一児につき，420,000円（2021年度）となっている。給付要件として，妊娠４ヵ月（85日）以上の方が出産したとき支払われる。産科医療補償制度の対象外となる出産の場合は減額支給となる。窓口負担軽減のための，直接支払い制度，受取代理制度もある。 ［前田佳宏］

出産手当金（しゅっさんてあてきん）

健康保険（被用者保険）もしくは被保険者資格喪失日の前日（退職日）までに継続して１年以上の被保険者期間（健康保険任意継続の被保険者期間を除く）がある者が分娩（出産）に伴い，その前後の期間に仕事ができなかったことにより，所得の喪失や減少を補うことを目的として支給される手当金。支給の対象となる期間は，分娩前42日および56日の間で欠勤した（仕事を休んだ）期間。支給額は健康保険および船員保険においては，支給対象期間中の標準報酬月額の３分の２である。給与の一部が支給されているときはその分減額される。 ［前田佳宏］

出生率（しゅっしょうりつ）

一般に，人口1,000人に対する１年間に産まれた子どもの数（出生数）の比率のことで，普通出生率などと呼ばれることもある。一つの人口集団が子どもを産む力を出生力といい，出生率は出生力を測定する指標とされる。１年間の出生数を母親の年齢別に分類し，年齢別女子人口1,000人に対する出生数の比率を計算したものが年齢別出生率である。また15～49歳までの年齢別出生率を合計したものが合計特殊出生率（合計出生率）である。合計特殊出生率は，１人の女性が一生の間に何人の子どもを産むかの指数であり，出生率とは異なる。 ［田島　望］

出生前診断（しゅっせいぜんしんだん）

胎児の先天的異常の有無について，出

生前に診断するために実施される検査のことである。検査の種類としては，超音波検査，胎児心音検査，羊水検査，絨毛採取などがあり，最近では新型出生前診断として妊婦から採血し血液中にある胎児の DNA を分析する検査などがある。従来の出生前診断と比べると精度が高く母子ともに負担が少ない。出生前診断のメリットとしては，胎児の時期に疾病や障害が分かることで分娩時に充分な体制を図ることができ，疾患に対応した早期治療が可能となる。しかし検査によっては感染症や流産のリスクも指摘されている。また，出生前診断の結果が人工中絶の判断材料になることも考えられ，生命倫理に関わる多くの問題が含まれている。　［村岡則子］

♧主任介護支援専門員（しゆにんかいごしえんせんもんいん）

専任の介護支援専門員として一定の実務経験（通算５年以上）を有し，所定の研修を受講した場合等に主任介護支援専門員となる。2016（平成28）年度より更新制が導入され，有効期間は５年間となっている。居宅介護支援事業所，介護保険施設等に加え，地域包括支援センターにおいても活躍の場があり，予防ケアマネジメントや総合相談業務などを行う。また，2018（平成30）年の介護保険法改正により，指定居宅介護支援事業の管理者要件にもなっている（猶予期間あり）。　［岡部由紀夫］

♧主任児童委員（しゆにんじどういいん）

1994（平成６）年に創設，2001（平成13）年には児童福祉法の改正により法定化され，その職務は児童福祉法第17条に規定されている。主任児童委員は，児童委員のうちから厚生労働大臣によって指名され，児童委員と同様，地域の児童の健やかな育成や子育ての支援を推進することが主な職務である。具体的な職務としては，児童に関することを専門的に担当し，区域は担当せず，児童の福祉に関する機関と児童委員との連絡調整を行ったり，児童委員の活動に援助や協力を行ったりする。　［森木朋佳］

♧主任訪問介護員（しゆにんほうもんかいごいん）

訪問介護員は介護員養成研修を修了し，要介護者に対して居宅等で日常生活上の世話を行う。主任訪問介護員は，訪問介護員の養成課程において，１級訪問介護員の課程を習得したもの（介護保険法第８条第２項，介護保険法施行令第３条，介護保険法施行規則第22条23)。養成講習の形態は，原則講義84時間，演習62時間，実習84時間の計230時間であるが，取得資格によって違いがある。また，目的は，２級課程で習得した知識・技術を深めるとともに，主任訪問介護員が行う業務に関する知識及び技能を習得することにある。訪問介護事業所でのサービス提供責任者となることができる。　［吉岡久美］

♧ジュネーブ宣言（せんげん）

ジェネバ児童権利宣言ともいう。1924（大正13）年，国際連盟により採択された児童の権利についての宣言である。第１回国際児童保護会議（1913）などの国際的交流を背景に，第１次世界大戦のもたらした反省のもと，人類は児童の最善の利益確保のため最大の努力義務をもつという認識が国際機関において初めて明文化され，世界の児童福祉の基本理念となっている。この後，第２次世界大戦の再度にわたる悲惨な経験を通じて1959（昭和34）年に国際連合の「児童の権利宣言」に発展した。30年後の1989（平成元）年には，「子どもの権利に関する条約」が採択された。1951（昭和26）年に制定されたわが国の児童憲章は，1922（大正11）年の児童憲章案，1924（大正13）年のジュネーブ宣言，1930（昭和5）年のアメリカ児童憲章を参考にして，児童福祉法の基本理念遵守のために作成された。なお，この児童の権利に関わるものの他に，医学界にも“ジュネーブ宣言”と称される医の倫理に関する規定が存在する。1948（昭和23）年ジュネーブで開催された第2回世界医師会総会で採択された宣言であり，医師として心得るべきことを誓いの形で表現している。

［笠野恵子］

♧守秘義務（しゅひぎむ）(confidentiality)

ソーシャルワーカーは職務上知りえた福祉サービスの利用者や家族の個人情報を公表してはいけないという義務。ソーシャルワーカーが利用者などの個人的データを秘密保持することは，利用者の人権を守り，信頼関係を保つうえでも重要なことである。刑法第134条「秘密漏示」では，職務上知り得た秘密を漏らすことを禁じており，「正当な理由がないのに，その業務上取り扱ったことについて，知り得た人の秘密を漏らし」てはならないと規定している。正当な理由とは，患者（利用者）の承諾，各種届出業務，犯罪の通報，裁判所の証言，児童虐待に関する児童相談所への通報義務等がある。その他，感染症予防及び感染症の患者に対する医療に関する法律，結核予防法，精神保健及び精神障害者福祉に関する法律などに秘密漏洩に対して，罰則規定がある。守秘義務は，福祉サービスの利用時などで得られた情報の非漏洩に関して，特定の医療・保健・福祉の専門職に与えられた法的な義務である。

［猪谷生美］

♧受　容（じゅよう）

利用者の長所と短所，好感のもてる態度ともてない態度，肯定的感情と否定的感情，建設的発言や行動及び破壊的発言や行動などを含めて，良い・悪い，正しい・正しくないというような判断を伴わず，目の前にいるクライエントをそのまま認めるという意味である。「あるがまま」の利用者を受け止めようという態度，姿勢である。「あるがまま」に，まるごと受け止めることは，利用者のいうことをそのまま聞くということではない。たとえば，違法行為を示す利用者を受け止めるということは，決してその違法行為に同調し許容するということではなく，そのような言動を利用者の現実の一部として認識し理解するという意味。援助者が利用者自身を受け止めることによって，利用者は援助者を信頼でき自由に意見や感情が出せるようになる。

［久永佳弘］

♧受　理（じゅり）（インテーク）

ケースワークの初期段階であり，来談理由を傾聴しながら，機関・施設の提供できるサービスの情報提供を行うとともに，来談者の主体的選択による契約関係を行うまでの段階である。「初回面接」や「受理面接」と訳される。インテークの目的は，①ワーカーとの信頼関係により不安を軽減し来談者の主訴の明確化の支援，②主訴の問題解決に向けて社会資源などの紹介と調整，③来談者が所属機関での問題解決を図る場合には，サービス提供に向けて契約と具体的な援助について合意形成を行うなどがある。来談者の主訴によっては他機関への紹介を行う。生活保護申請などについてその要件を満たすかを機関側が決定する場合には，受理面接という。

［益満孝一］

♧手　話（しゅわ）

2006（平成18）年に国連総会で採択された障害者権利条約の第2条では，手話（sign language）を非音声言語の一つであると明記しており，音声言語（spoken language）と対等な形で手話言語を言語と示している。同条約第24条では，手話の習得及びろう社会の言語的なアイデンティティの促進を容易にすること，また，第30条では，手話及びろう文化を含む独自の文化的・言語的アイデンティティの承認及び支持を受ける権利を有することを示した。国内法の障害者基本法においても意思疎通のための手段として手話を言語ととらえている。手話は世界共通言語ではない。日本語の手話には，日本語の文法に沿った順番で手話の単語をあてはめて表現する「日本語対応手話」と，独自の文法体系をもつ伝統的な「日本手話」がある。国連（2017年）は，9月23日を「手話言語の国際デー」とすることを決議した。国内においては，各地で手話言語条例を制定し，ろう者とろう者以外の者が共生する地域社会の実現がめざされている。

［岩田直子］

♧手話通訳士（しゅわつうやくし）

厚生労働省が委託している，聴力障害者情報文化センターで実施する手話通訳技能認定試験に合格し，聴力障害者情報文化センターに手話通訳士として登録した者を指す。音声言語により意思疎通を図ることに支障がある聴覚障害者と，その他の者との間のコミュニケーションを図るために必要とされる手話通訳は，手話通訳士の資格を有していなくとも行うことができるため，手話通訳士は，名称独占の資格である。しかし，厚生労働省で定めるところの認定資格であり，手話通訳士は，専門的知識と高度な技能を有しており，裁判や政見放送の手話通訳は，手話通訳士でなければ行うことができない。

［黒田清香］

♧手話奉仕員（しゅわほうしいん）

市町村が実施する手話奉仕員養成講座を修了し，手話奉仕員として市町村に登録した者を指す。手話通訳等を行う者の養成と登録は，2006（平成18）年に施行された障害者自立支援法において地域生活支援事業の一つとして正式に位置づけられた。現在，手話奉仕員の養成および派遣は，障害者総合支援法において意思疎通支援の一つとして規定されている。なお，市町村で実施している手話奉仕員養成講座は，入門課程と基礎課程に分かれており，手話奉仕員になるためには基礎課程の修了が必要である。［黒田清香］

♧シュワルツ，W.

(Schwartz，William；1916-1982)

1960年代中頃以降，集団援助技術（グループワーク）の実践モデルが発展し，「社会的目標モデル」（social goals model），「治療モデル」（remedial model），「相互作用モデル」（reciprocal model）が代表的な実践モデルとして示された。「相互作用モデル」の提唱者がシュワルツである。相互作用モデルでは，グループを媒介としながら個人と社会組織が互いに相互援助システムとして機能することを目的とし，グループワーカーは個人と社会組織との間の媒介者としての役割を担う。［門田光司］

♧準市場（じゅんしじょう）

準市場は1980年代イギリスの社会保障改革を背景に社会サービス分野への市場原理の導入に伴い提唱された。社会福祉分野に競争的要素（市場メカニズム）を導入することでサービス提供の効率化や質を高めようとしたもの。つまり，サービス提供事業者が互いに競争することで，より質の高いサービス提供をめざしたものである。日本の市場化は，2000（平成12）年の社会福祉基礎構造改革において利用者による契約制度が導入され，福祉サービス供給に営利法人を含め多様な事業主体が参入できるよう規制緩和されたのが始まりである。準市場は，一般の市場と異なりサービスの内容，価格（対価・利用料）が公的に決められ，適正供給・適正配置が求められ競争が制限される場合があり，準市場・疑似市場・社会市場と呼ばれる。介護保険制度は，「利用者の選択と事業者間の競争」が導入され準市場化そのものである。

［石踊紳一郎］

順序尺度（じゅんじょしゃくど）

量的調査におけるデータ解析の際，5択の質問に対する回答のように，変数がその属するカテゴリーを示すもの。質的データの一つとされる。順序尺度においては，カテゴリー間に1番目，2番目という順序はあるが，カテゴリー間の差については数値で表すことはできないとされている。なお，もう一方の質的データである名義尺度については，カテゴリーの間に順序はないとされ，例としては，性別，住所地，病名などを挙げることができる。

［戸丸純一］

生涯学習（しょうがいがくしゅう）

人びとが生涯にわたり学び，学習の活動を続けていくことをいう。知識や技術の習得のみならず，スポーツや文化活動，仲間づくり，生活課題の学習や取組み，ボランティアとしての学習等，その範囲は多岐にわたる。1965（昭和40）年にユネスコの成人教育推進国際委員会により提唱され，わが国においては，1981（昭和56）年に中央教育審議会より「生涯教育について」が答申されている。生涯教育の観点から，家庭教育，学校教育及び社会教育の各分野を横断して教育を総合的にとらえ，家庭教育の充実，高等教育における成人の受入れ，社会教育の推進等が提案されている。現在は，自己完結型生涯学習スタイルから社会還元型生涯学習や社会参加型生涯学習スタイルへと生涯学習の動向も変化してきている。

［矢ヶ部陽一］

障害基礎年金（しょうがいきそねんきん）

国民年金法に基づく年金給付の一種で，老齢基礎年金，遺族基礎年金と並ぶ全国民共通の基礎年金である。支給要件として，①初診日において被保険者又は被保険者であった者（60歳以上65歳未満）が障害認定日において障害等級1級又は2級の障害の状態にあること，②初診日の属する月の前々月までに保険料の滞納期間が3分の1以上ないこと（ただし，2016（平成28）年4月1日前に初診日のある障害の場合は直近の1年間に保険料の滞納がないこと）が要件となっている。また，初診日が20歳未満である障害の場合は，20歳に達した日から支給される（所得制限あり）。被用者年金制度に加入している者は，障害基礎年金と併せて障害厚生年金が支給される。

［川崎竜太］

障害厚生年金（しょうがいこうせいねんきん）

厚生年金保険法に基づく年金給付の一種である。厚生年金の加入者が，在職中の傷病が原因で障害者となった場合に，障害基礎年金に上乗せして支給される。支給要件は，障害基礎年金と同様である。ただし，厚生年金独自の給付として3級該当者への障害厚生年金または障害手当金が支給される。なお，厚生年金の3級障害者には障害基礎年金は支給されない。障害厚生年金の額は，1級は老齢厚生年金額の1.25倍で，2級は老齢厚生年金額に加給年金額が加算され，3級は老齢厚生年金額のみとなる。［川崎竜太］

障害支援区分（しょうがいしえんくぶん）

障害者総合支援法において，障害支援区分とは「障害の多様な特性その他の心身の状態に応じて必要とされる標準的な支援の度合を総合的に示すもの」（法第4条第4項）である。実際には介護給付等の必要度を表すための6段階の区分（区分1～6：区分6ほど必要度が高い）を指すが，この区分認定には市町村が行う認定調査を受けることになる。認定調査項目は，心身の状況に関する80項目からなる聞き取り調査と，個別に記入する特記事項，医師の意見書（24項目）で構成されている。これらの調査結果と，市町村審査会での総合的な判定を踏まえて，障害支援区分が決定される。
［門田光司］

しょうがい じ そうだん し えん
♧障害児相談支援

障害児相談支援とは，障害児支援利用援助と継続障害児支援利用援助を行うものであり（児童福祉法第６条の２の２第７項），障害児通所支援の支給決定を受ける際の参考となる障害児支援利用計画案の作成，支給，決定後の計画の確定，一定期間ごとのモニタリングを行う。障害児支援利用援助は，アセスメントの実施，障害児支援利用計画案の作成，サービス担当者会議の開催，給付決定などに係る障害児支援利用計画の作成を，継続障害児支援利用援助は，障害児支援利用計画のモニタリング，再アセスメントの実施，障害児支援利用計画の見直し，保護者に対する給付決定などに係る申請の勧奨を行う。［古賀政文］

しょうがい じ つうしょ し えん
♧障害児通所支援

障害児通所支援としては，①児童発達支援，②医療型児童発達支援，③放課後等デイサービス，④保育所等訪問支援がある。障害児通所支援の対象は，身体障害のある児童，知的障害のある児童，精神障害（発達障害を含む）のある児童であり，手帳の有無は問わない。児童相談所や医師などにより療育の必要性が認められた児童も対象となる。このうち，①は未就学の児童を児童発達支援センター等に通わせ，日常生活の基本的な動作の指導，知的技能の付与，集団生活への適応訓練が行われる。②は上肢・下肢または体幹機能に障害があり，理学療法などの機能訓練や医療的な管理下での支援が必要と認められた児童を対象とし，厚生労働大臣が指定する指定発達医療機関に通い，日常生活の基本的な動作の指導，知的技能の付与，集団生活への適応訓練を行うとともに，理学療法などの訓練や医療的管理に基づいた支援がなされる。
［大林和子］

しょうがい じ にゅうしょ し えん
♧障害児入所支援

障害児入所支援とは，「障害児入所施設に入所し，又は指定発達支援医療機関に入院する障害児に対して行われる保護，日常生活の指導及び知識技能の付与並びに障害児入所施設に入所し，又は指定発達支援医療機関に入院する障害児のうち知的障害のある児童，肢体不自由のある児童又は重度の知的障害及び重度の肢体不自由が重複している児童（以下『重症心身障害児』という）に対し行われる治療をいう」（2017年６月改正の児童福祉法第７条第２項）。なお，児童福祉法第42条では，障害児入所支援を行う障害児入所施設として「1 福祉型障害児入所施設（保護，日常生活の指導，独立自活に必要な知識技能の付与）」と「2 医療型障害児入所施設（保護，日常生活の指導，独立自活に必要な知識技能の付与及び治療）」を定めている。［大林和子］

しょうがい じ ふく し けいかく
♧障害児福祉計画

児童福祉法第33条の20及び第33条の22に基づき，市町村障害児福祉計画及び都道府県障害児福祉計画の策定が義務づけられている。この目的は，障害児の地域生活を支援するためのサービス基盤整備等に係る数値目標を設定するとともに，障害福祉サービス等及び障害児通所支援等を提供するための体制の確保が計画的に図られるようにすることにある。そのため，市町村の障害児福祉計画では，①障害児通所支援及び障害児相談支援の提供体制の確保に係る目標に関する事項，②各年度における指定通所支援又は指定障害児相談支援の種類ごとの必要な見込量等の記載が定められている。また，都道府県障害児福祉計画では，①障害児通所支援等の提供体制の確保に係る目標に関する事項，②当該都道府県が定める区域ごとの各年度の指定通所支援又は指定障害児相談支援の種類ごとの必要な見込量，③各年度の指定障害児入所施設等の必要入所定員総数等の記載が定められている。 ［門田光司］

♧障害児福祉手当（しょうがいじふくしてあて）

重度障害児に対して，その障害のため必要となる精神的，物質的な特別の負担の軽減の一助として手当を支給することにより，特別障害児の福祉の向上を図ることを目的とするものである。精神又は身体に重度の障害を有するため，日常生活において常時の介護を必要とする状態にある在宅の20歳未満の者に支給される。2018年（平成30）年4月より支給月額は14,650円で，住所地の市区町村の窓口へ申請する。なお，受給者もしくはその配偶者又は扶養義務者の前年の所得が一定の額以上であるときは手当は支給されない。 ［門田光司］

♧障害児保育（しょうがいじほいく）

1960年代は，障害児の保護者による保育所・幼稚園への受入れ希望の声が高まり，障害児の入園を認めるところがあらわれ始めた。そして，1974（昭和49）年，厚生労働省（旧・厚生省）は障害のある子どもの保育所受入れを促進するため，「障害児保育事業」にて保育所に保育士を加配する事業を開始した。この障害児保育の施策化により，保育所や幼稚園に入所する障害児が急激に増えていった。しかし，保育所や幼稚園における障害児保育は補助金事業のため，取組み状況は都道府県・市町村での地域間格差があった。2003（平成15）年度からの新障害者基本計画より，障害児保育事業は交付税による一般財源化措置に移行された。現状においても，障害児保育での取組みの地域間格差や保育士の加配問題，専門機関との連携による支援体制，保育内容の充実などの種々の課題が指摘されている。 ［門田光司］

♧障害者（しょうがいしゃ）

国際的に広く承認されている定義は，1975年の国際連合総会で採択された「障害者の権利宣言」における第1項である。「障害者」という言葉は，先天的か否かにかかわらず，身体的又は精神的能力の不全のために，通常の個人又は社会生活に必要なことを確保することが，自分自身では完全に又は部分的にできない人のことを意味する。日本では障害者基本法第2条において，「この法律において『障害者』とは，身体障害，知的障害，精神障害（発達障害を含む）その他の心身の機能の障害（以下『障害』と総称する）がある者であって，障害及び社会的障壁により継続的に日常生活又は社会生活に相当な制限を受ける状態にあるものをいう」と規定されており，個別の実体法ではこの包括的な定義を具現化することが求められている。 ［四元真弓］

♧障害者基本計画（しょうがいしゃきほんけいかく）

障害者の自立及び社会参加の支援等のための障害者施策の最も基本的な計画。障害者基本法第11条に基づき策定。わが国は障害者対策に関する長期計画（1982から10年）を契機に中長期的計画を策定し始め，最新計画は第4次障害者基本計画（2018年度から5年間）である。最新計画では，共生社会の実現に向け，障害者の自己決定に基づき社会のあらゆる活動に参加し，その能力を最大限発揮して自己実現できるよう支援すると共に，障害者の活動を制限し，社会への参加を制約している社会的障壁を除去するため，政府が取り組むべき障害者施策の基本的方向及び数値目標を定めている。基本的方向は，①社会的障壁除去をより強力に推進，②障害者権利条約の理念の尊重と整合性の確保，③障害者差別の解消に向けた取組み推進，④着実かつ効果的な実施のための成果目標の充実であり，当事者本位の総合的・分野横断的な支援，複合的な困難や障害特性等に配慮した支援等をめざしている。［岩田直子］

♧障害者基本法（しょうがいしゃきほんほう）

心身障害者対策基本法（1970年）の改正法として1993（平成５）年に施行。最新の改正は2013（平成25）年である。すべての国民が障害の有無によって分け隔てられることなく，相互に人格と個性を尊重し合いながら共生する社会を実現するため基本原則を定め，障害者の自立及び社会参加の支援等のための施策を総合的，計画的に推進することが目的。障害の定義については，心身の機能の障害に加えて，社会的障壁（社会における事物，制度，慣行，観念その他一切のもの）により継続的に日常生活又は社会生活に相当な制限を受ける状態も含むこととした。あらゆる分野の活動に参加する機会が確保され，地域における共生，障害を理由として差別することその他の権利利益を侵害する行為を禁止，国際的協調，また，社会的障壁の除去の実施において必要かつ合理的な配慮がされなければならないとしている。さらに，政府，都道府県，市町村に基本計画策定を義務づけている。12月３～９日を障害者週間としている。［岩田直子］

♧障害者虐待防止法（しょうがいしゃぎゃくたいぼうしほう）

2011（平成23）年６月に成立，2012（平成24）年10月１日から施行され，正式名称は「障害者虐待の防止，障害者の養護者に対する支援等に関する法律」である。法第２条第２項で障害者虐待を「養護者による障害者虐待，障害者福祉施設従事者等による障害者虐待及び使用者による障害者虐待」と定義し，障害者虐待の種類を身体的虐待，性的虐待，心理的虐待，ネグレクト，経済的虐待に分類（法第２条第６項・第７項・第８項）している。虐待の発見者はすみやかに市町村への通報を義務付けられ，市町村に障害者虐待防止センターを，都道府県には障害者権利擁護センターの設置を求め，市町村による立ち入り調査も法制化している。市町村による養護者の負担の軽減のための措置を講ずること（法第14条・第32条）も明示されており，行政が障害者虐待防止に積極的に関わることが求められている。［大林和子］

♧障害者計画（しょうがいしゃけいかく）

障害者計画は障害者基本法に基づく中長期的な計画であり，障害者の生活全般に関する施策の基本的な事項や理念を定めたものである。障害者基本法第11条では，障害者の自立と社会参加の促進を図るため，障害者のための施策に関する最も基本的な計画を策定している（以下，障害者基本計画）。この障害者基本計画を基本に，都道府県や市町村が当該地域における障害者等の状況を踏まえ，当該地域における障害者のための施策に関して策定した基本的な計画のことを障害者計画と呼ぶ。現在実行中の計画は第４次障害者基本計画（平成30年度～令和４年度）であり，障害者権利条約との整合の重視を前面に出していることに特徴がある。［飯干真冬花］

♧障害者権利擁護センター（しょうがいしゃけんりようご）

2011（平成23）年６月の「障害者虐待の防止，障害者の養護者に対する支援等に関する法律」（障害者虐待防止法）の成立に伴い，障害者虐待に関する通報や虐待を受けた障害者本人からの届出の窓口として，2012（平成24）10月より全都道府県で「障害者権利擁護センター」及び全市町村が単独又は複数の市町村で共同して「市町村障害者虐待防止センター」が設置された。業務内容としては，①使用者虐待に関する通報又は届出の受理，②市町村が行う措置に関する市町村相互間の連絡調整，市町村に対する情報提供，助言その他の援助，③障害者及び養護者支援に関する相談，相談機関の紹介，④障害者及び養護者支援のための情報提供，助言，関係機関との連絡調整等，⑤障害者虐待の防止及び障害者支援に関する情報の分析，提供，⑥障害者虐待の防止及び障害者支援に関する広報，啓発，⑦その他障害者虐待の防止等のために必要な支援を行う。［門田光司］

しょうがいしゃこうせい
♧障害者更生センター

障害者やその家族が気軽に宿泊・休養でき，研修やレクリエーションなども行えるような機能を持つ施設。身体障害者福祉センター（身体障害者福祉法第31条）の一種である。障害者に関する各種相談に応じ，機能訓練，教養の向上，社会との交流の促進及びレクリエーションのための便宜を総合的に供与することが目的とされる。利用料金は無料又は低額に設定される。景勝地や温泉地など，稼働中のセンターが全国に5か所（2017年10月現在）設置されている。

［岡村ゆかり］

しょうがいしゃ こ ようのう ふ きんせい ど
♧障害者雇用納付金制度

障害者を雇用するには，作業施設や設備の改善，特別の雇用管理等が必要になるなど障害のない人の雇用に比べ，経済的負担を伴うことがある。「障害者の雇用の促進等に関する法律」のいう障害者雇用率制度に基づく雇用義務を守っている企業とそうでない企業との間では経済的負担のアンバランスが生じる。そこで，障害者雇用に伴う事業主の経済的負担の調整を図り，全体としての障害者の雇用促進等を図るため，障害者雇用納付金制度が設けられている。法定障害者雇用率未達成の事業主から障害者雇用納付金を徴収し，この納付金をもとに雇用率達成企業に対して調整金，報奨金や在宅障害者特例調整金，各種の助成金を支給している。［隈　直子］

しょうがいしゃ こ ようりつせい ど
♧障害者雇用率制度

わが国の障害者雇用の促進は，1960（昭和35）年に制定された身体障害者雇用促進法での雇用率制度を中心に行われてきた。当初の雇用率は，民間企業には努力義務として，現場的事業所が1.1%，事務的事業所が1.3%と定められた。1976（昭和51）年には，努力義務であった身体障害者の雇用が法的義務に変更され，1987（昭和62）年に知的障害者も雇用率に算入されることになり，法の名称も「障害者雇用促進法」に変更される。1997（平成９）年には知的障害者も雇用義務化され，2005（平成17）年に精神障害者の雇用率算入が可能となる。2013（平成25）年の法改正では，2018（平成30）年４月１日（施行日）より精神障害者の雇用義務化が加わり，また発達障害者等も明文で加えられる。法改正に伴い雇用率も徐々に引き上げられ，2018（平成30）年度からは民間企業は2.2%，国・地方公共団体等は2.5%，都道府県等の教育委員会は2.4%である。また，対象となる事業主の範囲も従業員45.5人以上に広がった。［門田光司］

しょうがいしゃ さ べつかいしょうほう
♧障害者差別解消法

2006（平成20）年に国連にて採択された「障害者の権利に関する条約」を受けて，障害を理由とする差別の解消を推進することを目的に，2013（平成25）年６月，「障害を理由とする差別の解消の推進に関する法律」（いわゆる「障害者差別解消法」）が制定された（2016（平成28）年４月１日から施行）。この法律では，不当な差別的取扱いの禁止と合理的配慮を求めている。不当な差別的取扱いとは，障害者に対して正当な理由なく，障害を理由として財・サービスや各種機会の提供を拒否する又は提供に当たって場所・時間帯などを制限する，障害者でない者に対しては付さない条件を付けることなどにより，障害者の権利利益を侵害することである。また，合理的配慮とは，障害者が個々の場面において必要としている社会的障壁を除去するための必要かつ合理的な取組みであり，その実施に伴う負担が過重でないものである。

［門田光司］

♧障害者週間（しょうがいしゃしゅうかん）

国民に広く障害者福祉への関心と理解を深め，障害者が社会，経済，文化その他あらゆる分野の活動への参加意欲を高めることを目的とした週間である。1995（平成７）年に，総理府（現内閣府）の障害者施策推進本部により定められた。2004（平成16）年６月の障害者基本法の改正により，従来の「障害者の日」（12月９日）に代わるものとして設定され，法律に明記された。国際障害者デーであり，障害者基本法公布日でもある12月３日から，12月９日までの１週間としている。

［安田征司］

♧障害者就業・生活支援センター（しょうがいしゃしゅうぎょう・せいかつしえん）

企業への就職，職場の定着が困難な障害者の就業及びこれに伴う日常生活及び社会生活の支援を行い，障害者の職業の安定を図ることを目的として，2002（平成14）年障害者の雇用の促進等に関する法律の改正によって新設された。ハローワークや地域障害者職業センター，社会福祉施設，医療施設，特別支援学校等との連絡調整やその他の厚生労働省令で定める援助を総合的に行うこととなっている。運営主体は，社会福祉法人，特定非営利活動法人，民法法人等で，都道府県知事が指定した法人である。

［松久保和俊］

♧障害者住宅整備資金貸付事業（しょうがいしゃじゅうたくせいびしきんかしつけじぎょう）

障害児・者の居住環境を改善するためにその専用の居室等を増築，改築又は改造するために必要な経費の貸し付けを行う制度（昭53社更65）。実施主体は都道府県または市町村で，年金積立金還元融資特別地方債の資金を活用する。対象となるのは，身体障害者手帳所持者で，１～２級の者及び療育手帳Ａの者（いずれも障害児を含む）。あるいは，これに準ずる重度障害者（児）で実施主体が認めた者。貸付金の限度額は，地方の実情に応じて定める適正な額とし，10年以内に償還する。利率は低利とし，さらに実施主体が減免できる。

［安田征司］

♧障害者職業生活相談員（しょうがいしゃしょくぎょうせいかつそうだんいん）

障害者を５人以上雇用している事業所では「障害者の雇用の促進等に関する法律」（障害者雇用促進法）により，障害者の職業生活全般にわたる相談・指導を行う障害者職業生活相談員を置くことが法律で義務付けられている（３か月以内に事業主は，障害者職業生活相談員を選任し管轄の公共職業安定所に届出をすることになっている）。障害者の雇用促進に加え，就業後の障害者の職業生活にも配慮しなければならない。障害者職業生活相談員の主な職務としては，①障害に応じた施設の改善，作業環境の整備，②適職の選定，職業能力の開発，障害者が従事する職務の内容，③障害者の職場適応の向上方法，④労働条件や職場での人間関係についての改善，検討などである。

［安田征司］

♧障害者職業センター（しょうがいしゃしょくぎょう）

障害者の雇用の促進等に関する法律（障害者雇用促進法）の規定により各県に設置される，「障害者職業総合センター」「広域障害者職業センター」「地域障害者職業センター」の３種類がある。

独立行政法人高齢・障害・求職者雇用支援機構により運営されている。専門的な職業リハビリテーションを実施するとともに，職業リハビリテーションに関する助言・援助等を行う機関として位置付けられ，職業リハビリテーションの専門家として障害者職業カウンセラーが配置されている。事業主に対しても，雇用管理上の課題を分析し，雇用管理に関する助言その他の支援を実施している。 ［松久保和俊］

♧ 障害者職業能力開発校（しょうがいしゃしょくぎょうのうりょくかいはつこう）

職業能力開発促進法15条の７において，身体又は精神に障害がある者等に対して行うその能力に適応した普通職業訓練又は高度職業訓練を行うための施設とされる。職業能力開発校，職業能力開発短期大学校，職業能力開発大学校，職業能力開発促進センターにおいて職業訓練を受けることが困難なものが訓練を受ける。国及び都道府県が設置。 ［平川泰士］

♧ 障害者総合支援法（しょうがいしゃそうごうしえんほう）

2013年４月から「障害者自立支援法」を廃止し，「障害者の日常生活及び社会生活を総合的に支援するための法律」が，翌2014（平成25）年４月から全面施行された。法の基本的な構造は「障害者自立支援法」と同じであるが，法の目的が「自立した日常生活を営むことができるよう」（障害者自立支援法第１条）から，「全ての国民が，障害の有無にかかわらず，等しく基本的人権を享受するかけがえのない個人として尊重される」こと，「全ての国民が障害の有無によって分け隔てられることなく，相互に人格と個性を尊重しあいながら共生する社会を実現する」（障害者総合支援法第１条の２基本理念）ことへと変わり，「社会参加の機会の確保」，「どこでだれと生活するかについての選択の機会の確保」，「日常生活又は社会生活を営む上での社会的障壁の除去」などが基本理念として明記された。都道府県・市町村に障害者福祉計画の作成を義務づけ，難病の一部が支援の対象となり，重度訪問介護の対象も拡大し，３年ごとの制度の在り方の検討などが規定された。そこで，2018（平成28）年に改正され，主な改正点は，①障害者の望む地域生活の支援，②障害児支援のニーズの多様化へのきめ細やかな対応，③サービスの質の確保の向上に向けた環境整備である。 ［大林和子］

♧ 障害者トライアル雇用（しょうがいしゃ こよう）

障害者試行雇用事業のことをいう。ハローワークにおける職業紹介により，障害者（求職者）と事業主が互いに雇用に関する不安感を軽減するための制度である。障害者の雇用経験が乏しい企業に対して，短期間（３か月限度）の障害者の試行雇用を通じて，障害者雇用の機会を与え，試行期間終了後に常用雇用への移行を促進する事業である。トライアル雇用期間中は事業主と対象障害者との間で有期雇用契約を締結し，対象障害者に対しては企業から賃金が支給され，企業に対しては奨励金が支給される。雇用に至らなかった場合，契約期間終了となり解雇にはあたらない。対象となる事業主は，雇用保険の適用事業所，過去６か月以内解雇がないことなどの要件が定められている。 ［松久保和俊］

♧ 障害者に関する世界行動計画（しょうがいしゃ かん せかいこうどうけいかく）

1982年12月３日，第37回国連総会で採択。1981年の国際障害者年の成果をもとに検討されたガイドラインであり，「障害の予防」「リハビリテーション」「完全参加」及び「平等」の目標実現の効果的な施策を推進することを目的にしている。障害によってもたらされる不利益の責任は政府にあるとし，障害者の置かれた状況や問題を分析し，社会的，経済的，政治的生活への障害者の参加をすすめ，他の市民と同じ生活水準に達する機会を得るよう適切な対策を講じることを求めている。国連の理念や新しい障害者観・哲学を組み込みながら，具体的な提案を201項目にまとめている。日本ではこれと並行し，1982（昭和57）年3月に国際障害者年推進本部が「障害者対策に関する長期計画」を策定した。　［平川泰士］

♧障害者の機会均等化に関する標準規則

障害をもつ人への機会均等化をさまざまな面で実現するための具体的・詳細な国際的慣習規則。国連・障害者の十年の間に，「障害者に対する差別撤廃に関する国際条約」の提案が複数の国で行われたが，拘束力をもつ国際条約の制定には反対が多く，強制力・拘束力をもたない国際的最低基準規則を作ることになる。スウェーデンによって出された「機会均等化の基準規則案」が審議され，1993年の国連総会で採択。機会均等化は，「障害者に関する世界行動計画」において，「社会の全体的なシステムを，すべての人に利用できるようにしていく過程」と定義された。この規則の具体化や実施のための専門家パネルに，障害当事者が数多く参加し，障害者権利条約制定への影響力を強めていった。　［原田啓介］

♧障害者の権利宣言

1975年12月9日に国連総会で採決された，障害のある人の権利に関する決議。1971年に採決された「知的障害者の権利宣言」を踏まえて，さらに内容を深め，対象を障害のある人全体にした。13か条の宣言の最初に障害者を以下のように定義した。「先天的か否かにかかわらず，身体的または精神的能力の欠如のために，普通の個人または社会生活に必要なことを，自分自身で完全，または部分的に行うことができない人のことを意味する」。残りの条文で，具体的な権利を列挙した。障害者の権利の重要性について世界的な関心を高める役割を果たし，国連が権利宣言に基づいて各国の行動について報告を求めることで，障害者の権利の向上に寄与した。　［原田啓介］

♧障害者の権利に関する条約（障害者権利条約）

障害者権利条約は，2006（平成18）年12月13日に国連総会において採択され，2008（平成20）年5月3日に発効した。わが国は2007（平成19）年9月28日にこの条約に署名し，2014（平成26）年1月20日に批准書を寄託し，同年2月19日に効力が発生した。この条約は，障害者の人権及び基本的自由の享有を確保し，障害者の固有の尊厳の尊重を促進することを目的として，障害者の権利の実現のための措置等について定める条約である。主な内容は，①障害者の尊厳，自律及び自立の尊重，無差別，社会への完全かつ効果的な参加及び包容等の一般的原則，②合理的配慮の実施を怠ることを含め，障害に基づくいかなる差別もなしに，すべての障害者のあらゆる人権及び基本的自由を完全に実現することを確保し，及び促進すること等，③障害者の権利実現のための措置，④条約の実施のための仕組みなどから成る。　［門田光司］

♧障害者の雇用の促進等に関する法律

障害者の雇用と在宅就労の促進について定めた法律。略称は障害者雇用促進法。1960（昭和35）年に「身体障害者雇用促進法」が制定。1987（昭和62）年に名称が「障害者の雇用の促進等に関する法律」となり，知的障害者も法律の適用対象になる。2006（平成18）年4月から精神保健福祉手帳を所持する精神障害者も適応対象になる。2016（平成28）年に障害者を取り巻く国際条約や関係法制の変化により，差別禁止規定や合理的配慮の概念が導入される。法律が定める具体的制度として，①障害者雇用率制度（事業主の責務として障害者雇用が法定義務とされ，事業種類別に法定雇用率が定められている），②障害者雇用納付金制度（未達成の事業主から障害者雇用納付金を徴収し，達成している事業主に障害者雇用調整金を支給）等がある。

［原田啓介］

♧障害者優先調達推進法（しょうがいしゃゆうせんちょうたつすいしんほう）

障害のある人が自立した生活を送るためには，就労によって経済的な基盤を確立することが重要である。とくに障害者が就労する施設等の仕事を確保し，その経営基盤を強化することも必要である。そこで，障害者就労施設等からの物品等の調達の推進に関し，障害者就労施設等の受注の機会を確保するために必要な事項を定め，障害者就労施設等が供給する物品等に対する需要の増進を図ることを目的に，2013（平成25）年4月1日にこの法律が施行された。対象となる施設は，障害者総合支援法に基づく事業所・施設等，障害者を多数雇用している企業，在宅就業障害者等である。

［門田光司］

♧障害の受容（しょうがい じゅよう）

障害に対する価値観の転換であり，障害をもつことが自己の全体としての人間的価値を低下させるものではないことの認識と体得を通じて，恥の意識や劣等感を克服し，積極的な生活態度に転ずることである。自己の身体障害を客観的かつ現実的に認め，心の中の蟠（わだかま）りをなくすことなどがある。これは身体的，心理的，社会的な3つの側面から考えられる。①身体的受容：自己の身体の症状や原因や予後について冷静かつ客観的に知ること，②心理的受容：自分の障害に関してとくに悩んだり恥ずかしがったりするようなひどい情緒的混乱を起こさないこと，③社会的受容：自分の職業や家族や住居などの関係で現実に即応することと考えられる。障害の受容の段階として，ショック期，否認期，混乱期，解決への努力期，受容期の過程がある。

［安田征司］

♧障害の3つのレベル（しょうがい）

WHO（世界保健機関）による「国際障害分類」（International Classification of Impairments, Disabilities and Handicaps：ICIDH）（1980年）に定義されたもので，障害の概念を機能障害（Impairment），能力障害（Disability），社会的不利（Handicap）という3つの階層連続として障害を区分したものである。しかし，本定義の提唱当初から批判が高く，その後検討を重ね改訂版として，「国際生活機能分類」（International Classification of Functioning, Disability and Health：ICF）が2001年5月にジュネーブで開催された第54回 WHO 総会において採択された。

［滝口　真］

♧障害福祉計画（しょうがいふくし けいかく）

障害者施策の一層の充実を図るため，障害福祉サービス等の提供体制の確保を目的とする計画（障害者総合支援法第5章）。この計画では，障害者等の自己決定と自己選択を尊重し，福祉施設の入所者の地域生活への移行や，地域生活支援拠点の整備，一般就労に移行する福祉施設利用者数についての目標を定めるとともに，地域への実情を踏まえたサービスを提供できる方策を定めている。市町村は，当該市町村の区域における障害者等の数，その障害の状況その他の事情を勘案して作成（「市町村障害福祉計画」）し，都道府県は，基本指針に即して，市町村障害福祉計画の達成に資するため，各市町村を通ずる広域的な見地から，障害福祉サービス，相談支援及び地域生活支援事業の提供体制の確保に関する計画(「都道府県障害福祉計画」）を定める。　［吉留康洋］

♧障害老人の日常生活自立度（寝たきり度）判定基準

厚生省老人保健部長通知（1991年老健102-2号）によって示された基準で介護保険制度の要介護認定実施前は，要介護高齢者等の実態把握等に活用されていた。主に，地域や施設等の現場において何らかの障害を有する高齢者の生活やADL の状況を「～をすることができる」といった「能力」の評価ではなく，「状態」とくに，「移動」に関わる状態像に着目して評価を行う。その評価を4段階に分け，①生活自立（ランクJ），②準寝たきり（ランクA），③寝たきり（ランクB，ランクC）とで判断基準を用いている。　［安田征司］

♧小規模グループケア

社会的養護が必要な児童を，可能な限り家庭的な環境において安定した人間関係の下で育てることができるよう，施設のケア単位の小規模化，里親やファミリーホームなどが推進されている。小規模グループケアは，2004（平成16）年より制度化され，本体の児童養護施設内や地域において，住居にて小規模なグループ（1グループ6～8人，乳児院は4～6人で職員1名）によるケアを行うものである。　［門田光司］

♧小規模作業所

障害者の働く場として，家族会やその関係者によって地域の中で法外施設として，市町村等の地方自治体による独自の補助金で運営されている作業所である。2006（平成18）年に施行された，障害者自立支援法のもとで法人格や基準等の要件を充たすことにより，介護給付費や訓練等給付費の対象となる指定障害福祉サービス事業者に移行することや，市町村地域生活支援事業としての委託を受け，地域活動支援センターへ移行することが可能になった。　［松久保和俊］

♧小規模住居型児童養育事業（ファミリーホーム）

ファミリーホームは，2008（平成20）年の児童福祉法改正で小規模住居型児童養育事業として実施されたが，それ以前から里親型のグループホームとして自治体で行われていた事業を法定化したものである。家庭環境を失った子どもたち5～6人を養育者（親となる養育者を3人以上置いて運営することが条件）が一般住宅等で預かり，子ども同士の相互の交流を活かしながら，基本的な生活習慣の確立，豊かな人間性及び社会性を養い，将来自立した生活を営むために必要な知識及び経験を得ることを目的とした「家庭養護」である。　［門田光司］

♧小規模生活単位型特別養護老人ホーム

新型特養とも呼ばれ，従来の多床室（一つの居室の定員4人以下）でのケアを改め，一つの居室の定員を1人とし，入所定員10人以下のユニットケアを提供する施設。食事の準備や後片付けに参加したり，生活を感じることができる家庭的な環境としての共同生活室を設け，ユニット（生活単位）毎にケアを提供している特別養護老人ホームのことをいう。少人数のため，入所者一人ひとりの意思と人格を尊重しやすいという特徴がある。2ユニットごとに1人以上の介護職員又は看護職員が夜間及び深夜の勤務従事者として配置されている。施設形態としては，単独小規模の介護老人福祉施設，同一法人による本体施設のサテライト型居住施設，通所介護事業所等との併設などがある。　［田中安平］

小規模多機能型居宅介護（しょうきぼたきのうがたきょたくかいご）

2006（平成18）年の介護保険法改正により，地域密着型サービスの一つとして創設された。2018（平成30）年4月施行の介護保険法第8条19項では，「居宅要介護者について，その者の心身の状況，その置かれている環境等に応じて，その者の選択に基づき，その者の居宅において，又は厚生労働省令で定めるサービスの拠点に通わせ，若しくは短期間宿泊させ，当該拠点において，入浴，排せつ，食事等の介護その他の日常生活上の世話であって厚生労働省令で定めるもの及び機能訓練を行うことをいう」と規定される。要介護者の在宅支援のため，「通い」を中心として，利用者の状態等に応じて「訪問」や「宿泊」を柔軟に組み合わせることができるサービスである。馴染みの関係を築いたサービス提供を重視している。2018（平成30）年の介護報酬改定では，登録定員を29人以下とすること，通いサービスに係る利用定員を18人以下と緩和された。 ［矢ヶ部陽一］

少子化社会対策大綱（しょうしかしゃかいたいさくたいこう）

わが国における急速な少子化の進行を受け，少子化の流れを変えることをめざして2004（平成16）年に初めて策定され，2010（平成22）年に続き，2015（平成27）年は3回目の閣議決定となった。「少子化社会対策基本法に基づく総合的かつ長期的な少子化に対処するための施策の指針」であり，2015年の大綱では，「結婚，妊娠，子供・子育てに温かい社会の実現をめざして」をスローガンに，重点項目として「子育て支援施策を一層充実」，「若い年齢での結婚・出産の希望の実現」，「多子世帯へ一層の配慮」，「男女の働き方改革」，「地域の実情に即した取組強化」の5つが示されている。また，主な施策についての2020年の数値目標も掲げられているが，2017年末には解消をめざすとした待機児童については達成されなかった。 ［森木朋佳］

少子高齢社会（しょうしこうれいしゃかい）

少子化と高齢化が同時に進行する社会を指す。現在の日本では，出生率の低下による少子化と，平均寿命の延び等による高齢化によって少子高齢化現象がもたらされており，前者の背景としてとくに未婚化が，後者の背景として医学・医療技術の発達等が指摘されている。平均寿命の伸びは長寿社会の実現であるものの，少子化が同時に生じることで人口構成のバランスが歪み，年金や健康保険をはじめとする社会保障制度の不安定化や労働力不足などが問題として指摘されている。 ［益田　仁］

小舎制（しょうしゃせい）

少人数を独立した建物（小舎）に居住させ，ケアを行う施設形態。とくに児童養護施設に対して用いられることの多い用語である。大きな建物や大部屋で多数の利用者をケアする大舎制の弊害を克服し，個別のケア，プライバシーの尊重，利用者の主体的な活動の促進を図り，家庭的なケアを実現することを目的としている。条件が整わない場合，ケア単位を小規模化（ホーム制と呼ばれることもある）し，家庭的なケアをめざす取組みもある。 ［前原　寛］

小地域マッピング（しょうちいき）

市区町村の法定福祉計画や市区町村社会福祉協議会の計画づくりなど，地域福祉実践において，地域分析のため活用される地域情報システム（GIS）を用いた，小地域を範囲とした地図データである。国勢調査など，日本の人口を全数で調査していることにより，地域の実態が把握できている，小地域データ（町丁・字等別など）を利用することにより地域の実態がわかりやすく可視化されている。また，地図上に映し出した共有情報を地域住民の福祉の向上に有効活用することが重要である。さらに，バラバラな情報が一元的にまとめられており，わかりやすく表示された分布図でもある。可視化することで，容易に活用可能なツールとして，地域福祉活動の小地域見守り活動や，地区座談会などを通じ活用されることが多い。援助される側と援助する側が一目瞭然で，地域住民で共有できるためのツールである。　［今村英幸］

♧情緒障害（じょうちょしょうがい）

一般的に，環境条件に対して顕著な不適応を示す情動の状態をいう。わが国では1961年の児童福祉法の改正によって「情緒障害児短期治療施設」の規定によりその名称の使用が始まった。通常，器質的原因による発達障害は除外される。対象疾病としては，発達障害である自閉症などと心因性の選択性かん黙などを対象としている。また，文部科学省の特別支援教育では，情緒の現れ方が偏っていたり，その現れ方が激しかったりする状態を，自分の意志ではコントロールできないことが継続し，学校生活や社会生活に支障となる状態をいう。指導としては，自閉症などの子どもでは，言語の理解と使用や，場に応じた適切な行動などができるようになること，心理的な要因による選択性かん黙の子どもでは，安心できる雰囲気の中で情緒の安定が図れるようになることである。　［井上俊孝］

♧小児慢性特定疾病医療支援（しょうにまんせいとくていしっぺいいりょうしえん）

小児慢性特定疾病対策の充実を図るため，児童福祉法の一部が改正（第6条の2第2項関係）され，2015（平成27）年1月に施行された。小児慢性特定疾病医療支援とは，都道府県知事が指定する医療機関に通ったり，入院したりする小児慢性特定疾病にかかっている児童等に対し行われる医療をいう。なお，小児慢性特定疾病に起因しない医療（たとえば，単なる風邪の治療等）は該当しない。助成制度として，認定疾病に対する保険診療による医療費の一部が助成される。　［古賀政文］

♧少年院（しょうねんいん）

家庭裁判所から保護処分として少年院送致の決定を受けた者，及び少年法第56条第3項の決定に基づき少年院において刑の執行を受ける者を収容し，矯正教育及びその他の健全育成のための処遇を行う施設。収容する少年の年齢，心身の状況，犯罪的傾向の程度により，第1種から第4種に区分されている。少年院内では，在院者の特性に応じた個人別矯正教育計画が作成され，それに基づき生活指導，職業指導，教科指導，体育指導，特別活動指導の矯正教育が組み合わせて実施される。　［荒木　剛］

♧少年鑑別所（しょうねんかんべつしょ）

少年法および少年院法の施行により1949（昭和24）年に発足し，現在は2015（平成27）年に施行された少年鑑別所法に基づき，運営がなされている。主な役割として，家庭裁判所から観護措置の決定を受けて送致・収容された者に対して行われる①鑑別，②観護処遇，③地域社会における非行や犯罪の防止に関する援助があげられる。このうち，①鑑別は，医学，心理学，教育学，などの専門的知識や技術に基づき，非行や犯罪に影響を及ぼした事情を明らかにし，改善処遇に資する適切な指針を示すことを目的として実施されている。また，②観護処遇は，少年鑑別所内での生活を通じて行われる健全な社会生活を営むために必要な基本的生活習慣等に関する助言・指導のことである。少年鑑別所には法務技官（心理）や法務教官が配置され，専門的なアセスメントや指導が行われる。　［茶屋道拓哉］

少年刑務所（しょうねんけいむしょ）

刑務所，拘置所とともに刑事施設の一つである。少年受刑者を収容し処遇を行う（女性の少年受刑者は女子刑務所に収容される）。一般的に家庭裁判所による少年審判の結果，保護処分ではなく刑事処分を科す方が望ましいとの判断により検察官送致（逆送）され，実刑となった者が収容される。発育の途上にあるものが対象であるため，教育的処遇として，義務教育に準ずる指導，職業教育なども重視される。通常20歳未満の少年が収容されるが，26歳まで収容可能である。

［茶屋道拓哉］

少年指導委員（しょうねんしどういいん）

風俗営業等の規制及び業務の適正化等に関する法律に基づき，都道府県公安委員会により委嘱された委員である。任期は２年。委嘱にあたっては，人格及び行動について社会的信望があること，職務の遂行に必要な熱意及び時間的余裕があること，生活が安定していること，健康で活動力があること等の要件がある。委員の活動は，少年の健全な育成に係る事項に関して少年や保護者からの相談に応じ助言・指導等を行うこと，少年の健全な育成に障害を及ぼす行為の防止，少年の健全な育成に資する事項についての広報・啓発を行うこととされる。

［荒木　剛］

少年指導員（しょうねんしどういん）

母子生活支援施設に配置され，母親とともに入所している子どもの日常生活の援助を行う。同じく母子生活支援施設に配置されている母子支援員や心理療法担当職員，保育士などと連携しつつ，子どもの環境や発達に合わせて生活や学習習慣の確立，健全な遊びや人間関係の構築に向けたさまざまな支援計画の立案と実施を担う。とくに近年ではDV被害者や発達障害のある子どもが母子生活支援施設に入所することが多く，社会的養護を担う者としての役割が増している。

［茶屋道拓哉］

少年審判（しょうねんしんぱん）

少年法第３条により家庭裁判所で審判に付される少年は犯罪少年，触法少年，虞犯少年である。審判の結果，少年法第24条により①保護観察，②児童自立支援施設送致，③少年院送致，④不処分，⑤検察官送致が行われる。少年法の趣旨から審判は非公開とされるが，近年，被害者の権利擁護の視点から重大事件については被害者等の審判傍聴が認められるようになった。

［天羽浩一］

少年非行（しょうねんひこう）

20歳未満の少年による非行をさす社会事象，あるいはその行為を意味する。非行とは法的には性格上の矯正及び環境の調整に関する保護処分を必要とする少年の行為を指している。具体的には14歳以上の少年による犯罪行為，14歳未満の少年による触法行為，虞犯行為をさす。世論調査では常に少年非行の増加，凶悪少年犯罪の増加が印象付けられるが，実態は少年犯罪の減少，凶悪犯罪の減少がデータとして明らかになっており，一般市民が持つ治安意識と発生事実との間に乖離が存在しているといわれる。

［天羽浩一］

少年法（しょうねんほう）

この法律（1948（昭和23）年制定）において，少年とは20歳に満たない者を指し，「少年の健全な育成を期し，非行のある少年に対して性格の矯正及び環境の調整に関する保護処分を行うとともに，少年の刑事事件について特別の措置を講ずること」を目的としている（少年法第１条）。すなわち，未成年者に対して，成年と同様の刑事処分を課すのではなく，人格の可塑性に着目した措置（家庭裁判所における保護更生のための措置や刑事裁判になった場合における量刑の緩和）を講じるための法律である。一方，近年の少年による犯罪の凶悪化や低年齢化に伴い，法改正が行われ厳罰化が進んでいる。　［茶屋道拓哉］

♧ 消費者運動（しょうひしゃうんどう）

消費者の利益と権利を守るための社会運動。わが国では，第２次大戦後，主婦連による不良品追放運動（「おしゃもじ運動」）など婦人組織を中心とした消費者運動が高まり，1961（昭和36）年には，消費者の啓発活動，商品テスト，消費者相談などを行う日本消費者協会が設立された。また，食料品類の共同購入などにより発展した生活協同組合も消費者運動の一翼を担ってきた。現在では，消費者の利益や権利の擁護を中心に，健康，高齢化，地球環境などさまざまなテーマに視野を広げて運動が展開されている。　［村山浩一郎］

♧ 傷病手当（しょうびょうてあて）

雇用保険法第37条による給付である。具体的には，基本手当の受給資格者が，離職後公共職業安定所に出頭し，求職の申し込みをした後，疾病または負傷のため，引き続き15日以上職業に就くことができず，基本手当が支給されないという認定（傷病の認定）を受けた場合に，その者に対し基本手当に代えて支給される。傷病手当の額は，基本手当の日額と同額であり，支給日数は所定給付日数から，すでに基本手当を受けた日数を差し引いた残日数を限度とする。なお健康保険の傷病手当金，労働基準法の休業補償，労災保険の休業補償給付（休業給付）等が支給される日については支給されない。　［田畑洋一］

♧ 傷病手当金（しょうびょうてあてきん）

公的医療保険（健康保険，国民健康保険，船員保険，各種共済等）の被保険者（任意継続被保険者を除く。）が，療養のため労務に服することができないときは，その労務に服することができなくなった日から起算して３日を経過した日から労務に服することができない日ごとに，療養中の生活保障として保険者から支給される金銭給付である。ただし，国民健康保険や後期高齢者医療制度では任意給付である。支給日額は（支給開始日の以前12か月間の各標準報酬月額を平均した額）÷30日×（2/3）で，最長支給期間は１年６か月で，傷病手当金を受ける権利は，他の健康保険法上の給付と同様，２年を経過したときは時効により消滅する。　［田畑洋一］

♧ 情報提供・情報公開（じょうほうていきょう・じょうほうこうかい）

利用者の生活自立と生活の質の向上には，行政機関をはじめとするサービス提供機関が保有する福祉サービス等に関する適切な情報提供が課題となる。それは，福祉政策・制度や福祉機関・施設のサービス内容，利用費用，利用手続きの方法など，利用者の選択・決定が可能となる適切な情報の提供である。2001（平成13）年４月に「行政機関の保有する情報の公開に関する法律」が施行された。この法律は，行政文書の開示を請求する権利と政府の諸活動を国民に説明する責務を定めることにより，公正で民主的な行政の推進に資することを目的としている。なお，地方公共団体の情報公開については，努力義務となっている。　［富樫八郎］

♧ 条例（じょうれい）

地方公共団体がその自治立法権に基づいて制定する法形式の一つである。条例の制定改廃は地方公共団体の議会の議決による。地方公共団体は法令に反しない限りにおいて，条例を制定することができる。また，地方公共団体が義務を課し，又は権利を制限するには条例によらなければならない。条例には2年以下の懲役若しくは禁錮，100万円以下の罰金，拘留，科料若しくは没収の刑又は5万円以下の過料を科する旨の規定を設けることができる。　［荒木　剛］

♧職域開発援助事業（職場適応援助者（ジョブコーチ）による支援事業）

地域障害者職業センターを中心とした種々の支援を通じて，事業主による支援体制の整備を促進し，利用者の職場定着を図ることを目的としている。具体的には，地域障害者職業センターの障害者職業カウンセラーが，支援を必要とする利用者と事業主双方との相談を通じて，職場の状況などを十分把握し，双方の同意を得た上で，個々の状況に応じた支援計画を策定し，地域障害者職業センターは，支援計画に基づいて，ジョブコーチを職場に派遣して支援を実施している。他方，職場へ派遣されるジョブコーチは，利用者が仕事へ適応するためのさまざまな支援を行い，また，事業主に対しては，障害を適切に理解し配慮するための助言等を行うなどしている。［岡田洋一］

♧職域保険

わが国の社会保険制度は，職域保険と地域保険に大別され，被保険者を職域（事業所）単位でとらえて集団を組織化する方式と居住する地域単位でとらえる方式とがある。職域保険は，会社員・公務員・船員とその扶養家族が対象となる。一方，地域保険はどの職域保険にも加入していない自営業者や退職者，無職者が加入する。職域保険には，組合管掌健康保険，全国健康保険協会管掌健康保険（協会けんぽ），船員保険，共済組合などがある他，労働者災害補償保険，雇用保険，厚生年金なども事業所単位で適用される社会保険になる。　［村岡則子］

♧職親制度

知的障害者と精神障害者を対象としたものがある。知的障害者福祉法に基づき，知的障害者の更生援護を職親（知的障害者を自己の下に預かり，その更生に必要な指導訓練を行うことを希望し，市町村長が認めた事業所）に委託する制度。1960（昭和35）年から継続し，窓口は居住地区の市町村にある。また，「精神障害者社会適応訓練事業」として，「回復途上にある精神障害者を一定期間事業所に通わせ，集中力，対人能力，仕事に対する持久力及び環境適応能力等の涵養を図り，精神障害者の社会復帰を図る制度もある。1960年頃より自然発生した「職親」企業が由来。1970年に地方自治体で職親制度が開始され，1995年に精神保健福祉法に規定されたが，全国で定着したと判断され，2013年の改正で削除された。地方自治体の判断で，自主的に事業は継続している。　［原田啓介］

♧職業カウンセリング

就職活動，職業選択，就職後の職場適応，復職，転職や退職等といった職業を扱う悩みや不安に対し，学校，職業相談機関，企業等の社会の各分野を通して，課題解決に向けた相談・援助を行うカウンセリング。一人ひとりの状況に合わせて，生涯を通し継続的にサポートを行うことができる。仕事に関する意思決定の援助や情緒的な安定の援助に主眼を置いており，個人の積極的側面に着目しながら，自己概念の開発・成長を通したキャリア形成を図ることを目的としている。職業カウンセリングが行われている場所として，学校等の教育機関，ハローワークや地域障害者職業センター等の就労支援機関，人材関連企業等がある。［飯干真冬花］

♧職業指導員（しょくぎょうしどういん）

障害者の社会的な自立・自活に向け，就労に必要な訓練・技術指導などの援助を障害者支援施設等において専門に行う者をいう。障害者の就労には，一人ひとりの障害の状況に応じた技術の習得が必要となるため，それを専門的に援助する者が必要となる。本職種は資格化されているわけではないが，社会福祉の知識とともに技術指導ができる就労経験と技術の習熟が必要である。［中村秀一］

♧職業ソーシャルワーク（しょくぎょう）

障害のある人や労働者の働く権利を守り，生活の安定のための雇用促進と確保を図るための相談援助活動のこと。さまざまな理由で休職・離職した人や中途障害者などの職場復帰の相談援助に，職業ソーシャルワークの展開が求められる。具体的には，①障害者相談支援事業所の相談支援専門員や障害者就業・生活支援センターの就業支援担当者，各種病院の医療ソーシャルワーカーによる職業相談や職業紹介，②ハローワークの職業相談員による職業カウンセリングや職業評価，うつ病等による職場復帰支援，③障害者職業センターの職業カウンセラーや職業能力開発校，就労支援事業所等での職業訓練などがあげられる。［原田啓介］

♧職業能力開発促進法（しょくぎょうのうりょくかいはつそくしんほう）

1958（昭和33）年制定の職業訓練法が1985（昭和60）年に大幅に改正され，職業能力開発促進法となる。この法律は，職業に必要な労働者の能力の開発及び向上を促進することで，職業の安定と労働者の地位の向上を図るとともに，経済及び社会の発展に寄与することを目的としている。国及び都道府県は，労働者が職業に必要な技能や知識を習得できる職業能力開発校などの施設で職業訓練を行うこと，また，厚生労働大臣は，職業能力の開発に関する5か年計画（職業能力開発基本計画）を策定するとされた。事業主も労働者のキャリア形成を支援する努力義務が課されている。2016（平成28）年に改正され，職業選択や能力開発に関する相談・助言を行う専門職であるキャリア・コンサルタントが国家資格として規定された。事業主にキャリア・コンサルティングの機会の確保等の援助を行う責任が明記された。職業能力開発基本計画は2016年から第10次計画に入っている。［原田啓介］

♧職業リハビリテーション（しょくぎょう）

国際労働機関（ILO）第159号条約では，職業リハビリテーションを「障害者が適当な雇用に就き，それを継続し，かつ，それにおいて向上することができるようにすること。ならびに，それにより障害者の社会への統合または再統合の促進を図ること」と定義している。その職業リハビリテーションのプロセスとして，①障害者の能力と可能性について実態を把握する職業評価，②職業能力開発や就業の可能性等についての助言や職業指導，③職業人としての社会適応能力や心身の調整，正規の職業訓練や再訓練等を提供する職業前訓練と職業訓練，④障害者の能力に応じた職業の紹介，また，事業所には雇用条件に適合する障害者の紹介という職業斡旋，⑤障害者に対して特別な配慮の下で仕事を提供する保護雇用，⑥就職後の障害者に対する適応指導や，事業所に対する支援などのアフターケアが挙げられる。［西田美香］

♧褥瘡（じょくそう）

長期臥床状態，長期間車椅子で座位をとる状態が続く等によって，身体に加わった外力が骨と皮膚表層の間の軟骨組織の血流を低下または停止させ，皮膚に酸素や栄養が行き渡らず壊死し生じる皮膚の創傷である。厚生労働省は，褥瘡のできやすい条件を危険因子とし，「基本的動作能力」「病的骨突出の有無」「関節拘縮の有無」「栄養状態低下の有無」「皮膚湿潤（多汗・尿失禁・便失禁）の有無」「浮腫（局所以外の部位）の有無」の6項目をあげている。褥瘡の重症度を評価するスケールに日本褥瘡学会が開発したDESIGN-Rがあり，深さ（Depth：D），滲出液（Exudate：E），大きさ（Size：S），炎症/感染（Inflammation/infection：I），肉芽（Granulation：G），壊死組織（Necrotic tissue：N），ポケット（Pocket：P）といった評価項目が設けられている。褥瘡は，発症してから治療するのではなく，体圧分散，栄養状態の改善，湿潤の除去を行いながら予防することが重要である。［倉光晃子］

♧職場適応訓練（しょくばてきおうくんれん）

障害者が実際の職場で仕事の訓練を行うことにより，作業環境に適応することを容易にさせる目的で実施する雇用保険等に基づく訓練である。対象者は公共職業安定所長が職場適応訓練受講を指示した障害者である。都道府県知事が事業主に委託して行う。訓練期間は6か月以内（重度障害者は1年以内），短期訓練の場合は2週間（重度障害者は4週間）である。委託事業主については，職場適応訓練を行う設備的余裕があること，指導員としての適当な従業員がいること，労働者災害補償保険，雇用保険，健康保険，厚生年金保険等に加入していること，又はこれらと同様の職員共済制度を有していること，労働基準法及び労働安全衛生法の規定する安全衛生，その他の作業条件が整備されていること，職場適応訓練終了後，引き続き，当該訓練生を雇用する見込みがあることが要件となっている。事業主には訓練費として職場適応訓練生1人につき月額24,000円（重度の障害者25,000円）が支給される。短期の職場適応訓練については日額960円（重度の障害者1,000円）となっている。また，職業適応訓練生には，雇用保険の失業給付が支給される。［松久保和俊］

♧職場復帰支援プログラム（しょくばふっきしえん）

心の健康問題により長期休業していた労働者の復職を会社側が支援するにあたって，どこの職場であっても適切な対応がとれるように，関係者の役割や活動の基本を職場の実情に即した形でルール化しておくプログラムのこと。事業所は「職場復帰支援プログラム」を策定し，復帰する対象者ごとに個別の「職場復帰支援プラン」を作成して，段階的に取り組んでいく。［隈﨑伸弥］

♧触法少年（しょくほうしょうねん）

触法少年とは，「14歳に満たないで刑罰法令に触れる行為をした少年」（少年法第3条第1項第2号）のことである。ただし，刑法では「14歳に満たない者の行為は，罰しない」（刑法第41条）としており，触法少年を処罰の対象から外している。触法少年に対して家庭裁判所は，都道府県知事または児童相談所から送致を受けたときに限り審判に付すことになる。これは，少年法上の措置よりも児童福祉法による措置を優先して保護が行われることを意味する。［茶屋道拓哉］

♧助産師（じょさんし）

分娩のサポートや妊産婦，新生児の保健指導や育児指導などを行う専門職である。助産師になるには看護師免許取得の上，国家試験に合格し，厚生労働大臣の免許を受けなければならない。看護師，保健師等とは異なり，助産師の受験資格は女性に限定されている。助産師の大半は病院や診療所等の医療施設に勤務しており，少子高齢化による分娩の減少，晩産化による分娩リスクの増加，産科医不足に伴う院内助産，助産師外来の増加など，周産期医療において助産師が担う役

割は大きくなってきている。 ［山本佳代子］

助産施設（じょさんしせつ）

保健上必要があるにもかかわらず，経済的理由により，入院助産を受けることができない妊産婦を入院させ，助産を受けることを目的とする施設で，児童福祉法36条に基づき設立された。助産を受けさせるだけではなく，出産時の不安の除去，育児相談なども行う。主に産科病院や助産所が助産施設として指定され，対象者としては異常分娩のおそれがあるなど，入院しての助産を受けることが必要な妊産婦であって，所得が一定以下の人になる。 ［松元泰英］

ショートステイ

入所施設やリハビリ施設において短期間入所して必要なケアを受けること。短期入所ともいう。もともとは精神医療の分野で病院が長期入院施設であるのに対し，短期間の滞在で必要な治療やリハビリテーションを実施する施設としてショートステイ事業があった。現在は介護保険のサービスとして介護老人福祉施設（特別養護老人ホーム）などに短期間入所する短期入所生活介護，介護老人保健施設などに短期間入所する短期入所療養介護をショートステイと呼ぶ。また障害者総合支援法においても障害者支援施設や児童福祉施設等に短期間入所して必要なケアを受ける事業をショートステイとして位置づけている。 ［日田　剛］

ジョンソン，L.C.

(Johnson, Louise C. 1923-2016)

ソーシャルワーク理論を「ジェネラリスト・ソーシャルワーク」として体系化し，その具体的な実践方法の全体像を示した。ジョンソンは，ヤンカ（Yanca, S. J.）とともに著した *Social Work Practice: A Generalist Approach*（2009）において，「関心/ニーズへの応答」「発展する専門職」「知識，価値，技術の創造的混合」「成長と変化を促進するプロセス」「人間の交互作用への介入」という5つの視座からジェネラリスト・ソーシャルワークの特質を明らかにしている。さらに，同書では，相互作用過程としてソーシャルワーク実践をとらえ，アセスメント・プランニング・直接及び間接の援助活動・評価・終結の5つの要素によって構成されるソーシャルワーク過程をモデル化している。 ［村山浩一郎］

自立（じりつ）

第9回社会保障審議会福祉部会（2004年4月20日）における「社会福祉事業及び社会福祉法人について（参考資料）」の「自立の概念等について」の項目では，「『自立』とは，『他の援助を受けずに自分の力で身を立てること』の意味であるが，福祉分野では，人権意識の高まりやノーマライゼーションの思想の普及を背景として，『自己決定に基づいて主体的な生活を営むこと』，『障害を持っていてもその能力を活用して社会活動に参加すること』の意味としても用いられている」と説明をしている。また，「脳性マヒ者等全身性障害者問題に関する報告」（1982（昭和57）年脳性マヒ者等全身性障害者問題研究会）においては，「自らの判断と決定により主体的に生き，その行動について自ら責任を負うこと」としている。 ［鍋田耕作］

自立援助ホーム（じりつえんじょ）

児童養護施設，児童自立支援施設等を退所したものの，社会的自立が困難な児童（原則として，義務教育修了後から20歳未満）を対象とし，社会的自立に向けた支援を行う施設。おおむね5名から20名が共同生活を営みながら，就職先の開拓や仕事上・生活上の相談などの支援を受ける。児童福祉法において「児童自立生活援助事業」として位置づけられており，一般に「自立援助ホーム」と呼ばれている。1997（平成９）年の児童福祉法等改正により第２種社会福祉事業として規定され，入所・退所は都道府県等（児童相談所）による措置に基づいて実施される。 [益田 仁]

自立支援（じりつしえん）

ADL などの身体的自立や，働くことにより収入を得る経済的自立を支援することに限らず，たとえ介護等が必要な状況であっても，当事者が実現しようとする暮らしにむけて，自らが主体的にとりくめるように支援することである。アメリカから発展した障害者における自立生活運動により，これまでの身体的自立，経済的自立等の狭い自立の概念から，自己選択・自己決定が尊重される広い自立の概念に変革された。 [大川絹代]

自立支援協議会（じりつしえんきょうぎかい）

自立支援協議会は，関係機関，関係団体及び障害者等の福祉，医療，教育又は雇用に関連する職務に従事する者が相互の連携を図ることにより，地域の障害者への支援体制を築いていくことを目的とする。具体的には，①地域の関係機関によるネットワーク構築等に向けた協議と課題の情報共有，②個別事例への支援のあり方に関する協議，調整，③地域の障害者等の支援に係る課題整理と社会資源の開発，改善に向けた協議，その他である。設置主体は市町村であるが，設定方法については単独市町村又は複数市町村による設置，直営又は民間団体への運営の委託等，地域の実情に応じて効果的な方法による設置することができる。

[門田光司]

自立準備ホーム（じりつじゅんび）

刑務所・少年院などを出所（院）した後，帰る家のない人が，自立できるまでの間，一時的に住むことのできる民間の施設。2011（平成23）年度から開始された「緊急的住居確保・自立支援対策」は，NPO 法人等が管理する施設の空きベッド等を活用するもので，この施設を「自立準備ホーム」と呼び，あらかじめ保護観察所に登録しておき，保護が必要なケースについて，保護観察所から事業者に対して宿泊場所（施設の形態はさまざまで，集団生活をするところもあれば，一般のアパートを利用する場合もあり），食事の提供とともに，毎日の生活指導等を委託するもの。自立に向けた日々の生活指導のほか，全体集会やさまざまな講習（飲酒による害・薬物使用することによる害に関する教育。社会適応のための訓練。安定した社会生活を送るうえで必要な知識や能力を身につけてもらう等）が行われる施設もある。

[江口賀子]

自立助長（じりつじょちょう）

生活保護法は，日本国憲法第25条に基づき，国が生活に困窮するすべての国民に対し，その困窮の程度に応じて必要な保護を行い，その最低限度の生活を保障するとともに，自立を助長することを目的とする，と規定している。この生活保護の目的にあるように，現代における自立助長の考え方は，身体的，経済的，社会的自立などと幅広く考えられており，個人が家庭や地域の中で，その人らしい自立した生活が送れるように支援することである。 [川﨑竜太]

自立生活運動（じりつせいかつうんどう）（IL 運動（うんどう））

重度障害者が地域社会の中で自立する権利を獲得するための当事者中心の運動であり，IL（Independent Living）運動ともいう。1960年代後半，重度身体障害のエド・ロバーツ（Roberts, E.）がアメリカ・カリフォルニア大学バークレー校に入学後，大学および地域社会のアクセシビリティ，障害学生に対する管理的なリハビリテーションシステム等に対して問題提起を行い，後にカリフォルニア州の重度障害のある学生たちと自立生活センターを創設した。大学や地域社会では，バリアフリー化や障害学生支援プログラムの開発が進められ，1980年代から1990年代にかけて自立生活運動は，地域社会に根差したサービス提供，障害者の自立する権利を主張し，生活の質を高める機会を与える運動として日本やヨーロッパにも影響を与えた。

［森　実紀］

♧自立生活援助

障害児支援施設やグループホーム等から一人暮らしへの移行を希望する知的障害者や精神障害者を対象に，本人の意思を尊重した地域生活を支援するため，一定の期間にわたり，定期的な巡回訪問や随時の対応により，適切な支援を行う。支援内容としては，定期的に利用者の居宅を訪問し，食事・洗濯・掃除などに課題はないか，公共料金や家賃に滞納はないか，体調に変化はないか，通院しているか，地域住民との関係は良好かなどについて確認を行い，必要な助言や医療機関等との連絡調整を行う。また，利用者からの相談・要請があった際は，訪問，電話，メール等による随時の対応も行う。

［門田光司］

♧シルバーサービス

一般に，民間事業者により高齢者を対象に提供される有償サービスのことを示す。その内容として代表的なものは有料老人ホーム，ホームヘルプサービス，訪問入浴サービス，福祉機器・介護用品の販売・レンタルなどの介護関連サービスである。その他，民間の介護保険等の金融商品，娯楽や健康維持・向上を目的とした旅行商品や運動器具，健康食品や食の提供，各種講座，イベントなど幅広い分野で商品開発と提供がされている。

［萩沢友一］

♧シルバーサービス振興会

シルバーサービスの質の向上と健全な育成を目的として1987（昭和62）年に創設された一般社団法人。シルバーサービスを提供する民間企業や団体が会員となり，情報交換や行政との連携，介護職の職業能力を評価するキャリア段位制度の実施，各種研修事業，シルバーマーク制度の運営，福祉用具の消毒工程管理認定制度の運営，調査研究事業，健康長寿のまち推進センターの運営，広報・普及活動，政策提言，国際交流などを行っている。

［萩沢友一］

♧シルバー人材センター

1986（昭和61）年に施行された高年齢者等の雇用の安定等に関する法律（高年齢者雇用安定法）に基づき都道府県知事の指定により設けられた公益法人である。市町村（特別区を含む）ごとに1箇所を限度として設けることができ，それは定年退職者などの高齢者に臨時的かつ短期的な就業，またはその他軽易な業務に関する就業の機会を確保し提供する事業や，これら就業に必要な知識や技能の習得を目的とした講習の実施などを行っている。

［萩沢友一］

♧シルバーハウジング

高齢者世話付住宅などとも称され，名称は地域によって異なることがある。高齢者や障害者であって自力で食事や排泄などの日常生活動作ができ，住居の確保に困難がある等の条件を満たした人を対象に提供される公的賃貸住宅。そこでは，手すりやエレベーター，緊急通報装置の設置，段差の解消等がされ，約30戸に1人の割合で生活援助員（ライフサポートアドバイザー）が配置される。生活援助員の派遣は，介護保険制度による地域支援事業により実施される。
［荻沢友一］

♧シルバービジネス

民間事業者が営利を目的として高齢者層に特化した商品やサービスを開発・販売することを示す。高齢化への対応と経済成長を促進するため，介護保険制度の創設や社会福祉基礎構造改革によって福祉サービス供給主体として民間事業者の参入が認められるようになった。これを契機として飲食，建設・土木，教育・出版業界など福祉に関する十分な知識・技術の有無関係なく多様な業界の事業者がデイサービス，グループホーム，有料老人ホームなどといった福祉サービスを提供するようになった。その結果，福祉サービスの供給主体と供給量は増大したが，低質なサービスや消費者被害の増加につながった。
［荻沢友一］

♧シルバー110番（ばん）

高齢者総合相談センターとも称する。都道府県単位で設置され，高齢者の保健・福祉に関する情報提供や相談対応を行っている。基本的には電話や面談による相談対応を行っているが，センターによっては電話のみに限っている場合がある。また，出張相談会，相談関連機関の連絡調整，研修事業，情報誌の発行などを実施しているセンターもある。これも都道府県によるが，全国共通の「＃8080（ハレバレ）」をダイヤルすれば最寄りの相談窓口に電話がつながる仕組みになっている。
［荻沢友一］

♧シルバーマーク

悪質な民間事業者により高齢者に対して消費者被害が生じることを防ぐために，シルバーサービス業界が1989年に設けた自主的なサービス評価制度である。この制度運営はシルバーサービス振興会が行い，評価基準を満たした事業者にはシルバーマークが交付される。シルバーマーク制度の対象は，訪問介護，訪問入浴介護，福祉用具貸与・販売，在宅配食サービスといった在宅サービスとなっており，サービスの種類ごとに基準を設けている。
［荻沢友一］

♧事例研究（じれいけんきゅう）

ケーススタディとも呼ばれる。数量的データに基づく統計的調査研究に対して，一事例または少数事例を詳細に分析することによって，事象の背景にある法則性を見出そうとする研究法である。また，対象と問題の性質および援助過程を検討し，問題点を明らかにし，援助方法のあり方を見出す研究法でもある。研究対象は，個人，集団，組織，地域等である。分析のデータとなるものは，直接観察に基づく記録，相談援助の記録，ケアマネジメントの記録等である。この事例研究では，ある事象・状態に関わる諸要因の全体関連性を明らかにしたり，時間的経過，働きかけなどによる変化を調べることができる。問題点としては，資料収集や分析において調査者の主観が入りやすいことである。また，多数の事例での比較・検討が難しい点などである。
［富樫八郎］

♧新型（しんがた）コロナウイルス感染症（かんせんしょう）

新型コロナウイルス感染症は，「感染症の予防及び感染症の患者に対する医療に関する法律」の2021（令和３）年２月の改正により新型インフルエンザ等感染症に分類されており，強い感染力をもっている。潜伏期間は14日以内であり，主な症状には，発熱や咽頭痛等の呼吸器症状，頭痛，倦怠感等が現れやすい。また，特徴的な症状として，嗅覚異常や味覚異常を訴える感染者も存在する。医療従事者に加え，特に高齢者や心血管疾患，心不全，糖尿病，慢性呼吸器疾患等の基礎疾患がある者は重症化しやすいことから，ワクチンの優先接種の対象とする自治体もみられた。なお，デルタ株やオミクロン株等の変異株の国内流入の防止を図るため，国による渡航制限などの社会的対応もなされた。　［飯干真冬花］

新型出生前診断（しんがたしゅつせいぜんしんだん） (NIPT)

NIPT は Non-Invasive Prenatal genetic Testing の略であり，「無侵襲的出生前遺伝学的検査」と訳される。母体の血液から胎児の染色体異常を調べる方法である。子宮に針を刺さないため，流産の危険性がなく「検査の精度が高い」と報道されたことで，大きな関心を集めた。しかし，この検査は確定検査といえるほどの陽性適中率はなく，あくまでもスクリーニング検査である。簡便な検査であるため，染色体異常児の出産の排除や染色体異常のある人の生命の否定につながる可能性がある。NIPT の前後に検査の説明とインフォームドコンセントの取得，遺伝カウンセリングを十分に行う必要性がある。　［四元真弓］

心筋梗塞（しんきんこうそく） (myocardial infarction)

冠動脈の閉塞または狭窄により，その血流域の心筋が壊死に陥った状態である。冠動脈粥状硬化部における，粥腫（しゅくしゅ）の破綻またはびらんに伴う冠動脈内血栓形成が最も多い原因であり，冠攣縮（かんれんしゅく）が原因となることもある。典型的な自覚症状として，突然の前胸部痛として現れ，締めつけられるような激しい痛みが30分以上持続し，背中，左肩に放散する。急性心筋梗塞による死亡は発症時に最も高く，時間経過とともに減少する。急性期の（通常発症１か月以内）死亡の50％～60％は，１～２時間後といわれている。粥状硬化（アテローム硬化）とは，大型～中型の動脈にみられ，内膜の硬化・粥腫・潰瘍化・中膜被厚などの病理学的特徴がある。　［花田美那子］

神経症（しんけいしょう） (neurosis)

神経症（ノイローゼ）は，精神的原因（心因）による精神的又は身体的な症状をいう。身体症状とは，あくまでも機能的なもので器質的な身体的症状（胃潰瘍や気管支喘息など）は含まれない。現在使用されている疾病の診断学の基準には，世界保健機関（WHO）の国際疾病分類第10改定版（ICD-10）や米国精神医学会の「精神障害の診断と分類の手引き・第５改訂版（DSM-５）」があるが，そこには，「神経症」という言葉は使用されていない。ICD-10においては，これまで神経症に属していた諸類型をばらばらに分類している。しかし，神経症（ノイドーゼ）という語は，日常用語として，また，医学上慣用されている。日本で唯一の神経症理論には「森田療法」がある。森田正馬（もりた　まさたけ，1874-1938）が行った神経症の治療法である。2018（平成30）年６月18日ICD-11が公表されたが，導入は2019年以降になる。　［花田美那子］

親権（しんけん）

民法において規定される父母が未成年の子に対して持つ権利や義務を総称する用語で，監護教育の権利義務，居所指定権，懲戒権，職業許可権，財産管理権（民法820～824条）などがある。親権は父母が協働して行うが子が養子であるときには養親が行う（民法818条）。また，児童福祉施設に入所している児童で親権者等がいない児童については児童福祉施設の長が親権を代行する（児童福祉法47条１項）。現行法は，親権の支配性や権威性のみを強調してはいないが，子どもの権利擁護やその最善の利益をめざす福祉的視点から今日，親権制度の再検討が求められている。　［田中将太］

♧人権教育

「人権教育及び人権啓発の推進に関する法律」（平成12年12月6日法律第147号）では，人権教育を「人権尊重の精神の涵養を目的とする教育活動」と定義づけている。政府は，同法律に基づき2002年に策定された「人権教育・啓発に関する基本計画」（2011（平成23）年に一部変更）に沿って，人権尊重社会の早期実現に向けて，人権教育・啓発を総合的かつ計画的に推進している。この基本計画では，「学校教育及び社会教育における人権教育によって，人々が，自らの権利を行使することの意義，他者に対して公正・公平であり，その人権を尊重することの必要性，様々な課題などについて学び，人間尊重の精神を生活の中に生かしていくこと」の重要性が強調されている。 ［吉留久晴］

♧人権教育のための国連10年

1948（昭和23）年，12月，第3回国連総会で「世界人権宣言」が採択された。その後，人権宣言の精神にのっとり，数多くの人権に関する条約がつくられた。国連は，あらゆる人権問題の解消に向けた教育の推進を図り，世界の国々や地域において人権文化を築くことをめざし，「人権教育のための国連10年」を定めた。1994（平成6）年12月，第49回国連総会で1995（平成7）年から2004（平成16）年までを「人権教育のための国連10年」とすることが決議された。この決議は，各国において「人権という普遍的な文化」が構築されることをめざし，行動計画では，あらゆる学習の場における人権教育の推進，マスメディアの活用，世界人権宣言の普及など5つの主要目標をあげている。この目標を推進するために，さまざまな具体的提案を掲げている。 ［笠野恵子］

♧親権停止

児童虐待はしつけと称した親権の濫用にあたる。親権の濫用があったとき，民法では親権を奪うことができる「親権喪失」という制度が設けられている。しかし，親権喪失制度は，親権を無期限に奪うため，親子関係の再統合を困難にするおそれがある。そのため，児童虐待の現場では，「親権喪失」の申立てはほとんど行われていない。そこで，2011（平成23）年の改正で，従来の「親権喪失」に加え，期限付きで親権を制限する「親権停止」の制度が創設された。停止期間は最長2年間とされ，家庭裁判所が親権停止の原因が消滅するまでに要すると見込まれる期間，子どもの心身の状態及び生活の状況その他一切の事情を考慮して，停止期間を定める。親権停止を請求できるのは，親による親権の行使が困難なとき，または親権の行使が不適当であることによって，「子どもの利益を害するとき」である。 ［門田光司］

♧人権擁護委員

1949（昭和24）年に成立した人権擁護委員法に基づき，国民に保障されている基本的人権を擁護し，自由人権思想の普及高揚を図ることを目的として設置された民間の委員である。人格見識に優れ，広く社会の実情に通じ，人権擁護について理解のある者の中から市町村長が推薦を行い，法務大臣によって委嘱される。任期は3年である。委員は市町村（特別区を含む）の区域において，人権相談，人権侵犯事件の調査・処理，人権啓発などの活動を行う。 ［荒木　剛］

♧進行性筋ジストロフィー症

遺伝的な背景をもとに，進行性に筋肉が破壊されていく病気。筋肉を構成するタンパク質に関係して，遺伝子レベルで異常が生じることで発症する。実際にはいくつもの遺伝子異常が病気につながることが知られており，遺伝形式もさまざまである。重症型のデュシェンヌ型は最も発症頻度が高く，予後が不良である。また，伴性劣性遺伝で，基本的に男性のみに発病する。3歳から5歳ぐらいまでに発病することが多く，歩き始めが遅い，転びやすい，歩き方がぎこちない，立ち上がれないなどの症状が特徴である。進行すると，歩行が不能となる。そのほか，肩周りが障害を受ける顔面肩甲骨上腕型，腰や大腿部など近位筋の筋力低下が強い肢帯型などがある。近位筋の筋力が低下すると立ち上がりに労力を要するようになり，ガワーズ（Gowers）徴候と呼ばれる特徴的な起立様式を示す。現在の医療では根本治療がなく，対症療法が中心である。筋力低下の進行を遅らせることや関節拘縮を予防し，残存した機能を最大限活かせることを目的としたリハビリテーションなどを定期的に行うとよいとされている。　［中川美幸］

♧ 人工透析（じんこうとうせき）

慢性腎不全などにより腎臓の機能が低下し生体の機能・環境を正常に保てなくなった場合，人工的に腎臓機能（血液のろ過や老廃物排出）の役割を果たす人工透析が必要となる。人工透析には，ダイアライザー（透析装置）を使用した血液透析と患者自身の腹膜を利用する腹膜透析の2種類がある。血液透析の場合は，血液を体外に導き出し，血液中の老廃物を取り除き浄化を図り再び体内へ戻すため，週に2～3回通院し1回につき4～5時間ほど時間を要する。一方，腹膜透析では，月に1～2回程度の通院となるのが一般的である。また，急性腎不全では食事療法や薬物療法などで対症療法を行うが急激に状態が悪化した場合，透析療法を行うこともある。　［村岡則子］

♧ 人口動態（じんこうどうたい）

人口の数は出生・死亡（自然増減），流入・流出（社会増減）でたえず変動し，また婚姻・離婚などによって所属人口の属性も変化する。このような人口集団の変動を人口動態と呼ぶ。これらは届出制度によって把握され，それを基にして人口動態統計が作成されている（日本においては「人口動態調査」（厚生労働省）により把握されている）。人口動態は人口の変動的側面に着目した概念であり，特定の時点における人口の数や構成を静態的にとらえた概念を人口静態と呼ぶ。　［益田　仁］

♧ 審査請求（しんさせいきゅう）

行政不服審査法第3条に規定されている，不服申し立ての一つである。行政庁（国や地方公共団体）の処分に対して，国民の権利利益の救済を目的として，処分があったことを知った日の翌日から起算して3月以内または当該処分があった日の翌日から起算して1年以内に，原則処分庁（処分した行政庁）の最上級行政庁（大臣，都道府県知事，市町村長等）に対して，審査請求を行うことができる。　［河村裕次］

♧ 新自由主義（しんじゆうしゅぎ）

社会自由主義に対する反動として生まれた，政府の役割縮小を主張する経済思想。1970年代における世界経済の停滞の影響を受けて，1980年代以降，サッチャリズムやレーガノミクスに代表される市場原理を重視した民営化や大規模な規制緩和等を主軸とする経済政策の基本思想となった。社会自由主義が社会的公正を重視し，自由な個人や市場の実現のためには政府による介入も必要として社会保障の拡充を唱えたのに対し（「大きな政府」の提唱），新自由主義は社会保障や社会福祉，経済政策に対する政府の介入や管理などを少なくとどめることを目指した（「小さな政府」への転換）。しかしそれは，リバタリアニズム（他者の権利を侵害しない限り個人は自由であり，政府はそれに干渉せず最大限尊重し，経済や社会に対する国家や政府の介入を最小限にすべきという考え方）への単純な回帰を意味するものではない。［河野高志］

♧身上監護（しんじょうかんご）

成年後見人等が行う事務の一つで，成年後見人等が成年被後見人等の生活，医療，福祉などに関する法律行為を行うことである。たとえば，福祉サービス利用に関する契約の締結，その履行状況の監視，利用料の支払いなどがある。一方，現実の介護行為や身体の強制を伴う事項（入院や施設入所の強制など）などの事実行為，及び一身専属的な事項（臓器移植の同意など）は成年後見人等の事務に含まれない。成年後見人等が身上監護を行うにあたっては，成年被後見人等の意思を尊重し，かつ，その心身の状況や生活の状況に十分配慮しなければならない。［荒木　剛］

♧心神耗弱（しんしんこうじゃく）

精神の障害等の事由により事の是非善悪を弁識する能力（事理弁識能力）又はそれに従って行動する能力（行動制御能力）が著しく減退している状態をいう。心神耗弱状態においては，刑法上の責任が軽減されるために，刑事裁判で心神耗弱が認定されると刑が減軽されることになる（必要的減軽）。心神喪失及び心神耗弱の例としては，精神障害や覚せい剤の使用によるもの，酩酊などがあげられる。ここにいう心神喪失・心神耗弱は，医学上及び心理学上の判断をもとに，最終的には「そのものを罰するだけの責任を認め得るか」という裁判官による規範的評価によって判断される。［今村浩司］

♧心身症（しんしんしょう）

さまざまなストレスが原因で，身体的な異常または身体の機能的障害が認められる状態をいう。頭痛やめまい，円形脱毛症などストレスが「身体の疾患」として現れるが，病院で検査等を行い異常なしといわれる場合がある。その場合，ストレスが症状に影響していると考えられ，症状や疾患がコントロールできない時には，心療内科やカウンセリング等の治療を必要とする。［高口恵美］

♧心身障害者扶養共済制度（しんしんしょうがいしゃふようきょうさいせいど）

障害者を扶養している保護者が健康なうちに掛金を拠出し，万一その保護者が死亡もしくは重度障害を負った場合，扶養していた障害者に年金が支給される制度で全国の都道府県，政令指定都市が条例に基づいて実施している。対象となる障害は①知的障害，②身体障害（身体障害者手帳１～３級），③精神または身体の永続的な障害（統合失調症，脳性麻痺，進行性筋萎縮症，自閉症，血友病などで①②と同程度と認められる人）である。１人につき２口まで加入でき，支給される年金額は1口あたり月額20,000円である。［西原尚之］

♧心神喪失等の状態で重大な他害行為を行った者の医療及び観察等に関する法律（心神喪失者等医療観察法）（しんしんそうしつとうのじょうたいでじゅうだいなたがいこういをおこなったもののいりょうおよびかんさつとうにかんするほうりつ（しんしんそうしつしゃとういりょうかんさつほう））

心神喪失又は心神耗弱の状態（精神障害のために善悪の区別がつかないなど，刑事責任を問えない状態）で，重大な他害行為（殺人，放火，強盗，強制性交等，強制わいせつ，傷害）を行った人に対して，適切な医療を提供し，社会復帰を促進することを目的とした制度である。本制度では，心神喪失又は心神耗弱の状態で重大な他害行為を行い，不起訴処分となるか無罪等が確定した人に対して，検察官が医療及び観察を受けさせるべきかどうかを地方裁判所に申立てを行い，裁判官と精神保健審判員の各1名からなる合議体で審判が行われる。審判の結果，医療観察法の入院による医療の決定を受けた人に対しては，厚生労働大臣が指定した医療機関（指定入院医療機関）において，手厚い専門的な医療の提供が行われるとともに，この入院期間中から，法務省所管の保護観察所に配置されている社会復帰調整官により，退院後の生活環境の調整が実施される。

［大西　良］

♧ 新生児訪問指導（しんせいじほうもんしどう）

母子保健法第11条第1項により市町村長は，必要があると認めるときは保健師や助産師，その他の職員を訪問させ，必要な指導を行うことができる。また同条第2項により新生児でなくなった後においても，継続したかかわりは可能である。この事業は，初めて出産した母親の不安軽減だけでなく，産後うつの早期発見や0歳児への虐待防止を目的として行われている。なお出生後おおむね4か月までの乳児を抱える家庭に対して行われる乳児家庭全戸訪問（こんにちは赤ちゃん）事業とは目的が若干違うが，情報共有など十分な調整が必要である。

［安部計彦］

♧ 申請主義（しんせいしゅぎ）

わが国における社会福祉や社会保険制度による給付やサービスを利用する際は，多くがその当事者やその家族等による申請に基づいて実施される。人びとの社会福祉や社会保障制度のサービス受給権を保障していくという意味を持っているが，その一方で，制度やサービスに関する知識や情報不足，手続きの複雑化により申請に至らないこともあり，潜在的ニーズとして埋もれることがある。潜在的ニーズを申請へと導いていくための支援が求められる。

［河村裕次］

♧ 申請保護の原則（しんせいほごのげんそく）

生活保護法の基本原則の一つである。旧生活保護法までは職権保護の建前をとってきたが，現行生活保護法では申請保護主義を採用し，法第7条において，「保護は，要保護者，その扶養義務者又はその他の同居の親族の申請に基づいて開始するものとする」と規定した。ただし，要保護者が急迫した状況にあるときは，保護の申請がなくても実施機関の職権により，必要な保護を行うことができる。なお，保護請求権は一身専属権とされているが，要保護者以外にも保護の請求権を認めているのは，要保護者の中には保護請求権を行使することのできない者が事実上少なくないので，申請権を要保護者だけに限定すると，この目的が達成されないおそれがあるからである。

［大野さおり］

♧ 身体介護（しんたいかいご）

利用者の身体に直接接触して行う介助である。入浴時の洗髪・陰部・足などの洗浄，排せつ介助，食事介助，清拭（体を拭いて清潔にすること），更衣介助，体位変換，移乗・移動介助などが示されている。これら一連の介助は生活に密着した行為であり，利用者の権利擁護に加え日常生活動作能力（ADL）や意欲の向上，自立支援の視点が重要であり，専門的知識・技術をもって行われる。介護保険法における訪問介護や障害者総合支援法における居宅介護でサービスの行為ごとの区分としても用いられている。

［大川絹代］

♧ 新待機児童ゼロ作戦（しんたいきじどうゼロさくせん）

2008（平成20）年12月に取りまとめられた「子どもと家庭を応援する日本」重点戦略を受け，「希望する全ての人が安心して子どもを預けて働くことができる社会を目指して」をスローガンに，仕事と生活の調和やサービスの質を確保し，保育所等の待機児童の解消をはじめとする保育施策の質・量ともに充実，強化しようとする取組み。施行から10年後に「保育サービス（3歳未満児）の提供割合20%→38%」，「放課後児童クラブ（小学1年～3年）の提供割合19%→60%」の数値目標を掲げ，①保育サービスの量的拡充と提供手段の多様化，②小学校就学後まで施策対象を拡大，③地域における保育サービス等の計画的整備，④子どもの健やかな育成等のため，サービスの質の拡大に取組んでいく。潜在的待機児童いわゆる隠れ待機児童を含めた待機児童の問題も浮上し，2017（平成29）年までに待機児童をゼロにする目標は達成されなかった。 ［森木朋佳］

♧身体拘束（しんたいこうそく）

身体拘束は，高齢者や障害者等の権利擁護の観点からも問題があるだけではなく，その者の心身機能の低下につながる。また，身体的弊害のみならず，精神的弊害，社会的弊害をもたらし，人間としての尊厳が侵される行為である。具体的には徘徊や転倒，転落を防ぐために，車いすやベッドに体幹や四肢をひも等で縛ったり，行動を落ち着かせるために薬物を過剰に服用させたり，本人の意思では開けることのできない居室等に隔離すること等である。 ［岡部由紀夫］

♧身体拘束の禁止（しんたいこうそくのきんし）

徘徊しないよう，いすや車いす，ベッドにひも等で体幹や四肢を縛る等の身体拘束は，対象者の尊厳を損なうだけでなく，身体的にも精神的にも弊害があることから，2000（平成12）年4月の介護保険制度の施行に伴い，高齢者の利用する介護保険施設等において禁止された。しかし，介護保険指定基準において，対象者自身や他の利用者等の生命や身体を保護するために緊急やむを得ない場合は，対象者及び他の利用者の生命や身体が危険にさらされる可能性が著しく高い（切迫性），身体拘束以外に代替方法がない（非代替性），行動制限が一時的なもの（一時性）であることという3つの要件の確認等を慎重に行うことで，例外的に身体拘束が認められている。なお，この3要件を満たしていない，あるいは，確認等の必要な手続きが取られていない場合に行われた身体拘束は，虐待とみなされる。 ［種橋征子］

♧身体障害（しんたいしょうがい）

先天的あるいは後天的にかかわらず，身体機能の一部に障害を生じている状態，あるいはそのような障害自体のこと。それには四肢の麻痺や欠損，あるいは体幹の機能障害のため，日常の動作，移動などの運動機能が十分でない状態などの肢体不自由と，受精から生後4週までの間に，何らかの原因で受けた脳の損傷により，正常に手足が動かない脳性麻痺等がある。視覚障害，聴覚障害，呼吸機能障害，内部障害なども身体障害に含まれる。複数の障害を併せ持つことを重複障害という。 ［吉留康洋］

♧身体障害者介護等支援サービス指針（しんたいしょうがいしゃかいごとうしえんサービスししん）

市町村等が，障害者への福祉・保健・医療サービス等を実施していく上での理念や基本原則，実施方法などを定めた指針である。1998（平成10）年に策定され，障害者への福祉・保健・医療サービスが一定水準を有するものとなり，一人ひとりの障害者がどこに住んでいても普通の暮らしができるようになることを目的に，総合的な相談や生活支援，情報提供機能を持つ総合相談窓口の必要性，介護等支援サービスの意義と留意点，介護等支援専門員の業務，介護等支援サービ

スの過程と使用する相談受付票，訪問票などの様式が示された。　［田中将太］

身体障害者更生相談所（しんたいしょうがいしゃこうせいそうだんじょ）

身体障害者福祉法第11条に基づいて設置された施設である。具体的には，身体障害者に対する各種相談及び指導や各種判定業務（障害程度の認定（身体障害者福祉法第15条），自立支援医療（更生医療）の要否（障害者総合支援法第52条），補装具費の支給（障害者総合支援法第76条））などを行う。その他に心理学的・職能的判定の実施や，更生援護に関する連絡調整，情報の提供その他必要な援助やこれに付随する業務などを行っている。　［西島衛治］

身体障害者相談員（しんたいしょうがいしゃそうだんいん）

身体障害者の福祉の増進を図るべく，主に市町村から委託され，地域で身体に障害のある人の相談に応じ，その人の更生のために必要な援助を行う民間の協力者。業務委託の期間は2年。原則として地域に在住する，人格，識見とも高く，社会的な信望があり，かつ身体障害者の福祉の増進のため，熱意を持って奉仕的な活動を行うことができる素養が求められる。就任は，市町村長が業務を委託し，広域的に行う必要がある場合には，都道府県知事（政令指定都市市長，中核市市長）が委託する。配置基準は，原則として身体障害者200人に対し1人の割合である。　［井上俊孝］

身体障害者手帳（しんたいしょうがいしゃてちょう）

身体障害者福祉法（第15条）に規定され，同法のサービス利用対象であることを確認するための証票。対象となる障害は，視覚障害，聴覚障害，平衡機能障害，音声・言語・そしゃく機能障害，肢体不自由，内部障害（心臓，呼吸器，腎臓，ぼうこう・直腸，小腸，ヒト免疫不全ウイルスによる免疫，肝臓）で，障害の程度により1級から7級の等級が記載される。ただし，手帳の交付は1～6級までである。手帳交付の手続きは，居住地を管轄する福祉事務所長を経由して都道府県知事に医師の診断書を添付して交付申請書を提出する。身体障害者手帳は，18歳未満の児童に対しても交付され，本人が15歳未満の場合は，本人に代わって保護者が申請し，手帳の交付も保護者に行われる。これを呈示することで，車いす・義肢といった福祉機器の交付，医療費の助成，交通機関利用料の減額などの各種福祉サービスが受けられる。1級，2級は重度の特別障害者で，3級以下は中度・軽度の一般障害者に区分されている。　［今村浩司］

身体障害者福祉司（しんたいしょうがいしゃふくしし）

身体障害者福祉法に基づいて，身体障害者更生相談所（都道府県）や福祉事務所（市町村）などに配置され，①所員に対する専門的指導，②身体障害者の相談・調査・指導等の業務のうち，専門的な知識及び技術を必要とするものを行うことを役割としている。身体障害者福祉司は任用資格であり，資格要件を満たした者が従事している。　［高口恵美］

身体障害者福祉センター（しんたいしょうがいしゃふくし）

身体障害者福祉法に基づいて設置される施設である。施設利用は無料または定額な料金で，身体障害者に関する相談に応じ「機能的訓練や教養の向上」「社会との交流の促進」「レクリエーションなどのための便宜」などを総合的に行う。機能訓練や相談業務，レクリエーションやスポーツなどを行うA型。デイサービス事業やボランティア養成などを行うB型，宿泊や休養など行うことができる障害者更生センターが存在する。

［高口恵美］

♧身体障害者福祉法

身体障害者の自立と社会経済活動への参加を促進するため，身体障害者を援助し，及び必要に応じて保護し，もって身体障害者の福祉の増進を図ることを目的として1949（昭和24）年に成立した法律である。本法第４条に身体障害者は身体上の障害がある18歳以上の者であって，都道府県知事から身体障害者手帳の交付を受けた者と規定されている。国・地方公共団体は身体障害者の自立と社会経済活動への参加を促進するため援助と必要な保護（更生援護）を総合的に実施するように努めなければならず，国民は身体障害者の社会経済活動への参加の努力に対して協力しなければならないと定められている。［門田光司］

♧身体障害者補助犬法

2002（平成14）年10月に施行された法律。身体障害者補助犬（盲導犬，介助犬，聴導犬）の育成・訓練に関する事業の規定と，補助犬を使用する者の義務について定め，さらに公共施設での補助犬の同伴を促進させる策を講じることにより，身体障害者の自立及び社会参加の増進をはかることを目的としている。2008（平成20）年10月１日からは常勤労働者56人以上の企業での受入れが義務化され，さらに2013（平成25）年４月１日からは常勤労働者50人以上へと義務化が拡大された。［橋本みきえ］

♧診断学派

診断学派ケースワークは，1920年代後半以降，アメリカにおいて主流となる。リッチモンド（Richmon, M. E.）にはじまり，ハミルトン（Hamilton, G.）らにより発展した。ケースワークの基礎理論を，フロイト（Freud, S.）の精神分析理論におき，クライエントの生育歴・生活歴を分析することで現在のパーソナリティや自我の構造（働き）を解明する。医学モデルに基づき，援助過程は，スタディ（調査）－社会診断－社会治療からなる。ケースワークの目的は，第１に，クライエントの心理的側面への直接的援助（自我の強化）である。第２に，クライエントに関わる人や環境への働きかけである。ソーシャルワーカーは，治療者的役割を担う。［富樫八郎］

♧心的外傷後ストレス障害（PTSD）

衝撃的な出来事（戦争，大災害，犯罪，事故など）による強度のストレスが原因で，不眠，強度の不安，焦燥感，抑うつ状態等の精神的不安定な状態や，全身倦怠感，過度の発汗，頭痛，食欲の異常など身体の状態の不安定などが，出来事から１か月以上経過したのちにも継続して見られる状態をいう。同様のストレスに関連するものを極端に回避したり，衝撃的な出来事を再体験するような感覚にとらわれる（フラッシュバック）など，日常の生活にも支障をきたす。薬物療法，精神療法が中心で，回復には数か月から数年，中には数十年の歳月を要する場合もある。衝撃的な出来事の中心人物でなくても，目撃者，親族，救援者などにもみられることがある。

［橋本みきえ］

♧心配ごと相談所

地域住民のあらゆる困りごと（暮らし，住まい，家族，健康・医療・衛生，福祉・教育等）に対して相談に応じるとともに，相談事業の進展を図り，地域の関係機関と連携を密にし，その協力を得て問題解決にあたる相談所である。1960（昭和35）年より市町村社会福祉協議会の中に設置された民間福祉相談機関であり，「広く住民の生活上のあらゆる相談に応じ，適切な助言指導を行い，その福祉をはかることを目的とする」（心配ごと相談所運営要領）とされている。主な相談員は民生委員・児童指導員・学識経験者等であり，相談等は面接及び電話にて行われる。運営助成は，国庫補助基準により全国社会福祉協議会が行っている。　［中井康貴］

♧心肺蘇生の手順（「救急のABC」）

心肺停止に対する救命処置を心肺蘇生（CPR）という。心肺蘇生法には，広義と狭義のものがあり，狭義の心肺蘇生では，C（Circulation）胸骨圧迫・心臓マッサージ→A（Airway）気道を確保する→B（Breathing）人工呼吸の手順で行うガイドラインが示されている。また，胸骨圧迫の質を高めるために，圧迫の深さは6㎝未満にとどめ，1分間あたり100回～120回のテンポで行った後，圧力をゆるめ，10秒以内に圧迫を再開し，絶え間なく行うこととされている。なお，日本蘇生協議会の2015年版ガイドラインでは，一次救急の手順を①反応を確認する，②応援を呼び，119番通報とAEDの手配をする，119番の通信指令員に指示を仰ぐ，③呼吸の確認をする，④迷ったらすぐに心肺蘇生を開始（胸骨圧迫），120回/分），戻して（圧を解除する），絶え間なく（10秒以上中断しない）となっている。また，AEDがある場合はAED使い，人工呼吸の技術と意思があれば行うこととしている。　［山田美保］

♧ジンメル，G.
(Simmel, Georg ; 1858-1918)

ドイツの哲学者，社会学者。新カント派の影響を受け，従来の総合社会学の百科全書的な性格を批判し，社会学独自の研究対象を社会化の形式とする形式社会学を確立した。ジンメルによると，広義の社会は人びとの心的相互作用の様式である社会化の形式と，その形式によって実現される文化内容から成る。とくに「社会的なもの」は前者であり，社会学はこれを対象とすべきであるとした。この立場は社会学固有の対象を求める人びとによって歓迎され，微視的な社会過程への注目によって，その後の社会学の展開（シカゴ学派，シンボリック相互作用論）に影響を与えた。　［益田　仁］

♧信用失墜行為

信用失墜行為の具体的内容としては，職権の乱用や守秘義務の違反ならびに各種の触法及び犯罪行為などがあげられる。たとえば，地方公務員法第33条（信用失墜行為の禁止）において「職員は，その職の信用を傷つけ，又は職員の職全体の不名誉となるような行為をしてはならない」と示されている。これらのことから，その職務に関係のあるなしにかかわらず，それが「その職の信用を傷つけ，又は職員の職全体の不名誉となる」ものとみなされれば，それは信用失墜行為にあたるといえよう。　［田中顕悟］

♧信用失墜行為の禁止

公益社団法人日本社会福祉士会倫理綱領の「倫理基準」「Ⅳ．専門職としての倫理責任」では，「2．（信用失墜行為の禁止）社会福祉士は，その立場を利用した信用失墜行為を行わない」としている。また，「社会福祉士の行動規範」では「Ⅳ．専門職としての倫理責任」において「2．信用失墜行為の禁止　2－1．社会福祉士は，社会福祉士としての自覚と誇りを持ち，社会的信用を高めるよう行動しなければならない。　2－2．社会福祉士は，あらゆる社会的不正行為に関わってはならない」と示している。
［田中顕悟］

♧新予防給付

2006（平成18）年4月よりスタートした。介護保険の「要支援」「要介護1」認定者を対象とした介護予防サービスである。市長村を運営主体として，地域包括支援センターのケアマネジメントのもと実施される事業である。介護予防とは，身体的・精神的機能の維持，向上を図ることを目的とし，介護が必要な状態になることを予防することをいう。サービス内容としては，社会福祉士等が作成した介護予防ケアプランに沿って，訪問や通所サービスなどの介護保険サービスを利用し，9割（一定以上所得者は8割又は7割）が保険給付され，1割（一定以上所得者は2割又は3割）が利用者の自己負担となる。［宮本隆文］

♧信頼性係数（しんらいせいけいすう）

信頼性係数とは，質問紙調査における調査項目など，テストの信頼性を示す値である。信頼性は，テストの安定性や一貫性（内的整合性）によって示される。安定性を検討する方法として，再テスト法や並行テスト法がある。また，一貫性を検討する方法として，折半法やクロンバックのα係数の算出がある。なかでも，信頼性係数の推定方法として多く用いられるクロンバックのα係数は，0から1の範囲の値をとり，$\alpha=0.8$以上であれば，信頼性が高いとされる。［島﨑　剛］

♧心理社会的アプローチ（しんりしゃかいてき）(psychosocial approach)

ソーシャルワークアプローチの一つであり，ホリス（Hollis, F.）によって提唱された。起源は，人と環境に焦点をあてたリッチモンド（Richmond, M.E.）によるケースワーク理論であり，フロイト（Freud, S.）による精神分析理論の影響を受けた診断主義アプローチとして発展した後，ホリスにより心理社会的アプローチとして体系化が行われた。中心となる視点は「状況の中にある人間」（the-person-in-his situation）や「人と状況の全体関連性」（person-situation configuration）であり，クライエントとクライエントを取り巻く社会環境の両方に働きかけを行うことの重要性を指摘した。また，クライエント－ワーカー関係を基盤に，クライエントとの協働により課題の解決を進めようとするものである。なお，ホリスは*Case Work: A psychosocial Therapy*, 1964（和訳『ケースワーク—心理社会療法』1966)』を著した。［田中顕悟］

♧心理テスト（しんり）

人間を心理学的に理解するために使用されるツールとして心理テストがある。心理テストの種類は，使用する目的に応じて多様である。たとえば，知能テストとパーソナリティテストはその代表としてあげられる。心理テストの実施によって測定したい結果が得られるかどうかは，そのテストの信頼性と妥当性が重要となる。信頼性では，同じテストを繰り返し実施した場合，測定結果の誤差ができるだけ小さいほうが望ましい。妥当性では，使用したテストによって測定したいことが測定されているのかどうかということである。この信頼性と妥当性の高いテストには，標準化された心理テストがある。なお，心理テストを使用する目的は，対象となる個人を総合的に理解していくことである。そのため，数種の心理テストを組み合わせて用いることがある。これをテスト・バッテリーと呼ぶ。［門田光司］

♧心理判定員（しんりはんていいん）

児童相談所や身体障害者更生相談所などの相談機関に配置されている心理学的見地から援助を行う専門職である。児童相談所では，2005（平成17）年より児童心理司の呼称となったが，その業務は①子ども，保護者等の相談に応じ，診断面接，心理検査，観察等によって子ども，保護者等に対し心理診断を行うこと，②子ども，保護者，関係者等に心理療法，カウンセリング，助言指導等の指導を行うこととある。また，身体障害者更生相談所の心理判定員の業務では，①心理学的検査等の結果に基づき，その心理的諸特性を把握し，判定を行うこと，②心理学的見地から，その心理的諸特性に対応した指導及び適応訓練等の支援方策を明らかにすること，③心理学的検査等の結果に基づき，知的・精神状況を把握することとある。［門田光司］

♧診療報酬（しんりょうほうしゅう）

病院や診療所で行った医療行為（診察や検査，手術など）に対する対価。保険診療を行った場合，その医療行為に対し，保険者から医療機関に支払われる。診療報酬は，診療報酬点数表に基づいて計算され，その点数の総和に10円を乗じた金額が医療費の総額となる。患者はこの一部を自己負担として窓口で支払い，残りは公的医療保険で支払われる。［中川美幸］

♧心理療法（しんりりょうほう）

悩みや問題をもって来談したクライエントに対し，治療者が心理学的な知識を基盤として心理的に援助していくことである。その援助方法は，活用される理論によって異なる。主要な理論としてあげられるものに，精神力動論（フロイト〈Freud, S.〉の精神分析，クライン〈Klein, M.〉等の対象関係論，ユング〈Jung, C.G.〉の分析的心理学，アドラー〈Adler, A.〉の個人的心理学など），学習理論に基づく行動療法や認知行動療法，人間性アプローチ（ロジャース〈Rogers, C.R.〉の来談者中心療法，マズロー〈Maslow, A.H.〉の人間性心理学，実存主義），家族療法，日本の心理療法（森田療法，内観療法）などである。［門田光司］

す

♧水準均衡方式（すいじゅんきんこうほうしき）

生活扶助基準の算定方式の一つで，1984（昭和59）年から現在まで使われている。生活扶助基準額は，一般国民の消費実態と対比して，当該年度の政府経済見通しにより見込まれる民間最終消費支出の伸び率を基礎とし，前年度までの一般国民の消費水準の実績などとの調整を行い，これを基にして生活扶助基準を算定するものである。［川﨑竜太］

♧推測統計（すいそくとうけい）

推測統計とは，収集した一部のデータ（標本）から全体のデータ（母集団）の性質を確率統計的に推測する統計の一手法である。限られたデータをもとに分析し，データに潜む構造や本質を探ろうとする作業である。推測統計の種類は，「推定」と「検定」がある。「推定」とは，一部のデータの特徴から全体のデータの性質を推測することである。「検定」とは，一部のデータに基づき全体のデータに対して，ある仮説が成り立つかどうかを判断することである。［梶原浩介］

♧水平社（すいへいしゃ）

1922（大正11）年に部落解放運動の組織として被差別部落の住民によって設立されたものである。正式名称は全国水平社である。設立採択された水平社宣言では，「人の世に熱あれ，人間に光あれ」と人間の尊厳と平等を謳っており，わが国における最初の人権宣言ともいわれている。第2次世界大戦中に自然解体をしたが，その後部落解放全国委員会として再結成され，現在は部落解放同盟と改称されたが，その意思は引き継がれ活動が行われている。［河村裕次］

♧SCAPIN775

1946（昭和21）年2月，連合国軍最高司令部（SCAP）から日本政府に対し出された公的扶助（社会救済）に関する指令のこと。‘SCAPIN’の‘IN’はInstruction（指令）の略語である。終戦直後の混乱期の国民の生活困窮に対処するために，政府は「生活困窮者緊急生活援護要綱」（1945年12月）をつくって予算措置を講じ，応急援護をすすめた。しかし，その援護の考え方や枠組みが，戦前の恩恵的なものを引き継いでいたため，連合国軍最高司令部はSCAPIN775号覚書きを発し，無差別平等，扶助の国家責任の明確化，最低生活の保障の3原則を示し，その具体化を日本政府に指示した。これらの原則に基づき1946（昭和21）年10月に（旧）生活保護法が制定され，さらに1950（昭和25）年5月に全面改正された生活保護法にも原理・原則として取り入れられた。 ［川﨑竜太］

♧スキナー，B.F.（Skinner, Burhus Fredrick；1904-1990）

行動主義心理学の代表的な心理学者の一人で，厳密な客観的心理学を主唱した。ハミルトン・カレッジで英文学を学んだ後，ハーバード大学で心理学を専攻し，1931年博士号を取得した。その後，ミネソタ大学やインディアナ大学を経てハーバード大学に戻って教鞭をとった。ネズミやハトを用いて学習原理の一つであるオペラント条件付けの研究を行った。その実験装置はスキナー箱と呼ばれる。オペラント学習の仕組みを利用したティーチングマシンやプログラム学習の開発を行うなど行動理論の応用にも努めた。 ［小窪輝吉］

♧スキルトレーニング

問題を抱える当事者や保護者に心理検査や心理面接を行い，当事者の環境を整え，苦手な側面を補うためのトレーニングを指す。本トレーニングは薬物を用いないため副作用がなく，科学的・医学的にも実証されている。学習支援，遊戯療法，ペアレントトレーニング，認知行動療法ほか多数の療法がある。訓練を積んだ専門家が担当し，当事者や保護者の理解と動機づけに基づいた実施が必要である。 ［四元真弓］

♧スクリーニング

スクリーンには，仕切り，遮蔽幕，ふるいにかける，などの意味がある。スクリーニングという言葉が頻繁に使われる例は保健医療の分野で，特定の疾病などの疑いのある者を絞り込むための検査を意味する（スクリーニング検査ともいう）。たとえば乳がんのスクリーニングでは，マンモグラフィーや乳房触診などが行われる。またケアマネジメントの援助過程では，入り口段階でケアマネジメントの必要性を見極める作業をスクリーニングという。 ［中山慎吾］

♧スクール（学校（がっこう））ソーシャルワーク（SSW）

学校でのいじめや不登校，その他の困りごとを抱えている子どもと家族を支えるソーシャルワーク実践をスクール（学校）ソーシャルワークと呼んでいる。たとえば，親が精神障害や発達障害があることから，生活困窮に陥り，その家庭に生活する子どもが親を支えるために学校を休む場合等，社会福祉士や精神保健福祉士といった「福祉」についての専門資格を持っている人が福祉制度や福祉サービス，環境面から支援を行う。2008（平成20）年度より文部科学省がスクールソーシャルワーカー活用事業を開始した。学校と家庭と地域を円滑に連携させ，課題を抱える児童生徒並びに保護者への支援を行っていくことが求められており，学校を中心として子どもを取り巻

く「環境」に働きかけを行う専門的支援である。［滝口　真］

♧健(すこ)やか親子(おやこ)21

「健やか親子21」は2001（平成13）年から開始した母子保健の国民運動計画である。第1次計画（2001～2014年）で悪化した指標は，10代の自殺率と全出生数中の低出生体重児の割合の2点であった。また，少子化の進行，晩婚化・晩産化と未婚率の上昇，核家族化と育児の孤立化，子どもの貧困，母子保健領域における健康格差（小学生の肥満児の割合，3歳児のむし歯など）など，母子保健を取り巻く状況は極めて深刻である。新たな第2次計画（2015～2024年）では，「すべての子どもが健やかに育つ社会」をスローガンに掲げ，①切れ目ない妊産婦・乳幼児への保健対策，②学童期・思春期から成人期に向けた保健対策，③子どもの健やかな成長を見守り育む地域づくりの3つの基盤課題を設定した。さらに，重点課題としては，①育てにくさを感じる親に寄り添う支援，②妊娠期からの児童虐待防止対策の2点を掲げている。これらは官民一体となって取り組むべき課題であると言えよう。［中馬充子］

♧スティグマ（stigma）

マイナスのレッテルを貼ることで，もともと犯罪者等に対する肉体的刻印を意味した。一般に，スティグマを負わされた人は劣等的な地位に追いやられ，蔑視や差別がもたらされる。こうしたスティグマを押しつける過程（stigmatization）の結果は，たとえそれが身体的な欠損や精神的な問題だとしても，本来一つの側面（an aspect）に過ぎない点を全体化ないし全人格化してしまうことにある。スティグマ研究で知られるゴフマン（Goffman, E.）は，スティグマが問題なのは，それが当人に内属する性質だからではなく，それをそのように見る他者の観方（perspective）の問題なのだという。こうして，スティグマの概念は社会文化的なものになる。［佐野正彦］

♧ステレオタイプ

言葉自体が通俗的な特定のイメージや価値観と結びついていること。紋切型，思い込み，偏見，レッテル，先入観などと訳される。調査においては，質問の意味は回答者によることなく，同じ意味を持つようにすることが望ましいとされており，このようなステレオタイプな質問は，調査票でのワーディングとして避けた方がよい，とされている。［戸丸純一］

♧ストーマ

ストーマとは，消化管や尿路を体外へ誘導・造設した開放孔の総称。一般には人工肛門のことを指すことが多い。腸管の一部に炎症や悪性腫瘍などによる通過障害・狭窄・外傷・縫合不全などがある場合に，患部から口側の腸管を体表に引き出し固定し，内容物の排出と減圧を図るための開放孔を造設することがある。回腸や結腸が用いられる。このうち，自然肛門の代わりに糞便を排出させる目的で，腸管を腹壁に固定し完全腸瘻として開口させたものを人工肛門という。【人工肛門の分類】①単孔式：永久的な造設（直腸癌に対する直腸切除術など）に用いる。②双孔式：一時的な造設（低位前方切除術後の縫合不全予防）や切除不能大腸癌の口側に減圧目的で造設することが多い。［花田美那子］

♧ストーリーライン

M-GTA（修正版グラウンデッド・セオリー）において，結果図とともに分析結果を示すもの。コアカテゴリー及びカテゴリーを用いて，分析結果を文章でまとめる。各カテゴリーの解説等はストーリーラインの中には入れず，4～5行程度で簡潔に示す。この作業によって，分析結果に曖昧な点がないかを吟味することになる。したがって，M-GTA を用いた研究論文を執筆する際は，まず，しっかりとしたストーリーラインを作成することが重要である。 [池本賢一]

♧ストレス

ストレスは，もともと物理学の用語で圧力によって物体に歪みが生じた状態を意味し，生体でいえば外部から刺激を受けたときに生じる緊張状態のことをいう。ストレスは，①ストレスの原因（ストレッサー），②ストレッサーによって生じる反応（ストレス反応），③ストレスと上手に付き合うための方法（ストレスコーピング）に分けられる。ストレッサーは，物理的ストレッサー（騒音，放射線など），化学的ストレッサー（化学薬品，薬物など），生物的ストレッサー（炎症，感染など），心理的ストレッサー（怒り，不安など）に分類される。またストレス反応は，生体に有益な快ストレスと不利益な不快ストレスの 2 種類があり，過剰な不快ストレスによってさまざまなストレス反応が生じる。さらにストレスコーピングは，問題の解決をめざして情報収集や再検討を図る「問題焦点型対処」と情動反応に注目した攻撃行動や問題を忘却する「情動焦点型対処」に大別できる。 [大西　良]

♧ストレスチェック

心理的な負担の程度を把握するための検査のこと。従業員に質問に答えてもらい，ストレスの度合いを測るのが一般的である。従業員が50人以上のすべての事業所に対し，年 1 回の実施が義務づけられている。これは事業所（企業）に対して，従業員のメンタルヘルス対策の充実と強化を促そうとする国の施策であり，従業員がこころの不調をきたさないよう，事前にストレスについてチェックしたうえで，職場の環境改善など適切な対応を行わせようとするものである。ストレスチェックによって高ストレスと判定された場合や従業員本人が希望する場合には，医師による面接指導を実施することや，必要と判断された場合には適切な就業上の措置を講じることなども義務づけられている。 [隈﨑伸弥]

♧ストレスマネジメント

ラザルス（Lazarus, R.S）とフォルクマン（Folkman, S）によれば，人間は日常生活でさまざまな出来事や刺激（ストレッサー）に遭遇するが，その遭遇した出来事や刺激が自分の対処能力（コーピング）を超えた脅威であると感じる時に，ストレス反応と呼ばれる症状や行動を生じさせるとしている。ストレッサーには，天候や騒音などの環境的要因，病気や睡眠不足などの身体的要因，不安や悩みなど心理的な要因，そして人間関係がうまくいかない，仕事が忙しいなどの社会的要因などがある。ストレスマネジメントは，ストレッサーへの対処能力過程を通じて，ストレス反応の軽減を目的とした介入方法のことをいう。厚生労働省の「e-ラーニングで学ぶ15分でわかるセルフケア」では，ストレスマネジメントの方法として，リラクゼーション，ストレッチ，適度な運動，快適な睡眠，親しい人たちとの交流，笑う，仕事から離れた趣味を持つ，相談機関への相談などをあげている。 [門田光司]

♧ストレングス視点（してん）

(strengths perspective)

その人及び環境がもっている「力」に視点をあてること。人は，潜在能力（強さ）をもっているが，何らかの障壁で「強さ」が発揮できないことがある。クライエントのライフサイクルやライフスタイルなどに「強さ」を取り込み自己選択・自己決定できるよう，支援者は「強さ，希望，願望，可能性，活力，知恵，発言等」に視点を当て，アセスメントを行い，具体的な支援計画においてその力を引き出し，協働的な関係の中でクライエントが自らの力で問題解決をできるようにしていく視点をいう。ストレングス視点は，1960年代にパールマン（Perlman，H.H.）が用いた「ワーカビリティ（クライエントの問題解決能力）」やクライエントに内在化された能力である「コンピテンス（生活問題解決への潜在的能力や社会生活への遂行能力）」という考えの流れを受けている。ストレングス視点がうたわれるようになったのは，1982年から実施されたカンザス大学における精神障害者の社会復帰のケースマネジメントモデルが始まりである。

［中井康貴］

♧スノーボール法（ほう）

無作為抽出を基本としないサンプリング手法の一つ。この手法では，主回答者に対して友人や知人の中から調査対象者を紹介してもらうよう依頼する。主回答者を中心とした人間関係をもとに調査対象者が増えていくことから，雪だるま式標本法とも呼ばれる。この作業を繰り返し，必要な数に達するまで標本を抽出する。一般に，調査したい内容に適した調査対象者がどの程度存在するか分からない場合などに有効といわれている。

［河野高志］

♧スーパービジョン

熟練したソーシャルワーカー（スーパーバイザー）と，未熟練のソーシャルワーカー（スーパーバイジー）の間で結ばれるスーパービジョン関係をもとに展開される。スーパーバイジーのソーシャルワーク実践ならびに業務の遂行能力の向上のために，教育的・管理的・支持的機能により，訓練ならびに助言および指導を目的として，個人スーパービジョンやグループスーパービジョン等の形式により行われる。なお，その他のスーパービジョンの形態としては，ピアスーパービジョン（スーパーバイザーはいないが，ソーシャルワーカー同士がお互いの直面している課題等について相互にフィードバック等を行う）や，ライブスーパービジョン（各種の録音・録画媒体を活用し，それに記録された面接場面について行われるスーパービジョン，または実際にスーパーバイジーの面接場面にスーパーバイザーが同席して行われるスーパービジョン）等があげられる。

［田中顕悟］

♧スピリチュアリティ

(spirituality)

スピリチュアリティの重要性は世界保健機関（WHO）の健康の定義改正案に確認できる。そこでは，健康を身体的，心理的，社会的側面において良好な状態（well-being）であるとし，「スピリチュアルな側面」にも言及したうえで，人間を「全人的」（holistic）にとらえている。また，スピリチュアリティは，有形無形の神仏，先祖，自然や人びと等のつながりや関係のもとで，人間の存在とその生の基盤となる「大切なものやこと」，すなわち，その人間固有の価値，哲学，信条，生きがい，生きる意味に関連するものと理解できる。また，ソーシャルワーク専門職のグローバル定義の原理において，すべての人びとを「全人的存在」としてとらえるスピリチュアルが明示されている。とくにホスピス・緩和ケア等では，スピリチュアルペイン（魂の痛みと叫び）への対応としてスピリチュアルケア（魂のケア）が重要視されており，スピリチュアリティに配慮した支援の必要性が示され展開されている。

［滝口　真］

せ

♧生活援助型給食サービス

在宅で生活する要介護者や一人暮らしの高齢者並びに障害者に対し，栄養改善，食の安定を図ることを目的とした，配達時に安否確認を行う市町村が実施主体の配食サービスである。要支援や自立と判定された高齢者に対しては，自立支援型配食サービスと称する場合がある。高齢者の場合，介護保険法に規定される地域支援事業の一つである介護予防・日常生活支援総合事業の生活支援サービスとして実施される配食サービスと，同じく介護保険法に規定される市町村の独自事業である特別給付の配食サービスがある。配食自体は民間事業所に委託され実施される。在宅の要介護者や要支援者，一人暮らしの高齢者など対象者や費用，利用頻度は市町村によって異なる。

［種橋征子］

♧生活協同組合

「消費生活協同組合法」に基づき組織された法人格を有する団体。一定の地域又は職域を単位に，組合員の生活の文化的経済的改善向上を図る目的で設置される。組合員が出資，運営，利用する相互扶助の組織。正式名称は「消費生活協同組合」。生協あるいはコープの通称で呼ばれる。店舗や共同購入による生活物資の供給をはじめとして，災害・事故の共済，医療，住宅，教育文化等さまざまな事業が行われている。社会福祉ニーズの高まりを契機に，組合員による相互扶助的なボランティア活動から福祉施設の運営まで幅広い活動が行われている。

［玉利勇治］

♧生活協同組合法

正式には消費生活協同組合法という。市民が生活レベルの向上を目的に各種事業を行うために結成されたのが生活協同組合（生協）であるが，同組合の法的根拠となるのが消費生活協同組合法である。この法律は同法第1条（目的）に述べられているように，国民の自発的な生活協同組織の発達を図り，もつて国民生活の安定と生活文化の向上を期することを目的として制定されたものである。生活協同組合についての，事業，組合員，管理，設立，解散などについて規定されている。

［倉田康路］

♧生活困窮者自立支援法

2015（平成27）年4月より，生活困窮者への支援制度として始まった。具体的な支援として，①自立相談支援事業（必須）は，生活の困りごとに専門の支援員が一人ひとりの状況に合わせて，支援プランを作成し，自立に向けた支援を行う。②住居確保給付金（必須）の支給は住居を失った人に対し，家賃費用を有期で支給し就職を支援する。③就労準備支援事業（任意）は就労に必要な訓練を有期で支援し就労機会を提供する。④就労訓練事業（任意）は，直ちに一般就労が困難な人に対する支援付きの就労の場の育成である。⑤家計相談支援事業（任意）は，家計の「見える化」と家計管理の意欲を引き出す相談支援を行う。⑥生活困窮世帯の子どもの学習支援（任意）は，子どもの学習支援や居場所づくり，保護者への助言を行う。⑦一時生活支援事業（任意）は，住居喪失者に対し一定期間衣食住等の日常生活に必要な支援を行うものである。

［門田光司］

♧生活支援員（生活指導員）

生活保護法に基づく保護施設（救護施設，更生施設等）において，入所者の生活の向上及び更生のための生活指導や相談援助を行うソーシャルワーカーである。また，老人福祉施設や障害者支援施設等においても配置されており，主に老人福祉施設では生活相談員，障害者支援施設では生活支援員と呼ばれる。主な業務としては，入所・退所の手続き，入所者に応じた援助計画の作成，入所者・家族への相談援助，関係機関や地域との連絡調整等を行う。資格要件としては，専門的知識や技術が必要であるため，社会福祉主事任用資格や国家資格である社会福祉士等の資格が求められる。
［永松美菜子］

せ

♧生活支援コーディネーター（せいかつしえん）

地域包括ケアシステムにおいて，高齢者の生活支援・介護サービスの体制整備を推進していくことを目的として活動する者である。地域支えあい推進員ともいい，地域において，生活支援・介護予防サービスの提供体制の構築に向けたコーディネート機能を果たす。コーディネーターの主な役割として，①生活支援の担い手の養成，サービスの開発，②関係者のネットワーク化，③ニーズとサービスのマッチングなどである。市町村や地域包括支援センターと連携しながら活動することが重要とされ，特定の資格要件は定められていない。　［大川絹代］

♧生活支援センター（せいかつしえん）

行政や事業所が独自に使用している「地域で生活する精神障害者の社会復帰，自立，および社会参加を促進するため，精神保健福祉士などによる日常生活相談や日常生活に必要な情報の提供を行っている施設」の俗称であり，法律などで正式に定義はされていない。障害のある人の身近な地域において，就業面と生活面の一体的な相談・支援を行う支援機関で，国と都道府県から事業を委託された法人が運営する「就業・生活支援センター」の呼称として使用されることもある。
［岩永　耕］

♧生活支援ハウス（せいかつしえん）

「高齢者生活福祉センター」ともいう。高齢者対象の支援機能や交流機能を総合的に提供することで安心して生活を送れるように支援をすることを目的に市町村が運営している施設。この施設では「住居の提供」，「居住している利用者からの相談や緊急時の対応」，「介護・保健福祉サービスの利用手続きの対応」，「利用者と地域住民との交流事業」などを行っている。
［岩永　耕］

♧生活習慣病（せいかつしゅうかんびょう）

生活習慣病とは，食習慣・飲酒・喫煙・運動等の日常生活の積み重ねや加齢によって進行する疾患の総称。以前は成人病という呼称であったが，1997（平成9）年に厚生労働省（当時は厚生省）が生活習慣病と改称した。生活習慣病は癌・脳卒中・心臓病等のさまざまな疾病の発症や進行に深くかかわることが明らかになっている。生活習慣病の予防として，ライフスタイルの見直しや，健診等による病気の早期発見及び治療，適切な治療による進行の防止等がある。
［畑　香理］

♧生活相談員（せいかつそうだんいん）

特別養護老人ホームなどの介護サービスを提供する施設で，主に利用案内，入所，退所の契約，関連機関との連絡調整，その他サービスについて相談援助を行う。1963（昭和38）年に施行された老人福祉法では生活指導員であったが，2000（平成12）年の介護保険法施行を契機に生活相談員となった。介護老人保健施設では支援相談員という名称が用いられているが位置づけは同じである。なお，生活相談員は資格の名称ではなくあくまで職種の名称であり，社会福祉士や

社会福祉主事などが担うのが一般的である。 [日田 剛]

♧生活年齢（せいかつねんれい）

生まれてから現在までの年齢。ビネー (Binet, A.) 系統の知能検査において知能指数 (Intelligence Quotient: IQ) を求める際，知能検査の結果から精神年齢 (Mental Age: MA) を求め，それを生活年齢 (Chronological Age: CA) で割り，100を掛ける。式を示すと IQ ＝(MA ÷ CA)×100となる。実際には精神年齢は月数で表されるので生活年齢も月数に換算して知能指数を計算する。 [小窪輝吉]

♧生活の質（せいかつのしつ） (Quality of Life：QOL)

QOL は「生命の質」「人生の質」などとも訳されている。一般的には，人が充実感や満足感をもって日常生活を送ることができる状態を指しており，物理的な豊かさやサービスの量，個々の身体的な自立だけでなく，精神面を含めた生活全体の豊かさと自己実現を含めた概念である。QOL の構造は，社会科学の立場からは物質的幸福，人間関係の充実，地域社会や環境の改善，趣味やレクリエーションの充実又は社会貢献や社会参加といった事柄があげられるが，医療の分野では，そのほかに健康や疾病の状態及び ADL (Activity of Daily Living) の程度といったことが，とくに構成因子として大きなウエイトをもつことになる。このように QOL の定義付けとその構造は，各分野によって異なっている。 [松岡佐智]

♧生活場面面接（せいかつばめんめんせつ）

利用者の生活場面で行う面接で，利用者の自宅，施設内の居室やリビング，病室などで展開される。利用者の生活環境や状況を具体的に観察することができ，虐待などの早期発見につながるなどのメリットがあるため，意図的に実施することが求められる。自宅や施設の居室などで実施する場合には，家族や同室者などに会話の内容が漏れ聞こえるといったデメリットもあるため，配慮が必要である。 [島﨑 剛]

♧生活福祉資金貸付制度（せいかつふくししきんかしつけせいど）

低所得者世帯や障害者世帯，高齢者世帯の生活を経済的に支えるとともに，在宅福祉及び社会参加の促進を図ることを目的にそれぞれの世帯の状況と必要に応じた資金等の貸付を実施している。実施主体は都道府県社会福祉協議会とし，申請窓口は各市区町村社会福祉協議会となる。対象世帯は，低所得者世帯（市町村民税非課税程度），障害者世帯（障害者手帳を有する者が属する世帯），高齢者世帯（65歳以上の者が属する世帯）となる。貸付資金は総合支援資金，福祉資金，教育支援資金，不動産担保型生活資金の４種類に分かれ，更に用途に応じて資金は細分化されている。貸付金の利子は，連帯保証人を立てる場合は無利子だが，立てない場合は年1.5%となる（教育支援資金と緊急小口資金は無利子）。総合支援資金と緊急小口資金等の貸付においては，就労が内定している者等を除いて生活困窮者自立支援法における自立相談支援事業の利用が要件となる。なお，本制度において民生委員は相談支援の役割を担っている。 [宮崎 聡]

♧生活扶助（せいかつふじょ）

生活保護の中で最も基本的な扶助であり，その構成は，一般的共通的な生活費としての基準生活費と特別な需要を満たすための各種加算等からなっている。生活扶助は，居宅保護を原則としているが，それが適当でないとき，又は被保護者が希望したときは，被保護者を救護施設，更生施設又はその他の適当な施設に入所させ，又はこれらの施設もしくは私人の家庭に養護を委託して行うことができる。なお生活扶助は，原則として金銭給付によって行われるが，必要な場合は現物給付によって行うことができる。

［山下利恵子］

♧生活保護基準

生活保護法で保障する最低生活水準を金額で示したものである。生活保護は，厚生労働大臣が定めた基準（生活保護基準）より測定した要保護者のニーズを基本にして，そのうち本人が自分の収入等で賄うことができない不足分を補う程度に行うが，この生活保護基準は要保護者の年齢，性，世帯構成，所在地別その他保護の種類に応じて，必要な事情を考慮した最低限度の生活の需要を適切に満たすものでなければならない。保護の種類は，生活扶助，教育扶助，住宅扶助，医療扶助，介護扶助，出産扶助，生業扶助，葬祭扶助の８つであるが，それぞれの扶助の基準がこの原則に従って毎年定められている。保護基準には２つの性格があり，一つは保護の要否を決めるための尺度であり，他の一つは保護費の支給の程度を決めるための尺度である。保護基準の算定については，歴史的にマーケット・バスケット方式，エンゲル方式，格差縮小方式を経て，現行の水準均衡方式が採用されている。

［占部尊士］

♧生活保護制度（生活保護法）

わが国の公的扶助制度の中心的な制度であり，無差別平等の理念，一般扶助主義を特徴としている。すべての個人に基本的福祉を保障することを目的に，日本国憲法第25条に規定されている，「健康で文化的な最低限度の生活」を維持し自立した生活を営むことができるように，個々人に必要な資源が提供される。

［河村裕次］

♧生活保護の原則

憲法第25条 生存権保障の理念に基づき，生活保護法は原理・原則を定めている。基本原則は，①「申請保護の原則（生活保護法 第７条）」原則として要保護者の申請に基づくが，扶養義務者や同居の親族も申請が行える。但し，要保護者が急迫した状況にある場合は，申請がなくとも必要な保護を行うことができる。②「基準及び程度の原則（生活保護法 第８条）」厚生労働大臣が定める基準で，要保護者の最低限度の生活需要に対し過不足ないものとする。③「必要即応の原則（生活保護法 第９条）」保護の決定及び実施は，要保護者の個別事情の違い（年齢，性別，健康状態等と世帯）を考慮して有効かつ適切に行う。④「世帯単位の原則（生活保護法 第10条）」保護の要否や程度は世帯を単位とするが，個別事情に応じて世帯分離にて個人を単位とする。

［宮崎 聡］

♧生活保護の原理

憲法第25条 生存権保障にある「すべての国民は，健康的で文化的な最低限度の生活を営む権利を有する。国は，すべての生活面について，社会福祉，社会保障及び公衆衛生の向上及び増進に努めなければならない」の理念に基づき，生活保護法は原理・原則を定めている。基本原理は，①憲法25条の理念に基づき，国の責任において最低限度の生活を保障する「国家責任による原理（生活保護法第１条）」。②すべての国民は，生活保護法の定める要件を満たす限り，無差別平等に保護を受けることができる「無差別平等の原理（生活保護法 第２条）」。③健康で文化的な生活水準を保障する「最低生活保障の原理（生活保護法 第３条）」。④利用し得る資産，能力その他あらゆるものを活用し，それでもなお生活が維持できない場合において保障する

「補足性の原理（生活保護法 第4条）」がある。［宮崎 聡］

生活保護法（現行法）

1946（昭和21）年11月制定の日本国憲法には，生存権が規定された（第25条）。1949（昭和24）年9月社会保障制度審議会は「生活保護制度の改善強化に関する件」を政府に提出した。これらを受けて1950（昭和25）年5月旧生活保護法は全面改正され，生活保護法（現行法）となった。その目的は「日本国憲法第25条に規定する理念に基き，国が生活に困窮するすべての国民に対し，その困窮の程度に応じ，必要な保護を行い，その最低限度の生活を保障するとともに，その自立を助長すること」である（第1条）。旧法の欠格事項は廃止され「すべての国民は要件を満たす限り，保護を無差別平等に受けることができる」とされた（第2条）。不服申立権が明記され，民生委員は協力機関となった。保護の種類は7種類（教育扶助と住宅扶助が新設）となり，保護施設も規定された。現行法は，抜本的な改正が行われることはなく，被保護者への自立支援プログラム等によっても保護の受給者数は増加したことから，2013（平成25）年12月改正生活保護法が成立した（2014（平成26）年7月（一部は同年1月）施行）。主な内容は，①就労による自立の促進（就労自立給付金の創設），②健康・生活面等に着目した支援，③不正・不適正受給対策の強化等，④医療扶助の適正化である。生活保護制度の見直しに併せて，生活困窮者自立支援法も公布された（2015（平成27）年4月施行）。［河谷はるみ］

生活モデル（ライフモデル）

生態学的視座を基盤としたソーシャルワークのモデルの一つ。1980年代にジャーメイン（Germain, C.B.）とギッターマン（Gitterman, A.）によって提起された。従来の医学モデルが問題をクライエント自身に帰属させ，「検査－診断－治療」といった手続きで解決するのに対して，生活モデルは生態学的視座からクライエントとそれを取り巻く環境との交互作用に焦点をあてる。すなわち，問題の原因は両者の不適切な交互作用にあるとして，その接触面（インターフェース）に介入し，解決を図る。［荒木 剛］

生活リハビリ

生活リハビリテーションの略で，日常生活の中で，今ある機能を用いて，食事，排泄，着替えなど生活行為を繰り返すことで，身体機能の維持・向上を図るリハビリテーションのことである。時間を決めて行うものではなく，日々の生活の中で行っていくものであるため，医療上，提供される身体の機能を回復するために行う専門的なリハビリテーションとは異なる。とくに高齢期になると，さまざまな生活機能が低下しやすくなるため，意識的に無理のない範囲で生活行為を行うことで残存能力の低下の防止，さらには寝たきりの防止につながる。

［松岡佐智］

性感染症（Sexually Transmitted Diseases：STD）

性行為などによって感染する病気の総称。1999（平成11）年に施行された「感染症の予防及び感染症の患者に対する医療に関する法律」により「性病」から「性感染症」「STD」「STI（Sexually Transmitted Infectuions）」へと呼称変更された。AIDSをはじめ淋病，クラミジアなどが含まれるが，必ずしも自覚症状があるとは限らず，気づかないうちに他人に感染させる危険もある。保健所では相談だけでなくHIV感染等の検査を無料，匿名，予約不要で行っており，早期発見・治療に努めている。

［鬼塚 香］

正規分布（せいきぶんぷ）

統計学において最も重要な分布に位置づけられる。正規分布のグラフは中央が最も高く，左右両側に向かってだんだん低くなっていくという，平均を中心とした左右対称の釣鐘型をしている。とくに平均０，分散１のときを標準正規分布という。また正規分布の性質として，平均をμ，標準偏差をσとしたとき，あるデータが区間（$\mu-\sigma$，$\mu+\sigma$）に入る確率は0.683，区間（$\mu-2\sigma$，$\mu+2\sigma$）に入る確率は0.954，区間（$\mu-\sigma$，$\mu+3\sigma$）に入る確率は0.997である。

［河野高志］

生業扶助（せいぎょうふじょ）

生活保護法で定められた８種類の扶助のうちの一つで，原則金銭給付で行われる。生業に従事できず最低限度の生活を維持できない者や，そのおそれがある者の稼働能力を引き出し，それを助長することで自立を図ることを目的とする。ゆえに収入増加・自立助長の見込みがある場合に限って「生業費（生計維持を目的に小規模事業に必要な資金，器具等の経費）」，「技能修得費（職に就くために必要な技能を修得するための経費）」，「就職支度費（就職準備に必要な費用）」を基準額の範囲で現金の給付を行う。2005年度からは「高等学校等就学費」が開始され，義務教育の間に給付される教育扶助とは異なり，広義の技能修得費に含まれる。

［宮崎　聡］

制限の原則（せいげんのげんそく）

コノプカ（Konopka，G.）により提唱されたグループワークの原則の一つである。グループワーカーによる制限や制止は，望ましい参加者の集団体験，あるいは集団の目標や目的を達成するために，参加者個人や集団全体に対して必要に応じて，その行動や反応を行っていく。制限の目的は，安心で安全な集団環境を維持し，参加者の集団体験の質を高めるためにある。参加者のための制限であり，ワーカーには適切な制限を行うことが求められる。

［益満孝一］

青少年指導員（せいしょうねんしどういん）

全国の自治体において，地域社会における青少年の自主的活動の促進，健全育成，非行防止などを主な役割としている。具体的には地域における青少年が参加する野外活動や文化活動の企画や支援，リーダー育成，社会環境浄化活動への参画，街頭での普及啓発活動などがある。社会的信用が厚く，青少年の指導について熱意と関心がある人物に対し，自治体の長が委嘱している。また，各青少年指導員間の交流や情報交換，効果的な活動の促進のため，協議会や連絡会を設けている自治体もみられる。

［茶屋道拓哉］

青少年の雇用の促進等に関する法律（若者雇用促進法）（せいしょうねんのこようのそくしんとうにかんするほうりつ（わかものこようそくしんほう））

若者の雇用の促進等を図り，その能力を有効に発揮できる環境を整備するため，若者の適職の選択並びに職業能力の開発及び向上に関する措置等を総合的に講ずることが目的で，2015（平成27）年10月１日から施行されている。主な内容は，①新卒段階でのミスマッチによる早期離職を解消し，労働条件を的確に伝えることに加え，就労実態等の職場情報の積極的な提供の実施，②ハローワークにおいて，一定の労働関係法令違反があった事業所を新卒者などに紹介することのないよう，こうした事業所の新卒求人を一定期間受け付けない仕組み，③若者の採用，育成に積極的で，若者の雇用管理の状況などが優良な中小企業について，厚生労働大臣が「ユースエール認定企業」として認定する制度などである。

［門田光司］

♧精神医療審査会（せいしんいりょうしんさかい）

精神科病院入院患者に対しての人権に配慮した処遇確保，医療提供の適正調査あるいは審査を行い，病院に対し指導監督できる機関である。また，精神科病院の管理者から，医療保護入院の届け出や措置入院および医療保護入院の定期病状報告の提出があった際には入院の必要性を審査する。構成員は，精神保健指定医2名以上，法律に関する学識経験者1名以上，精神障害者の保健または福祉に関し学識経験を有する者1名以上の5名で構成する合議体で審査の案件を取り扱う。都道府県知事が任命し，任期は2年である（条例により3年まで延長可）。都道府県（政令指定都市）に設置され，審査に関する事務は精神保健福祉センターが行う。　［森　実紀］

♧精神科ソーシャルワーカー（せいしんか）（Psychiatric Social Worker：PSW）

精神医学ソーシャルワーカーともいわれ，精神科病院や精神障害者の利用する関係機関・施設において，社会福祉学を基盤としたソーシャルワーク活動を展開する者のことをいう。現在では精神保健福祉士国家資格の有資格者がその多くを占めている。1948（昭和23）年に，国立国府台病院において，「社会事業婦」という名称で橋本繁子と関川美代が採用されたのが始まりである。その後，国立精神衛生研究所の設立に伴い，他の専門職と共に7名のPSWが採用されている。1950年代から，徐々に各地における精神科病院での配置が見られるようになり，その専門職団体が，日本精神医学ソーシャルワーカー協会（現日本精神保健福祉士協会）として1964（昭和39）年11月に発足している。近年ではその対象領域の広がりとともに，メンタルヘルス課題が基準横断的な国民の課題となっている現状に鑑み，「メンタルヘルスソーシャルワーカー」という呼称も検討されつつある。　［茶屋道拓哉］

♧精神科ソーシャルワーク（せいしんか）⇒メンタルヘルスソーシャルワーク

♧精神科病院（せいしんかびょういん）

精神障害のある者を治療および保護する専門病院である。都道府県は，精神保健福祉法に基づき，原則として精神科病院の設置義務がある。国や都道府県以外の者が設置した精神科病院で厚生労働大臣の定める基準に適合するものを都道府県が設置する精神科病院に代わる指定病院として都道府県知事が指定することができる。2006（平成18）年12月に「精神病院の用語の整理等のための関係法律の一部を改正する法律」が施行され，行政上使用する用語としては，精神病院から精神科病院に改められた。　［森　実紀］

♧精神科リハビリテーション評価尺度（せいしんかりはびりてーしょんひょうかしゃくど）（Rehabilitation Evaluation of Hall and Baker：REHAB）

1983年イギリスでベーカー（Baker, R.）とホール（Hall, J.N.）により開発された精神障害者の行動を評価する社会機能評価尺度である。1994（平成6）年に日本語版が作成された。退院可能な患者の選出，入院患者やデイケア利用者の特徴を把握する目的で利用される。評価項目は逸脱行動7項目を3段階（0：なし，1：1回以上，2：2回以上）で評価し，全般的行動16項目をスコアスケール0（普通）～9（最も障害が重い）の10段階で点数化する。トレーニングを受けた評価者による1週間の行動観察で評価が行われる。　［稲富和弘］

♧精神障害（せいしんしょうがい）

精神障害とは，一般的に，精神病，神経症，人格障害，知的障害などを包括してとらえた概念として理解されている。

たとえば，「精神保健及び精神障害者福祉に関する法律」の第５条では，「精神障害者とは，統合失調症，精神作用物質による急性中毒又はその依存症，知的障害，精神病質その他の精神疾患を有する者」とされている。アメリカ精神医学会の発行している『DSM-IV-TR 精神障害の診断と統計の手引き』の中では，「精神障害は苦痛又は能力障害を伴う，行動的あるいは心理的症候群」と定義されている。このように，法律や診断基準によってさまざまな定義があり，現在のところ，統一されていない。［松岡佐智］

♧精神障害者保健福祉手帳（せいしんしょうがいしゃほけんふくしてちょう）

精神障害者の自立と社会参加の促進を目的として創設されたものである。交付対象者は，何らかの精神疾患により，長期にわたり日常生活又は社会生活への制約がある者と定められており，その精神疾患による初診から６か月以上経過していることが必要となる。申請は，①申請書，②診断書（初診日から６か月以上経過したもの）又は，精神障害による障害年金を受給している場合は，その証書等の写し，③本人の写真を市町村の担当窓口を通して都道府県知事に提出することとなっている。その後，申請に基づき，各都道府県・指定都市の精神保健福祉センターにおいて審査が行われ，認められると手帳が交付される。有効期限は，交付日から２年であり，２年ごとに診断書を添えて更新の手続きを行わなければならない。なお，手帳の等級は，１級から３級まであり，等級に応じて税金の控除・減免，公共料金等の割引等の優遇措置を受けることができる。［松岡佐智］

♧精神遅滞（せいしんちたい）（mental retardation；知的障害（ちてきしょうがい））

知的機能が標準以下（IQ70以下）であるとともに適応行動水準が年齢基準より明らかに低く，かつ18歳未満に発症するものをいう。従来，精神薄弱（mental deficiency）と呼ばれていたが，アメリカ精神遅滞学会（AAMR：American Association on Mental Retardation）により，1959年に改名された。知能指数（IQ）の程度に基づいた一般的な分類として，IQ70～50を軽度精神遅滞，IQ49～35を中度精神遅滞，IQ34～20を重度精神遅滞，IQ20未満を最重度精神遅滞とするものが多い。［笠　修彰］

♧精神年齢（せいしんねんれい）

知能指数（Intelligence Quotient：IQ）を算出する際に用いられる，知的発達程度を表す尺度。MA（Mental Age）と表記され，フランス政府から依頼を受け知能検査を初めて作成したA.ビネー（Alfred Binet，1857-1911）が1908年に採用した。暦上の生活年齢（Chronological Age：CA）にかかわらず，あらかじめ設定された各年齢段階の問題に成功すると，精神年齢はその年齢と推定される。ビネー式知能検査では，IQ＝(MA÷CA)×100で算出される。［鬼塚　香］

♧精神病（せいしんびょう）

WHO（世界保健機構）が定めたICD（『疾病及び関連保健問題の国際統計分類』，現在はICD-10）やアメリカ精神医学会が定めたDSM（『精神障害の診断と統計の手引き』，現在はDSM-5）によって精神病と類別されている精神疾患を指し，幻覚，妄想，解体した会話や行動などの現実検討を著しく障害する精神病症状を示す，身体疾患によるもの，精神作用物質の使用によるもの，身体的基盤が明らかでないものに大別される，正式には精神病性障害（psychotic disorder）のことをいう。［鬼塚　香］

♧ 成人病（せいじんびょう）

1956（昭和31）年に成人病予防対策協議連絡会（厚生大臣の諮問機関として設置）において提唱された概念であり，「主として，脳卒中，がんなどの悪性腫瘍，心臓病などの40歳前後から急に死亡率が高くなり，しかも全死因の中でも高位を占め，40-60歳位の働き盛りに多い疾患」と定義された。しかし，これらの疾患は，発症や進行の原因が，長年の生活習慣と深く関係しており，1996（平成8）年より生活習慣病といわれている。

［松岡佐智］

♧ 精神分析（せいしんぶんせき）

S.フロイト（Sigmund Freud，1856-1939年）が確立した精神療法。自由連想法という手法を用い，患者と治療者の共同作業により，患者自身の深層心理や無意識のうちに抑圧された葛藤や願望を読み解き，無意識のうちに抑圧されたさまざまな気持ちや感情を解きほぐすことで，病的な心理状態にある精神を快方へと導く。フロイトは，人間の行動を支配するのはその根本を性欲とする無意識であり，人格はイド（快楽原則に従う本能的な動機），自我（イドが現実と接触するところで形成され，現実原則に従うもの），超自我（社会的規範が内在化したもの）で成り立つと考えた。そして，イドは無意識の領域に位置する行動のエネルギー（リビドー）であり，超自我と自我は意識と無意識の2領域にまたがって行動を制御していると説いた。

［鬼塚　香］

♧ 精神保健（せいしんほけん）

人びとの精神面の健康を対象とし，広義の精神保健は一般国民を対象に，国民一人ひとりが精神的健康を保持増進させていく取組みを指す。狭義の精神保健は，精神疾患を抱えた人びとを対象に，疾患の予防や早期発見，早期治療，リハビリテーションや福祉活動の推進により，その人がもつ能力を発揮し希望をもちながら人生を主体的に生きることを可能にしていく取り組みをいう。従来は精神衛生と呼ばれていたが，精神衛生法が1987（昭和62）年に精神保健法と改正されたのを契機に，精神保健という用語が用いられるようになった。

［西田美香］

♧ 精神保健及び精神障害者福祉に関する法律（せいしんほけんおよびせいしんしょうがいしゃふくしにかんするほうりつ）（精神保健福祉法（せいしんほけんふくしほう））

1993（平成5）年の障害者基本法成立や翌年の地域保健法成立を受け，1995（平成7）年5月に精神保健法が改正・改称され，同年7月1日に施行された法律。これまでの保健医療施策に加え，福祉施策の充実を図るとして，法の目的に「精神障害者の自立と社会経済活動への参加の促進のための援助」を明記し，「保健及び福祉」の章を新たに設けた。また，精神障害者保健福祉手帳制度の創設，社会復帰施設に福祉ホームと福祉工場を追加，精神障害者社会適応訓練事業（通院患者リハビリテーション事業）が法定化された。さらに，市町村の役割明示や公費負担医療の保険優先化などが定められた。続く1999（平成11）年の改正では精神障害者の人権に配慮した医療の確保に関する事項が示され，精神医療審査会の機能強化等が盛り込まれた。また，入院時の移送制度の創設や保護者の義務が緩和された。さらに，精神障害者の保健福祉の充実に関する事項では，精神保健福祉センターの機能の拡充や社会復帰施設に精神障害者地域生活支援センターを追加，在宅福祉事業に居宅介護等事業，短期入所事業が追加された。2005（平成17）年の改正では，障害者自立支援法成立に伴い精神障害者通院医療費公費負担制度，精神障害者居宅生活支援事業，精神障害者社会復帰施設に関する規定が削除された。また，「精神分裂病」

から「統合失調症」への呼称変更，精神医療審査会の委員構成の見直しや医療保護入院等に係る精神保健指定による診察の特例措置導入，任意入院患者に関する病状報告制度の導入などが示された。2010（平成22）年の改正では，「今後の精神保健医療福祉のあり方等に関する検討会」報告書を踏まえ，都道府県による精神科救急医療体制の確保について規定された。障害者自立支援法の改正による地域移行支援・地域定着支援の個別給付化に伴い，精神科病院の管理者と障害福祉サービス事業所との連携等について規定された。2013（平成25）年の改正では，精神障害者の地域生活への移行を推進するため，精神障害者の医療に関する指針（大臣告示）の策定，保護者制度の廃止，医療保護入院における入院手続等の見直し等が行われた。保護者制度の廃止では，保護者には精神障害者に治療を受けさせる義務等が課せられていたが，家族の高齢化等に伴い負担が大きくなっている等の理由から保護者に関する規定が削除された。また，医療保護入院の見直しでは，保護者の同意要件を外し，家族等のうちのいずれかの者の同意を要件とした。さらに，精神科病院の管理者に医療保護入院者の退院後の生活環境に関する相談及び指導を行う者（精神保健福祉士等）の設置や地域援助事業者との連携，退院促進のための体制整備を義務付けた。精神医療審査会に関する見直しでは，精神医療審査会の委員として，「精神障害者の保健又は福祉に関し学識経験を有する者」を規定し，精神医療審査会に対し退院等の請求をできる者として，入院者本人とともに家族等を規定した。

［西田美香］

♧精神保健参与員（せいしんほけんさんよいん）

心神喪失者等医療観察法に基づき開かれる審判において，裁判官，精神保健審判員（精神保健指定医）とともに審判に同席し精神保健福祉の視点から必要な意見を述べることができる精神保健福祉士など。なお，合議体は裁判官，精神保健審判員で構成される。厚生労働省の作成した名簿から事件ごとに地方裁判所が任命する。精神保健福祉士として相談援助業務に5年以上従事した経験を持つことが要件となる。医療観察法における審判の合議体は司法と医療の専門家で構成されている一方，対象者は重大な他害行為に至るまでの生活史の中にさまざまな背景を抱えている。精神保健参与員は，この背景をソーシャルワーカーとしての「価値と倫理」に基づくソーシャルワーク理論で読み解き，審判へ反映させることが求められる。

［中條大輔］

♧精神保健指定医制度（せいしんほけんしていいせいど）

医師としての臨床経験及び精神障害者の診断や治療に従事した一定の経験を有し，厚生労働省令で定める研修を修了した者の申請に基づき，その職務（精神保健福祉法第19条の4）を行うのに必要な知識及び技能を有すると認められる者を厚生労働大臣が精神保健指定医として指定する。その職務には，任意入院者の退院制限の際の診察，措置入院者の入院継続にかかる診察，医療保護入院及び応急入院にかかる診察，入院患者の行動制限にかかる診察，措置入院者及び医療保護入院者などの定期病状報告のための診察などがある。さらに公務員としての職務に，措置入院及び緊急措置入院の必要性の判定，入院措置や医療保護入院のための移送における行動制限の必要性の判定，精神医療審査会における入院継続の判定に際し必要がある場合の当該入院者の診察などがある。

［茶屋道拓哉］

♧精神保健審判員（せいしんほけんしんぱんいん）

心神喪失者等医療観察法に基づき開かれる審判において，裁判官と合議体を形成し，心神喪失，もしくは心身耗弱により重大な他害行為を行った対象者の処遇を決定する精神科医。精神保健福祉法における医療保護入院や措置入院といった人権を制限する形での入院を決めることができる資格を持つ精神保健指定医で5年以上の経験を有する者の内，厚生労働省が作成した名簿に選出された中から，事件ごとに地方裁判所が任命する。特別職の国家公務員であり，非常勤の裁判所職員としての位置づけを持つ。心神喪失，もしくは心身耗弱の状態を判定することは容易ではなく，精神保健指定医としての豊富な経験と確かな技量が求められる。 ［中條大輔］

♧精神保健福祉士（せいしんほけんふくしし）

1997（平成９）年12月に制定された精神保健福祉士法による，メンタルヘルス領域のソーシャルワーカー（PSW：Psychiatric Social Worker）の国家資格（名称独占）である。メンタルヘルスにかかる保健・医療・福祉に関する専門的知識・技術をもって，精神科病院やその他の病院を利用する者，精神障害者の地域移行や地域定着に関するサービスを利用する者，その家族・地域住民に対し相談支援活動を行う。社会福祉学を学問的基盤とし，精神障害者や心の健康問題を抱える人びとの生活のしづらさへの支援，その人らしい生活の再構築のための支援にとどまらず，心の健康問題に対する予防的活動を行う。近年，その実践領域は広がりを見せ，司法領域（社会復帰調整官や精神保健参与員）や学校教育領域（スクールソーシャルワーカー），企業におけるストレスチェックやメンタルヘルスマネジメント，災害派遣精神医療チーム等での実践が蓄積されている。 ［茶屋道拓哉］

♧精神保健福祉士養成施設（せいしんほけんふくししようせいしせつ）

精神保健福祉士の養成課程において，大学等において指定科目，基礎科目のいずれも履修していない人について，精神保健福祉士として必要な知識及び技術を修得させる「精神保健福祉士一般養成施設等」，大学等において基礎科目を履修しているが，指定科目の一部を履修していない人について，指定科目の欠ける部分を修得させる「精神保健福祉士短期養成施設等」を指す。 ［藤島法仁］

♧精神保健福祉センター（せいしんほけんふくし）

1965（昭和40）年の精神衛生法改正において「精神衛生センター」として各都道府県に設置され，地域における精神衛生行政の第一線機関であった保健所に対し指導・援助を行う行政機関と位置づけられた。1987（昭和62）年の精神保健法には「精神保健センター」へ，1995（平成７）年の精神保健福祉法成立時には「精神保健福祉センター」へと名称変更されてきた。精神保健福祉センターの目的は，精神保健の向上および精神障害者の福祉の増進を図ることであり，具体的な業務として精神保健福祉に関する知識の普及，調査研究，相談および指導等がある。 ［畑　香理］

♧精神保健福祉法（せいしんほけんふくしほう）⇒精神保健及び精神障害者福祉に関する法律（せいしんほけんおよびせいしんしょうがいしゃふくしにかんするほうりつ）

♧精神保健福祉相談員（せいしんほけんふくしそうだんいん）

精神保健福祉法第48条に定められた任用資格。都道府県及び市町村の，精神保健福祉センター及び保健所その他これらに準じる施設に置かれ，精神保健及び精神障害者の福祉に関する相談に応じたり，精神障害者やその家族等，関係者を訪問して指導を行ったりする。精神保健福祉士の他，その他政令で定める資格を有する者のうちから，都道府県知事又は市町村長が任命する。 ［鬼塚　香］

♧生存権保障・国家責任の原理（せいぞんけんほしょう・こっかせきにんのげんり）

生活保護法の基本原理の一つである。

この法律は，日本国憲法第25条に規定する理念に基づき，国が生活に困窮するすべての国民に対し，その困窮の程度に応じ必要な保護を行い，その最低限度の生活を保障するとともに，その自立を助長することを目的とする（法第１条）。これを目的の原理ともいう。この規定は，保護が生活困窮の必要に応じて行われること等を明らかにし，最低生活の保護を権利として主張できること，国民に健康で文化的な最低限度の生活を保障することは国の義務であることを明確化したものである。［大野さおり］

♧ 生態学的アプローチ（エコロジカル・パースペクティブ；ecological perspective）

エコロジカル・パースペクティブは，人間と環境との交互作用に焦点を当てる。そこでは，それぞれが相手を形作り，時間を越えて影響を及ぼしあうと考える。また，有機体と環境の相互依存を強調するため，ソーシャルワークにおける環境の中の人間を理解するのに適している。人間は物理的環境，社会的環境，文化の中で相互に影響し合う力動的な過程の中で生活を営んでおり，そこには直線的な因果関係で説明できない事象が多く存在する。エコロジカル・パースペクティブはこうした事象の説明にも役立つことから，ジャーメイン（Germain, Carel Bailey；1916-1995）らによってソーシャルワークに導入され，エコロジカル・パースペクティブに基づくソーシャルワーク実践として生態学的アプローチが登場した。［河野高志］

♧ 成年後見制度

認知症，知的障害，精神障害等で判断能力が不十分な者の自己決定や意思を尊重しつつ，その者を保護することを目的として，生活，療養看護及び財産管理を支援する制度である。法定後見と任意後見の２つの制度がある。法定後見制度は，すでに判断能力が不十分な者を支援する仕組みであり，本人や親族等の申立てに基づき，家庭裁判所の審査により開始される。本人の判断能力の程度に応じて，「後見」「保佐」「補助」に類型化され，家庭裁判所より選任された「成年後見人」「保佐人」「補助人」が支援を行う。任意後見制度は，将来，判断能力が不十分になった場合に備え，前もって本人が選んだ任意後見人との間で，身上監護や財産管理に関する事務について代理権を付与する契約を締結し，その後，本人の判断能力が不十分になった時に，家庭裁判所より選任された任意後見監督人の監督の下で，任意後見人による支援が開始される。［荒木　剛］

♧ 成年後見制度利用促進法

2016（平成28）年４月公布，同年５月施行。2000（平成12）年に開始された成年後見制度であったが，その利用者数については伸び悩んだ状態となったため，その利用促進を目的として本法律が制定されるに至った。本法律は，基本理念・基本方針と基本計画・体制の２つの部分から構成されている。その内容としては，国の責務が明らかにされ，成年後見制度の利用の促進に関する施策を総合的かつ計画的に推進するとしている。また，成年後見制度の利用の促進に関する施策の総合的かつ計画的な推進を図るため，本法律に基づき2017（平成29）年３月に成年後見制度利用促進基本計画が閣議決定している。［戸丸純一］

♧ 生命保険

人間の生命や傷病にかかわる損失を保障することを目的とする保険である。生命保険の種類としては，死亡保険と生存保険とその両方を組み合わせた生死混合保険の３つに分類される。死亡保険は保険契約期間内に被保険者が死亡した場合，遺族の生活保障等を目的として保険金が支払われるもので，保険期間を定めた定期保険，保険期間が一生涯続く終身保険，定期保険と終身保険を組み合わせた定期付終身保険がある。一方，生存保険は被保険者が一定期間経過したあと支払われる貯蓄性の高い保険で，老後の生活保障確保のための年金保険や一定年齢に到達したときに予想される必要資金を準備するためのこども保険等がある。また，生死混合保険は，一定期間内に死亡した場合に死亡保険金が支払われ，満期時には満期保険が支払われるもので，普通養老保険，定期付養老保険等がある。

［田畑寿史］

♧政令（せいれい）

内閣が制定する命令のことである。行政立法である命令の中では規則，内閣府令・省令よりも優劣関係で最も高い位置づけとなっている。閣議の決定により成立し，天皇が公布するものである。政令は執行命令（憲法・法律の規定を実施するために制定された政令）と委任命令（法律の委任に基づいて制定される政令）の２つに分けることができる。また，とくにその法律の委任がある場合を除いては，罰則を設けることができないとされている。

［河村裕次］

♧世界人権宣言（せかいじんけんせんげん）

1948年国際連合第３回総会において採択された人権保障についての基準を示した宣言。その内容は，前文と30条にわたっている。人種，宗教，性などの差別の禁止と市民的自由権の他，社会保障を受ける権利，生存権，労働権などの社会権を規定している。条約とは違い法的拘束力はないものの，戦後の世界に大きな影響を与え，1966年国際連合第21回総会において採択された法的拘束力をもつ国際人権規約へと結実した。なお，世界人権宣言が採択された12月10日は「世界人権デー」とされ，わが国はこの日に先立つ１週間（12月４日から同月10日まで）を「人権週間」と定めている。

［笠　修彰］

♧セクシャルハラスメント（sexual harassment）

労働や教育の現場において他者を性的対象物におとしめるような言動や相手の意に反する「性的言動」によって不利益をもたらす，労働や学習環境を損なわせる等のこと。日本語訳では性的嫌がらせという。防止対策として1997（平成９）年には「改正男女雇用機会均等法」により性的嫌がらせの配慮を盛り込み，事業主に対して雇用上の管理を義務づけている。また2007（平成19）年には男性への性的嫌がらせ，さらに2014（平成26）年の改正により同性愛やトランスジェンダーなどLGBTへの差別的言動も配慮の対象となった。

［中村幸子］

♧世代間交流（せだいかんこうりゅう）

異なる世代に属する人びとが交流し，お互いについての理解を深めるために行われる活動のことであるが，福祉的視点から注目されるのは，高齢者や中高年者と保育園児などとの交流である。一方で，少子化という現象が今後の社会における税の負担やサービスの維持などを危うくすると喧伝されたり，他方で「超高齢社会の到来」などといわれる現代社会にあって，ひとり暮らしの高齢者が増加し，人知れず高齢者が死を迎えていたといった痛ましいニュースが報道されたりしている。どちらの世代も，世代間交流を通して，互いの弱点を補強しあう可能性がある。

［佐野正彦］

♧世帯更生資金（せたいこうせいしきん）（生活福祉資金（せいかつふくししきん））

生活福祉資金貸付制度の前身となる貸付制度。戦後，激増した低所得世帯の現状を受け，民生委員らが自主的に防貧施策と低所得者階層に対し自立更生を目的とした世帯更生運動を実施した。その結果，1955（昭和30）年に民生委員の指導・援助の一環として資金貸付を行う世帯更生資金貸付制度が創設された。当初は生業資金，支度資金，技能習得資金の３種であったが，その後は生活資金，医療費貸付資金等に加え身体障害者更生資金，修学資金と対象者の拡大と資金種類も拡充された。1990（平成２）年に在宅福祉推進の観点から名称が生活福祉資金貸付制度へ変更された。［宮崎　聡］

♧世帯単位の原則（せたいたんいのげんそく）

生活保護法の基本原則の一つである。同法第10条において，「保護は，世帯を単位としてその要否及び程度を定めるものとする。ただし，これによりがたいときは，個人を単位として定めることができる」と規定されている。この原則は，生活困窮の状態が個人にのみ起こり得るというよりは，生計を同一にしている世帯全体に起こり得るという考えに基づくものである。ここでいう世帯とは，「居住と生計の同一性」という生活共同体のことであり，たとえ他人を含む場合であっても，それらの者すべてを一つの単位としてとらえることになる。なお，保護の実施は世帯単位として行うことが原則であるが，法の目的に適合しないときは，個人単位として判断し保護を行うことができる。すなわち世帯分離という措置がとられている。［大野さおり］

♧世帯分離（せたいぶんり）

生活保護法では世帯単位の原則がとられているが，同法第10条において，「これによりがたいときは，個人を単位として定めることができる」と規定されている。これは，「最低限度の生活保障」と「自立の助長」という目的を果たすことができない場合，同一世帯であっても個人を単位として保護の要否及び程度を定める例外的な取り扱いが認められている。これを世帯分離という。

［大野さおり］

♧摂　食（せつ　しょく）

摂食とは食べ物をとることで，飲み込みまで含めて，摂食・嚥下といわれる場合が多い。つまり，摂食・嚥下とは，食物を認識して口に取り込むことから，胃に達するまでの過程を示す。この流れは５つの時期に分かれ，まず食物を認識する先行期（認知期），次に，食べ物を口に入れ，咀嚼し，飲み込みやすい大きさの食塊を形成する準備期，その後，食塊を舌で口腔から咽頭へ送り込む口腔期になる。この口腔期までは，随意運動で自分の意思で止めることが可能である。この時期は嚥下第１相とも呼ばれる。この後，嚥下反射によって，食塊を咽頭から食道入り口へ送り込む時期の咽頭期と食道から胃まで運ぶ食道期になるが，いずれも自分の意思で止められない不随意運動になる。［松元泰英］

♧絶対的貧困（ぜったいてきひんこん）

絶対的貧困とは，国や地域のレベルとは無関係に，生活必需品物資の欠乏や居住環境の劣化等により，肉体的・生理的限界状況にある貧困状況をいう。こうした状況は，前近代社会や未開発社会等においてみられるが，近代社会でも自由主義段階においては不熟練労働者の一般的状況として問題化された。これに対して，相対的貧困とは，その国や地域の水準など，相対的な基準で比較して，大多数の者よりも貧しい状態のことを指す。

［田畑洋一］

♧折衷アプローチ（せっちゅうアプローチ）

診断主義と機能主義を統合しようという意図のもと生み出されたといわれる問題解決アプローチを指す呼称。フロイト（Freud, Sigmund；1856-1939）やその弟子たちなどから自我機能の知見を得る一方で，クライエントのパーソナリティの潜在的な強さや動機を引き出すうえで活用する「関係」や「状況・場の限定」「ゴールの限定と問題の部分化」などはロビンソン（Robinson, Virginia Pollard；1883-1977）やタフト（Taft, Jessie；1882-1960）ら機能主義の学者による知見を得ていることからこのように呼ばれる。［河野高志］

♧説明責任（せつめいせきにん）（アカウンタビリティ；accountability）

ソーシャルワーカーなどの社会福祉実践者が，クライエント，住民，利用者等に対し，自らの支援や結果について説明を行う責任のこと。サービスの情報などの開示，支援に関する十分な説明はもちろん，クライエントがそれを理解し，納得したうえで合意・拒否を判断できるように実施しなければならない。2000（平成12）年から始まった介護保険制度を皮切りに，措置から契約へと，福祉サービスの利用者がサービスを自身で決定するようになり，アカウンタビリティは不可欠のものとなった。［池本賢一］

♧セツルメント（settlement）

支援者が隣人として貧困地区に移り住み，地域住民と協働して当該地域が抱える問題の社会的な解決を進めた社会改良運動である。その目的は，日常的な交流等によって，地域の人びとの心身両面の向上をはかり，生活改善や防貧事業など住民の要求を入れて，地域福祉の増進を図ることである。世界初のセツルメントは1884年イギリスでのトインビー・ホールであり，その後アメリカでのハル・ハウス，日本のキングスレー館等世界各国に運動は発展した。［田中将太］

♧セラピスト（therapist）

生きづらさや生活のしづらさ，心の健康問題を抱える人（クライエント）に対し，心理療法の専門的知識や技術を用い，心理的治療行為を行う専門家を指す。クライエントの不適応状態の改善をはかるため，面接などを通して認知と行動に働きかけ，人格の変容をうながす。カウンセラーも心理療法の専門家であるが，相談や助言に比重を置くことからセラピストとは区別される。［茶屋道拓哉］

♧セルプ（社会就労センター（しゃかいしゅうろう））

全国社会就労センター協議会は，1994（平成６）年～1996年の３年間，社会就労センター（授産施設）改革に取り組み，1995年に障害者が働く施設「授産施設（旧法)」に代わる新しい施設名称を“社会就労センター”（呼称“SELP”）とし，全国的なPRキャンペーン活動を展開するとともに，障害者が生活しやすく働きやすい施設環境づくりを展開した「環境改善プロジェクト事業」や障害者がつくる製品（商品）の開発や販路の開拓等を中心的に「事業振興プロジェクト事業」などを積極的に展開した。2018年３月末現在，全国1,501施設・事業所が加盟し地方組織がある。「セルプ SELP」とは「SELF HELP」からの造語である。［橋本みきえ］

♧セルフヘルプグループ（self help group）

共通の問題や悩みを抱える人（あるいは家族）たちが，自らの経験を語りあうことで相互に悩みを理解しあい，生きていく力を得ていくために意図的に組織化され，自主的な運営を行っていくもの。ヘルパー・セラピーの原則（援助を提供するものが最も援助される）が理論的背景にある。1935年にAA（Alcoholics Anonymous）が設立されたのが起源とされる。わが国においては第２次世界大戦後の生活保障に対する要求運動や，公害・薬害問題における社会問題化のプロセスの中で当事者団体が組織化（サリドマイド児親の会・カネミ油被害者の会・水俣病患者同盟など）され，ソーシャルアクションを行ってきた背景もある。　［茶屋道拓哉］

♧セン，A.

(Sen, Amartya Kumar；1933-)

インド生まれ。カルカッタ，ケンブリッジ両大学に学び，ケンブリッジ大学トリニティ・カレッジの特別研究員となる（1957-63）。ニューデリー大学（1963-71），ロンドン・スクール・オヴ・エコノミクス（1971-77），オックスフォード大学（1978-88）で教授を歴任し，ハーバード大学に転じる。貧困と飢餓の本質についての研究によって注目される。センは，個人の所得や消費，効用などに関する情報を越えて，個人が達成している行いやありよう，すなわち「潜在能力（capability）」に着目する視座を提起した。厚生経済学で多くの業績を生み出した研究者であり，その業績が認められて1998年にノーベル経済学賞を受賞した。センは，個人が「財や特性」を主体的に生かしていく「潜在能力」を，人びとの福祉（well-being）に成就させるという視点で，貧困と不平等という問題の解決を提起し，弱い立場の人びとが潜在能力を生かし社会参加することなどを主張している。著書に『福祉の経済学―財と潜在能力』（1985＝1988），『不平等の再検討―潜在能力と自由』（1992＝1999）などがある。　［田畑洋一］

♧船員保険

対象者は，船員法第1条に規定する船員として船舶所有者に使用される者で，「船員」という特定の労働者を対象とする社会保険制度。船員労働の特殊性に配慮した制度として1939（昭和14）年に制定された。これまでの船員保険制度は，職務外疾病部門（健康保険相当部分），職務上疾病・年金部門（労災保険相当部分＋独自給付）及び失業部門（雇用保険相当部分）の3部門を有する総合保険として運営されてきたが，制度改正に伴い，2010（平成22）年1月からは，職務上疾病・年金部門及び失業部門は，それぞれ，労災保険制度及び雇用保険制度に統合され，新船員保険制度は，職務外疾病部門と，ILO条約や船員法に基づく独自給付制度として，新たにスタートすることになった。保険者は全国健康保険協会である。　［髙田裕子］

♧前期高齢者

高齢者を画一的に定義づけることはむずかしいが，一般的に65歳以上の人を高齢者とよび，65歳から74歳までを前期高齢者（ヤング・オールド），75歳以上を後期高齢者（オールド・オールド）として区分している。前期高齢者は，比較的健康で仕事や社会活動に従事することができる人の割合が多いが，後期高齢者になると，認知症などのさまざまな老化に伴う疾病や障害により日常生活に支障が現れはじめ，医療や介護サービスを必要とする人の割合が増えてくる。　［松岡佐智］

♧全国健康保険協会管掌健康保険

民間企業に働くサラリーマン（従業員）のうち，勤務先が健康保険組合に加入していない中小企業等の従業員や家族が加入する健康保険のこと。従来，中小企業など勤務先が健康保険組合に加入していない場合，従業員や家族は政府管掌健康保険に加入していたが，2008（平成20）年10月1日より，政府管掌健康保険は国を離れ，全国健康保険協会管掌健康保険に移管された。運営は全国健康保険協会が行うことになったが，被保険者の資格管理や保険料の納付等の手続きは厚生年金保険と一体になっているため，引き続き年金事務所（旧社会保険庁）が窓

口となっている。 ［川﨑泰代］

全国保育士会倫理綱領

2002（平成14）年の児童福祉法改正で，保育士資格が法定化（国家資格化）されたのを受け，全国保育士会と全国保育協議会，全国社会福祉協議会が採択した保育所保育の倫理綱領である。前文と8つの条文で構成されており，保育士自身が保育士としての職務と役割について認識を新たにし，より質の高い保育を実践していくことと，倫理綱領の内容が現任保育士に当然のこととして定着することをめざした内容となっている。前文では「私たちは子どもの育ちを支えます／私たちは，保護者の子育てを支えます／私たちは，子どもと子育てにやさしい社会をつくります」ということばが示され，子どもと子どもを取り巻く環境を支援することで，子どもの最善の利益を実現していこうとする決意がうかがえる。

［森木朋佳］

全国有料老人ホーム協会

有料老人ホーム利用者の保護と，有料老人ホームを運営する事業者の健全な発展を図ることを目的として設立された公益社団法人。利用者の保護事業としては，事業者の倒産などにより入居者が待機せざるを得なくなった時に保証金を支払う入居者生活保証制度，経営危機や災害などによりサービスの提供が困難になった有料老人ホームへ職員を派遣する入居者生活支援制度がある。また，利用者やその家族からの苦情相談の対応も行っている。 ［日田　剛］

全国老人クラブ連合会

全国各地で次々に老人クラブ組織が結成されたことを背景に，全国の社会福祉協議会の援助のもと，1962（昭和37）年4月5日に設立された高齢者団体。略して「全老連」とも呼ばれる。主な事業として，①老人クラブリーダーの育成，②高齢者福祉の推進，③全国運動の推進，④老人クラブ・高齢者福祉に関する調査・研究，⑤広報誌の発行がある。老人クラブ連合会（老連）は，小地域ごとの老人クラブ（単位クラブ）を核に，市区町村，都道府県・指定都市，全国の段階に組織化されている。 ［飯干真冬花］

潜在能力

セン（Sen，A.）は，人の福祉を評価する方法として「潜在能力アプローチ」を提唱した。これは，人がもっている財や人の幸福感ではなく，もっている財を使ってその人が何をするのかという「機能」を重視する。そして，機能をどれだけ選択したかではなく，機能をどれだけ選択する自由があるのかということによって福祉を評価する。潜在能力とは，選択し得る機能の集合体のことである。すなわち，人の福祉的自由を表す概念であるということができる。→セン，A.

［吉村　健］

全身清拭

病気や傷等によって入浴が難しい場合に，全身を拭くことによって，身体の清潔を保持することである。全身清拭には身体の清潔を保持すること以外にも，皮膚トラブルの予防や悪化防止，血行促進，気分転換やリラクゼーションなどの効果がある。効果的な全身清拭を行うには，室内やお湯の温度及び体調の変化に気をつけるとともに，介助のたびに声をかけたり，清拭している部位以外の肌を露出しないようタオルで覆うなどプライバシーの保護にも配慮が必要である。

［種橋征子］

全身性障害者介護人派遣事業制度

自立自活をめざす，在宅の脳性まひ，頸椎損傷，筋疾患などの肢体不自由者で，四肢，体幹など全身にわたり重度の障害をもつ障害者に対し，外出援助等のための介護人を派遣することにより，その社会参加を促進することを目的とする制度。障害者のみの世帯や同居家族が常時介護にあたれないなど，介護を必要とする身体障害者手帳1級を所持している人が対象。各自治体によって制度の内容が異なる。　［中川美幸］

♧選択肢法

調査票への回答について，あらかじめ選択肢として項目を用意しておく方法。自由回答法に対して，回答がしやすいこと，質問に関する意味の取り違えが少ないことなどがメリットとしてあげられる。回答内容として網羅された選択肢を準備していくには時間を要する。予備調査等を行い，選択肢の内容や表現について十分に検討することが望まれる。また，回答については，選択肢の中から一つだけ選んでもらう単数回答（single answer）と2つ以上を選べる複数回答（multiple answer）がある。［下田　学］

♧選択的セロトニン再取り込み阻害薬（Selective Serotonin Reuptake Inhibitor：SSRI）

神経伝達物質であるセロトニンの再取り込みを選択的に阻害することで抗うつ作用を呈する薬である。その特徴は，消化器系の症状を中心に副作用があり，従来の三環系抗うつ薬がもつ抗コリン作用や抗ヒスタミン作用による副作用が少ないこと，また，不安障害に加え，摂食障害や心的外傷後ストレス（PTSD）にも有効とされ，適用範囲が広く，処方頻度が高いことである。一方，服用後の敵意や攻撃性に伴う副作用の報告や服薬中止に伴う離脱作用があり，服用には注意が必要とされている。　［山田美保］

♧先天異常

先天性疾患（異常）と遺伝性疾患（異常）は混同されやすいが，実際には異なる概念である。先天性とは，生まれつき疾病があらわれているものをさし，その原因としては，遺伝性素因（遺伝性疾患）と胎児期における子宮内環境異常に基づくものがある。たとえば，先天奇形をおこす胎生期の子宮内環境異常としては，①物理的要因（放射線，機械的因子，高温など），②化学的要因（サリドマイド，抗腫瘍薬，アルコール，有機水銀など），③生物学的要因（風疹，単純疱疹，トキソプラズマなどの感染症，母体の糖尿病，ヨード欠乏症）があげられる。遺伝性疾患は，①単一遺伝病，②ミトコンドリア遺伝病，③多因子疾患，④染色体異常疾病に分類され，発症に遺伝子の変化が関与しているものをさす。

［花田美那子］

♧尖　度

得られたデータの分布を特徴づける指標の一つで，正規分布と比較した際の分布の尖りを表す。一般的に正規分布の尖度を0とすると，尖度が正の値をとるときは正規分布よりも中心が尖っていて裾が厚くなる傾向にあり，尖度が負の値をとるときは正規分布より中心が平坦で裾が薄くなる傾向にある。　［河野高志］

♧全米ソーシャルワーカー協会（National Association of Social Workers：NASW）

1955年に設立された世界最大のソーシャルワーカーの専門職団体である。会員の専門的な成長と発展を促進し，専門的基準を作り，維持し，健全な社会政策を進めることを目的としている。その活動として，①個人や家族，ソーシャルワーク専門職を擁護するためのアドボカシー，②地域社会における社会福祉サービスの質保証のための倫理の規定，③継続的な専門教育の提供，④学術誌等の出版を行っている。　［河野高志］

選別主義

イギリスの社会福祉研究において1960年代後半以降に用いられるようになった概念。福祉サービスの受給資格を判定する際の申請者の資力や稼働能力，親族扶養の可能性を調査するためにミーンズテスト等を実施することへの是非をめぐり注目されることが多い。一般的には，ミーンズテスト等を伴う制度は選別主義的であり，それを要しない場合は普遍主義的であると理解される。選別主義的手法は，ニーズの高い階層への資源の重点配分を意図して用いられるが，①受給者選別の行政コストがかかること，②受給に際しスティグマを伴うため，捕捉率を高めにくいこと，③貧困の罠を生じさせやすいこと，④サービスの水準や受給者階層—非受給者階層間に二重構造が形成されることなど，さまざまな問題点も指摘されている。 ［大山朝子］

せん妄

意識障害の一つであり，意識の混濁や意識の変容に伴って，幻覚，妄想，錯覚，興奮などの精神病的症状がみられる。せん妄は複数の要因によって引き起こされることが多い。直接的な要因としては，低酸素脳症など脳に十分な酸素を送り込めなくなる疾患が挙げられる。背景的な要因としては，加齢や器質的な脳障害が挙げられる。誘発的な要因としては，環境変化，身体拘束，ストレス，痛みなどが挙げられる。せん妄はさまざまな病態に伴ってみられる。 ［吉村　健］

専門員

日常生活自立支援事業において支援対象者の相談を受け，相談内容をもとに支援計画を作成し，サービス利用契約締結支援を行う人のこと。具体的には，①生活全般の課題把握・契約能力の確認，②事業利用意思の確認，③本人の希望に沿った支援計画の立案，④契約書の作成と契約締結，⑤サービス利用開始後，サービスに対する相談の受付，⑥定期的なモニタリングと計画の見直しを行う。なお，契約能力有無の判断が専門員では困難な場合は，弁護士・医師・社会福祉士等の専門家で構成された契約締結審査会でその判断を行う。 ［池本賢一］

そ

層化抽出法

調査対象としたい母集団が大きく，明らかに性格の異なる複数の層（年齢，性別，職業，地域特性など）から構成されている場合，各層の全体に占める構成比率に応じて各層から無作為に標本抽出するサンプリング手法。たとえば，農村と大都市，ある資格の有資格者と無資格者，公的機関と民間事業所など，データのばらつきが大きいと予測できる場合には，あらかじめ層別に標本を抽出することでデータの偏りを小さくすることができる。 ［河野高志］

相関係数

2種類のデータの関係性の強さを－1から＋1の間の値で表した数のこと。相関係数の値は，用いたデータの単位の影響を受けずにデータの関連性を示す。一般的に単に相関係数といえばピアソンの積率相関係数のことを指す。散布図上の点が右上がりになると相関係数の値は正（正の相関がある）となり，右下がりになると相関係数の値は負（負の相関がある）になる。また，相関係数の値が＋1に近ければ近いほど「強い正の相関がある」，－1に近ければ近いほど「強い負

の相関がある」，0に近い場合は「相関が認められない」と表現する。 ［飯干真冬花］

♧臓器移植（ぞうきいしょく）

疾病や外傷により臓器の機能が低下した人に，他者の健康な臓器と取り換えて機能を回復させる医療。生きている人（多くは家族）から臓器の部分提供による生体臓器移植と亡くなった人（脳死後や心停止後）からの臓器提供による死体臓器移植がある。後者については，1997（平成９）年に「臓器の移植に関する法律（臓器移植法）」の施行により，本人の書面による意思表示と家族の承諾のうえで，脳死後の臓器提供が可能となった。その後，2009（平成21）年に法改正され，本人の意思が不明な場合でも，家族の承諾で臓器提供が可能となったほか，15歳未満の脳死者からの臓器提供も可能となった。 ［鬼塚 香］

♧早期発見・早期療育対策（そうきはつけん・そうきりょういくたいさく）

早期発見，早期療育は，障害児の保健・福祉の重要な部分を占めている。早期発見対策としては，胎児診断，新生児期のマススクリーニング，乳・幼児健康診査などがある。早期療育対策としては，母子保健法に基づいた療育指導，児童福祉法に基づいた育成医療の給付，障害児入所施設及び障害児通所支援に基づく対応などがある。障害児入所施設には福祉型と医療型の２つがある。障害児通所支援としては，児童発達支援，医療型及び福祉型児童支援センター，放課後等デイサービス，保育所等訪問支援の４種類がある。障害児通所支援は，障害の程度や種類を超えて利用できる社会資源となっており，地域の重要な取組みの一環をなしている。 ［前原 寛］

♧双極性障害（そうきょくせいしょうがい）（躁（そう）うつ病（びょう））

基本的に同一患者より躁病エピソードとうつ病エピソードが出現する病気である。脳内セロトニンなどを介した神経伝達が不安定になることによって引き起こされると考えられている。「双極Ⅰ型障害」の場合，躁病エピソードとうつ病エピソードを呈する疾患であるが，うつ病エピソードを示さない場合もある。「双極Ⅱ型障害」の場合，うつ病エピソードと軽躁病エピソードを呈する疾患であるが，軽躁病エピソードに気付かない場合やそれを伴わない場合もある。 ［茶屋道拓哉］

♧相互援助システム（そうごえんじょ）（mutual aid system）

グループワークは同じ状況や課題をもっているメンバーが小集団にて，互いの考えを交換しあうことでグループで問題解決を図っていくことをねらいとする。特にシュワルツ（Schwartz, W.）はグループワークにおけるメンバー間の相互援助（mutual aid）を重視する。グループワーカーも含めて，グループを構成するメンバーが共通する問題を解決していくためには，互いに助け合っていく関係が形成されていかなければならない。この相互援助関係があるグループをシュワルツは「相互援助システム」とした。シュワルツにとって，グループワークを展開していくうえでは，この相互援助システムはめざすべきグループとなる。 ［門田光司］

♧相互作用モデル（そうごさよう）（interactional model/reciprocal model）

シュワルツ（Schwartz, W.）によって開発されたグループワークの実践モデルである。このモデルでは，メンバーと社会の相互作用に焦点をあてる。ワーカーの役割は，メンバー間の相互扶助が育成され，グループの目的が達成されるように援助していくこと。併せて，メンバーのニーズがより良く充足されるように，家族や関係機関，社会環境にも働きかけていくことである。このグループワーカーの前者の役割を内部的媒介，後者を外部的媒介という。ワーカーはメンバー個人やグループに援助していくとともに，社会にも働きかけていくことで，両者の相互作用が良好に進展するための媒介者役を担う。なお，グループワークの代表的な実践モデルとしては，クライン（Klein, A.）やトロップ（Tropp, E.）を代表とする社会目標モデルや，ヴィンター（Vinter, R.）を代表とする治療モデル，そして相互作用モデルがある。さらに，近年ではこれらの実践モデルに加え，課題グループモデルがある。　［門田光司］

♧相互扶助（そうごふじょ）

現代社会において人が生活をする際に，その責任を自己が負うのは当然のこととされている。しかし，人が生活を営んでいく中では個人のみでは解決できない困難が伴うことがある。相互扶助とは，そのような社会生活上の問題について，家族や地域共同体を基盤に協力及び協働によって相互に支え合い，助け合うことをいう。相互扶助は，市民社会誕生前も以降も常に存続してきたが，市民社会が発展する中で徐々に弱体化してきている。ただし近年では国民の自立生活を支えるものの一つとして，その機能をいかに発揮させうるかという点に改めて関心が寄せられている。　［山下利恵子］

♧相互連結理論アプローチ（そうごれんけつりろん）

（interlocking theoretical approaches）

ターナー（Turner, F.J.）が体系化したソーシャルワーク実践理論アプローチ。1996年，著書『ソーシャルワークトリートメント―相互連結理論アプローチ（*Social Work Treatment: Interlocking Theoretical Approaches*）』において，47に及ぶソーシャルワーク実践理論を基盤とするソーシャルワークモデル及びアプローチの存在を示した。ソーシャルワーク実践における原理的理論では，個々の理論が併せもつ概念装置や思考体系は，相互に影響を及ぼしながら連結しているものとして理解され，理論の多様性が提示する教育的，実践的，研究的課題を明らかにして，理論と実践が密接に結びついていることを明らかにした。　［奥村賢一］

♧葬祭扶助（そうさいふじょ）

生活保護法で定められた８種類の扶助のうちの一つで，遺族などが困窮のため葬祭を行うことができない場合や死亡者に扶養義務者がいない場合に，原則金銭給付で行われる。死亡診断，死体の運搬，火葬又は埋葬，納骨等に必要な金額を合わせて基準額が定められている。なお，死亡から火葬等までの間に死体を保存する必要がある場合には，特別基準として必要最小限度の実費が認定される。　［宮崎　聡］

♧相対的貧困率（そうたいてきひんこんりつ）

等価可処分所得（各世帯の就労所得，財産所得，仕送りや公的年金などの可処分所得をその世帯の世帯人員の平方根で割り調整した所得）の中央値の半分に満たない世帯員の割合のこと。つまり，年収が全国民の年収の中央値の半分に満たない国民の割合を示すものである。わが国の2015（平成27）年度の相対的貧困率は15.7%（国民生活基礎調査　2016）であり，国民の６人に１人が中央値の半分に満たない状態である。また，OECD（経済協力開発機構）が発表した2000年代半ばの相対的貧困率の国際比較では，メキシコ，トルコ，アメリカに次ぐ高さとなっている。わが国で相対的貧困率が高い背景として，①高齢者の単身世帯の増加，②非正規労働者の増加，③ワーキ

ングプアの増加などの賃金格差が拡大していることがあげられる。 ［河村裕次］

♧相談援助（そうだんえんじょ）

生活課題（日常生活の悩みや不安，困りごとなど）を抱えた相談者に対してソーシャルワーカーがラポールを形成し，バイステックの7原則などのソーシャルワークの援助技術を用い，必要に応じて社会資源と繋ぎ，対象者と環境の調整を行って問題解決を対象者と共に図っていくこと。そのプロセスとして①インテーク（開始），②アセスメント（事前評価），③援助計画の策定（プランニング），④援助計画の実施（インターベンション），⑤効果測定（モニタリング）・援助計画の評価（エバリュエーション），⑥終結（ターミネーション）があげられる。相談援助を行うことは相談者の人生に大きく関わることとなり，必要に応じて再アセスメントを行い，段階ごとに慎重に行われる。相談者のエンパワメントやストレングスの視点も重要である。 ［園田和江］

♧相談支援専門員（そうだんしえんせんもんいん）

障害者の自立生活や社会生活の実現に向けて障害福祉サービス利用を含めたサービス等利用計画（案）の立案を行う。また計画策定後も定期的にモニタリング（継続サービス等利用支援）を行い，ニーズの調整を担う。長期入院や長期入所者の地域移行支援，地域定着支援の従事者として，地域で生活をするクライエントの相談窓口として機能することが期待されている。障害者総合支援法により，計画相談支援の提供に当たる者として厚生労働大臣が定めた者，都道府県で実施する相談支援従事者初任者研修および初任者研修の翌年を起算年として5年毎に受講する現任者研修を修了した者が認定される。 ［溝内義剛］

♧疎外理論（そがいりろん）

疎外概念はヘーゲルによって観念論の立場から扱われたが，マルクスが唯物論の立場から疎外と私的所有を結びつけ，疎外された労働を問題化・理論化した。マルクスは『経済学・哲学草稿』（1844）において，疎外された労働には，労働生産物からの労働者の疎外，労働過程における労働者の疎外，人間関係における人間の疎外などが含まれるとし，資本主義が浸透するにつれ，労働という人間の活動そのものが，当の人間には属さず外的で強制的なものとして立ち現れるようになることを問題化した。 ［益田　仁］

♧ソシオメトリー（sociometry）

アメリカの精神医学者のモレノ（Moreno, J.L.；1889-1974）が開発した集団内の人間関係を測定する方法である。人間関係を「牽引」と「反発」の力学的関係でとらえ，その頻度や強度によって集団の構造を理解する。主なものに質問紙を用いて，集団の各メンバーに，他のどのメンバーが好き（牽引）か嫌い（反発）か尋ね，相互関係をまとめ，多くのメンバーから選ばれている者，孤立している者，相互に選択し合いグループとなっている者，人間関係の鍵になっている者など集団の構造を分析するソシオメトリック・テストがある。その結果をマトリックスの表に示したものをソシオマトリックス，矢印で図に示したものをソシオグラムという。 ［種橋征子］

♧咀嚼（そしゃく）

経口摂取した食べ物を上下の顎関節の運動によって歯で噛み砕き，併せて，舌や頬を補助的に用いて唾液と噛み砕いた食べ物を混ぜ合わせ，飲み込むことのできる食塊までの大きさにすること。食べ物を十分咀嚼することによって，唾液の分泌が促され，胃腸における消化吸収がよくなる。顎の発達が不十分であったり，歯並びが悪いと固いものを咀嚼することが難しくなったり，逆に咀嚼することが少ないと顎の筋肉や歯の発育に影響を及ぼしたりする。　［種橋征子］

♧ソーシャル・アクション（social action）

社会活動法と訳される。組織的社会福祉活動。社会福祉援助技術における間接援助技術の一つとして位置づけられる。社会福祉の全般的な運営改善をめざして，制度・サービス等の創設や拡充等を要求し，議会や行政をはじめとするさまざまな関係機関に対して個人または組織化した集団として直接的な働きかけを行っていく。地域援助技術（コミュニティワーク）との関連も深く，地域社会におけるソーシャル・アクションは地域援助活動を促進するためにも重要な方法といえる。アメリカで19世紀後半に行われた社会改良運動に源流があるソーシャル・アクションは，日本においても昭和初期の救護法の制定・実施に関わる運動等がその起源となる代表的活動として知られており，近年ではソーシャルワーカーなどによる代弁的な運動だけでなく，当事者自らが主体的に問題解決に向けて組織化を図る形態が盛んになり，地域社会の根本的変革を意図した組織的行動もソーシャル・アクションととらえるようになってきている。　［奥村賢一］

♧ソーシャル・アドミニストレーション（social administration）

社会福祉運営管理と訳される。社会福祉援助技術における間接援助技術の一方法として位置づけられる。近年では社会福祉施設の運営管理に止まらず，社会福祉における諸サービスを合理的，効率的に展開するために用いられる方法であると考えられている。その対象領域は，国や地方自治体が行う社会福祉政策・行政，社会福祉機関の運営管理等の社会福祉活動全般に及ぶ。現代社会において社会福祉を構成する諸要素の拡大に伴いその需要も複雑多様化したことで，それらに効率的に対応するための専門的理論や技術が必要となった。1910年代，アメリカの慈善事業学校での講座を契機にイギリスにおいても研究が行われ，1930年以降からは社会福祉施設の大規模化や社会福祉に関連する行政機関の整備に伴い，運営管理の実践に裏付けられた理論構築の必要性が問われるようになった。1960年代以降，組織論の導入に伴い利用者や従事者だけでなく，住民参加による民主主義的な運営管理の計画・展開が重視されてきている。　［奥村賢一］

♧ソーシャル・インクルージョン（社会的包摂（しゃかいてきほうせつ）；social inclusion）

1980年代以降のヨーロッパ諸国では，若者の長期失業問題やホームレス・移民の増加など，貧困を伴う新たな社会問題が深刻化し，これらの社会問題を包括する概念として，社会的紐帯の断絶に着目した「社会的排除（ソーシャル・エクスクルージョン）」が使われるようになった。それと同時に，「社会的排除」への対策を意味する概念として，社会とのつながりを回復させようとする「社会的包摂（ソーシャル・インクルージョン）」が用いられるようになり，社会政策上の重要概念となっている。わが国においては，2000（平成12）年12月8日の厚生労働省社会・援護局による「社会的な援護を要する人びとに対する社会福祉のあり方に関する検討会報告書」において，初めて公式に用いられた。同報告書では，ソーシャル・インクルージョンを「すべての人びとを孤独や孤立，排除や摩擦から援護し，健康で文化的な生活の実現につなげるよう，社会の構成員として包み支え合う」と説明している。［松久保和俊］

そ

♧ソーシャル・キャピタル

確定した定義はないが，人びとの協調行動を促す社会関係の特徴を意味し，そうした社会関係を社会に何らかの利益をもたらす資本としてとらえる概念。社会関係資本と訳されることが多い。この概念の普及に大きな影響力があったアメリカの政治学者パットナム（Putnam, R.D.）は，1993年の著書 *Making Democracy Work*（邦題『哲学する民主主義』）において「人びとの協調行動を活発にすることによって社会の効率性を高めることのできる，『信頼』『規範』『ネットワーク』といった社会組織の特徴」と定義した。また，経済協力開発機構（OECD）では，「グループ内部またはグループ間での協力を容易にする共通の規範や価値観，理解を伴ったネットワーク」と定義している。［村山浩一郎］

♧ソーシャル・サポート（social support）

社会生活上のニーズを充足するために存在するフォーマル及びインフォーマルの双方による支援をいう。ソーシャル・サポートは，1970年代以降のコミュニティケア志向やその後の地域福祉志向の中で，地域生活を営む上で発生する問題の解決あるいは軽減に向けた具体的な社会資源として期待された。時おり，安あがり福祉として議論の俎上に載ることがあるが，その本質は，フォーマルサービスだけでは提供が困難な，人と人との相互作用及び関係によりもたらされる情緒的支援が可能な点にある。しかし，インフォーマルな支援は，支援の全体性や継続性，主体性の点で課題を有しており，ソーシャル・サポートには，これらの課題に対応するためにネットワークとしての機能が重要となる。［原田直樹］

♧ソーシャル・サポート・ネットワーク（social support network）

社会生活上のニーズを充足するために存在する支援ネットワークのことであり，公的機関や社会福祉施設，専門職などによるフォーマルな支援と，家族や友人，ボランティア，地域住民などによるインフォーマルな支援の双方が結びつきネットワークを形成する。地域社会に生活している対象者を中心に一定の地理的範域と共同性をもつことができるコミュニティを基盤として，ネットワークが重層的な関係を構築し，活動を展開していくことが重要である。また，必要に応じて，ソーシャルワーカーやケアマネジャーがその形成を援助することがある。［原田直樹］

♧ソーシャル・プランニング（social planning）

社会福祉計画法と訳され，社会福祉援助技術の一つに位置づけられる。多様化する社会福祉ニーズを背景に，社会問題を解決するための計画の策定から実施，評価などを含む理論及び技術であり，社会問題の解決及び社会福祉の増進のための目標設定，方法，資源配分等の方策を明らかにしていく。また，現在，わが国における社会福祉に関する計画の策定には，住民参加が不可欠であり，地域住民や地域生活を送る社会福祉サービス利用者のニーズが反映されるようになっている。ソーシャル・プランニングには地域福祉計画や障害者計画といった行政計画と，社会福祉協議会による地域福祉活動計画といった民間の計画があるが，これらが同一地域においてそれぞれ独自に実施されるのではなく，有機的な連携と協働がなされる工夫が必要となる。［原田直樹］

♧ソーシャル・ロール・バロリゼーション（social role valorization）

ノーマライゼーションの提唱者の一人であるヴォルフェンスベルガー（Wolfensberger, W.）が提唱した概念である。障害者などに対して，社会的により肯定的な価値を獲得し，その価値が下がることを防止するために，可能な限り文化的に価値のある手段による，社会的な役割の確立，増進，維持ないし防衛を行うという考え方である。価値のある社会的役割が獲得され，それを維持できるような社会システムや障害者本人などへの支援が重要であると考えられている。

［西田美香］

♧ソーシャルワーカーの役割

ソーシャルワーカーは多様な顔をもつといわれる。現代までのソーシャルワークの発達史の中で，時代に求められるソーシャルワーカーの役割は変化してきた。加えて，ソーシャルワーク理論やモデルが多岐に渡って世に発表され，さらに多様な役割が求められるようになった。ソーシャルワーカーとしての基本的な役割には，仲介者，媒介者・調整者，資源の動員者，促進者，側面的援助者，代弁者，コーディネーター，アドミニストレーターなどがあげられる。これらの機能はケースによって，単独および複数的な役割が必要となる。複雑化する地域や家庭の実情から，近年では，医療分野，教育分野，司法分野，地域分野での役割がさらに期待されている。

［滝口　真］

♧ソーシャルワーク過程

福祉サービス利用者とソーシャルワーカーとの間に結ばれる専門的対人関係を媒介として展開される生活支援過程である。伝統的には，調査，診断，治療という過程であったが，現代では，①インテーク（受理，送致を含む），②生活問題のアセスメント，③援助計画の策定，④計画に基づいた介入・実践，⑤モニタリング，⑥終結と評価，⑦フォローアップといった過程を循環し，必要に応じて修正を加える。なお，②生活問題のアセスメントの際は，利用者の主訴とニーズの違いを的確に把握し，⑤モニタリングと，⑥終結と評価，⑦フォローアップの際は，利用者本人と他職種からの意見も反映させ，社会資源を動員した過不足のないソーシャルワーク展開が求められる。

［滝口　真］

♧ソーシャルワークの統合化

複雑化，多様化した現代社会の生活問題に対応するため，ケースワーク，グループワーク，コミュニティワークなど，専門分化したソーシャルワークの各方法の共通基盤を確立し，それらを一体のものとして再編しようとする動向をいう。アメリカでは各専門職団体が統合された1955年の全米ソーシャルワーカー協会（NASW）の設立が統合化に向かう契機となり，イギリスでは地方自治体における対人福祉サービスの統合化の必要性を指摘した1968年のシーボーム報告以降，本格的に取り組みが進められるようになった。統合化は，その初期段階においては，ワーカーが必要に応じてケースワーク，グループワーク，コミュニティワークなどの方法を組み合わせる実践形態として展開されたが，その後，ソーシャルワークの共通基盤の明確化や，システム論・生態学的視点の導入による理論化が図られ，1990年代以降，３方法が一体化した「ジェネラリスト・ソーシャルワーク」の体系化に至っている。

［村山浩一郎］

♧ソーシャルワーク・リサーチ（社会福祉調査；social work research）

社会福祉という特定分野を対象に調査を行い，福祉のニーズの発見と分析を行い，福祉の充実を図ることを目的にしている。社会福祉調査が一般の社会調査と区別される特徴は，調査対象の属性から問題解決への貢献が要請され，調査結果が社会福祉の実践や計画立案に直接関連するものでなければならない点にある。社会福祉調査法には，目的によって①利用者のニーズを分析し，サービス提供に役立て，社会福祉の理論化を意図する調査と，②さまざまな社会福祉サービスの計画や実施の効果測定と評価によって，援助活動を充実させる調査に分けられる。 ［佐藤直明］

♧措置制度

公的な福祉サービスの必要性や内容を福祉事務所に代表される福祉行政の実施機関が決定し，その提供を社会福祉施設等に委託して行うという福祉サービスの利用方式である。この制度は，1947年の児童福祉法の制定，1950（昭和25）年生活保護法成立，1951（昭和26）年旧社会福祉事業法の制定を経て確立され，戦後日本の社会福祉事業の運営の安定化が図られることとなった。しかし，この利用方式では利用者の意向が反映されにくく，サービスの利用者と提供者の権利義務関係は必ずしも明確ではない。社会福祉基礎構造改革以降，福祉サービスの利用方式は措置制度から契約制度へと移行しつつあり，介護保険法や障害者総合支援法によるサービス利用は事業者との契約，保育所の利用は行政との契約などに分化している。児童の分野における福祉サービスの利用は，利用主体の子ども自身の判断や家族の協力の難しさなどの課題があり，措置制度が主流となっている。 ［田中茂實］

♧措置入院

都道府県知事は２名以上の精神保健指定医による診察の結果，その者が精神障害者であり，かつ，医療及び保護のために入院させなければ，その精神障害のために自身を傷つけまたは他人に害を及ぼすおそれ（自傷他害のおそれ）があると認めることについて一致した診察結果が得られた場合，その者を国等の設置した精神科病院または指定病院に入院（措置入院）させることができる（精神保健福祉法第29条）。なお，緊急を要し，先の手続きを採ることができず，精神保健指定医１名の診察にて自傷他害のおそれを認めた場合は72時間に限り入院（緊急措置入院）させることができる（精神保健福祉法第29条の２）。 ［茶屋道拓哉］

♧措置費

老人福祉法などの各法律に基づき，措置権者である都道府県または市町村がとるべき福祉の措置に要する経費をいう。措置権者は国と分担して措置費を支弁する義務を負う。施設に入所した本人またはその扶養義務者は，負担能力に応じて一部を負担する。措置費は，事務費（施設運営のための職員の人件費および施設管理費）と事業費（入所者の生活費）に分けられる。措置費は国民生活水準との均衡などを考慮して，厚生労働大臣が改定を行う。措置費の単価に関する規定は利用者のサービスの質に関わるだけではなく，施設経営や運営を左右する重要な意味をもっている。 ［林田貴久］

♧ソリューション・フォーカスト・アプローチ（solution focused approach）

ド・シェイザー（de Shazer, S.）やバーグ（Berg, I.）を中心にしてアメリカのミルウォーキーにある短期家族療法センター（Brief Family Therapy Center：BFTC）で開発された短期療法の一つである。問題の解明ではなく，クライエントの強みや成功体験をもとに解決構築をめざすのが特徴である。その際，問題が起きていない状況についての「例外の質問」への回答や，すでに存在する解決策を発展するように促す。あるいは，「気づかないうちに問題がなくなったとしたら，何によってそれを知るか」というミラクル・クエスチョンをし，また「現状を10点満点で採点したら，何点になるか。もしその得点よりも1点高い場合はどのようなときか，そのとき何が起きるか」というスケール・クエスチョンなどを行い，新しい解決目標を探る。このように，問題の原因を明らかにしてそれを矯正しようとする問題志向的ではなく，問題にかかわらずにどのような解決策や目標が可能かをセラピストとクライエントが協力しあって探し，具体的な行動を試み，自発的な解決をめざす。解決志向短期療法（Solution Focused Brief Therapy：SFBT）とも呼ばれる。 ［小窪輝吉］

♧ソロモン，B.B. (Solomon, Barbara Bryant；1934-)

"Black Empowerment: Social Work in Oppressed Communities"（1976）を著し，ソーシャルワークにおけるエンパワメントの概念を提唱した人物。ソロモンは，黒人集団が差別的・抑圧的な環境の中で社会的なパワーを失っていることに着目し，ソーシャルワーカーは，差別・抑圧されてきた人びとのパワーの欠如状態を減らすための活動を行う必要があると主張した。 ［矢部　航］

た

♧第1号被保険者（介護保険）

介護保険の被保険者のうち，65歳以上の者をいう。原因を問わずに要介護認定または要支援認定を受けたときに介護サービスを受けることができる。保険料は，サービスの基盤整備状況や利用見込みに応じて，保険者ごとに設定される。低所得者等へ配慮し，市町村民税の課税状況等に応じて段階的に設定されている。保険料の徴収は，市町村が原則として年金からの天引き（特別徴収）で行う。介護保険の総費用は年々増加し，それに伴って保険料も増加の一途をたどっている。全国平均の月額で，介護保険ができてすぐの第1期（2000～2002年）は2,911円であったのに対し，第6期（2015～2017年）には5,514円となっている。［木場千春］

♧第1種社会福祉事業

社会福祉法第2条第1項では「社会福祉事業」を第1種社会福祉事業と第2種社会福祉事業に分けて規定している。「社会福祉事業」とは「社会福祉を目的とする事業」の中でも特に国民生活に密接に関連し，公が責任をもって関与していくべき具体的事業を指している。なかでも第1種社会福祉事業は国民生活への影響が大きく，また，運営の方法如何によっては利用者の人権に重大な影響を与えるとされ，より強い規制や監督が必要であるとみなされている。具体的には，特別養護老人ホーム等の入所施設を経営する事業，障害者の支援施設を経営する事業，共同募金事業等がこれにあたる。そのため第1種社会福祉事業の経営主体については社会福祉法第60条において，原則として国，地方公共団体，社会福祉法人が経営することとされている。

［大山朝子］

♧退院計画

医療ソーシャルワーカーや退院調整看護師が患者の相談に応じながら，医師や看護師等と連携して，地域でどのような治療を継続するのか，障害や病気を抱えながらどのような生活を送るのかなどの意思決定と在宅での療養生活を支援するための計画を指す。2018（平成30）年度診療報酬改定では，現行の退院支援加算の名称を「入退院支援加算」に見直すなど，入院早期から退院後まで切れ目のない支援の充実が課題となっている。

［藤島法仁］

♧退院後生活環境相談員

精神保健福祉法の一部改正により，2014（平成26）年4月からすべての精神科医療機関において非自発的入院の一つである医療保護を適用された患者に対し選任される。入院時から退院に至るまで入院患者および家族等の相談に応じるほか，精神科医療機関と地域事業者をつなぎ，患者の早期退院に向けて環境調整を行う役割を担う。精神科医療機関では，医療保護入院の必要性や入院が必要とされる場合の推定入院期間の明確化，退院に向けた取り組みを審議する場として医療保護入院者退院支援委員会が設けられる。その円滑な運営（コーディネート）と患者の退院にむけた生活環境調整や権利擁護といった役割も担う。退院後生活環境相談員の要件としては，①精神保健福祉士，②保健師や看護師等，その他一定の要件を満たす必要がある。

［福永康孝］

♧対価型ハラスメント

1999（平成11）年4月施行の改正男女雇用機会均等法により企業に対して「セ

クシュアル・ハラスメントの防止対策」を義務づけた。また，2006（平成18）年の改正では，男女双方に対する差別の禁止，及び間接差別の禁止などが規定された。セクシュアル・ハラスメントは，「対価型」と「環境型」に類型化される。「対価型」とは「労働者の意に反する性的な言動に対する労働者の対応（拒否や抵抗）により，その労働者が解雇，降格・減給，労働契約の更新拒否，昇進・昇格の対象からの除外，さらに客観的にみて不利益な配置転換などの不利益を受ける等と因果関係があるとみなされること」とされ，たとえば，男女の区別なく部下等に宴席での酌の強要やわいせつな言動等の強要に対して拒否や抵抗を示された場合，その報復手段として相手に不利益（解雇，降格，配置転換）になる行為を行った場合がこれにあたる。

［中村幸子］

♧退行（たいこう） (regression)

フロイト（Freud, S.）が用いた精神分析の用語で，精神的に困難な状態に陥ったときに，現在の状態から，より以前の精神発達の未熟な段階に逆戻りすることをいう。代表的な退行現象として発達途上にみられる「赤ちゃんがえり」がある。フロイト以降の精神分析理論では，退行理論をさらに発展させ，「健康な退行」と「病的な退行」を区別した。健康な退行は，遊び，ユーモア，レクリエーションなどの一時的で部分的なものをいい，自我機能のコントロール下にある健康的で望ましい退行であるとされている。

［大西　良］

♧第三者委員（だいさんしゃいいん）

社会福祉事業を行う者が利用者等からの苦情を適切に解決するために，苦情の受付や状況把握，意見聴取，事業者への助言などを行うために設置が求められる委員。苦情を公正かつ中立に解決するために，専門的かつ客観的な立場と透明性を確保し，利用者の立場や特性に配慮した対応を行う。結果は，守秘義務に関するものや個人情報などを除いて公表し，事業者のサービスや質，信頼性の向上などをめざす。なお，第三者委員の設置を含めた苦情解決の仕組みについて厚生労働省から指針が示されている。

［玉利勇治］

♧第三者機関（だいさんしゃきかん）

権利擁護や苦情処理のための第三者機関とサービスの質や内容等を評価するための第三者機関とがある。前者は，主に当事者間の苦情等を解決又は調整し，利用者の意見に沿ったサービスの展開や向上をめざし，職員のサービスに対する意識変化を促す狙いがある。また，後者は専門的知識や能力を活用して事業やサービスの向上を図るとともに，評価結果が公表されることにより，利用者への適切なサービス選択を支援することを目的としている。

［玉利勇治］

♧第三者評価機関（だいさんしゃひょうかきかん）

社会福祉事業者の提供するサービスの質を当事者以外の公正かつ中立な立場から専門的かつ客観的に評価する機関。厚生労働省で示されている「福祉サービス第三者評価機関認証ガイドライン」を満たし，各都道府県から認証された機関。社会福祉法第78条では「社会福祉事業の経営者は自らその提供する福祉サービスの質の評価を行うことその他の措置を講ずることにより，常に福祉サービスを受ける者の立場に立って良質かつ適切な福祉サービスを提供するよう努めなければならない」とされ，これに基づき実施されている。

社会的養護関係施設（児童養護施設，乳児院，児童心理治療施設，児童自立支援施設及び母子生活支援施設）については，第三者評価の受審及びその結果の公

た

表が義務付けられている。 [玉利勇治]

♧第3セクター

国または地方公共団体による公企業が第1セクターであり，民間事業者による私企業を第2セクターと呼称される。これに対し，公的な事業を実施・運営する際に，国または地方公共団体と民間企業との共同出資によって設立された半官半民の事業体を第3セクターとされている。第3セクターは公共性と企業性を備えており，民間の資金と能力を活用しながら公共事業費の負担を軽減するメリットがあげられる。社会福祉の分野においては，社会福祉事業団や福祉公社等の運営がなされている。 [矢ヶ部陽一]

♧第三の道

2つの対立する思想や政策のどちらでもない，その両者の利点を組み合わせた思想や政策を，通常，第三の道というが，社会福祉の分野においては，イギリスにおいて弱者への再分配をすすめる福祉国家主義の限界と1980年代のサッチャー政権の新自由主義政策がもたらした弊害をともに克服する新しい社会民主主義を志向した政治理念があげられる。この第三の道を模索する路線では，市民社会の刷新，競争参加動機のある者への再分配，機会の平等が志向された。

[倉田康路]

♧対照群

コントロール群あるいは統制群とも呼ばれる。対照群の対語は実験群である。実験などにおいて，その結果が処理の結果であるものか否かを明確にするために，被験者集団を等質と考えられる2群に分け，一方の群にのみ処理を施し（実験群），もう一方の群には処理を施さない（対照群）で両者の反応を比較することが行われる。 [大西　良]

♧対処能力

バートレット（Bartlett, H.M.；1970）はソーシャルワークの目標を社会生活機能の向上としている。人びとが社会関係の中で機能できるということは，人びとと環境との相互作用・交互作用（関係性・コミュニケーション）が促進されることを意味する。また，バートレットは社会生活機能の概念を人びとが直面する生活課題に対する対処能力の発揮でもあるとしている。この対処能力は，現実認識能力（自己理解・問題解決力・判断力・記銘力等）や対人関係能力（人間関係・相談力等），自尊感情（肯定的な自己概念・自己効用感等）の保有からなる。ソーシャルワーク介入の焦点は，対処能力の向上にある。 [富樫八郎]

♧第2号被保険者（介護保険）

介護保険の被保険者のうち，40歳以上65歳未満の医療保険加入者をいう。加齢に伴う疾病（特定疾病）が原因で要介護（要支援）認定を受けたときに介護サービスを受けることができる。保険料は，医療保険料と一体的に徴収される。全国ベースで1人あたりの保険料額を計算し，これを各医療保険者が被保険者数に応じて納付する仕組みになっている。保険料の納付は，各医療保険者が社会保険診療報酬支払基金を経由して行う。第2号被保険者は特定疾病のみが給付対象とされているため，サービス受給者が極めて少なく，保険料だけを納付させることが社会保険制度として適当であるかどうか議論になっている。 [木場千春]

♧第2種社会福祉事業

第2種社会福祉事業は，第1種社会福祉事業に属さない社会福祉事業で，社会福祉法第2条第3項に列挙されている事業をいう。第2種社会福祉事業も第1種社会福祉事業と同じく，社会福祉の理念や目標を追求する事業であるが，第１種社会福祉事業に比べて利用者に対する影響が比較的軽微なものを第２種社会福祉事業としている。第２種社会福祉事業では，経営主体についての制限はないが，事業の開始の際には，事業開始の日からひと月以内に都道府県知事に届出を行う必要がある。　［久保英樹］

♧ダイバーシティ（diversity）

多様性を意味する。多様性が示す範囲は，人種，宗教，性別，年齢，生活様式，性的指向性など幅広い。2014年のメルボルンにおける国際ソーシャルワーカー連盟（IFSW）総会及び国際ソーシャルワーク学校連盟（IASSW）総会において採択された「ソーシャルワーク専門職のグローバル定義」では，「社会正義，人権，集団的責任，および多様性尊重の諸原理は，ソーシャルワークの中核をなす」とされている。　［矢部　航］

♧代弁機能（advocacy）

「アドボカシー」と訳され，ソーシャルワークにおいてクライエントの利益を守るために，クライエントの立場に立って，クライエントに代わって意思を主張する機能のことをいう。一つのケースにとどまらず，同様の問題やニーズを抱えるクライエント・グループの利益を守るために行うアドボカシーを「コーズ（cause）・アドボカシー」または「クラス（class）・アドボカシー」と呼ぶ。また，クライエント自身が権利を主張することを「セルフ・アドボカシー」と呼ぶ。　［土井幸治］

♧タイムサンプリング

街頭調査や来場者調査等に用いられ，一定の時間間隔で調査対象者を選定する方法である。母集団の人数が予測できない時等に用いられる。たとえば，駅前や商業施設等の多くの人が行き交う場所で調査対象者を選定する場合，30分置きに調査地点を通った通行人１人に調査の依頼をする，あるいは午前９時から10時までに５人，午前11時から12時までに５人に調査の依頼をするというように等間隔の時間で調査対象者を順次選んでいくという方法である。　［永松美菜子］

♧ダウン症候群

出生時にすでに存在する先天性障害の一つ。人の染色体は常染色体22対，性染色体１対の計46本であるが，21番目の染色体が１本多いことが原因で生じる。発生率は1,000人に１人の割合であるが，出生時の母親の年齢別に比較してみると，高齢出産になるほど増加する傾向にある。知的障害とともに心疾患などの合併症を伴うことがある。妊娠中の羊水検査のほか，近年では血液検査での出生前診断が可能であるが，命の選別につながる可能性があり，慎重な対応が求められる。　［森木朋佳］

♧タウンゼント，P.B.（Townsend, P.B.；1928-2009）

イギリスの社会学者，社会政策学者。貧困や社会的不平等に関する調査・研究で知られ，福祉国家が確立し，豊かな社会が実現したと考えられた第２次世界大戦後のイギリスにおいても，貧困が残存し，再生産されていることを明らかにした（「貧困の再発見」）。また，必要な生活資源の不足のために，自分が所属する社会において規範的に期待される水準の生活を享受できない状態を「相対的剥奪としての貧困」と概念化し，発達した社会における貧困をとらえる視点を提示した。　［村山浩一郎］

♧他計式

調査票への回答に関して，調査員が調査対象者（質問に回答する者）に聞き取りをしながら記入していく方式をいう。

面接調査や電話調査がそれにあたる。調査対象者の質問内容に対する誤解が減少すること，パーソナルな質問に対する回答が得やすいことなどが利点としてあげられる。一方で，調査員によって回答が異なってしまう可能性が考えられ，また，調査員数の関係から調査規模を大きくしづらいといった特徴がある。
［下田　学］

たけうちあいじ
♧ 竹内愛二（1895-1980）

社会福祉研究における技術論の系譜に属し，アメリカで発展したソーシャルワークを日本に紹介し，定着させようとした。心理主義的ケースワークを研究して，1938（昭和13）年に日本最初のケースワークを体系的に論じた『ケース・ウォークの理論と実際』を著した。竹内によれば，個人・集団・地域社会が有する社会（関係）的要求を，自ら発見・充足するために能力等の資源開発を側面から支援する専門的な援助過程として社会福祉をとらえることで，ソーシャルワークの専門職化と価値の実践に貢献した。また，共同募金制度の創設にも尽力した。
［占部尊士］

たしょくしゅれんけいきょういく
♧ 多職種連携教育

現在の保健医療福祉における支援には，対象やその周りの人びとを含めた「全人的なケア」が求められている。支援対象（人や家族，地域）が抱える課題は複雑化し，提供されるサービスも複数の機関や職種にまたがり，チームアプローチやマネジメントが必要になっている。多職種連携教育（Interprofessional Education：IPE）とは，専門職養成の段階で，学生が他領域の学生とともに学ぶことにより，お互いの役割を理解し，それぞれの役割の遂行の重要性や連携，協働を学ぶものである。実習施設で行う実習施設中心型，学内の他学科と行う多科大学型，地域の他専門職養成施設との連携で行う地域統合型などがある。協働的学習，グループ学習，経験学習，省察的学習などの体験型学習の取り組みを通じ，相互の理解を深め，チームアプローチをともに担う者としての基盤を育む。
［冨安恵子］

♧ タスクゴール

ニーズ充足の目標を意味する。ソーシャルワークの方法であるコミュニティワーク（地域援助技術）における活動評価の視点である。常に生活主体者である住民の側から援助活動を見据え，援助活動の実際にあって，当初目安とした目標にどの程度近づいたのか，どの位の成果を上げたのかを検討する。地域住民のさまざまな生活問題の解決に当たって，どのような援助活動が行われ，どのような活動展開が図られ，どのような社会資源の開発や活用が図られ，また，どの位の具体的で有効な情報提供等が行われたかを検証する。
［佐藤直明］

だつかぞくか
♧ 脱家族化（de-familization）

福祉レジームの比較研究で知られるエスピン=アンデルセン（Esping-Andersen, G.）が 1999 年の著書「*Social Foundations of Postindustrial Economies*」で用いた概念であり，個人が家族に依存することなく生活を維持できる程度を意味する。各国間で脱家族化を比較するための指標としては，ホームヘルプサービスや保育所の利用率などが用いられ，育児や介護などの家族によるケアを公的な福祉サービスの利用や市場でのサービス購入によってどの程度代替できるかが焦点となっている。
［村山浩一郎］

だつしせつか
♧ 脱施設化
（de-institutionalization）

施設の立地場所を人里離れた山間部などではなく街中へ移したり，施設規模を大規模施設から小規模施設へと転換したり，施設の居室を少人数化あるいは個室化したり，地域に密着したグループホームや福祉ホームなどにより障害者施設の長期入所者を地域生活に移行させたりするなどの取組みをいう。ノーマライゼーションの理念によりアメリカや北欧を中心に入所施設への批判が高まり，アメリカやスウェーデンなどでは入所施設を縮小・解体していく取組みがはじまった。日本でも通所施設や通勤寮グループホーム等が急ピッチで整備され，短期入所の制度なども充実してきている。

［福永良逸］

♧脱商品化（de-commodification）

（だつしょうひんか）

エスピン=アンデルセン（Esping-andersen, G.）が福祉国家を分類する指標として用いた概念の一つ。資本主義社会において，人びとは自らの労働力を労働市場で売ることによって生計を維持する／せざるを得ないが，そのように労働力が商品化された状態からどの程度解放されているか—つまり，労働市場への参加から独立して社会的に受容可能な生活水準をどの程度維持しうるか—を明らかにするために脱商品化という概念が用いられた。具体的には，老齢年金，失業保険，疾病保険などの制度が脱商品化の度合いを測定する指標として用いられた。

［益田　仁］

♧脱　水

（だっすい）

体内の水分が不足している状態。大量の発汗や下痢，嘔吐などによって起こる。軽度の症状としては，のどの渇き，発汗の減少，尿量の減少が見られる。重度になると血圧が下がり，ふらつきや立ちくらみが起こる。脱水状態が続くと，錯乱や昏睡が起こる。高齢者はのどの渇きを感じにくいため，脱水を起こしやすい。乳児や年少児は，体内の水分量が少ないため，少量の発汗，下痢，嘔吐などでも脱水を起こしやすい。

［島﨑　剛］

♧妥当性

（だとうせい）

測定された結果が，どこまで所期（期待しているところ）の目的に合致して正確であるかということ。妥当性は信頼性とともに，テストや質問紙を作るうえでの必要条件である。また，妥当性には内的妥当性と外的妥当性がある。内的妥当性とは，テストや質問紙に用いられている課題や質問内容が，自分の調べたいことを含んでいるかということであり，外的妥当性とは，自分が作成したテストや質問紙と先行研究で使用されたテストや質問紙との間に関係性（相関性）があることをいう。

［大西　良］

♧ターナー，F.J.

（Turner, Francis Joseph；1929-）

ウィルフリッド・ローリエ大学の名誉教授。主な著書には *Social Work Treatment 6th edition*, *Social Work Diagnosis in Contemporary Practice*, *101 Social Work Clinical Techniques* がある。なかでも *Social Work Treatment* は相互連結理論アプローチを紹介し，ソーシャルワークの実践・教育・研究におけるアプローチの活用・開発・改善に示唆を与えるものとして，日本でも広く取り入れられている。

［河野高志］

♧田中ビネー式知能検査

（たなかびねーしきちのうけんさ）

心理学者である田中寛一が1937年版スタンフォード・ビネー知能検査をもとに1947（昭和22）年に日本人用に標準化したのが始まりである。その後，1954（昭和29）年，1970（昭和45）年，1987（昭和62）年，と改定を続け，2003（平成15）年に検査用具等を一新して田中ビネー式知能検査V（ファイブ）となった。新版の主な特徴には，①2歳から13歳までは精神年齢を算出し，ビネー式検

た

査の伝統であった従来どおりのIQ（精神年齢÷生活年齢×100）を用いるが，偏差IQも使えるようにしたこと，②14歳以上は従来どおりのIQではなく偏差IQを採用したこと，③14歳以上の成人では結晶性領域，流動性領域，記憶領域，論理推理領域の4分野についてそれぞれ領域別偏差IQと総合偏差IQを求めるようにしたこと，などがある。ビネー系統の知能検査になるので，問題は言語，動作，記憶，数量などさまざまな内容のものがオムニバス形式で配置されている。問題数は全体で113問あり，そのうち1歳から3歳までは年齢級ごとに12問の計36問，4歳から13歳までは年齢級ごとに6問の計60問，4歳以上の成人向けは17問ある。 ［小窪輝吉］

♧他人指向型（たにんしこうがた）

他人を意識して行動する社会的性格。アメリカの社会学者リースマン（Riesman, D.）は，著書『孤独な群衆』（1950）の中で社会的性格の三類型（伝統指向型，内部指向型，他人指向型）を示し，大衆社会においては他人指向型の性格類型が支配的となることを論じた。 ［矢部　航］

♧タフト，J.J.

（Taft, Julia Jessie；1882-1960）

ソーシャルワークにおける機能的アプローチの確立に尽力した研究者であり，シカゴ大学で博士号を取得した。タフトは，バージニア・ロビンソン（Robinson, Virginia Pollard；1883-1977）やオットー・ランク（Rank, Otto；1884-1939）などの機能主義的アプローチを提唱する研究者とともに，ソーシャルワーク分野の全国的なリーダーになっていった。ソーシャルワーク理論や実践，ネットワークの広がりに貢献したと言われている。 ［河野高志］

♧ダブルケア

育児と介護が同時に発生することをいい，それを担う人を「ダブルケアラー」と呼んでいる。ダブルケアラーの多くは女性であり，育児や介護だけでなく，家事や就労など大きな負担が強いられていることから，社会的支援が求められるものである。ダブルケアの背景には，女性の社会進出や晩婚化，晩産化などが挙げられるが，性別役割分業やジェンダー問題などの視点からも考えていかなければならないものである。さらに，行政の相談や対応窓口が介護と育児では違うことが一般的で，そうした「縦割り」の解消の必要性なども指摘されている。 ［木山淳一］

♧ダブル・バーレル質問（しつもん）

アンケート調査等を行う場合のダブルバーレルとは，一つの問いに対して2つ以上の意味をもつ質問をいう。たとえば，「あなたは犬または猫が好きですか」という質問に対して，「はい」「いいえ」で答える回答形式の場合，犬は好きだが猫は苦手である場合，回答者に迷いが生じ答えにくくなる。そのため，基本的には好ましくない質問となる。この場合，正確な回答を得るためには「あなたは犬が好きですか」「あなたは猫が好きですか」というように，質問を2つに分けるべきである。 ［本郷秀和］

♧多文化社会（たぶんかしゃかい）

多文化主義（multiculturalism）を容認，あるいは標榜する社会の総称。それぞれの人種・民族がもつ固有の文化や価値観の多様性を尊重し，少数派（マイノリティ）であってもその存在を否定されることなく，互いに独自性を保ちつつ相手を認め合いながら共存していく／している社会。なお，同じく文化の多様性を認める思想として文化多元主義（cultural pluralism）という言葉があるが，多文化主義が近代を数多く存在する文化のうちの一形態として位置づけるのに対し，文化多元主義は近代という枠内においてのみ多様性を認める―つまり，近代と両立不可能な文化は容認しない―という特徴をもつ。［益田　仁］

♧ 多変量解析

社会福祉調査では，質問紙を用いた郵送調査や集合調査等で調査対象者に同時に複数の質問を行うことが多い。そこで得られた調査データには，多くの情報（変数に関するデータ）が含まれてくる。多変量解析は，一つひとつの回答結果を各々分析・考察するというよりも，複数の質問の回答結果（情報）を総合的に分析・考察できる統計学的手法である。たとえば，複数の質問の回答結果から，何らかの背景要因や原因と結果の関係を検討したり，予測したり，違いを判別するなどさまざまな視点と手法がある。多変量解析を行う場合，あらかじめ質問項目に一定の条件（回答尺度や回答形式の統一化など）を設定することもある。社会福祉領域にみる主な分析手法として，因子分析，主成分分析，重回帰分析，判別分析，クラスター分析，数量化理論（Ⅰ-Ⅳ類），共分散構造分析等がある。

［本郷秀和］

♧ ターミナルステージ

いかなる治療を行っても治癒の見込みがなく，死が避けられない状態にあり，一般に，残された命が6か月以内と考えられる段階。この段階においては，治癒を目指した積極的な治療より，患者の身体的・心理的な苦痛の緩和や日常生活への支援，家族に対するケア等が重視される。［古野みはる］

♧ 単一事例実験計画法（シングル・システム・デザイン）

対象となる一人（n＝1）に実施した支援と課題解決までに至る因果関係について，支援介入前・介入後の状態を比較，測定する方法。対象者の状況と支援の因果関係を，時系列に沿って繰り返し丁寧に観察し，介入開始前（ベースライン），介入後（インターベーション）までの変化を比較する。心理学や行動分析学，医療分野などで広く用いられ，古典的な実験計画が適用できない場面で活用される。［秋竹　純］

♧ 団塊の世代

第2次大戦後のベビーブーム時代（1947～1949年）に生まれた世代を指す呼称。評論家・作家の堺屋太一（さかいやたいち，1935-2019）による同名の小説により人口に膾炙した。当該期間は毎年200万人を超える出生数があり，3年間の合計出生数は806万人を超え，人口構成上の大きなボリュームゾーンとなっている。なお，団塊の世代の子ども世代（1971～1974年生まれ）も他世代と比べると人口が比較的多く，一般に「団塊ジュニア世代」，「第2次ベビーブーム世代」と呼ばれている。［益田　仁］

♧ 短期入所生活介護

自宅で暮らす要介護高齢者が特別養護老人ホーム等の施設に短期間入所し，入浴，排せつ，食事等の介護その他の日常生活上の世話及び機能訓練等の提供を受けること。一般的にショートステイと呼ばれている。居宅サービスの一つで，可能な限り自宅において本人の能力に応じ自立した生活を送ることができるように支援するサービスであり，利用者の心身機能の維持だけでなく，家族の身体的及び精神的負担の軽減を図ることを目的としている。短期入所施設であるため，連

続利用日数は30日を上限としている。要支援者に対しては介護予防短期入所生活介護が行われる。 ［永松美菜子］

♧短期入所療養介護

自宅で暮らす要介護高齢者が介護老人保健施設等の施設に短期間入所し，看護，医学的管理の下における介護及び機能訓練その他必要な医療並びに日常生活の世話等の提供を受けること。一般的にショートステイと呼ばれている。居宅サービスの一つで，可能な限り自宅において本人の能力に応じ自立した生活を送ることができるように支援するサービスである。療養生活の質の向上及び利用者の家族の身体的及び精神的負担の軽減を図ることを目的としている。連続利用日数は30日を上限としている。要支援者に対しては介護予防短期入所療養介護が行われる。 ［永松美菜子］

♧短期療法 (brief therapy)

ミルトン・エリクソン（Erickson, M.H.）の短期療法を端緒とし，ベイトソン（Bateson, G.）等のコミュニケーション理論やシステム理論との統合を重ねながら，現在も発展を続けている心理療法のパラダイム。主なものに解決志向アプローチ（SFA）や神経言語プログラミング（NLP）などがある。従来の心理療法では，個人の精神力動や行動・認知の在り方など，個人内に問題の原因を求め，そうした要因の変容を通して治療を行うことが主流であった。それに対して短期療法では，クライエント自身ではなく，クライエントを取り巻く家族を始めとしたシステム（関係性）に介入し，問題を解決していくところに特徴があり，個人の変容を前提としないために短期での治療を可能としている。短期療法は，その理論の明快さや応用のしやすさ，経済効率などの点から新たな可能性をもった心理療法パラダイムとして注目されている。 ［稲富和弘］

♧男女共同参画社会基本法

1999（平成11）年に，男女が，互いにその人権を尊重しつつ責任も分かち合い，性別にかかわりなく，その個性と能力を十分に発揮することができる男女共同参画社会の実現を図るために，総合的かつ計画的に推進することを目的として施行された。基本理念として，①男女の人権の尊重，②社会における制度又は慣行についての配慮，③政策等の立案及び決定への共同参画，④家庭生活における活動と他の活動の両立，⑤国際的協調があげられている。また，政府による男女共同参画基本計画，都道府県によ都道府県男女共同参画基本計画の策定が定められており，市町村による市町村男女共同参画基本計画の策定は努力義務とされている。 ［矢ヶ部陽一］

♧男女雇用機会均等法

正式名称は，雇用の分野における男女の均等な機会及び待遇の確保等に関する法律である。法の下の平等を保障する日本国憲法の理念にのっとり，雇用の分野における男女の均等な機会及び待遇を図るため，募集・採用，配置・昇進等の雇用管理の各ステージにおける性別を理由する差別の禁止や婚姻，妊娠・出産等を理由とする不利益取扱いの禁止，母性健康管理措置，派遣先に対する男女雇用機会均等法の適用，深夜業に従事する女性労働者に対する措置，労働者と事業主との間に紛争が生じた場合の救済措置等が定められている。また，2017（平成29）年1月1日からは，上司・同僚からの職場における妊娠・出産等に関するハラスメント防止対策の措置が義務付けられた。 ［門田光司］

♧断面的事例研究法

研究方法を時間軸の観点から分類する

と，時間的な変化を意識せず，ある一時点での状況を切り取って調査する断面的あるいは横断的（cross-sectional）研究と，時間経過による変化を把握するために同じ研究対象に対して時間を追って複数回調査を行う縦断的（longitudinal）研究がある。断面的事例研究法とは前者の研究法に属するもので，研究対象となる複数の事例を特定の一時点に限定して比較調査する研究方法である。

［村山浩一郎］

ち

♧チアノーゼ（cyanosis）

血中の酸素が欠乏し，皮膚や粘膜が青紫色となる状態。とくに唇や指先などに症状が見られる。原因としては，呼吸器や循環器疾患などが考えられる。動脈血の酸素欠乏によるものを中枢性チアノーゼ，静脈血の酸素欠乏によるものを末梢性チアノーゼと呼ぶ。治療法としては，全身の保温やマッサージによって血液の循環をよくすることなどがあるが，急性の場合は心臓マッサージや人工呼吸を要する場合もある。

［島﨑　剛］

♧地域移行支援事業（ちいきいこうしえんじぎょう）

障害者支援施設，精神科病院に入所又は入院している障害者を対象に住居の確保その他の地域生活へ移行するための支援を行う事業。具体的なサービス内容としては，①住居の確保その他の地域生活に移行するための活動に関する相談，②地域生活への移行のための外出時の同行，③障害福祉サービス（生活介護，自立訓練，就労移行支援，就労継続支援に限る）の体験利用，④体験宿泊，⑤地域移行支援計画の作成などである。

［門田光司］

♧地域医療（ちいきいりょう）

地域住民の健康維持・向上を目的として，疾病の予防，治療，機能回復，日常生活の支援など，包括的な医療を提供するもの。地域医療においては，地域の医療・保健・福祉の専門職や行政機関，住民組織などが協働して，地域住民が主体的に健康の獲得や保持に取組むことができるように支援をおこなう。地域医療の取組みは，80年代は予防と医療の一体的提供，90年代は医療・保健・福祉の連携に基づく在宅生活の推進，2000年以降は医療機能の分化・連携，さらには在宅医療・介護連携へと地域包括ケアシステムの構築を中心的課題として推移している。

［玉木千賀子］

♧地域医療支援病院（ちいきいりょうしえんびょういん）

地域の病院や診療所等を支援することを目的とし，都道府県知事により承認される病院である。1998（平成10）年４月施行の第三次医療法改正によって制度化された。地域医療支援病院の役割は，①紹介患者に対する医療の提供（かかりつけ医等への患者の逆紹介も含む），②医療機器の共同利用の実施，③救急医療の提供，④地域の医療従事者に対する研修の実施である。承認要件は，紹介患者中心の医療提供，救急医療提供の能力があり，地域医療従事者に対する研修を行っていること，建物，設備や機器等を地域の医師等が利用できる体制を確保し，原則200床以上の病床及び地域医療支援病院としてふさわしい施設を有していることである。

［森　実紀］

♧地域活動支援センター（ちいきかつどうしえん）

通いによる創作的活動又は生産活動の機会の提供，社会との交流の促進を主な目的とした施設である。障害者総合支援法における地域生活支援事業の一つであり，地域の実情に応じて柔軟に実施することとなっている。実施主体は市町村であるが，法人格を有する事業所に委託することも可能である。地域活動支援センターは地域生活支援事業の中でも必須事業として位置づけられ，事業の強化を図る地域活動支援センター機能強化事業として，Ⅰ型・Ⅱ型・Ⅲ型の類型を設けている。 ［村尾睦美］

♧地域共生社会（ちいききょうせいしゃかい）

地域共生社会とは，子どもや高齢者，障がい者などの制度・分野の「縦割り」や「支え手」「受け手」という関係の枠を超えて，地域住民や地域の多様な主体が参画し，人と人，人と資源が世代や分野を超えてつながることで，住民一人ひとりの暮らしと生きがい，地域をともに創っていく社会のことである。わが国では，少子高齢化や人口の減少，また人びとの価値観や生活様式の多様化等に伴い，かつて存在した地域の助け合い・支え合い機能が低下しつつある。さらに，独居高齢者や高齢者のみの世帯の増加，ひきこもりや子育て家庭の孤立，虐待など，福祉ニーズが多様化・複合化しており，制度・分野ごとの「縦割り」で整備されてきた公的なサービスだけでは対応が難しくなってきている。そこで，地域住民や地域の多様な人・団体・機関が「我が事」として誰もが役割をもち活躍できる「地域共生社会」の実現が求められている。 ［松岡佐智］

♧地域ケア会議（ちいきかいぎ）

地域包括ケアシステムの実現に向け，高齢者個人への支援の充実とそれを支える社会基盤の整備を推進する手法であり，地域包括支援センター等が主催する。地域包括支援センターは多職種協働による個別ケースのケアマネジメント支援のための実務者レベルでの地域ケア会議を，市町村は地域包括支援センター等で把握された有効な支援方法を普遍化し，地域課題を解決していくための代表者レベルでの地域ケア会議を開催する。共有された地域課題については解決に必要な資源開発や地域づくり等を通して，介護保険事業計画への反映等の政策形成へつなげることとなる。 ［岡部由紀夫］

♧地域子育て支援センター（ちいきこそだてしえん）

一般的に地域子育て支援センターと呼ばれる事業は，児童福祉法における子育て支援事業の中の地域子育て支援拠点事業である。子育て支援の知識や経験のあるスタッフが常駐し，地域の子育て親子の交流の場の提供と交流の促進，子育て等に関する相談，援助の実施，地域の子育て関連情報の提供，子育て及び子育て支援に関する講習等などを実施している。この事業は，1993（平成5）年，保育所地域子育てモデル事業として創設され，1994（平成6）年のエンゼルプラン策定により，その展開が強化され，1995（平成7）年から，地域子育て支援センターという名称となったが，2007（平成19）年には，2002（平成14）年に創設された「つどいの広場事業」と共に地域子育て支援拠点事業に再編された。 ［川池智子］

♧地域支え合い推進員（ちいきささあすいしんいん）

2014（平成26）年の介護保険法改正で，生活支援は地域支援事業に位置づけられた。翌年4月の同法施行により，地域支え合い推進員（生活支援コーディネーター）の活動目的は，高齢者の生活支援・介護予防サービスの体制整備の推進とされた。特定の資格要件は定められていないが，地域における助け合いや生活支援・介護予防サービスを提供したことのある者，市民活動への理解があり，地域のサービス提供主体と連絡調整・コーディネートできる者が適任であるとされている。常勤・非常勤，臨時職員やボランティアなどの雇用形態等は問われず，職種や勤務形態も地域の実情に応じたさまざまな可能性が考えられる。ただし，人件費，委託費，活動費用は，地域支援事業の包括的支援事業（生活支援体制整備事業）の対象となる。

［河谷はるみ］

♧ 地域支援事業（ちいきしえんじぎょう）

2005（平成17）年の介護保険法改正によって創設された。市町村は，被保険者の要介護状態等となることの予防又は要介護状態等の軽減若しくは悪化の防止及び地域における自立した日常生活の支援のための施策を総合的かつ一体的に行うため，厚生労働省令で定める基準に従って地域支援事業として，介護予防・日常生活支援総合事業を行う（介護保険法第115条の45）。その後，2014（平成26）年の介護保険法改正により，予防給付の訪問介護・通所介護は，市町村が地域の実情に応じた取組みができる地域支援事業へと移行された。また，生活支援・介護予防サービスの充実に向けた，地域支え合い推進員（生活支援コーディネーター）の配置等も地域支援事業に位置づけられている。　［河谷はるみ］

♧ 地域支援ワーカー（ちいきしえん）

地域社会における諸問題（生活課題を含む）を地域を基盤とした住民が主体となって解決できるよう，間接援助技術に基づいて支援する側面的ソーシャルワーカーである。アプローチ方法として，地域支援活動を個別的（ミクロ領域）生活支援やそのサービス開発（メゾ領域）を主に支援する「地域生活支援ワーカー」に対して，システム，事業開発（メゾ領域）や制度・政策のコミュニティの「変革」（マクロ領域）へアプローチする「地域支援ワーカー」がある。地域づくりとソーシャル・アクション（社会活動）を主に実践する専門職である。［今村英幸］

♧ 地域障害者職業センター（ちいきしょうがいしゃしょくぎょう）

公共職業安定所との密接な連携のもと，障害者に対する専門的な職業リハビリテーションを提供する施設であり，全国47都道府県に設置されている。障害者一人ひとりのニーズに応じて，職業評価，職業指導，職業準備訓練及び職場適応援助者（ジョブコーチ）支援事業，精神障害者総合雇用支援などの各種の職業リハビリテーションを実施するとともに，事業主に対して雇用管理上の課題を分析し，雇用管理に関する専門的な助言その他の支援を実施する。　［福永良逸］

♧ 地域小規模児童養護施設（ちいきしょうきぼじどうようごしせつ）

児童養護施設に入所している子どものうち，家庭的な環境の中で生活体験を積むことが適切な子どもに対し，本体施設から離れた地域の中の小規模施設にて，近隣住民との適切な関係を保持しつつ，社会的自立を促進するために，2000（平成12）年に制度化された。定員は原則6名で，一居室当たり2名までで，居間，食堂等入所している子どもが相互交流ができる場所を有していること，職員は児童指導員又は保育士を2名置くことが定められている。　［門田光司］

♧ 地域自立支援協議会（ちいきじりつしえんきょうぎかい）

地域における障害福祉に関する関係者による連携及び支援の体制に関する協議を行うための会議の設置，障害者等の地域生活を支える相談支援体制の構築と，相談支援事業の効果的な運営を目的としている。地域自立支援協議会の機能としては，6つの機能がある。第1に情報機能である。これは困難事例や地域の現状・課題等の情報共有と情報発信としての機能をいう。第2に調整機能である。これは地域の関係機関によるネットワークを構築することや，困難事例への対応のあり方に対する協議，調整機能をいう。第3に開発機能がある。これは地域の社会資源の開発，改善を行う機能である。第4に教育機能がある。これは協議会を構成員の資質向上の場として活用することである。第5として権利擁護機能がある。これは権利擁護に関する取組みを展開する機能をいう。第6に評価機能がある。これは中立・公平性を確保する観点から，委託相談支援事業者の運営評価や，サービス利用計画作成費対象者，重度包括支援事業等の評価や，市町村相談支援機能強化事業及び都道府県相談支援体制整備事業の活用などを行う機能である。［福永良逸］

♧地域生活課題（ちいきせいかつかだい）

地域福祉の推進により解決を図ることを目指している住民が抱える生活課題。社会福祉法第4条第3項において「福祉サービスを必要とする地域住民及びその世帯が抱える福祉，介護，介護予防（要介護状態若しくは要支援状態となることの予防又は要介護状態若しくは要支援状態の軽減若しくは悪化の防止をいう。），保健医療，住まい，就労及び教育に関する課題，福祉サービスを必要とする地域住民の地域社会からの孤立その他の福祉サービスを必要とする地域住民が日常生活を営み，あらゆる分野の活動に参加する機会が確保される上での各般の課題」と規定されている。同項では，「地域住民等（地域住民，社会福祉を目的とする事業を経営する者及び社会福祉に関する活動を行う者）」は，地域生活課題を把握し，「支援関係機関（地域生活課題の解決に資する支援を行う関係機関）」との連携等によりその解決を図るよう特に留意する旨が定められている。［村山浩一郎］

♧地域生活支援事業（ちいきせいかつしえんじぎょう）

障害者自立支援法（現障害者総合支援法）に基づく事業である。地域で生活する障害者・障害児及びその家族の日常生活を支え，地域のニーズに応じた利便性の高いサービスを効率的・効果的に実施するとともに，障害の有無にかかわらず国民が相互に人格と個性を尊重し安心して暮らすことのできる地域社会の実現に寄与することを目的とする。市町村の地域生活支援事業と都道府県の地域生活支援事業があり，市町村地域生活支援事業は，相談支援事業，コミュニケーション支援事業，日常生活用具給付等事業，移動支援事業，地域活動支援センター機能強化事業等が必須事業となっている。都道府県の地域生活支援事業は，特に専門性の高い相談支援事業や広域的な対応が必要な事業等となっている。［松久保和俊］

♧地域定着支援（ちいきていちゃくしえん）

居宅において単身で生活している障害者等を対象に常時の連絡体制を確保し，緊急時には必要な支援を行う事業。具体的なサービス内容としては，①常時の連絡体制の確保（夜間職員の配置，携帯電話等による利用者や家族との連絡体制の確保），②緊急時の対応（迅速な訪問，電話等による状況把握，関係機関等の連絡調整，一時的な滞在による支援）などである。［門田光司］

♧地域生活定着促進事業（ちいきせいかつていちゃくそくしんじぎょう）

矯正施設（刑務所，少年刑務所，拘置所及び少年院）に収容され，刑または保護処分を執行されている者のうち，高齢であることや障害があるために釈放後に必要な福祉サービスを受けることが困難な人びとを福祉サービスにつなぎ，適切な社会復帰を支えるために整備された。2009（平成21）年より開始され，全国の都道府県に地域定着支援センターが配置された。センターでは，帰住地調整支援（コーディネート業務）・施設定着支援（フォローアップ業務），地域定着支援

（相談支援業務）を行いながら，対象者が矯正施設収容中から保護観察所や既存の障害福祉サービス事業所と連携し，釈放後から福祉サービスを受けることができるよう支援を行っている。［中條大輔］

♧ 地域相談支援給付費

地域相談支援給付費は，障害者総合支援法が規定する地域生活支援事業で，都道府県・指定都市・中核市の指定を受けた「指定一般相談支援事業者」が，地域移行支援（法第5条第20項）と地域定着支援（法第5条第21項）を行った際に支給される。前者は，障害者支援施設・児童福祉施設に入所している障害者や精神科病院に入院している精神障害者が地域生活へ移行するための支援を行うもので，後者は居宅において単身等で生活する障害者に常時の緊急連絡体制を確保し，障害の特性に起因して生じた緊急の事態等に相談などの支援を行う。

［吉留康洋］

♧ 地域組織化活動（コミュニティ・オーガニゼーション）

地域のさまざまな生活課題を解決するために住民や当事者などが主体となって地域づくりに取り組むこと，また，その取組みを支援することをいう。わが国では，アメリカで発展したコミュニティ・オーガニゼーションの影響を受け，1960～70年代より全国各地の社会福祉協議会によって推進された。理論的には，岡村重夫が「地域福祉」の構成要素の一つとして位置づけ，一般的なコミュニティづくりである「一般的地域組織化活動」と，当事者を中心とした福祉コミュニティづくりを意味する「福祉組織化活動」に区別した。また，永田幹夫は，活動主体の組織化→問題把握→計画策定→計画実施→評価と展開する「地域組織化過程」を理論化した。［村山浩一郎］

♧ 地域組織化説

アメリカのロス（Ross, M.）によるコミュニティ・オーガニゼーションの定義や考え方をいう。ロスは，1955年に『コミュニティ・オーガニゼーション』を著し，コミュニティ・オーガニゼーションを「共同社会がみずから，その必要性と目標を発見し，それらに順位をつけて分類する。そしてそれを達成する確信と意思を開発し，必要な資源を内部外部に求めて実際行動を起こす。このようにして共同社会が団結協力して，実行する態度を養い育てる過程」と定義した。課題解決のプロセスにおいてコミュニティの主体性や連帯が強まり，その課題解決能力が向上することを重視することから，「プロセス重視説」とも呼ばれる。

［村山浩一郎］

♧ 地域における医療及び介護の総合的な確保の促進に関する法律

略称は医療介護総合確保推進法。地域における医療及び介護の総合的な確保を推進するため，「持続可能な社会保障制度の確立を図るための改革の推進に関する法律」に基づく措置として，医療法，介護保険法等の関係法律について所要の整備等を行うことを趣旨とし，2014（平成26）年に公布された。①在宅医療・介護連携推進事業を介護保険法の地域支援事業に位置づけ，市区町村を中心に地域の医師会等と連携してこれを推進する，②地域包括支援センター等に認知症初期集中支援チームや認知症地域支援推進員を整備する，③全国一律の予防給付のうち訪問介護と通所介護を市町村が取り組む地域支援事業に移行する，④特別養護老人ホームの新規入所者を原則として要介護3以上に重点化する，⑤医療機関が病床の医療機能を都道府県知事に報告して地域医療構想を都道府県が策定する等により効率的かつ質の高い医療提供体制

の確保や地域包括ケアシステムの構築をめざすものとした。［萩沢友一］

♧地域福祉活動計画

市区町村の社会福祉協議会が中心となり，地域の福祉課題の把握や解決に向けた活動の検討を行い，住民主体の福祉のまちづくりを具体化するために策定する計画である。その主な目的は，子どもから高齢者まで，その地域に居住するあらゆる人びとがともに支え合い，安心・安全な自立生活が実現できることをめざすことにある。また，計画策定にあたっては，地域住民や福祉サービス利用者，各種のボランティア団体・NPO，保健医療福祉関係者等が参加している。なお，地域福祉活動計画は，自治体が策定する地域福祉計画（社会福祉法で規定）とは異なるものではあるが，相互に連携を図りながら作成される必要がある。

［本郷秀和］

♧地域福祉基金

1991（平成３）年に自治・厚生両事務次官通知によって示された「高齢者保健福祉推進特別事業」によって設置された。在宅福祉，健康づくりなどの課題について，地域特性に応じた取組みを積極的に推進するための民間活動への動機付けが主な目的となっている。地域福祉基金は地方公共団体が条例の制定によって設置する。運営主体は地方公共団体や，社会福祉協議会などに設置される。基金の設置にかかる費用は地方交付税措置として計上される。地域福祉基金からの助成対象として，在宅福祉等の普及，生きがいづくりの推進，ボランティア活動の活発化が例示されている。［日田　剛］

♧地域福祉計画

地域福祉を推進するための福祉計画であり，次の２つの系譜がある。一つは，1970～80年代以降，社会福祉協議会によって進められてきた計画づくりで，現在では「地域福祉活動計画」と呼ばれている。全国社会福祉協議会では，この計画を「社会福祉協議会が呼びかけて，住民，地域において社会福祉に関する活動を行う者，社会福祉を目的とする事業（福祉サービス）を経営する者が相互に協力して策定する地域福祉の推進を目的とした民間の活動・行動計画」としている。もう一つは，2000（平成12）年に成立した社会福祉法で規定された行政計画としての「地域福祉計画」である。この計画は，「市町村地域福祉計画」（第107条）と「都道府県地域福祉支援計画」（第108条）から成り，社会福祉の個別分野の総合化と策定・推進過程への住民参加を特徴としている。2017（平成29）年には，地域共生社会の実現に向けて社会福祉法が改正され，計画策定の努力義務化や各福祉分野の上位計画としての位置づけの明確化など，その充実・強化が図られている。［村山浩一郎］

♧地域福祉センター

地域における福祉活動の拠点として，地域住民の福祉ニーズに応じた，各種相談，入浴・給食サービス，社会適応訓練，機能回復訓練，ボランティアの養成及び活動の場の提供，各種福祉情報の提供を総合的に行い，地域住民の福祉の増進及び福祉意識の高揚を図ることを目的とする施設である。地方公共団体又は社会福祉法人が設置運営主体で，利用料は無料又は低額とされる。現在，A型とB型の２種類があり，研修・相談事業（A型のみ），デイサービス事業，ボランティア団体等が行う食事サービス事業を必須事業とし，その他に地域の特性や個々の利用者のニーズに応じて実施する。［石踊紳一郎］

♧地域包括ケアシステム

2016（平成28）年に厚生労働省より，

団塊の世代が75歳以上となる2025（令和7）年に向けて提示された政策目標。要介護状態となっても，可能な限り住み慣れた地域で，自分らしい暮らしを人生の最期まで続けることができるよう，「住まい」「医療」「介護」「介護予防」「生活支援」が一体的に提供されるシステムを指す。日常生活圏域のニーズ調査，地域ケア会議，医療・介護情報の「見える化」等の方法を駆使し，地域課題の把握と社会資源の発掘，地域の関係者による対応策の検討（介護保険事業計画の策定等，地域ケア会議等），対応策の決定・実行といったプロセスにより，保険者である市町村や都道府県が，地域の自主性や主体性に基づき，地域の特性に応じてシステムを作り上げていくことが求められている。 ［前田佳宏］

♧ 地域包括支援センター

2005（平成17）年の介護保険改正に伴い創設された。高齢者の暮らしを地域で支える拠点として設けられた機関。実施主体は市町村であり，市町村が直接運営する形態や民間の社会福祉法人などに業務を委託する形態がある。主な業務内容は①包括的支援事業（介護予防ケアマネジメント事業，総合相談支援事業，権利擁護事業，包括的・継続的ケアマネジメント支援事業），②指定介護予防支援，③要介護状態になるおそれのある高齢者の把握である。原則として，保健師，社会福祉士，主任介護支援専門員が配置されることとなっている。 ［日田　剛］

♧ 地域包括支援センター運営協議会

地域包括支援センターは，2005（平成17）年6月の介護保険法改正に伴い新たに位置づけられた，地域住民の保健医療福祉の向上，虐待防止及び介護予防のケアマネジメントを総合的に行う市区町村が設置する機関である。センターには，保健師，主任介護支援専門員，社会福祉士が配置され，チームとして総合的にケアマネジメントなどに対応する。2014（平成26）年3月末日現在，全国の市区町村に4,557センター（サブセンター・ブランチを含むと7,228か所）が設置されている。センターは地域の社会福祉資源を組織化し，介護予防や日常生活自立支援・成年後見制度の相談等に対応することが期待されているので，その運営に当たっては，地域のさまざまな団体や関係者が参加し，公平性・中立性を担保できるように，地域包括支援センター運営協議会を設置することになっている。 ［鬼﨑信好］

♧ 地域保健

法令上の明確な定義はないが，医療機関で行われる医療サービスとは別に，住民一般を対象として疾病の早期発見や予防，または健康増進のために保健所，市町村保健センター等が実施する健康診断や相談・指導等の活動を意味する。今日では，地域保健，地域医療，地域福祉など，地域に基盤を置く社会サービスの一環として果たす役割が強調されるようになった。地域保健活動は，地域生活共同体による自発的で自主的な活動と，行政機関によって実施される行政サービスから成り，それらが地域社会の変化に即応して内容と質を維持することが新たな今日的課題となっている。 ［中馬充子］

♧ 地域保険

地域住民を対象に地域を単位として保険集団を結成し，被保険者をその住所地において把握する保険。日本の公的医療保険において，国民健康保険や後期高齢者医療制度が地域保険であり，自営業者や農林水産業者，無職者等を対象としている。これに対し，協会けんぽや共済組合など事業所を単位として被保険者を把握する保険を職域保険といい，被用者（会社員や公務員等）を対象としている。

地域保険は，市区町村が保険者であるが，それぞれに保険料単位が異なるため，保険料に地域格差が生じることがある。　［久留須直也］

♧地域保健法

地域保健法は1994（平成６）年に，地域保健対策の推進に関する基本指針，保健所の設置その他地域保健対策の推進に関し基本となる事項を定め，地域保健対策を総合的に推進することを目的に保健所法から改正された。とりわけ保健所に関しては地域保健の広域的，専門的，技術的拠点としての機能を強化するとともに，保健・医療・福祉の連携促進のために，所管区域の見直しを行うこととした。また，市町村保健センターを新たに法定化し，保健所が従来もっていた機能と権限の一部を移管するとともに，市町村が母子保健サービス等を一体的に実施する体制を構築した。　［原田直樹］

♧地域密着型介護老人福祉施設入所者生活介護

2005（平成17）年の介護保険法改正で地域密着型サービスとして，介護老人福祉施設入居者生活介護から独立し，創設された。可能な限り居宅生活への復帰を念頭に置いて住み慣れた地域で生活を継続できるよう24時間体制で支えるためのサービスである。市町村が事業者の指定や監督を行い，原則としてその市町村の住民（被保険者）のみが利用できる。要介護認定により原則要介護３以上の者が利用。要介護者に対する介護給付サービスの一種である。内容としては，入居定員が29人以下の施設で，利用者本人や家族の意向を反映しながらサービス計画を作成し，その計画に沿って入浴・排泄・食事などの介護等，日常生活上の支援と機能訓練，健康管理と療養等の支援を行うサービスである。　［江口賀子］

♧地域密着型サービス

2005（平成17）年の介護保険法改正で創設。可能な限り住み慣れた地域で生活を継続でき，地域の特性に応じて多様で柔軟なサービスが利用できるようにするためのサービスである。市町村が事業者の指定や監督を行い，地域の実情に応じた弾力的な基準・報酬設定ができる。原則として，その市町村の住民（被保険者）のみが利用できる。介護給付による地域密着型サービスとして，夜間対応型訪問介護，小規模多機能型居宅介護，認知症対応型通所介護，認知症対応型共同生活介護（グループホーム），地域密着型介護老人福祉施設入所者生活介護（定員29人以下の特別養護老人ホーム），地域密着型特定施設入居者生活介護（定員29人以下の介護専用型特定施設），複合サービス，定期巡回・随時対応型訪問介護看護，地域密着型通所介護などがある。　［江口賀子］

♧地域密着型特定施設入居者生活介護

2005（平成17）年の介護保険法改正で地域密着型サービスとして，特定施設入居者生活介護から独立し創設。可能な限り住み慣れた地域で生活を継続でき，地域の特性に応じて多様で柔軟なサービスが利用できるようにするためのサービスである。市町村が事業者の指定や監督を行い，原則としてその市町村の住民（被保険者）のみが利用できる。要介護者に対する介護給付サービスの一種である。内容として有料老人ホーム，ケアハウス，養護老人ホーム，適合高齢者専用賃貸住宅などの入居定員が29人以下の施設に入居している利用者に対して，入浴・排泄・食事などの介護等，日常生活上の支援と機能訓練，健康管理と療養等の支援を行うサービスである。　［江口賀子］

♧地域リハビリテーション

国際的にはCBR（Community Based Rehabilitation）ともいわれ，1994年，WHOなどでは，CBRを「障害のあるすべての人びとのリハビリテーション，機会の均等，そして社会への統合を地域のなかで進めるための戦略である」とし，それは「障害のある人びとと，その家族，そして地域，さらに適切な保健，教育，職業および社会サービスが統合された努力により実施される」と定義した。また，わが国では，1991（平成3）年に日本リハビリテーション病院・施設協会が「障害のある人びとや高齢者およびその家族が住み慣れたところで，そこに住む人びとともに，一生安全に，いきいきとした生活が送れるよう，医療や保健，福祉及び生活にかかわるあらゆる人びとや機関・組織がリハビリテーションの立場から協力し合って行う活動のすべてを言う」と定義しており，障害者の地域での生活を支えるために，地域全体で行う活動の総体を意味する包括的な概念となっている。［村山浩一郎］

♧地域連携クリティカルパス

患者が病気を発症して治療のためにかかる急性期の医療機関で病状が一段落し，心身の改善のために集中的なリハビリなどをする回復期の医療機関，その後の生活機能改善のためのリハビリをする維持期の医療機関まで切れ目なく，治療を受けるための診療計画表をいう。診療に当たる複数の医療機関が役割分担を含め，あらかじめ患者の病状や障害の内容，日常生活評価などを医師やリハビリスタッフ，看護師ら多職種が同じシートに書き込み，それを使い診療内容を患者に提示・説明することにより，患者が安心して医療を受けることができ患者の家族も退院に向けて計画的にかかわることができる。［久永佳弘］

♧地域若者サポートステーション事業

「サポステ」の愛称にて，働くことに悩みを抱えている15歳～39歳までの若者に対し，キャリアコンサルタントなどによる専門的な相談，コミュニケーション訓練などによるステップアップ，協力企業への就労体験などにより，就労に向けた支援を行う。厚生労働省が委託した全国の若者支援の実績やノウハウがあるNPO法人，株式会社などが実施している。「身近に相談できる機関」として利用しやすいようすべての都道府県に必ず設置されている。［門田光司］

♧逐語記録

逐語記録とは，会話のすべてを記録する様式である。たとえば相談機関に所属する社会福祉士等の援助者と来所した利用者との間で行われる面接において，そのやり取り（発言）のすべてを詳細に記録するものである。逐語記録の作成にはかなりの時間と労力を要することになり，面接時のリアルタイム作成は困難である。したがって，利用者の了解を得たうえでICレコーダーなどに録音し，面接終了後に文字化することが一般的である。また，社会福祉調査におけるインタビュー調査では，逐語記録を作成して質的分析を行うことも多い。逐語記録の特徴としては，すべての会話を記録化することから，援助者と利用者のやりとりの詳細が把握可能であり，利用者の些細な変化や会話の流れの全体像を把握しやすい。また，援助者の面接技術の向上を図るための反省材料としても活用できる。［本郷秀和］

♧知的障害者相談員

知的障害者福祉法第15条の2に規定されている。知的障害者の福祉の増進を図るため，知的障害者またはその保護者の相談に応じて，知的障害者の更生のために必要な援助（相談援助）を行う民間の協力者。市町村は社会的信望があり，かつ，知的障害者に対する更生援護に熱意と識見を持つ者に知的障害者相談員を委託することができる。また，都道府県（政令指定都市，中核市）は障害の特性その他の事情に応じた相談援助を委託することが困難であると認められる市町村がある場合には，当該市町村の区域において知的障害者相談員を委託することができる。［寺島正博］

♧知的障害者の権利宣言（ちてきしょうがいしゃのけんりせんげん）

1971年12月第26回国連総会決議において採択され，ノーマライゼーション理念が始めて国際的な場で宣言された。前文において知的障害者が多くの活動分野においてその能力を発揮し得るよう援助し，可能な限り通常の生活にかれらを受入れることを促進する必要性を示し，第1条において，「知的障害者は可能なかぎり，他の人と同等な権利を有する」と宣言した。そして，保障されるべき具体的な権利として，人間としての平等，適切な医療・教育・リハビリテーションなどを受ける権利，経済的保障と就労の権利，家族とともに通常の地域社会生活に参加する権利，後見人を与えられる権利，搾取・乱用・虐待から保護される権利などを宣言し，これらの権利を保護するため各国に対し，国内的及び国際的行動を要請している。［平川泰士］

♧知的障害者福祉司（ちてきしょうがいしゃふくしし）

都道府県が設置する知的障害者更生相談所に配置される職員。主に，①市町村の更生援護の実施に関し，市町村相互間の連絡調整，市町村への情報提供，その他必要な援助，及び②知的障害者に関する相談及び指導，といった業務の専門的な知識及び技術を必要とする部分を担う役割がある。市町村の福祉事務所にも配置することができる。その場合，福祉事務所の所員に対する技術指導や知的障害者の福祉に関する相談に応じ，必要な調査や指導などを行う。知的障害者福祉司は，①社会福祉主事であって知的障害者福祉に関する事業に2年以上従事した者，②大学において社会福祉に関する指定科目を修めて卒業した者，③医師，④社会福祉士などから任用される。［岡村ゆかり］

♧知的障害者福祉法（ちてきしょうがいしゃふくしほう）

1953（昭和28）年「精神薄弱児対策基本法」により，隔離と保護を前提としていたこと，18歳未満に限定した施策であったとことから，1960（昭和35）年精神薄弱者福祉法として施行され，全年齢を対象とした生活支援へと変更された。1999（平成10）年施行の「精神薄弱の用語の整理のための関係法律の一部を改正する法律」により，同名に変更される。2000（平成12）年以降の改正により，知的障害者の自立と社会経済活動への参加を促進すること，機会の確保などが追加された。障害福祉サービスは障害者総合支援法に移行し，地方自治体の責務の規定，知的障害者更生相談所の設置，入所等の措置が中心となっている。また，知的障害者を規定する条項がないことが批判されており，他法との類似点が多く，本法の位置づけが曖昧になっている。［平川泰士］

♧知能検査（ちのうけんさ）

知能を測定する検査で，与えられた問題をどこまで解いたかをもとに知能の程度を数量的に示す。個別式知能検査には，ビネー（Binet, A.）の流れをくむビネー式知能検査（田中ビネー知能検査など）とウェクスラー（Wechsler, D.）が作成したウェクスラー式知能検査（WISC, WAIS, WPPSI）がある。集団式知能検査には，言語性の知能検査であるA式，動作性の検査であるB式，言語静と動作性を含む検査であるAB式などがある。そのほか，人物画を描いてもらうものや積木で模様を作ってもらうものがある。［小窪輝吉］

♧地方財政健全化法

2007（平成19）年6月，「地方公共団体の財政の健全化に関する法律」が制定され，2009（平成21）年4月に全面施行された。従来の地方財政再建促進特別措置法では，わかりやすい財政情報の開示や早期是正機能がない等により，事態が深刻化するまで状況が明らかにならないという課題があった。そのため，地方公共団体の財政の健全性に関する比率の公表の制度を設け，その比率に応じて，財政の早期健全化及び財政の再生，公営企業の経営の健全化を図るために必要な行財政上の措置を講ずることにより，地方公共団体の財政の健全化に資することを目的としている。［北川慶子］

♧地方自治

地方の運営について，国からの関与によらず，地方の住民の意志に基づき行うことをいう。日本の地方自治については日本国憲法第8章において定められている。憲法第92条において「地方公共団体の組織及び運営に関する事項は，地方自治の本旨に基づき，法律でこれを定める」とし，地方自治の原則を示している。なお，ここでいう地方自治の本旨とは，地方における行政について，国とは別に地方公共団体を設けて，その権限と責任においてこれを行う「団体自治」と，その事務の処理については地方の住民が自らの意思に基づいて行う「住民自治」を指すとされる。なお，日本国憲法には，地方議会の設置，首長・議員等の直接選挙（93条），さらには地方公共団体の機能，条例制定権等（94条）について規定している。［田畑寿史］

♧地方精神保健福祉審議会

精神保健福祉法第9条に規定された，精神保健及び精神障害者の福祉に関する事項を調査審議するための都道府県における諮問機関である。地方精神保健福祉審議会は，都道府県知事の諮問に答えるほか，精神保健及び精神障害者の福祉に関する事項に関して都道府県知事に意見を具申することができる。2005（平成17）年の法改正では審議会の必置規制が見直され，その設置，組織及び運営に関し必要な事項を都道府県の条例で定めることが規定された。［西田美香］

♧地方分権

戦後50年を経て，社会制度の見直し，各分野の構造改革の課題が鮮明になってきたことを背景に，1995（平成7）年に地方分権推進法が成立した。同法では地方分権の推進に関する基本理念，国および地方公共団体の責務を明確にするとともに，地方分権の推進に関する施策の基本となる事項が定められている。従来の地方自治体の事務は国からの指揮監督を受ける機関委任事務が多くを占めていたが，機関委任事務は廃止され，地方公共団体が自らの責任と判断で行う「自治事務」と，国の利害に関係のある事務を法に基づき引き受ける「法定受託事務」に再編され，憲法で定める地方自治の理念に立脚し，住民のニーズを把握し，全般的な住民の福祉を達成する取組みが各自治体でなされている。［田畑寿史］

♧地方分権一括法

1999（平成11）年7月に「地方分権の推進を図るための関係法律の整備等に関する法律」，いわゆる地方分権一括法が公布され，2000（平成12）年4月1日に施行された。1995（平成7）年に施行された地方分権推進法に基づき設置された地方分権推進委員会からの勧告を受け，地方自治関係の475件に及ぶ法律を一括して改正する法律である。「国と地方公共団体とが分担すべき役割を明確にし，地方公共団体の自主性及び自立性を高め，個性豊かで活力に満ちた地域社会の実現を図ること」を基本理念としている。明治以来形成されてきた中央集権型行政システムを是正し，地方分権型へと転換することで，各地方公共団体が自らの判断と責任により，地域の実情に沿った行政を展開していくことが期待されている。［北川慶子］

♧チームアプローチ (team approach)

各種の専門職者が，福祉サービスの利用者や家族のニーズに即した適切なケアを提供するという共通ゴールをめざして，それぞれの専門性を活かし協働してチームで支援を行うことをいう。チームのメンバーは，多職種であり，それぞれの役割を認識し，他職種の意見を尊重する姿勢が必要である。そして自らの専門領域に精通し，判断，行動できることが望まれる。たとえば，ターミナルケアの場合は医師・看護師・医療ソーシャルワーカー，薬剤師，栄養士，PT（理学療法士），OT（作業療法士），ST（言語聴覚士）などがメンバーとなる。異なる機能が統合され，チームとしての役割が調和していることが大切であり，チームとして利用者に最大の利益をもたらすような支援ができることが望まれる。

［猪谷生美］

♧チームケア (team care)

高齢者ケアなどにおいては，福祉，医療，保健などの領域にかかわる専門職などが連携をしながら対象者のニーズに即してサービスを提供して，支援していくことが要求される。各職種のメンバーが統一性のないままにバラバラなサービスや支援を行っていくと，重複や見落とし，混乱を招くこととなり，対象者の生活は不安定なものとなる。チームケアは多職種のメンバーがチームを組んで，連携しながらサービスや支援をすすめていくことをいう。メンバー同士で連絡を取り合い，カンファレンスを開催し，支援計画を立て，サービスを提供し，モニタリングを行い，評価していく一連の過程の中でチームケアが実現される。

［倉田康路］

♧チームワーク (teamwork)

ある共通の目標をもった集団が協働して目標達成に取り組むこと。ここでいう集団とは，多様な専門職種の集団や同専門職種の集団であり，メンバーは個々の役割をもち，互いの主体性や独自性を尊重しながら目標達成のために作業を遂行する。クライエントが抱える課題が多様化している場合は，同職場内でのチームワークに限らず，他機関（施設）間でのチームワークが不可欠となる。いずれにせよ，クライエントを中心に協働して作業を行うことが必要になるが，チームワークを有効なものとするにはチームリーダーによるリーダーシップが重要である。［畑　香理］

♧チャイルドライン

子どもの声を直接受け止めるホットライン型の電話相談制度。現在，「チャイルドヘルプライン」という名称も使われている。1986年にイギリスの民間団体ではじめて取り組まれ，以降，世界各国で広がった。日本では，特定非営利活動法人チャイルドライン支援センターがこの事業を行っている。子どもの匿名性を守り，子どもの声に耳を傾け，子どもと共に考えることを基本姿勢としている。特定非営利活動法人チャイルドライン支援センターが発行する「チャイルドライン年次報告」により，全国の活動状況の詳細がわかる。世界各地のチャイルドヘルプラインを「Child Helpline International（CHI）」がネットワークしており，日本のチャイルドラインも参加している。 ［川池智子］

♧嫡出子（ちゃくしゅつし）

嫡出とは，法律上の婚姻関係にある男女から生まれることであり，嫡出による子を嫡出子という。従来，生まれた子が社会的認知（公認）を受けるために嫡出であることが必要とされてきた。現行の民法は，このような法理に基づき嫡出子と非嫡出子を区別している。なお，婚姻中の懐妊による嫡出子は「推定される嫡出子」であり，婚姻の届け出後200日以内の懐妊では「推定されない嫡出子」とされる。また，出生の時点で非嫡出であっても，その後の父母の婚姻に基づく準正により嫡出子となることができる。 ［岩井浩英］

♧チャリティ（charity）

慈善や慈愛，博愛に基づく精神や行為のことで，ラテン語のカリタス（caritas）を語源とする。当初は，貧民に対する隣人愛など宗教的動機に基づく実践の総称であったが，近代以降は，個人の道徳的信念や互助の精神など非宗教的動機による支援に変化しており，社会福祉や救済活動等に対する社会的な支援活動のことをいう。また，チャリティによって生じた利益を寄付する行為も含まれる。 ［古野みはる］

♧チャルマーズ，T.（Chalmers, Thomas；1780–1847）

イギリス・スコットランドの長老派教会牧師。チャーマーズとも表記。1819年から23年までスコットランドのグラスゴー市セント・ジョン教区（St. John's Parish）の牧師として従事した。キリスト教政治経済学者でもある。イギリスの慈善事業の創設者であり，救貧思想の実践としての隣友運動・友愛訪問活動を展開した。後のCOS（慈善組織協会）の先駆けとして，近代のケースワークの原点ともいわれた。自由主義的貧困観に基づく慈善事業であり，コミュニティの団結心や相互への責任感を破壊する等の懸念から政府による法的救済を否定し，民間によるチャリティに依拠した貧民救済を実践した。 ［髙田裕子］

♧注意欠陥多動性障害（ちゅういけつかんたどうせいしょうがい）（Attention-Deficit/Hyperactivity Disorder：ADHD，AD/HD）

特徴的には不注意（集中力がない），多動性（じっとすることができない），衝動性（善悪を判断せずに行動してしまう）などがある。7歳までに現れ，学童期の子どもには3～7％存在し，男性は女性より数倍多いとされている。DSM-5（米国精神医学会編　精神疾患の診断・統計マニュアル）では，注意欠如・多動症，注意欠如・多動性障害とされている。発達障害者支援法改正法（2016年8月1日施行）において，発達障害の一つに位置づけられている。 ［古賀政文］

♧中央慈善協会（ちゅうおうじぜんきょうかい）

中央慈善協会は，全国社会福祉協議会の前身の一つである。1908（明治41）年に慈善家と慈善団体の連絡，慈善団体間の相互連絡，国内外の慈善救済事業の方法に関する調査報告，および慈善救済事業の指導推進と行政の補佐を目的として設立された。初代会長は，渋沢栄一であった。その後，大正時代に入り，「慈善事業」が「社会事業」と呼ばれるようになり，1921（大正10）年に中央慈善協会も社会事業協会と改称された。その後，1924年に財団法人中央社会事業協会となり，第2次世界大戦後の1951（昭和26）年には，全日本民生委員連盟，同胞援護会と合併し，財団法人中央社会福祉協議会（1955年に社会福祉法人会　社会福祉

協議会に改称）となった。［山田美保］

♧中央社会保険医療協議会（ちゅうおうしゃかいほけんいりょうきょうぎかい）

厚生労働大臣の諮問機関。1944（昭和19）年「社会保険診療報酬算定協議会」が設置され，1950（昭和25）年に，「社会保険診療協議会」と統合する形で誕生した。社会保険診療報酬に関する事項等について，厚生労働大臣の諮問に応じて審議し，答申を行うほか，自らで厚生労働大臣に意思を示すことができる。委員は「健康保険，船員保険及び国民健康保険の保険者並びに被保険者，事業主及び船舶所有者を代表する委員」と「医師，歯科医師及び薬剤師を代表する委員」と「公益を代表する委員」の3つの分野から構成され，合計20名で組織される。委員及び専門委員は，厚生労働大臣により，非常勤の身分として任命される。委員の任期は2年である。［黒木真吾］

♧中央値（ちゅうおうち）

収集したデータを大きさの順に並べたときに，ちょうど真ん中に位置する値をいう。たとえば，101個のデータが大きい順（もしくは小さい順）に並んでいる場合，51番目の値が中央値となる。なお，並べたデータの数が偶数の場合には，中央に並ぶ2つのデータの平均値を中央値とする。代表値という統計量の一種であり，メディアン（median）ともいう。［村山浩一郎］

♧中範囲の理論（ちゅうはんいりろん）

経験的研究によって発見された事実の抽象化，すなわち，経験的一般化によって得られる命題群のこと。単なる経験的記述に終始しがちな経験的研究と，経験的な検証がむずかしい壮大な一般理論とを媒介する理論として，アメリカの社会学者マートン（Merton, R.K.）によって提唱された。マートンの準拠集団論や逸脱行動論などは，経験的研究による個別の調査結果から中範囲理論を構築する実践例として知られている。→マートン，R.K.［村山浩一郎］

♧超自我（ちょうじが）

精神分析学でフロイト，S. は，人間の精神構造をイド（エス），自我，超自我の3つに分けた。イドは快楽を追求（快楽原則）するのに対し，現実に即して理性的にイドを統制する（現実原則）のが自我である。さらに，イドや自我を道徳的・良心的に向けさせるのが超自我である。［門田光司］

♧長寿社会開発センター（ちょうじゅしゃかいかいはつセンター）

1974（昭和49）年に設立された財団法人老人福祉開発センターを前身とし，高齢化社会の進展に対応し，高齢者の生きがいと健康づくりを推進する団体として，1989（平成元）年に財団法人長寿社会開発センターに改組された。その後2011（平成23）年4月に，一般財団法人長寿社会開発センターに移行されている。法人の目的は，「明るい長寿社会づくりの推進に関する啓発普及，高齢者の生きがいと健康づくり活動の推進，地域包括ケアの推進，長寿社会への対応に関する調査研究等を行い，もって明るい長寿社会の推進に寄与すること」であり，高齢者・関係団体・介護関係従事者を対象としている。［飯干真冬花］

♧長寿社会対策大綱（ちょうじゅしゃかいたいさくたいこう）

本格的な高齢社会の到来に備え，人生50年というライフサイクルを見直し，人生80年というライフサイクルを前提とした経済社会システムの構築をめざすための指針として，政府は1986（昭和61）年6月に長寿社会対策大綱を策定した。この指針を基礎に「活力と包容力のある豊かな長寿社会」の建設へ向けて，経済社会の活性化や社会連帯に基づく地域社会の形成，生涯を通じ健やかな充実した長寿社会を築くための施策が示され，①雇用・所得保障システム，②健康・福祉システム，③学習・社会参加システム，④住宅・生活環境システムに係る長寿社会対策が総合的に推進された。
［古野みはる］

長寿社会福祉基金（ちょうじゅしゃかいふくしききん）

1989（平成元）年12月に策定された高齢者保健福祉推進10か年戦略（ゴールドプラン）の中で高齢者や障害者の在宅福祉の充実と生きがい・健康づくり事業の増進を図るために示され，1990（平成2）年に社会福祉・医療事業団によって設立された基金で，現在は独立行政法人福祉医療機構に継承されている。高齢者や障害者の在宅福祉の充実と生きがい・健康づくりの推進を図るために行われる民間の創意工夫を活かした独創性，先駆性，普遍性のある事業が助成の対象となっている。
［古野みはる］

調停委員（ちょうていいいん）

地方裁判所や家庭裁判所などにおける民事調停や家事調停において，紛争の解決にあたる者。調停委員には，民事調停委員と家事調停委員がある。民事調停委員及び家事調停委員規則第1条において，「民事調停委員及び家事調停委員は，弁護士となる資格を有する者，民事若しくは家事の紛争の解決に有用な専門的知識経験を有する者又は社会生活の上で豊富な知識経験を有する者で，人格識見の高い年齢40年以上70年未満のものの中から，最高裁判所が任命する」と規定されている。
［納戸美佐子］

直接援助技術（ちょくせつえんじょぎじゅつ）

個人や家族，集団に対して，援助者が直接支援する社会福祉の援助技術をいう。これには，個人や家族との面接を通して福祉ニーズの充足や生活支援を行っていく「個別援助技術」（ケースワーク）と，小集団における集団力動を活用してメンバーの共通課題を改善していくことをねらいとした「集団援助技術」（グループワーク）がある。
［門田光司］

直系家族（ちょっけいかぞく）（stem family）

居住規則ないしは家族構成に基づいて家族を類型化したものの一つ。この家族タイプにおいて，家長夫婦は一人の子を次代の家系継承者（イエの後継ぎ）として定め，結婚後も（その配偶者も含めて）世帯内に残留させる。後継ぎには親の持つ財や地位が独占的に継承され，それによって家族が直系的に再生産される。産業化やそれに伴う家族成員の賃金労働者化などが，直系家族の存立基盤を切り崩すとされてきたが，現在の日本社会においても直系家族は根強く残っている。→夫婦家族，複合家族
［益田　仁］

治療モデル（ちりょうモデル）

ヴィンター（Vinter, R.D.）が提唱したグループワーク論。一般に治療モデルと呼ばれ，ソーシャルワークの方法としてグループワークを位置づけた。ハイリスクなクライエント，すなわち逸脱，機能不全あるいは病理的な問題を抱えている人たちに重点を置くことを主張した。グループワークを「小さなグループのなかで，あるいは，そのグループを通じて，グループに参加しているクライエントが望ましい変化をなすように援助する一つの方法である」と定義している。ソーシャルワーカーは，メンバーに望ましい変化をもたらすグループを形成し，変化を起こさせる人（change agent）として機能し，存在する。すなわちグループは手段として活用し，各メンバーの目標を達成するためにソーシャルワーカーが積極的に介入するのが治療モデルの特徴である。
［猪谷生美］

つ

♧通所介護（デイサービス）

介護保険制度による居宅サービスであり，デイサービスとも呼ばれている。デイサービスセンター等において食事や入浴等の日常生活上の支援や機能訓練，口腔機能向上等に関するサービスが提供される。要介護１以上の認定を受けた人が対象となり，送迎サービス付きの日帰りにより提供され宿泊は伴わない。なお，要支援（１～２）の人には，介護予防・日常生活支援総合事業によりこれに類するサービスを提供することができる。

［萩沢友一］

♧通所サービス

日帰りでサービスが受けられる施設へ赴き，食事の提供や入浴，必要な介護サービスが提供される。介護保険ではデイサービスセンター等で食事や入浴，レクリエーション等が行われる通所介護（デイサービス）と，介護老人保健施設などで機能訓練まで受けられる通所リハビリテーション（デイケア）がある。また，地域密着型サービスの一つとして認知症対応型通所介護がある。介護保険以外では精神通院医療の対象となる精神科デイケアが通所サービスとして利用されている。

［日田　剛］

♧通所リハビリテーション（デイケア）

介護保険制度による居宅サービスであり，デイケアとも呼ばれている。介護老人保健施設等において関節の拘縮予防，褥瘡の予防，自主トレーニングの指導，歩行練習，基本動作訓練，日常生活動作訓練等が行われることにより身体機能や日常生活機能の維持・向上が図られる。要介護１以上の認定を受けるとともに，主治医が必要と判断した場合にこれを利用することができる。日帰りによる利用であり，一般に，提供事業所による送迎サービスがある。

［萩沢友一］

♧通　達

行政機関内部において，上級機関が下級機関に対し，指揮監督関係に基づきその機関の所掌事務について示達すること。行政における取扱いの統一性を確保することを目的とした，行政機関内部における指針であるため，国民の権利・義務を直接に規定あるいは制限するものではないことから，上級行政庁が行政監督権限に基づき発することができ，法律の根拠は要しないとされている。内容としては，法令の解釈，運用・取扱基準や行政執行等に関するさまざまなものがある。

［戸丸純一］

♧通　知

行政庁が特定の人または不特定多数の人に対し，特定の事項を知らせる行政行為のこと。行政法においては準法律行為的行政行為の一つに分類され，行政庁の意思ではなく法律の規定によって成立する行政行為である。通知には一定の事実を知らせる観念の通知と，一定の行為を要求する通知で応じない場合など法律によって一定の法的効果が発生する意思の通知がある。たとえば，租税納付の督促は意思の通知，特許出願の公告は観念の通知とされている。

［戸丸純一］

♧付添人制度

非行事件を起こした少年やその保護者は，少年法第６条の３により付添人を選任することができ，同法第22条の３で審判に検察官が関与する場合には，家庭裁判所は弁護士である付添人を付けなければばならない。付添人は記録閲覧や審判に出席して意見陳述などができ，少年の意見を代弁し，正当な権利や利益を守る役割を負う。［安部計彦］

♧つどいの広場事業（地域子育て支援拠点事業）

2002（平成14）年度におおむね３歳までの子育て中の親子が気軽に集まって，相互交流と子育ての悩み等を相談できる場の提供を目的とした「つどいの広場」事業として始まった。2007（平成19）年度からは地域子育て支援拠点事業として，児童福祉法第６条の３第６項に規定されている。実施主体は市区町村だがNPOなど多様な団体への委託により，地域の子育て力の向上をめざしている。2009（平成21）年度に約5,200か所，2017（平成29）年度は約7,260か所で実施されているが，2019（平成31）年度までに全国で8,000か所での実施を目標としている。［安部計彦］

♧積立方式

過去に納めた保険料とその積立金の運用収入で，年金の費用を賄う方式。つまり自分の支払った年金保険料は，自分の年金給付のために使われる財政方式である。世代間での不公平感はなく，財政が人口構成の影響を受けないという利点がある。しかし，保険料の運用収入を見込んで，保険料と年金額を決めるため，経済変動の影響を受けることになる。わが国の年金制度は当初積立方式で発足したが，次第に賦課方式に移行してきている。［河谷はるみ］

て

♧TA ⇒交流分析

♧TAT（Thematic Apperception Test；主題統覚検査）

マレー（Murray, H.A.）とモーガン（Morgan, C.D.）によって作成された投影法の人格検査である。マレーは人の複雑な行動を欲求と圧力の関係から理解し，この関係を主題（テーマ）と呼んでいる。個人の伝記は，主題をもつエピソードの複合からなっており，マレーの人格理論では主題の探求が重要となる。TATでは，「文学的創造力を刺激し，隠されたコンプレックスや無意識のコンプレックスを暴露するような空想を起こさせること」を目的として作られている。検査は，登場する人物の状況があいまいに描かれた絵が示され，できるだけ劇的な物語を作るように求められる。この場合，現在何が起こりつつあるのか，絵の中の人物は何を感じ，何を考えているのか，将来はどんな結末になるのか等を考えることが教示される。結果の分析は，各絵で語られた物語から一貫する主題を見つけ出していくことにあり，これによって被験者のパーソナリティを理解していく。［門田光司］

♧DM医療

糖尿病（DM）とは，慢性的に血糖値が高くなる状態をさす疾患である。糖尿病の治療は病因，または重症度（進行度）によって異なるが，現在の内科的な保存的治療では治癒しない疾患であるため，治療の目標は発症や伸展を抑制し，患者のQOLや健康寿命を健常レベルまで維持することである。初期糖尿病の治療で重要なのが，食事療法と運動療法である。それらでコントロールがつかない場合は経口血糖降下薬，インスリンを使用する。糖尿病のコントロール状態は食前または食後血糖値，またHbA1c値を測定することで評価する。［笠野華代］

♧定期巡回・随時対応型訪問介護看護

2011（平成23）年の介護保険法改正で地域包括ケアシステムの構築に向けた取組みが進められるなか創設された，日中・夜間・深夜を通して，訪問介護と看護が密接に連携し，定期巡回と随時に対応することで，要介護高齢者の24時間の在宅生活を支援するサービスである。一つの事業所で訪問介護と看護を一体的にサービス提供する「一体型事業所」と，事業所が地域の訪問看護事業所と連携してサービス提供する「連携型事業所」の2類型がある。地域包括ケアシステムの中核を担う重要なサービスであるが，普及がいまだ十分ではないこと，山間地では実施が難しいことなどの課題がある。

［木場千春］

♧定期病状報告書の提出

精神科病院の管理者は，措置入院者および医療保護入院者の病状に関する報告を定期に最寄りの保健所長を経て都道府県知事に定期病状報告書で報告しなければならない。改善命令等を受けた精神科病院の管理者には，任意入院者についても病状報告を求めることができる。また，精神科病院の報告書を受理した都道府県知事は，精神医療審査会に対し入院の要否の審査を求めることとされている。

［森　実紀］

♧デイケア⇒通所リハビリテーション

♧t検定

2つのグループの母集団の平均の間に有意差があるかどうかを検定する推測統計の一つである。t検定は，発案者ゴセット（Gosset, W.C.）のペンネーム“Student”にちなんでスチューデントのt検定と呼ばれることもある。2つの母集団の分散が等しいと考えられるか，異なると考えられるかで検定の方法が異なる。また，独立した集団間の平均値の比較をする場合と，関連のある（対応のある）平均値の比較をする場合でも検定の方法が異なる。

［小窪輝吉］

♧デイサービス⇒通所介護

♧TEACCHプログラム

TEACCHは，Treatment and Education of Autistic and Related Comunication handicapped Childrenの略称であり，「米ノースカロライナ州で実施されている，自閉症等コミュニケーションに障害のある子供たちやその家族への包括的対策プログラム」のことである。1960年代にノースカロライナ大学のエリック・ショプラー（Eric Shopler）博士の研究をもとに生まれた。日本では，児童精神科医の佐々木正美教授によって初めてTEACCHプログラムが紹介され，現在では広く認知されるようになった。基本理念としては，自閉症児・者が施設で生活するのではなく，それぞれの地域社会の中で自立した生活を営むことができるようにすることである。このプログラムは，問題行動に焦点をあてるというより，適切な行動を発達させることをめざしている。自閉症の人自身の適応力を高めると同時に自閉症の人にとって理解しやすい環境を操作する（構造化）という2つの方向からのアプローチの相互性を重視している。発達障害者全般にも応用されている。

［西島衛治］

♧ティトマス，R.

（Titmuss, Richard；1907-1973）

イギリスの社会政策学者。ロンドン大学を拠点に活躍し，戦後のイギリスの社会政策研究の基礎を築いた。ティトマスは，3つの福祉制度（「社会福祉」，「財政福祉」，「企業福祉」）による「福祉の社会的分業」という考え方を提示し，その分担関係により，理念的な社会福祉政策の類型を，「残余的福祉モデル」，「産業的業績達成モデル」，「制度的再分配モデル」の3つに分類した。また，サービス供給における「普遍主義」と「選別主義」について問題提起し，普遍主義的な社会福祉政策を主張した。［村山浩一郎］

♧DV防止法（配偶者からの暴力の防止及び被害者の保護等に関する法律）

配偶者からの暴力に係る通報，保護，自立支援等の体制を整備することにより，配偶者からの暴力の防止及び被害者の保護を図ることを目的としている。DV防止法における「暴力」とは，身体に対する暴力，心身に有害な影響を及ぼす言動である。また，「被害者」とは，配偶者からの暴力を受けた者であり，性別は問わない。「配偶者」には，いわゆる「事実婚」が含まれ，離婚した元配偶者も対象となる。都道府県に配偶者暴力相談支援センターの設置を定めている。裁判所は，被害者の申立てにより，配偶者に対し保護命令を出すことができる。保護命令には，①被害者への接近禁止命令，②被害者への電話等の禁止命令，③被害者の同居の子への接近禁止命令，④被害者の親族等への接近禁止命令，⑤住居からの退去命令の5種類がある。2004（平成16）年に改正され，保護命令の対象範囲が拡大された。2007（平成19）年の一部改正では，保護命令制度の拡充が図られた。さらに2013（平成25）年の一部改正では，生活の本拠を共にする交際（婚姻関係における共同生活を除く）関係にある相手からの暴力及びその被害者についても法を準用することになった。

［勝　智樹］

♧定率負担⇒応益負担

♧適　応（適応機制）

適応（適応機制）とは，フロイト（Freud, S.）の精神分析に基づいた理論で，人間の本能的衝動である「エス」と道徳性や良心である「超自我」との間で，現実判断や統制をおこなっている「自我」が，自らを守るために備えている防衛メカニズムである。防衛機制ともいう。欲求不満や葛藤の状態に対する回避や解消をすることで，安定性を取り戻す。社会的に許容される範囲内で解消する合理的適応機制と，無意識的に一般的な防衛として行われる非合理的適応機制がある。代表的な適応機制には，合理化，投影，同一化，抑圧，置き換え，昇華，退行，逃避，反動形成がある。適応機制の現れ方は，個人差があり，安定性を保てなくなると心の病に至ることもある。

［梶原浩介］

♧出来高払い方式

医療制度の診療報酬支払方式で，診療行為を細かく細分化したうえで点数を設定し，医療機関は行った医療行為の量に応じて請求する仕組みを指す。わが国の診療報酬においてはこの方式が基本となっており，各診療行為についてそれぞれの評価を行い，評価額の合計金額を診療報酬として支払う方式をとっている。しかし，問題点として服薬や検査等で過剰診療を招きやすいといった問題点があげられる。一方，診療行為の量に関わらず1日単位，1月単位といった形でさまざまな診療行為を包括して評価する方法として，定額払い方式が高齢者医療に導入されているが，粗診粗療を招く可能性が指摘されている。したがって，高度医療等の定型的な評価が困難なものについては出来高払い方式とし，看護やプライマリケア等の定型的な評価が比較的安易

なものを定額払い方式とし，評価される医療サービスの性格に応じて支払方式が採用される必要がある。 ［倉光晃子］

♧デミング，W.E.（Deming, William Edwards；1900-1993）

アメリカの統計学者。戦後マッカーサーの下で日本政府のコンサルタントとして国勢調査に関わった。また，日本滞在中及び帰国後も幾度も来日して「統計的プロセス制御（Statistical Process Control：SPC）」の手法を日本の企業経営者に伝授し，戦後の日本経済の復興と企業の伸張に貢献することとなった。それゆえ，デミングの名は死後にアメリカ本国で認知されるようになるが，生前は日本でその名声を博した。［佐野正彦］

♧転移（てんい）（transference）

フロイト（Freud, S.）が精神分析で使った言葉。転移感情は，クライエントが分析家に対して持つ感情の一つ。クライエントが過去における家族などの重要な人物との関係の中で生じた感情を分析家に向けることを指す。この転移感情は過去を思い出すことを避けて強迫的に過去の対象関係を繰り返している防衛的な反応でもある。転移感情には友好的な陽性感情と敵意をもった陰性感情がある。1人のクライエントが分析家に対して陽性感情と陰性感情を併せ持つこともある。 ［岡田洋一］

♧てんかん（癲癇（てんかん）；epilepsy）

発作性に起こる脳の律動異常に対応して，痙攣・意識障害などの多彩な臨床症状を示す症候群。一般に発作の原因が見出されるか否かによって便宜的に，①真性てんかんと，②外因性てんかんに分けられる。発作の型には，大発作・小発作・精神運動発作・自律神経発作・焦点性発作などがある。てんかん発作が短時間のうちに繰り返される状態をてんかん（発作）重積症という。主として全身の痙攣発作が繰り返される状態で，長時間発作が頻回に起こると後に重い知的障害を残したり，ときには死に至ることもある。 ［花田美那子］

♧点字出版施設（てんじしゅっぱんしせつ）

身体障害者福祉法においては，身体障害者社会参加支援施設の一つとして視聴覚障害者情報提供施設が規定されている（第5条）。身体障害者社会参加支援施設の設備及び運営に関する基準において視聴覚障害者情報提供施設には，点字図書館，点字出版施設，聴覚障害者情報提供施設が規定されている。点字出版施設では，点字刊行物の出版に係る事業を行っている。また，点字出版施設の施設長の資格要件は，社会福祉事業に5年以上従事した者又はこれと同等以上の能力を有すると認められる者と定められている。 ［納戸美佐子］

♧点字図書館（てんじとしょかん）

身体障害者福祉法第34条における視聴覚障害者情報提供施設の一つである。点字図書や録音図書の貸出し，制作，レファレンスサービス，点訳奉仕員の養成などを行っている。また，近年では点字データによるデジタルライブラリー化を促進し，インターネット配信サービスにも取組むなど，視覚障害者の情報収集拠点としての機能を発揮している。 ［茶屋道拓哉］

♧点訳奉仕員（てんやくほうしいん）

地方自治体が実施する点訳奉仕員養成のための講習会（点訳ボランティア講習会など）を受講・修了したものが，地域におけるボランティア活動や点字図書館での点訳ボランティア活動に取り組む。講習会では，視覚障害者福祉やボランティア，点字図書に関する専門知識と取扱い，点訳実技，点訳の指導方法などに

ついて学習する。 [茶屋道拓哉]

電話調査

電話を通じて意見や感想等を聞き取る調査方法。固定電話と携帯電話の両方が対象となる。携帯電話は地域が特定できないため調査は全国が対象となる。電話調査のメリットとしては，費用が安いことや，迅速な調査が可能であること等が挙げられる。デメリットとしては，電話であることから時間的な制約が生じるため，質問量や内容が限られる調査となるや，回答を拒否される比率が高いなどが挙げられる。 [寺島正博]

と

トインビーホール (Toynbee Hall)

バーネット（Barnett, S.）がイギリス，ロンドン郊外のイースト・エンド地区に1884年に設立した，貧困者や老人など社会的弱者のための施設。世界最初のセツルメント（宗教家や社会福祉事業者等がスラム街や工業地域に住み込み，そこで暮らす下層労働者との交流をとおして，地域改善に取組む活動）施設で，この活動に尽力し，31歳で亡くなったアーノルド・トインビー（Toynbee, Arnold）を記念してその名が付けられた。 [中川美幸]

同一視

同一視とは，他者の優れた要素を取り入れることによって，自分自身の存在をその対象に近づけ，自分を高めようとする心の働きである。同一化ともいう。他者の優れた能力や外見等の要素を自分の足りないものとして取り入れたり，模倣することによって，他者からの評価を得て自己評価を高める。たとえば，尊敬する人の服装や言動を表面的に真似したり，有名人が身に着けているブランド物で身を固めることによって，他者からの評価を得て自分を高めるなどが挙げられる。 [梶原浩介]

投影法

投影法では用いられる検査教材の刺激状況や教示があいまいで，多義的に作られている。そのため，被験者は自らのパーソナリティ全体をもって反応しなければならない。この反応結果を分析することで，被験者のパーソナリティを理解していく方法である。なお，結果の分析にあたっては，投影法の基盤となっている精神分析的理論等を熟知しておくことが不可欠である。投影法の代表となる人格検査には，ロールシャッハ・テストやTAT があげられる。 [門田光司]

動機づけ (motivation)

有機体に行動を起こさせ，それを目標に方向づけ，維持する作用あるいは過程の総称である。すなわち，行動の原動力として働く有機体内部の動機（motive）とそれに対応する目標あるいは誘因，そして，二者の間に生じる行動の関連を含んだ概念である。人が何らかの行動を起こすためには，何らかの動機づけが必要であり，また，人が動機づけの様態にあるとか動機づけられている場合には，何らかの行動が起きているかあるいは起こされようとしているということを意味している。動機づけには，外部からの報酬によって生起する外発的動機づけと，個人内部からの報酬（興味，好奇心からの達成感等）によって生起する内発的動機づけがある。発達的には，外発的動機づけから内発的動機づけへと移行する。内発的動機づけの対象は，個人によってさまざまである。 [蓑毛良助]

♧同行援護（どうこうえんご）

障害者総合支援法における自立支援給付の介護給付で，視覚障害により移動に著しい困難を有する人等が外出する際に，同行援護従事者が同行し，移動に必要な情報の提供（代筆・代読を含む），移動の援護，排せつ及び食事等の介護など，外出支援を行うものである。同行援護従業者は，同行援護従業者養成研修を受けることが義務づけられ，従事者の技術の向上が図られることになった。

［門田光司］

♧統合失調症（とうごうしつちょうしょう）

統合失調症は，発症原因が明らかになっていないが，ドーパミンの機能が亢進しているのではないかとされている（ドーパミン過剰仮説）。発症においては，遺伝的な要因も指摘されているが，環境的要因も関与していると考えられている。10歳代後半から30歳代に発症することが多く，主に思考，感情，知覚，意欲等の広範囲で能力が低下し，妄想，幻覚等の症状が出現する病態である。寛解期になると感情・意欲面の能力低下によって社会生活が困難になる傾向がある。症状には，陽性症状と陰性症状等があり，診断ではこれらの症状や患者が訴える妄想・幻覚等を評価していく。治療は，薬物療法，心理社会療法等があるが，社会復帰促進のためには長期にわたる治療と支援が必要となる。統合失調症は当初，クレペリン（Kraepelin, E.；1856-1926）により早期性痴呆（dementia praecox）と命名され，ブロイラー（Bleuler, E.：1857-1939）によりschizophrenie（心の分裂）と提唱され，日本語訳を精神分裂病とした。その後，2002（平成14）年に日本精神神経学会は，疾患名称から誤解がうまれ偏見が助長されるのを避けるため，1937年以来の呼称であった精神分裂病を「統合失調症」へと改めた。

［畑　香理］

♧統合保育（とうごうほいく）

障害のある子どもが保育所等の地域の保育施設において，定型発達の子どもたちと共に保育を受ける形態をいう。近年では障害の有無のみにかかわらず，落ち着きがない，集団に入れない，他児と上手く遊べない等，コミュニケーション行動問題や，貧困，虐待等，家庭での養育課題を抱える子どもが保育現場に増加しており，これら特別なニーズをもつ子どもも一人ひとりに応じた支援を行う「インクルーシブ保育」としてのあり方が求められている。

［山本佳代子］

♧動作法（どうさほう）

脳性まひ児の動作改善のための心理学的技法として1960年代に成瀬悟策らによって開発されたものである。脳性まひ児の動作上の問題（歩行困難等）は，過度の筋緊張により起こっているものととらえ，その筋緊張を弛緩させ，新しい動作の仕方を脳性まひ児が学習すれば，動作上の問題が改善されると考えたのである。この動作法は，その後，脳性まひ児の動作改善ばかりでなく，自閉症やADHD（注意欠陥多動性障害）の子どもなどの治療，高齢者の動作回復にも適用されている。これは，身体の緊張と弛緩のコントロールから，情緒面の緊張と弛緩のコントロールへ広げ，心身のバランスを調整しようとするものである。

［蓑毛良助］

♧当事者研究（とうじしゃけんきゅう）

2000年代，北海道の浦河町における「べてるの家」や浦川赤十字病院の実践に起源を置く。精神障害（とくに統合失調症）を抱えた当事者活動や地域生活の中で育まれたエンパワメントアプローチであり，他者に対する語りを通じて自らの状況を理解し，人や社会へ働きかけていく（回復のプロセスをともに歩む）ものである。当事者研究の主体はあくまでも当事者である。当事者研究のグループ内では，たとえば当事者自身が自らの経験を振り返る中で，障害や病気に対し，「自己病名」をつけるといった文化もある。自らの弱さや苦労，地域で工夫しながら生活してきた知恵などを持ち寄り，分かち合うことで新たな知恵が創出される。そして，そのプロセスの中でお互いを思いやり，尊重しあうことを通じ，自分らしい生き方への気づきが可能になる。 ［茶屋道拓哉］

♧ 同類婚（どうるいこん）

学歴，職業，経済力などの属性について似たもの同士が婚姻すること。「異類婚」に対する概念。前近代的社会においては異類婚がかなりの程度認められたが，現代においては圧倒的に同類婚が多く，異類婚は少数派だという。主としてバブル期までの女性たちに見られた理想の結婚相手像は，「背が高い，学歴が高い，給料が高い」という〈3高〉で，自分より高位の社会階層にパートナーを求める，異類婚願望が強かった。しかし，いわゆる先進国では女性の社会進出も進み，結婚相手として同様の属性から相互理解が比較的容易である同類婚が増えているのかもしれない。 ［佐野正彦］

♧ 同和問題（どうわもんだい）

中世末期から近世初期の封建社会において，武家による支配はいわゆる「士農工商」の階級構造の埒外に，あえて「穢多（えた）・非人（ひにん）」などと呼ばれた人間類型を作り上げ，彼らを士農工商の階級構造外により賤しい身分として位置づけることによって，社会の安定性を確保しようとした。一般に，こうした穢多・非人の子孫たちは，明治維新後の近代以降の社会においてもスティグマ視され，現代においても「同和問題」として残存している。つまり，彼らはいまだに就職，結婚，住居，交際などの社会生活において「同和地区出身者」であることが露見することを恐れ，それがいったん露見すると著しい差別を受け，市民的基本権が侵害されることもある。

［佐野正彦］

♧ 特殊教育諸学校（とくしゅきょういくしょがっこう）

2006（平成18）年に学校教育法が改正され，障害がある児童生徒への教育を行っていた盲学校，聾学校，養護学校は，特別支援学校へと名称変更がなされた。この法改正前の各学校の総数が特殊教育諸学校である。法改正に先立ち，2003年に報告された「今後の特別支援教育の在り方について」では，従来の特殊教育諸学校で指導を受ける児童生徒の増加，発達障害等への対応といった，対象となる児童生徒の量的拡大と障害種の多様化という課題への対応とともに，教育の方法として，障害のある児童生徒一人ひとりの教育的ニーズを専門家や保護者の意見を基に正確に把握して，自立や社会参加を支援するという考え方への転換などが求められた。これにより特殊教育諸学校から特別支援学校への変更は，名称だけではなく，障害のある児童生徒に対してより専門性の高い教育及び支援を実施するためになされたものといえる。

［原田直樹］

♧ 特定機能病院（とくていきのうびょういん）

1992（平成4）年の第2次医療法改正で新たに盛り込まれた医療施設。高度な先端医療の提供・開発・研修などに対応できる病院として厚生労働大臣が承認した病院。一部の大学病院のほか，国立がん研究センター中央病院・国立循環器病研究センターなどが承認を受けている。一般の病院，診療所からの紹介による受診を原則とする。「高度の医療を提供できる」，「10以上の診療科を有する」，

「400人以上の患者を入院させる施設を持つ」などが条件である。　［中川美幸］

♧特定求職者雇用開発助成金

厚生労働省から事業者に対して支給される助成金で，従業員を新たに雇い入れる事業者に対して支給される。特定就職困難者コース，生涯現役コース，発達障害者・難治性疾患患者雇用開発コース，３年以内既卒者等採用定着コース，障害者初回雇用コース，長期不安定雇用者雇用開発コース，生活保護受給者等雇用開発コース，被災地雇用開発コース（特例措置）がある。このうち，特定就職困難者コースは，就職困難者（高齢者や障害者，母子家庭の母等）を公共職業安定所（ハローワーク）や民間の職業紹介事業者等の紹介により雇用したと確実に認められる事業主に対して支給される。対象労働者の条件により支給額は30万円から240万円まで，助成対象期間は１年から３年までである。　［泉　賢祐］

♧特定健康診査

2008（平成20）年度から実施されている生活習慣病予防対策の一環。医療保険者に40～74歳の被保険者・被扶養者に対する生活習慣病予防に着目した特定健康診査・特定保健指導が義務づけられた。特定健康診査ではメタボリックシンドローム（内臓脂肪症候群）に着目した健診（身体計測・血圧測定・検尿・血液検査等）が行われる。老人保健事業における特定健康診査には腹囲測定，LDL-コレステロールが追加された。健診結果で生活習慣病発症リスクが高く，予防効果が期待できる者に対し，特定保健指導が実施される。特定保健指導には動機付け支援と積極的支援の２種類がある。　［生野繁子］

♧特定施設入居者生活介護

特定施設（有料老人ホームその他厚生労働省令で定める施設）に入居している要介護者について，当該特定施設が提供するサービスの内容，これを担当する者その他厚生労働省令で定める事項を定めた計画に基づき行われる入浴，排せつ，食事等の介護その他の日常生活上の世話であって厚生労働省令で定めるもの，機能訓練及び療養上の世話をいう（介護保険法第８条第11項）。　［河谷はるみ］

♧特定疾病

日本の各保険において他の疾病と異なる扱いをする対象として定められた疾病。介護保険においては介護給付を受けられるのは原則65歳以上の第１号被保険者であるが，2006（平成18）年度からは40歳以上65歳未満である第２号被保険者が一定の疾患（厚生労働省において選定された末期がんや関節リウマチ，パーキンソン病及び症候群など16種類の心身の病的加齢現象と医学的関係にある疾患）のために３～６か月以上介護や要支援を要する状態になった場合には介護給付が受けられる。　［中村幸子］

♧特定少年

改正少年法（62条１項）において，法務省は，適用年齢は現行通りの20歳未満を維持したうえで，18，19歳の呼称を「特定少年」とした。2022（令和４）年４月から成人年齢が18歳に引き下げられる民法とは異なり，刑事手続き上は「少年」として位置づけられた。今までの少年法と同様に20歳未満を「少年」と定義。18，19歳の取り扱いについては，独自の条文を設けたうえで，両年齢を「特定少年」と呼ぶ。　［江口賀子］

♧特定入所者介護サービス費

介護保険施設を利用する場合に利用者は，施設介護サービス費（介護保険証に記載されている負担割合）の他に，居住費，食費，日常生活費の負担も必要となる。特定入所者介護サービス費は，低所得者が介護保険施設を利用する際に，食費，居住費を介護保険から支給するもので，低所得者には３段階の負担限度額（日額）が設定されている。なお，居住費については，個室や多床室など住環境の違いによって負担限度額（日額）の設定がある。介護老人福祉施設（特別養護老人ホーム），介護老人保健施設，介護療養型医療施設，介護医療院（2018年４月創設），短期入所生活介護，短期入所療養介護がその対象となる。なお，特定入所者介護サービス費を利用する場合には，保険者より負担限度額認定を受ける必要がある。［久保英樹］

♧特定保育事業（とくていほいくじぎょう）

親の就労形態の多様化に伴う保育ニーズの変化を背景に，保育所における特別保育事業の一つとして，2003年に創設された事業である。本事業は，パートタイム等，恒常的に勤務していない親も，それぞれの働き方に応じたサービスを利用することを可能とし，多様なニーズに対応しているといえる。具体的には，保育所に入所していない地域の子育て家庭の子ども（３歳未満児を対象）が週に２，３日程度，または午前か午後のみ家庭の状況に応じて保育サービスを利用することができる。［山本佳代子］

♧特別支援学級（とくべつしえんがっきゅう）

学校教育法第81条の規定に基づき，教育上に特別な支援を必要とする知的障害，肢体不自由，身体虚弱，弱視，難聴，その他の障害等により，通常の学級における教育では十分な教育効果を上げることが困難な児童及び生徒のために編成された学級。従来，特殊学級の名称が用いられていたが，学校教育法等の一部を改正する法律（平成18年法律第80号）により，2007（平成19）年４月より，特別支援学級に名称変更された。障害による学習上又は生活上の困難を克服するための教育を行うものとし，小学校，中学校，義務教育学校，高等学校及び中等教育学校に設置することができるとされている。それぞれの障害特性に応じたきめ細やかな個別的な指導，教育を行うことができるよう１学級８名を定員とする少人数の学級編成となっている。［稲富和弘］

♧特別支援教育（とくべつしえんきょういく）

特別支援教育とは，障害のある児童生徒の自立や社会参加に向けた主体的な取組みを支援するという視点に立ち，児童生徒一人ひとりの教育的ニーズを把握し，その持てる力を高め，生活や学習上の困難を改善又は克服するため，適切な指導及び必要な支援を行うものである。2007（平成19）年４月から，「特別支援教育」が学校教育法に位置づけられ，すべての学校において，障害のある児童生徒の支援の充実に資するものとして取り組まれている。従来の特殊教育の対象（視覚障害，聴覚障害，知的障害，肢体不自由，病弱）に加え，小・中学校において，通常の学級に在籍する学習障害（LD）・注意欠陥多動性障害（ADHD）・自閉症スペクトラム（ASD）などの発達障害のある児童生徒に対する指導および支援もまた喫緊の課題となっており，児童生徒の教育的ニーズを把握して，個別の教育支援計画を立てると共に，地域の支援者とチームアプローチを展開することも求められる。［梶原浩介］

♧特別支援教育コーディネーター（とくべつしえんきょういく）

2007（平成19）年４月から「特別支援教育」が実施されたが，特別支援教育を支える仕組みとして，特別支援学校への名称変更，個別の教育支援計画，特別支援教育コーディネーターの指名，「（広域）特別支援連携協議会」等の設定が位置づけられた。特別支援教育コーディネーターは，保護者や関係機関に対する学校の窓口として，また，学校内の関係者や福祉，医療等の関係機関との連絡調整の役割を担う者（校長より指名された教員）として位置づけられている。

［門田光司］

♧特別児童扶養手当（とくべつじどうふようてあて）

精神又は身体に障害を有する児童について手当を支給することにより，これらの児童の福祉の増進を図ることを目的とする手当である。20歳未満で精神又は身体に障害を有する児童を家庭で監護，養育している父母等に支給される。2018（平成30）年４月より支給月額は，１級51,700円，２級34,430円で，住所地の市区町村の窓口へ申請する。なお，受給者もしくはその配偶者又は扶養義務者の前年の所得が一定の額以上であるときは手当は支給されない。［門田光司］

♧特別障害給付金（とくべつしょうがいきゅうふきん）

国民年金が任意加入であった時に，国民年金に加入していなかったことにより障害基礎年金等が受給できない障害者への給付金。支給対象となるのは，①1991（平成３）年３月以前に国民年金が任意加入対象であった学生，②1986（昭和61）年３月以前に国民年金任意加入対象であった被用者等の配偶者であって，当時，任意加入していなかった期間内に初診日があり，現在，障害基礎年金の１級，２級相当の障害の状態にある者。ただし，65歳に達する日の前日までに当該障害状態に該当された者に限られる。なお，障害基礎年金や障害厚生年金，障害共済年金等を受給することができる者は対象とならない。［寺島正博］

♧特別障害者手当（とくべつしょうがいしゃてあて）

特別児童扶養手当等の支給に関する法律の一部改正に伴い，特別障害者手当制度が創設され，1986（昭和61）年４月１日から施行された。精神又は身体に著しく重度の障害を有し，日常生活において常時特別の介護を必要とする特別障害者に対して，重度の障害のため必要となる精神的，物質的な特別の負担の軽減の一助として手当が支給される（厚労省ホームページより）。支給月額は，2018（平成30）年４月より26,940円。支給対象は20歳以上であって，精神又は身体に著しく重度の障害の状態を有するため，日常生活において常時特別の介護を必要とする状態にある在宅者である。受給者もしくはその配偶者又は扶養義務者の所得が一定額以上の場合は支給制限がある。

［四元真弓］

♧特別地方公共団体（とくべつちほうこうきょうだんたい）

日本の地方公共団体のうち，普通地方公共団体以外のものである。特別地方公共団体には広域連合などといった地方公共団体の組合や財産区，地方開発事業団，特別区等がある。組織や運営等で特別な性格をもつことから，普通地方公共団体（都道府県，市町村）と区別される。特別地方公共団体は，憲法上，地方公共団体ではないとされている。ちなみに，地方公共団体の組合とは普通地方公共団体などが行う事務の一部を処理するために設けられる法人のこと。財産区とは市町村合併の際に旧市町村が管理していた土地等を新市町村に引き継がずに旧市町村で管理するための行政組織である。地方開発事業団とはいくつかの普通地方公共団体によって設置され，そこから委託を受けて，地域の総合的な開発計画に基づく公共事業を総合的に実施する特別地方公共団体である。特別区とは「都の区」であるとされる。［黒木真吾］

♧特別徴収（とくべつちょうしゅう）

介護保険の保険料徴収方式の一つであり，2008（平成20）年から国民健康保険料（税）及び後期高齢者医療保険料の徴収にも採用されている。年金給付の支払いをする年金保険者に，対象者から保険料（税）を徴収させ，かつ，その徴収すべき保険料（税）を納入させることである。対象者は，当該年の4月1日（基準日）において，65歳以上（国保においては65歳以上75歳未満）であって，年金額18万円以上の支払いを受けている者である。いわゆる「年金からの天引き」により保険料を徴収することを指す。対象から外れた者には，普通徴収という市町村が個別に徴収する方式が採られる。個人住民税を（給与から天引きして）事業主から納付させる場合も特別徴収である。

［木場千春］

♧特別養護老人ホーム（とくべつようごろうじんホーム）

1963（昭和38）年に制定された老人福祉法を根拠とする老人福祉施設の一つである。同法第11条において，65歳以上の者であって，身体上又は精神上著しい障害があるために常時の介護を必要とし，かつ，居宅においてこれを受けることが困難なものが，やむを得ない事由により介護保険法に規定する地域密着型介護老人福祉施設または介護老人福祉施設に入所することが著しく困難であると認められるときは，その者を当該市町村の設置する特別養護老人ホームに入所させるか，もしくは，社会福祉法人の設置する特別養護老人ホームに入所を委託すると示している。市町村の措置による入所となり，入居条件は，①65歳以上で要介護度3以上の高齢者，②40歳～64歳で特定疾病が認められた要介護3以上の人，③特例により入所が認められた要介護度1～2の人である。

［坂本雅俊］

♧特別療養費（とくべつりょうようひ）

国民健康保険法と後期高齢者医療制度が規定する独自給付で，保険料滞納者に対する制裁措置に関連する給付である。保険者は，災害などの特別な事情がないにもかかわらず，長期にわたって保険料を滞納している世帯主に対して被保険者証の返還を求め，被保険者証が返還されたときは，当該滞納者に被保険者資格証明書を交付する。この資格証明書を使って診療を受けた場合には，医療費の全額をいったん病院などの窓口で負担することになる。その後，申請により自己負担額を除いた相当額が償還払いで支給される。

［田畑洋一］

♧独立型社会福祉士（どくりつがたしゃかいふくしし）

公益社団法人日本社会福祉士会発行の『独立型社会福祉士養成研修テキスト』（2006）では，独立型社会福祉士とは「地域を基盤として独立した立場でソーシャルワークを実践する者」と定義されている。また，その実践にあたっては「1．職業倫理と十分な研修と経験を通して培われた高い専門性にもとづき，2．あらかじめ利用者と締結した契約に従って提供する相談援助の内容及び，その質に対し責任を負い，3．相談援助の対価として直接的に，もしくは第三者からの報酬を受ける」とされている。

［田中顕悟］

♧独立行政法人高齢・障害・求職者雇用支援機構（どくりつぎょうせいほうじんこうれい・しょうがい・きゅうしょくしゃこようしえんきこう）

2003（平成15）年10月に日本障害者雇用促進協会の業務に国及び高年齢者雇用開発協会の業務の一部を加えて設立された。高齢者と障害者の雇用促進のためには事業主の取組みを促す強力な政策支援が不可欠という共通性・類似性があると考え，これら2つの法人が担ってきた高齢者及び障害者の雇用支援を一体的に実施する組織として，独立行政法人高齢・障害・求職者雇用支援機構法に基づき設立されたものである。高齢者等を雇用する事業主等に対する給付金の支給，障害者の職業生活における自立を促進するための施設の設置及び運営その他高齢者等及び障害者の雇用を支援する業務等を行うことにより，高齢者等及び障害者並びに求職者その他の労働者の職業の安定その他福祉の増進を図るとともに，経済及び社会の発展に寄与することを目的としている。なお，2011年10月より，独立行政法人雇用・能力開発機構の解散に伴い，その業務の一部が移管され，現在の名称になった。　[古野みはる]

♧独立行政法人福祉医療機構（どくりつぎょうせいほうじんふくしいりょうきこう）

2003（平成15）年10月に社会福祉・医療事業団の事業を承継して，福祉の増進と医療の普及向上を目的として設立された独立行政法人である。少子・高齢化が急速に進展する中で国の施策と連携して福祉医療の基盤整備を進めるため，社会福祉施設及び医療施設の整備のための貸付事業，施設の安定経営をバックアップするための経営診断・指導事業，社会福祉を振興するための助成事業，社会福祉施設職員などのための退職手当共済事業，障害のある人の生活の安定を図るための心身障害者扶養保険事業，福祉医療保健情報を提供する事業，年金受給者の生活支援のための資金を融資する事業，年金資金運用基金から継承した年金住宅融資等債権の管理・回収業務及び教育貸付あっせん業務などを展開している。

[古野みはる]

♧独立変数（どくりつへんすう）

2つの変数の間に因果関係を想定したとき，影響を及ぼすあるいは原因とみなされる変数を独立変数，影響を受けるあるいは結果とみなされる変数を従属変数という。たとえば，男性と女性で近所付き合いの程度に違いがあるかどうか調べるとき，「性別」が独立変数，「近所付き合いの程度」が従属変数となる。回帰分析では，独立変数を説明変数あるいは予測変数と呼ぶ。また，実験計画法では実験者によって操作される変数として，独立変数を要因あるいは因子と呼ぶ。

[小窪輝吉]

♧特例居宅介護サービス（とくれいきょたくかいご）

介護保険制度の介護サービスの一つで，居宅要介護被保険者が，①当該要介護認定の効力が生じた日前に，緊急その他やむを得ない理由により指定居宅サービスを受けた場合，②指定居宅サービス以外の居宅サービス又はこれに相当するサービス（基準該当居宅サービス）を受けた場合，③指定居宅サービス及び基準該当居宅サービスの確保が著しく困難である離島その他の地域であって厚生労働大臣が定める基準に該当するものに住所を有する居宅要介護被保険者が，指定居宅サービス及び基準該当居宅サービス以外の居宅サービス又はこれに相当するサービスを受けた場合，④その他政令で定める場合等で，市町村が必要と認めた場合に特例居宅介護サービスとして提供され，特例居宅介護サービス費が支給される。原則として償還払いである。

[泉　賢祐]

♧特例子会社（とくれいこがいしゃ）

障害者の雇用促進に関する法律第44条（子会社に雇用されている労働者に関する特例）で規定された事業体で，親会社が障害者の雇用の促進及び安定を図るために設立した子会社である。障害者雇用率において，子会社に雇用されている障害者は親会社に雇用されているものとみなして，実雇用率を算定できる。特例子会社のメリットは，親会社においては障害者の職場定着率が高まり，生産性の向上が期待できること，障害者にとっては配慮された職場環境の中で，個々人の能力を発揮する機会が確保される，などがあげられている。　[門田光司]

閉じこもり症候群

生活不活発病（廃用症候群）を発生させ，さらに心身両面の活動力を失って寝たきりになってしまうという悪循環の形成に関与する生活空間の狭小化をいう。寝たきりは疾病や転倒・骨折といった身体的要因のみで発生するのではなく，活動意欲の低下や依存性の増大などの心理的要因，外出する場所がない，バリアフリーでない家屋構造などの社会・環境的要因が相互に関連して，生活の活動空間が家の中のみへと狭小化することによって閉じこもりになることが原因であると考えられている。［古野みはる］

度数分布表

あるカテゴリーごと，またはある変数の値あるいは一定の範囲の値ごとに出現頻度（度数）を求め，その分布を表にしたもの。たとえば，ある地区の高齢者の年齢を調べたとき，それぞれの年齢ごとに何人いたかという人数（度数）を数えて度数分布表を求めると，「この地区では何歳の人が多いか」など年齢データの分布の特徴がわかる。1歳刻みの度数分布表では分布の状態がわかりにくいことがあるので，65歳から69歳，70歳から74歳，75歳から79歳，というように一定の範囲ごとの人数を求める場合もある。［小窪輝吉］

都道府県介護保険事業支援計画

都道府県は国の基本指針に即して，3年を1期とする介護保険事業に係る保険給付の円滑な実施の支援に関する計画を定める（介護保険法第118条第1項）。この計画には基本理念，地域の実情に応じた特色，要介護者等の実態把握，区域（老人福祉圏域）の設定，市町村の計画を踏まえたサービス量の見込み，必要定員総数などが盛り込まれ，介護保険制度の基盤整備に繋がる。ただし，地域包括ケアシステム構築のための支援に関する事項は任意である。広域的な医療と介護の連携・推進が図られるなか，都道府県介護保険事業支援計画が担う役割は大きい。［河谷はるみ］

都道府県高齢者居住安定確保計画

都道府県は，都道府県の区域内の市町村と協議のうえ，高齢者の居住の安定の確保に関する基本的な方針に基づき，高齢者の居住の安定の確保に関する計画を定めることができ，この計画を定めた場合は，当該計画に基づき，サービス付き高齢者向け住宅の登録基準の強化・緩和等が可能となる（高齢者の居住の安定確保に関する法律第4条）2016（平成28）年8月からは市町村も，高齢者居住安定確保計画を定め，主体的なまちづくりが実施できるようになった。都道府県は，市町村の指針となる計画を策定する役割を担っている。［河谷はるみ］

都道府県地域福祉支援計画

社会福祉法第108条において，市町村地域福祉計画の達成に資するために，都道府県は各市町村に通ずる広域的な見地から，①市町村の地域福祉推進の基本的方針，及び②社会福祉事業従事者の確保と資質向上，並びに③福祉サービスの適切な利用の推進や社会福祉事業の健全発達のための基盤整備について，一体的に定める計画を作成することが定められている。また，計画策定や変更に際しては，公聴会の開催等住民その他の者の意見を反映させるために必要な措置を講じ，その内容を公表するように努める。［坂本雅俊］

都道府県老人福祉計画

老人福祉法第20条の9に規定される，都道府県が広域的に老人福祉事業の供給体制の確保に関する計画を義務として定めるものである。都道府県が定める区域ごとの養護老人ホーム及び特別養護老人ホームの必要入所定員総数その他老人福祉事業の量の目標を定める。また，老人福祉施設の整備及び施設相互間の連携，老人福祉事業に従事する者の確保や資質向上のための措置を努力義務として定めている。なお，特別養護老人ホームの必要入所定員総数の目標を定めるにあたっては，介護保険法に定める地域密着型介護老人福祉施設入所者生活介護の必要利用定員総数及び介護保険施設の種類ごとの必要入所定員総数を勘案しなければならない。都道府県老人福祉計画は，都道府県介護保険事業支援計画と一体のものとして策定されなければならないことになっている。　[木場千春]

♧ドナー（donor）

英語では，「提供者・寄付者」を意味する。医療では，臓器移植や骨髄移植の臓器や骨髄提供者をいう。また，臓器の提供を受ける人をレシピエント（recipient）という。　[中川美幸]

♧ドナーカード

死後の臓器・骨髄提供の意思を表示したカード。生前に書面で示し，家族も同意していることを示すものである。カードは本人の意思を代用するものであり，臓器の移植に関する法律で示されている。現行では15歳未満の子どもには臓器提供意思を認めていないことなどから，15歳以上が保持可能となっている。

[中川美幸]

♧留岡幸助（とめおかこうすけ）（1864-1934）

明治から昭和初期の社会事業家であり，感化院（現在の児童自立支援施設）教育の実践により，感化・教護・児童自立支援等において先駆けとなった岡山県出身の人物である。京都丹波第一教会で牧師，北海道空知集治監で教誨師につき，囚人達との関わりやその後のアメリカ留学において，監獄学や感化教育を学ぶ。1899（明治22）年には東京巣鴨に私設感化院「家庭学校」を創立し，少年の感化事業に尽力，「家族制度」「実例教育」など特徴的な感化実践を行う。また，1914（大正3）年には，農作業等の労働や自然の体験とともに感化事業を行う「北海道家庭学校」を設立した。自らの感化事業において，個性を重視した人格形成のために，「能く（よく）働き，能く食べ，能く眠らしめる」という「三能主義」を提唱し，晩年は，内務省嘱託，社会事業調査会委員等を歴任して，日本社会福祉の基礎を築いた。

[夏秋圭助]

♧留置調査法（とめおきちょうさほう）

国勢調査などで用いられている調査方法で，調査員が調査対象者宅に訪問して調査の目的や内容を説明し調査票の記入を依頼する。その場で調査票を回収するのではなく，一定期間後に回収する手法で，配票調査法ともいう。回答に時間が必要な場合や回答しにくい場合など，調査対象者が都合のよい時間に自由に記入できることで回収率が高いという利点はあるが，調査依頼や回収に時間や人手がかかる。　[石踊紳一郎]

♧トラウマ⇒心的外傷（しんてきがいしょう）

♧トランスアクション（交互作用（こうごさよう））

社会環境の中で個人，家族，小集団，コミュニティは，それぞれの機能やシステムが独立して存在していながらも，実は相互に影響し合っている点に着眼している。これらの社会環境を構成する一つひとつの関係における相互の影響力と働きを示し，交互作用とほぼ同義語で使用されることもある。ソーシャルワークにおいては，この関係性への介入が治療効果や新たなシステムの創造などの援助効果をもつと考えられている。特にシステ

ム理論やライフモデルの新たな登場以来強調されるようになった。［滝口 真］

♧トリートメント

処置，治療等の意味。社会福祉分野におけるトリートメントとは，クライエントを個別に援助する個別援助技術の中の処遇計画のこと。クライエント一人ひとりの問題に合わせアセスメントを行い，問題解決や症状改善，心身の回復を目的にしたプランを立て，支援を行うことをいう。医学モデルでは支援を行う援助者が治療（処遇）を行う存在であると考えられていたため「トリートメント（処遇）」という用語が使われた。

［中川美幸］

♧トレンド調査（ちょうさ）

「動向調査」や「傾向分析」等とも呼ばれる。同一の属性を持つ調査対象に対して同一の測定方法を用いて一定の時間間隔ごとに複数の調査を行い，時間経過による社会変化を測定する調査法。トレンド調査は同一の方法，同一の質問文を用いて調査を行う必要があるが，同一の人物に対して調査を求めているものではない。［寺島正博］

な

♧内観療法（ないかんりょうほう）

浄土真宗の「見調べ」による精神修養法をもとに，日本で開発された心理療法の一つ。吉本伊信によって1930年代に始まったとされる。身近な他者（母親，父親，兄弟姉妹，教師など）との関わりについて「してもらったこと」，「して返したこと」，「迷惑をかけたこと」を繰り返し思い出す過程を通じて，自己を客観的に分析し自己洞察を深めることで，自己の存在価値と社会生活の改善に繋がると考えられている。1週間，病院や内観研修所など一定条件のもとで行うものを「集中内観」，日常生活の中で短時間ずつ行うものを「日常内観」という。

［四元真弓］

♧内言・外言（ないげん・がいげん）

人間の異なる言語様式を表すために，ヴィゴツキー（Vygotsky, L.S.）によって提唱された概念である。内言とは，音声を伴わない言語であり，自らの思考や意味処理の道具としての機能を果たす。外言とは，音声を伴う言語であり，伝達の道具としての機能を果たす。内言は，外言に比べて省略・短縮されて使われることが多い。人間は，最初からこの2つを区別して使用しているのではない。ヴィゴツキーによれば，子どもは最初に外言だけを使用し，発達に伴って思考の道具としての内言を使用するようになる。

［吉村　健］

♧内部障害（ないぶしょうがい）

身体障害者福祉法の対象となる障害は，「視覚障害」「聴覚・平衡機能障害」「音声・言語・咀嚼（そしゃく）機能障害」「肢体不自由」「内臓機能などの疾患による内部障害」の5種類あり，内部障害はその一つ。心臓機能障害，呼吸器機能障害，腎臓機能障害，膀胱・直腸機能障害，小腸機能障害，肝臓機能障害，ヒト免疫不全ウイルス（HIV）による免疫機能障害，の7つの機能障害の総称を内部障害としている。内部障害は，外見だけでは障害の状態がわかりにくいので，周囲からの理解が得られにくいという問題がある。一方では，内部障害者への就労支援の考えが，国策として動き出している。

［西島衛治］

♧仲村優一（なかむらゆういち）（1921-2015）

東京出身。1944（昭和19）年東京大学経済学部卒，1947（昭和22）年日本社会事業学校研究科卒，1987（昭和62）年まで日本社会事業大学で教鞭をとる。日本社会事業大学名誉教授。昭和から平成にかけて活躍した社会福祉学者。国際社会福祉協議会副会長，日本学術会議社会福祉・社会保障研究連絡委員会幹事などを歴任。社会福祉改革をめぐって，「受動的措置の福祉から主体的選択の福祉へ」という公私協働の多元的供給論を展開した。また，公的扶助におけるケースワークの意義をめぐって，岸勇との間で展開された「仲村－岸論争」（1956-1963年）は，戦後の代表的な社会福祉論争としてその後の展開に多大な影響を与えた。著書に『ケースワーク』『社会福祉概論』，編著に『社会福祉援助技術』などがある。

［髙田裕子］

♧ナショナリズム（nationalism）

ナショナリズムの概念は，国家主義，民族主義，国民主義ともいわれ，「自分の属するネーション（nation，国家民族，国民）を他から区別して意識し，その統一，独立，発展を志向する考えや運動」である。ノーベル経済学賞を受賞した福祉国家論者のミュルダール（Myrdal, K.G.）は，『福祉国家を越えて』（1960）で，「福祉国家の国民主義的限界」にふれた。国家が社会サービスの再分配を行うためには，その給付の権利者を明確に定義しておかねばならず，そこに「民族や国民」が定義付けされることになる。税や社会保険の負担を国民が等しく負担する連帯と協働の基盤が，「民族，国民」ということになる。ナショナリズムは，グローバリズムと対照的に用いられることもある。ミュルダールは，福祉国家のナショナリズムを超えて世界経済，世界政治との関連において論じており，その先駆性は評価された。今日では，行き過ぎたグローバリズムと自国の多様な権益を守るために，国も構造や国境線が，資源ナショナリズム，経済ナショナリズム，エスノナショナリズムを惹起するというとらえ方もある。

［北川慶子］

♧ナショナルミニマム（national minimum）

国が定める最低生活水準。具体的には，社会福祉・社会保障の生活全般にわたる公共施策により，国がすべての国民に対して保障すべき最低生活水準であり，日本国憲法第25条の「すべて国民は，健康で文化的な最低限度の生活を営む権利を有する」という規定がこれにあたる。ナショナルミニマムの考えは，1897年のウェッブ夫妻の「産業民主制論」により初めて提唱された概念である。その後，1942年の「ベヴァリッジ報告」では具体的な政策として示された。これに対して，地方自治体が市民のために備えるべき社会保障，社会資本（教育・医療・住宅等）の基準を明確にし，市民生活基準の策定に市民参加が重視されるような考え方をシビルミニマムという。

［大野さおり］

♧ナーシングホーム

心身の障害のために看護や医療を必要とする高齢者に対し，医療と介護を提供する施設のことで，欧米諸国で発達した。アメリカでは，援助型ホームと看護型ホームの２種類に区別されており，援助型は比較的軽度の高齢者に基礎的サービスを提供し，看護型は重度の障害がある高齢者に対して専門的な治療や援助を提供している。日本では，特別養護老人ホーム，老人保健施設，特定施設入居者生活介護等の各種施設が該当し，利用にあたっては介護保険の認定を受ける必要がある。近年，医療ニーズの高い高齢者の増加やターミナル期を見据えた施設ニーズが高まり，医療と介護の連携強化が進められている。

［古野みはる］

♧生江孝之（なまえたかゆき）（1867-1957）

宮城県仙台市出身。日本の事業家，宗教家，大学教授。青山学院神学部卒業後，1900（明治33）年渡米しボストン大学大学院にて神学社会学を修める。1904年に帰国し，1908年以後，内務省嘱託。1918（大正７）年より日本女子大学教授として社会事業講座を担当，慈善協会の創立に参画するなど社会事業の進展に寄与した。欧米を始め世界各地の社会事業施設の調査を行い，社会事業の父といわれた。主著として『社会事業綱要』（1923），『日本基督教社会事業史』（1931）がある。

［林田貴久］

♧ナラティブセラピー（narrative therapy）

クライエントの語る物語に着目した治療アプローチである。たとえば，ある個人が過去の物語によって「自分は親から愛されていない」と考えるとき，その人はその物語に支配されていると考える。この支配する物語は「ドミナント・ストーリー」と呼ばれる。しかし，その支配する物語は，その人にとっては過去から将来に向けて葛藤をもたらし続けていく。そこで，ナラティブセラピーでは，クライエントは自分の語りを通して支配的となっている物語を吟味し，その物語に代わる物語（「オルタナティブ・ストーリー」）を作り上げていくことで，新たな自己を再構築していくことをめざしていく。　［門田光司］

♧難聴幼児通園施設（なんちょうようじつうえんしせつ）

児童の難聴が発覚してから聾学校小学部で支援を受けるまでの期間が支援のない谷間になっていることから，1975（昭和50）年に旧難聴幼児通園施設（現在は児童発達支援センター）が制度化された。母親等の保護者と密接な連携の下で，できるだけ幼少時から適切な指導訓練を行うことにより残存能力の開発及び難聴に伴って生じる言語障害の除去を図り，難聴児の正常な発達を促進することが目的とされた。2014（平成26）年には1都2府17県に設置されている。現在，新生児聴覚スクリーニングが開発，普及したことで，より早期に聴覚障害を発見できるようになった一方，ニーズに対応できる児童発達支援センターが不足する現状が認められている。　［西山雅子］

♧難　病（なんびょう）

1972（昭和47）年に厚生省（現：厚生労働省）が示した「難病対策要綱」で難病を①原因不明，治療方針未確定であり，かつ，後遺症を残すおそれが少なくない疾病，②経過が慢性にわたり，単に経済的な問題のみならず，介護等に等しく人手を要するために家族の負担が重く，また精神的にも負担の大きい疾病，と定義した。難病に対する対策の進め方としては，①調査研究の推進，②医療施設の整備，③医療費の自己負担の解消の3つが挙げられた。その後，1973（昭和48）年より特定疾患治療研究事業が開始され，医療費の助成制度が始まり，2014（平成26）年に「難病の患者に対する医療等に関する法律」が公布され，2015（平成27）年より難病医療費助成制度が始まっている。　［村尾直也］

に

♧新潟県中越地震（にいがたけんちゅうえつじしん）

2004（平成16）年10月23日17時56分に発生した新潟県中越地方を震源とする直下型地震（M6.8，震源の深さ13km）である。発生当日には震度5以上の余震が10回も起こった。避難者は約10万人，住宅損壊約9万棟，被害額約3兆円を超え，1995（平成7）年の兵庫県南部地震（阪神・淡路大震災）以来の大規模災害となった。救助活動として，緊急消防援助隊（消防庁）・広域緊急援助隊（警察庁）の出動や災害医療チーム（東京都）の派遣等がなされたことなどが特筆される。　［岩井浩英］

♧ニィリエ，B.（Nirje，Bengt；1924-2006）

スウェーデン生。デンマークで始まったノーマライゼーションに，スウェーデンで関わり，ノーマライゼーションの8原理を提唱した。これは，障害者であっても，できる限り住居や教育，労働環境など，日常生活の条件を障害のない人と同じ条件にすることを目的とする。①一日のノーマルなリズム，②1週間のノーマルなリズム，③1年間のノーマルなリズム，④ライフサイクルにおけるノーマルな発達経験，⑤ノーマルな個人の尊厳と自己決定権，⑥ノーマルな性的関係，⑦ノーマルな経済水準とそれを得る権利，⑧ノーマルな環境形態と水準。

［江口賀子］

♧ 2階建て年金

年金制度の1階部分は全国民共通の基礎年金として国民年金となっており，民間の被用者や公務員などを対象として厚生年金保険や各種共済年金を国民年金に上乗せして支給する仕組みである。なお，年金払い退職給付や厚生年金加入者で厚生年金基金などの企業年金に加入している場合は，その部分に該当する給付が3階部分に相当すると見なされることから，「3階建て年金」と呼ぶこともある。

［川﨑竜太］

♧ 二次健康診断等給付

労働安全衛生法に規定する定期健康診断のうち，直近のもの（一次健康診断）において，脳・心臓疾患に関連する一定の項目について異常の所見が認められる場合に，労働者の請求に基づき行われる給付（労災保険法第26条）。これには二次健康診断及び特定保健指導があるが，前者は脳血管および心臓の状態を把握するために必要な検査（一次健康診断における血圧検査等を除く）であって厚生労働省令で定めるものを行う医師による健康診断（1年度につき1回に限る）で，後者は二次健康診断の結果に基づき，脳血管疾患および心臓疾患の発生の予防を図るため面接により行われる，医師または保健師による保健指導（二次健康診断ごとに1回に限る）をいう。給付方法は，労災病院または都道府県労働局長が指定する病院もしくは診療所において給付する現物給付方式である。なお，二次健康診断等給付は特別加入者には行われない。

［田畑洋一］

♧ 二次障害

二次障害とは，主たる障害が原因で後天的に出現する新たな障害のことを示す。二次障害には，うつ病や情緒不安などがあげられる。たとえば，発達障害者・者では，コミュニケーションの困難性や周囲の不理解，叱責などにより，自尊心の低下や自己否定感が高まることで後天的に精神障害を発症する場合がある。さらに，社会的反抗や引きこもりなどの深刻な不適応状態を招き，社会生活上に大きな影響を及ぼす。

［林　眞帆］

♧ 二次予防

1953年，リーベル（Leavell, H.R.）とクラーク（Clark, E.G.）により疾病予防には一次予防，二次予防，三次予防の3段階があることが発表された。二次予防とは，発生した疾病や障害を個人・集団へのがん検診や健康診断等により早期に発見し，早期治療や保健指導などの対策により，心身への影響を最小限にすることをめざす。従来の成人病対策では二次予防に重点が置かれたが，近年は生活習慣の改善を中心とする一次予防がより重視されている。

［田原美香］

♧ ニーズ（needs）

ニーズとは，人が社会生活を送るうえで必要となる身体的，心理的，社会的，物理的なものである。社会福祉におけるニーズは，社会生活ニーズとサービスニーズの二層構造になっており，相互に関連するとされている。社会生活ニーズとは，他者との関係や情緒的・知的成長や自己実現の機会など人びとが社会的機能を果たすために必要とされるニーズのことである。サービスニーズとは，人が日常生活上のニーズを充たすために必要とする社会資源に関するニーズのことである。

［山田美保］

♧ ニーズ・資源調整説

レイン（Lane, Robert P.）を委員長とする1939年の全米社会事業会議第3部会の報告書（レイン報告書）において提唱されたコミュニティオーガニゼーション（地域組織化活動）の考え方。コミュニティオーガニゼーションの主機能を，地域社会のニーズに対して，社会資源を効果的に調整する，あるいは開発することにあるとした。レイン報告書は，アメリカで最初にコミュニティオーガニゼーションの体系化を試みたものとされており，地域援助技術の理論体系化に大きな影響を与えた。その中心となる「ニーズ・資源調整説」はそれまで救貧事業の組織化を中心としていたコミュニティオーガニゼーションの対象を，地域社会のニーズを中心とするものに拡大した。

［玉利勇治］

♧2015年の高齢者介護

2003（平成15）年６月に厚生労働省の「高齢者介護研究会」がまとめた報告書「2015年の高齢者介護～高齢者の尊厳を支えるケアの確立に向けて～」で提言された高齢者施策である。2015年は戦後のベビーブームに出生したいわゆる団塊の世代（1947～1949年生まれ）がすべて65歳以上となることから，高齢化の最も急な上り坂を実効性のある介護予防等の取組みが確立できるかどうかがその後の高齢者介護にとって意味を持つものとされ，特に介護予防の充実，24時間体制の在宅サービスの確立，認知症対策の推進が示された。なお，団塊の世代がすべて75歳以上の後期高齢者となる2025年は介護・医療等の社会保障給付費のさらなる増大が予測されるとし，地域包括ケアシステムの構築が推進されている。

［古野みはる］

♧二段抽出法

社会調査において母集団から標本を抽出する方法の一つ。二段抽出法では，２つの段階で標本を抽出する。たとえば，全国調査を実施する際に，第１段階では市区町村単位での無作為抽出を行い，第２段階では第１段階で抽出された市区町村内で個人単位での無作為抽出を行う。

［矢部　航］

♧日常生活自立支援事業

この事業は，認知症高齢者・知的障害者・精神障害者等が自立した地域生活を営むことができるように福祉サービスの利用援助を行うことにより，その権利を擁護することを目的とする制度である。当初は地域福祉権利擁護事業と称して，1999（平成11）年10月から国の補助事業として都道府県社会福祉協議会を実施主体として開始された。2000（平成12）年６月に改正された社会福祉法に規定され，2007（平成19）年度からは「日常生活自立支援事業」と改称された。事業の対象は，①日常生活を営む上で必要となる福祉サービスの利用等について自己の判断を適切に行うことが困難な者で，②本制度の利用に係る契約の内容について判断し得る能力を有していると認められる者または後見人との間で本人に対する援助に必要な契約を締結することができる者とされている。サービス（援助）の内容は，①福祉サービス利用援助，②日常的金銭管理サービス，③書類等の預かりサービスなどである。利用料は原則として有料であり，利用金額は都道府県によって異なる。

［鬼﨑信好］

♧日常生活自立度（寝たきり度）／日常生活自立度判定基準

地域や施設等で何らかの障害をもつ高齢者の状態を客観的かつ短時間で判定することを目的に，1991（平成３）年に厚生労働省から出された通知に示された基準である。この基準には移動能力の程度に重点を置いた４つのランク（J，A，B，C）が示されている。ランクＪは独力で外出が可能な状態，ランクＡは屋内での生活は自立であるが外出に際しては介助が必要な状態をあらわす。ランクＢ

は屋内での生活にも介助を要しつつも座位が可能な状態，ランクＣは一日中ベッド上で生活をする状態をあらわす。またこの４つのランクのうちＢ，Ｃが寝たきり状態をあらわす。これらのランクそれぞれには２つずつの細かい状態が例示されており，判定にあたっては，補装具や自助具等の器具を使用しても差し支えないこと，能力ではなく状態をとらえることとなっている。 ［加藤稔子］

♧日常生活用具給付等事業（にちじょうせいかつようぐきゅうふとうじぎょう）

日常生活用具給付事業は，障害者の日常生活及び社会生活を総合的に支援するための法律（障害者総合支援法）で市町村が行う地域支援事業のうち，必須事業として規定されているもので，障害者等の日常生活がより円滑に行われるための用具を給付又は貸与すること等により，福祉の増進に資することを目的とした事業である。対象者は，日常生活用具を必要とする障害者，障害児，難病患者等（難病患者等については，政令に定められる難病に限る）である。給付される種目には，①介護・訓練支援用具，②自立生活支援用具，③在宅療養等支援用具，④情報・意思疎通支援用具，⑤排泄管理支援用具，⑥居宅生活動作補助用具（住宅改修費）の６種類がある。具体的な品目や利用者負担は市町村の判断によって異なる。 ［久保英樹］

♧ニッチ

ニッチ（niche）とは，「すきま，くぼみ」や「人，ものに適した所，適所」と訳されるが，ソーシャルワークの領域においては，一般に「ふさわしい位置や場所」としての意味をもつ。もとは生態学の用語であり，ある有機体が生態系の中で占める位置，生態的地位としてその生物の適した場所を示している。ソーシャルワークの実践モデルの一つである生態学的アプローチは，生態学的な観点（ecological perspectives）を比喩的に用いている。生態学的アプローチにおいて同用語は，コミュニティの社会構造内での個人や集団が占めている生態的位置を示す概念として，政治的，社会的，経済的構造による力の誤用によって生活困難に陥る人びとも対象としている。生態学では中立的な概念定義であったが，生態学的アプローチにおいては支援の可能性と同時に，逆に否定的な力をもたらす危険性もあると指摘されている。 ［矢ヶ部陽一］

♧日比（にっぴ）EPA（Economic Partnership Agreement）協定（きょうてい）

日本とフィリピンの経済連携協定，2006（平成18）年の日比首脳会談において署名し，2008（平成20）年12月に発効。本協定は，両国間の物品，ヒト，サービス，資本の自由な移動並びに知的財産，競争政策，ビジネス環境整備等の制度の調和・明確化を促進し，双方の経済活動を発展させていくとともに，二国間協力を充実させるなど，二国間における包括的経済連携を推進することが目的。本協定により，看護師と介護福祉士がその対象として掲げられ，日本の国家試験取得のため看護師では上限３年，介護福祉士では上限４年の滞在が許可される。国家試験を取得した際は，その後の日本での滞在・就労が認められるが，取得できなかった場合は帰国となる。2009（平成21）年５月には看護師候補者及び介護福祉士候補者が310名，2010年度は128名，2011年度は131名，2012年度は101名，2013年度は151名，2014年度は183名，2015年度は293名，2016年度は336名，2017年度は310名来日している。 ［黒木真吾］

♧ニート（Not in Employment, Education or Training：NEET）

「仕事につかず就学もしていない，ま

たは就労もしていない人」のことを指し，1990年代に英国で生まれた造語。わが国では，「非労働力人口（15歳から34歳に限定）のうち，家事も通学もしていない者」＝「若年無業者」と同義に解されている。『子ども・若者白書』（2017）によると，その数は2012年までは60万人台を推移し，2016年は57万人と減少傾向にある。しかし，35歳から39歳の「高齢ニート」は増加傾向で，これを含めた総数が77万人（2016年）と，一度ニート状態に陥ると脱却が難しいことを示している。ニートになった原因は，「病気やけが」「浪人状態」「理由はない」が高い割合となっている。ニートの若者に対して，教育・福祉等の機関が，多方面から支援する取組み（「専修学校等での学び直し」「若者サポートステーション」「ジョブカフェ」等）が行われている。

［小桐　修］

♧2変量（へんりょう）

2種類の変量のこと。一つの標本につき2種類の変量が得られている場合，2変量がどのような関係にあるかを統計的に分析することができる。たとえば，ピアソンの積率相関係数を求めると，2変量の相関の有無，相関関係の強弱等を測ることができる。

［矢部　航］

♧日本社会福祉士会（にほんしゃかいふくししかい）

社会福祉士によって構成される職能団体。1993（平成5）年に任意団体として発足した。1996（平成8）年には社団法人格を取得し，2014（平成26）年には公益社団法人となった。2012（平成24）年からは，各都道府県の社会福祉士会によって構成される連合体組織の形態をとって活動している。会の活動としては，毎年1回の全国大会や「社会福祉士学会」の開催，研究誌『社会福祉士』の発行，各種研修の開催等がある。

［矢部　航］

♧日本社会福祉士会倫理綱領（にほんしゃかいふくししかいりんりこうりょう）

日本社会福祉士会倫理綱領は，「公益社団法人 日本社会福祉士会の倫理綱領」として，日本社会福祉士会の通常総会（2005年6月3日）で改訂分が採択されたという経緯がある。前文では，「すべての人間の尊厳」「平和擁護」「人権と社会正義」について記載されており，社会福祉士はサービス利用者本位の質の高い福祉サービスの開発と提供に努めることにより，社会福祉の推進とサービス利用者の自己実現をめざす専門職であるとしている。項目としては，「ソーシャルワークの定義」「価値と原則」「倫理基準」があり，各々細かく規定されている。この倫理綱領に基づき「社会福祉士の行動規範」が作成されており，社会福祉士による社会福祉実践において従うべき行動が具体的に示されている。

［本郷秀和］

♧日本精神保健福祉士協会（にほんせいしんほけんふくししきょうかい）

1964（昭和39）年に結成された日本精神医学ソーシャル・ワーカー協会を前身としている。1997年（平成9）に精神保健福祉士法が制定されそれに伴い日本精神医学ソーシャル・ワーカー協会は，1999（平成11）年に日本精神保健福祉士協会と名称変更を行い，2013（平成25）年に公益社団法人へ移行した。精神保健福祉士の資質の向上を図り，精神保健福祉士に関する普及啓発活動の事業と精神障害者の社会的復権と福祉のための活動を行い，国民の精神保健福祉の増進に寄与することを目的としている。なお，この目的を達成するために倫理綱領を制定している。この中で「精神障害者をめぐるノーマライゼーションの実現を目指」していくために「精神障害者の自己決定を基本とした業務が求められる」としている。医療保護入院の法的枠組み変更に伴い退院後生活環境相談員が創設されたり，ホームレスや子どもの貧困，LGBTなど，国民のメンタルヘルスに係る精神保健福祉士への期待が大きくなるなかで，協会の役割は今後より一層大きくなっている。　[岡田洋一]

♧日本赤十字社（にほんせきじゅうじしゃ）

国際赤十字の精神に則り，救護・医療等の活動を行う日本赤十字社法に基づく特殊法人。1877（明治10）年の西南の役の際，負傷者救護のため佐野常民，大給恒らの元老院議官によって始められた救護団体「博愛社」がその前身である。その後同社は1887（明治20）年に，日本政府がジュネーブ条約に加入したことにより日本赤十字社と改称し，国際赤十字の一員として公認された。世界各国の赤十字と連携して災害救援や難民救済等のほか，医療・福祉事業，看護職の養成，家庭看護や救急法の講習，血液事業や奉仕団の育成など幅広く活動している。これらの事業は，社員（会員）や関係団体からの社費及び寄付に支えられている。社会福祉事業を行う場合には社会福祉法人とみなされ，第1種社会福祉事業も行うことができる。　[小桐　修]

♧日本ソーシャルワーカー協会（にほんソーシャルワーカーきょうかい）

1960（昭和35）年に社会福祉の総合的な専門職組織として発足したが，途中，支部活動の低下により休眠状態に陥ったこともある。2005（平成17）年のNPO法人化に伴い国内外の団体とのネットワークの下，ソーシャルワーカーだけでなく，ソーシャルワークの普及に関心がある他の専門職や一般市民等も会員とした。社会福祉に関わるあらゆる分野の人たちとの交流と研究を通じて，社会福祉の増進を図ることを目的としている。具体的な活動内容は，機関誌の発行，公開セミナーや講演会，研修会の開催等である。　[古野みはる]

♧日本ソーシャルワーカー協会倫理綱領（にほんソーシャルワーカーきょうかいりんりこうりょう）

国際ソーシャルワーカー連盟（IFSW）に加盟している日本のソーシャルワーカー職能4団体の会長合意のもと，倫理綱領委員会を立ち上げ，同委員会の検討結果を取りまとめたもの。2005（平成17）年5月に日本ソーシャルワーカー協会で承認された。IFSWが採択した，「ソーシャルワークの定義」を，ソーシャルワーク実践に適用され得るものとして認識し，その実践の拠り所とすると前文で述べている。さらに「価値と原則」として，①人間の尊厳，②社会正義，③貢献，④誠実，⑤専門的力量，「倫理基準」については，①利用者に対する倫理責任，②実践現場における倫理責任，③社会に対する倫理責任，④専門職としての倫理責任と区分けして，ソーシャルワーカーが専門職として果たすべき社会的責任，使命などを明確に示している。　[久永佳弘]

♧日本年金機構（にっぽんねんきんきこう）

2007年（平成19年）に発覚した年金記録問題により，社会保険庁に代わる公的年金の運営業務を担う機関として，同年に制定された日本年金機構法（平成19年法律第109号）に基づいて，2010（平成22）年に設立された非公務員型の公法人（特殊法人）である。日本年金機構本部及び年金事務所（312か所）により組織されており，役職員は「みなし公務員」とされている。基本理念は，「業務運営に当たり，政府管掌年金が国民の共同連帯の理念に基づき国民の信頼を基礎として常に安定的に実施されるべきものであることにかんがみ，政府管掌年金事業に対する国民の意見を反映しつつ，提供するサービスの質の向上を図るとともに，業務運営の効率化並びに業務運営における公正性及び透明性の確保に努めなければならない」とされている。国（厚生労働大臣）の委任及び委託により，公的年金，健康保険及び船員保険，児童手当に関わる一連の運営業務（適用・調査業務，保険料徴収業務，年金給付業務，相談業務，記録管理・提供業務等）を行う。　［泉　賢祐］

♧ 日本版 CCRC 構想

高齢者の医療介護や住まいに関する一般的な制度の上に乗る形で，東京圏をはじめ地域の高齢者が，地方や「まちなか」への住み替えを希望する場合の地域の受け皿をつくるため，地方自治体が責任をもって行う「まちづくり」事業と位置づけられている。国は基本方針の策定と政策的支援を行い，地方自治体が計画の具体化と事業主体の選定および指導・監督を行うなど，国・地方自治体・事業主体の役割分担が定められている。構想の意義は，「高齢者の希望の実現」「地方へのひとの流れの推進」「東京圏の高齢化問題への対応」となる。地方の高齢者に関しても，効果的・効率的な医療・介護サービスの確保から，集住化や「まちなか居住」を推進していることも特徴となる。　［新田博之］

♧ 入院時の告知

精神科病院の管理者に対して，精神障害者を入院させる場合には，本人の同意に基づいて入院が行われるよう努める必要がある。任意入院手続きおよび任意入院者への対応として，①入院中の権利事項等を書面で説明し，本人から「入院同意書」を得る，②任意入院者から退院の申し出があった場合は退院させる，③退院の申し出があった場合に，精神保健指定医による診断結果で入院継続の必要が認められる時は「入院継続に際してのお知らせ」で告知し，72時間以内に限り退院制限を行うことができる，④緊急その他やむを得ない場合において，特定医師の診断により12時間を限度として退院制限を行うことができる等が定められている。精神障害者本人の意思を尊重する形での入院を行うことが，人権擁護の観点や医療を円滑，効果的に行うことにおいて重要とされる。　［森　実紀］

♧ 乳児院

児童福祉法第37条において乳児院は乳児（保健上，安定した生活環境の確保その他の理由によりとくに必要のある場合には，幼児を含む）を入院させて，これを養育し，あわせて退院した者について相談その他の援助を行うことを目的とする施設とする。入所年齢は，従来は0歳からおおむね2歳までであったが，2004（平成16）年の児童福祉法改正により，「保健上，安定した生活環境の確保その他の理由によるとくに必要のある場合」には就学前までの入所が可能となった。　［門田光司］

♧ 乳児家庭全戸訪問事業

生後4か月までの乳児のいるすべての家庭を訪問し，①育児等に関するさまざまな不安や悩みを聞き，子育て支援に関する情報提供等を行う，②親子の心身の状況や養育環境等の把握や助言を行い，乳児家庭の孤立化を防ぎ，支援が必要な家庭に対しては適切なサービス提供につなげる，③訪問スタッフには愛育班員，母子保健推進員，児童委員，子育て経験者等を幅広く登用する，④訪問結果により支援が必要と判断された家庭については，適宜，関係者によるケース会議を行い，養育支援訪問事業をはじめとした適切なサービスの提供につなげる事業で，市町村が実施する。　［門田光司］

♧ 乳児保育

保育所における1歳未満の児童に対して行う保育として，1969（昭和40）年度から乳児保育指定保育所を指定する形で実施されてきた。しかし，都心部を中心に低年齢児待機が大きな課題となり，1998（平成10）年度から一般事業として行われるようになり，すべての保育所で実施できる体制整備として児童福祉施設最低基準の一部が改正された。保育所保育士の配置基準が，乳児又は満３歳に満たない幼児を含む６人につき１人以上から，乳児３人に対し保育士１人以上と引き上げられたのである。2018（平成30）年に施行された保育所保育指針では，５領域に分化する前の乳児期の育ちに関する新たな３つの視点「健やかに伸び伸びと育つ」「身近な人と気持ちが通じ合う」「身近なものと関わり感性が育つ」が追記された。［川池智子］

♧入所施設（にゅうしょしせつ）

前身の（旧）社会福祉事業法が改正され，2000（平成12）年に新法として制定された社会福祉法は，第１種社会福祉事業と第２種社会福祉事業を区別し，事業実施を根拠づけている。そのうち，子ども・女性福祉や障害保健福祉，高齢者福祉等の主要分野において第１種社会福祉事業の中心をなすものが入所施設である。戦後の社会福祉を特徴づけた入所施設サービスは，その後，通所施設化や脱施設化等への動向に揺さぶられながらも，今なおその存在意義は認められ，入所施設の果たす役割は大きい。また，施設における利用者の QOL 保障や権利擁護等も積極的に推進されている。

［岩井浩英］

♧ニューディール政策（せいさく）

アメリカ大統領フランクリン・ルーズベルト（Roosevelt, F.D.）が，1933年から始めた一連の政策の総称である。当時のアメリカは，1929年に始まった世界大恐慌の中で深刻な状況であったが，ルーズベルトは建て直しのために計画的な経済活動の統制を行っていった。主に，失業者の雇用，産業の統制，労働者の保護を目的としており，1935年に制定された社会保障法もその一環であった。その内容は，社会保険，公的扶助，児童・母子福祉事業への補助等の救済事業の整備が中心であった。［川﨑竜太］

♧乳幼児健康支援一時預かり制度（にゅうようじけんこうしえんいちじあずかりせいど）

現行の児童福祉法では，「病児保育事業」とされ，「保育を必要とする乳児・幼児又は保護者の労働若しくは疾病その他の事由により家庭において保育を受けることが困難となつた小学校に就学している児童であつて，疾病にかかつているものについて，保育所，認定こども園，病院，診療所その他厚生労働省令で定める施設において，保育を行う事業」（第６条の３第13項）である。なお，同法は別に「一時預かり事業」を定めており，家庭養育を受けることが一時的に困難となった児童に対し，保育所や認定こども園等で一時的に預かる事業としている。

［岩井浩英］

♧乳幼児健康診査（にゅうようじけんこうしんさ）

乳幼児健康診査（健診）の目的は乳幼児の健康状態を評価し，現在および将来の健康管理の方針を定めることである。健康診査には，母子保健法に基づき，保健所や市町村等が行うものと医療機関等が個人を対象に行うものがある。通常，医師や歯科医，保健師，栄養士，発達相談員等が関わる。３歳児健診は1961（昭和36）年以来行われ，1977（昭和52）年から市町村が実施主体となった。１歳６か月健診は1977（昭和52）年から市町村を主体として実施されている。どちらも発達上の問題の早期発見とその指導を主とし，加えて，むし歯予防，栄養，その他育児に関する指導を行う。また，育児不安等を抱える保護者の早期発見にも寄与している。［岩井浩英］

♧乳幼児突然死症候群 (Sudden Infant Death Syndrome : SIDS)

2005 (平成17) 年に厚生労働省が公表したガイドラインでは,「それまでの健康状況および既往歴からその死が予測できず, しかも死亡状況調査および解剖検査においてもその原因が同定されない原則として1歳未満の児に突然の死をもたらす症候群」と定義されている。なお, 2016 (平成28) 年の死亡は109名で, 0歳児の死亡原因の第3位である。原因は解明されていないが発生を高める環境要因として, うつ伏せ寝, 養育者の喫煙などを避けるように厚生労働省の啓発用リーフレットでは訴えている。
[安部計彦]

♧乳幼児の育成指導事業

母子保健法に基づく保健指導等 (サービス) のうち, 育児等健康支援事業 (次世代育成支援対策交付金対象) の選択メニューの一つであり, 市町村が主体として乳幼児をもつ保護者に対する発達相談等の育成指導を提供する。「育児や健康に対する正しい知識が得られ, 保護者の子育て不安の解消を図る」こと等を目的に, 乳幼児相談や親子教室, 訪問指導, 遊びの広場等が実施される。また, ことばや遊び, 関わり等の相談や健診後の経過確認等を通し支援の必要な乳幼児に対し専門家の指導助言が与えられることもある。
[岩井浩英]

♧入浴介助

入浴行動に支障のある者の入浴における援助のことであり, 介護福祉士や介護職者, 看護職者等によって主に実施される。入浴は, 身体を清潔にして皮膚の生理機能を正常に保ち感染を防ぎ, 血行促進により臓器機能を高め, 疲労や緊張を和らげ, 筋・関節を柔らかくするといった生理的・身体的意義がある。また, 爽快感によりリラックスすることができ生活意欲が高まり, 対人関係を促進させて活動意欲も高まるといった心理的・社会的意義もある。入浴を妨げる要因として, 内部障害を含めた身体機能の低下, 精神活動の低下があり, その要因をアセスメントして必要な援助を行うことで入浴行動ができるようにサポートする。身体機能の低下で麻痺等がある場合には福祉用具を活用しながら健側に位置して援助する。心肺機能低下がある場合は, 静水圧を考慮して胸部圧迫しない深さの湯量とする。また, 浴室, 脱衣室, 居室などの温度差に注意して準備から入浴後の観察まで行う。
[吉岡久美]

♧ニュージーランド社会保障法

1938年に制定され, アメリカに次いで世界で2番目に社会保障という用語を法制度上の名称として使用した法である。アメリカ社会保障法が医療保障, 労災補償を欠き, また, 公的扶助の対象を特定の者に限定するなど, 包括的な社会保障制度という意味で不十分であったのに対し, ニュージーランド社会保障法は, 包括性・統一性という面で完備されたものであった。同法では, 老齢, 疾病, 寡婦, 孤児, 失業, あるいはその他の特殊な事態によって発生する能力の喪失からニュージーランドの全国民を保護するために所定の給付を行うことを掲げ, 国民の基本的な生活水準の確保を計画した。ニュージーランド社会保障法の制定により実質的には世界最初の社会保障法制度が成立したといえる。
[山下利恵子]

♧ニューステッター, W.I.

(Newstetter, Wilber I.;1896-1972)

集団や地域に対するソーシャルワーク理論形成に寄与した研究者である。米国クリーブランド大学セツルメントの創設者であり, 青少年活動におけるソーシャルワーカー教育も確立したとされる。

1935（昭和10）年の全米社会事業会議では，集団に対するソーシャルワーク（グループワーク）の定義を提唱した。その後，『インターグループワーク論』(1947）では，地域組織・団体が社会問題の解決に向け協働することを促進するための援助活動である地域組織化（コミュニティ・オーガニゼーション）を概念化した。　［山田美保］

♧ ニューパブリックマネージメント

1980年代以降，イギリスを中心に，オーストラリアやドイツなどの経済的先進諸国で取り組まれた行財政を改革していくための一つの手法である。民間企業等における企業経営原理や市場原理などといったことを公的サービスの供給においても取り入れることで改革を図る点に特徴の一つがある。わが国で代表的な例には，公立医療機関等が Private Finance Initiative（PFI）の方式を用いた運営にシフトするなどの例がある。　［岡田洋一］

♧ 尿路感染症（にょうろかんせんしょう）

尿路すなわち腎臓，尿管，膀胱，尿道の細菌感染症をいう。原因菌は，大腸菌，プロテウス菌のようなグラム陰性桿菌や，ブドウ球菌，連鎖球菌のようなグラム陽性球菌のことが多い。結核菌や淋菌などによって起こる尿路感染症は，それぞれ独特の症状と経過をとるため，尿路の特異的感染症と呼び区別される。症状の経過によって急性と慢性に大別される。前者は急激に発症し短い経過で完全に治癒するが，後者では長びき一進一退をくり返し，いったん治癒してもすぐに再発することがある。また，女性は尿道が短いため，尿路感染症にかかりやすいといわれている。一方，複雑性尿路感染症は慢性の経過をとることが多く，基礎疾患としては尿路結石，水腎症，膀胱腫瘍，膀胱尿管逆流，神経因性膀胱，前立腺肥大症などが多い。いずれの年齢でも発症がみられるが，加齢による膀胱機能の低下や長期臥床によっても尿路感染症を起こしやすいので，高齢者は注意が必要である。　［中川美幸］

♧ 任意継続被保険者（にんいけいぞくひほけんしゃ）

会社などを退職して被保険者の資格を喪失した時に，一定の条件のもと，本人の希望により最長２年間，退職する前の健康保険を継続できる制度。退職前に継続して２か月以上の被保険者期間がある人が対象。退職日翌日から20日間以内に在職中に加入していた健康保険組合等へ申請が必要。また，保険料は全額自己負担となる。　［中川美幸］

♧ 任意後見監督人選任（にんいこうけんかんとくにんせんにん）

任意後見監督人選任は，家庭裁判所の審判による。任意後見制度においては，任意後見監督人の選任が，任意後見契約の効力発生要件となっている。任意後見監督人の選任審判の要件としては，本人・配偶者・４親等内の親族・任意後見受任者のいずれかによる申立て，本人の事理弁識能力が不十分なこと，本人以外による申立てのときの本人の同意，があげられる。任意後見監督人が選任されると，任意後見受任者は任意後見人となり，任意後見契約の内容に基づく代理行為を行うこととなる。以後，任意後見人は任意後見監督人による監督を受け，任意後見監督人は家庭裁判所による監督を受けることとなる。したがって，家庭裁判所による任意後見人への監督は，間接的に行われることとなる。　［戸丸純一］

♧ 任意入院（にんいにゅういん）

精神障害者本人の同意に基づいて行われる入院を任意入院と呼ぶ。1988（昭和63）年に改正された精神保健法によって法制化され，入院の必要を説明しても同意が得られない場合に限り，保護者の同意による入院形式「医療保護入院」を検討することになった。現行の精神保健福祉法では，人権擁護の観点から，また医療を円滑・効果的に行うという観点からも，任意入院を原則的な入院形態としている。 ［藤島法仁］

♧認可外保育サービス（にんかがいほいく）

児童福祉法に基づく都道府県知事等の認可を受けていない保育施設等で提供されている保育サービスのこと。大別すると，自治体独自の基準を満たして公費の助成を受けている「認可外保育所」と「事業所内保育所」，「ベビーホテル」などに分類でき，病院内保育所，居宅訪問型保育事業（いわゆるベビーシッター事業）も認可外保育サービスにあたる。自治体の基準を満たす認可外保育サービスの代表例としては，東京都の「認証保育所」や横浜市の「横浜保育室」などが挙げられる。 ［森木朋佳］

♧妊産婦健康診査（にんさんぷけんこうしんさ）

妊産婦健康診査とは，妊婦及び胎児の健康状態を把握し，母体の健康維持増進や胎児の成長を促し，異常の早期発見，健康状態に応じた医療を提供するとともに医療管理を行うものである。母子保健法第13条で，市町村が必要に応じて妊産婦に対して健康診査を行うものとして規定している。医療機関への受診は，妊娠23週までは4週間に1回，妊娠24週～35週までは2週間に1回，妊娠36週以降分娩までは1週間に1回受診するよう推奨されている。健診時には，問診，視診，触診，計測内診，臨床検査などが行われ，健診結果に基づいて，妊産婦や家族の状況に合わせて，母性や父性を育み，出産・育児に関する情報提供，妊産婦及び家族の相談に応じるものである。

［梶原浩介］

♧認証保育所（にんしょうほいくしょ）

産休明けの保育，立地条件，保育時間など，親の多様な働き方等に対する都市部の保育ニーズに応えることを目的に東京都が独自で設けている制度である。認証保育所の設置主体は民間企業をふくむ多様な事業者であり，保育サービスが競合される仕組みとなっている。東京都福祉保健局によれば，その特色として，①全施設0歳児からの預かり，②全施設13時間以上の開所，④設置認証は東京都が行い，実施主体である区市町村とともに指導，⑤利用者と保育所による直接利用契約，⑥料金上限の設定，⑦東京都独自の基準が設定，適切な保育水準の確保があげられている。 ［山本佳代子］

♧妊娠の届出（にんしんのとどけで）

母子保健法では妊娠した者は，速やかに居住地の市町村窓口に妊娠の届出をすることが定められている。届出を行うことによって，母子健康手帳が交付されるほか，妊婦健診の公費補助受診券や保健師等による相談など妊娠・出産にかかわる各種の情報提供を受けることができる。児童虐待等，不適切な子どもへの養育を防止するうえでも，妊娠期からの妊娠・出産・子育てに対する地域での支援体制を構築することは重要となっており，妊娠の届出がなされることで，特に身体的・心理的・社会的なハイリスクを抱えた妊婦については，状況把握が可能となるといえる。 ［山本佳代子］

♧認知行動療法（にんちこうどうりょうほう）

行動療法をもとに認知療法を統合し，発展してきた治療法である。治療の目的は，個人の否定的，非合理的な認知を変容していくことにある。分析枠組みでは，個人の否定的，非合理的な認知が，どのような刺激（対人関係や状況）に対し，どのように反応し，その結果として維持されているのかを分析していく。この分析を通して，認知変容と適切な行動形成を図っていく。認知行動療法はその有効性が立証されてきており，対象領域もうつ病，強迫性障害，パニック障害，統合失調症，PTSD 等，拡大していく現状にある。［門田光司］

♧認知症（にんちしょう）

成人になってから起こる脳の器質的変化により，それまで獲得された知能が低下する認知機能障害で，症状は中核症状と行動・心理症状がある。脳細胞の機能低下によりおこる中核症状は，エピソードの記憶障害，時間や場所がわからないなどの見当識障害，理解・判断力の低下，計画的に物事を実行できないなどの実行機能障害，失語・失行・失認などである。行動・心理症状は周辺症状ともいわれ，徘徊，暴力行為などの行動症状と，妄想，幻覚，人格変化，せん妄などの心理症状で，性格や心理的影響，人間関係や環境などにより出現する。認知症の種類は，アルツハイマー型，脳血管性，レビー小体型，前頭側頭型などがあり，進行はさまざまで，アルツハイマー型認知症が約６割を占める。18～64歳未満の若年性認知症では脳血管性認知症が多い。治療はドネペジル塩酸塩などの薬物療法や回想法などの非薬物療法がある。2004（平成16）年に痴呆症から名称変更された。［吉岡久美］

♧認知症介護研究・研修センター（にんちしょうかいごけんきゅう・けんしゅうセンター）

2001（平成13）年度に，認知症介護に関する研究・研修事業を推進し，科学的に裏付けられた認知症介護の知識や技術を，高齢者介護現場に普及させる中核的機関として，東京都，愛知県，宮城県の３か所に設置された。各センターは研究部，研修部，運営部から組織され，認知症介護の質の向上を目的とする実践的研究を，老人保健健康増進等事業等の助成を受けて実施している。また，都道府県・政令指定都市・高齢者福祉機関の要請を受けて，認知症介護基礎研修と認知症介護実践研修を担当できる能力を身につけ，介護保険施設・事業者等における介護の質の改善について指導できる者を養成する認知症介護指導者研修，及びその修了者に対し，一定期間ごとに最新の認知症介護に関する専門的知識や指導方法等を修得させることにより，第一線の介護従事者へ最新の認知症介護技術を的確に伝達できるような体制を整えることを目標とした認知症介護指導者フォローアップ研修を実施している。［松山郁夫］

♧認知症加算（にんちしょうかさん）

2015年の介護報酬改正により通所介護事業所に新設され，要件を満たし届出をした通所介護事業所が，認知症の要介護者にサービスを行った場合に算定される加算である。ケアマネジメントを行う際，通常よりも生活状況等の把握やサービスの調整，日常生活における支援等が困難であり，特に労力を要する認知症高齢者に対する支援について評価を行う。

［松山郁夫］

♧認知症カフェ（にんちしょうカフェ）

認知症カフェとは，オランダのアルツハイマーカフェや，それをモデルにしたイギリスの先駆的事例から学び，2012年のモデル事業ではじめて用いられた名称である。厚生労働省が2012（平成24）年に出した「今後の認知症施策の方向性について」の中では，認知症カフェを「認知症の人と家族，地域住民，専門職等の誰もが参加でき，集う場」とし，地域での日常生活・家族支援の強化に向けての取組みの一つにあげている。さらに，2012年に策定した「認知症施策推進５か年計画（オレンジプラン）」や，2015（平成27）年に策定した「認知症施策推進総合戦略（新オレンジプラン）」の中で，その普及を推進する方針が示されている。とくに，新オレンジプランでは，「認知症の人の介護者の負担を軽減するため，認知症初期集中支援チーム等による早期診断・早期対応を行うほか，認知症の人やその家族が，地域の人や専門家と相互に情報を共有し，お互いを理解し合う認知症カフェ等の設置を推進する」と方向性が示されており，認知症地域支援推進員等が企画し，各自治体で推進されている。認知症カフェは，その実施内容や運営主体，運営形態はさまざまであり，どこまでを認知症カフェと呼ぶべきかという基準はない。「認知症の人の社会参加，思いの発信，本人や家族への心理的支援」等を目的とし，認知症の本人や家族，支援者，市民がお茶を飲みながら会話したり，レクリエーションを行ったりする。厚生労働省発表資料によると，2016（平成28）年末時点で，約4,267か所であり，今もなお増加を続けている。［孔　英珠］

♧認知症ケア専門士（にんちしょうせんもんし）

認知症ケア専門士とは，一般社団法人日本認知症ケア学会認定の民間資格であり，「認知症ケアに対する優れた学識と高度の技能，および倫理観を備えた専門技術士を養成し，わが国における認知症ケア技術の向上ならびに保健・福祉に貢献すること」を目的としている。認知症ケア専門士の資格を取得するためには，認知症ケアに関連する施設や団体，機関等で３年以上の実務経験を有し，かつ認知症ケア専門士認定試験および審査に合格する必要がある。［飯干真冬花］

♧認知症ケアパス（にんちしょう）

認知症の発症予防から人生の最終段階まで，できる限り住み慣れた自宅で暮らし続け，認知症の人やその家族が安心できるように，生活機能障害の進行に合わせて，いつ，どこで，どのような医療・介護サービスを受けることができるのか，その具体的な機関名やケア内容等を，予め認知症の人とその家族に提示するものである。2015（平成27）年，厚生労働省は認知症になっても安心して暮らせるように，新オレンジプラン（認知症施策推進総合戦略）を提唱した。その目的の一つに，認知症の状態に応じた適切なサービス提供の流れである標準的な認知症ケアパスの作成と普及の推進がある。認知症の容態に応じた適時・適切な医療・介護等を提供するために，医療・介護等の有機的な連携をめざしている。地域ごとに，認知症ケアパスが認知症の人やその家族，医療・介護関係者等の間で共有され，サービスが切れ目なく提供されるように，その活用を推進する仕組みが確立される必要がある。［松山郁夫］

♧認知症高齢者ケア（にんちしょうこうれいしゃ）（認知症介護（にんちしょうかいご））

認知症を発症すると記憶障害が進行していくが，感情やプライドは残存しているため，外界に対する強い不安を抱きやすい。環境の変化や周囲の対応の仕方によっては，焦燥感や怒りを覚え，徘徊やせん妄等の行動障害を引き起こし，認知症が悪化する懸念がある。このため，認知症高齢者ケアにおいては，周囲との関わりをもち，周囲から受け入れられ，尊重され，本人もそれを実感できることが求められる。認知症高齢者との関わりや気持ちを受容し，本人なりの生活の仕方や潜在する力を周囲が大切にしながら，尊厳を守るように心がけることが基本となる。生活の継続性が尊重されるように，日常の生活圏域を基本とした介護サービスの体系整備を進める必要がある。症状や進行の状況に対応する個別の介護サービスのあり方や，安心感を与えるような周囲の関わり方を明らかにして，本人の不安を取り除き，生活の安定と家族の負担の軽減を図ることが課題となっている。［松山郁夫］

♧認知症高齢者の日常生活自立度判定基準

介護保険制度の要介護認定における認定調査や主治医意見書で用いられる指標である。介護保険申請後，調査員が自宅を訪問し，面談で得られた調査内容を基にレベル付けをする。その後，コンピュータによる一次判定や介護認定審査会における審査判定の際，参考として使用される。認知症高齢者の日常生活自立度とは，認知症の程度を踏まえた日常生活自立度の程度を表す。2006（平成18）年に厚生労働省がその判断基準を示し，「自立・Ⅰ・Ⅱa・Ⅱb・Ⅲa・Ⅲb・Ⅳ・M」の８段階からなっている。Ⅰは「何らかの認知症を有するが，日常生活は家庭内および社会的にほぼ自立している」，Ⅳは「日常生活に支障を来たすような症状・行動や意思疎通の困難さが頻繁に見られ，常に介護を必要とする」，Mは「著しい精神症状や周辺症状あるいは重篤な身体疾患が見られ，専門医療を必要とする」とレベルが設定されている。数字が大きくなるほど自立度が低くなり，日常支援や介護が必要となる。

［松山郁夫］

♧認知症サポーター

2005（平成17）年４月から厚生労働省が提唱した「認知症を知り地域をつくる10ヵ年」の構想が実行に移された。そのキャンペーンの一環である「認知症サポーターキャラバン」事業では，自治体等が実施主体であるキャラバン・メイト養成研修を受講・修了した医療従事者，介護従事者，民生委員・行政職員等が，60分から90分程度の認知症サポーター養成講座を開催する。認知症の定義，中核症状と周辺症状，診断と治療，予防，接するときの心構えと介護者の気持ちの理解，認知症サポーターの役割について学習する。受講した証としてオレンジリングが渡される。受講者は2017年度末時点で１千万人を超えている。この講座を受講し修了した者を認知症サポーターと呼び，認知症を正しく理解し，偏見をもたずに認知症の人や家族を温かい目で見守り，できる範囲の支援をし，相互扶助・協力・連携，ネットワークをつくったり，まちづくりを担う地域のリーダーとして活躍したりすることが求められている。

［松山郁夫］

♧認知症施策推進５か年計画

通称，オレンジプランといわれる。認知症の人がますます増加することを想定し，国が打ち出した2013年度～2017年度までの計画。①標準的な認知症ケアパスの作成・普及，②早期診断・早期対応，③地域での生活を支える医療サービスの構築，④地域での生活を支える介護サービスの構築，⑤地域での日常生活・家族の支援の強化，⑥若年性認知症施策の強化，⑦医療・介護サービスを担う人材の育成，の７項目を柱に，それぞれに数値目標が定められた。認知症初期集中支援チームの設置，認知症地域支援推進員や認知症サポーターの増員等によって，医療や福祉専門職，地域住民の専門技能を高め，それぞれの連携を強化することで認知症対策を推進する内容となっている。

［萩沢友一］

♧認知症施策推進総合戦略

通称，新オレンジプランといわれる。2025（令和７）年には認知症の人が約700万人に達すると見込み，厚生労働省，内閣官房，内閣府など関係省庁が共同で認知症施策推進５か年計画を見直し，2015（平成27）年に公表された認知症対策の国家戦略。①認知症への理解を深めるための普及・啓発の推進，②認知症の容態に応じた適時・適切な医療・介護等の提供，③若年性認知症施策の強化，④認知症の人の介護者への支援，⑤認知症の人を含む高齢者にやさしい地域づくりの推進，⑥認知症の予防法，診断法，治療法，リハビリテーションモデル，介護モデル等の研究開発及びその成果の普及の推進，⑦認知症の人やその家族の視点の重視，の７つの柱を立て，それぞれに数値目標が盛り込まれた。対象期間は2025年までで，策定時の計画と比べて数値目標が引き上げられたほか，公共交通機関の充実により車を使用せずに移動できる環境整備や地域での見守り体制の整備，認知症の早期発見や診断法の確立等の新規項目が追加された。　[萩沢友一]

♧認知症施策等総合支援事業

認知症施策推進総合戦略に基づき実施する事業。市町村が当事者や家族に対する支援体制を確立することを支援するために都道府県・指定都市が2014（平成26）年度より実施している。①相談対応を行うコールセンターの設置や相談会の開催，②キャラバン・メイトを養成し，認知症サポーター養成講座を実施，③市民後見人の育成と活用の推進，④認知症初期集中支援チームや認知症地域支援推進員設置の推進，⑤若年性認知症支援コーディネーターを都道府県に設置，⑥若年性認知症自立支援ネットワークの構築，⑦認知症医療・介護連携の枠組み構築のためのモデル事業の実施，⑧認知症介護研究・研修センターの運営，⑨認知症疾患医療センターの運営，等が盛り込まれている。　[萩沢友一]

♧認知症疾患医療センター

日本では高齢社会が進展しているため，認知症対策を強化し，「認知症患者とその家族が，住み慣れた地域で安心して暮らせる社会」をめざしている。2015（平成27）年に策定された新オレンジプランでは，認知症の情報拠点となる認知症疾患医療センターを，2018年度末までに全国に設置する目標を掲げた。政府は認定要件を広げ，病床のある病院だけでなく，診療所も加えて設置数を拡大しているため，身近な認知症に関する相談窓口が増えている。認知症に関する詳しい診断，行動・心理症状や身体の合併症への対応，専門医療相談等を行い，地方自治体，地域におけるかかりつけ医，介護施設，介護事業者等と連携して診察や相談に応じる専門機関である。地域において認知症患者やその家族に，専門医療を提供するだけでなく，もの忘れ相談から診断，治療，介護保険申請への相談等，ワンストップで支援する役割を担い，介護事業所等からの相談も受け付けている。　[松山郁夫]

♧認知症初期集中支援チーム

認知症施策推進５か年計画を契機として，地域包括支援センター等に配置が進められている。チームは認知症に関する医療と介護の専門職により構成され，認知症が疑われる人や認知症の人およびその家族を訪問し，早期に認知症の診断，生活課題の明確化，医療機関や介護サービスの利用支援など包括的かつ集中的に初期対応を行う。チームが初期集中支援を行う期間はおおむね６か月で，その後は地域包括支援センターに引き継ぐ。ただし，引き継いだ後もチームは対象者が適切に医療や介護サービスを利用できているかを確認するモニタリングを行う。　[萩沢友一]

♧認知症対応型共同生活介護

介護保険制度による地域密着型サービスであり，認知症対応型のグループホームとも称される。認知症により介護を要する人であって，少人数による共同生活を営むことに支障がない人を対象に，一つの共同生活住居（ユニット）につき５～９人が共同生活をする。そこでは家庭的な環境と地域住民との交流のもとで，入浴や食事など日常生活上の支援を受けながら，機能訓練も行う。残存機能や脳機能の維持・向上のため，可能な限り料理，配膳，清掃などは職員や利用者が互いに協力して行う。原則として，1拠点につき最大18人分まで居室を設けることが可能でその事業所のある市町村に住む人が利用できるなどのことから，地域によってはサービスの需要と供給が一致しないケースがみられる。 ［萩沢友一］

♧認知症対応型通所介護

介護保険制度による地域密着型サービスとして位置づけられ，認知症対応型のデイサービスとも称される。デイサービスセンター等において食事や入浴等の日常生活上の支援や機能訓練，口腔機能向上等に関するサービスが提供される。認知症が認められ要介護1以上の認定を受けた人が対象となり，送迎サービス付きの日帰りにより提供され宿泊は伴わない。利用者が住み慣れた地域での生活を維持できるよう，地域住民との交流や地域活動への参加が推奨される。

［萩沢友一］

♧認知症地域医療支援事業

かかりつけ医が適切な認知症診断の知識・技術等を修得するための研修，かかりつけ医への助言その他の支援を行う認知症サポート医の養成，病院勤務の医療従事者が認知症ケアについて理解し，適切な対応をとれるようにするための研修事業である。今後，かかりつけ医のもとに通院する高齢者からも，認知症を発症するケースの増加が予想される。このため，認知症サポート医養成研修では，認知症診療に習熟し，かかりつけ医等への助言その他の支援を行い，専門医療機関や地域包括支援センター等との連携の推進役となる認知症サポート医の養成により，各地域において認知症の発症初期から状況に応じて，医療と介護が一体となった支援体制の構築を図っている。認知症サポート医フォローアップ研修では，認知症サポート医等が，認知症の診断・治療・ケア等に関する研修を通じて，地域における支援体制を充実・強化し，研修機会を活用して認知症サポート医等の連携強化を図っている。

［松山郁夫］

♧認知症の心理的経緯

認知症になると記憶や認識が混乱し，不安や焦りの気持ちを持つようになる。これまで自力でできていたことができなくなり，誤りを指摘されることで，自尊心を傷つけられたと感じることもある。記憶が最近のものから過去に遡って忘れていく初期の段階では認知訓練（行動を言語化しながら伝える方法）などが効果的である。中期から後期になると感情失禁，失語や失認・失行，妄想，人格の変化などが出現するようになり，現実見当識訓練，回想法や音楽療法，バリデーション（確認）療法，アニマルセラピーなどが効果的である。対応の仕方としては，不安な状態から引き起こされ混乱している認知症高齢者の言動を否定せず，気持ちに寄り添うことが大切である。

［田中安平］

♧認知症の人と家族の会
(Alzheimer's Association Japan)

認知症になっても仲間や支援者とつながり，孤立することなく，認知症とともに生きることをめざして，1980（昭和55）年に結成され，2010（平成22）年6月1日公益社団法人へ移行した。「家族の会」ともいう。全国47都道府県に支部があり，本部（京都市）と協力しながらさまざまな事業を実施している。各支部では認知症本人や家族だけでなく，医療・介護の専門職の方や市民の方が広く参加し，主に「つどい」，「会報」，「電話相談」の3本柱の活動を進めるとともに，認知症への理解を広める啓発活動や行政への要望

や提言も行っている。　［孔　英珠］

認知療法

うつ病の心理療法として精神科医ベック（Beck, A.T.）によって考え出された。認知療法では，クライエントの問題の原因に着目するのではなく，現在，クライエントが抱える否定的な認知（例：「私はダメな人間だ」），不快な感情（例：不安，悲観），不適切な行動（例：対人回避）を維持しているクライエントの認知のあり方に着目する。そこで，まずはクライエントの抱える問題となる状況（例：対人関係）を特定し，その状況においてクライエントがどのように考え，感じ，行動したかを明らかにしていく。そして，その問題となる状況におけるクライエントの認知や行動を修正していく。このように，認知療法では，否定的な認知がうつ病の症状を維持していると仮定する。　［門田光司］

認定こども園

通常，小学校就学前の子どもの教育・保育は，保護者の就労等の有無によって，幼稚園又は保育所を利用するが，就労の有無にかかわらず総合的な子育て支援の提供ができる施設を認定こども園という。保護者の就労の増加に伴い，保育に欠ける児童が増加することで待機児童が増加し，保育施設が不足する一方，幼稚園では保育時間の制約から就労保護者のニーズに対応しにくいことからこの問題に対応するために制度化された。根拠法は「就学前の子どもに関する教育，保育等の総合的な提供の推進に関する法律」であり，2006（平成18）年10月から認定こども園がスタートした。現在では，子ども・子育て支援新制度や関連法により支援の充実が図られ，幼稚園的機能と保育所的機能の両方の機能をあわせもつ幼保連携型，保育所的な機能を備えた幼稚園型，幼稚園的な機能を備えた保育所型，地域の裁量によって認定こども園の機能を果たす地方裁量型があり，教育・保育を一体的に提供し，地域の子育て支援機能を担っている。　［中村秀一］

認定調査員

介護保険制度における要介護認定又は要支援認定を受けようとする被保険者宅を訪問し，被保険者本人やその家族と面接を行い，心身の状況や置かれている環境等について調査をする者のこと。調査で使用する認定調査票は，概況調査，基本調査，特記事項で構成されている。認定調査員が行った調査結果を基に一次判定が行われる。障害者総合支援法に基づく障害支援区分の認定を受けようとする際に，申請した障害児・者宅を訪問し調査を行う者についても認定調査員と呼ぶ。　［永松美菜子］

ニンビズム

必要なこと（たとえば，高齢者施設，刑務所，障害者施設，ゴミ焼却施設などの建設）は理解できるが，自分の近所ではやってほしくないといった，個人主義的な考えのこと。Not in my backyard の頭文字を採っている。類似の言葉に「（施設）コンフリクト」があり同様に，必要なことは認めるが自分の近くに作られることには反対するという葛藤や矛盾の状態をいう。　［橋本みきえ］

ね

ネグレクト（neglect）

ネグレクトとは，無視する，怠る，見過ごす，おろそかにする等を意味する言葉である。社会福祉領域においては，児童や高齢者，障害者など，意図的か否かを問わず，養育や介護の提供を放棄または放任し，日常生活を送ることを困難にする行為を指す。直接的な行為の例としては，食事を与えない，不衛生な生活環境に置く，病気やけがの治療を怠る，医療や介護サービスの利用を制限するなどが挙げられる。また，長時間の放置や同居人等による虐待同様の行為を放置することもネグレクトとみなされる。ネグレクトは，一般的に他者に向けた行為であるが，生活意欲や判断力の低下のために，自らの健康や安全の維持に必要な行為を放棄したり，拒否したりすることを自己放任（セルフネグレクト）という。

［山田美保］

♧寝たきり老人（ねたきりろうじん）

身体的，精神的の著しい障害によって，6か月以上にわたってベッド上での生活が強いられ，この状況が長期的に回復困難で固定的な高齢者のことを指す。寝たきり状態が続くと本来の疾患以外にも，抵抗力の低下，不眠，抑うつ状態などさまざまな障害が誘発され，さらなる心身の諸機能の低下（廃用症候群）がもたらされる。こうした悪循環は，要介護度の重症化にも関わるため，高齢者を通常の生活から切り離さずに，その症状や健康に応じた生活を続けられるよう支援する必要がある。

［夏秋圭助］

♧寝たきり老人ゼロ作戦（ねたきりろうじんゼロさくせん）

1989（平成元）年に策定された「高齢者保健福祉推進10か年戦略（ゴールドプラン）」の中で重要な柱の一つと位置づけられた。寝たきりを予防して寝たきり老人を減らすことを目的とし，高齢者の自立を支援する観点から脳血管疾患のリハビリテーション，在宅医療サービスの充実等が掲げられ，1991（平成3）年には「寝たきりゼロへの10か条」も発表された。1994（平成6）年に，「新・高齢者保健福祉推進10か年戦略（新ゴールドプラン）」の「新寝たきり老人ゼロ作戦」として見直され，地域リハビリテーションの体制強化等の施策が規定された。2000（平成12）年の「ゴールドプラン21」においては，元気高齢者づくり対策推進のための「ヤング・オールド作戦」として継承され，同名称は発展的に解消されることになった。

［矢ヶ部陽一］

♧ネットワーク（network）

ソーシャルワークにおけるネットワークとは，人や組織が形成するつながりのことである。リップナック（Lipnack, J.）とスタンプ（Stamps, J.）は，ネットワークを人や組織を結び付け，活動，希望，理想を共有することを可能にするつながりであり，そのつながりを形成する過程をネットワーキングと定義している。また，ネットワークは，クライエント個人の社会ネットワーク，職種間のネットワーク，組織間のネットワークに分類される。ネットワークと類似する言葉に，「連携・協働」がある。連携・協働がつながりの中で共通の目標に向かって実施する活動を意味するのに対し，ネットワークはつながりを構成する要素間の状態を示すものである。

［山田美保］

♧年金・医療制度改革（ねんきん・いりょうせいどかいかく）

少子高齢化が急速に進むわが国において，年金・医療制度改革で常に焦点となるのが，持続可能な制度とするための保険財政のあり方である。この点につき重要な改革であったといえるのは，年金制度では，基礎年金国庫負担割合の引上げ，有限均衡方式への財政運営方式変更，保険料水準固定方式の導入，年金額改定の新システム（マクロ経済スライド）の導入を決定した2004（平成16）年改正であり，医療制度改革では，急増する老人医療費に対応すべく高齢者医療制度見直しの一環として行われた後期高齢者医療制度の創設である。年金・医療制度改革は，社会保障審議会が「今後の社会保障改革の方向性に関する意見―21世紀型の社会保障の実現に向けて―」で指摘しているように，「次世代育成支援」「多様な働き方への対応」等の各政策領域との連携を図り，生涯を通じた生活保障の改革（生活保障改革）ともいうべき観点から進めていくことが必要である。

［谷村紀彰］

♧年金審議会（ねんきんしんぎかい）⇒社会保障審議会（しゃかいほしょうしんぎかい）

♧年金制度（ねんきんせいど）

国が保険者となって運営している社会保険の一つで，公的年金制度ともいう。日本では1961（昭和36）年に国民皆年金が確立し，年金制度の種別として，全国民に共通の基礎年金としての国民年金と被用者を対象とする被用者年金に大別される。2015（平成27）年10月から被用者年金は厚生年金制度に統合された。2017年（平成29）年４月から年金給付の条件として保険料拠出（最低加入期間：10年間）を満たすことが要件とされ，老齢，障害，死亡（遺族）の３種類の保険事故が生じた場合に必要な給付を行うことを目的としている。給付の種類として，基礎年金として老齢基礎年金，障害基礎年金，遺族基礎年金があり，被用者年金には老齢厚生年金，障害厚生年金，遺族厚生年金がある。いずれも，保険料納付実績に応じて年金額が決まる仕組みとなっている。その他に，老齢年金として，保険料の拠出を伴わない老齢福祉年金などがある。

［川﨑竜太］

♧年功序列賃金（ねんこうじょれつちんぎん）

日本の官公庁や企業などにおいて勤続年数や年齢が増すに従って地位や賃金が上昇する，またはそのような人事制度・慣習である年功序列の考えからくる賃金制度のことである。労働者を定年まで雇用する終身雇用，企業別労働組合と並んで日本における雇用の特徴であるとされてきた。近年では，経済不況や雇用形態の変化などにより，年功序列の考えよりも成果主義を導入して評価する企業が増えている。

［川﨑竜太］

の

♧農業協同組合（のうぎょうきょうどうくみあい）

農業協同組合法（1947年）に基づき，相互扶助を目的として，農業者により設立された協同組合。略称は農協。主な事業には，①指導事業（営農・生活指導），②経済事業（農産物等の販売・生産資材等の購買），③共済事業（保険），④信用事業（金融），⑤厚生事業（保健・医療・福祉事業）などがある。介護保険事業にも積極的に取り組んでおり，高齢化が進む農山村地域では介護サービスの提供主体として重要な役割を担っている。

［荒木　剛］

♧脳血栓症（のうけつせんしょう）

脳梗塞の病型の一つである。脳血栓症は，血栓が詰まる部位によりアテローム脳血栓性梗塞とラクナ梗塞に分けられる。アテローム脳血栓性梗塞とは，脳の動脈硬化性の病変に生じる血栓が脳血管を閉塞することによって起こり，高血圧，糖尿病，高脂血症，喫煙などがリスク要因とされている。一方，ラクナ梗塞は，おもに中大脳動脈や後大脳動脈の細い血管（穿通枝）が変性や壊死を起こし，脳に多数の小さな梗塞（小孔瘢痕）が起こり，リスク要因は高血圧である。ラクナ梗塞の症状は，軽度又は無症状であることが多い。また，多発することが多く，再発を繰り返し全般的な脳神経機能の低下を来たし，認知症や脳血管性パーキンソン病の原因となっている。
［山田美保］

♧脳死（のうし）

脳幹を含む全脳髄の機能が喪失し，回復不可能な状態のことである。わが国では，1997（平成９）年の臓器移植法の成立によって，臓器提供意思がある場合に限り，脳死が人の死と認められることとなった。脳死の判定は，深い昏睡，瞳孔の拡大と固定，脳幹反射の消失，平坦な脳波，自発呼吸の消失の５項目について判定条件を満たし，６時間以上経過した後に同じ項目の検査で状態の変化がなく不可逆的であると確認された場合に確定される。また，脳死の判定は，専門知識と経験を持つ，移植に関係しない２名以上の医師が行うこととされている。2009（平成21）年の臓器移植法改正では，本人の意思が不明な場合に家族の承認での臓器提供が認められ15歳未満の臓器提供も可能となった。また，書面により親族に優先的に臓器提供する意思を表示することも可能となった。
［山田美保］

♧脳性麻痺（のうせいまひ）

肢体不自由児の約半数を占めている疾病で，定義は厚生省脳性麻痺研究班（1968年）が，「受胎から新生児（４週間以内）までの間に生じた脳の非進行性病変に基づく，永続的な，しかし変化しうる運動および姿勢の異常である。その症状は満2歳までに発現する。進行性疾患や一過性運動障害，または将来正常化するであろうと思われる運動発達遅延は除外する」と定義している。原因としては，未熟児，脳奇形，低酸素，仮死などさまざまな場合があり，出生1,000人当たり１～２人といわれている。また，脳性麻痺の型としては，痙直型，アテトーゼ型，強剛（固縮）型，失調型，低緊張型，混合型に分けるのが普通であるが，近年はいろいろな型が合わさった混合型が増えてきている。
［松元泰英］

♧脳塞栓（のうそくせん）

他の部位でできた血栓や他の物質が血液の流れに乗って脳の血管を防ぐことがある。これを脳塞栓という。たとえば，心房細動という不整脈があるが，心臓が不規則な動きをするために心臓内（左心耳という左心房のくぼみ）に血栓ができる。これが剥がれて飛ぶことがあり，頸動脈を経て脳に飛び，脳の血管を閉塞し脳梗塞の原因となる。
［花田美那子］

♧脳卒中（のうそっちゅう）

脳卒中は「脳血管障害」の一般的な名称である。脳血管障害とは，脳血管の閉塞・破綻などにより，急速に神経症状が発現した状態の総称である。虚血性脳血管障害として脳梗塞，出血性脳血管障害として脳出血，くも膜下出血がある。運動・感覚・構音障害，高次脳機能障害（失語・失認など），頭痛，意識障害，視野障害，嘔気・嘔吐などが代表的な症状である。急性期において意識障害がみられるような重症例では，まず救急処置が必要であり，急性期離脱後は，できるだけ早期にリハビリテーションを開始することが重要である。
［花田美那子］

♧農村型社会（のうそんがたしゃかい）

アメリカの社会学者ソローキン（Sorokin，P.A.）とジンマーマン（Zimmerman，C.C.）は８つの視点から農村社会と都市社会を対比的に特徴づけた。それに従えば，農村型の社会とは，①農業を職業とする人びとが主体である，②人間的・社会的環境に対して自然が優位を占める，③規模が小さい，④人口密度が低い，⑤人種的・社会心理的に等質である，⑥社会的分化が小さく社

の

会構成が比較的単純である，⑦社会的移動が少ない，⑧人びとの接触範囲は狭く，第一次的接触が支配的で，パーソナルな関係が多い，といった特徴をもつ社会である。　［村山浩一郎］

♧能力障害（のうりょくしょうがい） (disability)

能力障害は，障害を生活レベルでとらえたものであり，実際の生活場面における活動能力の制約のことを意味する。具体的には，事故による右半身麻痺（機能障害）により，車の運転やパソコン操作に制約が生じる（能力障害）ことを意味する。これは，1980（昭和55）年にWHO（世界保健機関）による「国際障害分類」(International Classification of Impairments, Disabilities and Handicaps：ICIDH)（1980）に定義されたもののうち，障害の概念を機能障害（Impairment），能力障害（Disability），社会的不利（Handicap）という3階層の区分で示した2階層目に位置する。福祉機器や人的サポート等によって能力障害の制約が軽減される。

［滝口　真］

♧野口幽香（のぐちゆか） (1866-1950)

幼児教育・保育事業の開拓者。華族女学校附属幼稚園に通勤途中で貧児の様子を見て，貧児にも華族幼稚園の子どもたちと同じように保育したいと願い，一緒に勤務していた森島美根と共に，1900（明治33）年に東京麹町の借家で6人の子どもたちを集めて，二葉幼稚園を設立した。また，1906（明治39）年には，明治の三大貧民窟の一つであった四谷鮫ヶ橋に本格的な貧民幼稚園として移転した。1916（大正5）年には事業や社会制度の変化に合わせて二葉保育園と改名した。　［古賀政文］

♧ノーマライゼーション (Normalization)

「正常化」,「常態化」,「日常化」などと訳され，①障害のある人，高齢者等すべての人がノーマルに生活する権利をもっていること，②これらの人びとがともに暮らす社会がノーマルな社会であるという2つの意味を基本原理としている。ノーマライゼーションという概念は，1950年代のデンマークにて，バンクミケルセン（Bank-Mikkelsen, N, E.）が知的障害者への適切なサービス提供に関わる議論のなかで提起したものである。その後の「知的障害者の権利宣言」(1971),「障害者の権利宣言」(1975）の採択,「国際障害者年」(1981）による完全参加と平等の理念等にその原理や思想が反映されている。これらの国際的動向は，施設中心から在宅福祉転換への思想的基盤となった。他の理論や定義として，ニィリエ（Nirije, B.）やヴォルヘンスベルガー（Wolfensberger, W.）が著名である。　［矢ヶ部陽一］

♧ノンパラメトリック検定（けんてい）

ノンパラメトリックとは，母数（パラメーター）に依存しておらず，母集団分布が不明であることを前提にしている。特に得られたデータ数が少ない場合は，そこから求められる統計量の分布型を仮定することは困難であり，パラメトリック検定を適用することが不適切と判断された時に用いられる。母集団の分布を仮定しない便利な検定法であるが，結果の精度が低いこと，母集団について一切の仮定をせずデータに基づき計算をするため，結果の予測が不可能で普遍化しづらいことが特徴である。　［飯干真冬花］

は

♧ハイエク，F.A.（Hayek, Friedrich Augustvon；1899-1922）

ウィーン出身の経済学者で，近代個人主義的な自由を重視する「リバタリアニズム（libertarianism）」を標榜する20世紀の代表的な論客。ハイエクはリバタリアニズムの観点から，個人よりも国家や社会を偏重するソ連型社会主義やナチズムのような「集産主義（collectivism）」を批判する。さらに，こうした構えから「公共の福祉」の名のもとに展開される現代の社会福祉も，時としてリバタリアニズムに反すると批判される場合もある。［佐野正彦］

♧バイオエシックス（生命倫理学（せいめいりんりがく）；bioethics）

「生」や「生命」の意味の「バイオ」と「行為の規範」や「倫理（学）」の意味の「エシックス」の合成語。アメリカの免疫学者のポッター（Potter, V.R.）が，1970年に論文で「生存の科学」としてバイオエシックスを提唱した。元々の意味から離れて，現在では，生命や死に関する倫理的問題を扱うなど医療，健康維持のための社会規約までも含む総合的な研究領域となっている。人工受精・妊娠中絶・脳死ならびに臓器移植，インフォームド・コンセントなどの問題や患者の自己決定権などをめぐる医療倫理も関連する。［久永佳弘］

♧バイオ・サイコ・ソーシャルモデル（Biopsychosocial Model：BPS モデル）

1970年代後半，内科医であり精神科医でもあったエンゲル（Engel, G.L.）により提唱され，健康を「システム間，システム内の調和のレベルを表したもの」と説明した。BPS モデルは，フォン・ベルタランフィ（von Bertalanffy）の「一般システム理論」を基盤としており，人間を生物的（生物学，身体医学，身体的健康状態，ADL，IADL，身体能力等），心理的（心理学，精神医学，心理・精神状態，意志の強さ，意欲，嗜好，生活やサービスへの満足度等），社会的（環境学，社会医学，家族・親族との関係，近隣関係，友人関係，住環境，就労状況，収入状況，利用可能な社会資源等）の各視点の相互作用から統合的にとらえようとする視座のことをいう。そのゴールは，新しいレベルのシステム間の調和を作ることであり，臨床場面においては多元主義の立場に立ち，介入ポイント選択の自由を保証しつつ，もっとも有効な介入ポイントを引き出すうえで役立つ。→エンゲル，ジョージ・リブマン

［梁井雄太］

♧徘徊（はいかい）

認知症の症状の一つであり，あてもなく歩き回ること。徘徊の原因として，認知症による見当識障害や記憶障害などの中核症状出現の影響や，ストレスや不安，焦りの結果であるとされている。徘徊する認知症の高齢者自身には，徘徊に何らかの目的があり，その人なりの不安の解消のための行動ととらえることができる。したがって，生活史を理解することや，日常生活での観察や関わりから，徘徊する人の不安をかきたてる要因を見つけ出し，それが解消するように働きかけることが必要である。さらに，徘徊を無理やり止めたり，責めるような口調で注意したりせず，転倒や事故に気をつけながら，落ち着くまで一緒に歩いたり，気持ちを逸らす努力も大切である。

［孔　英珠］

♧配偶者からの暴力の防止及び被害者の保護等に関する法律（DV防止法）

夫婦間での暴力（ドメスティック・バイオレンス：DV）の被害者保護及び自立支援をめざし，2001（平成22）年に超党派の女性議員による議員立法として成立した。施行は2001年10月。本法の目的は，配偶者からの暴力に係る通報・相談・保護・自立支援等の体制整備を行うことにより，暴力の防止と被害者保護を図ることである。「配偶者」には婚姻の届出をしていない事実婚を含んでおり，また離婚後も継続して暴力がある場合も対象となる。「配偶者からの暴力」とは，身体に対する暴力またはこれに準ずる心身に有害な影響を及ぼす言動を指す。

［畑　香理］

♧配偶者暴力相談支援センター

配偶者からの暴力の防止及び被害者の保護等に関する法律（DV防止法）に規定されており，都道府県および市町村が設置する婦人相談所等に機能が置かれ，配偶者の暴力に悩む被害者に対する支援が行われている。具体的な支援は，①相談や相談機関の紹介，②カウンセリング，③被害者及び同伴者の緊急時における安全の確保及び一時保護（委託の場合もある），④自立促進，保護施設利用，保護命令制度の利用についての情報提供その他の援助などである。［山本佳代子］

♧売春防止法

1956（昭和31）年に施行された「売春が人としての尊厳を害し，性道徳に反し，社会の善良の風俗をみだすものであることにかんがみ，売春を助長する行為等を処罰するとともに，性交又は環境に照らして売春を行うおそれのある女子に対する補導処分及び保護更生の措置を講ずることによって売春の防止を図ることを目的とする」（売春防止法第1条）法律であり，売春の禁止，刑事処分，補導処分，保護更生について定められている。また，各都道府県は同法に触れる女子の保護更生のための婦人相談所を設置する義務があり，婦人相談員が配置され相談援助にのることになっている。

［天羽浩一］

♧配食サービス

栄養バランスが考慮された食事を，在宅高齢者等の利用者に配食し，配食時に安否確認や短時間のコミュニケーション等も併せて実施されているものの総称。配食事業者は自治体・医療機関・介護施設・社会福祉協議会・食品メーカー・コンビニエンスストア・生活協同組合・農協・給食事業者等多様であり，そのサービス内容も一般食のみの場合や低カロリー食・治療食・嚥下調整食等多彩である。また，行政が関与し助成がある場合等，提供システムもさまざまである。地域包括ケアシステム構築において介護保険外サービスとして更なる普及が期待されている。「ニッポン一億総活躍プラン」において，「元気で豊かな老後を送れる健康寿命の延伸に向けた取り組み」として，2017年に配食サービス事業者向けガイドラインが作成され，普及が図られている。［生野繁子］

♧バイステックの7原則

バイステック（Biestek, F. P.）は，ケースワークの目的を「人を問題の解決にあたらせ，欲求が満たされ，サービスが受けられるようにすること」とする。そして，この目的を達成していくためには，ケースワーカーとクライエントの間の態度と情緒の力動的な相互作用が重要となる。これをケースワーク関係という。バイステックはケースワーク関係において，不可欠な7つの原則をあげている。それは，①個別化，②意図的な感情の表出，③統御された情緒関与，④受容，⑤非審判的態度，⑥クライエントの自己決定，⑦秘密保持である。この7つの原則はケースワーカーとクライエントの関係においてすべて欠かせないものであり，両者に適用されるものである。

［門田光司］

♧排せつ介助（はいせつかいじょ）

排せつとは，物質代謝により生じた老廃物等を体外に排出することであり，発汗や排ガスなども排せつの一つであるが，主に排便や排尿のことを意味する。生命の保持のために栄養を摂取し，体内で消化・吸収され，産生された老廃物は排出される。排せつは生きるうえで欠かせない行動であり，身体機能や精神機能などの障害要因をアセスメントして福祉用具などを活用しながら介助方法を検討する。特にプライバシーの保護と，尊厳を守ることが重要である。排せつ介助では，トイレへの移動，衣服の着脱，便座等への着座，姿勢保持，排せつ後の後始末などといった一連の排せつ行動の困難を援助する。状況に合わせて簡易トイレ，尿器，おむつ等を活用することもある。排せつ介助は，生活の場で1日に複数回行われる援助であり，家族が介助する場合の介護負担は大きい。［吉岡久美］

♧配達調査法（はいたつちょうさほう）

配達調査法については，訪問面接調査，郵送調査，留置調査がある。訪問面接調査とは，調査員が調査対象者に面接し，その回答を調査員が記入し，持ち帰るものである。調査対象者本人の回答であることへの確認ができるなど長所がある一方で，調査員を必要とするため費用がかかってしまうという短所もある。郵送調査とは，調査対象者へ調査票を郵送し，調査票への記入ののち，郵送にて回収を行うものである。調査の規模を大きくしたり，無記名にできたりという長所はあるが，記入者が調査対象者本人であるという確認がとれないことなどの短所もある。留置調査とは，調査票の配布時に調査員が訪問して説明を行ったのち，調査対象者が調査票への記入，後日郵送等にて回収するものである。国勢調査（2015年はオンライン調査先行方式），新製品の試用についての感想を調べるのに利用されている。［戸丸純一］

♧バイタルサイン

呼吸，脈拍，血圧，体温，意識状態など人が生きている状態を表す兆候のこと。呼吸は胸やお腹の動きを観察し規則正しさや深さを確認する。脈拍は心臓の動きを表すもので手首の橈骨動脈を指で触れ脈拍数やリズムを測定する。血圧は心臓から送り出された血液による圧力のことであり，血圧測定器で測定するが，精神的な興奮，運動，食事，気温などで変化する。意識は周囲からの声かけなどの刺激に対する反応の鮮明さによって脳の状態を測定するものである。支援を要する対象者の中には医療が必要な心身状態の人も多く，変化が観察された場合は医療関係者に連絡をするなど適切に対応することが重要である。［加藤稔子］

♧廃用症候群（はいようしょうこうぐん）

活動の低下または，過度に安静にすることにより生ずる二次的障害として体系化された概念である。不動，低運動，臥床の状態が続くことによる全身の諸症状を総称する。具体的には，筋萎縮，関節等の拘縮，心機能低下，起立性低血圧，誤嚥性肺炎，見当識障害，褥瘡等，さまざまな症状がみられる。原因として，疾患に付随した身体症状や精神症状による内的要因と，ギプス固定や過度の安静指示等の外的要因があげられる。

［大川絹代］

ハヴィガースト，R.J.
(Havighurst, Robert James；1900-1991)

アメリカの教育学者で発達課題論の代表的提唱者。人間が健全で幸福な発達を遂げるために各発達段階で達成しておくことが望ましい課題を発達課題というが，ハヴィガーストの発達課題は，身体的成熟に関する発達，社会的・文化的・時代的な要請に適応するための発達，個人的な価値観や選択・選好に関する発達に分類される。乳幼児期から老年期に至るまでの６つの発達課題の概念は，生涯学習政策の理論的基盤とされてきた。

［大西　良］

博愛事業(はくあいじぎょう)（philanthropy）

非宗教的な動機に基づいて，主として個人の道徳的な信念から始まった救済，援助。「自由」「平等」とともにフランス革命の合言葉として世に知られるようになった「博愛」という言葉は，それまでの封建的な身分制，絶対王政を否定した政治革命と，その後に現れた市民社会が生み出したものである。［占部尊士］

バークレイ報告(ほうこく)

1982年，英国において，バークレイを委員長としたバークレイ委員会が行った報告である。ソーシャルワークに関することとして国に提案され，初めて「コミュニティソーシャルワーク」という概念が出された。報告は，多数派と少数派を併記されて発表された。多数派については，コミュニティ志向のソーシャルワークを支持することとなり，コミュニティを基盤としたカウンセリングと社会的ケア計画を統合した実践として，コミュニティソーシャルワークを提唱したものである。このカウンセリングはケースワークを意味することとし，社会的ケア計画とは，社会資源を中心に，親族・近隣などのインフォーマルなサービスを含めた地域連携，人材発掘等ネットワークの活用・事業開発・組織化（当事者，専門職）を重要視したものであった。このことは後世のソーシャルワークや地域福祉活動等社会資源開発に大きく影響するものとなった。［今村英幸］

箱庭療法(はこにわりょうほう)

心理療法の一つ。日本では1965（昭和40）年に河合隼雄が導入し，「箱庭療法」と命名した。クライエントが治療者のもとで，内側を青く塗った砂箱（57×72×7cm）の中に，樹木，動物，人形，家などのミニチュアを配置し，自由に作品を作る。箱の中という限られた空間で作品を作ることを通して，クライエントの自由な内的世界が表現されるとともに，「自己治癒力」が引き出されることが期待される。子どもから成人にいたるまで適用可能であり，治療への導入が比較的容易であるため，広く利用されている。

［森木朋佳］

箱(はこ)ひげ図(ず)

データのばらつきを視覚的にわかりやすく要約した統計学的グラフ図である。ヒストグラムを用いて，下辺は第一四分位数，上辺は第三四分位数，中央値（平均値の場合もある）をグラフ上で示し，グラフの上下または左右にデータの最大値（MAX）と最小値（MIN）に線（ひげ）を引き，５つの統計量を同時に表現したもの。［秋竹　純］

外(はず)れ値(ち)

外れ値とは，データの全体的な分布傾向から極端に離れた値のことである。データの中で，極端に大きい場合と極端に小さい場合がある。外れ値が必ずしも異常であるとは限らないが，計測器の故障や読み取りミス，データの入力ミスなどにより何らかの異常を表している場合がある。また，平均値は，外れ値の影響を強く受けてしまうという特徴がある。そのため，外れ値のあるデータの平均値は，極端に値が大きくなったり，小さくなったりする。［永松美菜子］

♧長谷川良信（はせがわりょうしん）（1890-1966）

浄土宗の青年僧であった長谷川良信は，大正中期に社会事業を体系化し，その思想や定義を著した人物である。彼は人びとがともに助け合うという意味で，社会事業の精神を「衆生報恩」に求めている。長谷川は，1918（大正７）年，出身校である宗教大学（現・大正大学）社会事業研究室主任に就任し，学生とともに東京巣鴨の通称「二百軒長屋」で，生活困窮者などの生活向上を図るセツルメント活動（隣保事業）を行った。また，翌1919（大正８）年には，この事業をより体系的に行うため「マハヤナ学園」を創設し，診療所等を含む総合的な社会事業へと展開していった。戦後は，淑徳大学を創設し，社会福祉教育に力を注ぐなど，思想家であるとともに実践家でもあったといえる。主著のひとつとして『社会事業とは何ぞや』（1919）がある。［山下利恵子］

♧パーセンタイル

データを値の小さいものから順に並べ，標本の値が小さいものから数えて何パーセント目であるかを示す数値。たとえば，データが100個ある場合，５パーセンタイルであれば，小さい数値から数えて５番目に位置することになる。中央値は50パーセンタイルとなる。［矢部　航］

♧パーソナル・ソーシャルサービス

(personal social services :PSS)

1960年代頃から使用されている福祉概念であるが，「対人社会サービス」「対人援助サービス」「対人福祉サービス」などさまざまな翻訳のされ方があり，未だに統一された見解がない。社会福祉士制度を通じて，クライエントに対して行われるソーシャルサービスのなかでも対人関係をもとに直接サービスを提供する個別性の高いサービスを指すことが多い。具体的には，相談援助活動や介護援助活動がこれにあたる。［土井幸治］

♧パーソンズ，T.

(Parsons, T. ; 1902-1979)

アメリカの社会学者。行為・価値分析のための理論であるパターン変数や社会システム論，AGIL 図式などによって，社会学の機能主義的立場をマートン（Merton, R.K.）とともに唱道したことで知られる。パーソンズの社会システム論の目的は，社会の一般理論を構築することにあり，それはまず行為を一つの行為システムととらえ，この行為システムの中にさらなるシステム，つまりサブシステム（文化システム，パーソナリティシステム，社会システムなど）を位置づけ，これらのサブシステムの機能分析を演繹的で幾何学的なやり方で徹底している。［佐野正彦］

♧パーソンセンタード・アプローチ

カール・ロジャース（Carl Ransom Rogers, 1902-1987）は，エンカウンターグループを一般市民に対して熱心に行ったが，そこに1940年代に提唱した来談者中心療法の技法を用い，グループメンバーの互いの理解を深めるとともに自分自身を受容し，成長して，対人関係の改善などをめざした。その考え方は，認知症ケアのパーソンセンタード・ケア，障害者支援のパーソンセンタード・プランニングなどへと広がった。人間中心療法とも呼ばれ，PCA（Person-Centered Approach）と表記される。［鬼塚　香］

は

♧パターナリズム（paternalism）

一般的に，パターナリズムとは「ある個人の利益になるという理由で，その個人の自律性を制限，干渉すること」を意味する。近年，医療が高度化するにつれて医師と患者がもつ医療情報の質と量の差が拡大し，かつ，患者が医療技術を正当に評価することが困難なため，患者と医師関係において非対称性が生じる傾向がある。そのため，医療を受ける患者本人の自律性が制限されているとして，「ヒポクラテス流パターナリズム」は批判を受けている。これを改善するために登場したのがインフォームド・コンセントであり，医師には患者が十分に理解できるように説明する義務が課され，かつ，患者には自発的な意思により同意することが求められた。［西山雅子］

♧8050問題（もんだい）

8050問題とは，高齢化する社会の中で80代の親（高齢者）と50代の子（無職者やひきこもりなど）が同居する家族が抱える問題であり，社会的な問題として一般に認識されるようになってきている。具体的には，80代の親が自身の収入（年金等）で50代の子の生活を支える中で，さまざまな生活問題（経済問題，孤独，介護負担，虐待等）を引き起している状況を指す。なお，中高年のひきこもりの長期化も問題視されており，9060問題へと発展することも危惧される。

［本郷秀和］

♧8020運動（うんどう）

「80（ハチマル）・20（ニイマル）運動」と呼ぶ。1989（平成元）年12月の成人歯科保健対策検討会中間報告において，国民の歯の健康づくりを推進するために，「80歳の時点で乳歯と同数である20本の自分の歯を保つ」ことをめざして，「8020運動推進」が提言された。十分な咀嚼機能を維持することで，健康も維持することを目標としている。その後，1991（平成３）年は歯の衛生週間の重点目標となり，1992（平成４）年度から「8020運動推進対策事業」が，2000（平成12）年度からは積極的に全国展開をめざし，「8020運動推進特別事業」が行われている。口腔ケアの習慣化は，歯を失う原因の二大疾患である齲歯や歯周病の進行抑制や予防に欠かせない取り組みである。［生野繁子］

♧波長合わせ（はちょうあ）（tuning-in）

W．シュワルツ（Schwartz William；1916-1982）がグループワーク理論である相互作用モデルを構築した際に提唱した。ソーシャルワーカーがグループワークに向けて行う事前準備をいう。ソーシャルワーカーが準備期に，クライエントの生活状況や潜在的な感情，関心事を理解し，今後表面化する可能性のある出来事についてあらかじめ予測を立てることを指す。考えや気落ちなどについて想像することや，情報がある場合はそれらを参考にすることで，ソーシャルワーカーはクライエントの反応への対処や，グループワークの展開について準備が可能となる。波長合わせは，グループに対してだけでなく，個人や援助者自身の理解をも含む。［鬼塚　香］

♧発達支援（はったつしえん）

人は，一生涯変化し続ける存在であり，その変化を「発達」と呼ぶ。発達は，学習の積み重ねの結果であり，人的・物的環境との相互作用である。人を取り巻く環境は，常に変化しており，新しい変化に適応できるように新しい知識や技術，役割を習得するための支援を発達支援と呼ぶ。発達障害者支援法第２条第３項の中で，「発達障害者に対し，その心理機能の適正な発達を支援し，及び円滑な社会生活を促進するため行う個々の発達障害者の特性に対応した医療的，福祉的及び教育的援助をいう」と規定されている。発達支援という言葉は，主に，特別支援教育や療育の中で使われているが，発達支援はすべての人に必要な支援である。 [有村玲香]

♧ 発達障害者支援センター（はったつしょうがいしゃしえん）

発達障害者支援法第14条にて，発達障害者支援センターは，①発達障害の早期発見，早期の発達支援等に資するよう，発達障害者及びその家族，その他の関係者に対し，専門的に，その相談に応じ，又は情報の提供もしくは助言を行うこと，②発達障害者に対し，専門的な発達支援及び就労の支援を行うこと，③医療，保健，福祉，教育，労働等に関する業務を行う関係機関及び民間団体並びにこれに従事する者に対し発達障害についての情報提供及び研修を行うこと，④発達障害に関して，医療，保健，福祉，教育，労働等に関する業務を行う関係機関及び民間団体との連絡調整を行うことが記されている。発達障害児（者）への支援を総合的に行うことを目的とした専門的機関で，都道府県・指定都市又は都道府県知事等が指定した社会福祉法人，特定非営利活動法人等が運営している。

[門田光司]

♧ 発達障害者支援法（はったつしょうがいしゃしえんほう）

2004（平成16）年に発達障害者支援法（平成16年法律第167号）が施行された。しかし，法施行後，発達障害者への支援に関しては乳幼児期から高齢期までの切れ目のない支援や，家族などを含めたきめ細かな支援，地域の身近な場所で受けられる支援などの充実が求められてきた。また障害者基本法の一部を改正する法律（平成23年法律第90号）や障害を理由とする差別の解消の推進に関する法律（平成25年法律第65号）などの成立により，共生社会の実現に向けた新たな取組も進められてきている。このような状況を受けて，発達障害者支援法の一部を改正する法律（平成28年法律第64号）が2016（平成28）年６月１日に公布され，同年８月１日から施行された。法改正では，「発達障害者」の定義（第２条２）にて，「発達障害がある者であって発達障害及び社会的障壁により日常生活又は社会生活に制限を受けているもの」とし，社会的障壁の文言が加えられた。また，新設された基本理念においても「発達障害者の支援は社会的障壁の除去に資することを旨として，行わなければならない」（第２条２の２）としている。この思念から，発達障害の早期発見から医療，保健，福祉，教育，労働等の支援がライフステージに沿って切れ目ない支援の展開と，国や地方公共団体の責務が明示された。 [門田光司]

♧ 発達遅滞（はったつちたい）

個人の諸機能の一つまたはそれ以上において発育・発達の遅れを示している状態を指す用語であるが，定まった定義があるわけではない。特に乳幼児期においては確定的診断が容易ではないので，発達の遅れという状態像を示す用語として臨床的に用いられることもある。そのため，広汎性発達障害，学習障害，コミュニケーション障害なども含む広範囲にわたる概念ともなっている。なお，精神発達遅滞，言語発達遅滞，運動発達遅滞というように特定の領域に即して用いられる場合も多い。この場合には定義が明確であり，たとえば精神発達遅滞は，標準化された知能検査での知能指数が70未満であり，知的障害にほぼ相当する。

[前原　寛]

♧ ハートビル法（ほう）

1994（平成６）年「高齢者，身体障害者等が円滑に利用できる特定建築物の建築の促進に関する法律（ハートビル法）」

が制定された。高齢者や障害者等が，医療や福祉の施設，公共施設などを利用しやすいように，建築物のバリアフリー化を行うことを定めた法律である。急速な高齢化の進行に伴い，高齢者や障害者等に配慮したバリアフリー化がより一層求められたことから，2006（平成18）年，ハートビル法は交通バリアフリー法と一体化して，「高齢者，障害者等の移動等の円滑化の促進に関する法律（バリアフリー新法）」として施行された。→バリアフリー新法 ［河谷はるみ］

♧PERT法

Program Evaluation and Review Technique の略で，目標を予定通りに完成させるための計画，管理，統制の手法の一つ。計画全体を矢線図というネットワークの形で示し，それぞれの矢線が作業に対応するとともに，矢線の向きで作業の順序関係を示す。この手法を用いると，計画内容と全体の関連性を的確・明確に表現できるため，柔軟に変更対応ができるといわれている。社会福祉の分野では，地域福祉計画の策定の際に用いられることが多い。 ［鬼塚　香］

♧ハートマン，A.

(Hartman, Ann；1926-)

1959年に児童福祉分野でのケースワーカーとしての活動を始める。スミス大学からソーシャルワーク修士号を取得後は，ニューヨークで精神保健分野と家族サービス機関の業務に移る。1974年にコロンビア大学で博士号を取得し，同年，ミシガン大学でソーシャルワークの教員に着任する。1986年にスミス大学ソーシャルワーク大学院に移り，学部長となる。ハートマンのソーシャルワークでの貢献は，エコマップ（エコグラムとも呼ばれる）とジェノグラムの導入，そしてエコロジカル・ソーシャルワークの命名である。ソーシャルワーカーが家族と社会との関係性を描くことができる技法を導入し，ソーシャルワーク実践ではクライエントと社会ネットワークの双方に焦点をあてることを重視した。 ［門田光司］

♧バートレット，H.M.（Bartlett, Harriett, M.；1897-1987）

1921年～1940年まで，マサチューセッツ総合病院でソーシャルワーカー，スーパーバイザーとして活躍する。1942年～1944年に全米医療ソーシャルワーカー協会の会長を務める。1947年～1957年にシモンズ大学ソーシャルワーク大学院で社会経済学の教授として勤務するとともに，ソーシャルワーク教育協議会（CSWE）にも携わる。1969年にボストン大学から名誉博士号を授与された。バートレットの実践経験は医療ソーシャルワーク分野であったが，種々な専門職の共通性を見つけ出すことに視点をもっていた。1970年に出版された『社会福祉実践の共通基盤』は，ソーシャルワーク実践に共通する構成要素として「価値」「知識」「介入」を取り上げた。

［門田光司］

♧バーナード，C.I.（Barnard, Chester Irving；1886-1961）

マサチューセッツ州マールデン生まれ。企業経営者，社会学者であり，企業組織の性質を研究した。彼の最初の著書『エグゼクティブの機能（Functions of the Executive）』（1938）は，組織社会学とビジネス理論の教授に重要な文献となった。 ［河野高志］

♧バーナード，T.J.（Barnardo, Thomas John；1845-1905）

イギリスの児童養護施設の先駆者である。バーナードは，医学の訓練を受け中国への医療伝導を当初めざしていたが，ロンドンでコレラが流行し，数千人の命が奪われ多くの孤児が発生したことをきっかけに，貧民学校の経営に従事する。1870年にバーナード・ホームを設立。バーナード・ホームは，孤児を保護し，教育・職業訓練などを通じて，孤児の自立の実現を目指した施設である。従来の収容型施設ではなく保父・保母を中心とした少人数の孤児が一般的な家庭生活を送ることのできる小舎制等を採用することで児童養護施設の近代化に貢献した。バーナードの活動は，石井十次の岡山孤児院の活動にも影響を与えている。
［梶原浩介］

♧パニック障害

客観的には危険な状況ではないにもかかわらず，突然に動悸や胸痛，窒息感，めまいなどの症状が繰り返し起こる不安障害の一つ。閉鎖的な狭い空間や車道，広場などを歩行中に，突然強いストレスを覚え，動悸，息切れ，めまいなどの自律神経症状と空間認知による強烈な不安感に襲われるパニック発作にはじまり，その発作が再発するのではないかと恐れる予期不安，症状が生じた時に逃れられない場面を回避する広場恐怖症が生じてくる。予期不安や広場恐怖により社会的に隔絶された状態が続くと，うつ状態となることもある。治療は抗不安薬や抗うつ薬などの薬物療法，予期不安や病気に対する誤った認識が病状を悪化させることを本人が認識するようアプローチする認知療法，発作が起きるような状況に少しずつ慣れていくことで徐々に恐怖感を取り除く行動療法が中心となる。
［藤島法仁］

♧バーネット，S.（Barnett, Samuel；1844-1913）

バーネットは1873年に結婚し，ロンドンのスラム街（イースト・エンド）に司祭として着任する。彼は妻ヘンリエッタ（Henrietta）やオックスフォード大学の学生たちとともに，貧困地区の人びとの生活改善をねらいとしたセツルメント運動を展開していく。そして，1884年に世界最初のセツルメント・ハウス「トインビーホール」を創設する。「トインビー」の名称は，ともに活動し，30歳で病死したオックスフォード大学講師アーノルド・トインビー（Toynbee, Arnold）の名による。
［門田光司］

♧パネル調査

パネル調査とは，縦断調査を行う際，最初に横断調査を行い，その対象者を固定したまま一定の時間をおいて何回もデータを取る方法である。そのデータを，パネルデータという。この調査は，変化を検討するのに適した方法であるが，回数を重ねるごとに対象者数が減ってしまう問題が生じやすくなる。この調査の例として，同一集団を対象とした5年ごとの血圧測定が挙げられる。血圧の数値の変化の傾向や健康状態等をとらえるのに役立つ。
［梶原浩介］

♧パパ・クォータ制度

育児休業の一定期間を父親に割り当てる制度である（Quota：割り当て）。父親の子育て参加を促進する目的で1993年にノルウェーが最初に導入し，その後北欧を中心に広がった。日本では父親の育児休業取得率がきわめて低率でありその改善がもとめられたため，2010（平成22）年に施行された「改正育児・介護休業法」においてパパ・クォータ制度の考え方を参考に「パパ・ママ育休プラス」という制度が導入された。これによって両親ともに育児休暇を取得すれば通常「子どもが1歳になるまで」の育児休業期間を2か月延長することができるようになった。2017（平成29）年に厚生労働省は本格的なパパ・クォータ制度の導入を検討したものの，労使間の調整がつかなかったため見送られた。
［西原尚之］

♧ハーバーマス，J. (Habermas, Jürgen；1929-)

ドイツの社会学者，哲学者。フランクフルト学派の第二世代で，「公共圏論」や「コミュニケーション論」で知られる。ハーバーマスのいう「公共圏」とはコミュニケーションを可能にする公共的な言論空間のことであり，それはまず18世紀西欧における「市民社会」(市民が民主的に討論を自由にやり取りする場)に認められる。19世紀後半にはこの市民社会は，大企業やメディアなどが国家支配を進める中で成立し得なくなる（公共圏の再封建化)。こうした問題的状況を克服するには，より民主的な社会的伝達や交流を可能にする新たな「コミュニケーション論」の構築にあるとした。

［佐野正彦］

♧パパ・ママ育休(いくきゅう)プラス

パパ・ママ育休プラスとは，両親がともに育児休業をする場合に，以下の3つの要件を満たした場合には育児休業の対象となる子の年齢が，1歳2か月にまで延長される制度である。①配偶者が子が1歳に達するまでに育児休業を取得していること，②本人の育児休業開始予定日が，子の1歳の誕生日以前であること，③本人の育児休業開始予定日は，配偶者がしている育児休業の初日以降であること。なお，1人当たりの育休取得可能最大日数（産後休業含め1年間）は変わらず，ママの育休開始日がパパの育休開始日より前であれば，①パパとママが交代で切れ目なく育休取得，②一定期間パパとママが同時取得，③ママの育休取得とパパの育休取得を連続せずに取得，などのパターンがある。 ［中村秀郷］

♧ハビタット (habitat)

エコロジカル・アプローチで重視される概念の一つで，居住環境，又は生息環境ともいう。環境そのものや人への影響，人との相互作用を理解するうえで不可欠な概念である。人にとって，住居・街並み・病院の待合風景等のような物理的な場や，社会生活・家庭生活・労働生活等のような社会的な場がハビタットとなる。さらに，年齢・ジェンダー・文化・経験等の影響を受けるが，人として満足のいく状態をサポートできないハビタットはストレスや混乱を生む。そのため，人は健康で文化的なハビタットへと移住していく。また，ハビタットを理解するうえで重要な概念として「ニッチ(適所)」がある。 ［畑　香理］

♧ハビリテーション (habilitation)

障害児の機能や能力に着目し，その機能や能力の成長や発達を目的とする教育や訓練等。ラテン語の Habil【有能な，役に立つ】から生まれた言葉。リハビリ (Re-Habil) は元の状態に戻すや機能の回復を意味することから，成長や発達を遂げる障害児には馴染みにくいためハビリテーションが用いられている。

［寺島正博］

♧バブルチャート

散布図に加えて，関連する他のデータを丸い円で示し，その大きさで量的なデータを示した統計学的グラフである。2次元の平面に3つの要素を表現することができ，3つのデータとその関係性を同時にグラフ上で表すことができる。

［秋竹　純］

♧パブロフ，I.P. (Pavlov, Ivan Petrovich；1849-1936)

ロシアの生理学者で，初め父の職を継ぐため神学の教育を受けたが，進路を変更し，セント・ペテルブルク大学に入り生理学を学び，ドイツへの留学を経て，陸軍医学校の薬物学教授，生理学教授を務めた。1904年に消化腺の研究によりノーベル生理学・医学賞を受賞した。犬の唾液腺の研究中に，助手が餌を運ぶ音で犬の唾液分泌が始まること（条件反射の成立）を発見し，そこから条件付けの成立，般化，分化，高次条件付けの研究を行った。パブロフの研究は生理学的なものであったが，行動主義心理学の発展に大きな影響を及ぼした。［小窪輝吉］

♧パーマネンシー・プランニング (permanency planning)

社会的養護を受けなければならない子どもたちにパーマネンス（養育の永続性）を保障するための支援計画である。アメリカにおいて実親から分離されて里親家庭を転々としてきた子どもたちが特定の養育者と永続的な関係性をもてなかったことによって生じたデメリットを反省する視点から生まれてきた。具体的には親子分離を回避するための家族維持支援，親子分離ケースの家族再統合支援，養子縁組，長期的な里親委託などが支援計画の内容としてあげられる。

［西原尚之］

♧ハミルトン，G. (Hamilton, Gordon；1892-1967)

アメリカの社会福祉研究者。フロイト（Freud, S.）の精神分析理論に影響を受け，診断重視・症状重視の理論を形成し，診断主義派アプローチ（後の心理社会的アプローチ）の発展に貢献した人物。代表的な著書に *Theory and Practice of Social Case Work*（『ケースワークの理論と実際』）（1940）がある。この著書はケースワーク理論の体系化を行ったもので，ケースワークの過程では，クライエント自身が問題解決のために積極的にあらゆる資源を利用していくことを中心とし，ソーシャルワーカーはクライエントに変化や成長できる能力があることを自覚させることが最大の賜であると唱えている。

また，この他にも *Psychotherapy in Child Guidance*（『児童ケースワークと心理療法』）（1947）を著している。

［畑　香理］

♧ハラスメント

あらゆる場面においての言動等による「いじめ」や「嫌がらせ」のこと。他者に対する言動等が本人の意図には関係なくその相手を不快にさせる，尊厳を傷つける，不利益や脅威を与える等である。英語では相手を苦しませること，悩ませること，迷惑の意味。その種類はさまざまであり，セクシャルハラスメントやマタニティハラスメント，パワーハラスメント，モラルハラスメント，アカデミックハラスメントが代表的なものである。セクシャルハラスメントやマタニティハラスメント，パワーハラスメントのように法律による防止策や厚生労働省による定義や類型のあるものもあるが，大抵はこれといった拠り所となるものがない。

［中村幸子］

♧パラメトリック検定（けんてい）

パラメトリックでは，母数（パラメーター）に依存し，分析の対象となるデータは何らかの分布に由来していると考える。母集団の分布が正規分布に従うデータに対して用いることができる検定法である。主な検定には，平均値の差の検定（t 検定）や，分散分析（F 検定）等がある。結果の精度が高いこと，特定の母集団からデータを抽出したと仮定して計算するため，ある程度の結果の予測が可能で普遍化しやすいことが特徴である。

［飯干真冬花］

♧パラリンピック

国際パラリンピック委員会が主催する身体障害者を対象とした障害者スポーツ大会。パラリンピックは障害者にスポーツ活動の機会を提供する理念である「機会均等と完全参加」と，「障害者のスポーツのエリート性」を表す言葉となっている。その他にも障害者を対象としたスポーツの競技大会として，聴覚障害者を対象としたデフリンピックや，知的障害者を対象としたスペシャルオリンピックスなどがある。　［村尾直也］

♧バリアフリー

障害のある人が社会生活をしていくうえで障壁（バリア）となるものを除去するという意味。もともと住宅建築用語で登場し，段差等の物理的障壁の除去をいうことが多いが，障害者白書によると，以下の4つの障壁を除去することを指す。①歩道の段差，車いす使用者の通行を妨げる障害物，乗降口や出入口の段差等の物理的な障壁，②障害があることを理由に資格・免許等の付与を制限する等の制度的な障壁，③音声案内，点字，手話通訳，字幕放送，わかりやすい表示の欠如などによる文化・情報面での障壁，④心ない言葉や視線，障害者を庇護されるべき存在としてとらえる等の意識上の障壁（心の壁）。日本においては，昭和40年代半ばより福祉のまちづくりとして建築物等の障壁除去についてさまざまな取組みが行われた。1993（平成5）年に策定された「障害者対策に関する新長期計画」の中では，バリアフリー社会の構築をめざすことが明記された。　［岩田直子］

♧バリアフリー新法（しんぽう）

正式名称は「高齢者，障害者等の移動等の円滑化の促進に関する法律」。高齢者，障害者等の移動や施設利用の利便性，安全性の向上の促進を図り，公共の福祉を増進するために2006（平成18）年に施行。最新改正（2018年）では，共生社会と社会的障壁の除去の理念を明確化し，全国規模でバリアフリー化の推進を強化するとともに，一億総活躍社会の実現に向けた取組みを強化すること，また，国，国民の責務として高齢者，障害者等に対する支援（鉄道駅利用者による声かけ等）が明記され，心のバリアフリーの取組みが推進されることとなった。さらに，接遇や研修を推進し，公共交通事業者等によるハード・ソフト一体的な取組みを推進することとされている。市町村においては，バリアフリーのまちづくりに向けた取組みが強化される。施策評価等に当たっては障害者等の参画・視点を反映させる。これらの施策を通して，高齢者，障害者や子育て世代等，すべての人が安心して生活・移動できる環境を実現することをめざす。　［岩田直子］

♧バリアフリーデザイン

高齢者や障害者など個々の障害特性に配慮し，生活や行動を妨げるハード面の物的障害を取り除く設計のこと。心理的障壁などソフト面のバリアを取り除くことは，「心のバリアフリー」という。日本語では，「障壁除去」といわれるが，あまり使用されない。ユニバーサルデザインと対比されることがあるが，対立概念ではなく，一部は含まれる。　［西島衛治］

♧ハルツⅣ（Hartz-Ⅳ）（ドイツ）

2005年1月1日から実施された「ハルツ第Ⅳ法」のこと。同法はドイツのフォルクスワーゲン社の人事担当役員であったハルツ（Hartz, P.）を委員長とする諮問委員会で成案を得て提案され2003年に成立した。その内容は，従来の失業扶助と日本の生活保護制度に当たる社会扶助を統合して，新たな給付=「失業手当Ⅱ」を創設し，これを「求職者基礎保障」（Grundsicherung für Arbeitsuch-ende）として社会法典第2編に組み込み，同時に社会法典第12編を社会扶助として再編するものである。この改革により，ドイツ最低生活保障制度は，社会法典第２編の求職者基礎保障としての失業手当Ⅱ・社会手当と同12編の社会扶助から構成されることになった。［田畑洋一］

♧パールマン，H.(Perlman, Helen Harris；1905-2004)

アメリカの社会福祉研究者。代表的な著書に *Social Casework: A Problem-Solving Process*（『ソーシャル・ケースワーク―問題解決の過程』）(1957) がある。心理社会的アプローチと機能的アプローチとの論争が行われていた1950年代に，前者に立ちながらも後者との折衷を試み，問題解決アプローチを唱えて多くの実践者や研究者に影響を与えた。また，ケースワークの援助を成立させる要素として「４つのP」があるとした。「４つのP」とは，人（Person），問題（Problem），場所（Place），援助過程（Process）を指し，後に専門職（Profession），制度・政策（Provision）を追加し，それぞれの関連性を説いた。さらに，クライエントが援助を通じて提供されたサービスを活用し，積極的に問題解決に取り組む能力を「ワーカビリティ（workability）」とよんだ。［畑　香理］

♧ハロー効果（こうか）

ある対象を評価するとき，それが持つ顕著な特徴に引きずられ，他の特徴についての評価が歪められる（認知バイアス）現象のこと。後光効果，ハローエラーとも呼ばれる。たとえば，外見の良い人に対し，信頼できる人と感じてしまうことなどが挙げられる。この効果が起こる原因としては，物事の一面だけで判断することにより即断が可能となり，原始的な時代ではこの考え方は生存に有利であったため，それが遺伝という形で現代に受け継がれている，という考え方もある。［戸丸純一］

♧パワーハラスメント

「職場のいじめ・嫌がらせ」の和製英語。社会問題化に伴い，厚生労働省は2011（平成23）年に「職場のいじめ・嫌がらせ問題に関する円卓会議」を設置し，「職場のパワーハラスメントの予防・解決に向けた提言」を公表。この提言では，職場のパワーハラスメントを「同じ職場で働く者に対して，職務上の地位や人間関係などの職場の優位性を背景に，業務の適正な範囲を超えて，精神的・身体的苦痛を与えるまたは職場環境を悪化させる行為」と定義される。また，①身体的な攻撃，②精神的な攻撃，③人間関係の切り離し，④過大な要求，⑤過小な要求，⑥個の侵害の行為類型がある。［中村幸子］

♧パワー／パワーレスネス(power/powerlessness)

パワーとは，人が，自らの意志をもって，生活・人生を維持していくために行使する力のことであり，パワーレスネスとは，本来人の有するパワーが，社会的・経済的・政治的事情により抑圧，搾取され，自らの望む生活ができない状況を指す。エンパワメント・アプローチでは，パワーはソーシャルワーク実践における重要な概念とされている。［松岡佐智］

♧パワーリハビリテーション

老化による虚弱・要介護化や脳血管障害慢性期の自立性障害のある高齢者向けに開発されたリハビリテーションプログラム（手法）である。竹内孝仁らによって提唱され，介護保険施設・事業所などに広まり，実践されている。筋力強化を目的とするものではなく，マシーントレーニングを軽負荷で行うことにより，全身各部の使っていない筋を動かすこと（不活動筋の再活動化）を目的としたプログラムである。無理せず，続けて行うことにより自立への回復，重症化の予防，介護負担の軽減などを図っていく。
［川﨑泰代］

♧バーンアウト（burnout，燃え尽き）症候群

1970年代のアメリカで対人サービスのメンタルヘルス問題として取り上げられた。仕事の中で持続的に受けているストレスによって意欲減退や人生に対する慢性的不満，悲観などの症状が現れる。具体的には仕事に集中できない，職場での人間関係がうまくいかなくなる，朝，仕事に行きたくない，アルコールの摂取量の増加などという症状が出るが，最悪の場合，自殺や過労死，突然死を引き起こすこともある。ソーシャルワーカーや医療職など倫理観を強く求められる職業だけでなく，職業的役割を強く意識し責任感の強い人にも発症することが多い。さらに成果をあげているスポーツ選手が成果をあげられなくなった時や受験勉強の後などにも発症することがある。
［岡田洋一］

♧範　囲

データの散らばりを示す指標の一つであり，分布の存在する範囲を示すもの。レンジ（range）ともいう。データの最大値と最小値の差であり，（範囲）＝（最大値）－（最小値）という数式で定義される。範囲を表す記号としては，R が用いられる。範囲は最大値と最小値のみによって算出されるため，データの中に外れ値，すなわち極端に大きい値や小さい値が含まれる場合にその影響を受けるという欠点がある。［矢部　航］

♧バンク=ミケルセン，N.E.
(Bank-Mikkelsen, N.E.；1919-1990)

「ノーマライゼーションの父」と呼ばれる。バンク=ミケルセンは青年期にナチス強制収容所へ投獄された経験をもつことから，デンマークの社会省社会福祉局長を務めていた時，劣悪な施設環境で生活する知的障害児者の環境改善運動や抗議行動を進める「知的障害者親の会」の活動に共感し，施設の小規模化と人権擁護を唱える「1959年法」の制定に尽力した。1959年法の中で「ノーマライゼーション」という用語が世界で初めて提唱された。［寺島正博］

♧晩婚化

平均初婚年齢が上昇することを指す。日本における平均初婚年齢は，1970年に男性26.9歳，女性は24.2歳であったが，2015年にはそれぞれ31.1歳，29.4歳となっている。原因として，女性の社会進出，非正規雇用者の増加による若年男性の経済力の低下，男女の結婚観の変化などがあげられている。日本は結婚と出産が密接に結びついている―そのため，いわゆる「婚外子」が少ない―国であるため，晩婚化や未婚化が少子化に直結しやすいといえる。［益田　仁］

♧犯罪少年

少年法においては，20歳に満たない者を「少年」，満20歳以上の者を「成人」と規定している（第２条）。また，少年法では，非行少年を３種類に分けており，家庭裁判所の審判に付する少年として，「罪を犯した少年」（犯罪少年）「14歳に満たないで刑罰法令に触れる行為をした少年」（触法少年）「事由があって，将来，罪を犯し，又は刑罰法令に触れる行為をする虞のある少年」（虞犯少年）である。犯罪少年は，罪を犯した14歳以上20歳未満の者である。［納戸美佐子］

♧バンデューラ（Bandura, Albert；1925-）

認知-社会的学習理論を提唱したことで知られているカナダ人の心理学者。従

来の学習理論が，学習する個体（人間や動物）自身の経験を前提としていたのに対し，他の個体の行動を観察すること，すなわちモデリングによる学習によっても成り立つことを実証し，新たな理論づけを行った。子どもたちが明らかな強化を与えなくてもモデルの行動を自発的に模倣することを証明した「バンデューラの実験」が有名である。 ［大西　良］

♧判別分析（はんべつぶんせき）

あらかじめ複数のグループに分かれているデータを対象の特性から，その対象がどの群に属するかを判別する手法。目的変数が質的データ，説明変数が量的データの時に適用できる多変量解析手法の一つ。但し，説明変数が質的データであってもダミー変数を用いることにより適用することができる。 ［寺島正博］

ひ

♧ピア・カウンセリング

1970年代初めのアメリカにおいて，障害者が互いに支え合い，平等に社会参加することをめざした自立生活（Independent Living：IL）運動の中で誕生した概念。ピア（peer）とは「仲間」を意味し，同じ境遇を持つ者同士が平等な立場でカウンセリングを行うことにより，きめ細かなサポートが可能となる。しかし，専門家が不在であることや相手を客観的に評価することが難しいなどのデメリットがある。 ［寺島正博］

♧ピアジェ，J.（Piaget, Jean；1896–1980）

スイスの発達心理学者。10歳のときに生物学の論文を書き，21歳で軟体動物の研究で博士の学位を取得した。その後，スイスとフランスの大学や研究所で心理学の研究に転じ，1952年にソルボンヌ大学の児童心理学教授になった。児童の認知発達に関する研究で発達心理学に多大な貢献をした。ピアジェは，認知の発達は環境との相互作用によって展開すると考え，既存のシェマ（図式あるいは内的行動パターン）を環境に当てはめる同化とシェマを環境に合わせて修正する調節の過程を経て新しいシェマが発達すると説明した。感覚運動期，前操作期，具体的操作期，形式的操作期という4つの発達段階説を唱えた。 ［小窪輝吉］

♧ピアソン，K.（Pearson, Karl；1857–1936）

イギリスの統計学者で，近代統計学の発展において主要な貢献をした。ケンブリッジ大学で数学を学び，ドイツ文学や法律を学んだ後，再び数学の研究に戻り，1880年代からロンドン大学などで応用数学や幾何学の教授を務めた。1901年にゴールトンらと統計学の学術雑誌である“Biometrika”を創刊し，1936年に亡くなるまで編集を担当した。1911年にはロンドン大学に世界初の統計学の学部である応用統計学部を設立した。現在広く使われている相関係数，カイ二乗適合度検定，積率，標準偏差などの統計量や統計概念を案出し，また現代の統計理論の基礎になる確率分布の分類を行った。社会主義思想や優生学にも関心を示した。 ［小窪輝吉］

♧P-F スタディ（Picture-Frustration Study；絵画（かいが）フラストレーション検査（けんさ））

ローゼンツァイク（Rosenzweig, S.）によって，欲求や怒りの表現を測定するために考案された，投影法による人格検査である。だれもが日常的に経験するような，軽い欲求不満場面が漫画風に描かれている24枚の絵を使用する。各場面に描かれた人物について，欲求不満に陥るような言葉が吹き出しに描いてあり，それに被験者がどのように反応するかを空白になっている吹き出し部分に自由に書き込んでいく。被験者がどのように反応するかによって，被験者の反応の背景に潜む人格の独自性が査定される。採点は，「攻撃の方向」と「反応の型」の2次元の組み合わせによって行われる。 ［大西　良］

♧PM理論（りろん）

PM理論とは，三隅二不二によって提唱されたリーダーシップ理論である。近年，社会福祉領域でのサービス提供事業者の市場化・多様化に伴い福祉経営上でも注目されている考え方の一つである。PM理論において三隅は，組織のリーダーが果たすべき機能を，目標・課題達成機能としてのパフォーマンス（Performance）と集団維持機能としてのメンテナンス（Maintenance）という2つの側面からとらえている。また，大文字のP，Mと小文字のp，mと使い分けながらリーダーシップを4つのカテゴリーに分類・評価し，リーダーの理想像やふさわしくないリーダーのタイプなどを説明している。 ［本郷秀和］

♧PDCAサイクル

Plan（計画）→Do（実行）→Check（評価）→Action（改善）の頭文字をとってPDCAと略され，これらの4つの段階を繰り返すことにより，業務を継続的に改善・円滑に実践すること。ソーシャルワークにおける一連の支援プロセスは，Assessment（アセスメント）→Plan（支援計画）→Do（支援）→Check（評価）→Action（改善）と示されることが多く，PDCAサイクルを基本に展開される。また，コミュニティワークにおける地域組織化過程（活動主体の組織化→問題の把握→計画立案→活動→評価）も基本的にこのPDCAサイクルととらえることができる。 ［池本賢一］

♧PSW ⇒精神科（せいしんか）ソーシャルワーカー

♧PFI（Private Finance Initiative）

PFIとは，公共施設等の建設，維持管理，運営等を民間の資金，経営能力及び技術的能力を活用して行う手法である。国や地方公共団体等が直接実施するよりも効率的かつ効果的に公共サービスを提供できる。PFIの導入により，国や地方公共団体の事業コストの削減やより質の高い公共サービスの提供がめざされる。日本では，1999（平成11）年7月に「民間資金等の活用による公共施設等の整備等の促進に関する法律」（PFI法）が制定された。 ［島﨑　剛］

♧東日本大震災（ひがしにほんだいしんさい）（東北地方太平洋沖地震（とうほくちほうたいへいようおきじしん））

2011（平成23）年3月11日の14時46分ごろに，三陸沖の太平洋を震源として発生したマグニチュード9.0の東北地方太平洋沖地震によって起こった甚大な自然災害及び二次災害。地震に伴う津波や余震の影響で，関東から東北地方にかけて多くの被害をもたらした。世界中からのボランティアや支援が行われたが，発災直後から避難生活期，復興期に至るまで，被災者支援や減災を含めた災害に強いコミュニティづくりなど，多くの課題が残されている。 ［島﨑　剛］

♧ひきこもり

厚生労働省は，2010（平成22）年5月に「ひきこもりの評価・支援に関するガイドライン」を公表している。ひきこもりとは，「様々な要因の結果として社会的参加（義務教育を含む就学，非常勤職を含む就労，家庭外での交遊など）を回避し，原則的には6か月以上にわたって概ね家庭にとどまり続けている状態（他者と交わらない形での外出をしていてもよい）を指す現象概念」と定義づけている。ひきこもりの状態にある人の特徴として，小中学校や高校，大学等からの不登校状態の継続，就職後の不適応状態から生じている。この状態は，あらゆる年代で生じる問題であり，わが国の重要な課題である。厚生労働省は，精神保健福祉分野，児童福祉分野，ニート対策において，ひきこもりに関する各種事業を展開している。全国の精神保健福祉センター，保健所，児童相談所などにおいて，ひきこもりを含む相談及び地域ネットワークづくりなどの取組みが行われている。 ［梶原浩介］

♧ピグマリオン（pygmalion）効果

ピグマリオン効果とは，教師の期待によって学習者の成績が向上するという心理的行動である。教師期待効果ともいう。1964（昭和39）年にアメリカの教育心理学者ローゼンタール（Rosenthal, R.）によって提唱された。小学生を対象に知能テストを実施し，将来能力が伸びる可能性がある児童名（実際には無作為抽出）を教師に伝えたところ，半年後の知能テストでその児童の成績が向上していた。このことから教師が期待することが児童の学習意欲を高め，成績を向上させたと結論づけた。つまり，人間は期待された通りの成果を出す傾向があることを主張した。一方で，教師が期待しないことによって学習者の成績が下がることを，ゴーレム（golem）効果という。 ［梶原浩介］

♧非構造化面接

質的調査では，面接や参加観察，文書の内容分析が主なデータ収集手段となる。面接によるデータ収集では，3つの面接タイプがある。一つは「構造化面接」で，これはすべての調査対象者に同じ特定の質問項目を共通して聞いていくやり方をいう。2つめは「半構造化面接」で，a guided interview とも呼ばれ，予定した質問やキーワードがあり，open-ended 様式で尋ねていくものである。3つめは「非構造化面接」で，これは open-ended 面接とも呼ばれ，共通質問を使わず，対象者の世界を深く理解するために探究的な質問を展開していく。半構造化面接では，人びとの情報を比較したいとき，同時に各人の経験をより十分に理解したいときに有効な手法である。 ［門田光司］

♧非参与観察

質的調査によるデータ収集の方法は，主に観察法と面接法があり，このうち観察法には，参与観察と非参与観察がある。調査者自身が被調査集団と生活や体験を共にしながら観察する参与観察に対して，非参与観察は，観察者が第三者として被調査者の姿を外部から観察して記録する方法である。非参与観察では，観察者が被調査者との相互作用が生じない関係のもとで観察をする。調査者の存在が被調査者に影響を与えていないため，被調査者のあるがままの姿をデータとして得ることができる。具体的な方法には，調査者がマジックミラー越しに実験の様子を観察することなどがあげられる。 ［原田直樹］

♧比尺度

比尺度は，統計学における尺度水準のうち，間隔尺度とともに量的変数（連続変数）の尺度であり，加減乗除が可能で，最も多くの情報量を持つ尺度である。比尺度では，他の尺度と異なり0が何もないことを示すため，0が絶対原点とされる。したがって，値の差だけでなく，値の比にも意味を持つ。例として，時間や長さ，速さなどがあげられる。平均値，中央値，最頻値などの代表値が算出可能で，多くの統計解析を用いることができる。　［島﨑　剛］

♧ヒストグラム

度数分布表をグラフにし，データの分布状況を視覚的に示したもの。柱状グラフや柱状図ともいう。縦軸に度数，横軸に階級をとり，度数分布の状態を長方形の柱で表す。連続型データの分布を表す場合には，各柱は密着した状態で描かれる。階級幅の設定に関しては，厳密な統一的ルールはないが，一般には等しい階級幅であることが望ましいとされている。階級幅が等しい場合，柱の高さは度数と比例する。　［矢部　航］

♧非正規雇用（ひせいきこよう）

非典型雇用とも呼ばれる。期間の定めのない労働契約で直接雇用されているフルタイムの正規従業員以外の雇用形態をさしている。パートタイム労働者，契約労働者，嘱託労働者，臨時労働者，出向者，派遣労働者など種々の形態の雇用がこれにあたる。最近では，人件費削減という主として企業側の需要により，その数は年々増加し，2017（平成29）年度総務省調査では，労働者のうち約37％を占めている。以前のように主婦のパート等の家計補助的な雇用ではなく，生活全体を非正規雇用で支える労働者が増加している。正規労働者に比べ，雇用調整の対象となりやすいことや，低賃金であること，健康保険・厚生年金など被用者保険の対象とならない場合があるなど多くの課題を抱えている。2018（平成30）年制定の「働き方改革関連法」により，正規労働者と非正規労働者との間で，不合理な差別待遇が禁止されるなど，待遇改善の試みが続けられている。　［木場千春］

♧非嫡出子（ひちゃくしゅつし）

民法では子を嫡出子と非嫡出子に分けており，婚姻関係にない者の間に生まれた子を非嫡出子という。非嫡出子の親子関係は，父との関係では婚姻外に生まれた子について，自分の子であると認める行為，即ち認知によって初めて法的な父子関係が発生することになり，認知されるまでは法的に何の親子関係もないことになる。これに対し，母との関係では，分娩の事実によって非嫡出子母子関係が生じる。　［森木朋佳］

♧必要即応の原則（ひつようそくおうのげんそく）

生活保護法の基本原則の一つである。同法第9条において，「保護は，要保護者の年齢別，性別，健康状態等その個人又は世帯の実際の必要の相違を考慮して，有効且つ適切に行うものとする」と規定されている。この原則は，「無差別平等の原理」の画一的・機械的運用から生じる弊害を防ぐために定められた規定である。つまり，要保護者に対して形式的に保護の種類や方法および程度が不平等であっても，個人または世帯の特殊性を考慮して実質的に同等の生活水準を保障する決定がなされればよいのである。　［大野さおり］

♧PTSD ⇒心的外傷後ストレス障害（しんてきがいしょうごストレスしょうがい）

♧ひとり親家庭（ひとりおやかてい）

父母どちらか一方のみの親とその子（児童）からなる家庭がひとり親家庭である。父親と子の場合，父子家庭という。従来，父子家庭では安定した収入等が見込まれることなどから，福祉的対応の必要性が認められなかったが，現在では，母子及び父子並びに寡婦福祉法の対象とされ，経済支援等が実施されるようになった。一方，母親と子からなる家庭は母子家庭である。また，母子家庭として子育てを終えた母親を寡婦という。母子家庭になる事情として，配偶者の死別や離別（行方不明等）のほか，最近では離婚や未婚，配偶者暴力（DV）からの避難等のケースも多くみられるようになった。児童扶養手当法や母子及び父子並びに寡婦福祉法等に基づき福祉的対応（経済支援，就労支援等）が図られる。子ども・女性の貧困問題との関連性も問われるべきであろう。［岩井浩英］

♧ひとり親家庭等日常生活支援事業（おやかていとうにちじょうせいかつしえんじぎょう）

母子家庭，父子家庭及び寡婦の人が，修学等や病気などの事由により，一時的に生活援助・保育サービスが必要な場合又は生活環境等の激変により日常生活を営むのに支障が生じている場合に，家庭生活支援事業の派遣を行う。家庭生活支援員は，乳幼児の保育，児童の生活指導，食事の世話，住居の掃除，身の回りの世話，その他必要な用務の支援を行う。［門田光司］

♧ひとり暮らしの老人対策（養護委託制度）（ぐ・ろうじんたいさく・ようごいたくせいど）

養護者がいない者，または養護者がいても養護させることが適さないと認められる65歳以上の高齢者を対象として，養護することを希望する者（養護受託者）に養護を委託する制度である。実施主体は市町村で，養護受託者の申請は，福祉事務所，市区町村役場で受けている。養護受託者の適否については，審査のうえ適当と認められ，老人福祉法の規定による養護受託者として養護受託者登録簿に登録される必要がある。養護受託者に対しては，事務費，生活費（飲食物費等）が助成される。［新田博之］

♧被扶養者（ひふようしゃ）

健康保険法においては，被保険者の被扶養者に対しても保険給付を行う。被扶養者の範囲は①被保険者の直系尊属，配偶者（内縁配偶者を含む），子，孫及び兄弟姉妹であって，主として被保険者により生計を維持するもの，②被保険者の三親等内の親族で，被保険者と同一の世帯に属し，主として被保険者により生計を維持するもの，③被保険者の内縁配偶者の父母及び子であって，被保険者と同一の世帯に属し，主として被保険者により生計を維持するもの，④被保険者と内縁配偶者の死亡後におけるその父母及び子であって，引き続き被保険者と同一の世帯に属し，主として被保険者により生計を維持するものである。 被扶養者の認定に当たっては，①は生計の同一性が，②～④は生計と居住の同一性が必要である。2016（平成28）年10月より，兄姉については居住の同一性の要件が不要となった。なお，収入がある者の被扶養者の認定については，被保険者と同居している場合は年収が130万円（60歳以上または障害者の場合は180万円）未満で，かつ被保険者の年収の2分の1未満であるときに，同居していない場合は年収が130万円（60歳以上または障害者の場合は180万円）未満で，かつ，被保険者からの援助による収入が少ないときに認められる。［佐藤眞子］

♧ピープル・ファースト（people first）

「知的障害者である前に，まずは人間である」との主張に基づく知的障害者自身のためのセルフアドボカシー活動であり，当事者相互の理解やエンパワメント等がめざされている。1973年にアメリカ・オレゴン州で開かれた会合での発言が契機となり，その後カナダに世界初の当事者グループが誕生した。日本は，1993（平成５）年に開催された第３回国際会議（カナダ・トロント）に参加し，翌1994（平成６）年10月，初めての全国大会が大阪で開催された（その後，毎年開催）。また，2004年には，全国組織で

ある「ピープルファーストジャパン」が結成された。 ［岩井浩英］

被保険者（ひほけんしゃ）

保険料を支払い，保険事故に際して保険料や損害の塡補，保険給付などを受ける権利をもつ者のこと。被保険者は強制被保険者と任意被保険者とに分けられ，強制被保険者には市町村国保において当該市町村に住所を有し適用除外規定に該当しない者，健康保険法に基づく強制被保険者，国民年金法に基づく第１・２・３号被保険者，厚生年金保険法に基づく強制適用事業所に使用される者等があり，任意被保険者には健康保険上の任意包括被保険者と任意継続被保険者，国民年金法上の高齢任意加入被保険者等がある。国民健康保険では，健康保険，船員保険等の被用者保険の被保険者とその被扶養者，生活保護世帯等以外を被保険者としている。なお，75歳以上（一定の障害状態は65歳以上）の者は，後期高齢者医療制度の被保険者となる。国民年金においては日本国内に住所を有する20歳以上60歳未満のものを被保険者としている。介護保険は，65歳以上の第１号被保険者と40歳以上65歳未満の医療保険加入者が被保険者である。 ［占部尊士］

被保護者（ひほごしゃ）

生活保護法に基づく保護を現に受けている者のこと。これに対し，現に保護を受けているといないとにかかわらず，保護を必要とする状態にある者を要保護者という。近年の被保護者階層は，高齢者・傷病者・障害者等，何らかの支援を要する人たちが多くを占めている。1951（昭和26）年度には約205万人であったが，1985（昭和60）年度以降には約143万人以降と減少傾向で推移し，その後1995（平成７）年度には史上最低の約88万人となった。しかし翌1996（平成６）年度後半から，都市部を中心に増加に転じ，2016（平成28）年度には，214万5,438人となっている。 ［田畑寿史］

秘密保持（ひみつほじ）

秘密保持とは，業務に関連して知り得た秘密を第三者に開示しないことである。社会福祉士及び介護福祉士法では，第4章第46条（秘密保持義務）において，「社会福祉士又は介護福祉士は，正当な理由がなく，その業務に関して知り得た人の秘密を漏らしてはならない」とされ，社会福祉士又は介護福祉士でなくなった場合も継続して義務があると明記されている。社会福祉士の倫理綱領では，利用者に対する倫理責任として，「社会福祉士は，利用者や関係者から情報を得る場合，業務上必要な範囲にとどめ，その秘密を保持する。秘密の保持は業務を退いた後も同様とする」とあり，同倫理綱領に基づく社会福祉士の行動規範ではその方法が具体的に示されている。 ［山田美保］

病児・病後児保育（びょうじ・びょうごじほいく）

子どもの病気や怪我の回復期にあって，集団保育が難しい子どもを対象に，地域の保育所・医療機関等に付設された専用スペースなどで行われる保育および看護ケアのことをいう。子どもの病状に応じて預けられる施設は，①病院・保育所等の付設の専用スペースで，看護師等が地域の病児（10歳未満）を一時的に預かる病児対応型事業，②病院・保育所等の付設の専用スペースで，看護師等が地域の病後児（10歳未満）を一時的に預かる病後児対応型事業，③保育所において，体調不良となった子どもを一時的に預かる体調不良児対応型事業の３種類に分けられる。各施設には，保育士と看護師の配置が義務づけられている。少子高齢社会の現代日本において，病気を抱える子どもの親を手助けしながら，保育の適否や保育形態の選択について，子ども

の利益を最善にする方法を講じる子育てのセーフティネットとしての役割が期待されている。 ［梶原浩介］

♧標準偏差

データ（標本）の分布を表す特徴の中でも，ばらつき（散らばり）を要約的に表す統計学上の数値。要約統計量（基本統計量，代表値）の一つ。データの平均値との差（偏差）の2乗を平均し，これを変数と同じ次元で示すために平方根をとった値（平方根は整数とは限らない）。データが正規分布を描く場合，平均値と標準偏差で分布を記述できる。数値が小さければ，平均値からのデータの数値についてばらつきが小さいことを表す。平均値を50，標準偏差を10となるように標本変数を規格化したものが偏差値である。平均値がすべての数値から導き出される「点の知識」であるとすれば，標準偏差はそれぞれの数値の距離感を表す「ばらつきの知識」といえる。 ［中條大輔］

♧費用徴収・費用負担

福祉サービスを受けるとき，一定の利用者負担（費用徴収・費用負担）が必要となる。わが国における費用徴収には，①応益負担（受けたサービスにかかった経費を負担），②応能負担（受けたサービスにかかった経費と関係なく，各人の支払い能力に応じて費用を負担），③一定負担（サービスにかかった経費を一定割合で負担），④全額負担（人件費や管理費を除く実費の一部又は全部を負担）の4つに分けられるが，福祉サービスの費用徴収の多くは，応能負担となっている。 ［河村裕次］

♧標本抽出法

推計統計学において，母集団から実際の調査対象となる一部（標本：sample）を抽出する方法を標本抽出法（sampling）という。標本抽出法には，母集団を代表する標本を調査実施者が意図的に選定する有意抽出法と調査実施者の意図は含まず，確率統計に基づいて選定する無作為抽出法に大別できる。有意抽出法には，便宜的抽出法，雪だるま式抽出法などがある。無作為抽出法には，単純無作為抽出法，層化抽出法，系統抽出法などがある。 ［山田美保］

♧標本調査

観察・調査する対象となる集団（母集団）から抽出された一部分を標本（sample）と言い，その標本を対象に調査を行うことを標本調査という。一般に，母集団すべてを対象として調査する全数（悉皆）調査の実施が難しい場合に実施される。標本調査の目的は，推計統計学を用いて母集団の性質を正確に推測することである。そのため，標本調査では，母集団の性質を代表する標本を偏りなく抽出することが重要とされる。 ［山田美保］

♧昼間独居（日中独居）

同居する家族はいるが，日中は仕事等のために同居家族は留守になり，介護や見守りの必要な高齢者や障害者が一人きりで家で過ごしている状況のことをいう。日中は，多くの場合，介護保険サービス等を利用することになるが，同居家族が働いていることで，費用負担が高くなってサービスの利用を控えなければならなかったり，家族の仕事の状況にかかわらず，同居家族がすることとして，掃除や洗濯といった家事援助を受けられない場合がある。 ［種橋征子］

♧ピンカス，A.（Pincus, Allen；生没年不詳）

ミナハン（Minahan, A.）とともに提唱した4つのシステムモデルがある。その4つのシステム全体の相互性の中で福祉援助がなされる重要性について提示した。4つのシステムとは，①チェンジエージェントシステム（change agent system）：ワーカーとその所属する社会福祉機関など，②クライエントシステム（client system）：クライエント，その家族，そして所属する集団やコミュニティ，③ターゲットシステム（target system）：ワーカーとクライエントが問題解決のために変革の標的とする人びとや社会福祉機関など，④アクションシステム（action system）：問題解決のためにワーカーと一緒にやっていく人びと，である。介入は利用者に望ましい目標達成のための活動であり，その目標達成の決定には，利用者の価値の主体的選択や自己決定がなされなければならないとする。社会福祉援助技術では，「個人」と「社会」が統合されたなかで機能されることを提唱した。　［猪谷生美］

♧貧困家庭一時扶助（ひんこんかていいちじふじょ）（Temporary Assistance for Needy Families：TANF）

アメリカにおける有期の生活保護制度であり，州政府が児童や妊婦のいる貧困家庭に対して現金給付を行う場合に，連邦政府が州政府へ包括交付金給付を行うものである。1996年の福祉改革の一環として創設された制度で，「福祉から就労へ」を促進することを目的としている。運営主体は各州政府で，児童や妊婦のいる貧困家庭に対する現金給付を含め，給付の内容や受給要件についても，州が独自で決めることができる。　［川﨑竜太］

♧貧困線（ひんこんせん）

国や地域における貧困状態を把握するための指標の一つで，それ以下の収入水準では最低限度の生活が維持できないと考えられるボーダーラインを意味している。成人にとって必要最低限の物品等を購入するための年間費用を基礎として概算される。貧困線以下にある国民（住民）の多さがその国（地域）の社会・経済発展に対する大きな阻害要因となることから，貧困対策（政策）の見直し・推進等のための指標として積極活用される。なお，厚生労働省「国民生活基礎調査」によると，2015（平成27）年の実質値は122万円であり，「相対的貧困率」は15.6%，「子どもの貧困率」（17歳以下）は13.9%となっている。　［岩井浩英］

♧貧乏物語（びんぼうものがたり）

河上肇が京都帝国大学教授在任中の1916（大正5）年9月～12月に大阪朝日新聞に連載され，その後1917（大正6）年に出版されたものである。本書は，第一次世界大戦下の日本で，社会問題化しはじめた貧困という問題を直視したもので，その構成は，「いかに多数の人が貧乏しているか」，「何ゆえに多数の人が貧乏しているか」，「いかにして貧乏を根治しうべきか」，という上中下編からなっており，その中で河上は，「富者の奢侈廃止こそ貧乏退治の第一策である」と述べている。　［山下利恵子］

ふ

♧ファシリテーター（facilitator）

会議やミーティング等で，場を作る，意見を引き出す，整理し構造化する，まとめるといったスキルを用いて，参加者の心の動きや状況を見ながら，中立的な立場で進行・促進（ファシリテート）を行う役割を担う人。社会福祉の分野では，地域共生社会の実現のため，ソーシャルワークの機能を発揮した体制づくりの推進をめざしているが，それを担うソーシャルワーカーに対してファシリ

テーションの知識や技術の獲得が期待されている。 [鬼塚 香]

♧ファミリーグループホーム (family group home)

ファミリーホームとも呼ばれる里親型のグループホームである。児童福祉法第6条の3に小規模住居型児童養育事業として規定された。養育に相当の経験を持つものが児童と起居を共にする。少人数かつ家庭的な規模での児童の養育が望ましい。一方で，通常里親は1人か2人程度の子どもを預かるが，ファミリーグループホームでは6人の児童を上限とし，児童同士の相互関係を通しての育ちも期待されている。里親型ファミリーホームに対して施設型をグループホームと呼ぶ。里親型は里父・里母が，施設型は複数の職員が専任で児童を養育している。施設型グループホームは地域小規模児童養護施設として事業化されている。 [天羽浩一]

♧ファミリーサポートセンター

乳幼児や小学生等の児童を子育て中の保護者を会員とし，児童の預かり等の援助を受けることを希望する者と，援助を行うことを希望する者との相互援助活動に対する連絡，調整を行う機関である。孤立化する地域の子育て環境から，支援を可能とする環境をつくり出す試みとして，センターが地域の中で相互援助のためのコーディネーターとしての役割を担う。2005（平成17）年から次世代育成支援対策推進法に基づき，市町村行動計画中に組み込まれた場合に補助対象となった。 [天羽浩一]

♧ファミリーソーシャルワーカー (family social worker) ⇒家庭支援専門相談員

⇒家庭支援専門相談員（かていしえんせんもんそうだんいん）

♧ファミリーソーシャルワーク (family social work)

ファミリーソーシャルワークは，個人の問題を，家族というシステムの一部としてとらえることに特徴がある。家族の一員としての地位や役割から派生する行動や態度は，必然的に他の家族成員や家族生活全体に関連する。そのため，家族成員の問題は全体としての家族の問題としてとらえ，問題の対応も家族を単位としてとらえることが求められる。この実践では，家族成員のコミュニケーションの方法と家族の問題解決の様式に着目しながら，家族の中で生じた問題を緩和することを目的とし，家族の再統合を援助するものである。 [梶原浩介]

♧フィランソロピー (philanthropy)

「博愛」「社会貢献活動」とも訳されて，社会問題解決に向け幅広い自主的な行動を意味している。同様な意味の言葉としてフランス語のメセナがあるが，わが国においては福祉活動よりも文化・芸術活動を中心に使われている。近年においては，企業における社会貢献活動としてよく使われているが，社会福祉の歴史においては，博愛事業として発展過程の一つとして位置づけられている。企業における社会貢献活動では，企業本来の活動から離れ，福祉活動や環境保護活動，文化・芸術活動などの活動を行っている。また，①企業自体の社会貢献，②その社員による社会貢献，③企業が一般市民の社会貢献の媒介となるといった活動形態がある。 [河村裕次]

♧夫婦家族（ふうふかぞく） (conjugal family)

家族構成から家族を類型化した概念の一つであり，夫婦のみ，もしくは夫婦と未婚の子によって構成される家族を指す。核家族と同義である。この家族は結婚によって成立し，配偶者の死亡によって消滅する。なお，構成員に基づいて家族を分ける一般的な類型は，夫婦家族（夫婦もしくは夫婦＋未婚の子），直系家族（夫婦＋1人の既婚の子とその妻子（夫子）），複合家族（夫婦＋複数の既婚の子＋その妻子（夫子）ら）の3つである。→直系家族，複合家族　［益田　仁］

♧フェイスシート（face sheet）

相談や援助相手の記録様式のことである。施設の目的，機能，方針などにより書式は異なっており，とくに定まった形式はない。利用者や利用者を取り巻く環境を含む，全体の概略をわかりやすくしたもので，内容としては記入年月日，氏名，性別，生年月日，住所，電話番号，診断名，生活歴，治療歴，紹介経路，家族構成，医療保険種別，住宅，経済状況，利用機関，援助希望，援助や支援過程などが記載できるようになっている。

［宮地あゆみ］

♧フェスピック

アジア・太平洋地域における障害者スポーツの普及を目指して，1975（昭和50）年フェスピック連盟が主催した障害者のスポーツ競技大会である。フェスピックとは，「極東・南太平洋身体障害者スポーツ大会（Far East and South Pacific Games for Disabled）」を指す。主な特徴は，①あらゆる身体障害者の参加を実現した総合スポーツ大会であること，②競技性よりも普及・振興に力点を置いていたこと，③経済的事情により参加が困難な者に対して参加のための経済援助を行ったことなどが挙げられる。この取り組みは，エリートスポーツを目指すパラリンピックとは異なり，スポーツを通じた障害者の社会参加の推進を理念としている。　［梶原浩介］

♧フェミニストアプローチ（feminist approach）

フェミニズム（女性解放の運動／思想）の視点からソーシャルワークを実践する方法。1960年代のウーマン・リブと呼ばれたフェミニストの活動から，その思想，方法を汲み上げたものである。ドミネリ（Dominelli, L.）とマクリード（McLeod, E.）によって体系化された。日本において歴史的に展開されてきた婦人保護事業に代表される，いわゆる「女性福祉（婦人福祉）」なども，フェミニスト・ソーシャルワークの歴史に位置づけることが可能である（ただし日本の「女性福祉」の一部は，女性の人権を守り福祉を実現するためだけではなく，社会防衛的な観点から進められてきた側面ももっている）。　［益田　仁］

♧フェミニズム（feminism）

元来，性差別からの女性の解放を主張する思想や運動のことであり，フランス革命時代，1789年に採択されたフランス人権宣言が男性のみに権利を与えたことに対し女性たちの起こした反対運動が端緒となり，ヨーロッパ各地に広まった。参政権（政治参加）のみならず，家庭生活や教育・職業，婚姻，性など，あらゆる場面での男女同権を謳うものである。

［橋本みきえ］

♧フォーカス・グループ・インタビュー（FGI）

実証的研究の質的研究法の一つとして位置づけられる面接法である。10名前後の面接対象者に対して，グループで意見交換をしてもらうというもの。参加者の理解，感情，受け止め方，考えを，メンバー間の相互作用から引き出し，出された多様な意見を分類することを目的とする。探索的な研究に適している。1グループあたり6～12名が適切である。必要に応じて，同グループで2～3回面接を実施する。面接の際には，インタビューガイドを用意する。FGIの記録方法として，ICレコーダー等を用いての録音（逐語録），参加者の様子をメモ等で書き記す観察記録の作成がある。［池本賢一］

♧フォスターケア（foster care）
⇒里親制度（さとおやせいど）

♧フォーマル・ケア（formal care）
公的機関や社会福祉施設・事業所によって提供される制度に基づいた支援やサービスの総称。一般的な特徴として，その利用にあたっては一定の基準や手続きがあり，場合によっては利用できる内容や種類，頻度等に制約を伴うといった短所が指摘される。また，画一的になりやすく，柔軟性に欠けるといった側面もある。一方で制度に基づき提供されるため，継続性や一定程度の質・水準が担保されること，提供責任が明確であるといった長所がある。［荒木　剛］

♧付加年金（ふかねんきん）
国民年金の第1号被保険者（学生，自営業者等），任意加入被保険者を対象とする。老齢基礎年金に上乗せされる任意加入の給付で，付加保険料（月額400円）を納付した被保険者が，老齢基礎年金の受給権を得たときに加算して支給される。年金額は，200円×付加保険料納付月数で，物価スライドによる改定は行われない。［河谷はるみ］

♧賦課方式（ふかほうしき）
世代間扶養（連帯）の方式であり，自ら支払った保険料は現在の高齢者世代の給付のために使われ，自分たちが高齢者になった時にはその時の現役世代によって給付を賄ってもらうという考え方で作られた年金財政の仕組みをいう。金利の変動などの影響は受けにくく，インフレ耐性に強いという利点があるが，保険料率は，年金受給者と現役加入者の比率で決まるため，人口変動の影響を受けるという難点もある。［河谷はるみ］

♧複合家族（ふくごうかぞく）（joint family）
家族構成ないし居住規則から家族を類型化したものの一つであり，親夫婦と複数の子ども夫婦およびその子らによって構成される家族である。この家族のタイプは，一子による家系継承のかたち（直系家族）をとらず，他の子ども（たとえばイエの後継者以外の子ども）たちも結婚後も生まれ育った家族に同居するという特徴がある。→夫婦家族，直系家族［益田　仁］

♧複合型サービス（ふくごうがた）
在宅の要介護者を対象とし，介護保険サービスである訪問介護，訪問入浴介護，訪問看護，訪問リハビリテーション，居宅療養管理指導，通所介護，通所リハビリテーション，短期入所生活介護，短期入所療養介護，定期巡回・随時対応型訪問介護看護，夜間対応型訪問介護，地域密着型通所介護，認知症対応型通所介護，小規模多機能型居宅介護の中から2種類以上組み合わせて提供されるサービスのうち，訪問看護及び小規模多機能型居宅介護の組み合わせや特に効果的かつ効率的と考えられるサービスの組み合わせの総称で，2011（平成23）年の介護保険法改正で新たに創設された。［黒田清香］

♧福祉活動指導員（ふくしかつどうしどういん）
都道府県社会福祉協議会に配置された職員である。都道府県や指定都市の区域の民間社会福祉活動の推進方策についての調査，研究及び企画立案を行う。その他にも，広報・指導などの活動にも従事する。資格要件として，社会福祉士また

ふ

は社会福祉主事が示されている（ただし，都道府県知事及び指定都市の市長と協議の上，承認を得られた場合は任用することが可能とされている）。大学，高等学校，専門学校において，社会福祉に関する科目を修めて卒業した者が任用される。 ［池本賢一］

♧福祉活動専門員（ふくしかつどうせんもんいん）

市町村社会福祉協議会に配置された職員である。市区町村区域の民間社会福祉活動の推進方法について調査，連絡調整，広報，指導，その他の実践活動の推進に従事する。資格要件として，社会福祉士または社会福祉主事が示されている。社会福祉に関する業務または公衆衛生，社会教育，婦人児童保護，更生保護等の社会福祉に関連する業務に従事した経験のある者等が任用される。近年では福祉活動専門員の名称を用いずに，「コミュニティワーカー」「コミュニティソーシャルワーカー（CSW）」「地域福祉コーディネーター」などの名称で活動をしている市町村社会福祉協議会が多い。 ［池本賢一］

♧福祉関係八法の改正（ふくしかんけいはつぽうのかいせい）

1990年，老人福祉法等の一部を改正する法律（法律58号）により，８つの福祉関係法（老人福祉法，身体障害者福祉法，精神薄弱者福祉法（現：知的障害者福祉法），児童福祉法，母子及び寡婦福祉法（現：母子及び父子並びに寡婦福祉法），社会福祉事業法（現：社会福祉法），老人保健法（現：高齢者の医療の確保に関する法律），社会福祉・医療事業団法（2003年10月廃止）が一部改正された。その内容は，福祉各法への在宅サービスの位置づけ，老人及び身体障害者の入所措置権の町村移譲，市町村・都道府県への老人保健福祉計画策定の義務付け等とし，改正の背景には中央社会福祉審議会などが社会福祉を取り巻く環境の変化を理由に厚生省に示した意見具申（1989年３月）や「高齢者保健福祉推進十か年戦略」（1989年12月）が関係しているとされている。 ［田中将太］

♧福祉元年（ふくしがんねん）

当時の田中角栄内閣は1973（昭和48）年を福祉元年と唱え，医療や年金などの福祉制度・予算を充実させた。70歳以上の老人医療費を無料化，健康保険の家族給付率引き上げ（５割から７割へ），高額療養費制度の創設（月３万円を超える自己負担分），厚生老齢年金の標準支給額を５万円に引き上げ，老齢基礎年金を夫婦２人で５万円に引き上げ，厚生年金への物価スライド制の導入などが図られた。これらの取り組みを総じて福祉元年と称されるが，第１次オイルショックをきっかけに高度経済成長が終焉を迎え，この福祉拡充路線が後退してゆくこととなった。 ［萩沢友一］

♧福祉機器（ふくしきき）

福祉用具法（福祉用具の研究開発及び普及の促進に関する法律）では，福祉用具を心身の機能が低下し，日常生活を営むのに支障のある老人又は心身障害者の日常生活の便宜を図るための用具及びこれらの者の機能訓練のための用具並びに補装具をいうと定義づけている。品目として，介護保険法による各種のレンタル（貸与）品や購入品のほか，障害者に交付される補装具や日常生活用具，介護に使用する消耗品（介護用品）なども含まれる。 ［西島衛治］

♧福祉教育（ふくしきょういく）

1968（昭和43）年，全国社会福祉協議会「市町村社協当面の振興方策」の中で「自らの実践活動を通じて，地域住民の福祉思想の高揚，福祉知識の普及に努めるとともに，地域内の関係団体と提携して，福祉教育の推進をはかること」と福祉教育がはじめて明文化された。1977（昭和52）年には厚生省が，国庫補助事業として，「学童・生徒のボランティア活動普及事業」を開始し，児童の健全育成を意図した福祉教育実践が全国的に普及した。福祉教育は，福祉問題と日常生活とを結ぶために体験学習を重視し，ノーマライゼーションの原理を具体化できる力，社会福祉問題を解決できる実践力，これらを踏まえた主体形成を学習目的としている。［森　実紀］

♧福祉公社（ふくしこうしゃ）

地方公共団体から財政的技術的支援を受け，地域住民の参加を基盤とした在宅福祉サービスを提供する非営利組織。1980（昭和55）年，東京・武蔵野市福祉公社の発足を契機に，全国に広がっている。福祉公社の職員は主に在宅の高齢者・障害者に対し，生活援助や介護サービスの提供，それらのサービスの連絡調整等を行っている。［池本賢一］

♧福祉国家（ふくしこっか）

国家形態の一つであり，社会保障の整備を行い，貧困の解消，生活水準の安定，富の平等化などを目指し，国民の福祉を増進し，高い福祉の実現をしている国家を指す。広義には財政・雇用政策等を含める。各国の特徴は歴史的・制度的・経済的諸条件により異なり，エスピン-アンデルセンは福祉レジームとして，自由主義・社会民主主義・保守主義の3つに類型化し測定した。1970年前半までに戦後の経済成長を背景に，福祉国家の様相は整ったが，オイルショックなどにより景気低迷し鈍化した。1980年代以降福祉国家の見直しが行われ，小さな政府を目指し，市場メカニズム重視の経済政策・民営化が進み，その弊害として貧困の増大，社会サービスの低下，労働市場・社会関係からの社会的排除が拡大した。1990年代以降は福祉国家の問題点を含めた再編期にあり，日本でも経済の低成長化と少子高齢化を踏まえた新たなニーズへ対応することと，社会保障の持続可能性の確保・機能強化・受益感覚を目指して，「社会保障と税の一体改革」などの取組みが進められている。［平川泰士］

♧福祉コミュニティ（ふくし）

福祉コミュニティ概念については，岡村重夫（1906-2001）が『地域福祉論』（1974）で提唱したことを皮切りにさまざまな論説が展開され，現在では地域福祉計画等で広く用いられているが，統一的な見解は見出されていない。岡村は生活上の困難を有する，または今後有する可能性のある人との利益に同調し，代弁する個人や組織がもつ共通の福祉関心を中心としたコミュニティ集団を福祉コミュニティとした。福祉コミュニティとは，要支援者が抱える生活上の問題を個人やその家族の問題，あるいは地域の福祉関連の役職をになう人や福祉専門職が扱うべき問題として認識するのではなく，そこに住む地域住民が我が事のように関心を持ち，要支援者，地域住民，専門職が参加・協力して社会資源の活用や改善，開発を行うことで問題解決を図るコミュニティの姿として概ね解釈される。この福祉コミュニティでは排他的な価値・規範は拒絶され，共に支え合い，一人ひとりの尊厳ある生活の実現が志向される。［萩沢友一］

♧福祉サービス利用援助事業（ふくし りようえんじょじぎょう）（日常生活自立支援事業）（にちじょうせいかつじりつしえんじぎょう）

2000（平成12）年介護保険制度導入の際，社会福祉の増進の為の社会福祉事業法等の一部を改正する等の法律の施行により規定。都道府県社会福祉協議会・指定都市社会福祉協議会を実施主体とし，利用意思が確認できる人，判断能力に不安のある高齢者や知的障害者，精神障害者などに福祉サービスの利用援助や相談や支援計画の作成，日常的な金銭管理を行う事業である。具体的な援助内容としては，①福祉サービスの利用の援助（情報提供，必要な手続き，利用料を支払う手続き，住宅改修，居住家屋の賃借，日常生活上に必要な事務的な手続き，苦情解決制度の利用援助等），②日常的な金銭管理の援助（年金や福祉手当の受領に必要な手続き，医療費を支払う手続き，公共料金や税金，社会保険料などを支払う手続き，日用品などの購入代金を支払う手続き等），③書類などの預かりサービス（利用者が希望された場合，年金証書・保険証書・預金通帳・実印・銀行印・権利証・契約書類等）などがある。

［江口賀子］

♧福祉三法（ふくしさんぽう）

第２次世界大戦直後に制定された，生活保護法（旧法1946年，新法1950年），児童福祉法（1947年），身体障害者福祉法（1949年）の３つの法律をさす。旧生活保護法はGHQの「社会救済に関する覚書」を基本原則として，児童福祉法は戦災孤児の救済を目的として，身体障害者福祉法は戦傷病者救済を目的として制定された。なお，1946年の「(旧) 生活保護法」は欠格者規定が示されていたことで，GHQが提示した「社会救済に関する覚書」の無差別平等の原則に反するとして廃止され，日本国憲法の生存権に基づき，1950年「(新) 生活保護法」が定められた。その後の1950年代に制定された母子福祉法（1964年，2014年現母子及び父子並びに寡婦福祉法に改正），老人福祉法（1963年），精神薄弱者福祉法（1964年，1999年現知的障害者福祉法に改正）を加えて福祉六法といわれる。

［夏秋圭助］

♧福祉事務所（ふくしじむしょ）

社会福祉法第14条に規定されている「福祉に関する事務所」を指し，都道府県及び市（特別区を含む）は設置が義務づけられており，町村は任意設置である。事務内容として，都道府県は生活保護法，児童福祉法，母子及び父子並びに寡婦福祉法に定めている援護又は育成の措置に関する事務を行い，市町村は生活保護法，児童福祉法，母子及び父子並びに寡婦福祉法，老人福祉法，身体障害者福祉法，知的障害者福祉法（福祉六法）に定める援護，育成又は更生の措置に関する事務を行う。職員配置として，少なくとも所の長及び①指導監督を行う所員，②現業を行う所員，③事務を行う所員を置くこととされているが，所の長が職務の遂行に支障がない場合において自ら現場事務の指導監督を行うときは，①を置かないことができる．なお，①及び②は社会福祉主事でなければならない。

［中井康貴］

♧福祉社会（ふくししゃかい）

国民全体の福祉の実現をめざす社会。第２次世界大戦後のイギリスにおいて社会保障の充実化は，福祉社会（国家）実現の先駆けといえるが，福祉国家（社会）という概念は多義的に用いられている。たとえば，政治学や行政学では18～19世紀的な「夜警国家」に対する20世紀的な「福祉国家」として用いられる。前者は政府の役割を必要最小限度にとどめようとするものであり，後者は多様な国民のニーズに対応するために，行政権が必然的に肥大化していくことを容認する国家思想である。　［佐野正彦］

♧福祉住環境コーディネーター（ふくしじゅうかんきょう）

介護保険制度導入以後，高齢者や身体に障害のある人の為に，住みやすい住宅環境づくりを各種の専門家と連携をとりながら，適切な住宅改修プラン等を提示する専門職。東京商工会議所が行う検定試験に合格したものである。各専門職で一つのチームとなり，ニーズの発見，整備の方向性の検討や，設計者・施工者との調整，最終的なフォローアップまでを行い，医療・福祉・建築について体系的に幅広い知識を身に付け，自宅をバリアフリーにするなど，有効かつ効果的に実践する。また，介護給付の居宅介護住宅改修費（介護予防住宅改修費）や福祉用具の貸与，福祉用具購入費などの，「住宅改修理由書（住宅改修が必要な理由書）の作成」をすることもできる。

［今村英幸］

♧福祉情報（ふくしじょうほう）

さまざまな福祉に関する情報。国民や県民が必要とする福祉情報を整理し，必要な情報を入手・活用できるよう，情報提供が行われている。インターネットを通じた福祉情報センターや WAM ネット（介護・福祉・医療などの制度解説や研修セミナー情報など，福祉・保健・医療の情報を総合的に提供している情報サイト）等，福祉相談窓口での情報提供，福祉イベント・福祉新聞等が挙げられる。　［江口賀子］

♧福祉人材確保法（ふくしじんざいかくほほう）

1993（平成５）年，福祉人材確保法（社会福祉事業法及び社会福祉施設職員退職手当共済法の一部を改正する法律（平成４年法律第81号））が施行された。同法に基づき「社会福祉事業に従事する者の確保を図るための措置に関する基本的な指針」（人材確保指針）が告示され，①社会福祉事業従事者の就業の動向に関する事項，②社会福祉事業を経営する者が行う，社会福祉事業従事者に係る処遇の改善，及び資質の向上。新規の社会福祉事業従事者の確保に資する措置その他の社会福祉事業従事者の確保に資する措置の内容に関する事項，③前号に規定する措置の内容に関して，その適正かつ有効な実施を図るために必要な措置の内容に関する事項，④国民の社会福祉事業に対する理解を深め，国民の社会福祉に関する活動への参加を促進するために必要な措置の内容に関する事項が定められた。なお，この指針は2007（平成19）年に新たな指針として改められ（新人材確保指針），労働環境の整備の推進，キャリアアップの仕組みの構築，福祉・介護サービスの周知・理解，潜在的有資格者等の参入の促進，多様な人材の参入・参画の促進があげられている。［江口賀子］

♧福祉人材センター（ふくしじんざい）

社会福祉法に基づき，社会福祉事業従事者の確保を図ることを目的として指定された社会福祉法人である。社会福祉事業に関する啓発，社会福祉事業従事者の確保に関する調査研究，社会福祉事業経営者に対する相談・援助，社会福祉事業従事者に対する研修などを行う。各都道府県に１か所ずつ設置されており（都道府県福祉人材センター），それらを支援する中央福祉人材センターは全国で１か所指定されている。　［井上明彦］

♧福祉人材バンク（ふくしじんざい）

都道府県に設置される福祉人材センターの支所として位置づけられ，市町村社会福祉協議会などに設置されている。福祉人材センターと同様，社会福祉関連事業への就労を促進するための啓発・広報や講習会の開催，就労の斡旋などを行うとともに，市民や職場の福祉サービスに対する理解や関心を高めることを目的としている。　［井上明彦］

♧福祉生協（ふくしせいきょう）

福祉生活協同組合の略。国際協同組合同盟100周年記念大会（1995年９月，マンチェスター，イギリス）で，協同組合原則が発表された，各国の協同組合が，地域の人びとが高齢になっても障害があっても安心して暮らしていける社会をめざし福祉事業に取り組むことを進めている。生活協同組合（生協）の発祥の地ヨーロッパでは，地域の生協が企業経営，職業訓練，金融，教育，環境問題，医療，福祉など多面的な経営を行っている。福祉生協は福祉サービスの提供を主事業とする協同組合であるが，日本では消費生活協同組合や医療生活協同組合が母体となり，福祉分野での事業拡大をめざし福祉生協を組織している場合が多い。法定の高齢者・障害者・児童の福祉に指定事業者として参入するほか，法定外の支援（有償・無償）にも積極的に取り組んでいる。 ［大林和子］

♧福祉増進サービス（ふくしぞうしん）

在宅福祉サービスを構成するサービス分野の一つであり，高齢，障害の有無を問わず広く一般住民まで対象とする。公的機関や保健，福祉の専門職が提供するサービスだけでなく，地域住民参加型のインフォーマルな福祉活動を育成・支援することで地域福祉サービスの推進を図る。具体的なサービスとして，生活指導や相談活動，生きがい対策，社会参加促進事業，教養活動，スポーツ，レクリエーション援助活動，情報提供等がある。 ［田原美香］

♧福祉組織化（ふくしそしきか）

地域福祉活動を推進していくうえでは，フォーマルおよびインフォーマルのソーシャル・サポート・ネットワークづくりを行っていくことが必要となる。ソーシャル・サポート・ネットワークを推進していく際には組織化活動が行われることになる。組織化には大きく，地域組織化と福祉組織化があり，地域組織化は主にインフォーマルサポート・ネットワークをつくっていく援助方法であり，福祉組織化は主に福祉をはじめ保健，医療などの領域を含む専門職や機関・施設・団体，サービスなどからなるフォーマルサポート・ネットワークをつくっていく援助方法である。 ［倉田康路］

♧福祉タクシー（ふくし）（福祉有償運送サービス（ふくしゆうしょううんそう））

他人の介助によらずに移動することが難しく，単独でタクシー等を利用することが困難な要介護者や身体障害者等が利用の対象となる。NPO 法人等が営利とは認められない範囲内で，乗車定員11人未満の自動車を使用し，原則としてドア・ツー・ドアの個別輸送を行うものと定義されている。登録制度として福祉有償運送は例外規定であったが，公共の福祉を確保する観点から，2006（平成18）年の改正道路運送法によって法律上の位置づけが明確化された。 ［矢ヶ部陽一］

♧福祉多元主義（ふくしたげんしゅぎ）

イギリスで発達した概念であり，福祉サービスは，公共部門（福祉・保険サービス），ボランタリー部門（私的非営利），インフォーマル部門，民間営利部門（企業福祉）の４つの異なる供給部門があるとする考え方で，これら供給部門は福祉国家体制で相互に補完しながら維持されるべきとする。要するに福祉における国家が担う役割の縮小と分権による民間の参加の必要性を論じる。福祉多元主義は，ロバート・ピンカー（Pinker, R.）が論じ，福祉国家体制が成熟化を遂げた段階での民間福祉活動の役割について検討したウォルフェンデン報告（1978）においても提唱された。 ［新田博之］

♧福祉的就労（ふくしてきしゅうろう）

障害者総合支援法に基づき支援を受けながら働くことで，「働く」と「自立」を実現することを目標とする。福祉的就労を担う就労継続支援事業所には，障害のある利用者が事業所と雇用契約を締結することを原則とする就労継続支援 A

型事業所と，雇用契約に基づかない生産活動の場である就労継続支援Ｂ型事業所がある。雇用契約に基づかない生産活動の結果，利用者に支払われる賃金は「工賃」と呼ばれる。一般就労を希望する人にはできる限り一般就労ができるように，また，一般就労が困難な人には就労継続支援Ｂ型事業所などの場における工賃水準の向上を図る必要がある。福祉施設から一般企業への就職は年間約４％と低く，多くの障害者は福祉的就労を長期間利用している場合が多い。

［松久保和俊］

♧福祉のまちづくり事業

法や制度に基づき，高齢者や障害者等の生活や社会参加を保障するために，物的，意識的両面にわたって環境を整備していくことを意味する。わが国においては，1970年代から障害者の生活圏を拡大する運動として取り組まれてきた。1981（昭和56）年の国際障害者年を契機として，各自治体においても福祉のまちづくり整備指針や条例が整備されるようになった。すべての人びとが利用可能であるノーマライゼーションの理念もあり，1994（平成６）年にハートビル法，2000（平成12）年には交通バリアフリー法が施行されている。今日では，多様な組織や団体の参画や当事者の視点を取り入れた事業展開が課題とされている。

［矢ヶ部陽一］

♧福祉ミックス論

政府や公的部門による福祉供給システムの中に，非営利民間組織などのインフォーマルな部門を，位置づけようとする考え方を指す。福祉サービスを，供給，財源，規制の３つの部門に分けて考えることから始まり，福祉サービスの供給が行政セクター，民間営利セクター，インフォーマルセクター（家族，親族，隣人等），民間非営利セクターの４つのセクターから供給される供給形態の多元性を主張する福祉多元主義に基づくものとして，先進諸国では1980年代から顕在化してきたものである。わが国においては，政府部門の肥大化と失敗，財政赤字，人口構造の高齢化などを背景に，1990年からの社会福祉基礎構造改革の展開のもとで，サービス利用者の意向の尊重とサービス提供者との対等性の確保等が強調されてきた中で考えられたものである。

［倉光晃子］

♧福祉用具

介護保険法では福祉用具とは，「心身の機能が低下し日常生活を営むのに支障がある要介護者等の日常生活上の便宜を図るための用具及び要介護者等の機能訓練のための用具であって，要介護者等の日常生活の自立を助けるためのもの」と規定されている．保険給付の対象となる福祉用具は，貸与で11品目，購入で５種目となっている．貸与は，①車いす（付属品含む），②特殊寝台（付属品含む），③褥瘡予防用具，④体位変換器，⑤手すり，⑥スロープ，⑦歩行器，⑧歩行補助杖，⑨認知症老人徘徊感知機器，⑩移動用リフト（つり具は除く）⑪自動排泄処理装置の11品目．購入で入浴は排泄などに使用するものとして①腰掛便座，②自動排泄処理装置の交換部，③入浴補助具，④簡易浴槽，⑤移動用リフトのつり具の５種目がある。

［林田貴久］

♧福祉用具専門相談員

「福祉用具貸与」（介護保険法第８条第12項），「特定福祉用具販売」（法第８条第13項），「介護予防福祉用具貸与」（法第８条の２第10項），「特定介護予防福祉用具販売」（法第８条の２第11項）に係る福祉用具の貸与または販売に際して，「居宅要介護者」（法第８条第２項）または「居宅要支援者」（法第８条の２第２項）に対して専門的知識に基づく助言を行う者。福祉用具専門相談員は，都道府県知事が指定するもの（福祉用具専門相談員指定講習事業者）により行われる講習（福祉用具専門相談員指定講習）の課程を修了し，福祉用具専門相談員指定講習事業者から福祉用具専門相談員指定講習を修了した旨の証明書の交付を受けた者が該当する。［河野高志］

♧福祉用具貸与（ふくしようぐたいよ）

介護保険制度では，福祉用具の購入と貸与がある。貸与とは，要介護者であって，居宅において介護を受ける者について，福祉用具のうち厚生労働大臣が省令で定めるところにより行われる貸与をいう。福祉用具貸与事業者は，居宅介護支援事業者等との緊密な連携のもと，福祉用具に関して専門的知識をもつ専門相談員が利用者等に対し，①福祉用具の適切な選択と使用のために相談に応じて，目録等の文書で福祉用具の機能，使用方法，利用料等について説明し，個別の用具の貸与について同意を得て，②機能，安全性，衛生状態等を点検のうえで貸出しを実施し，③その際，利用者の身体等の状態等に応じて調整を行うとともに，使用方法，使用上の留意事項，故障時の対応等を記載した説明文書を交付し，充分な説明を行った上で，必要に応じて（たとえば，電動車いす）利用者に実際に使用させながら使用方法等の指導を行い，④その後も利用者等からの要請等に応じて使用状況を確認し，必要な場合は修理等を行う。［西島衛治］

♧福祉用具の研究開発及び普及の促進に関する法律（ふくしようぐのけんきゅうかいはつおよびふきゅうのそくしんにかんするほうりつ）

1993（平成５）年に施行された法律で，介護ベッドや車いす，移動用リフトなどの「福祉用具の研究開発」や「普及」を促進することを目的としている。一般的には「福祉用具法」と略して呼ばれることも多い。高齢者の心身の特性を踏まえた福祉用具の研究開発を促し，高齢者一人ひとりの状況に適した用具を普及できるように厚生労働省と経済産業省とが定めた。［岩永　耕］

♧福祉六法（ふくしろっぽう）

1956（昭和31）年の『経済白書』には「もはや戦後ではない」と記されている。その後，1973（昭和48）年までの高度経済成長によって，日本は世界第２位の経済大国に達したが，「豊かな社会」は，経済復興・発展の反面で，大都市への人口集中による地方の過疎化や都市問題，核家族化，公害，高齢者問題等の新たな社会問題，生活問題を顕在化させた。1960年代の「国民皆保険・皆年金」の社会保障制度の実現とともに，新たな社会課題・生活問題への対応として，1960（昭和35）年に精神薄弱者福祉法（現知的障害者福祉法），1963（昭和38）年に老人福祉法，1964（昭和39）年には母子福祉法（現母子及び父子並びに寡婦福祉法）が制定された。この３法と生活保護法，児童福祉法，身体障害者福祉法を合わせて総称されるものである。［北川慶子］

♧フーコー，M.

(Foucault, Michel ; 1926-1984)

フランスの社会思想家，哲学者。近・現代人が自明視している狂気や権力，性などをラディカルに問いただし，「常識的理解」を相対化している。とくに，「権力＝国家権力」という単純図式を廃し，たとえば「告白」という社会に遍在するミクロな権力諸関係を分析して見せる。［佐野正彦］

♧父子家庭（ふしかてい）

母子家庭が配偶者のいない女子とその扶養を受けている20歳未満の児童で構成されるひとり親家庭であるのに対し，父子家庭は配偶者のいない男子とその扶養を受けている20歳未満の児童で構成されるひとり親家庭である。母子家庭に比べ家事や養育における問題とその困難性がみられるため，父子家庭に対する子育て支援の諸サービスが拡充される必要性がある。児童扶養手当の支給をはじめ，法律名も母子及び父子並びに寡婦福祉法へと改称し父子世帯へ支援の強化を行っている。 [中村秀一]

♧婦人相談員（ふじんそうだんいん）

売春防止法に基づき要保護女子（性行や環境に照らして売春を行うおそれのある女子）の発見，相談，指導等により，その転落の未然防止と保護・更生を行うことや DV 防止法に基づく被害女子の相談，指導を行う。都道府県には配置義務があり，市は任意設置である。特別な資格はなく，社会的な信望と職務を行うのに必要な熱意と識見を有する者から任命され，婦人相談所を中心に駐在し，関係機関との連携をとる。 [中村秀一]

♧婦人相談所（ふじんそうだんしょ）

売春防止法第34条に基づく婦人保護事業の中核機関であり，都道府県に設置が義務づけられている。要保護女子（性行や環境に照して売春を行うおそれのある女子）の早期発見や保護・更生などを目的として，必要な相談，調査，判定，指導・援助，一時保護を主たる業務としている。加えて，DV 防止法に基づき，被害者女子に対する保護・支援を行う配偶者暴力相談支援センターとしての機能も果たしている。 [中村秀一]

♧婦人保護施設（ふじんほごしせつ）

売春防止法第36条に規定されており，要保護女子の入所施設として第1種社会福祉事業に位置づけられている。元々は売春を行うおそれのある女子が対象とされていたが，2001（平成13）年の DV 防止法では，婦人保護施設において配偶者からの暴力被害者の保護を行う旨が明確化された。入所者は精神障害，知的障害，外国籍，また経済的困窮や暴力など，さまざまな生活課題を抱えている実状があり，これらの支援に要する施設職員の不足などの課題があげられている。 [山本佳代子]

♧ブース，C.（Booth, Charles James；1840-1916）

イギリスのリバプール出身で，実業家として，主として海運業界で活躍する。1886年から，ロンドン市内にて貧困問題の観点から市民の生活状態の社会調査を実施し，調査結果を『ロンドン市民の生活と労働』（1903）にまとめた。この報告書は，17巻からなる膨大なものであったが，科学的な貧困分析に基づき，社会福祉の重要性を唱えたことからイギリスの救貧政策に大きな影響を与えた。 [川﨑竜太]

♧物価スライド制（ぶっかスライドせい）

年金額の実質価値維持のため物価変動に合わせ，年金の受給額を調整する制度。前年の1～12月における全国消費者物価指数の変動に合わせ，次の年の4月に自動的に年金額が改定される仕組みである。物価スライド以外にも「マクロ経済スライド」「賃金スライド」がある。なお，2005（平成17）年より「マクロ経済スライド」が導入されている。デフレで消費者物価が下落した場合，本来ならば年金額も減額となる。しかし，年金受給者の生活安定のため，特例法により物価スライドを一時停止させることで年金額を据え置くことができる。その不足分は物価上昇時に据え置くなどして調整を図ることとしている。 [黒木真吾]

♧物理的環境の合理的配慮（ぶつりてきかんきょうのごうりてきはいりょ）

障害者差別解消法において合理的配慮の規定は，「障害者から現に社会的障壁

ふ

の除去を必要としている旨の意思の表明があった場合において，その実施に伴う負担が過重でないとき」にその社会的障壁を除去することとなっている。当事者の要望をもとに可能な限りの物理的なバリアフリーを行う。ハード面の配慮が困難な場合，人的対応などソフト面の対応を行う。　［西島衛治］

♧不登校（ふとうこう）

学校に登校していない状態のことで，文部科学省は「何らかの心理的，情緒的，身体的あるいは社会的要因・背景により，登校しないかあるいはしたくともできない状況にあるため年間30日以上欠席した者のうち，病気や経済的な理由による者を除いたもの」と定義している。不登校となった直接のきっかけとしては，友人関係や学業不振の学校生活による起因，病気などの本人の問題による起因，さらに親子関係や家庭環境の問題などの家庭生活による起因が挙げられる。　［松元泰英］

♧登校拒否（とうこうきょひ）⇒不登校（ふとうこう）

♧ブトゥリム，Z.T.

(Butrym, Zofia T.；生没年不詳)

イギリスのソーシャルワーク研究者。ブトゥリムは，ソーシャルワークは，価値を担う活動であるとしている。そして，ソーシャルワーク実践の基本的な価値前提を，「人間尊重」（その人が人間であるがゆえに価値がある），「人間の社会性」（人間は独自性をもつ存在であるとともに他者に依存する存在である），「変化の可能性」（人間は変化・成長の可能性をもつ存在である）としている。　［富樫八郎］

♧不服申立て（ふふくもうしたて）

行政処分または行政庁が為すべき処分や行為を怠ったとする者が，処分の取消しまたは変更を求めることであり，審査請求，異議申立て，再審査請求がある。介護保険では主に審査請求といわれる。介護保険においては審査請求をすることができる期間は原則として，処分があったことを知った日の翌日から起算して60日以内であり，その期間を超えると却下される。「明らかに状態が重度であるにもかかわらず要支援が認定された」もしくは「特別な理由もなく30日以内に要介護認定の結果が通知されない」等といった内容で不服があり審査請求をする場合，原則として各都道府県に設置している介護保険審査会（市町村を通しても可能）に審査請求を行うことができる。　［黒木真吾］

♧部分浴（ぶぶんよく）

入浴介助等で利用者の全身を対象とする場合と区別し，身体の一部分のみ洗ったりする場合を指す。一般的には足浴・手浴・下半身浴・洗髪等がある。部分浴は全身状態が悪く，全身浴が困難な場合等の清潔保持ケアの方法として有効である。また，入浴が行われている場合でも，食事や排泄後に汚れが付着した場合や，関節の拘縮予防ケアとしても取り入れられている。また，足浴や手浴はケア提供者とのコミュニケーションも深まり，血液循環とリラックス効果もあることから利用者の満足度が高いケアである。冬季の就寝前実施による睡眠導入の効果も期待される。　［生野繁子］

♧扶養義務者（ふようぎむしゃ）

民法第877条１項によると①夫婦相互（民法第752条），②直系血族及び兄弟相互（第877条１項），③それ以外の三親等内の親族であって，特別な事情のあるものとして家庭裁判所の審判（または調停）により法律上の扶養義務を負わされているもの（民法第877条２項）である。①と②を「絶対的扶養義務者」といい，

ふ

生活保持義務の関係である。そのため原則として扶養義務者と同等の生活水準を保つことが求められる。これに対し，③の場合，「相対的扶養義務者」といい生活扶助義務関係である。余力のある場合に扶助の義務が発生する。なお2013（平成25）年生活保護法の改正により保護開始決定前の扶養義務者に対する通知が特別な場合（DV や虐待等）を除き義務づけられ，さらに資産や収入の報告を求められることなど扶養義務者に対して強化された。 ［中村幸子］

♧プライバタイゼーション (privatization)

経済の活性化を狙いとした国有企業の民営化など，規制緩和と民営化の様式で，一般的には国営・公営企業などの民営化を指していう。なお，1980年代のイギリスのサッチャー（Thatcher, M.H.）首相が高福祉政策を転換し大きな政府から小さな政府への転換を図り，経済産業の活性化と福祉カットを連動的に実施した経済政策「サッチャリズム（Thatcherism）」は，福祉国家を充足させず，アメリカのレーガン（Reagan, R.W.）大統領による経済政策「レーガノミクス（Reaganomics）」も同様であった。アメリカでは，1996年社会福祉改革法により民営化政策がとられるようになった。福祉サービス供給に対するさまざまな主体の適切な組み合わせとして，非営利組織や協同組合といった「コミュニティ形成機能」と「アドボカシー機能」が必要となる。また，ウェルフェアミックス（福祉ミックス）は，プライバタイゼーションの後に，政府，市場部門に加え，非営利民間組織等のインフォーマル部門を福祉供給システムの中に位置づけようとする考え方や政策で，1980年代に顕在化してきたものである。 ［北川慶子］

♧プライマリ・ケア (primary care)

人の健康上の問題，疾病に対し，治療だけでなく，予防から相談，再発防止のためのアフターケアを総合的・継続的に住民の身近な立場で対応する地域の保健医療福祉機能のことを指す。プライマリ・ケアを担う医師を総合診療医といい，患者の抱えるさまざまな問題に幅広く対応できる能力を有し，患者の初期診療を行い，必要に応じて最適の専門医につなぐ役割を担っている。 ［松岡佐智］

♧プラグマティズム (pragmatism)

1870 年代に自然科学者パース（Peirce, C.S.）によって定式化され，心理学者ジェームス（James, W.），社会心理学者ミード（Mead, G.H.），教育学者デューイ（Dewey, J.）によって深められたアメリカの哲学思想。その最大の特徴は，思想や概念の意義を，それらがどのような行動を生み出す効果をもっているかという点から判断するところにある。ヨーロッパ人の北米大陸への移住がはじまった16世紀以来，アメリカでは行動本位の思考様式が培われたが，プラグマティズムはその伝統に基づくアメリカ最初の哲学思想であり，現代アメリカの思想的基盤となっている。

［村山浩一郎］

♧フラストレーション (frustration；欲求不満（よっきゅうふまん）)

何らかの障害によって，欲求の充足が阻止されている状態のこと。フラストレーション状況に直面すると，人は生理的・心理的に緊張状態となり，意識的・無意識的に解消しようと試みる。その際，さまざまな反応による適応機制を行うが，不適切な機制に陥る場合もある。ローゼンツァイク（Rosenzweig, S.）

は，不適切な反応に陥ることなくフラストレーションに耐える力をフラストレーション耐性とよんだ。これは多様な経験や学習によって形成される。また，フラストレーション場面で主にどのような反応をする傾向があるかなどのパーソナリティ検査として，絵画フラストレーション検査（P-F スタディ）を考案した。
［畑　香理］

♧ブラゼルトン，T.B.

（Brazelton, Thomas Berry；1918-2018）

ハーバード大学名誉教授で，乳児の心と身体の発達に関する研究成果を基に，乳児の個性や養育環境の違いに応じた具体的な育児のあり方を説いている。また，著書の『ブラゼルトン新生児行動評価』は，新生児や小児科分野及び発達心理学の臨床と研究に広く活用されている。この新生児行動評価（Neonatal Behavioral Assessment Scale：NBAS）は，新生児の個人差を少しでも客観的に評価しようと考えだされた検査法で，35項目の行動評価と18項目の神経学的評価から構成されている。　［松元泰英］

♧フラッシュバック（flashback）

強い心的外傷を受けた後，わずかな刺激により無意識のうちに心的外傷を受けた記憶が鮮明に思い出されたり，夢に出てきたりする状態。心的外傷を受けた時と同様又はより一層強烈に，不安，焦燥，恐怖の状態に陥りやすい。たとえば大きな交通事故を目撃したものが，数か月経った同じような天気，時間帯に同じ色の車を見ただけで，衝撃的な場面が思い出され，あたかもその場面に存在しているような不安，恐怖の状態となるような状態。また覚せい剤乱用者が，乱用を中止したのちもわずかな刺激で覚せい剤を使用していた状態と同じような状態や，その当時の記憶がよみがえる状態，又は妄想にとらわれる状態のことをいう場合もある。　［橋本みきえ］

♧ブラッドショー，J.

（Bradshaw, John；1933-）

ブラッドショーは，「A Taxonomy of Social Need（ソーシャルニードの分類法）」の論文の中で，ニーズを「どのような基準」で，「だれが」判断するのかをいう点から，４つに分類している。①規範的ニーズ（normative needs）とは，専門職等が判断するニーズであり，社会の基準（価値）と現状とを比較して，その状況がかけ離れている場合のニーズを指す。②感得されたニーズ（felt needs）とは，本人自身が自覚しているニーズである。③表明されたニーズ（expressed needs）とは，本人が「ニーズがある」と自覚し，それがたとえば何らかのサービスを利用したいといったような具体的な行動となって現されたニーズのことを指す。④比較的ニーズ（comparative needs）とは，集団や統計的な資料等と比較して，その特性と同じ状態である場合のニーズのことを指す。　［松岡佐智］

♧プランニング（planning）

社会福祉援助技術における個別援助においては，援助の具体的方法を選定し，援助計画を作成する段階のことを指す。情報収集とアセスメントの結果を経てプランニングの段階となる。プランニングのためには問題解決の優先順位や，援助目標の実現の可能性などを考慮に入れた長期・短期の目標設定が必要となる。このようなプロセスに基づいて，援助者よりクライエントへ，援助者の役割，解決の課題，援助方法，社会資源等の説明が行われる。また，クライエント自身が問題解決の主体者として参加することが含まれる。　［中川美幸］

♧ブリーフセラピー
(brief therapy)

比較的短期間で問題の解決をめざす心理療法の総称。短期療法とも訳される。代表的な心理療法としては，メンタル・リサーチ・インスティチュート（Mental Research Institute: MRI）によるシステム理論を活用した心理療法やソリューション・フォーカス・アプローチ(Solution-Focused Approach：SFA)がある。ブリーフセラピーでは原因究明よりも，未来の解決像を構築していくことに重点をおくことに特徴がある。
［矢部　航］

♧ふるさと21健康長寿のまちづくり事業

厚生省は，1989（平成元）年度から「ふるさと21健康長寿のまちづくり事業」を開始した。高齢化問題に対処する市町村のまちづくり基本計画策定を支援すると共に，民間事業者に対しても，保健・福祉サービスを総合的に提供する一定の施設整備に際して，NTT の無利子融資や税制上の優遇等を行った。さらに「民間事業者による老後の保健及び福祉のための総合的施設の整備の促進に関する法律」を制定し，健康・福祉をテーマとするまちづくりがめざされた。このような政府主導の積極策の背景には，合計特殊出生率の趨勢的低下に歯止めがかからず，1989（昭和62）年には過去最低の1.57となり，もはや看過できない深刻な事態に至っていたことがある。翌1990（平成２）年には「老人福祉法等の一部を改正する法律」が制定され，いわゆる「福祉関係八法」が改正された。1989（平成元）年の「高齢者保健福祉推進十か年戦略」(ゴールドプラン)，1994（平成６）年の「新・高齢者保健福祉推進十か年戦略」(新ゴールドプラン）の登場により，福祉予算の増額も認められるようになり，長期計画に基づく福祉整備の時代への転換が図られた。［中馬充子］

♧ふるさと納税

納税者が応援したい自治体に住民税の一定割合を寄付できる制度である。都市と地方の経済格差を是正する案として2006（平成18）年10月，福井県知事の西川一誠が「故郷寄付金控除」を提言し，これがふるさと納税に繋がったといわれている。寄付先は任意であり，複数の自治体に対して寄付をすることができる。ふるさと納税による寄付は，基準内であれば自己負担の2,000円を除いた寄付額が寄付を行った年の所得税及び翌年度の個人住民税などから控除される寄付金控除制度である。自分が生まれ育った地域や教育を受けた地域，両親の出身地などに対する貢献や恩返しであり，納税者の真摯な思いを活かす制度といえる。形式的には「寄付」と「税額控除」を組み合わせた制度になる。なお，総務省は寄付額の３割以下に返礼品を抑えるよう通知している。［新田博之］

♧ブレア，T.（Blair, Tony；1953-）

イギリスの第73代首相。イギリス労働党の第18代党首。弁護士。1980～90年代のイギリス保守党政権は，「小さな政府」化を推し進めた。その結果，経済の活性化という効果をもたらしたが，一方で貧富の格差の拡大，若年層の失業の増加，犯罪の増加などをもたらした。そのような中で1997年５月の総選挙で労働党が圧勝し，ブレア政権（1997-2007）が発足した。ブレアは福祉国家のモデル転換を図り，政府支出によって経済を刺激し，完全雇用を達成するという経済政策を否定した。しかし，「大きな政府」か「小さな政府」かという二分法ではなく，機会の平等を確保するところに政府の役割を見出した。そのビジョンは「社会的包摂」と呼ばれ，市場原理主義路線を部分

的に取り入れた「第三の道」が提唱された。 ［久留須直也］

♧ふれあい・いきいきサロン

1994（平成６）年に，全国社会福祉協議会が都道府県社会福祉協議会および市区町村社会福祉協議会に呼びかけて始められた地域活動。「地域を拠点に，住民である当事者とボランティアとが協働で企画し，内容を決め，共に運営していく楽しい仲間づくりの活動」と定義されている。活動の場所は，①高齢者の自宅開放型，②集会所型，③会場不特定型等があり，地域の有志の人びとが，協力してサロンを作り運営し，それに地域住民やボランティア，町内会や老人クラブ，民生委員・児童委員等が協力する。活動の効果として，①楽しさ・生きがい・社会参加，②無理なく身体を動かせる，③適度な精神的刺激，④健康や栄養について意識する習慣がつく，⑤生活のメリハリ，⑥閉じこもらせない，が期待されている。各地で地域の特色を活かしたさまざまな活動が展開されており，高齢者だけではなく，子ども等，地域の人たちが一緒に交流する活動に発展している。

［泉　賢祐］

♧ふれあい型給食サービス（がたきゅうしょく）

都道府県地域福祉支援計画及び市町村地域福祉計画において，高齢者等の孤立の防止にも対応可能な地域づくりが求められており，地域福祉活動計画の事業として盛り込まれているケースが多く，市町村社会福祉協議会等の活動として位置づけられている。事業内容は地域のボランティアの協力により，定期的な会食や配食の形式で行われており，地域における一人暮らしの高齢者や高齢者のみの世帯等を対象に，栄養改善や健康の増進，地域からの孤立の防止や孤立感の解消，安否の確認等を目的として取り組まれている。 ［末永和也］

♧ふれあいのまちづくり事業（じぎょう）

1991（平成３）年に国庫補助事業として，市区町村社会福祉協議会を実施主体として始められた。ふれあいのまちづくり事業の趣旨は，「地域住民の参加と市区町村や福祉施設等の関係機関の連携のもと，地域に即した創意と工夫により具体的な課題に対応するとともに，住民相互の助け合いや交流の輪を広げ，共に支えあう地域社会づくりを行う」とされている。事業内容は，①地域福祉活動コーディネーターの配置，②ふれあいのまちづくり推進会の設置，③ふれあい福祉センターの設置の３つである。［泉　賢祐］

♧フレイル

フレイルとは，一般的に老化に伴う虚弱状態（心身機能の低下状態）を意味するが，学術的定義は定かではないとの指摘もある。厚生労働省の報告書「後期高齢者の保健事業のあり方に関する研究」（平成27年度厚生労働科学研究特別研究班長：鈴木隆雄）では「加齢とともに，心身の活力（運動機能や認知機能等）が低下し，複数の慢性疾患の併存などの影響もあり，生活の機能が障害され，心身の脆弱化が出現した状態であるが，一方で適切な介入・支援により，生活機能の維持向上が可能な状態像」と定義されている。フレイルは健康と身体機能障害の間に存在すると考えられているが，とくに後期高齢者は顕著に進行しやすいため，各種保健事業を通じた生活習慣病の予防や，介護予防，栄養改善等の支援がなされている。 ［本郷秀和］

♧ブレインストーミング（brain storming）

新しいアイディアを引き出すのに使われる技法である。小集団のメンバーに問題を提示し，それに対してできるだけ早く，しかもできるだけ多くのアイディアを出すように教示する。どんな非現実的なアイディアでもよしとし，それらについての批判は禁止される。提出されたアイディアに対する評価は，後になされる。この技法は，創造性の開発に有効であるとされている。ギルフォード（Guilford, J.P.）の実験では，ブレインストーミングのコースを受けた人の方が，そうでない人よりも多くのよいアイディアを出したという。すなわち，前者は創造性の特性である問題を受け止める能力，思考の円滑さ，思考の柔軟さ，独自性，再構成する能力，工夫する努力などが高まる傾向を示した。　［蓑毛良助］

♧フレックスナー，A.

(Flexner, Abrham；1866-1959)

1915年，全米慈善矯正事業会議で「ソーシャルワークは専門職業か」という内容で講演を行った。そこでは，専門職業の6つの評価基準をあげ，それに照らし合わせた結果，現段階ではソーシャルワークはいまだ専門職業とはいえないという結論を提示した。これにより，ソーシャルワークの専門職化ならびに技術体系の確立に向けた研究・活動が活発化することとなった。　［田中顕悟］

♧フレックスナー報告（ほうこく）

1915年の全米慈善矯正事業会議においてフレックスナー（Flexner, A.）は「ソーシャルワークは専門職業か」という講演で，「ソーシャルワークは，未だ専門職業とはいえない。その理由として，独自の技術，専門的な教育プログラム，専門書，そして実践スキルを有していない」と報告した。この指摘を受け，ソーシャルワーカーたちは，ソーシャルワークの技術・教育・専門職団体の結成等，ソーシャルワークの専門分化を志向することになる。この専門分化は，リッチモンド（Richmond, M.）の著書『社会診断』(1917)，『ソーシャル・ケース・ワークとは何か』(1922)，アメリカ病院ソーシャルワーカー協会の結成(1918)，1920年代の診断主義ケースワークの台頭などとなって具現化される。　［富樫八郎］

♧フレーフレーテレフォン（2020（フレフレ）テレフォン）

仕事と家庭生活の両立のため，再就職の準備や，育児・介護・家事代行などに関わる情報を電話やインターネットにより提供している。事務所の電話番号下4桁が2020（フレーフレー）となっていることからこの呼び名となっている。ベビーシッターや放課後児童クラブ等の育児情報，高齢者向け福祉サービスや介護用品等の介護情報，家事代行サービス等の家事代行情報の提供が行われている。また，インターネットでの情報を総合的に提供するフレーフレーネットも開始されている。　［原口　恵］

♧フレーベル，F.W.A.

(Fröbel, Friedrich Wilhelm August；1782-1852)

幼稚園の創始者であり，ルソー（Rousseau, J.J.）やペスタロッチ（Pestalozzi, J.H.）の流れをくむドイツの教育家である。1816年にペスタロッチ主義の学校を興し，そこでの教育体験に基づき主著『人間の教育』(1826)を出版した。生まれたばかりの子どもであってもあらゆる能力を自分のうちにもっているという基本思想を展開し，人間の教育の基礎は幼児期にあると考え，幼児教育の重要性を唱えた。1837年にブランケンブルグに後の幼稚園の基礎となる教育所を創設し，1839年には「幼児教育指導者講習科」にて教育力養成も積極的に行った。実践のために「遊戯及び作業教育所」を作った後，1840年に「幼稚園」(Kindergarten)と名付けた。また，教育のための遊具として「恩物」を考案し

た。「恩物」は，球や立方体の積み木などで，幼児の自己活動を促進するための教育遊具である。［原口　恵］

♧フロイト，A.

(Freud, Anna；1895-1982)

精神分析の創始者であるS.フロイト（Freud, S.）の末娘としてウィーンに生まれ，教育者となり，精神分析学を学び児童の精神分析家となった。父の発病後は父の補佐的役割を担いながら，自我防衛機制を整理するなど，精神分析学の普及・発展においても貢献した．1938年に父のイギリス亡命に付き添い，父亡き後イギリスで正統派精神分析家として活躍した．児童分析への取り組み及び自我防衛機制の研究において，精神分析学に理論的，実践的に寄与した。［小窪輝吉］

♧フロイト，S.

(Freud, Sigmund；1856-1939)

1856年にチェコのモラヴィアに生まれ，４歳の時にウィーンに移り，ウィーン大学医学部を卒業して，1881年に神経科医として開業した。ブロイアー（Breuer, J.）との神経症の共同治療及びフランスのシャルコー（Charcot, J. M.）のもとでの催眠の勉強を通して，無意識の存在とその性的性質などの着想を得た。そして神経症者の抑圧された記憶や願望を自由連想法や夢分析により明らかにし，患者に洞察させるという精神分析の治療方法及び理論を確立した。1900年代に入るとフロイトの理論に関心をもつ人びとが集まりウィーン精神分析協会へと発展し，1909年にはアメリカに招かれ心理学会からも認められるようになった。アドラー（Adler, A.）やユング（Jung, C.G.）の離反もあったが，精神分析は神経症者の治療方法を超えて独自のパーソナリティ理論へと発展し，心理学のみならず芸術や文学，文化の面にも大きな影響を及ぼした。ナチスの台頭により1938年イギリスに亡命し，翌1939年に生涯を閉じた。［小窪輝吉］

♧プログラム活動（かつどう）

グループを活用した援助技術であるグループワークにおいて，グループがその目的に沿って行う具体的な活動をいう。また，その活動の計画，実行，評価等の過程を含むこともある。プログラム活動の内容としては，学習，創作活動，スポーツ等多様な活動が想定される。プログラム活動を計画する際には，メンバーの能力や関心，グループの目的との適合性が考慮される。［矢部　航］

♧プロセスゴール（process goal）

プロセスゴールとは，地域福祉計画の策定においては，計画で設定する課題の達成目標であるタスクゴール（task goal），計画に関わる関係者間の相互関係の変化に関する目標であるリレーションシップゴール（relationship goal）とともに設定される目標である。プロセスゴールは，計画の策定や実施過程を通して，住民の意識やネットワークがどのように変化するかということに対する目標である。そのため，プロセスゴールの評価は，計画の結果ではなく，計画が作成された過程に沿って，住民参加や住民の主体性がどのように進んだかに焦点が置かれる。［山田美保］

♧プロセスレコード

(process record；過程記録（かていきろく）)

社会福祉における具体的な援助活動の記録。援助者と援助対象者が問題解決に向けて，どのような見通しをもち，どのような方針を立て，どのような計画を立案し，どのように援助活動に取り組んできたのかを示す，事例対応の一連の援助経過記録である。経過記録には，援助対象者の客観的な変化や援助者の働きかけの内容や，働きかけの背景にある援助者

の分析・検討の考察や所感等が含まれる。 ［佐藤直明］

♧ **フロム，E.S.** (Fromm, Erich Seligmann；1900-1980)

ドイツ生まれの精神分析家，社会心理学者。精神分析の創始者であるフロイト（Freud, S.）の欲動論を批判し，性格形成過程における文化的・社会的要因を重視した新フロイト派の一人。同一の文化に属する多くの人間は，共有された基礎的体験や共通の生活様式をとる結果，その集団には共通したパーソナリティー構造が生じるとし，それを「社会的性格」と名付けた。 ［橋本みきえ］

♧ **分散分析**（ぶんさんぶんせき） (analysis of variance：ANOVA)

一つ又は複数の母集団において，それらの異なる水準がデータ間の平均に対し差があるかを調べる検定のこと。観測値（observation）の変動を，その原因と考えられる複数の成分に分解し，各成分の効果の有無を検討する。１元配置の分散分析，２元配置の分散分析，反復測定による分散分析，共分散分析，ノンパラメトリック分散分析など多くの分散分析がある。 ［秋竹　純］

へ

♧ **ペアレンティング** (parenting)

子どもの養育や，「親になること」を示す語であるが，「子どもの理解」「親子関係の形成」「親としての自信獲得」などの養育行動や技能に関わる概念とされる。親役割取得や育児不安などに対し，支援や訓練を通して知識や技術を獲得できるようなプログラムが欧米を中心に開発されている。アメリカの心理学者ゴードン（Gordon, T.）は親としての役割を「一人の人間を生み，養い，社会的に一人前になるまで育てる」とし，親としての役割を効果的に果たす訓練として「親業訓練（Parent Effectiveness Training：PET）」プログラムを提唱した。その他に，オーストラリアで開発された「前向き子育てプログラム（Positive Parent Program；トリプルP）」などがある。 ［原口　恵］

♧ **平均寿命**（へいきんじゅみょう）

日本にいる日本人について，現在の死亡状況が今後も変化しないと仮定したときに，平均してあと何年生きられるかという期待値を平均余命として，０歳の平均余命を「平均寿命」という。平均寿命はすべての年齢の死亡状況を集約したものであり，福祉や保健の水準を総合的に示す指標などとして活用されている。

厚生労働省の「平成29年簡易生命表の概況」によると，平均寿命は男性が80.09歳，女性が87.26歳で，いずれも延び続けている。近年では，健康上の問題などで日常生活が制限されることなく生活できる期間とされる健康寿命，およびその平均寿命との差にも関心が向けられている。 ［夏秋圭助］

♧ **へき地保育所**（へきちほいくじょ） (day nurseries in iso-lated populated areas)

交通など生活上の諸条件に恵まれない山間地や離島等のへき地等，児童福祉法に規定する保育所の設置が困難であると認められる地域で保育を行う施設のことである。設置主体は市町村であり，入所及び保育料の決定を行う。入所はその幼児を原則とし，特に必要があるときは，その他の児童も入所させることができる。 ［原口　恵］

♧ベーシック・インカム
(basic income)

年齢，所得，資産，勤労の意思などに関係なく，すべての個人に対し，最低限の生活を送るために必要とされる現金を無条件に支給する所得保障制度として構想されるもの。貧困問題の解決や地方の活性化，ワーク・ライフ・バランスの実現などの効果が期待できる一方で，膨大となる支出の財源をどうするのか，労働の否定につながるのではないかという批判・課題もあげられている。　[久留須直也]

♧ペスタロッチ，J.-H.
(Pestalozzi, Johann-Heinrich ; 1746-1827)

スイスの教育家。学生時代にルソー（Roussaeu, J.J.）の影響を受ける。貧農の救助のために農場「ノイホーフ」を創設するが，後に孤児や貧困の子どものための学校を設立した。階級にかかわらずすべての子どもを教育の対象と考え，後に「スイス国民教育の父」と呼ばれるようになった。教育には家庭の温かさが重要だと述べ，家庭教育の中でもとくに「母と子」の関係の重要性を説いた。彼の教育成果はのちにフレーベルやヘルバルトらに大きな影響を与えた。日本では明治10年代に「開発教授法」として小学校教育に彼の思想が導入されている。代表的な著作として『隠者の夕暮』（1780），『リーンハルトとゲルトルート』（1787）がある。　[原口　恵]

♧べてるの家（いえ）

精神障害等を抱えた当事者の地域活動の拠点として，1984（昭和59）年，北海道浦河町に設立された。社会福祉法人浦河べてるの家による就労継続支援やグループホームの運営，有限会社福祉ショップべてるでの福祉用具の販売，NPO 法人セルフサポートセンター浦河の活動などがあり，総体としてべてると呼ばれている。べてるは当事者にとって，生活共同体，働く場としての共同体，ケアの共同体という 3 つの性格を有しており，100名以上の当事者が地域で暮らしている。毎年，開催されている「べてるまつり」での「幻覚妄想大会」，当事者の社会参加を支える支援プログラムや病床数の削減をめざした「当事者研究」が有名である。　[藤島法仁]

♧ベヴァリッジ報告（ほうこく） (Beveridge Report)

1942年，イギリスで第 2 次世界大戦後の再建構想の柱の一つとして，ウィリアム・ベヴァリッジ（Beveridge, W. H.）を委員長とする社会保険および関連サービスのあり方を検討するために設けられた委員会が作成した「社会保険および関連サービス」と題する報告書。社会の発展を阻む 5 つの巨人（窮乏，疾病，無知，不潔，失業）への広範な社会政策の必要性を強調し，社会保険を中核に位置づけ，公的扶助と任意保険で補完する体系を構想，その前提条件として児童手当や包括的な保健サービス，雇用の維持の必要性を提言した。社会保険の原則として，均一給付・均一拠出の原則，最低生活を保障するナショナルミニマムの原則，全国民を対象とする一般性の原則をあげている。これを基礎にイギリスでは一連の社会保障立法が制定された。過去の社会保険および関連諸制度の抜本的改革により，のちのイギリス福祉国家の基礎を形作ったばかりでなく，各国の社会保障制度に対しても大きな影響を与えた。　[佐藤眞子]

♧ベビーシッター (babysitter)

主に 3 歳未満の乳幼児を対象とし，家庭や指定された場所において乳幼児の保育や世話をする人のことである。集団保育ではなく個別での保育であり，保育所では対応できないニーズに対応する等，家庭事情に応じて柔軟に利用できる形態の在宅保育サービスである。日本では法的な保育者としては位置づけられていないが，公益社団法人全国保育サービス協会が研修や認定試験などを通してベビーシッターの育成・普及を全国的に図っている。 ［原口 恵］

♧ベビーシッター育児支援事業（いくじしえんじぎょう）

多様な働き方をしている労働者がベビーシッター派遣サービス利用した場合に，その利用料金の一部または全部を助成する事業のことである。子ども・子育て支援の提供体制の充実を図ることを目的として行われている。割引額は1回あたり2,200円（多胎児2人の場合は9,000円，多胎児3人以上の場合は18,000円）である。厚生労働省が一般財団法人こども未来財団を通じ実施していたが，国庫補助廃止により2014（平成26）年度に終了した。その後，「ベビーシッター派遣事業」と名称を改め，2016（平成28）年度からは内閣府で実施することとなった。2018（平成30）年度からは公益社団法人全国保育サービス協会が委託を受けて施主体となっている。 ［原口 恵］

♧ベビーホテル（baby hotel：overnight facility for babies）

児童福祉法に基づく都道府県知事などの認可を受けていない認可外保育施設のうち，夜間（おおむね20時以降）に及ぶ保育あるいは宿泊を伴う保育を行うことができる施設のことである（事業所内保育施設，院内保育所を除く）。1960年代後半以降，都市部を中心に急増したが，法的な施設基準や規制がなく死亡事故が相次ぎ社会問題となった。1981（昭和56）年，児童家庭局長通知で立ち入り調査など行政の指導監督の実施が規定され，2001（平成13）年の児童福祉法改正では，認可外保育施設全般に対する監督の強化が図られた。 ［原口 恵］

♧ヘルパー・セラピー原則（げんそく）

問題を抱える当事者同士が支え合うセルフヘルプ・グループの機能の一つとしてリースマン（Riessman, F.）によって打ち出された概念であり，「人は援助をすることで最も援助を受ける」という状態をあらわしたものである。セルフヘルプグループの活動のプロセスでは，自分の抱えている問題が他者の問題解決に役立つ経験を伴う。またこの経験は，自分の問題をより積極的に受け入れることにつながるため，その結果，援助を受けることをより容易にするという効果をもたらす。 ［加藤稔子］

♧ベントン視覚記銘検査（しかくきめいけんさ）

ベントン（Benton, A.L.）が器質性脳疾患の診断及び視覚記銘力障害の有無の鑑別の目的のために作成したものである。図版は，全部で30枚であるが，教示の仕方及び検査法は11通りある。たとえば，C系列の問題のうち，教示Aでは図版を各10秒間提示して記銘させ，直ちに見た通りの形，大きさの図式を一定の用紙に書かせる。教示Mでは，図版を10秒間提示した後，選択図版を提示し，同一の図形を選択させる。採点は，再生図形を手がかりに，省略・付加・歪曲・保持・回転・位置の誤り，大きさの誤りなどを評価基準として行われる。その結果は，IQやCA（生活年齢）との相関も高く，脳疾患や視覚記銘力障害の診断に有効である。 ［蓑毛良助］

ほ

♧保育計画（ほいくけいかく）

保育計画とは，幼稚園や保育所において，一定の保育理念に基づき，保育の目的を定め達成するために，どのような手段や方法を用いたらよいかを検討し，まとめたものをいう。その保育の予定を年間計画に基づいて，月案，週案，日案を作成する。保育計画の目的と内容に基づき，地域の実態，子どもの発達，家庭状況や保護者の意向，保育時間などを考慮して作成される。一方で，保育計画は，保育者側の立場に立って計画立案されたものが多い。なぜなら，子どもの自発的な活動は，しばしば保育者にとって予測がつかないことがあるからである。保育計画にて設定された保育内容は，子ども一人ひとりの成長の場として大切な役割を果たすが，保育者自身が子どもの自発的な行動を制限し，その場限りの結果を求めすぎると子どもにとって大きな負担となるため，保育者側は常に子どもの自発的な行動が実現されているか，保育計画を見直す必要がある。［梶原浩介］

♧保育構造改革（ほいくこうぞうかいかく）

社会の少子高齢化や保育ニーズの拡大・多様化を受け，国の政策レベルでの保育構造改革が進められてきた。保育所は，1997（平成９）年の児童福祉法改正により選択利用方式に変更され，地域子育て支援の拠点役割や特別保育事業の推進も求められた。また，待機児童対策が喫緊問題とされるなか，2000（平成12）年度からの設置主体の規制緩和，2004（平成16）年度からの公立保育所の一般財源化が次々と図られた。今，「社会保障と税の一体改革」の推進（2011（平成23）年～）のもと，2012（平成24）年の子ども・子育て関連三法成立により，子ども・子育て支援新制度の政策が展開されている。幼保一体化として「保育認定方式」が導入され，保育所は，幼保連携型認定こども園とともに施設型給付の認定を受けての利用となった。また，地域型保育給付に基づく小規模保育事業も立ち上げられている。［岩井浩英］

♧保育士（ほいくし）

保育士とは，児童福祉法第18条の４に定義されており，児童福祉法第18条の18第1項の登録を受け，保育士の名称を用いて，専門的知識及び技術をもって，児童の保育及び児童の保護者に対する保育に関する指導を行うことを業とする者をいう。活動分野としては，保育所，乳児院，児童養護施設等の児童福祉施設があり，児童の身のまわりの世話や発達支援，保護者や地域等との連携が主な業務である。なお，保育士の資格を取得するためには，厚生労働大臣の指定する保育士を養成する学校等を卒業するか，保育士試験に合格する必要がある。

［松岡佐智］

♧保育所（ほいくしょ）

保育所とは，児童福祉法第39条に定義されており，保育を必要とする乳児・幼児を日々保護者の下から通わせて保育を行うことを目的とする施設であり，「保育所保育指針」に基づき，児童の発達に応じた保育を提供している。保育所の基準は，「児童福祉施設の設備及び運営に関する基準」に従い，都道府県・指定都市・中核市が条例により定めており，職員配置基準，設備の基準等が子どもの年齢に応じて決められている。保育時間は，原則８時間であるが，通常保育以外に延長保育（補助），休日保育（加算），夜間保育（加算）等を行う保育所もある。保育所は，入所する子どもを保育するとともに，家庭や地域のさまざまな社会資源との連携を図りながら，入所する子どもの保護者に対する支援及び地域の子育て家庭に対する支援等を行う役割を担っている。　[松岡佐智]

♧保育所徴収基準額（利用者負担額）

国の示す利用者負担（保育料）の基準額である。児童福祉法において保育料は「家計に与える影響を考慮して保育の実施に係る児童の年齢等に応じて定める額」とし，国は保育所徴収基準額を示していた。2015（平成27）年度から施行された子ども・子育て支援新制度では，子育て支援を総合的に推進するために，保育所，幼稚園，認定こども園，地域型保育施設といった対象施設を利用するための認定の仕組みを創設した。この新制度の利用者負担については，世帯の所得の状況その他の事情を勘案して国が定める水準を限度として市町村が定めるとし，子どもの年齢，教育・保育の内容と利用時間等から利用できる施設・事業の認定に基づき，教育標準時間認定と保育認定の子ども（3歳未満，3歳以上）の利用者負担の基準を示している。なお，子ども・子育て支援法第27条がその法的根拠である。　[中村秀一]

♧保育所の規制緩和

2000（平成12）年の保育所の規制緩和として，保育所設置主体制限の撤廃，社会福祉法人以外のNPO・学校法人・株式会社などの保育参入の許可，保育所の民営化，定員規模要件の引き下げなどが実施された。その後も，短時間勤務保育士の導入，小規模保育所の設置促進，賃貸方式の許容などの緩和要件が示されるなど，緩和施策が進められてきた。2017（平成29）年にまとめられた「規制改革推進に関する第2次答申」では，地方自治体の待機児童解消に向けた取組みを促すため，居住地にかかわらず希望保育所が利用できるよう広域連携を促進すること，多様な保育所の参入促進，再就職等の支援をふくむ保育人材確保などの制度改革が盛り込まれている。　[山本佳代子]

♧保育所分園

保育所に分園を設置することで，認可保育所の設置が困難な地域に保育の実施を図ることを目的に制度化された。設置経営主体は，本体である保育所を設置運営する地方公共団体や社会福祉法人等である。1分園の定員は，原則30人未満で，常時2名以上の保育士が配置される。本体と分園の距離として，通常の交通手段により30分以内（目安）とされている。都市部における待機児童問題や過疎地域の入所減少問題への対応などが期待される。　[中村秀一]

♧保育所保育指針

保育所保育指針は，保育所保育の基本となる考え方や保育のねらい及び内容など保育の実施に関わる事項と，これに関連する運営に関する事項について定めたものである（厚生労働省，2018）。最新の改定は，2017（平成29）年に告示され，2018（平成30）年4月より適用された。保育所保育指針は，厚生労働大臣告示として定められたものであり，規範性を有する基準としての性格をもつ。内容は，第1章「総則」，第2章「保育の内容」，第3章「健康及び安全」，第4章「子育て支援」，第5章「職員の資質向上」の全5章で構成されている。　[有村玲香]

♧保育ニーズ

保育所等では，当初から，家庭での育児等をめぐる保育ニーズに応えることがその役割とされてきたが，昨今，そのニーズは著しく拡大・多様化してきた。たとえば，保育時間の延長や夜間保育，休日保育，産休明けからの保育，一時保育のほか，乳児保育や特別な配慮を要する子どもの保育といったニーズが広範にみられる。国レベルでも，待機児童対策や育児家庭に対する地域子育て支援等が政策上の重点課題とされ，具体的な数値目標として，1994（平成６）年の「エンゼルプラン」と2002（平成14）年の「待機児童ゼロ作戦」に始まり，2017（平成29）年には「子育て安心プラン」（経済財政諮問会議決定）が策定された。また，子ども・子育て支援新制度政策のもと，2012（平成24）年の児童福祉法改正により，保育利用の要件として「保育を必要とする乳児・幼児」が規定されたほか，小規模保育事業や地域子ども・子育て支援事業も実施されるようになった。このような動向にあって，今後，新たな保育ニーズ対応等がますます迫られるものと予想される。［岩井浩英］

♧保育の実施（ほいくのじっし）

保護者の労働又は疾病その他の事由により，その監護すべき乳児，幼児その他の児童について保育を必要とする場合，市町村は，児童福祉法及び子ども・子育て支援法に基づき，保育所へ入所の他，認定こども園，家庭的保育事業等を確保することにより，児童を保育しなければならないことが児童福祉法第24条に規定されている。なお，同法には，保育の需要が高く，入所が困難な場合，それらの保育施設の利用の調整を行わなければならないことや，地域の実情に応じたきめ細かな保育が積極的に提供され，児童が，その置かれている環境等に応じて，必要な保育を受けることができるよう，保育を行う事業その他児童の福祉を増進することを目的とする事業を行う者の活動の連携及び調整を図る等地域の実情に応じた体制の整備を行うものとすると規定されている。［川池智子］

♧保育ママ（ほいくママ）

保育ママとは，市町村長が行う研修を修了した保育士その他の厚生労働省令で定める者であって，当該保育を必要とする乳児・幼児の保育を行う者として市町村長が認める者をいう。家庭的保育者ともいう。子ども・子育て支援法（平成24年法律第65号）で定める事由により，家庭において必要な保育を受けることが困難である乳児又は幼児であって，満３歳未満の者について，保育ママの居宅その他の場所において保育を行う事業である。主に，保育ママの自宅などで，子どもの健康状態の視診，おやつ，おむつ替え，外遊び等の保育を行う。近年の待機児童問題の深刻化に伴い，保育ママ制度に対する今後の普及や発展に期待が集まっている。［梶原浩介］

♧防衛機制（ぼうえいきせい）（defense mechanism）

フロイト（Freud, S.）によって明らかにされた理論概念。精神内界の安定を保つ無意識的な自我機能であり，衝動を無意識内に抑圧しその抑圧を保つ働きで，超自我・エス・外界現象の三者間の葛藤を解決する機能などを意味する。具体的には，抑圧・反動形成・置換・合理化・投影・補償・昇華などがあるが，防衛的抑圧を基本型とする。防衛は，本能衝動と情動に向けられるが，防衛された無意識的欲求や情動は，エネルギー論的に見ると，非解放のまま無意識過程として働き続け，自我機能の弱化に乗じて，再び解放を求める。このような防衛と衝動の葛藤は，超自我の批判を受けて不安を生ずる。そして，不安は自我に作用して再び防衛機制が働く。［蓑毛良助］

♧放課後児童健全育成事業（ほうかごじどうけんぜんいくせいじぎょう）

「放課後児童クラブ」の正式名称である。仕事と子育ての両立が課題となる中で，女性の社会進出や核家族化の進行などにより，児童と家庭を取り巻く環境が変化してきている。そこで同事業は放課後や週末などに児童が安心して生活できる場所を確保し，家庭や地域等との連携のもと，発達段階に応じた主体的な遊びや生活が可能となるよう，児童の健全育成の支援をはかっている。自治体や設置者によって「学童クラブ」「学童保育所」などの名称でも呼ばれる。構成児童数としてはおおむね40人以下としている。

［原口　恵］

♧放課後等デイサービス（ほうかごとう）

2012（平成24）年４月改正の児童福祉法で新たに位置づけられた支援で，学校（幼稚園及び大学を除く）に就学している障害児に授業の終了後又は休業日に，生活能力の向上のために必要な訓練，創作的活動，作業活動，地域交流の機会の提供，余暇の提供，その他の便宜が供与される事業である。保護者にとっては障害児を育てることを社会的に支援する側面（子育ての悩み相談，レスパイト等）もある。利用手続きは，市町村である。

［門田光司］

♧包括的支援事業（ほうかつてきしえんじぎょう）

介護保険法に規定されている，地域支援事業の一つ。地域支援事業は他に，介護予防・日常生活支援総合事業，任意事業がある。包括的支援事業は，地域のケアマネジメントを総合的に行うことを目的として実施され，総合相談支援業務，権利擁護業務，包括的・継続的ケアマネジメント支援業務，介護予防ケアマネジメント業務，地域包括支援センターの運営，地域ケア会議の充実，在宅医療・介護連携推進事業，認知症総合支援事業，生活支援体制整備事業から成る。主として市町村が設置もしくは市町村が委託する地域包括支援センターで事業を実施している。

［黒田清香］

♧包括的な支援体制（ほうかつてき しえんたいせい）

社会福祉法第106条の３に規定されている「地域生活課題の解決に資する支援が包括的に提供される体制」。同条は，市町村にこれを整備するよう努めることを求め，そのために市町村が実施すべき施策として，①地域福祉に関する活動への地域住民の参加を促す活動を行う者に対する支援，地域住民等が相互に交流を図ることができる拠点の整備，地域住民等に対する研修の実施その他の地域住民等が地域福祉を推進するために必要な環境の整備に関する施策，②地域住民等が自ら他の地域住民が抱える地域生活課題に関する相談に応じ，必要な情報の提供及び助言を行い，必要に応じて，支援関係機関に対し，協力を求めることができる体制の整備に関する施策，③生活困窮者自立相談支援事業を行う者その他の支援関係機関が，地域生活課題を解決するために，相互の有機的な連携の下，その解決に資する支援を一体的かつ計画的に行う体制の整備に関する施策，を定めている。

［村山浩一郎］

♧法人後見（ほうじんこうけん）

個人ではなく，社会福祉法人やNPOなどの「法人」が，家庭裁判所より成年後見人等に選任されること。メリットとしては，後見活動が長期にわたることが予想される事案において担当する成年後見人等の交代により，支援の継続性を担保できること，本人の資産が少なく専門職後見人の選任が困難な事案に対応できることなどが挙げられる。一方，デメリットとしては，担当者が交代することで，その支援の内容や対応に違いやムラができてしまうことが挙げられる。

［戸丸純一］

♧法定後見（ほうていこうけん）

わが国の成年後見制度は，法定後見制

度と任意後見制度の2つから成り立っており，その一つである。任意後見制度では，本人が判断能力を持つことが前提となっているため，本人は任意に後見人を選び，契約を通じ支援内容を決めることができる。法定後見制度の利用者は，認知症高齢者，知的障害者，精神障害者など，判断能力はすでに低下した状態の者であり，成年後見人等の選任については，民法などの法律の規定に従った過程を経て，家庭裁判所の審判により選任される。制度利用の要件については，あくまでも本人の判断能力の有無によるものであり，傷病，要介護度，障害者手帳などの有無は要件に当たらないとされている。また，法定後見には3つの類型があり，判断能力が低い方から後見，保佐，補助となっているが，家庭裁判所の審判により類型が決められ，選任された成年後見人，保佐人，補助人は，それぞれの権限の範囲に基づき，身上保護，財産管理をを行っていく。［戸丸純一］

ほうていこようりつ
♧法定雇用率

障害者雇用促進法第43条に基づき，障害者について，一般労働者と同じ水準において常用労働者となり得る機会を確保することとし，常用労働者の数に対する割合（障害者雇用率）を設定し，事業主等に障害者雇用率達成義務を課すことにより，それを保障するものである。2018（平成30）年4月1日から，民間企業2.2%，国，地方公共団体2.5%，都道府県等の教育委員会2.4%となっている。なお，法定雇用率を満たしていない企業からは納付金を徴収し，より多く障害者を雇用している企業に対する調整金や障害者を雇用するに必要な施設整備への助成金に充てている。［河村裕次］

ほうていじゅたくじむ
♧法定受託事務

本来国が果たすべき事務を地方公共団体が受託するもの（第1号法定受託事務）と本来都道府県が果たすべき事務を市町村が受託するもの（第2号法定受託事務）がある。内容として社会福祉法人の認可，生活保護法による保護，福祉手当関係の支給等，国政選挙，旅券交付，都道府県議会選挙等に関し，市町村が処理することとされている事務もある。1999（平成11）年の地方分権の推進を図るための関係法律の整備等に関する法律（地方分権一括法）の成立により地方自治法の改正が行われ，機関委任事務・団体委任事務が廃止され，法定受託事務と自治事務となった。福祉サービスの事務がいくつか法定受託事務になった背景には，福祉ニーズの拡大も一つの要因となっている。［黒木真吾］

ほうていだいりじゅりょう
♧法定代理受領

介護保険の保険者である市町村等が，サービス提供事業者にサービスに要した費用を支払うことにより，被保険者に保険の給付を行ったとする方式。利用者が利用料を全額事業者に支払い，保険給付費を利用者が受ける（償還払い）方式が介護給付の基本であるが，この償還払い方式では利用者の負担が大きいため，一定の要件（市町村等に居宅サービス計画作成依頼届出を提出している等）を満たすことで，法定代理受領方式ができる。たとえば，デイサービスを利用する要介護または要支援の判定の出ている利用者が利用料の1割をデイサービスに支払い，残りの9割をデイサービスが国民健康保険団体連合会に請求するという仕組みである。［黒木真吾］

ほうめんいいんせいど
♧方面委員制度

民生委員制度の前身。1917（大正6）年岡山県済世顧問制度，1918（大正7）年大阪府方面委員制度が設置されたのを起源とし，1920年代後半までに全国府県に類似の制度が普及した。方面委員制度においては，民間篤志家である地域の自営業者等の市民が方面委員として委嘱された。各委員は方面区域を担当して貧困世帯の救護，相談，調査等にあたり，救護世帯については第1種，第2種に分類し対応した。その後，救護法において補助機関に位置づけられ，1936（昭和11）年方面委員令で法令化された。方面委員は，民間篤志家として社会事業の整備拡充に寄与したとされ，社会事業行政の発展の初期におけるその意義は大きいといわれている。 ［大山朝子］

♧訪問介護（ほうもんかいご）

訪問介護は，介護福祉士（ケアワーカー）や訪問介護員（ホームヘルパー）が，被介護者（要介護者・要支援者）の居宅を訪問し，食事・入浴・排泄など直接身体に触れる身体介助をはじめ，掃除・洗濯・調理などの家事面における生活援助，通院時の外出移動サポートなどを行うサービスである。大きく分けて，「身体介護」「生活援助（家事援助）」「複合型（身体介護と生活援助を組み合わせたサービス）」の3種類がある．また，利用者の居宅に1回1時間以上滞在して援助する「滞在型」と，排せつ介助など1回20～30分の訪問を1日に数回行う「巡回型」がある．なお，介護予防訪問介護では，身体介護，生活援助の区分は一本化され，通院等乗降介助（介護タクシー）は利用できない。 ［林田貴久］

♧訪問介護員（ほうもんかいごいん）（ホームヘルパー）

介護保険制度に基づく訪問介護を提供する介護の従事者である。介護保険法第8条第2項で規定された介護福祉士の介護行為を，介護保険法施行令により実施することが許された「その他政令で定める者」。訪問介護員は社会福祉法人，医療法人，NPO，民間企業が運営する事業所等に所属し，在宅の利用者を訪問し身体介護や生活援助を担っている。訪問介護員は都道府県知事又はそれが指定するものが行う介護員養成研修を修了した証明書の交付が必要である。かつては老人家庭奉仕員と呼ばれ，通称は「ホームヘルパー」とも呼ばれている。

［生野繁子］

♧訪問介護計画（ほうもんかいごけいかく）

介護保険制度で，介護支援専門員（ケアマネジャー）は本人や家族の要望を中心にさまざまな情報収集を行い分析して介護ニーズを見出し，介護サービス計画（ケアプラン）を作成する。サービス担当者会議で介護サービス事業者等の援助が確認され，多職種連携によって利用者本位の援助が実施される。その中で，訪問介護に求められる援助について，訪問介護員は介護の個別援助計画を立案して実践する。これを訪問介護計画といい，訪問介護サービスを行うに際して，より良いサービスの提供に欠かせないものであり，介護過程の展開が行われる。訪問介護計画は，訪問介護事業所のサービス提供責任者が作成する。内容は長期目標，短期目標，具体的な介護実践の計画を誰が見てもわかるように示し，評価日を設定する。実践を評価して再アセスメントする。この計画が訪問介護員によって共有されることで，要介護者に統一した援助が実施され，自己実現に貢献することができる。 ［吉岡久美］

♧訪問看護（ほうもんかんご）

看護師等が利用者の自宅等に訪問して，医療処置・看護・リハビリテーションを提供するサービスであり，医療保険によるものと介護保険によるもの2種類がある。介護保険法第8条第4項では「訪問看護」を「居宅要介護者の居宅において看護師その他厚生労働省令で定める者により行われる療養上の世話または必要な診療上の補助」としている。訪問看護の内容としては療養上の世話，医師の指示による医療処置，病状の観察，医療機器の管理，ターミナルケア，床ずれ予防・処置，在宅リハビリテーション，認知症ケア，介護家族への支援・相談，家族関係調整等，多岐に渡る。病院・診療所からの訪問看護よりも，訪問看護ステーションからの訪問看護の方が高い料金設定である。早朝・夜間・深夜の訪問看護には加算がある。［生野繁子］

♧訪問看護ステーション（ほうもんかんご）

訪問看護ステーションとは，居宅で安心して安全な療養生活が送ることができるように，居宅に訪問して診療の補助または療養上の世話といった看護サービスを提供する事業所であり，訪問看護事業所ともいう。訪問看護は，看護師，保健師，准看護師，理学療法士，作業療法士，言語聴覚士が行う。障害や病気を持つ人が利用できるが，医療保険と介護保険のいずれかの公的保険を利用する場合には，主治医の訪問看護指示書により必要な看護が提供される。医療保険では年齢に関係なく主治医が必要と判断した場合にはサービスを受けることができ，介護保険ではケアプランに組み込まれることでサービスを受ける仕組みとなっている。訪問看護を行う看護師等は訪問看護師養成研修によって専門性が高められている。［吉岡久美］

♧訪問入浴介護（ほうもんにゅうよくかいご）

介護保険制度において，介護職員や看護師が，自宅での入浴が困難な要介護者宅を訪問し，浴槽を提供して入浴の介護を行うサービスである。利用者の身体の清潔の保持や心身機能の維持を図ることを目的としている。自宅内へ浴槽の搬入が可能な場合は，自宅内に浴槽を運び，入浴サービスを提供する。入浴前後に体温や血圧測定等により，利用者の体調確認が行われる。体調が優れず入浴できない場合は，清拭や部分浴に代えることがある。要支援者に対しては，介護予防訪問入浴介護が行われる。［松永美菜子］

♧訪問リハビリテーション（ほうもん）

医療機関又は訪問リハビリステーションから，障害者や高齢者の自宅へセラピスト（理学療法士・作業療法士・言語聴覚士）が訪問し，治療を行うこと。生活環境において必要な動き，ADL の向上または維持をめざす。より快適な在宅生活を送ることができるように助言や指導も行う。1 対 1 でリハビリテーションが行われることが多く，普段の生活の場で行われるので，状態に応じた最適なリハビリが受けられる。本人だけでなく家族の希望をリハビリテーションに反映しやすい。的確な福祉用具の導入，自助具作製を検討することにもつながる。利用にあたっては，医師の指示が必要。医療保険，介護保険での利用が可能である。

［久永佳弘］

♧ボウルビィ，J.

(Bowlby, John；1907-1990)

イギリスの児童精神科医・精神分析家である。第 2 次世界大戦後のイタリアの孤児院・乳児院に収容された戦争孤児たちの状況（発達・発育の遅れ等）から，乳幼児期の発達，早期における母親の愛情，世話と子どもの心身の健康との関係性について，乳幼児の直接観察を通して子どもが母親に抱く愛着を研究する。ボウルビィは，愛着は特定の対象との情緒的な結びつきを指し，乳幼児が母親との情緒的な相互作用を通して，母親と確固たる絆である愛着が形成されるとして愛着が本能的，適応的行動であることを明らかにしている。そして，比較行動学の生得的行動パターンの考えやピアジェの理論及びシステム理論を取り入れて，乳幼児の初期の発達を理論化している。

［梶原浩介］

♧ボーエン，M.

(Bowen, Murray；1913-1990)

家族システム論を確立した精神科医であり，研究者である。ボーエンの家族システム論は，家族の中に「感情・情緒システム」と「人間関係システム」が存在するとしている。ボーエンは家族システム論に関連し８つの概念を提唱した。８つの概念とは，三者関係（triangles），自己の分化（differentiation of self），核家族の感情システム（nuclear family emotional process），家族の感情投射過程（family projection process），多世代間の伝承過程（multigenerational transmission process），感情の断絶（emotional cutoff），出生位置（sibling position），社会情動過程（societal emotional process）である。また，1978年には，家族療法に用いられていた家族関係を図式化したツールをジェノグラムという名称で提案した。［山田美保］

♧保険医（ほけんい）

保険医は，健康保険法（第64条）で保険医療機関において健康保険の診療に従事する医師として，厚生労働大臣の登録を受けなければならないと規定されている。医師免許を受ける医師が自動的に保険医として登録されるものではなく，勤務先の保険医療機関の所在地を統轄する地方厚生（支）局長へ保険医登録を申請しなければならない。また，保険診療として診療報酬が支払われるには，保険医が，保険医療機関において，健康保険法，医師法，医療法，医薬品医療機器等法の各種関係法令の規程を遵守し，医学的に妥当適切な診療を行い，診療報酬点数表に定められたとおりに請求を行っている必要がある。なお，健康保険法第80条及び第81条には，保険医療機関の指定及び保険医の登録取消しに関する規程も設けられている。［中馬充子］

♧保険給付（ほけんきゅうふ）

被保険者や被扶養者が，疾病・出産・死亡・要介護状態などの保険事故を被った場合に，当該保険の根拠法における各種基準に基づき支給される給付。具体的には，医療や介護サービスの提供といった現物給付と，現金給付が行われる。健康保険や介護保険など保険の種類や，被保険者の収入などによって給付の内容が異なる。［島﨑　剛］

♧保健師（ほけんし）

保健師とは，保健師助産師看護師法（通称：保助看法）で定められた国家資格であり，「厚生労働大臣の免許を受けて，保健師の名称を用いて，保健指導に従事することを業とする者をいう」とされている（第２条）。保健師の主な業務は，保健指導への従事であり，疾病予防（予防医療）や公衆衛生にかかわる業務等に広く従事している。主な職場として保健所，保健福祉センター，学校，病院，企業等がある。保健師資格の取得にあたっては，国（厚生労働省）による保健師国家試験に合格する必要があるが，前提として看護師資格が必要である。保健師になるには，大学等の保健師・看護師養成機関の卒業，看護師資格の取得後に保健師養成課程（学校）を経て受験に至ることが一般的である。［中川美幸］

♧保険事故（ほけんじこ）

保険者が被保険者に対し，保険給付の義務が発生した事故のことで，保険契約に定められた保険給付の対象となる事実を指す。一般的に金銭給付が行われる。具体的には，公保険（社会保険）では傷病，老齢，失業などがあげられ，原則として行政が保険者となる。私保険では民間の保険会社が保険者となり，人に関する事故以外を対象とするものもある［畑　香理］

♧ 保険者（ほけんしゃ）

各種保険事業の運営主体のことを指す。保険契約に基づき保険事故が発生した場合に保険金を給付する義務を負う。また，その費用は保険の加入者から徴収される保険料で賄われる。健康保険や年金，介護保険など公営保険は国や地方自治体，公法人が保険者となる。また，生命保険や損害保険などの私営保険は民間の保険会社が保険者となる。たとえば公営保険の一つである介護保険の保険者は市町村であり，要介護・要支援認定，保険給付，地域密着型サービスの指定，指導，監督，地域支援事業，市町村介護保険事業計画，保険料等に関する事務を行う。 ［日田　剛］

♧ 保健所（ほけんしょ）

保健所は，地域保健法で定められた地域住民の健康の保持・増進等に関わる公的機関であり，都道府県，指定都市，中核市，特別区等に設置されている（第5条）。保健所の業務は多岐にわたるが，地域保健法第6条では，地域保健に関する思想の普及及び向上，公共医療事業の向上及び増進，栄養の改善及び食品衛生，母性及び乳幼児並びに老人保健，歯科保健，精神保健などの14事業に対する企画，調整，指導及びこれらに必要な事業を行うこととされている。なお，地域によっては「○○保健福祉センター」「○○保健福祉事務所」等の名称で設置されている場合がある。 ［本郷秀和］

♧ 保健センター（ほけん）⇒市町村保健センター（しちょうそんほけん）

♧ 保険料（ほけんりょう）

保険契約に基づき，被保険者が保険者へ支払うお金のこと。保険は，保険事故による損害や負担を補填・軽減するものであるため，保険者が保険給付を行うのに対し，被保険者は保険料を支払うこととなる。公保険である社会保険には，医療保険，年金保険，雇用保険，労働者災害補償保険，介護保険の5つがあるが，労働者災害補償保険の保険料については他の社会保険と比べ特徴的な点がある。1点目は事業主が全額保険料を負担する点である。2点目は保険料率が事業の種類により細分化されているため，保険事故の危険度に応じて料率が異なる点である。3点目は同業種の中でも一定規模以上の事業所では，労災事故発生状況が保険料負担に反映される点である。

［畑　香理］

♧ 保護観察（ほごかんさつ）

保護観察は，犯罪をした人または非行のある少年が社会の中で更生するように，保護観察所に配置されている保護観察官，及び地域で活動する保護司による指導と支援が行われるものである。非行により家庭裁判所から保護観察の処分を受けた少年は「保護観察処分少年」と呼ばれ，非行により家庭裁判所から少年院送致の処分を受け，その少年院から仮退院となった少年は「少年院仮退院者」と呼ばれる。保護観察中，少年には保護司との面接に加え，必ず守らなければならない「遵守事項」が課され，違反すると保護観察官が身柄を拘束し，少年院に収容するための手続きをとられることがある。 ［門田光司］

♧ 保護雇用（ほごこよう）

国が障害者に雇用の場を提供することを，スウェーデン・イギリス・ドイツ・フランス等で実施している。労働関連法が適応され，最低賃金の一部が国から補てん。日本では，就労継続支援事業A型が相当する。ILO条約と関連する勧告では「障害者に最低賃金法やその他の労働関連法を適用すべきこと」を意味する。障害者当事者団体は，「社会的支援

雇用」という表現を使うこともある。 [江口賀子]

♧ 保護の実施機関

要保護者に対して生活保護法の定める保護を決定，実施する機関であり，都道府県知事，市長及び福祉事務所を管理する町村長をいう。保護の実施機関は，管理する福祉事務所の所管区域内に居住地を有する要保護者，居住地がないか明らかでない要保護者であって，管理する福祉事務所の所管区域内に現在地を有する者に対して保護を決定し，実施する義務を負う。保護の決定・実施に関する事務をその管理に属する行政庁に委任することができ，実際には，都道府県知事，市長及び福祉事務所を管理する町村長は，保護の決定実施に関する事務を福祉事務所に委任している。 [隈 直子]

♧ 保護の適正化

生活保護が必要のない者にまで支給されることを防止するとともに，保護が必要な者には困窮の程度に応じて保護を支給することを保護の適正化という。しかし，政策としては，生活保護の漏給よりも不正受給・濫給を防止することに重点が置かれ，「適正化」の名のもとに，保護対象者に対して，資産調査の厳格化，保護申請の窓口規制，扶養義務履行の強調，医療扶助の引き締めなどが行われてきた。現行の生活保護制度では，3度にわたる「適正化」政策が実施された。適正化政策に関しては，被保護人員の減少傾向や国の財政問題などと関連づけ，生活保護の締め付け，生活保護からの締め出しとみなす意見もある。 [隈 直子]

♧ 保護命令

配偶者や生活の本拠を共にする交際相手からの身体への暴力を防ぐため，被害者からの申立てにより，裁判所が加害者に対し，被害者へのつきまとい等をしてはならない，近寄らないよう命じる決定のことをいう（配偶者からの暴力の防止及び被害者の保護等に関する法律第10条）。保護命令には，被害者への接近禁止，電話等禁止，被害者の同居の子への接近禁止，被害者の親族等への接近禁止，同居している家からの退去の5種類がある。 [隈 直子]

♧ 保護率

人口1,000人に対する生活保護受給者の割合をいい，千分率（‰・パーミル）で表示する。生活保護の動向を表す指標とされる。保護率は，景気や失業率，社会保障制度の状況や他制度の整備状況といった社会情勢や経済情勢のほかにも，地域間の差などさまざまな要因に影響される。世帯数1,000世帯に対する被保護世帯数の割合は，世帯保護率という。 [隈 直子]

♧ 保佐人

法定後見において，保佐類型に該当した際に，家庭裁判所の審判により選任される。保佐類型該当者の判断能力について，民法では，精神上の障害により事理を弁識する能力が著しく不十分である者としている。他の2つの類型，後見・補助と比較すると，その中間に位置することとなる。よって保佐人には成年後見人が持つとされる包括的な代理権は無く，民法13条に定められた行為についてのみ同意権，取消権を有するに過ぎない。しかし，家庭裁判所は，保佐人などからの申立てにより，保佐人に対し代理権を付与する旨の審判，同意権の拡張についての審判を行うことができる。なお，この申立ての際には，被保佐人の同意が必要である。 [戸丸純一]

♧ 母子及び父子並びに寡婦福祉法

母子及び寡婦福祉法（昭和39年法律第129号）は，2014（平成26）年の法改正により，母子及び父子並びに寡婦福祉法となり，父子家庭が含められた。この法律は，「母子家庭等及び寡婦の福祉に関する原理を明らかにするとともに，母子家庭等及び寡婦に対し，その生活の安定と向上のために必要な措置を講じ，もつて母子家庭等及び寡婦の福祉を図ることを目的とする」。具体的には，①母子家庭等の親の扶養義務の履行，②配偶者のない者で現に児童を扶養しているもの及び寡婦に対して，相談，自立に必要な情報提供及び指導，職業能力の向上及び求職活動に関する支援を行う母子・父子自立支援員の設置，③都道府県等による自立促進計画の策定，④福祉資金の貸付け，⑤日常生活支援事業，⑥就業支援事業等，⑦自立支援給付金，⑧母子・父子福祉施設，その他が規定されている。

［門田光司］

♧ 母子家庭⇒ひとり親家庭

♧ 母子家庭及び寡婦自立促進計画

母子家庭および寡婦の生活の安定・向上のための基本的な施策方針として，国は2002（平成14）年に「母子家庭等自立支援対策大綱」を策定した。同時に，児童扶養手当法，母子及び寡婦福祉法（現母子及び父子並びに寡婦福祉法）等の改正に基づき，所得保障（児童扶養手当等）中心の支援（サービス）体系から就業・自立に向けた総合的な支援（サービス）体系への転換を図った。そして，地方公共団体は，国の基本方針を踏まえ，「子育て・生活支援策」「就業支援策」「養育費の確保策」「経済支援策」を4本柱とする自立促進計画の策定が義務づけられた。

［岩井浩英］

♧ 母子・父子休養ホーム

母子家庭や父子家庭等ひとり親家庭が，休養や宿泊のために安価もしくは無償で利用できる施設。母子及び寡婦福祉法（昭和39年法律第129号）が母子及び父子並びに寡婦福祉法（平成26年法律28号）に改められたのを受け，母子・父子休養ホームと改められた。利用条件はひとり親であること，子どもの年齢が20歳未満であることで，所得制限はない。単独の施設として運営されているよりは，地方自治体が保養所などと契約し，母子・父子休養ホームとして利用している場合が多い。利用にあたっては，地方自治体の福祉事務所等に申請することで，宿泊利用権の交付を受けたり，宿泊料の助成を受けたりすることができる。

［森木朋佳］

♧ 母子健康センター

母子保健法に基づき，市区町村は，母子保健施設である「母子健康センター」を設置することとされ（努力義務），妊産婦や新生児の健診・指導のほか，予防接種等も行った。2016（平成28）年の法改正により，この母子保健施設は「母子健康包括支援センター」と改められた。2020（平成32）年度末までの全国展開をめざしており，ワンストップ拠点である「子育て世代包括支援センター」として，妊娠・出産の包括支援のみならず，児童虐待予防等の視点から，利用者支援や子育て支援等を包括的に運営する（マネジメントする）機能を担うことが期待されるところである。

［岩井浩英］

♧ 母子健康手帳（maternal and child health handbook）

母子保健法に基づき，妊婦が市町村に妊娠の届出をすると交付される手帳のことである。1942年，妊産婦や新生児の死亡率低下を目的に，ドイツの母親手帳（ムッターパス）を参考に作成された小冊子の配布に始まる。その後，1947（昭和22）年の児童福祉法制定に伴い，子どもの記録欄も含めた24頁の「母子手帳」になり，1965年の母子保健法の制定に伴って「母子健康手帳」と改称され，概ね10年ごとに見直しが行われ，今日に至っている。母子健康手帳は，省令で定められた全国一律に同一の内容の前半部分（保護者自身と医療・保健の担当者が記入する妊産婦や新生児・乳幼児の記録）と，市町村が裁量できる後半部分（妊産婦の健康管理や新生児・乳幼児の養育に必要な情報）から構成されている。2002（平成14）年の一部改定では，情報の追加と育児不安の軽減，育児支援，父親の育児参加，働く女性および男性のための出産・育児に関する制度など，記述の強化が図られた。また，2012（平成24）年４月の改定では，「当事者が主体的に取り組む妊娠，出産，育児を支援する」方針の下，妊娠・分娩のリスク情報の追記，妊婦健康診査記載欄などの拡充に加え，新生児期，１か月健診時期の情報拡張，2010（平成22）年の乳幼児身体発育調査結果に基づく発育曲線の修正などが行われた。　［中馬充子］

♧母子支援員（旧：母子指導員）

母子生活支援施設に配属される専門職員のことを母子支援員という。「児童福祉施設最低基準等の一部を改正する省令」（2011年６月17日公布施行）に基づき，旧母子指導員は「母子支援員」に改称された（第27条）。現行の「児童福祉施設の設置及び運営に関する基準」によると，母子支援員の数は社会的養護の充実を図ることを趣旨として職員配置基準が見直され，定員10世帯以上20世帯未満は２人以上，20世帯以上は３人以上が配置されることになった。また，母子支援員の資格要件として精神保健福祉士が追加されている（第28条）。その業務内容としては，親子関係の再構築や退所後の生活の安定が図られるよう，母子の家庭生活及び稼働の個々の状況に応じて，就労，家庭生活および児童の養育に関する相談，助言と指導，関係機関との連絡調整など（第29条），母子支援員の活躍が期待されている。　［中馬充子］

♧母子・父子自立支援員

母子及び寡婦福祉法が，母子及び父子並びに寡婦福祉法（2014年10月１日施行）に改正され，「母子自立支援員」が「母子・父子自立支援員」と改称された。配偶者のない者で現に児童を扶養しているもの及び寡婦に対し，相談に応じ，自立に必要な情報提供や指導を行ったり，職業能力の向上や求職活動に関する支援を行ったりすることが業務とされている。相談の種類として，母子及び父子並びに寡婦福祉法及び生活一般についての相談指導等，職業能力の向上及び求職活動等就業についての相談指導等，その他ひとり親家庭等の自立に必要な支援が位置づけられている。　［古賀政文］

♧母子生活支援施設

児童福祉法第38条に規定される児童福祉施設である。配偶者のいない女子またはこれに準ずる事情にある女子及びその者の監護すべき児童を対象に保護するとともに，自立促進のためにその生活を支援し，あわせて退所した者について相談その他の援助を行うことを目的とする施設である。1997（平成９）年の児童福祉法改正以前は，母子寮と呼ばれ，児童虐待の防止等に関する法律，配偶者からの暴力の防止及び被害者の保護に関する法律の成立・施行以前から，シェルター（一時避難所）としての役割も果たしてきた。2004（平成16）年の児童福祉法改定以降は，支援の範囲が退所者のアフターケアまで拡大された。　［森木朋佳］

♧母子相談員

母子及び父子並びに寡婦福祉法第８条に規定されている。主な業務は，相談に応じ，その自立に必要な情報提供及び指導を行うこと，また職業能力の向上及び

求職活動に関する支援を行うことである。　［門田光司］

♧ポジティブ・ウェルフェア（参加型社会保障）

厚生労働省は，2010（平成22）年4月20日「厚生労働省の目標」を公表した。これまでの社会保障の役割を再定義して，ポジティブ・ウェルフェア，つまり「参加型社会保障」という概念のもとで，政策課題を制度横断的に取り組むとした。広く国民全体の可能性を引き出すという考え方のもと，労働市場，地域社会や家庭への参加を促すことを目的とする。文部科学省は，「積極的福祉」とし，少子高齢化が進むからこそ，持続可能な社会の実現に向けた未来への先行投資としている。このように，ポジティブ・ウェルフェアは，国民の働き方や暮らし方を支援するだけでなく，経済成長の基盤を作る未来への投資としても期待されている。　［河谷はるみ］

♧母子・父子福祉センター

母子及び父子並びに寡婦福祉法に基づき設置される母子・父子福祉施設の一種である。母子・父子福祉センターは，「無料又は低額な料金で，母子家庭等に対して，各種の相談に応ずるとともに，生活指導及び生業の指導を行う等母子家庭等の福祉のための便宜を総合的に供与する」ことを目的とする施設である（法第39条)。なお，2014（平成26）年に母子及び寡婦福祉法が母子及び父子並びに寡婦福祉法に改正されたことに伴い，母子福祉センターから母子・父子福祉センターに改称され，対象が父子家庭にも拡大された。　［勝　智樹］

♧母子父子寡婦福祉資金貸付金制度

母子父子寡婦福祉資金貸付制度は20歳未満の児童を扶養している配偶者のない女子または男子，寡婦等に貸し付けられるものである。所轄庁は厚生労働省で，貸付の種類としては，事業開始資金，事業継続資金，修学資金，就学支援資金，技能習得資金，修業資金，就職支度資金，医療介護資金，生活資金，住宅資金，転宅資金，結婚資金がある。　［田畑寿史］

♧母子保健計画

1994（平成6）年の母子保健法の改正により，母子保健事業を地域により密接して展開することが求められた。1997（平成9）年より，各市町村は，地域の母子保健の現状を分析し，サービス提供の向上を図るために，母子保健計画を策定することになった。現在では，母子保健の国民運動計画である「健やか親子21」と連動して策定されている。妊娠届の受理，母子健康手帳の交付，妊産婦健康診査，出生届の受理，新生児訪問指導，乳幼児健康診査，育児相談，栄養指導等がある。　［前原　寛］

♧母子保健法

1965（昭和40）年8月母性並びに乳児及び幼児の健康の保持及び増進を図るため，母子保健に関する原理を明らかにするとともに，母性並びに乳児及び幼児に対する保健指導，健康診査，医療その他の措置を講じ，もって国民保健の向上に寄与することを目的として公布された。市町村は，この法律に基づく母子保健に関する事業の一部について，病院若しくは診療所又は医師，助産師その他適当と認められる者に対し，その実施を委託することができる（第8条の2）。2016（平成28）年6月に公布された「児童福祉法等の一部を改正する法律」において母子保健法第22条の改正が行われ，妊娠期から子育て期まで継続した支援を行う，子育て世代包括支援センター（法律上の名称は，母子健康包括支援センター）が法定化された。市町村は児童虐待の発生予防策の一つとして，母性及び児童の保健医療又は福祉に関する機関との連絡調整等，包括的な支援を行うセンターを設置するように努めなければならない。 ［河谷はるみ］

♧ 母集団（ぼしゅうだん）(population)

母集団とは，統計学における概念であり，調査や観察の対象となる集合全体のことである。統計調査において，母集団すべてを対象とする場合を全数（悉皆）調査という。 ［山田美保］

♧ 保守主義（ほしゅしゅぎ）レジーム

エスピン=アンデルセン（Esping Andersen, G.；1947-）は，「福祉が生産され，それが国家，市場，家族の間に配分される合的なあり方」としての「福祉レジーム」の相違が，福祉国家の類型を決定するとしており，その福祉レジームは，①自由主義レジーム，②社会民主主義レジーム，③保守主義レジームの3つに類型化されるとした。保守主義レジームの典型例としては，ドイツ，フランス，イタリアなどのヨーロッパ諸国があげられる。このレジームは，リスクの共同負担と家族主義を志向している。職域組合や企業福祉などによる所得比例と政府による最低保障の組み合わせを特徴としている。また，社会保障給付は退職後の高齢者向けのものが多く，現物給付より現金給付が多い。 ［久留須直也］

♧ 補助人（ほじょにん）

法定後見において，補助類型に該当した際に，家庭裁判所の審判により選任される。補助類型該当者の判断能力について，民法では，精神上の障害により事理を弁識する能力が不十分である者としている。他の2つの類型，後見・保佐と比較すると，判断能力は最も残っていることになる。よって補助人には成年後見人が持つとされる包括的な代理権は無く，保佐人と違い民法13条に定められた行為の一部についてのみ同意権，取消権を有するに過ぎない。しかし，家庭裁判所は補助人などからの申立てにより，補助人に対し代理権を付与する旨の審判，同意権の拡張についての審判を行うことができる。なお，この請求の際には，被補助人の同意が必要である。なお，補助人選任の申立てにおいては，申立ての手続きの時点で本人（被補助人）の同意が必要である。 ［戸丸純一］

♧ ホスピス (hospice)

現代ホスピスムーブメントは1967年ソンダース（Saunders, C.）を始めとする医療専門家たちにより，ロンドン郊外に設立されたセント・クリストファーズ・ホスピスを中心に展開された。その理念は，患者の傍にいることを重視するもので，がん末期患者の疼痛を中心とした諸症状をコントロールすることによる生命の質の向上，患者の精神的・社会的なニーズに応え得るケアの提供，人間として尊厳ある死を迎えるための援助，患者の死後の悲嘆も含めた家族へのケアの実施，多様な医療従事者のチームワークによるケアの実践をめざしている。1990年に世界保健機関（WHO）によって，「緩和ケアとは治癒をめざした治療が有効でなくなった患者に対する積極的な全人的ケアである」と定義されたが，2002年には，生命を脅かす疾患による問題に直面している患者に対しては，早期から全人的ケアを行うよう改定している。現在，ホスピスは総称として使われ，日本では院内病棟型・院内独立型・完全独立型・患者の自宅やデイケア施設によるケアの提供など，多様な形態やプログラムが含まれる。また，日本において発展の契機となったのは，1990年4月に「ホスピス・緩和ケア」が医療保険の診療項目として正式に認められ，「緩和ケア病棟入院料」が新設されたことである。ホスピスの意義は，それまでほとんど顧みられなかった末期患者に注目し，「全人的ケア」への多面的な取組みを実践するとともに，当該分野での研究・教育の発展のために寄与したことにある。ホスピスは，医療のあるべき姿が治癒のための積極的医療だけではないとして，それまでの医療のあり方に反省や方向転換を促す運動となった。　［中馬充子］

♧ホスピタリズム（hospitalism）

長期にわたり，施設や病院等に入所した場合に現れる身体的・情緒的側面での発達の遅れなどを総称したもので，「施設病」ともいう。とくに乳幼児期に家庭から離れて生活する子どもに現れ，無関心・無表情・言語表現やコミュニケーションの遅れ・情緒不安定等がおこる。また，イギリスのボウルビィ（Bowlby, J.；1907-1990）が乳幼児期の人格の発達や精神衛生において母親との愛着形成が必要であることを指摘し，施設での母性的養育の意義を主張した。

［畑　香理］

♧補装具（ほそうぐ）

次の３つの要件をすべて満たすもの。①身体の欠損又は損なわれた身体機能を補完，代替するもので，障害個別に対応して設計・加工されたもの，②身体に装着（装用）して日常生活又は就労・就学に用いるもので，同一製品を継続して使用するもの，③給付に際して専門的な知見（医師の判定書又は意見書）を要するもの，であり，具体的には，義肢（義手・義足），装具，座位保持装置，車いす，重度障害者用意思伝達装置，盲人安全つえ，義眼補聴器等があげられる。

［江口賀子］

♧補装具製作施設（ほそうぐせいさくしせつ）

身体障害者更生援護施設が障害者自立支援法（現障害者総合支援法）の施行に伴い再編されたことで，身体障害者福祉法に基づいて設置された施設で，無料または低額な料金で，補装具の製作・修理を行う。義肢装具技術員・訓練指導員を置き製作・修理・使用訓練・取り扱い方法等の指導が行われる。　［江口賀子］

♧補装具の交付・修理（ほそうぐのこうふ・しゅうり）

補装具の種目に対応した身体障害者手帳を持参する人や難病の人の日常生活を容易にするために，義肢，車いす，補聴器などの補装具の交付と修理を行う。2006（平成18）年に施行された補装具費支給制度に基づき実施。障害者（障害児の場合は扶養義務者）が市町村長に申請し，身体障害者更生相談所等の判定又は意見に基づく市町村長の決定により，補装具費の支給を受ける。障害者自立支援法（現障害者総合支援法）施行に伴い，身体障害者福祉法及び児童福祉法に基づく補装具給付制度を一元化し，補装具費支給制度としたもの（障害者総合支援法第76条第１項）。　［江口賀子］

♧補足性の原理（ほそくせいのげんり）

生活保護法の基本原理の一つである。同法第４条において，「保護は，生活に困窮する者が，その利用し得る資産，能力その他あらゆるものを，その最低限度の生活の維持のために活用することを要件とし（第１項），民法に定める扶養義務者の扶養及び他の法律に定める扶助は，すべてこの法律による保護に優先して行われる（第２項）」と規定されている。これは補足性の原理により，各人が可能な限りの努力をしてもなお最低限度の生活を維持することができない場合に，はじめて保護が行われることを示したものである。ただし，「急迫した事由がある場合に，必要な保護を行うことを妨げるものではない（第３項）」とされる。なお，急迫した事由がある場合とは，単に最低限度の生活維持ができない状況というよりは，保護の要件を満たすことを待っていては生存の危機に陥るとか，社会通念上放置しがたいと認められる状況にある場合のことである。［大野さおり］

♧ホーソン（Hawthorne）研究（けんきゅう）

ホーソン研究は，ハーバード大学の研究チームがシカゴ郊外のウエスタン・エレクトリック社のホーソン工場で実施した科学的管理法に関する古典的研究である。この研究により，作業条件のみならず労働者の心理的要因が生産性に影響を及ぼすことが明らかとなり，ワークモチベーションや職務満足などへの関心が高まった。［島﨑 剛］

♧母体保護法（ぼたいほごほう）

前身（旧法）は1948（昭和23）年制定の優生保護法であり，「優生上の見地から不良な子孫の出生を防止すること」の目的等，いわゆる「優生思想」を基調とし，特定の精神疾患や障害等について医師の承認と都道府県の審査により本人の同意なく優生手術が実施できた。しかし，このような差別的処遇を適正化すべく，1996（平成８）年６月には，母体保護法に改正され，当該条文は削除された。同法は，「母性の生命健康を保護すること」（リプロダクティブ・ヘルス）を目的とし，不妊手術および人工妊娠中絶等に関する事項を定めている。［岩井浩英］

♧補聴器（ほちょうき）

補聴器は有限性があり，有効な難聴は平均聴力レベルが40dB 以上の感音，混合及び伝音難聴であり高度の難聴に対しては補聴器使用に限界があるとされている。これは，難聴児・者の残存聴覚活用のために音を増幅して聞かせる携帯用の電気機器であり，入力部，増幅部，出力部，電源から構成される。機器はマイクロホン，電気増幅器，電源，イヤホン，調節器（音量，音声等）の各部からなる。種類としては，①箱型，②耳掛型，③耳穴型等がある。［滝口 真］

♧ホットライン（hot line）

主に電話によって緊急時の相談ができる体制のことをいう。社会福祉関連でのホットラインとして，虐待防止，DV 防止，自殺防止，若者の仕事等に関する相談窓口があり，その他にも多重債務問題や各種の犯罪，いじめ，労働問題等さまざまな相談窓口がある。電話以外の方法としてメールや SNS（LINE やチャットなど）も用いられている。［畑 香理］

♧ホームケア促進事業（そくしんじぎょう）

寝たきりの高齢者等とその介護者である家族が特別養護老人ホームに短期間滞在し，この家族が介護技術等を習得することで，当事者と家族の双方が在宅生活の継続を図ることを目的として実施される事業。この事業を利用した家族には，家庭での介護方法と社会資源の活用等について口頭や文書により助言される。なお，この事業は措置制度の時代に創設されたもので，現在では実施している自治体は少ない。［萩沢友一］

♧ホームヘルパー⇒訪問介護員（ほうもんかいごいん）

♧ホームヘルプサービス

加齢や疾患，障害によって日常生活に援助を必要とする利用者の家に訪問し，利用者の援助の必要に応じて入浴や排泄の介助などの身体介護や掃除・洗濯・調理・買い物などの家事援助を行うサービスである。1989（平成元）年に始まる「高齢者保健福祉推進10か年戦略（ゴールドプラン）」では，ショートステイとデイサービスと並び「在宅三本柱」の一つとして，ホームヘルパーの増員が図られた。現在，介護保険法においては訪問

ほ

介護，障害者総合支援法では，居宅介護，重度訪問介護として規定されている。［種橋征子］

♧ **ホームレス**（homeless）

時代や社会情勢，国によって定義は異なる。日本では2002（平成14）年に制定された「ホームレスの自立の支援等に関する特別措置法」で，「都市公園，河川，道路，駅舎その他の施設を故なく起居の場所とし，日常生活を営んでいる者」と定義されている。この法律により2006（平成18）年に国が実施した実態調査に基づき，2008（平成20）年に策定した新基本方針の中では，ネットカフェ等で寝泊まりする人びとも「ホームレスになるおそれがある者」と判断して支援の対象者とした。ヨーロッパでは街頭生活者だけでなく，簡易ホテルや一時的滞在施設に入所している人等も含む広い概念となっている。［古野みはる］

♧ **ホームレスの自立の支援等に関する特別措置法**

増大したホームレスに対する対策として，ホームレスの自立支援と発生防止の支援を国と地方公共団体の責務とした法律で，2002（平成14）年８月に成立，施行されている。ホームレスの安定した雇用や住居の確保等を図ることを目的とし，国に全国実態調査を義務付け，地方自治体には必要に応じて実施計画の策定を義務付けている。また，都市公園等の施設管理者に対する適正利用の確保のための措置も盛り込まれている。当初は10年間の時限立法であったが，2012（平成24）年に５年間延長され，2017（平成29）年には2027（令和９）年８月６日までの延長が決まった。［古野みはる］

♧ **ボランタリズム**（voluntarism）

人が自発的に他者の利益や公共の福祉のために活動しようとする意思で，ボランティア活動の根源となる思想のこと。社会福祉においては，地域社会に存在する福祉的課題に対し，住民や民間組織・団体が自由で自主的な意思によって，時間や労働を提供することにつながる思想とされている。［山田美保］

♧ **ボランティア**（volunteer）

「志願兵」と同義語。「自発性」「無償性」「利他性」に基づく活動とされ，今日では「先駆性」を加えた４つを柱とする活動を指すとされている。具体的には，現代社会で起こっているさまざまな問題や課題に対し，個人の自由な意思によって，金銭的対価を求めず，社会的貢献を行いながら連帯を生み出そうとする人びとを指している。近年のボランティアの多様化（参加者，活動動機，活動目的，活動分野や内容など）に見られるようにボランティア活動に対する関心はますます高まっている。ボランティア活動は「自発性，無償性，公共性」を原則としているが，自発性に基づかない学校教育の一環としてのボランティア活動や無償の範囲を柔軟に考えることにより，交通費などの実費弁償を得る有償ボランティアなどボランティアのすそ野は広い。［玉利勇治］

♧ **ボランティアコーディネーター**（volunteer coordinator）

ボランティア活動の推進を行う機関や団体・施設で，ボランティア活動に関わる人びとの調整や養成のほか，関係する社会資源や環境の調整と創出，プログラムの企画や調査研究などを行う専門職のこと。市区町村社会福祉協議会をはじめ，ボランティア協会，福祉施設，企業，学校等に配置されている。おもにボランティア活動の受け手のニーズと担い手のニーズを調整し対等な関係でつなぐという役割を担っている。阪神・淡路大震災等の災害救援活動を通じてコーディネーターの必要性と認識が高まり，2001（平成13）年に日本ボランティアコーディネーター協会（JVCA）が設立され，専門性の向上と社会的認知がすすんでいる。各種分野で，ボランティアをサポートする専門職として需要が高まっている。［小桐　修］

♧ボランティアセンター

ボランティア活動の推進・支援を行うための拠点として設置される機関。ボランティアコーディネート，情報発信，講座・研修，ボランティアグループの結成・運営支援，ボランティア同士の交流の場の提供，調査・研究などを行っている。また，災害時には被災地において災害ボランティアセンターとして機能することも多い。現在，その多くが社会福祉協議会の中に設置されているが，ボランティア活動への関心の高まりを受けて大学や企業内でもみられるようになった。［荒木　剛］

♧ボランティア保険（ほけん）

ボランティア活動中のケガや事故，他人に損害を与えたことで生じた損害賠償責任を補償する保険。1977（昭和52）年に全国社会福祉協議会が創設した。加入対象者は，ボランティア個人・グループ・団体となっており，ボランティア個人を被保険者として，全国社会福祉協議会が一括して民間の損額保険会社と団体契約を行う仕組みとなっている。加入申込みは，各都道府県・指定都市・市区町村社会福祉協議会で行うことができる。［荒木　剛］

♧ポリオ（Polio；急性灰白髄炎（きゅうせいかいはくずいえん））

エンテロウイルスの一種であるポリオウイルスによる感染症である。感染症法では，第2類感染症に分類される。経口感染し，咽頭や腸管で増殖するが9割以上が不顕性感染である。麻痺症状を引き起こす場合は，感染後7日目頃に風邪症状を呈し，12～14日目頃に弛緩性麻痺を引き起こす。その場合，麻痺が片側単肢にみられ，萎縮の程度が強いことが特徴的とされている。麻痺への治療は，対症療法とリハビリが中心である。わが国では，1960（昭和35）年にポリオ患者が5千人を超えたことを契機に生ワクチンの予防接種が始められ，1980（昭和55）年の1例を最後に野生株でのポリオ発症はなくなった。しかし，アジアやアフリカの一部地域では，依然として流行が確認されている。［山田美保］

♧堀木訴訟（ほりきそしょう）

故堀木文子（ほりき ふみこ）氏は視覚に障害をもつことから障害福祉年金を受給していたが，パートナーとの離別によって男児を引き取ることとなったために，児童扶養手当を請求した。しかし，児童扶養手当法の「手当と公的年金の併給禁止」条項を根拠に認められなかったことから，憲法第25条（生存権）および第14条（法の下の平等）に違反するとして県知事を被告に起こした訴訟である。第1審では原告の主張が認められたが，第2審および最高裁（1982年）では，「立法府の広い裁量にゆだねられている」として原告の主張は退けられた。しかし，訴訟期間中に児童扶養手当法が改正されるなど，現在の社会保障制度の仕組みにも大きな影響があった訴訟といえる。［木山淳一］

♧ホリス，F.

（Hollis，Florence；1907-1987）

アメリカの社会福祉研究者。援助関係の形成とそのコミュニケーションが重視される心理社会的アプローチの体系化を確立した。「状況の中にある人」を中心概念として位置づけ，ソーシャルワークが対象としている問題や課題は，個人の病理や環境が作り出しているだけではなく，それらの相互作用の結果であるという見方を強調した。伝統的な「医学モデル」から「生活モデル」への転換を図り，ケースワークの理論体系の発展に貢献し，主著に『ケースワーク―心理社会療法』がある。　［森　実紀］

♧ホルモン（hormone）

ホルモンは，内分泌腺（下垂体，甲状腺，副甲状腺，膵臓，副腎，精巣や卵巣），視床下部など神経系の組織，脂肪組織，心臓・血管などから合成・分泌される生理活性物質である。血中に分泌されたホルモンは，血液循環を介して，各ホルモンが作用対象とする器官（標的器官）や組織（標的細胞）に運ばれる。標的器官・細胞には，ホルモン分子と特異的に結合するたんぱく質（ホルモン受容体）があり，ホルモンはホルモン受容体と結合することで酵素の合成を活性化させ，細胞の成長や代謝に効果を現す。また，フィードバック作用によってホルモン分泌自体の調節も行っている。

［山田美保］

♧ホワイト，M.（White, Michael；1948-2008）

オーストラリアのソーシャルワーカー，家族療法士。1979年に南オーストラリア大学で社会学の学位を取得後，アデレードの小児病院で精神科ソーシャルワーカーとして働く。1983年に Dulwich Center を設立し，家族療法士として実践に取り組んだ。物語療法（ナラティブセラピー）の創始者であり，心理療法や家族療法に重要な影響を与えている。　［河野高志］

♧ホワイトカラー犯罪（はんざい）（white Collar Crime）

「分化的接触の理論（differential association theory）」で知られるサザーランド（Sutherland, E.）の概念。「白襟＝ワイシャツ」を意味するホワイトカラーとは，「青襟」のブルーカラー（現業での作業を行う階層）に対する用語で，主として精神労働に携わり，中上級の階層に位置づけられる人びとを指す。ホワイトカラー犯罪とは，こうした階層に位置づけられる人びとが犯す犯罪群（贈収賄・横領・背任などの犯罪類型）を意味する。それまでの犯罪論はブルーカラーや少年少女などが町中で犯す犯罪（street crime）を中心に理論構成されてきたが，この犯罪類型の指摘は，犯罪が会社などの組織で比較的高位にある人びとによっても犯されることを注意喚起することになった。　［佐野正彦］

♧ホワイトハウスカンファレンス（White House Conference；白亜館会議（はくあかんかいぎ））

1909年アメリカで開催された児童に関する会議。セオドア・ルーズベルト（Theodore Roosevelt）大統領の招集によって第1回会議が大統領の公邸（ホワイトハウス＝白亜館）で開催された。その会議で「家庭は文明の所産のうち最も高い，美しいものである。児童は緊急やむを得ない理由がない限り，家庭生活から切り離されてはならない」と家庭の価値が強調された。その背景には1909年当時，児童労働や児童虐待が北米で社会的問題化しはじめたということがある。

［天羽浩一］

ま

♧ 牧賢一（まきけんいち）(1904-1989)

わが国の社会福祉協議会の創設・発展に大きな影響を与えた人物である。社会福祉協議会創設時から指導者として関わり，1953（昭和28）年に『社会福祉協議会読本』を著した。また，1970（昭和45）年の「住民福祉のための社会福祉協議会活動」において，社会福祉協議会は，特定の保健福祉活動を対象とする他の団体・機関と異なり，地域社会において早急に解決すべきものを対象とするなどの社会福祉協議会がどのような組織であり，どのような役割をもち活動を行う組織であるのかを紹介した。［河村裕次］

♧ マクロソーシャルワーク (macro socialwork)

施策が実行される組織や団体，地域，政策の領域に取り組んでいく諸活動である。その諸活動には，団体間の調整や運営，地域開発とその組織化，施策分析や政治的活動などが含まれる。そのため，マクロソーシャルワークでは領域ごとで多様な実践が展開される。たとえば，組織や団体レベルでは，ソーシャル・アドミニストレーションやマネジメントなどが核となるが，地域レベルではコミュニティワークが主な実践となる。さらに，政策レベルでは，ソーシャル・アクションやソーシャル・プランニングの実践が求められる。ソーシャルワークは社会変革を進めていく役割も担うため，マクロ実践は今後ともますます重要である。

［門田光司］

♧ マーケット・バスケット (market basket) 方式（ほうしき）

わが国では生活扶助基準の算定方式として，1948年から1960年まで採用されていた。理論生計費方式とも呼ばれ，ラウントリー（Rowntree, B.S.）によるヨーク調査において用いられた。マーケット・バスケット方式は，最低生活維持に必要とされる食料品や生活必需品等の個々の品目を一つひとつ積み上げていき，その購入に必要な額を最低生活費として算出する方式である。［河村裕次］

♧ マーケティング (marketing)

企業活動における，商品・サービスの企画・開発・設計，市場調査・分析，広告・宣伝・広報，販売促進，施設の設計・設置，営業，集客，接客，顧客情報管理等のうち，顧客が真に求める商品やサービスを作り，その情報を届け，顧客との相互理解を得ながら，公正な競争を通じて行う市場創造のための総合的活動を指す。社会福祉の領域では，社会福祉基礎構造改革に伴い，措置制度から契約制度へと移行し，福祉の市場化が導入されたことから，民間企業や非営利組織による福祉施設経営やサービス提供が拡大し，頻繁に使用されるようになった。

［久留須直也］

♧ マーシャル，T.H. (Marshall, Thomas Humphrey；1893-1981)

イギリスの社会政策研究者。代表的著作として『シティズンシップと社会階級』(1950) がある。マーシャルは，シティズンシップを公民権，参政権，社会権の３つに分類したうえで，18世紀から20世紀にかけて，公民権から参政権，社会権の順に成立したことを論じた。

［矢部　航］

♧ マズロー，A.H. (Maslow, Abraham Harold；1908-1970)

アメリカの心理学者。1908年にニュー

ヨーク州ブルックリンで生まれる。1930年にウィスコンシン大学を卒業し，ウィスコンシン大学，ブランディス大学で心理学の教授を務める。行動主義や精神分析といった心理学の2つの潮流に対し，人間を部分に還元しない全体としてとらえ，自己実現や自然な心身の回復力，可変性など人間の持つ本性に着目する人間性心理学を心理学の「第3領域」として主唱した。そして，人間の欲求を5段階の階層にて理論化している。主著に *Motivation and Personality*（1954：小口忠彦訳（1987）『人間性の心理学—モチベーションとパーソナリティ　改訂新版』産能大出版部），*Toward a Psychology of Being*（1962：上田吉一訳（1998）『完全なる人間—魂のめざすもの　第2版』誠信書房）などがある。［種橋征子］

♧マートン，R.K.（Merton, Robert King；1910-2003）

アメリカの社会学者。ペンシルベニア州フィラデルフィアのスラム街に生まれ育つ。テンプル大学を経てハーバード大学大学院に進み，パーソンズなどに師事した。マートンの議論は，師のパーソンズの議論に比べてかなり具体的で援用しやすいものととらえられ，政策面に多大な影響を及ぼした。また，彼の機能分析は2つの側面から提示される。すなわち，望ましい結果かそうでないかという「順機能—逆機能」の側面と，知られている結果かそうでないかという「顕在的機能—潜在的機能」の側面である。こうした機能分析の観点からマートンによって取り上げられた「官僚制の逆機能」や「逸脱の潜在的機能」などはよく知られている。［佐野正彦］

♧マルサス，T.R.（Malthus, Thomas Robert；1766-1834）

イギリスの経済学者。1971年にケンブリッジ大学で修士号を取得後，1805年にイーストインディアカンパニーズカレッジで歴史・政治経済の教授となる。主著『人口論』（*An Essay on the Principle of Population*）の中で，増えすぎる人口に対して食糧が欠乏するため貧困が生じるが，社会制度の改良によってこれを回避することはできないという考えを唱えた。［河野高志］

♧マルトリートメント（maltreatment）

大人からの子どもに対する不適切な関わりを意味する。具体的には，身体的な暴力，不当な差別的扱い，不適切な養育（環境），事故等の防止に対する配慮の欠如，言葉などによる心理的な脅迫，性的な行為の強要等により，明らかに危険が予測されうる状況に子どもが置かれており，身体的・精神的苦痛から心身に種々の問題が出現しているなどの状態にあることをいう。「児童虐待【child abuse】」よりも広範囲に及ぶこの概念は，諸外国において広く一般化している。［奥村賢一］

み

♧三浦文夫（みうらふみお）（1928-2015）

東京都出身，東京大学大学院修了。社会福祉の研究者。『社会福祉経営論序説—政策の形成と運営』（1980）で社会福祉研究の新たな地平をひらいた。とくに「要援護性」の概念や「貨幣的ニード」と「非貨幣的ニード」の類型などが有名である。ここでいう貨幣的ニードとはニードそのものが貨幣的に測定できるものであり，そのニードの充足は主として金銭で行うものとした。非貨幣的ニードドとはそのニードを貨幣的に測ることが困難であり，そのニードの充足に金銭給付では十分に効果がないため，非金銭的対応を必要とし，現物または人的サービスによるものとした。［川﨑竜太］

♧ミクロソーシャルワーク

福祉サービスの利用者に直接かかわる援助活動。解決困難な課題・問題をもった対象者が，主体的に生活できるように個人や家族を対象に個別の支援や援助を行う。社会福祉援助技術，個別援助技術ともいう。［井上明彦］

♧３つのＰ

交流分析家のクロスマン（Crossman，P.）が提唱した交流分析的カウンセリングを実施するカウンセラーに求められる要素。すなわち「Permission」（許可），「Protection」（保護），「Potency」（能力）のこと。「Permission」とは，両親の教育により与えられた自己否定的な人生のシナリオを変更してもよいという許可を与えることであり，「Protection」とは，今までの人生のシナリオを変更する過程で生じる不安や喪失感からクライエントを守ることであり，具体的には心理的保証や共感的理解，支持的対応などを意味している。「Potency」とは専門的知識や実践的技法に裏打ちされたカウンセラー能力のことである。これらは，クライエントの人生設計や自己規定を検討する際のセッションにおいて重要な態度である。［井上明彦］

♧ミナハン，Ａ.

（Minahan，Anne；1925-2005）

ピンカス（Pincus，A.）とともに，システム理論とその概念を使って，ソーシャルワーク実践を体系化し，その対象を「人びと」と「社会環境」と「その相互関係」であるとし，ソーシャルワークとは，生活課題を解決し，人びとの能力に影響する環境と相互関係にかかわることであるとした。そして，システム理論に基づくソーシャルワーク実践では，クライエント・システム，ワーカー（チェンジ・エージェント）システム，ターゲット・システム，アクション・システムの４つのサブシステムの相互作用にソーシャルワーカーは関心を持たねばならないとしている。［石踊紳一郎］

♧ミニメンタルステイト検査（けんさ）

（Mini Mental State Examination：MMSE）

ミニメンタルステイト検査（MMSE）は，アメリカのフォルスタイン（Folstein）夫妻によって1975（昭和50）年に開発された認知症のスクリーニング検査である。時間の見当識，場所の見当識，３単語の即時再生と遅延再生，計算，物品呼称，文章復唱，３段階の口頭命令，書字命令，文章命令，図形模写の計11項目から構成される30点満点の認知機能検査である。MMSE の検査では，23点以下が認知症疑い，27点以下は軽度認知障害が疑われる。あくまでスクリーニング検査であり，実際の認知症の診断には，MRI や CT などの画像，本人からの生活状況の聞き取り，家族や本人の現在の状況をよく知る人からの話などを基に総合的に診断される。［梶原浩介］

♧ミュージックセラピー⇒音楽療法（おんがくりょうほう）

♧ミルフォード会議（かいぎ）

1923年から1928年にかけてアメリカペンシルベニア州ミルフォード市で開かれたソーシャルワークのあり方に関する会議のこと。そこでは，ソーシャルワークは，さまざまな領域ではあっても共通のスキルを有する専門職（ジェネリック）か，または職域ごとに別個のスキルを身に付けた専門職（スペシフィック）かをめぐって議論が展開され，1929年に出された報告書では，ソーシャルワークはあらゆる領域に共通するスキルを有すること（ジェネリック）が確認された。このことは，今日のジェネラリスト・ソーシャルワークの中に歴史的連続性をみることができる。［玉利勇治］

♧民間シルバーサービス

高齢者を対象とした民間の事業者による福祉サービスのことである。人口の高齢化や年金制度の成熟等の理由を背景に，費用を負担して自分のニードに合わせたサービスを活用するという意識が芽生えたことや，公的サービスの不足により，シルバーサービスが量的に拡大した。このため，民間シルバーサービスの健全育成をめざし，1987（昭和62）年12月に福祉関係3審議会合同分科会により，「今後のシルバーサービスの在り方について」の意見具申がなされた。また，同年3月にシルバーサービス振興会が設立されており，1989（平成元）年からは全国統一基準による評価，審査を行い，認定された事業所にはシルバーマークを交付している。対象サービスは，訪問介護・訪問入浴介護・福祉用具貸与・福祉用具販売・在宅配食である。

［種橋征子］

♧民間セクター

わが国では，租税を財源に運営される国や都道府県等の行政機関を公的セクター（第1セクター）と呼ぶことがある。これに対して，民間セクターは行政機関以外の組織の集合体を意味する。民間セクターは，さらに民間営利セクター（第2セクター）と民間非営利セクター（第3セクター）に分類される。民間セクターは，主に株式会社等の営利追求型組織からなり，民間非営利セクターは，社会福祉法人や特定非営利活動法人（NPO法人），協同組合等の営利を最優先としない公益活動型の法人等が中心となる。このほか，インフォーマルセクターとして，近隣住民や家族，ボランティアなどがあるとされている。2000（平成12）年4月以降は介護保険制度による介護サービスの市場化の影響を受け，市場原理主義やウェルフェアミックスなどの考え方に基づき，各々のセクターの強みを生かした福祉サービスの提供が行われている。［本郷秀和］

♧民間保険

死亡や火災など生活の基本リスクについて保障する民間企業による保険体制のこと。民間保険は，社会保険の給付に上乗せ給付（社会保険の補完部分）や，社会保険にない給付（社会保険の代替部分）を行っている。民間保険の保険事故は人的事故と物的事故であり，保険者は民間会社で加入形態は任意加入である。ただし，リスクが著しく高い者（病人，高齢者など）は加入できない可能性が高い。給付内容は個人のニーズと負担能力に応じて選択できる。日本の民間保険は，生命保険，損害保険に分類され発展してきたが，近年，私的医療保険，私的介護保険などが開発され，これを両保険と区別して「第三分野」の保険と呼び，損害保険会社だけでなく，生命保険会社も特約で扱っている。［占部尊士］

♧ミーンズテスト（資産調査；means test）

生活保護申請者が保護の受給要件を満たしているか，すなわち貧困状態にあるかどうか確認するため，収入や土地家屋，貯金等資産の状態を調査することをいう。ミーンズテスト（資産調査）は保護の支給に先立って行われ，貧困状態であると証明されれば，保護が開始される。［隈　直子］

♧民生委員

民生委員法に基づき社会福祉の増進に

寄与することを目的として市町村の区域におかれている民間奉仕者であり，児童委員を兼ねている。その職務は，①住民の生活状態を必要に応じ適切に把握しておくこと，②援助を必要とする者がその有する能力に応じ自立した日常生活を営むことができるように生活に関する相談に応じ，助言その他援助を行うこと，③援助を必要とする者が福祉サービスを適切に利用するために必要な情報の提供その他の援助を行うこと，④社会福祉を目的とする事業を経営する者や社会福祉に関する活動を行う者と密接に連携し，その事業や活動を支援すること，⑤福祉事務所その他の関係行政機関の業務に協力すること等，極めて広範囲に及んでいる。 ［大山朝子］

♧民生委員協議会

民生委員法第20条に基づいてその設置が義務づけられている民生委員の連絡協議機関である。市においては，区域をいくつかに分割し複数の民生委員協議会を，町村においては町村ごとに単一の民生委員協議会を組織することとされている。民生委員協議会の任務は，①民生委員が担当する区域または事項を定めること，②民生委員の職務に関する連絡及び調整をすること，③民生委員の職務に関して福祉事務所のその他の関係行政機関との連絡に当たること，④必要な資料及び情報を集めること，⑤民生委員に，その職務に関して必要な知識及び技術の修得をさせること，⑥その他職務を遂行するのに必要な事項を処理すること，とされている。 ［大山朝子］

♧民生委員・児童委員活動強化方策

民生委員・児童委員の活動を強化するための方策を示すもので，全国民生委員児童委員連合会が発表している。1967（昭和42）年の50周年記念大会から10年ごとに見直されている。2017（平成29）年の民生委員制度創設100周年にあたり，長期活動方針である「100周年活動強化方策」を決定し，その中で今後の活動について「①地域のつながり，地域の力を高めること，②さまざまな課題を抱えた人びとを支えること，③民生委員・児童委員制度を守り，発展させること」を重点項目とした。あわせて地域社会の実情をふまえ，都道府県・指定都市・市区町村ごとに「地域版　活動強化方策」を策定することを提案している。 ［大山朝子］

む

♧無拠出制

社会保障の手段の一種で保険料を拠出することなく給付を受けることができる制度のことである。わが国の無拠出制に該当する制度としては，国民年金法の保険料の拠出が開始された1961（昭和36）年４月においてすでに50歳を超えていた者に支給される老齢福祉年金，20歳以前に初診日をもつ一定程度の障害者に対して支給される障害基礎年金，公的扶助などがあげられる。 ［荒木　剛］

♧無作為抽出

社会調査や世論調査などにおいて，調査対象全体（母集団）から無作為（ランダム）に標本抽出する方法。人為的な操作が入らないよう偶然によって標本が選ばれる必要がある。利点として，全体の一部を調べることで，大きな母集団の正確で有益な情報を把握できる。無作為抽出法には，標本を等確率に抽出する単純無作為抽出法，一定の間隔で抽出する等間隔（系統的）抽出法，段階的に調査対象を絞っていく多段（階）抽出法，対象集団の特性により分類した各層から標本抽出する層（別）化抽出法などがある。
[石踊紳一郎]

無差別平等の原理

生活保護法の基本原理の一つである。同法第２条において，「すべて国民は，この法律の定める要件を満たす限り，この法律による保護を，無差別平等に受けることができる」ことが規定されている。この原理は憲法第14条の「法の下の平等」を具現化したものであり，国民は法律の定める受給要件を満たせば，無差別平等に保護を受けることが法律上の権利として保障されているとしている。ここで規定される「国民」とは，日本国籍を有する者で，外国人は含まないというのが行政当局の解釈であるが，人道上等の理由により，困窮外国人を放置することはできないので，行政通達において法の準用を認めている。
[大野さおり]

６つのＰ

人間（Person）：対人援助や制度的援助を必要とする人，専門職（Professional person）：ケースワークに必要な知識・技術・経験を持つ人，問題（Problem）：援助を必要とするクライエントが悩んでいて解決すべき問題，あるいは調整・調停すべき人間関係のトラブル，制度（Provisions）：社会福祉援助を可能とするための制度あるいは援助を困難にしている規制・制度の改革（法律改正）に向けた行動，場所（Place）：問題や苦悩を解決するための対人援助を行う場所，過程（Process）：問題や苦悩を解決するための具体的なプロセス，あるいはクライエントとケースワーカーの相互的な行動選択の積み重ね。アメリカのヘレン・ハリス・パールマン（Perlman, H.H.）が提唱したケースワークの構成要素。
[玉利勇治]

無料低額診療

無料低額診療とは，社会福祉法第２条第３項第９号において「生計困難者のために，無料又は低額な料金で診療を行う事業」と定められた事業を意味する。病院や診療所の設置主体（医療法人や社会福祉法人等）に関わらず，社会福祉法に基づく第二種社会福祉事業の届出を行い，都道府県等が受理して事業が開始される。つまり，経済的理由により適切な医療を受けることが困難な者（生計困難者）への支援事業であるといえる。ただし，すべての医療機関で実施しているわけではなく，利用の際も医療機関によって条件等が異なる場合がある。
[本郷秀和]

め

名義尺度

調査等において収集されたデータを分析する際に，性別，血液型などの基準に従って整理番号として数値を割り当て，対象を特性の異なるいくつかのカテゴリーに分類する尺度のことをいう。単に区分するための数値であり，量的関係や順序関係を意味しない尺度であり，平均値を求めても意味のないものである。
[石踊紳一郎]

名称独占

国家資格において，登録による有資格者がその名称を用いることができる法的な規制である。業務を行うにあたって，資格のない者はその名称を名乗ることはできない。「社会福祉士」「精神保健福祉士」「介護福祉士」「保育士」は名称独占である。しかしながら，業務独占ではないため，これらの資格がなければ社会福祉の業務に携わることはできないわけではない。業務独占である「医師」や「看護師」等の国家資格については，その有資格者のみが対象となる業務に従事できる。［矢ヶ部陽一］

メイヤー，C.H.
（Meyer, Carol H.；1924-1996）

1980年代，ソーシャルワークに影響を与えてきた生態学理論と一般システム理論の統合を試みるなかで，エコシステムの概念をソーシャルワーク実践に取り入れた。エコシステム論は，人と環境の間にある相互関連性に焦点を当て，生活問題はクライエントを取り巻く環境（家族，友人，関係社会機関，地域など）とその接触面における不適切な相互作用の結果として発生するとみなし，人間のプラスの側面に目を向け，適応能力を高め，ストレスを軽減し，新しい適応のバランスを得ることをめざして援助を行うものである。［石踊紳一郎］

メインストリーミング
（mainstreaming）

障害児の残された機能を最大限に生かし，障害のない同世代の仲間と可能な限り一緒に学び，成長していくことがお互いの人格形成にとって大切であるという考え方で，ノーマライゼーションの理念を具体化する取組みの一環として，アメリカで行われている教育改革のこと。障害児教育を通常教育という主流（メインストリーム）に合流するということで「主流化教育」と訳されるが，インテグレーションと同義語として，アメリカではこの呼び方が一般的である。［石踊紳一郎］

メゾソーシャルワーク
（mezzo social work）

メゾソーシャルワークとは，ジェネラリスト・アプローチにおける３つの実践レベル（ミクロ，メゾ，マクロ）のうち，クライエントの社会生活に直接かかわるミクロソーシャルワークと制度・政策や社会全体に対するマクロソーシャルワークの中間的システムに対するソーシャルワークである。メゾソーシャルワークでは，学校や会社など地域社会内の組織・集団間に焦点が置かれ，クライエントのニーズ充足に向けた仲介・調整が行われる。メゾソーシャルワークの実践においては，組織や集団に対するアセスメントや集団力学を用いた支援技術に加え，組織の設立や運営，集団構成員間の合意形成や連携への支援に関する知識や技術が求められる。［山田美保］

メディケア（Medicare）

アメリカ合衆国における公的医療保障制度の一つ。メディケアは，1965年に創設された連邦保健・福祉省が運営する公的医療保険制度である。65歳以上の者，障害年金受給者，慢性腎臓病患者等を対象としている。入院サービス等を保障する強制加入の病院保険（Hospital Insurance：HI，メディケア・パートA）と外来等における医師の診療等を保障する任意加入の医療保険（Medical Insurance：MI，メディケア・パートB）とで主に構成されており，パートAが，現役労働者の社会保障税により，パートBは加入者の保険料及び連邦政府の一般財源により賄われている。［田畑寿史］

メディケイド（Medicaid）

アメリカ合衆国において，1965年に施行された社会保障制度の一つで，低所得者に対して医療扶助を行う公的医療保障制度である。連邦政府と州政府が共同して制度運営にあたっている。各州はメディケイドの実施を義務付けられていないが，実際にはアメリカ全土で実施されている。実施主体は州であり，州は連邦政府のガイドラインを踏まえつつも，広範な裁量権を有し，独自に給付内容を決定し運営している。入院患者に対する病院のサービス，外来患者に対する病院のサービス，ナーシングホームへの入所，家族計画とその用品のサービス，看護師・助産師サービス，保健センターによるサービス等がある。 ［田畑寿史］

♧メリット制（せい）

労災保険の保険料は事業主が全額負担し，その保険料率は，事業の業種によって異なる。よって同一業種の事業主間の負担の具体的公平を図るため，個々の事業ごとに，その事業に係る労働災害の多寡により，一定の範囲で，保険率または労災保険料を増減する。労災保険率は，労災保険法の規定による保険給付及び社会復帰促進等事業に要する費用の予想額に照らし，将来にわたって，労災保険の事業に係る財政の均衡を保つことができるものでなければならないものとし，政令で定めるところにより，労災保険法の適用を受ける全ての事業の過去３年間の業務災害，複数業務要因災害及び通勤災害に係る災害率，並びに二次健康診断等給付に要した費用の額，社会復帰促進等事業として行う事業の種類及び内容その他の事情を考慮して，厚生労働大臣が定める（労働保険の保険料の徴収等に関する法律第12条第２項）。 ［河谷はるみ］

♧メンタルヘルス

労働者の心の健康づくりのこと。業務内容や人間関係，職場環境などで，悩みやストレスを抱える人が増加し，労働者がうつ病などの「心の病」を発症するケースが増えている。社会や企業，家庭に与える負の影響も拡大している。心の健康を保つためには，睡眠や休息，労働，遊びなどのバランスをとることが必要である。労働者の心の健康保持推進のための基本的な実施方法として，第一に本人が気をつけるセルフケア，その次に管理職が対応するラインケア，産業医，保健師などの企業内専門スタッフによるケア，地域保健機関，医療機関などの外部専門家によるケアの順で対応する。メンタルヘルスケアの研修や職場環境の改善などが重要である。 ［隈﨑伸弥］

♧メンタルヘルスソーシャルワーク

これまでは，精神科ソーシャルワークと呼ばれてきた。しかし，近年ではその対象領域の広がりとともに，メンタルヘルス課題が基準横断的に国民の課題となっている現状に鑑み，「メンタルヘルスソーシャルワーク」と呼ばれるようになりつつある。たとえば，国民各層の気分障害，自殺，アルコール・薬物関連問題，ギャンブル，職場のメンタルヘルス，虐待，いじめ，不登校，災害やそれに伴う惨事ストレス，認知症と関連する家族の課題，非正規雇用や貧困，孤立や孤独，格差，不寛容な社会など，さまざまなメンタルヘルス課題を社会の病理としてとらえる。そのさまざまな現象に対し，ミクロ・メゾ・マクロの各ステージにおいて社会福祉学を基盤としたソーシャルワーク活動を展開することがメンタルヘルスソーシャルワークには期待されている。 ［茶屋道拓哉］

も

♧盲人（もうじん）ホーム

本ホームの設置主体は，都道府県，市及び社会福祉法人に限定される。障害者自立支援法（現障害者総合支援法）第77条の市町村地域生活支援事業において，市町村が実施することができる必須以外の事業として位置づけられている。本ホームの対象者は，あん摩マッサージ指圧師，はり師又はきゅう師の免許を持つ視覚障害者となっており，治療院の自営や雇用が困難な者に対して施設を利用させるとともに，必要な技術の指導を行い，視覚障害者の自立更生を図ることを目的とする施設である。 ［滝口 真］

♧盲導犬（もうどうけん）

目の不自由な人が，行きたい時に行きたい場所に出かけられるように，特別な訓練を受けた犬。盲導犬は，「身体障害者補助犬法」（2002年10月施行）に基づいて認定された犬で，特別な訓練を受けているため，公共施設や交通機関をはじめ，飲食店やスーパー，ホテルなどさまざまな場所に同伴が可能である。また，1978（昭和53）年の道路交通法の改正を機に盲導犬に関する実体規定が定められ，車両の一時停止や徐行の義務により，道路通行上も保護を受けている．胴体につけている白い胴輪（ハーネス）が盲導犬のシンボルとされている。

［安田征司］

♧盲導犬訓練施設（もうどうけんくんれんしせつ）

無料または低額な料金で盲導犬の訓練を行うとともに，視覚障害のある身体障害者に対して盲導犬の利用に必要な訓練を行う施設。身体障害者福祉法第33条に基づき，設置される身体障害者社会参加施設の一種。社会福祉法に定める第２種社会福祉事業である。国家公安委員会が，民法上の法人又は社会福祉法人で盲導犬育成に関して適当と認める施設を指定し，毎年度必要に応じて盲導犬の育成を依頼する。 ［安田征司］

♧モデリング（modeling）

モデリングとは，モデルとなる他者の行動や態度，感情の表出を観察することによって，観察者の行動パターンを学ぶ学習方法である。観察学習ともいう。バンデューラ（Bandura，A.）によって提唱された学習理論である。モデリングによって，適切な行動を促したり，不適切な行動を抑制することができる。この成立には，注意（観察対象に注意を向ける），保持（対象の行動内容を記憶），再生（行動等を模倣），動機づけ（学習した行動を遂行するモチベーションを高める）の４つの過程がある。たとえば，テレビの登場人物の行動や言動に影響を受けて，観察者が攻撃的な行動や言動を真似て，日常生活の中で再現する等が挙げられる。 ［梶原浩介］

♧モニタリング（monitoring）

ケースマネジメント（ケアマネジメント）の過程は，①入口⇒②アセスメント⇒③ケース目標の決定と支援計画（ケアプランの作成）⇒④支援計画の実施（ケアプランの実施）⇒⑤モニタリング⇒⑥再アセスメント⇒⑦終結である。この過程でのモニタリングは，利用者のニーズに合った支援計画又はケアプランが効果的に取り組まれているかどうかを評価するものである。ただし，支援計画やケアプランが福祉サービス提供のあり方に基盤をおいた場合，モニタリングはサービス提供システムの効率性に主眼がおかれることになる。 ［門田光司］

♧モラルハラスメント（モラハラ）

最初に提唱したのはフランスのマリー＝F＝イルゴイエンヌ（Marie-France Hirigoyen）であり，自身の著書の中で「職場におけるモラルハラスメントとは不当な行為（身振り，言葉，行動）を繰り返し，あるいは計画的に行うことによってある人の尊厳を傷つけ，心身に損傷を与え，その人を危険にさらすことである。またその人の雇用を危険にさらすことである。またそう言ったことを通じて職場全体の雰囲気を悪化させることである」と定義した。このハラスメントは家庭内での夫婦関係においても成立することが特徴的である。フランス語でモラルには「精神的な」意味の他に「倫理的な」意味がある。　［中村幸子］

♧森田療法（もりたりょうほう）（Morita Therapy）

1920年頃，森田正馬によって独自に創始された神経質症のための心理療法。対象は「森田神経質」と呼ばれる。ヒポコンドリー性基調（神経質な性格傾向）の素質をもつ人が何らかの誘因で注意が自己の身体的あるいは精神的変化に向けられるようになると，それが集中しすぎて過敏になり，意識狭窄を誘発して（精神交互作用）神経質症になる。この療法では，不快や病覚のとらわれから脱却させるため，「あるがまま」に受容させ自然治癒力の発動を促す。また，第１期：絶対的臥褥，第２期：隔離，第３期：作業，第４期：日常生活への復帰，の各期を40～60日間の入院中に行われることもあるが，最近では通院が中心になりつつある。　［大西　良］

♧モレノ，J.L.

（Moreno, Jacob Levy；1889-1974）

アメリカの精神分析家であり教育者。サイコドラマ（心理劇），ソシオメトリーの提唱者として知られ，グループセラピー（集団精神療法）の開拓者の一人でもある。クライエントの抱える問題について，演技すなわち行動を通じて理解を深め，解決をめざしてゆく集団精神療法として，サイコドラマを考案した。また集団成員の感情の流れを分析し，再構成することによって集団生産性を高めるソシオメトリーを考案・展開した。

［大西　良］

や

♧夜間せん妄

夕方から夜間に起きるせん妄のこと。せん妄とは，疾患や薬，脱水などの原因によって意識水準の低下が起こり，強い不安や幻覚，興奮，今どこにいるかわからないといった見当識障害が症状として現れることをいう。認知症状と間違われやすいが，認知症と異なり，症状は一過性であり，せん妄となる要因が取り除かれれば回復する。認知症とせん妄が併存している人もおり，その場合には行動心理症状が重篤になる。体調管理や刺激が少なく静かで安全な環境を整えることが必要である。 ［種橋征子］

♧夜間対応型訪問介護

2005（平成17）年の介護保険制度の改正により創設された．中重度の要介護状態となっても24時間安心して在宅生活が継続できるよう，夜間において，①定期的な巡回による訪問介護サービス，②利用者の求めに応じた随時の訪問介護サービス，③利用者の通報に応じて調整・対応するオペレーションサービスがある．随時対応とは，利用者が夜間に介護を必要としたとき，ケアコール端末から常駐オペレーターに通報し，その連絡により訪問介護員が訪問することである。

［林田貴久］

♧薬物依存

薬物の使用を繰り返した結果，止めようと思っても渇望に駆り立てられて自己制御できない状態。身体的依存と精神的依存があり，前者はアルコール依存の振戦せん妄がその代表で，後者は薬物の運用を中止すると，激しい苦痛を伴う禁断症状が出現する。依存を起こす薬物には，モルヒネ，ヘロインなどのアヘン類，コカイン，大麻などがある。

［藤島法仁］

♧役割距離

個人が期待される社会的役割に対して一定の距離をおくこと，またその距離。社会学者ゴフマン（Goffman, E.）が提唱した概念。社会において人びとはさまざまな社会的役割を内面化し，それに一致するように役割を演じている。しかし，ときに人はそうした役割から距離をおいた行動をとることがある。役割距離の例として，ゴフマンは緊迫した手術の場面で冗談をいいながら行動する外科医の例を挙げている。この外科医は外科医としての社会的役割を果たしながら，冗談をいってその役割に距離をおくことで，余裕を示し，手術の緊張を和らげている。 ［矢部　航］

♧役割（遂行）理論

社会的役割の概念を用いて，社会と個人の関係を説明しようとする社会学理論。社会的役割とは，他者との関わりにおいて相互に期待される行動のパターンや社会的地位に応じた行動規範を意味する。役割理論のもとでは，たとえば父親には父親らしく行動するという社会的役割があり，父親はそれを内面化して自分の役割として演じていると考える。代表的な論者としては，ゴフマン（Goffman, E.）やリントン（Linton, R.）などが挙げられる。 ［矢部　航］

♧夜警国家

国家が市民生活に介入せず，社会の治安維持や安全保障だけを目的とする国家をいう。市民社会の領域においては，私的自治の原則が最大限尊重されるべきであり，市民の自由とその活動に国家は介入すべきではないとする国家のあり方をいうものである。夜警国家という語は，ドイツのフェルディナント・ラッサール（Lassalle, F.）が，このような国家を批判し，皮肉をこめて表現したものであるが，次第に自由放任主義的国家のあり方を示すものとして定着した。

［山下利恵子］

♧ 矢嶋楫子（やじまかじこ）（1833-1925）

熊本県の生まれ。本名かつ。明治から昭和にかけて評論家や文学者として活躍した徳富蘇峰と蘆花の叔母。裕福な家庭で厳格なしつけにより育てられ，富豪の林七郎のもとに後妻としてはいる。しかし夫の暴力に耐えかね，末子を連れて出奔し上京，教員となる。その後，米国の宣教師で教育者であるマリア・ツルーとの出会いや長子のキリストの入信に影響を受け，キリスト教の洗礼を受ける。不幸な結婚生活の体験や自分の弱さがもたらす不行跡，また米国の禁酒活動家メアリー・レビットの来日がきっかけとなり，矯風（禁酒）運動や公娼制度廃止等の社会福祉事業に尽力し，日本キリスト教婦人矯風会会頭となった。また女子教育にも力を入れ女子学院の初代院長に就任した。［中村幸子］

♧ 矢田部（やたべ）ギルフォード性格検査法（せいかくけんさほう）（YG 性格検査（せいかくけんさ））

ギルフォード（Guilford, J.P.）が考案し，矢田部達郎が改訂した120項目からなる自己評定による性格検査である。抑うつ性，回帰性傾向，劣等感，神経質，客観性の欠如，協調性の欠如，愛想のなさ又は攻撃性，一般的活動性，のんきさ，思考的外向，支配性，社会的外向の12尺度に各10項目の質問が用意され，解釈は個々の尺度の評価点，因子群ごと，全体のプロフィールでなされる。検査の実施は容易にでき，個人検査でも集団検査でも可能である。テスト用紙は市販されており，小学生用，中学生用，高校生用，一般用の 4 種類がある。したがって，被験者の年齢に応じて該当するテスト用紙を使用して行う。［大西　良］

♧ 山室軍平（やまむろぐんぺい）（1872-1940）

日本救世軍の創設者。少年期・青年期の貧しい生活の中からも学問に目覚め，同志社大学神学部に学ぶ。1895年から救世軍に加わり，『鬨の声』（ときのこえ）というパンフレットの刊行や労働者セツルメント，廃娼運動などの活動を通して社会福祉の向上に貢献した。彼の創意による社会鍋の相互扶助活動は現在でも広く親しまれている。［佐野正彦］

♧ ヤングケアラー

本来大人が行うべきである介護やケアを日常的に行っている18歳未満の子どものことをいう。家族の介護や身の回りの世話のほか，幼いきょうだいの面倒をみたり，ペットの世話や家事全般，家族の感情面でのサポート，家計を支えるための就労などその内容は広範に及ぶ。若い世代がケア経験を得ることに対する肯定的なとらえ方もあるが，一方で，遅刻や早退など学業に専念できなかったり，進学を断念する子どもが増加しており，児童虐待の面からもその実態把握と対策が求められているものである。［木山淳一］

♧ ヤングハズバンド，D.E.L.（Younghusband, Dame Eileen, Louise ; 1902-1981）

イギリスの地方自治体ソーシャルワーカーの専門的教育課程の構築に尽力した研究者。1947年と1950年のカーネギー報告の中で，すべてのソーシャルワーカーに共通する一連の中核的な知識を含んだジェネリックな訓練を提唱した。1954年にはジェネリックな教育課程を先駆的に開発し，それが多くの大学における専門的なソーシャルワーク教育課程のプロト

タイプとなった。 [河野高志]

ゆ

♧ 友愛訪問（ゆうあいほうもん） (friendly visiting)

19世紀後半から20世紀前半のアメリカにおける慈善組織化運動で，ボランティアの訪問員（友愛訪問員）が貧困に苦しむ人びとの個別調査を行い，友愛の精神に基づいて貧困家庭と個別に接触し，人格的な感化によって自立を援助するという個別訪問指導を行ったことをいう。その活動を通じて培われた個別処遇の方法がケースワークとして理論化されるうえでの礎石となった。 [穴井あけみ]

♧ 友愛訪問員（ゆうあいほうもんいん） (friendly visitors)

アメリカの慈善組織協会が行った生活困窮家庭への訪問活動（友愛訪問）に携わったボランティアのこと。友愛訪問員は，親密かつ継続的な交流を通して訪問家庭の人びとを理解すること，また，その人びとの状況を改善しようとする意図をもって関わることが重要とされた。日本では，主に見守りを必要とする高齢者世帯に対する定期的な訪問活動を友愛訪問と称し，訪問するボランティアを友愛訪問員と呼んでいる。 [山田美保]

♧ 有意（ゆうい）

統計データの解析をするときに使用される用語.「男性の身長と女性の身長には有意な差がある」,「貧困率と虐待発生率には有意な相関がある」というような用い方をする。これらは偶然とは考えにくいほどの差や相関性があるという意味である。また「差が５％以下の水準で有意：p ＜0.05」といった記述は,「実際には差がないのに差があるような結果と出てしまう確率は５％より少ない」と解す。１％未満，0.1％未満と数字が小さくなるにしたがい，偶然の可能性が小さくなることを意味している。 [西原尚之]

♧ 有為抽出法（ゆういちゅうしゅつほう）

社会福祉調査等の調査を行う際，調査対象者数（母集団）が膨大な数となり，費用面や作業面等で全数調査が実施困難になることがある。そのため，実際には母集団から調査対象を抽出（サンプリング）する作業が必要となる場合が多い。有意抽出法では，研究者等の調査実施者が，調査対象となる母集団から母集団を代表するようなサンプル（標本）を何らかの仮説や主観に基づき意図的に選ぶことができる。つまり，典型的または代表的な回答が得られやすいと思われる調査対象を選定する。ただし，無作為抽出法（ランダムサンプリング）と異なり，標本誤差が不明になりやすいという問題もある。 [本郷秀和]

♧ 有機的連帯（ゆうきてきれんたい）

デュルケーム（Durkheim, É.）の概念。彼は，社会分業が進むにつれ人びとの結びつきが「機械的連帯」から「有機的連帯」に変容していくと説いた。初期の「環節型社会」において人びとは血縁・地縁などによる類似性・同質性を前提にいわば自ずと連帯するが，社会分業が進む近代社会にあって人びとは違っていること，つまり異質性を前提にお互いに道徳的に相補うことによって結びつく有機的連帯が主流となる。これに問題があると,「アノミー的分業」となる。

[佐野正彦]

♧ 遊戯療法（ゆうぎりょうほう）（プレイセラピー）

子どもが遊びを通して抑圧された感情や葛藤を表現するように促すことで，カタルシス（浄化作用）経験をはかる心理療法である。遊戯療法では，遊びのもつ特性と，子どもと治療者との人間関係によって，子どもの自己治癒力が発揮されると考える。子どもにとって遊びはカタルシスをもたらし，自己表現の手段となりうる。したがって，遊戯療法では，遊びを見守る治療者の遊び研究と解釈が重要な意味をもつ。遊戯療法はフロイト（Freud，S.）の精神分析学に基づき，フロイト（Freud，A.），クライン（Klein，M.），ローエンフェルト（Lowenfeld，M.）らによって，子どもの心理療法として築かれた。 ［門田光司］

♧有償型福祉サービス（ゆうしょうがたふくし）

無償を基本とするボランティア活動と貨幣を媒介とする労働の中間的なあり方で，有料のサービスである。さまざまな生活課題などの解決を目的とした福祉サービスにかかるボランティア活動などの担い手に対して，実費や報酬といった金銭の収受を認める活動形態である。1980年代に出現した住民参加型在宅福祉サービスを中心に，さまざまな形態で存在しており，子育て支援や高齢者，障害者などを対象とした生活支援サービス，移動サービス，食支援活動などがある。 ［田中将太］

♧優生保護法（ゆうせいほごほう）

1948（昭和23）年に「不良な子孫の出生防止」と「母性の生命健康の保護」を目的に制定された法律である。この法律は，特定の疾病や障害をもつ人に対する不妊手術や中絶を合法としており，知的障害や精神に障害をもつ人，あるいはハンセン病を発症した人への堕胎や断種手術などが本人の同意の有無に関わらず行われたものである。1996（平成８）年に，優生思想に基づく条文が障害や病気をもつ人への差別・偏見につながるとして削除され「母体保護法」に改正されたが，旧法の下で本人の同意なく行われた強制不妊手術は著しい人権侵害であり，憲法違反であるとして国に謝罪と賠償を求める訴訟が各地で起きている。 ［木山淳一］

♧郵送調査法（ゆうそうちょうさほう）

調査対象者に，調査協力依頼文，質問紙，返信用の封筒を郵送し，決められた期日までに回答を返送してもらう調査方法である。郵送調査法は，顔が見えないやり取りであるため，回答しやすいという利点がある。しかし，回収率が低い，質問文の解釈が回答者によって異なる，記入ミスが出てくるという欠点もある。そのため，調査目的，実施主体，秘密保持，記入方法等を記載した調査協力依頼文や質問文はわかりやすく明記する必要がある。 ［永松美菜子］

♧有料老人ホーム（ゆうりょうろうじん）

老人福祉法第29条において，「老人を入居させ，入浴，排せつ若しくは食事の介護，食事の提供又はその他の日常生活上必要な便宜であって厚生労働省令で定めるものの供与をする事業を行う施設であって，老人福祉施設，認知症対応型共同生活援助事業を行う住居その他厚生労働省令で定める施設でないもの」と規定されている。有料老人ホームは，介護保険の適用の有無，介護サービスの内容に応じて，「介護付」「住宅型」「健康型」の３つのタイプに分類されている。「介護付き」の場合，さらに介護サービスの提供スタッフによって「一般型」と「外部サービス利用型」の２種類に分類される。民間が経営している場合が多く，料金設定もさまざまである。前払金を支払う（終身）利用権方式，賃貸借方式，終身建物賃貸借方式がある。有料老人ホームを設置しようとする場合は，事前に都道府県知事又は指定市，中核市の市長に届け出る義務がある。 ［川﨑泰代］

ユニット型指定介護老人福祉施設（がたしていかいごろうじんふくししせつ）

介護保険法に基づき，入所者に介護サービス等を提供する施設の一つで，ユニットケアを導入しているのがユニット型指定介護老人福祉施設（ユニット型特別養護老人ホーム）である。各居室は原則個室となっており，おおむね10人以下を一つのユニットとしてキッチンやリビングといった共有スペースが設けられている。日中は介護職員または看護職員が1ユニットに1人以上，夜間は2ユニットに1人以上配置されている。小規模で個別的なケアが提供されるため，職員や入所者同士が馴染みの関係になりやすいメリットがある反面，多床室のある従来型の施設に比べて利用料が高く設定されている。［日田　剛］

ユニットケア

入居者を10人前後のユニット（生活単位）に分け，それぞれの個室と共有スペースを設けることで，プライバシーを確保しながら家庭的な雰囲気の中で必要なケアを行うもの。宅老所や認知症高齢者のグループホームがモデルとされている。従来の集団ケアが基本であった大規模な施設においても，ユニットケアを取り入れ居宅に近い環境下で，個別的なケアを行うことで一人ひとりに合った対応と，入居者同士の馴染みの関係構築が可能であるとして導入された。現在ユニットケア型の特別養護老人ホームは多床室の従来型よりも高い介護報酬が設定されている。［日田　剛］

ユニットリーダー

特別養護老人ホーム等の介護施設で最近採用されるようになった「ユニットケア」とは，入居者10人前後を一つの「ユニット」として位置づけ，各ユニットに固定配置された介護スタッフが入居者の個性や生活リズムを尊重した個別ケアを実現するための手法である。各ユニットには，「ユニットリーダー」と呼ばれるスタッフが1名置かれ，ユニット運営の企画・管理やスタッフの統括・指導のほか，入居者の家族との連絡等を主な役割としている。［岩井浩英］

ユニバーサルデザイン（Universal Design：UD）／ユニバーサルデザイン政策大綱（せいさくたいこう）

規格化された大量生産品は多様性を認めない設計となりやすいことから，年齢・国籍・性別・身体状況など問わず，可能な限りすべての人が社会に参画し暮らせるよう，生活・移動・都市環境のハード・ソフト両面から利用しやすい設計をめざす考え方。国土交通省は2005年ユニバーサルデザイン政策大綱を定め，2006（平成18）年「高齢者，障害者等の移動等の円滑化に関する法律」により公共機関のUD化を進めている。近年では，障害のない人や他の障害のある人の使い勝手を想定していないこと，誰もがより使いたいと思えるようなデザインが必要であることなどから，すべての人にとってより使いやすいものをめざすとしてインクルーシブデザインと表現することや，原理的に困難なデザインの理想主義としての批判からヒューマン・センタード・デザインが提唱されている。［平川泰士］

ユヌス，M.

(Yunus, Muhammad；1940-)

バングラデシュ・チッタゴン生まれ。1974年にバングラデシュを襲った大飢饉をきっかけとして貧困者の救済活動を開始し，1983年，グラミン銀行を創設する。貧困者へ少額の無担保融資を行い，それを元手として小さなビジネスを開始させ，経済的に自立させるマイクロクレジット・プログラムを国内外で展開し，大きな成果を上げている。さまざまな分野で貧困者支援を行ってきた功績によりマグサイサイ賞をはじめ，数々の国際的な賞を受賞し，2006年にはノーベル平和賞を受賞した。［岡部由紀夫］

♧ユング心理学／ユング（Jung, Carl Gustav；1875-1961）

分析心理学ともいう。フロイト（Freud, S.）の弟子であったユングは，フロイトのリビドー（性的エネルギー）の概念を拡大し，リビドーを心的エネルギーと考えた。そして，リビドーが内界へ向かい，自己の内面に関心が集中する傾向を内向性と呼び，それが外界に向かい，外部の刺激に影響される傾向を外向性と呼び，パーソナリティを2つの類型に分類した。ユングはフロイトのリビドーにおける性的強調に反対し，自ら分析心理学を提唱し，フロイトから独立した。［門田光司］

よ

♧養育医療（未熟児養育医療）

母子保健法の第20条には，「市町村は，養育のため病院又は診療所に入院することを必要とする未熟児に対し，その養育に必要な医療（以下「養育医療」という）の給付を行い，又はこれに代えて養育医療に要する費用を支給することができる」とある。すなわち，未熟児として生まれた乳児には，生後速やかに適切な処置を講じる必要があり，また，その生育において必要な医療を受ける必要があるため，それらの負担軽減（経済的支援）のために，指定養育医療機関で受ける保険診療による入院医療費について助成するものである（世帯所得等に応じた一部自己負担あり）。［岩井浩英］

♧養育里親⇒里親制度

♧養育支援訪問事業

育児ストレス，産後うつ病，育児ノイローゼ等の問題によって，子育てに対して不安や孤立感等を抱える家庭や，さまざまな原因で養育支援が必要となっている家庭に対して，子育て経験者等による育児・家事の援助又は保健師等による具体的な養育に関する指導助言等を訪問により実施することにより，個々の家庭の抱える養育上の諸問題の解決，軽減を図ることを目的とした事業である。具体的内容は，①家庭内での育児に関する具体的な援助，②産褥期の母子に対する育児支援や簡単な家事等の援助，③未熟児や多胎児等に対する育児支援・栄養指導，④養育者に対する身体的・精神的不調状態に対する相談・指導，⑤若年の養育者に対する育児相談・指導，⑥児童が児童養護施設等を退所後にアフターケアを必要とする家庭等に対する養育相談・支援などである。実施主体は市町村（特別区を含む）である。［門田光司］

♧要介護施設

要介護状態にある人が入所・入居できる施設を総称する用語である。大きく分けると，地方自治体，社会福祉法人，医療法人が運営する公共型と民間事業者が運営する民間型とがあり，役割に応じて更に細かく種類が分かれている。代表的な施設としては，公共型は介護老人福祉施設，介護老人保健施設，介護医療院（介護療養型医療施設），ケアハウス（経費老人ホーム），民間型は有料老人ホーム，サービス付高齢者住宅，グループホームなどがあげられる。また，地域密着型サービスとして，民間型では定員29人以下の有料老人ホーム，公共型では定員29人以下の介護老人福祉施設，認知症対応型グループホームなどがある。民間型の多くは「住まい」としての施設であり，介護保険制度では在宅サービスの対象施設として位置付けられている。公共型の特徴としては民間型に較べてかなり費用が抑えられること，民間型では幅広いサービス提供や柔軟な対応ができること，などがあげられる。　[田中茂實]

ようかいごしゃ
♧ 要介護者

要介護者は，①要介護状態にある65歳以上の者（第１号被保険者），または②要介護状態にある40歳以上65歳未満の者（第２号被保険者）である。第２号被保険者の場合は，要介護状態の原因である障害が加齢に伴って生じる疾病（特定疾病）によって生じた者をいう。「要介護状態」とは，身体上または精神上の障害により，入浴・排泄・食事等の日常生活動作の全部または一部について，6か月にわたり継続して常時介護を必要と見込まれる状態をさす。要介護状態は，最も軽い「要介護１」から最重度の「要介護５」までの５段階に区分されている。要介護状態の軽減・悪化の防止のために支援を必要とする状態の人や，掃除・洗濯・買い物などの支援を必要とする人は「要支援者」という。　[田中安平]

ようかいごど
♧ 要介護度

要介護の１～５，要支援の１～２に該当する者で，その区分のこと。介護保険法第27条及び32条には，厚生労働大臣が定める基準に従い，介護認定審査会が被保険者についての審査及び判定を行い市町村に通知するもので，該当する要介護状態区分及び要支援状態区分のこと。

[坂本雅俊]

ようかいごにんてい
♧ 要介護認定

介護保険制度では介護（介護予防）サービスの利用にあっては，事前に要介護・要支援状態にあることを証明するために，要介護認定を受ける仕組みになっている。被保険者が介護保険を利用したい旨の申請をすると，保険者である市町村が介護の必要性を調査し，国が定めた認定項目・認定基準・認定方法等に沿って，要介護認定を行う。認定結果は介護保険証に記載される。介護保険証には認定日・要介護度・認定期間・区分支給限度基準額が記載される。要介護認定の流れは，申請・認定（訪問）調査・主治医意見書作成・コンピューターによる一次判定・保健医療福祉の専門家による二次判定（介護認定審査会）・要介護度決定・通知（原則として30日以内）の順に行われている。　[生野繁子]

ようしえんぐみ
♧ 養子縁組

血縁関係がない者同士であっても，法律上，実の親子関係を結ぶことをいう。養子縁組には「普通養子縁組」と「特別養子縁組」がある。このうち特別養子縁組は実親によるネグレクトや虐待，経済的困窮等による養育困難な場合など社会的養護を必要とする子どものパーマネンシーを保障する「子どもの福祉」のための制度としても注目されている。特別養子縁組は，養親は配偶者のある者であること，夫婦は原則25歳以上であることなど普通養子縁組とは異なる要件が規定されており，縁組が成立した場合は実親との関係は終了する。養子の年齢は原則６歳未満とされているが，今後は年齢制限が引き上げられる方向で議論が進んでいる。

[山本佳代子]

ようしえんじょうたい
♧ 要支援状態

介護保険法第７条第２項にて，要支援状態とは，身体上若しくは精神上の障害があるために入浴，排せつ，食事等の日常生活における基本的な動作の全部若しくは一部について厚生労働省令で定める期間（原則６か月）にわたり継続して常時介護を要する状態であって，その介護の必要の程度に応じて厚生労働省令で定める区分（要介護状態区分）のいずれかに該当するもの（要支援状態に該当するものを除く）と定義づけられている。

［河谷はるみ］

♧ 幼稚園教諭（ようちえんきょうゆ）

幼稚園において，満3歳から小学校就学の始期に達するまでの幼児の教育にあたる者である。短大卒業者（幼稚園教諭二種免許状取得者）が大半で，大学卒業者（幼稚園教諭一種免許状取得者）はきわめて少ないのが現状である。近年，幼稚園教諭に求められるニーズが高度化・多様化する中で，「幼児理解・総合的に指導する力」や「特別な教育的配慮を要する幼児に対応する力」，「保護者及び地域社会との関係を構築する力」などの専門性の向上の必要性が指摘されている。

［吉留久晴］

♧ 幼保一元化（ようほいちげんか）

学校教育法によって位置づけられる「学校」である幼稚園と，児童福祉法によって位置づけられる「児童福祉施設」である保育所のそれぞれで行われ，制度上二元化されている保育を統一化しようとする動きのこと。もともとは，幼稚園と保育所という保育環境の違いによる保育の内容や，保育の質における格差をなくすことを目的に議論されてきた。近年は急速な少子化・男女共同参画・就業構造の変化等を背景に，深刻化する待機児童解消対策として規制緩和が進み，2006（平成18）年10月には複合施設の「認定こども園」が創設された。2015（平成27）年にスタートした子ども・子育て支援新制度下では，「幼保連携型認定こども園」が置かれている。

［森木朋佳］

♧ 要保護児童対策地域協議会（ようほごじどうたいさくちいききょうぎかい）

児童福祉法の一部を改正する法律（平成16年法律第153号）において，市町村を含む地方公共団体は要保護児童の適切な保護を図るため，関係機関等により構成され，要保護児童及びその保護者に関する情報の交換や支援内容の協議を行う要保護児童対策地域協議会の設置が明記された。この協議会の対象児童は，児童福祉法第6条の3に規定する「要保護児童（保護者のない児童又は保護者に監護させることが不適当であると認められる児童）」であり，虐待を受けた子どもや非行児童などである。地域協議会を設置することによって，①要保護児童等の早期発見，②要保護児童等への迅速な支援の開始，③各関係機関等が連携を取り合うことによる情報の共有化，④各関係機関等の役割分担による支援等が挙げられている。

［門田光司］

♧ 要保護者（ようほごしゃ）

現に保護を受けているといないとにかかわらず，保護を必要とする状態にある者（生活保護法第6条2項）をいう。現に保護を受けている者である「被保護者」（生活保護法第6条1項）と区別して使用している。「現に保護を受けているといないとにかかわらず」とは，「被保護者であると否とを問わず」との意味になる。また，「保護を必要とする状態」とは，生活保護法による保護を必要とする状態であることから，保護の基準に照らし合わせ，各種の金銭給付もしくは現物給付が必要となる状態であることを意味する。なお旧生活保護法では，要保護者と被保護者は区別されず「保護を受ける者」と規定されていた。

［谷村紀彰］

♧ 養護老人ホーム（ようごろうじんホーム）

老人福祉法に基づく老人福祉施設の一種。65歳以上の者であって，環境上の理由及び経済的理由により，居宅において養護を受けることが困難な者を入所させて，養護することを目的とする入所施設である。設置主体は，都道府県，市町村，社会福祉法人で，市町村が設置する場合は都道府県知事の認可を受ける必要がある。福祉の措置により施設への入所を行う措置施設で，入所措置の要否判定は，市町村または福祉事務所内に設けられた入所判定委員会で行われる（老人福祉法第11条・第15条・第20条の４）。2006（平成18）年４月の老人福祉法等の改正により，養護老人ホームは「外部サービス利用型措置施設」として，介護保険サービスを利用することができるようになった。　　［福﨑千鶴］

♧養老院（ようろういん）

明治期以降，保護を要する児童や障害者，高齢者などが混合入所していた施設（養育院）が多いなか，施設でしか暮らせない高齢者を集めて養老事業への移行が進んだ。養老院の名称を用いたのは1895（明治28）年，イギリス人エリザベス・ソートンが東京に設立した「聖ヒルダ養老院」である。そして，1898（明治31）年に愛知県に帝国養老院，1899（明治32）年に兵庫県に神戸養老院が設立された。1932（昭和７）年に救護法が施行され，養老院は救護法上の一つとなり，同法対象者が入所することとなった。大半が個人や宗教団体が経営する私的施設である。1963（昭和38）年の老人福祉法制定により老人ホームへと移行し，現在養老院の名称は使用していない。

［坂本雅俊］

♧養老律令（ようろうりつりょう）

718年に制定，757年に施行された，大宝律令につづく基本法令であり，初めて法によって規定された公的救済制度が定められている。救済に関する最も基本的な条文である「戸令（こりょう）」において，救済対象は「鰥寡（かんか）孤独（こどく）貧窮（びんぐ）老疾（ろうしち），不能自存者」として，鰥は妻のない老夫，寡は夫のない老妻，孤は父のない子，独は子のない老人をさし，かつ自力で生活できないで者に限定された。その上で，近親者による私的な扶養が不可能の場合は，地方行政に扶養義務を負わせるなどの方針は，のちの日本の公的救済の基本施策にも影響を与えている。

［夏秋圭助］

♧抑圧（よくあつ）

防衛機制の一つで，苦痛や罪悪感を引き起こすような考えや感情を意識から排除し，無意識の中に閉じ込めてしまうこと。抑圧は，フロイト（Freud, S.）がヒステリーの症状形成として最初に発見した代表的な防衛機制である。

［門田光司］

♧横出しサービス（よこだしサービス）

横出しサービスは，介護保険法で定められた保険給付（介護給付・予防給付）以外に，市町村が要介護状態等の軽減又は悪化の防止に資する保険給付として条例で定めたうえでサービスを提供するもので，市町村特別給付（介護保険法第62条）のことをいう。内容は市町村によって異なるが，住民に対して行うサービスの例としては，移送や配食サービス，紙おむつの支給，寝具乾燥サービスなどがあり，その財源は第１号被保険者の保険料で賄われている。　　［久保英樹］

♧横山源之助（よこやまげんのすけ）（1871-1925）／『日本之下層社会（にほんのかそうしゃかい）』

富山県魚津市出身。明治から大正初期の社会派ジャーナリスト。下層社会研究の先駆者。明治中期のスラム化した地域の生活，とくに工場労働者をはじめ職人・都市の極貧者・小作人等の生活が詳細に記録されている『日本之下層社会』（1899）は，わが国の下層社会研究史の中でも評価が高い。同書は統計の実証性や文学的な描写が併存しているのが特徴で，社会的・経済史的にも貴重な資料となっている。　　［田畑洋一］

よ

♧欲求段階層（よつきゆうだんかいそう）

マズロー（Maslow, A.）によって考案された欲求の階層であり，下から生理的安全の欲求，愛情・所属の欲求（欠乏動機），承認の欲求，知的学習の欲求・自己実現の欲求（成長動機）から成り立っている。心理的発達に伴ってより上位の欲求が現れ，優勢化していくが，そのための条件として下位の欲求が充足されていることが必要とされている。すなわち，人は発達の各段階において当面の欲求が充たされているならば，自然と次の上位の欲求が発達してくる。一方当面の欲求が充たされていないならば，その欲求（愛情・所属の欲求など）のレベルにとどまり，その欲求を充たすことにエネルギーを使うので上位の欲求に向かうことはできない。発達支援でも臨床治療でも活用されている。［蓑毛良助］

♧4つのシステム

ピンカス（Pincus, A.）とミナハン（Minahan, A.）によって示されたシステム理論を採用したソーシャルワークの概念。ソーシャルワーク実践に必要な「クライエントシステム（援助やサービスを利用若しくは必要としている個人，家族，集団，組織，地域社会）」，「ワーカー（チェンジエージェント）システム（そのワーカーの所属機関や施設，それを構成する職員全体）」，「ターゲットシステム（問題解決のために必要とされる変化を引き起こす対象となる人や組織）」，「アクションシステム（変化を起こすために用いる人材や資源提供，情報提供，エネルギー）」の4つを基本的システムとし，人びとと資源システムの連携や相互作用に焦点があるとしている。パーソンズ（Parsons, T.）が定義したAGIL理論（Adaptation：適応，Goal attainment：目標達成，Integration：統合，Latency：潜在性）を発展させたものである。［中井康貴］

♧4つのP

パールマン（Perlman, H.H.）によって示されたケースワークを成立させるための4つの構成要素のこと。彼女の著書『ソーシャル・ケースワーク—問題解決の過程』（1957）の中で述べられたケースワークの定義，「人びとが社会的に機能するあいだに起る問題を，効果的に解決することを助けるために福祉機関によって用いられる過程」から，人びと＝援助を必要とする人（Person），問題＝その人が抱えている問題（Problem），福祉機関＝援助者が援助を展開する場所（Place），過程＝その人と援助者が専門的援助関係を構築し目標の達成に向けて進んでいく援助過程（Process）の4つを構成要素と提唱した。後に彼女は，支援する人＝専門職（Professional person）と，支援するために必要な社会福祉などの各種制度＝制度（Provisions）を追加し6つのPを提唱した。［小桐　修］

♧予備調査（よびちようさ）

予備調査とは，本格的な調査の前に予備的に調査をすることによって，調査内容に不備などがないかを確認するために実施される。いわゆる「パイロットテスト」とも呼ばれている。調査票の質問項目の妥当性や信頼性などを，予備的な調査によって確認し，必要に応じて調査票の内容を見直すことに役立つ。この方法を用いることによって，調査者が気づかない問題点に対する第三者の目を通したチェックとして活用することもできる。［梶原浩介］

♧呼び寄せ高齢者（よびよせこうれいしや）

長年住み慣れた地域を離れ，都会で暮らす子どもと同居あるいは子どもの近くに転居してくる高齢者のこと。家制度が崩壊し核家族化が進んだこと，子どもは仕事を求めて都会へ出たことで，親子が遠く離れて暮らすことが珍しくなくなった。だが，日本では，親の介護は子どもがみるという考えが残っており，親が介護の必要な状況になると，遠く離れていては介護できないことから親を子どもが呼び寄せることになる。その際，生活環境・スタイルの変化によるストレスには注意が必要である。 [川﨑泰代]

♧ 予防給付（よぼうきゅうふ）

介護保険の給付サービスには介護給付と予防給付があり，予防給付は要介護認定で要支援1，2と認定された場合に利用できるサービスのことである。サービス内容としては，介護予防訪問介護・介護予防訪問入浴介護・介護予防訪問看護・介護予防訪問リハビリテーションなどの介護予防サービスや，市町村の裁量で整備する地域密着型介護予防サービスなどが受けられる。介護予防のケアマネジメントは，市町村が設置する地域包括支援センターが行っている。 [川﨑泰代]

♧ 予防的サービス（よぼうてき）

要援護的状況の発生や悪化，進行や慢性的状況に陥ることを防止するためのサービスのことである。その対象は，要援護者だけでなく，要援護状況に陥るおそれのある人びとである。予防的サービスの機能は3段階に区分できる。第1次予防は，健康な者に対して問題の発生を防止するサービスである。第2次予防は，要援護状態の悪化や進行を防ぐサービスである。第3次予防は，機能回復や機能維持を図るサービスである。

[福﨑千鶴]

♧ 予防的福祉サービス（よぼうてきふくし）

福祉的なニーズの発生を予防し要援護者を生みださないための活動や，要援護者を重度化させず自立した生活を可能にするための福祉サービスのことをいう。地域福祉の構成要素である社会保障や，保健，医療，福祉，住宅，雇用などの基本的社会制度による支援，教育，情報の提供，福祉教育，見守りネットワーク，危険箇所の点検，福祉マップづくりなどにより福祉的なニーズの把握を行い，相談活動ニーズの早期発見や早期対応につなげることができる。そのためには，生活環境条件や危険防止等の点検を行い，これらを整備することがあげられる。

[福﨑千鶴]

♧ 予防的リハビリテーション（よぼうてき）

障害や要介護の予防のために，機能が低下する前の時期から適切なリハビリテーションを行うことで，障害や要介護そのものの発生を予防し，障害が残ったとしても，その程度を最小限にとどめることである。病院等だけではなく，住み慣れた地域の中で行うことが重要とされ，機能回復訓練などの高齢者本人へのアプローチだけではなく，生活環境の調整や，生きがい・役割をもって生活できる居場所等，本人を取り巻く環境へのアプローチが重要視されている。

[大川絹代]

ら

♧来談者中心療法（らいだんしゃちゅうしんりょうほう）

カール・ロジャース（Carl Ransom Rogers；1902-1987）が1940年代に創始した心理療法。当初は非指示的療法と呼ばれ，のちにクライエント中心療法と呼ばれるようになる。クライエントの自己成長へと向かう能力を認め信頼することを根幹の考え方とし，非指示療法を提唱したが，その後，来談者中心療法と呼ぶようになり，クライエント変化のためにカウンセラーに求められる3条件として無条件の肯定的関心（クライエントの感情や価値観を批判・反論しない），共感的理解（クライエントの立場にカウンセラーを置き換える），自己一致（自己概念と自己体験が一致している）を挙げた。　［鬼塚　香］

♧ライフサポートアドバイザー（生活援助員（せいかつえんじょいん）；Life Support Adviser：LSA）

シルバーハウジングや「サービス付き高齢者向け住宅」等に住んでいる高齢者が，地域で自立して暮らせるように彼らの相談を受けとめ，専門相談や具体的なサービス・心のケア等につないだりする人，もしくは職業のことで，必要に応じて「生活指導」や「見守りなどの安否確認」，「一時的な家事援助」，「緊急時の対応」なども行う。生活援助員やLSAともいう。シルバーハウジングとは，公営住宅や公共賃貸住宅のうち，住宅をバリアフリー化し，このライフサポートアドバイザーが生活相談や緊急時対応などのサービスを提供する住宅のこと。　［岩永　耕］

♧ライフストーリー（life story）

人生物語，生活物語などと訳され，個人が歩んできた人生や生活等の経験を時間的経過に沿って自分の言葉で語ったものである。ソーシャルワークのアプローチの場面や社会学，人類学の研究手法の一つとして活用されるが，ライフストーリーに他の情報（日記や手紙，個人記録等の資料）が加えられて個人の歴史を再構築したものはライフヒストリー（生活史）として，ライフストーリーと区別されている。　［古野みはる］

♧ラウントリー，B.S.（Rowntree, Benjamin Seebohm；1871-1954）

イギリスの社会調査家。イギリスのヨーク市で1899年，1936年，1950年の3回にわたり貧困調査を行い，第1回調査結果を「貧困―都市生活の研究」として発表（1901）。総収入が肉体的な能率の維持というだけの最低限度の生活費をマーケット・バスケット方式で算定，「貧困線」とした。それ以下の所得しかない第1次貧困と総収入の一部を他に支出しなければ肉体的な能率を保持することが可能な第2次貧困にわけ，その合計が27.84%，全賃金労働者の43.4%であることを明らかにした。さらに，労働者のライフサイクルを提示し，一生の中で経過する貧困の循環を明らかにし，貧困問題は個人の責任ではなく，社会的な原因によって生じるものであることを実証した。　［佐藤眞子］

♧烙印（らくいん）づけ（スティグマ化，stigmatization）

烙印づけとはスティグマ化のことであり，他者に烙印（スティグマ）を押しつける過程のことである。ラベリング論（labeling theory）におけるラベリングのプロセスと同義的であるが，一般にラベリングという作用がほとんどステレオタイプ化（stereotyping）と同義であり，単にマイナス・否定的な位相だけでなく，プラス・肯定的な位相についても当てはまるのに対し，烙印づけ＝スティグマ化の場合には，マイナス・否定的な位相だけが強調される。 ［佐野正彦］

♧ラザラス，A.A.

(Lazarus, Arnold Allar；1932-2013)

南アフリカ出身のアメリカの心理学者。1972年にマルチモダル療法(MMT)を開発した。これは，サイコセラピーの一種で，一部行動療法に基づくが，用いられる技法の種類や個々の事例に特有の要件，症状の機能的特徴，認知的要因の重要性に関心を払うという点では折衷的である。すなわち，クライエントの反応パターンに即した介入が最も効果的だとする考えに基づいている。 ［蓑毛良助］

♧ラップ，C.A.

(Rapp, Charles Anthony；1948-)

カンザス大学福祉社会学部教授。社会福祉学博士。ケースマネジメント及び対人サービスのストレングスモデルの開発者・創設者である。精神障害者に必要とされる直接サービスが伴うケアマネジメントの代表的なモデルとして，さらには利用者・当事者中心の有効なモデルとして成果をあげている。精神保健福祉領域のみならず，障害者・高齢者領域全般にわたって普及・浸透・定着しつつある。著書に『精神障害者のためのケースマネジメント』(1998)，『ストレングスモデル―精神障害者のためのケースマネジメント』(1998) 等がある。 ［中井康貴］

♧ラポール (rapport：仏語)

信頼関係のこと。心理用語としてオーストリアの精神科医フランツ・アント・メスメル（Mesmer, F.A.）がクライエントとの関係で使った言葉である。その後，セラピストとクライエントとが信頼しあい自由に感情表出や自己表現できるような関係を指す言葉となった。精神科領域や心理学領域だけでなくソーシャルワークなどの対人援助の関係，教育現場での教員と生徒関係などでも好ましい意思疎通ができる状態の時にこの言葉は使われている。 ［岡田洋一］

♧ランク，O.

(Rank, Otto；1884-1939)

オーストリアの精神分析家で，機能主義的アプローチを提唱した。医師ではなかったがフロイト（Freud, S.）に才能を見出され，フロイトに最も近い精神分析家として活躍し，国際精神分析学会の書記や学会誌創刊にも携わった。ランクの唱えた出生外傷がフロイト理論の診断主義的な考え方に反するとされ，晩年は精神分析サークルから離脱することを余儀なくされた。 ［河野高志］

り

♧理学療法士（りがくりょうほうし） (Physical Therapist；PT)

身体に障害のある者に対し，主としてその基本的動作能力の回復を図るため，治療体操その他の運動を行わせ，および電気刺激，マッサージ，温熱その他の物理的手段を加えることを業とする者。理学療法士及び作業療法士法に定める国家資格で，理学療法士国家試験に合格することでその名称を用いることができる名称独占資格である。 ［河野高志］

♧リカバリー (recovery)

セルフヘルプやピアサポートの活動を基礎として誕生した。リカバリーは「回復」と訳されるが，ここでいう「回復」とは，単に疾病の回復を示すのではなく，疾病や障害によるさまざまな制約のなか，あるいはそれを乗り越えて，希望を抱き，自分の能力を発揮して，主体的に生きるという主観的な構えや指向性を意味する。疾病や障害により失った機能を完全に回復することはできなくても，自尊心や生活，人生を回復することは可能である。疾病や障害の状態如何にかかわらず，新しい自分の生き方を考えて，未来に向かって希望をもつという未来志向の姿勢が重要である。　[西田美香]

♧リスクマネジメント
(risk management)

予測されうるリスクを組織的にマネジメントし，損失などの回避または低減をめざすプロセスを指す。また，リスクが実際に発生した際に，リスクによる被害を最小限に抑える活動も含む。リスクマネジメントは，リスクを特定することから始まり，特定したリスクを分析して，発生頻度と影響度の観点から評価した後，発生頻度と影響度の積として表すリスクレベルに応じて対策を講じる一連のプロセスであり，各種の危険による不測の損害を最小限に処理するための経営管理手法である。社会福祉の領域では，2002（平成14）年3月に福祉サービスにおける危機管理に関する検討会により，事故防止対策を中心とした「福祉サービスにおける危機管理（リスクマネジメント）に関する取り組み指針」が示された。　[久留須直也]

♧リースマン，D.
(Riesman, David；1909-2002)

アメリカの社会学者。『孤独な群衆』(1950) で，「伝統指向型」「内部指向型」「他人指向型（外部指向型）」という3つの社会的性格の類型を示した。中世以前は「伝統指向型」が支配的で，資本主義初期から19世紀までの近代社会では「内部指向型」が，現代の大衆社会においては「他人指向型」が支配的な社会的性格となったとしている。「内部指向型」は自己の内面の価値観に従って自己の行動を決定する。それに対し「他人指向型」とは，他人がどのように行動しているかに目を配って自己の行動を決定するタイプである。　[中山慎吾]

♧リソースシステム

ピンカス（Pincus, A.）とミナハン（Minahan, A.）は，総合モデルによるソーシャルワークの実践課題を7項目にまとめ，その中でリソース（資源）システムという概念を用いている。クライエントとリソース（資源）システムとの新しい相互関係を樹立することやクライエントとリソース（資源）システムの相互作用を変容・調和させること，また，リソース（資源）システム内部の相互作用を改善することを実践課題としてあげている。このリソース（資源）システムとは，クライエントの物理的，情緒的，精神的ニーズを充たす，心理的，社会的，環境的資源の総体を示している。　[西田美香]

♧離脱症状（禁断症状）
（りだつしょうじょう）（きんだんしょうじょう）

反復使用していた物質（アルコール，薬物など）により身体依存が形成され，使用を中止した時に起こる症状である。症状は物質特異的なもので，極めて不快なものであるため，それを避けるために再び反復使用していた物質を求めるようになる。そのほか精神依存では，物質が大脳辺縁系の中脳辺縁系ドーパミン神経を中心とする「報酬系」に作用するため，物質へのさらなる欲求が生じる。欲求は時に渇望になり，自分の意志では使用の制御ができなくなる。「離脱症状」は，「禁断症状」や「退薬症状」とも呼ばれている。　[宮地あゆみ]

♧リッカート尺度（Likert scale）

これは，リッカート（Likert, R.）によって開発され，よく使われる態度尺度の一つで，以下のような集積評定によって作られる。まず，被験者は態度を表明すべき対象に関して，多数の候補項目を提示される。被験者は，それぞれの項目について反応カテゴリーから一つを選択することで自分の態度を表明する。反応カテゴリーの例としては，「全然そう思わない」「そう思わない」「どちらでもない」「そう思う」「とてもそう思う」などがある。それぞれを得点化して，候補項目の項目分析を行う。 ［蓑毛良助］

♧リッチモンド，M.（Richmond,Mary,E.；1861-1928）

優れた実務家，教師，理論家であり，直接的なソーシャルワーク実践の原則に関する最初の包括的な声明を策定した。会計補佐官としてボルチモア慈善団体に加わり，その後友愛訪問員や事務総長として活動した。代表著作には『社会診断（*Social Diagnosis*）』（1917）や『ソーシャル・ケース・ワークとは何か（*What is Social Case Work?*）』（1922）がある。 ［河野高志］

♧リハビリテーション（rehabilitation）

リハビリテーションは，乳幼児から高齢者まで障害をもつすべての人びとを対象に医学的，教育的，職業的，社会的，工学的アプローチにより人間としての尊厳，権利を回復し，社会の一員としての社会参加と自立の支援をめざす。その理念は，単に障害に対する機能回復に留まらず，人間が本来あるべき姿に回復し，障害があってもその人らしく生きる権利の回復を意味することから，日本では近年リハビリテーションを「全人間的復権」と表現することが多い。支援においては，時期を逸することなく対象者の状況・状態像に合わせた同時並行的，複合的な支援を行う必然性があり，複数の専門職が協働して支援に携わる複合支援（チームアプローチ）が行われる。 ［田原美香］

♧リハビリテーションインターナショナル（Rehabilitation International：RI）

1922年に設立されたリハビリテーションインターナショナル（国際リハビリテーション協会）は，障害者の権利擁護や障害の予防，リハビリテーション等の推進を目的とした国際組織。リハビリテーションに関する実践や研究等の情報交換，障害者とリハビリテーションの専門家との交流活動を行い，さらに世界保健機関（WHO），UNESCO 等の国際機関とも連携し，障害者施策の推進に向けた働きかけを行っている。 ［田原美香］

♧リハビリテーション機器

リハビリテーションの目的である「全人的復権」を支えるさまざまな機器の総称。ICF（国際生活機能分類）の概念では環境因子ととらえられる。ISO（国際標準化機構）において「ISO9999『福祉用具の分類と用語』」が1992年に制定され，現在第5版まで改訂される。日本の規格には JIS（日本工業規格）がある。いわゆる福祉用具だが ISO（国際標準化機構）の定義である「Assistive Products」に基づいて支援機器とも呼ぶ。ISO では「特別に作られたもの，あるいは一般に入手可能なものであり，機能障害（構造障害を含む），活動制限，参加制約を，予防，補償，観察記録，軽減，中和させる，あらゆる生産物（装置，装具機材，機具，技術やソフトウェアを含む）である」と定義される。近年の技術革新により，その幅は車いすから介護ロボットまで多岐にわたる。 ［中條大輔］

♧リビドー (libido)

性的な欲望を量的に把握するために立てられた心理・生理的エネルギー量を示す概念。フロイト（Freud, S.）によって提唱された精神分析学上の用語。フロイトは，さまざまな欲求への変換が可能なすべての人間活動の元となるエネルギーと理解し，芸術や科学のような活動の元となると示した。対象へ振り分けられる対象リビドー（object libido）と自我内に留まる自己愛的リビドー（narcissistic libido）に区別される。ユング（Jung, C.G.）は広い意味での心的エネルギー（生命力，意志力）ととらえた。　［中條大輔］

♧リファーラル（送致）(referral)

相談機関を訪れたクライエントに対し，クライエントのニーズを充足するのに必要とされる他の専門家や機関・施設を紹介することをいう。クライエントのニーズは複雑であることが多く，1か所の機関のみで対応することはむずかしい。援助者は，クライエントのニーズを的確に把握するとともに，ニーズ充足に必要な社会資源に関する情報提供を行い，クライエントがサービスを獲得するための支援を行わなければならない。また，他の専門家や機関・施設に紹介する際，クライエントの同意を得ることや紹介後のフォローアップも重要である。　［西田美香］

♧リプロダクティブ・ヘルス／ライツ (reproductive health/rights)

1994年にエジプトのカイロで開催された国際人口開発会議（ICPD）で提唱された概念である。「性と生殖に関する健康／権利」と訳される。リプロダクティブ・ヘルスは，人間の性や生殖システム，機能，過程のすべてにおいて，身体的・精神的・社会的に良好な状態を指す。リプロダクティブ・ライツは，すべてのカップルや個人が，子どもの数や出産時期などを自由に決定できる権利，また暴力や差別を受けることなく生殖に関する決定ができる権利などを指す。　［島﨑　剛］

♧療　育

高木憲次（1942）によって「医療，訓練，教育などの現代科学を総動員して障害をできるだけ克服し，その児童が持つ発達能力をできるだけ有効に育て，自立に向かって育成すること」と定義された。現在は，障害児・者に対して行われる支援を療育と定義することが多い。現在の療育は，主に児童福祉法に基づく障害児通所支援（児童福祉法第6条2の2）の児童発達支援，医療型児童発達支援，放課後等デイサービス等の事業所で児童発達支援として展開されている。　［有村玲香］

♧療育手帳

療育手帳とは，知的障害児・者への一貫した指導・相談を行うとともに，これらの者に対して各種の援助措置を受けやすくするため，児童相談所又は知的障害者更生相談所において知的障害と判定された者に対して，都道府県知事又は指定都市市長が交付する手帳である。公布基準は，都道府県等が各々定めている。障害の程度の判定は，18歳未満は児童相談所，18歳以上は知的障害者更生相談所が行う。判定区分は，重度「A」とそれ以外「B」として表示されている。なお，障害の程度については，療育手帳交付後も確認する必要がある。各種手当や税制上の優遇措置の適用を受ける際に必要となる。　［有村玲香］

♧両価価値（アンビバレンス，ambivalence）

同一の対象に対して肯定的感情と否定

的感情，あるいは相反する心理的傾向や態度を同時にもつ状態を指す。ブロイラー（Bleuler, E.）は，統合失調症の基本症状の一つとしてアンビバレンスを示した。また，アンビバレンスは，さまざまな葛藤を経験する青年期の特徴の一つとしても指摘されている。相反する感情において一方の抑圧された感情が無意識下にあり，その人の行動に影響を及ぼしたり，言語的・非言語的に別の形のメッセージとして現れる場合がある。健全な自我の発達においては，対立する感情をいかに適切な形で統合，調和させていくかが重要である。　［西田美香］

利用施設（りようしせつ）

その施設の利用方法が措置による福祉施設とは異なり，介護保険法に基づく介護認定や障害者総合支援法に基づく障害区分認定など，ある一定の利用条件をもつ人が直接施設と契約を結んで利用する福祉施設や，老人福祉センターや児童館などのように，利用に際して一定の年齢要件や居住地などの条件はあるものの，その施設との間には契約関係はなく，利用登録をすることによって比較的自由に地域住民が主体的に利用できる施設のことを指す。　［種橋征子］

量的調査（りょうてきちょうさ）

社会調査は，量的調査（統計的研究）と質的調査（事例研究）に分けられる。質的調査が，少数の調査対象から大量かつ多様な情報を非定型的方法によって収集し，それを主観的に整理し記述するのに対し，量的調査は，大量の調査対象から精選された情報を定型的方法によって収集し，それを数値化して客観的に統計分析する。調査票調査，統計的調査ともいう。量的調査の目的は，各種の統計的分析手法を用い統計指標としてとらえた現象の諸特性（変数）のあいだの関連を探求することにある。つまり分布の仕方を表す統計指標の測定を通じて現象の探求を進めていくことである。特徴として費用・時間は余りかからないがサンプル数が重要であり，少ないと信用できるデータが得られないことがある。

［小桐　修］

リレーションシップゴール

コミュニティワークにおける活動目標の一つ。地域の関係性（リレーション），連携を構築・強化していく上で設定されるゴールである。地域の縦の関係性を横のつながりに変化できたかどうかが重要なポイントとなり，具体的な事業成果（タスクゴール）ではなく，その活動を通じて地域の権力構造に変化が生じたか否かを評価する。地域住民同士のリレーションだけではなく，地域住民の行政への参加など，住民自治に関する目標としても用いられる。　［池本賢一］

リンケージ（linkage）

社会福祉援助技術の機能の一種。連絡調整機能。本人のニーズに応じ，本人にサービス資源（機関，施設，人材，制度等）の情報の提供及び紹介を行う。また，適切な対象のサービス資源と連絡を取り，依頼，調整，役割分担の確認や本人の情報についての共有などを行う。本人の希望や必要であると認めた場合には，他機関等へ同行する場合もある。

［江口賀子］

リンデマン，E.

（Lindemann, Erich；1900–1974）

ボストンのココナッツグローブナイトクラブにおいて起こった大火災で家族等との死別体験をした人びとなどの治療に精神科医として関わり，1944年に「Symptomatology and Management of Acute Grief」という論文を発表し，急性悲嘆反応に関する研究を行った。リンデマンは，危機理論（crisis theory）

の基礎を確立したとされている人物の一人である。リンデマンは，急性悲嘆の状態において共通してみられた特徴的な身体的および心理的な徴候や悲嘆反応の過程などについて記した。　［納戸美佐子］

♧隣保館（りんぽかん）

セツルメント運動や隣保事業を行う施設のこと。19世紀後半，イギリスにおいてトインビーホール設立後まもなく，わが国においても隣保事業が行われ始めた。わが国における先駆的な取組みとして，岡山博愛会（1891）や片山潜によるキングスレー館（1897）があげられる。細民地区（貧困・教育・差別等で世間一般と比較して劣悪な環境・問題を抱えている地域）の中で福祉の向上及び人権啓発のために住民同士の交流の場として設置された。各種相談や人権・同和問題の啓発活動を行うことにより，地域住民の経済的・文化的改善向上及び人権・同和問題の解決に資することを目的としている。　［河村裕次］

る

♧累積度数（るいせきどすう）

得られたデータの度数を度数分布表において階級ごとに示し，最も小さい値を含む階級からある階級までの度数を順に加えて得られた値のこと。最大階級の累積度数は常に度数の合計に等しい。また，累積度数が度数全体に占める割合を示す指標を累積相対度数といい，ジニ係数の算出などに用いられている。
［河野高志］

♧累犯者（るいはんしゃ）

刑法56条，59条に定められ，「第１の犯罪について懲役刑の執行を終わり若しくはその執行の免除を得た後，５年以内に更に第２の犯罪をおこし，有期懲役に処すべき場合（再犯），又はそのような犯罪が３回以上続く場合（三犯以上の累犯）」をいう。累犯者に対しては懲役刑の刑期が加重される（累犯加重）知的障害や精神障害等により，犯罪を繰り返し起こしてしまう人のことを，累犯障害者と呼び，出所後の福祉との連携による社会復帰支援が求められている。
［江口賀子］

♧ルーズベルト，F.D.（Roosevelt, Franklin Delano；1882-1945）

アメリカの第32代大統領。1929年の株式市場の崩壊から大恐慌による大量失業の時代に，1933年３月４日に就任した（任期は1945年４月12日まででアメリカ史上唯一の４選大統領である）。社会政策面でニューディール政策を実施し，初めは失業者に対する現金等による直接救済や公共事業に労働可能な失業者を雇用するという雇用対策を行った。さらに1935年に労働不可能者に対して世界初となる社会保障法を制定したことが重要な業績である。社会保障は，老齢年金保険制度，失業保険制度，特別扶助制度，地方政府の一般救済制度からなるが，医療保険制度は含まれなかった。［坂上竜三］

れ

♧冷罨法（れいあんぽう）

罨法の一種で，身体の一部分に寒冷刺激を与え，局所または全身の病的な状態をなおそうとするもの。湿性冷罨法と乾性冷罨法があるが，前者には冷湿布，後者には氷嚢・氷枕などがある。冷罨法は，血管を収縮して血行を妨げ，炎症による発熱に対して知覚神経の活動を阻止するとともに消炎作用として働き，局所または全身に爽快感を与える。

[花田美那子]

♧レイン報告（Lane Comittee Report）

R. レイン（Robert P. Lane；1891-1953）委員長の下，1939年に全米社会事業会議で出された報告書のこと。地域組織化活動の総合社会資源と地域ニーズの調整に対する重要性を唱え，社会福祉の諸資源と諸ニーズに効果的な適合と維持に繋がる技術としてコミュニティワークを規定した。地域組織化活動（コミュニティ・オーガニゼーション）は，地域ニーズと社会資源の発見には調査が必要だとし，資源の結合・調整が重視されるべきとしている。この特徴から，この報告書は「ニーズ・資源調整説」とも呼ばれている。

[新田博之]

♧レクリエーション運動

心身の健康の増進，生きがい，良好な人間関係の形成等のレクリエーションの価値を広め実践に結びつけようとする社会運動を意味する。その起源は，1880年代後半のアメリカにおける地域や学校，職場での集団的な余暇活動にある。わが国では，日本レクリエーション協会が設立（1948年に日本レクリエーション協議会から改称）され，地域，職場，学校，福祉などの領域で，レクリエーション指導者養成を中心とした運動を展開している。

[富樫八郎]

♧レジデンシャル・ソーシャルワーク（residential social work）

レジデンシャル・ソーシャルワークとは，たとえば児童養護施設，障害者支援施設，特別養護老人ホームなどの居住系（入所系）福祉施設で展開されるソーシャルワーク（社会福祉の相談援助活動）の総称を意味する。主に福祉施設の入所者の自立支援を目的として展開される。具体的には，日常生活上のさまざまな相談への対応やサービス提供に関する調整活動，入退所相談支援，成年後見人や家族等との連携調整，苦情への対応，各種制度の利用支援，社会参加支援等がある。このほか，施設環境の整備，ボランティアや実習生等の受け入れ調整，地域交流の促進等その業務は多岐にわたる。担い手としては，社会福祉士や精神保健福祉士の国家資格を有する福祉相談員等（生活相談員，生活指導員，支援相談員等名称はさまざま）がその業務にあたっている。

[本郷秀和]

♧レジリエンス（resilience）

レジリエンス（resilience）という用語は，英和辞書では「跳ね返り，弾性力，復元力，回復力」などを意味する。このレジリエンスが注目されるようになったのは，精神障害のある保護者に育てられた子どもの精神障害の発症リスクに関する研究やハワイ・マウイ島で1955年に出生したすべての赤ん坊の40年間の追跡研究に端を発している。子どもの人生において虐待や家庭内不和，予期しない事故や病気，災害，その他，大きな脅威や深刻な逆境に晒されても，不適応症状を示さず，良好な社会適応をする子どもや若者の発見がレジリエンス研究の契機となった。そして，今日，レジリエンスを形成する要因を見つけ出す研究が行われている。ソーシャルワークの観点から，レジリエンスの形成は人と環境（ソーシャル・サポート）との相互作用が大きく関係していると考えられる。今後，ソーシャルワーク実践の対人援助において，レジリエンスの視点が重要になるといえる。

[門田光司]

♧レスパイトケア（respite care）

乳幼児や障害児・者，高齢者などを在宅でケアしている家族の介護を支援者が一時的に代替し，家族が介護から解放され休息をとれるようにするサービスや支援を指す。代表的なサービスは児童福祉法，障害者総合支援法，介護保険法のもとでの通所サービスと短期入所サービスであり，親族，友人，近隣によるインフォーマルな支援も含まれる。レスパイトケアの主目的は介護者の介護負担感の軽減と在宅介護の継続であり，在宅福祉を推進する上でその充実が課題となっている。［藤島法仁］

♧レスポンシビリティ（responsibility）

応答責任と訳され，「レスポンス＝反応，応答」と「アビリティ＝能力，技量」の合成語。この2つの用語から，レスポンシビリティは「自分の反応を選択する能力」という意味があり，ここから「自己責任」や「実行責任」の意味になる。ここでの責任とは，自分が引き受けて行わなければならない任務，義務の意味としてとらえられ，発話主体に働きかけられたことに発話や実践を通して応えるという責任である。概していえば，レスポンシビリティという用語は「自分が関わった行為などを明確に説明する能力」＝「説明責任」（accountability）と同義といえよう。［田畑洋一］

♧レスポンデント条件(じょうけん)づけ

古典的条件づけとも呼ばれる，パブロフ（Pavlov, I.P.）の条件反射研究が元となった学習を生じさせるための操作及び学習過程の理論。いわゆる「パブロフの犬」と呼ばれる，犬に餌を与える前にベルを鳴らすことを繰り返すと，最終的には餌がなくともベルの音で反応が起こり，唾液が分泌されるようになる現象を説明する原理。刺激の対呈示によって刺激間の連合が起こり，反応が変容することを表す。行動理論や行動分析学の基本原理の一つである。受動的な条件づけといわれ，能動的な条件づけである「オペラント条件づけ」と対を為す理論である。［中條大輔］

♧レーダーチャート

レーダーチャートは，複数のデータを一つのグラフにまとめる方法の一つである。各データを放射線状に表示させることによって，全体の傾向やバランスを視覚的に把握することができる。4～8項目程度がよく用いられる。隣り合うプロットを直線で結ぶことによって，全体のバランスを調べたり，複数の項目の大きさを一見して比較するときに適している。レーダーチャートは，「クモの巣グラフ」あるいは「スパイダーチャート」とも呼ばれる。［梶原浩介］

♧劣等処遇(れっとうしょぐう)の原則(げんそく)（principle of less-eligibility）

イギリスにおいて1834年にエリザベス救貧法を改正し制定された改正救貧法において示された原則である。劣等処遇の原則は，労働能力のある貧民の救貧制度への依存を防ぐために，救済事業において救済を受ける貧民の水準は独立自活（救済を受けずに就労によって生活を維持）している最下層の生活水準よりも実質及び外見ともに下回るものでなければならないとされた。［河村裕次］

♧レヴィン，K.（Lewin, Kurt；1890-1947）

行動の場理論を構築。彼の理論における中心的概念は，心理学的環境(E)の中にEに反応する人(P)が存在し，両者は全体的な心理学的事態(S)をつくっているとみる。そこで行動(B)の根本法則では，B=f(P, E)=f(S)として表現され

る。 [門田光司]

♧レビー小体型認知症

神経細胞にできる特殊なたんぱく質であるレビー小体が，大脳皮質や脳幹に集まることで神経細胞が徐々に減り，認知症が進行する疾患である。認知症患者の10数%から20数%の頻度で，アルツハイマー型認知症に次いで多く，男性の割合が高い。初老期ないし老年期に発症し，注意，実行機能，視空間認知機能の障害，体や表情が硬くなる，手が震える，姿勢が前傾になるなどのパーキンソン症状が現れる。中核症状として反復して現れる幻視があり，はっきりした形を呈しているため，見えているものについて詳しく説明することができる。典型的なものは，人や小動物の幻視で，夕方等の薄暗いときに現れ，不安感を伴うことが多い。また，人物，時間，場所，周囲の状況に対する認識や，会話に対する理解力の良い時と悪い時の差が目立つ認知機能の変動がある。進行性の認知機能低下により，社会活動，職業，日常生活に支障をきたすようになる。 [松山郁夫]

♧連合国軍総司令部（GHQ）

正式名称は，連合国軍最高司令官総司令部という。連合国軍総司令部とは，第２次次世界大戦の終結に際して日本が受諾したポツダム宣言の執行のために1945（昭和20）年から1952（昭和27）年にかけて東京におかれた連合国軍の機関である。最高司令官として米国のダグラス・マッカーサー（MacArthur, Douglas）が着任，後にマシュー・リッジウェイ（Ridgway, B. Matthew）に交替した。連合国軍総司令部の命令は絶対的な権限を有していたが，それは直接日本国民に出されるのではなく，最高司令官が日本政府に指令を出し，日本政府がそれを施行するというものであった。なお，サンフランシスコ平和条約が1951（昭和26）年９月８日に調印され，翌年４月28日に発効されたことと ともに日米安全保障条約（「日本国とアメリカ合衆国との間の相互協力及び安全保障条約」）も調印，発効されたことによって，連合国軍総司令部は消滅し，日本は独立した。

[山下利恵子]

ろ

♧労災保険

労災保険は労働者災害補償保険の略称である。労働者災害補償保険（以下，労災保険という）は1947（昭和22）年に制定された労働者災害補償保険法に基づくもので，労働基準法第8章「災害補償」の中で定めている使用者の災害補償責任（無過失責任）を代行する目的で設けられた。その目的は，業務災害または通勤災害により稼得能力を損失した被災労働者に対し，迅速かつ公正な保護をするための必要な保険給付を行うとともに，被災労働者の社会復帰の促進，被災労働者とその遺族の援護，適正な労働条件の確保などにより，労働者の福祉の増進に寄与することである。労災保険の給付には，業務災害に関する保険給付（休業補償給付，療養補償給付，傷病補償年金，障害補償給付，介護補償給付，遺族補償給付，葬祭料），通勤災害に関する保険給付（休業給付，療養給付，傷病年金，障害給付，介護給付，遺族給付，葬祭給付），２次健康診断等給付がある。以上の保険給付に加え社会復帰促進等事業（労災病院等の設置，労災就学等援護費の支給，未払い賃金の立替払い事業等）を行っている。労災保険は政府が管掌している。労災保険は，原則として労働者を使用するすべての事業所に適用されるが，農林水産業のうち常時5人未満の労働者を使用する事業の一部については，暫定任意適用事業となっている。なお，国家公務員，地方公務員（現業の非常勤公務員を除く）は適用除外となっている。［大山朝子］

♧老人憩いの家

高齢者の教養の向上，レクリエーションによる親睦，社会参加等の場として，高齢者の心身の健康の増進を目的とした施設である。老人福祉法や社会福祉法に規定された施設や事業ではなく，1965（昭和40）年に厚生省社会局長が各都道府県知事に通知した「老人憩の家設置運営要綱」に沿って設置される。市町村が主体として任意に設置し運営するものであり，社会福祉法人等へ運営を委託することもできる。利用者は60歳以上の高齢者で，利用料は原則無料である。ただし，特別の設備を設け，これを利用する場合は必要な実費を徴収できる。

［夏秋圭助］

♧老人医療費

高齢者は疾病にかかる頻度が現役世代と比べ多く，国民医療費の中に占める高齢者の医療費の割合も高まる。老人医療費は高齢者の自己負担分と公費及び各保険者の負担金の合計である。厚生労働省が発表している国民医療費統計（2016年）によれば，国民医療費は42兆1,381億円である．うち65歳以上の高齢者の医療費は25兆1,584億円（総医療費の59.7%）である．また75歳以上の後期高齢者の医療費は15兆3,796億円（総医療費の36.5%）を占めている．人口1人当たりの国民医療費で見ると，国民全体の平均年間医療費が33万2,000円であるが，65歳以上の1人当たりの年間医療費は72万7,300円，75歳以上の場合は90万9,600円である。［坂上竜三］

♧老人虐待⇒高齢者虐待

♧老人休養ホーム

高齢者の心身の健康増進を図ることを目的として，景色の良いところや温泉地等に設置され，低廉な料金で利用できる施設である。老人福祉法や社会福祉法に規定された施設や事業ではなく，1965（昭和40）年に厚生省社会局長が各都道府県知事に通知した「老人休養ホーム設置運営要綱」に沿って設置される。設置と運営は，地方公共団体が行い，利用者が直接施設に申し込むことで利用できる。施設の利用対象は，概ね60歳以上の者及びその付き添いの者であるが，利用定員に余裕がある場合はその他の者の利用を防げない。［夏秋圭助］

♧老人居宅介護等事業

老人福祉法の老人居宅生活支援事業の一つで，65歳以上で，身体上または精神上の障害があり日常生活を営むのに支障がある者に対して，その自宅において入浴，排せつ，食事等の介護，洗面，身体整容，更衣介助，体位変換，移動・移乗介助，通院介助，起床・就寝介助，服薬介助等の身体介護や掃除，洗濯，調理，買い物等の生活援助，通院等乗降介助，生活に関する相談・助言等の支援をする事業であり，介護保険法上では，訪問介護，夜間対応型訪問介護，定期巡回・随時対応型訪問介護看護，第1号訪問事業にあたる。やむを得ない理由により介護保険法によるサービスを受けられない場合に，措置として市区町村が提供する。

［久保英樹］

♧老人クラブ

地域を基盤とし，高齢者の生きがいや健康づくりを推進する高齢者の自主的組織。公益財団法人全国老人クラブ連合会のホームページによれば，1950年前後に，社会と経済が混乱し家族制度が変革する中で，地域の高齢者自らが相集い，生きがいと健康づくりを求め，大都市圏で現在の老人クラブの前身が始まり，その後全国に広まったとされる。なお，1963年に施行された老人福祉法において，老人福祉を増進するための事業を行う者として位置づけられた。活動の目的は，「仲間づくりを通して，生きがいと健康づくり，生活を豊かにする楽しい活動を行うとともに，その知識や経験を生かして，地域の諸団体と共同し，地域を豊かにする社会活動に取り組み，明るい長寿社会づくり，保健福祉の向上に努めること」である。会員は，「入会を希望する高齢者で，概ね60歳以上の人」を対象としており，日常的に声をかけ合い，歩いて集まることのできる小地域の範囲で組織している。［孔　英珠］

♧老人クラブ連合会

公益財団法人全国老人クラブ連合会老人クラブ運営要領によると，高齢者の知識及び経験を生かし，生きがいと健康づくりのための多様な社会活動を通じて，老後の生活を豊かなものとすると共に明るい長寿社会づくりに資することを目的としている。会員年齢は概ね60歳以上とし，ボランティア活動，生きがいをたかめるための各種活動，健康づくりに係る各種活動を各連合会の代表者・会長を中心に自主的に運営している。会員の減少が課題である。［坂本雅俊］

♧老人性認知症疾患治療病棟

認知症で，妄想や幻視や幻聴等の幻覚が頻繁に生起する，些細なことで怒りだして暴力行動に発展する，落ち込みや不安・苛立ちが目立つ等の行動上の問題によって，本人や介護者等の生活が阻害され，専門医による医療を要する場合に治療を行う病棟である。慢性の行動・心理症状（BPSD）や重度の身体合併症を伴う認知症患者には，長期的に専門的医療サービスが必要になることもある。認知症や原因疾患に対する鑑別診断，BPSDや身体合併症への効果的な急性期医療を提供する。診療報酬上，「主に急性期の集中的な治療を要する認知症患者」を入院させる精神病棟と定義されている。作業療法士や精神保健福祉士が配置され，生活機能訓練，作業療法，レクリエーション療法等が行われている。今後，BPSDや身体合併症を有する認知症患者への対応の在り方，入院日数等の実態を踏まえた入退院支援の在り方，介護サービスとの円滑な連携の推進について対応方針を検討する必要がある。

［松山郁夫］

♧老人性認知症疾患療養病棟

認知症に伴って，幻覚，妄想，徘徊，攻撃的行動，不潔行為，異食等の行動，心理症状（BPSD）が生起し，歩行が不安定になり歩行時には付き添いを要する状態になると，常時見守りが欠かせなくなる。家族による介護が困難となり，精神科医療による適切な診断と入院治療が必要になったときに，介護サービスを提供する施設である。介護療養型医療施設の一類型で，認知症のある要介護者に，療養上の管理，看護，医学的管理の下における介護，機能訓練等のリハビリテーションや医療を提供する。人員配置は，利用者４人に看護師と介護職員各１人となっている。介護療養型医療施設であるため廃止が決まっている。その転換先として，重度認知症疾患療養体制加算が付き，精神保健福祉士や看護職員の一定数以上の配置，精神病院との連携等が要件になっている新設の介護医療院，及び精神科専門医療を提供できるように医療保険による認知症疾患治療病棟について検討されている。［松山郁夫］

♧老人短期入所施設（ろうじんたんきにゅうしょしせつ）

老人福祉法第5条の3において老人福祉施設として定められた施設であり，利用者の心身の状況により，若しくはその家族の疾病，冠婚葬祭，出張等の理由により，又は利用者の家族の身体的及び精神的な負担の軽減等を図るために，介護保険法に規定する「短期入所生活介護（要介護）」若しくは「介護予防短期入所生活介護（要支援）」の利用者に対し，短期間の入所により，入浴，排せつ，食事等の介護その他の日常生活上の世話（介護予防においては支援）及び機能訓練の提供により養護することを目的としている。利用期間としては，「指定居宅介護支援等の事業の人員及び運営に関する基準」において，利用する日数が要介護認定の有効期間のおおむね半数を超えないようにしなければならないとされている。また，連続して30日を超える場合（31日以降）においては，介護保険の算定に含まないとされている　［鍋田耕作］

♧老人（ろうじん）デイサービスセンター

65歳以上で身体または精神に障害があるために日常生活を自力で過ごすのに支障がある人やその養護をする人が通う，老人福祉法に基づいて設置された施設の一つで，「入浴や排泄，食事等の介護」，機能訓練，介護方法の指導などが日帰りで行われる。この施設は老人福祉法の第20条の2の2で規定されているが，介護保険上ではこれらのサービスは「通所介護事業」と呼ばれ，サービスを行う施設も「通所介護事業所」として扱われる。

［岩永　耕］

♧老人日常生活用具給付等事業（ろうじんにちじょうせいかつようぐきゅうふとうじぎょう）

在宅の高齢者への福祉的措置として老人福祉法に定められた。心身機能が低下した一人暮らし及び65歳以上の高齢者を対象に，日常生活上の便宜を図る目的で日常生活用具を給付または貸与する事業。実施主体は市町村，特別区である。具体的な種目には電磁調理器，火災警報器，自動消化器，高齢者用電話等がある。なお，原則的に介護保険制度外のサービスとして実施されているため，費用については各市町村，特別区で生計中心者の所得に応じて設定されている。

［日田　剛］

♧老人福祉計画（ろうじんふくしけいかく）

老人福祉計画とは，老人福祉法に基づいて策定される市町村老人福祉計画と都道府県老人福祉計画との総称である。従来は，老人保健計画と一体となった老人保健福祉計画として策定されていたが，老人保健法の廃止により，老人福祉計画だけが残されることになった。介護保険事業計画と一体となって作成されることが期待されているが，介護保険事業計画は，要支援・要介護者に対する施設・在宅サービスの給付見込み量と保険料の設定が中心に置かれるので，高齢者の健康維持・生きがいづくり，養護老人ホームや有料老人ホームなどの住まいの確保等といった項目については，老人福祉計画の範疇に属することになる。［木場千春］

♧老人福祉施設（ろうじんふくししせつ）

高齢者を対象に入所や通所などの形態により，生活支援に係る特定のサービスを提供する社会福祉施設や介護施設をいう。制度上には老人福祉法や介護保険法などに規定されている特別養護老人ホーム（指定介護老人福祉施設），養護老人ホーム，軽費老人ホーム，有料老人ホームなどが該当し，種別によって食事や入浴などの介護サービスや住環境上のサービスなどが提供される。これらの老人福祉施設と関連して医療や保健（リハビリテーション）に関する高齢者を対象とした施設として介護老人保健施設や介護療養型医療施設（介護医療院）などがあげ

られる。［倉田康路］

♧老人福祉指導主事（ろうじんふくししどうしゅじ）

老人福祉法第6条及び第7条に基づいて設置された，老人福祉の業務に従事する社会福祉主事のことであるが，都道府県の設置する福祉事務所では任意となっている。社会福祉法第15条第1項第1号の「指導監督を行う所員」にあたり，社会福祉主事の資格を有していなければならない。業務の内容は，老人の福祉に関する所員への技術的指導のほか，専門的な知識や技術を必要とされるケースへの対応及びこれらに付随する業務などである。［田中茂實］

♧老人福祉センター（ろうじんふくし）

老人福祉法第15条による老人福祉施設の一つである。地域の高齢者に対して無料又は低額な料金で，高齢者に関する各種相談に応じたり，健康の増進，教養の向上やレクリエーションのための便宜を提供することを目的としている。老人福祉センターの種別には特A型，A型，B型があり，運営は特A型が市町村，それ以外は地方公共団体又は社会福祉法人が行うことを原則としている。［田中茂實］

♧老人福祉法（ろうじんふくしほう）

老人福祉法は，「老人の福祉に関する原理を明らかにする」とともに，「老人の福祉を図ること」を目的として1963（昭和38）年に制定された．老人福祉法は，その都度の改正を経て，高齢者に対する基本法としての役割を果たしてきた。内容は，①基本理念にて老人は，敬愛され生きがいを持てる健全で安らかな生活を保障されるものとし，②国及び地方公共団体の老人福祉を増進する責務，③老人の日及び老人週間，④福祉の措置，⑤老人福祉に関する事業及び施設，⑥老人福祉計画，⑦有料老人ホーム，⑧後見等に係る体制の整備などが規定されている。2000（平成12）年介護保険法施行に伴い，介護保険法の規定による介護給付は介護保険法によって給付されるが，とくに老人福祉法に基づく④福祉の措置については，矯正施設出所者等に対する市町村による養護老人ホームの措置や，介護保険法のサービスが提供できないような，やむをえない場合のサービスの措置など重要性を増している。

［坂上竜三］

♧労働基準法（ろうどうきじゅんほう）

労働基準法は，1947（昭和22）年終戦直後の新しい社会体制に対応するため制定され，以来，労働組合法や労働関係調整法とならび，労働関係の近代化及び労働条件の向上に寄与している。労働基準法は憲法第25条1項の生存権（すべて国民は，健康で文化的な最低限度の生活を営む権利を有する），憲法27条2項の勤労条件の基準（賃金，就業時間，休息その他の勤労条件に関する基準は，法律でこれを定める）を具体化したものである。立法趣旨は，労働条件の最低基準を定め，労働者の保護を図ることであり，この法律に違反した使用者には厳しい罰則を科すなど，取締法としての性格と強行法規としての性格を持ち，労働条件の最低基準の遵守を強制している。また，労働基準法の目的は労働者保護にあるため，「使用者と労働者は対等な立場にある」ことを定めている。なお，労働基準法は，一般法である民法の特別法であるため，たとえば労働基準法（特別法）の労働契約に関する規定は，民法（一般法）の雇用契約に関する規定に優先して適用される。［大山朝子］

♧労働保険（ろうどうほけん）

労働者災害補償保険法に基づく労働者災害補償保険（労災保険）と雇用保険法に基づく雇用保険を総称したものをいう。両保険制度は保険者を政府とし，労働者の雇用関係を前提とした制度である点は同じである。また労働保険の効率的な運用を図るため，労働保険の保険料の徴収等に関する法律に基づき，保険料の納付等については一体のものとして取り扱われている。ただし両保険制度の守備範囲は異なっており，保険給付は別個に行われている。なお，労働者（パートタイマー，アルバイト含む）を１人でも使用（雇用）している事業は，適用除外，暫定任意適用事業に該当する場合を除き，業種・規模を問わず，すべて労働保険の適用事業となり，事業主は成立（加入）手続きを行い，労働保険料を納付しなければならない。　［山下利恵子］

♧労働力人口（ろうどうりょくじんこう）

一般に，就労可能な15歳以上で労働する意思と能力を持つ者の人口をいう。また，総務省統計局の労働力調査の定義によると，労働力人口は，15歳以上の人口のうち，就業者（従業者＋休業者）と完全失業者を合わせた人口としている。ここでいう従業者は，調査週間中に収入を伴う仕事を1時間以上した者。家族従業者は，無給でも仕事をしたとみなす。休業者とは，仕事を持ちながら，調査期間中に仕事をしなかった者のうち，雇用者で，給料・賃金の支払いを受けている者又は受けることになっている者，あるいは，自営業主で，自分の経営する事業を持ったままで，その仕事を休み始めてから30日にならない者。また，完全失業者とは，仕事がなくて調査期間中に仕事をしなかった者であり，かつ，仕事を探す活動や事業を始める準備をしていた者で仕事があればすぐ就業できる者をいう。
［泉　賢祐］

♧老年学（ろうねんがく）（gerontology）

英語ではジェロントロジー（gerontology）と呼ばれる。1903年に生まれた老年期の諸問題を総合的に研究する学問で，老化や加齢現象を研究する科学である。老年や老化を研究課題として，医学，生物学，心理学，社会学，社会福祉学等の各分野から老年期を多面的にとらえながら解明し，多様な諸問題に対して総合的に対処するための視点を明らかにする学際的な研究領域である。人間関係や心身の健康，介護のあり方等，多様なアプローチにより，生涯をより良く生きるための方法を追究し，社会に対して，人びとの健康で幸せな生活の実現に向けた提言をしていくことを目標としている。加齢に伴う身体的・心理的な問題として，老化と疾病との関連，老化に伴う知能，性格，性，死等の精神的問題，老年期における家族，就労，住宅，地域環境，生きがい，生活の質（QOL）の問題と福祉的対応の実際と課題，高齢者増加に伴う社会的，経済的，世代間の社会的意識の問題等，幅広い研究課題がある。　［松山郁夫］

♧老年人口（ろうねんじんこう）

65歳以上の人口をいう。高齢人口と同義。2016（平成28）年10月現在推計で，老年人口は3,459万人。国立社会保障・人口問題研究所の推計によれば，高齢者人口は，「団塊の世代」が75歳以上となる2025（令和７）年には3,677万人に達すると見込まれている。その後も高齢者人口は増加傾向が続き，2042年に3,935万人でピークを迎え，その後は減少に転じると推計されている。老年人口を男女別にみると，男性は1,500万人，女性は1,959万人で，性比（女性人口100人に対する男性人口）は76.6であり，男性対女性の比は約３対４となっている。一方，高齢者人口のうち，65～74歳人口は「団塊の世代」が高齢期に入った後に2016年の1,768万人でピークを迎える。その後，2028年まで減少傾向となるが再び増加に転じ，2041年の1,715万人に至った後，減少に転じると推計されている。一方，

75歳以上人口は増加を続け，2018年には65～74歳人口を上回り，その後も2054年まで増加傾向が続くものと見込まれている。［孔　英珠］

ろうねんじんこうしすう
♧老年人口指数（dependent ratio of aged population）

65歳以上の人口を老年人口といい，生産年齢人口（15～64歳）に対する老年人口の比率を老年人口指数という。日本の老年人口指数は1900～1960年代には，約９％前後であったが，1970年代から徐々に上昇し始め，1970（昭和45）年には10.2%，1980年には13.5%，1990年には17.3%，2000年には25.5%，2010年には36.1%，2015年には43.8%となっている。老年人口指数は今後も上昇を続け，2025（令和７）年には48%と，生産年齢人口（15～64歳）のほぼ２人で１人の高齢者を支えることになると見込まれている。［孔　英珠］

ろうむかんり
♧労務管理

人材の効果的活用により労働生産性を高めることが目的である。労務管理は，労働基準法，男女雇用機会均等法，育児・介護休業法，労災保険法，健康保険法などさまざまな法律の規制下にあり，その内容は，社員の募集，教育訓練，人事，福利厚生，労働組合対策，人間関係管理にいたるまで，また賃金や労働時間の管理など極めて幅広いものである。なお，福祉サービスの利用契約制度への移行や，またとくに介護の担い手不足という社会的問題などを背景に社会福祉法人経営は大きな転換期を迎えており，労務管理の強化，革新が要求されている。［山下利恵子］

ろうれいきそねんきん
♧老齢基礎年金

国民年金（基礎年金）から支給される老齢年金である。受給資格期間（保険料を納付した期間，保険料を免除された期間）が10年以上あれば，65歳から支給される。年金額には反映されないが，受給資格期間として計算されるカラ期間がある。2017（平成29）年８月から，受給資格期間は10年に短縮された。支給開始年齢は65歳であるが，本人の意思で繰り上げ（減額），繰り下げ（増額）制度が利用できる。2018年４月現在の老齢基礎年金の満額は，779,300円である。［河谷はるみ］

ろうれいこうせいねんきん
♧老齢厚生年金

厚生年金から支給される老齢年金である。受給資格要件は，老齢基礎年金と同じであり，厚生年金に１か月でも加入していれば受給できる。厚生年金の保険料率は，18.3%（2017年９月～）で，これを労使折半する。老齢基礎年金と同様，支給開始年齢は65歳であるが，本人の意思で繰り上げ（減額），繰り下げ（増額）制度が利用できる。受け取る年金額は，報酬比例部分に加給年金を加えた額である。老齢厚生年金には２種類あり，本来の老齢厚生年金と経過措置として特別支給の老齢厚生年金がある。［河谷はるみ］

ろうれいふくしねんきん
♧老齢福祉年金

1961（昭和36）年国民年金制度が発足した当時，すでに一定の年齢以上（高年齢）であった者は，年金の受給資格期間を満たせない。そのため，その者が70歳から受給できる福祉年金を老齢福祉年金という（2018年度４月現在の年金額は，全部支給の場合399,300円）。根拠規定は，旧国民年金法第79条の２など。費用の全額が国の負担であるため，支給制限（本人所得，配偶者所得，扶養義務者所得及び公的年金受給）が設けられている。［河谷はるみ］

♧ローカル・ガバナンス

ローカルは地域，ガバナンスは統治を行うことを意味する。ローカル・ガバナンスとした場合，地域社会の運営を行政だけが担っていくのではなく，企業，NPO，市民団体，ボランティア団体といった多様な民間組織・団体との協働によって推進していくことを意味する。1990年代以降の地方分権改革，地域経済の悪化，地域間格差の拡大といった地域社会をめぐるさまざまな変化の中で，こうした考えが注目されるようになった。現在，社会福祉の分野においてもサービス供給主体として民間の営利企業や非営利の組織・団体が位置づけられるなど，ローカル・ガバナンスの考えが導入されている。［荒木　剛］

♧ロス，M.

(Ross, Murray G.；1901-2001)

コミュニティ・オーガニゼーションを体系化した研究者で，ヨーク大学学長等を歴任した。その著書（*Community Organization:Theory, Principle and Practice*）で，「地域社会が自らその必要性と目標を発見し，それらに順位をつけて分類する。そして，それを達成する確信と意志を開発し，必要な資源を内部，外部に求めて実際に行動を起こす。このようにして地域社会が団結協力して，実行する態度を養い育てる過程がコミュニティ・オーガニゼーションである」（岡村重夫訳）と定義した。コミュニティ・オーガニゼーションの系譜は，「機関・施設連絡調整説」「ニーズ・資源調整説」「インターグループワーク説」「住民組織化説」があるが，ロスのコミュニティ・オーガニゼーションの考え方は，住民組織化説の代表といえる。

［鬼﨑信好］

♧ロビンソン，V.

(Robinson, Virginia；1883-1977)

プロフェッショナリゼーションの初期提唱者であり，より高い水準を訴え，卒業後の専門的な実践のためのアプローチと実践内容を概念化し，ペンシルベニア大学ソーシャルワーク学部で専門的なソーシャルワーク教育に携わった。彼女はランク（Rank, Otto）の同僚であり，長年に渡ってペンシルベニア大学のカリキュラムを特徴づける機能主義ケースワークの理論的枠組みを確立した。

［河野高志］

♧ロブソン，W.A.

(Robson, W.A.；1895-1980)

イギリスの政治学者。政治学，行政学などの分野で業績を残した。主著『福祉国家と福祉社会』（1976）の中で，貧者に対して物質的な保障を行う福祉国家は，もはや，中産階級や若者にとって魅力的でなくなったため，すべての市民の生活の質（quality of life）と生活の喜びを積極的に追求する社会へと発展すべきだと指摘し，そのような社会を福祉社会とよんだ（貧困救済を軸とする選別主義的福祉から市民すべての生活の質を高める普遍主義的な福祉社会の実現）。また，真の福祉国家を築くには，市民が主権者意識をもち，権利を主張する前に義務や責任を果たすことで福祉社会がつくられるとし，福祉国家と福祉社会は相互補完的関係を構築すべきであると唱えた。［占部尊士］

♧ロールシャッハ・テスト

(Rorschact test)

スイスの精神科医ロールシャッハ（Rorschach, H.）が1921年に創案した投影法による人格検査のこと。左右対称のインクの染みでできた図版10枚を道具とするため，インク・ブロット（インクの染み）テストとも呼ばれる。無意味なインクの染みが「何に見えるか」，「なぜそう見えたか」などを問うことで，無意識も含めた人格特徴を知ろうとする検査であるので，実施時間に個人差が大きい。診断に当たっては，反応時間，反応

ろ

数，反応内容など，多方面からの分析が必要になるが，投影法による心理検査としてはよく使用されている。［前原　寛］

♧ロールズ，J.（Rawls, J.；1921-2002）／**ロールズ正義論**（せいぎろん）

アメリカの政治哲学者，倫理学者。代表的な著書として『正義論』（1971）がある。ロールズは，正義に適った社会契約の原理として次の2つを示した。第一原理は基本的諸自由を全員平等に保障することである。第二原理は，最も恵まれないものの利益を最大化することである。［矢部　航］

♧ロールプレイ（role-playing）

心理学の一形式で役割演技のこと。心理劇を考案したモレノ（Moreno, J. L.）は，劇における役割演技を通して人は多様な人間関係を育てることができるとともに，新しい事態への適応を進めていくと考える。そして，心理劇では，治療を要する人は新しい事態に不適応を起こしている人であるため，適応に向けた自発性を回復していくことをめざす。心理劇は，監督・補助自我（助監督）・演者・観客・舞台の5つの要素から成る。心理劇は即興劇で筋書はなく。自発的に役割を演じることを主眼におく。そのため，監督は補助自我とともに演者を促し，場面を演じさせていく。そして，演者は舞台上で役割演技を終えると観客になり，今度は観客が演者となる。

［門田光司］

わ

♧YMCA（Young Men's Christian Association）

キリスト教青年会の略称。キリスト教を通じて男子青年の人間教育と会員相互の全人格の向上と，社会奉仕を目的とする世界的な救済団体。1844年，ロンドンにおいてウィリアムズ（George Williams）らにより創立。19世紀末までに世界的組織に拡大。日本では1880（明治13）年神田乃武（ないぶ）らの提唱により東京に創立。［江口賀子］

♧歪度（わいど）

得られたデータの分布を特徴づける指標の一つで，対称な分布と比較した際の分布の歪みを表す。対称な分布の歪度を0とすると，歪度が正の値をとるときはデータが右に歪んでおり（右側の分布の裾が広くなる），歪度が負の値をとるときはデータが左に歪んでいる（左側の分布の裾が広くなる）。［河野高志］

♧ワイマール憲法（けんぽう）

ドイツ革命によるドイツ帝国崩壊後の，1919年ワイマールで開かれた国民議会において憲法草案の審議が重ねられ，同年８月11日にワイマール（ドイツ共和国）憲法が公布された。ワイマール憲法は前文と全181条の本文から成り，その特色として同法第151条に「経済生活の秩序は，すべての者に人間たるに値する生存を保障する目的をもつ正義の原則に適合しなければならない。個人の経済的自由は，その限界内で確保される」と憲法上に初めて「生存権」が保障されたことにある。わが国においても日本国憲法第25条に生存権が規定され，国民の権利であることが保障されている。［大野さおり］

♧War on poverty（貧困戦争（ひんこんせんそう））

アメリカ大統領ジョンソン（Johnson, L.B.）がとった政策の一つ。戦後のアメリカでは貧困が消滅したかのようにとらえられていたが，1960年代にベトナム戦争の泥沼化，黒人差別の深刻化が進み，ハリントン（Harrington, M.）の『もう一つのアメリカ』（1963）などで「貧困の再発見」に関する報告がなされた。このような状況のもと，ジョンソン大統領は，1964年に貧困戦争を宣言し，偉大な社会（The Great Society）構想に基づいて，貧困撲滅のための法制化を行った。このことを指して「War on poverty（貧困戦争）」という。貧困対策は雇用対策事業，教育事業，融資事業，ボランティアの訓練・派遣事業，地域活動事業（CAP）などが経済機会法に基づいて実施された。その後，予算措置が十分ではない等により，1969年ニクソン（Nixon, R.M.）大統領のもとこの戦争の実質的な敗北宣言が出された。［佐藤眞子］

♧ワーカビリティ（workability）

パールマン（Perlman, H.H.）によって体系化された問題解決アプローチにおけるクライエントの問題解決能力のこと。問題解決過程としてのケースワークを効率的に推進していくためにソーシャルワーカーではなく，クライエントが習得している能力を表現したものである。ワーカビリティには，動機付け（Motivation），能力（Capacity），機会（Opportunity）という要素がありMCOモデルともいわれている。［中井康貴］

♧ワーキング・プア(working poor)

働いて収入を得ていても，収入水準が低いために，生活していくことが困難である労働者のことである。これまでの特徴であった失業による貧困層とは異なり，働いて収入がある貧困層であり，先進国で見られる新しい貧困の形である。日本では，長期間にわたって「年功賃金」という賃金形態が導入されてきた。この仕組みは年齢や勤続年数が高まるほどに賃金が増加する仕組みであるが，その対象は正規労働者のみである。1990年代以降より，非正規労働者が急増することで，「年功賃金」の形態が崩れている。 ［川﨑竜太］

♧ワークハウス (work house)

一般に労役場と訳される。1722年ワークハウステスト法では労役場への収容が救済の条件とされ，貧困者の労働能力の有効利用と救済抑制が図られたことで，「恐怖の家」と恐れられた。あまりにも厳しい労働と劣悪な処遇であったため，1978年ギルバート法では貧困者の院外救済を認め，労役場は労働能力のない貧困者のための施設となった。その後，1834年新救貧法では労働能力のある貧困者に対する救援抑制政策を一段と強化するため，院外救済は厳しく制限され，労役場において懲罰的な処遇が行われることになった。 ［佐藤眞子］

♧ワークフェア／ワークフェア政策(せいさく)

労働（work）と福祉（welfare）を組み合わせた造語であり，「福祉の目的を就労の拡大におき，同時に福祉の受給条件として勤労を求める」考え方及び制度を指す。公的扶助に関する改革理念として提唱され，ワークフェアを導入した労働・福祉政策においては，生活保護や医療費保護などからなる福祉の受給者に対して一定の勤労を義務づけ，給付を労働の対価とすることにより精神的自立を促すとともに，勤労を通じて将来の経済的自立の基盤となる技術・技能を身につけさせることを目的とする。1970年代のアメリカにおける福祉改革において，ニクソン（Nixon, R.M.）大統領が提唱した。アメリカ以外にも，イギリスやスウェーデン，カナダ，オランダなど多くの国が導入している。日本においては自立支援のもと，福祉対象者への就労支援制度が福祉政策の柱となっている。具体的には，ホームレスの自立の支援等に関する特別措置法（2002年），児童扶養手当法と母子及び寡婦福祉法の改正（2002年），生活保護受給者等就労支援事業（2005年），障害者総合支援法（2013年）がそれにあたる。 ［久留須直也］

♧ワーク・ライフ・バランス (work life balance)

「仕事（ワーク）と生活（ライフ）の調和」とも呼ばれ，内閣府によると，「国民一人ひとりがやりがいや充実感を感じながら働き，仕事上の責任を果たすとともに，家庭や地域生活などにおいても，子育て期，中高年期といった人生の各段階に応じて多様な生き方が選択できる」ことである。ワーク・ライフ・バランスが達成された社会では，①就労による経済的自立が可能であり，②健康で豊かな生活のための時間が確保でき，③多様な働き方・生き方が選択できるとされている。 ［河村裕次］

♧ワース，L. (Wirth, Louis；1897-1952)

アメリカのシカゴ学派都市社会学者。ワースは都市を人口規模，人口密度，社会的異質性といった特徴から定義した上で，近代都市の特性として，都市の中での空間的分化や親密で個人的な第一次的関係の弱体化，非人間的で一時的な第二次的関係の増大などを指摘した。主要な

著作として『生活様式としてのアーバニズム』(1938) や『ゲットー』(1928) などがある。　［矢部　航］

♧ワンストップ・サービス

一つの場所で，さまざまなサービスが受け入れる環境のことを指す。とくに，行政関係で複数の場所で行っていたものを，1か所で，一度にまとめて行えるようにしている。高齢者や障害を持つ人が，サービスを利用する場合，最初の相談や手続きで，たらい回しにされず，サービス利用までのプロセスが担保されるシステム。　［江口賀子］

♧ワン・ダウン・ポジション

援助者がクライエントより一段下がった立場。「クライエントから教わる」という姿勢。援助者が意図的に一段下手に出ることで，相対的にクライエントのポジションを上げ，問題解決に向けての能力を発揮させる技法。コミュニケーションを円滑に進めるだけではなく，相手からより多くの情報を得ることができる効果もある。ソーシャルワーク実践の解決志向アプローチ（面接展開方法・面接技法）の一つ。　［中井康貴］

参 考 文 献

秋元美世他編『現代社会福祉辞典』有斐閣，2003年
秋山智久『社会福祉の思想入門』ミネルヴァ書房，2016年
朝日新聞社『知恵蔵』2012年
井神隆憲・杉村公也他編『社会リハビリテーションの課題』中央法規出版，2000年
一番ヶ瀬康子監修，丹野真紀子『ケースワークと介護』一橋出版，1996年
岩田正美『ホームレス／現代社会／福祉国家』明石書店，2000年
稲沢公一・岩崎晋也『社会福祉をつかむ』有斐閣，2008年
上田敏編著『リハビリテーションの理論と実際』ミネルヴァ書房，2007年
氏原　寛・小川捷之・東山紘久・村瀬孝雄・山中康裕編『心理臨床大事典』培風館，1992年
梅津八三他監修『新版　心理学辞典』平凡社，1981年
大塚達雄・井垣章二他編『ソーシャル・ケースワーク論』ミネルヴァ書房，1994年
大利一雄『グループワーク　理論とその導き方』勁草書房，2003年
大友信勝・近藤久江他編『現代の生活と社会福祉』第１巻，中央法規出版，2000年
大山　正・藤永　保他編『心理学小辞典』有斐閣，1987年
岡田　明『福祉心理学入門』学芸図書，1995年
岡田藤太郎『社会福祉学　一般理論の系譜』相川書房，1995年
岡田正章他編『現代保育用語辞典』フレーベル館，1997年
岡村重夫『新しい老人福祉』ミネルヴァ書房，1979年
岡本民夫・大塚達雄『ソーシャルケースワーク』ミネルヴァ書房，1993年
岡本夏木・清水御代明他監修『発達心理学辞典』ミネルヴァ書房，1995年
小川捷之編『臨床心理用語事典１　用語・人名篇』至文堂，1981年
小川捷之編『臨床心理用語事典２　診断・症状・治療篇』至文堂，1981年
小倉襄二他編『社会福祉の基礎知識』有斐閣ブックス，1989年
恩田　彰・伊藤隆二編『臨床心理学辞典』八千代出版，1999年
介護・医療・予防研究会編『高齢者を知る事典　気づいてわかるケアの根拠』厚生科学研究所，2000年
介護福祉士養成講座編集委員会編『介護福祉士養成講座２　社会と制度の理解』中央法規出版，2012年
介護福祉士養成講座編集委員会編『介護福祉士養成講座８　生活支援技術Ⅲ』中央法規出版，2012年
柏女霊峰『現代児童福祉論』誠信書房，1995年
加藤正明編者代表『新版精神医学事典』弘文堂，1993年
加藤正明編者代表『縮刷版　精神医学事典』弘文堂，2001年
加藤孝正編『新しい養護原理』ミネルヴァ書房，1997年
門田光司『学校ソーシャルワーク入門』中央法規出版，2002年
加茂陽他編『重要用語300の基礎知識21　福祉』明治図書，2000年
柄澤昭秀『新老人のぼけの臨床』医学書院，1999年
川池智子編著『新社会福祉論―基本と事例』学文社，2012年
川崎二三彦『虐待』明石書店，1999年
川村匡由・島津淳他編著『社会保障』久美出版，2011年

川村匡由編『社会保障』建帛社，2018年
川村匡由・森長秀他編著『権利擁護と成年後見制度』久美出版，2010年
北島英治・白澤政和他編著『社会福祉士養成テキストブック2　社会福祉援助技術論（上）』ミネルヴァ書房，2002年
キューブラーロス，E. 著／川口正吉訳『死ぬ瞬間—死にゆく人々との対話』読売新聞社，1971年
菊池正治・清水教惠他編著『日本社会福祉の歴史』ミネルヴァ書房，2003年
鬼崎信好・伊奈川秀和他編『介護保険キーワード事典』中央法規出版，2001年
京極高宣『社会福祉学小事典』ミネルヴァ書房，2000年
京極高宣監修『現代福祉学レキシコン』第2版，雄山閣出版，1998年
清水教惠・朴光駿編著『よくわかる社会福祉の歴史』ミネルヴァ書房，2011年
倉田康路『クオリティを高める福祉サービス』学文社，2017年
黒澤貞夫編『最新介護福祉全書16巻　障害形態別介護技術』メヂカルフレンド社，1997年
小出進他編『発達障害指導事典』学習研究社，1996年
厚生省社会・援護局・児童家庭局『改訂　社会福祉用語辞典』中央法規出版，1995年
厚生省編『厚生白書』各年版
厚生省社会局・大臣官房老人保健福祉部児童家庭局監修『社会福祉8法　改正のポイント』第一法規出版，1990年
厚生省社会局・児童家庭局監修『社会福祉用語辞典』中央法規出版，1992年
厚生省社会福祉法規研究会監修『平成12年度版　社会福祉六法』新日本法規，1999年
厚生労働統計協会編『国民の福祉と介護の動向』各年版
厚生労働統計協会編『国民衛生の動向』各年版
厚生労働省編『厚生労働白書』各年版
高齢者虐待防止ネットワークさが編『高齢者虐待を防げ』法律文化社，2011年
國分康孝編『カウンセリング辞典』誠信書房，1990年
小倉襄二・小松源助他編『社会福祉の基礎知識』有斐閣，1973年
小島蓉子・岡田　徹『世界の福祉』学苑社，1994年
児島美都子・成清美治・牧　洋子編著『保健医療サービス』学文社，2012年
後藤　稠編『医学大辞典』医歯薬出版，1998年
小林利宣編『教育臨床心理学中辞典』北大路書房，1990年
小松源助『リッチモンド　ソーシャルケースワーク』有斐閣，1979年
五味百合子編『社会事業に生きた女性たち』ドメス出版，1973年
小森康永他編著『ナラティヴ・セラピーの世界』日本評論社，2000年
最新医学大辞典編集委員会編『最新医学大辞典』第3版，医歯薬出版，2005年
斉藤　環『社会的ひきこもり』PHP 新書，1998年
齋藤　学『嗜癖行動と家族　過食症　アルコール依存症からの回復』有斐閣，1984年
坂野雄二編『臨床心理学キーワード』補訂版，有斐閣，2005年
佐治守夫・水島恵一他編『臨床心理学の基礎知識』有斐閣，1979年
定藤丈弘『自立支援生活の思想と展望』ミネルヴァ書房，1996年
佐藤久夫・北野誠一他編『福祉キーワードシリーズ障害者と地域生活』中央法規出版，2003年
塩原　勉・松原治郎・大橋幸他編『社会学の基礎知識』有斐閣，1978年
社会福祉辞典編集委員会『社会福祉辞典』大月書店，2002年
社会福祉の動向編集委員会編『社会福祉の動向』各年版，中央法規出版

社会福祉士養成講座編集委員会編『社会保障』第 6 版，中央法規出版，2019年
社会福祉士養成講座編集委員会編『低所得者に対する支援と生活保護制度』第 5 版，中央法規出版，2019年
社会福祉士養成講座編集委員会編『現代社会と福祉』第 4 版，中央法規出版，2014年
社会福祉士養成講座編集委員会編『障害者に対する支援と障害者自立支援制度』第 6 版，中央法規出版，2019年
社会福祉士養成講座編集委員会編『地域福祉の理論と方法』第 3 版，中央法規出版，2015年
社会福祉士養成講座編集委員会編『相談援助の理論と方法Ⅰ』第 3 版，中央法規出版，2015年
社会福祉士養成講座編集委員会編『心理学理論と心理的支援』第 3 版，中央法規出版，2015年
社会福祉士養成講座編集委員会編『社会理論と社会システム』第 3 版，中央法規出版，2014年
社会福祉士養成講座編集委員会編『高齢者に対する支援と介護保険制度』第 6 版，中央法規出版，2019年
社会福祉士養成講座編集委員会編『福祉サービスの組織と経営』第 5 版，中央法規出版，2017年
『社会福祉用語辞典（六訂)』中央法規出版，2017年
社会保障研究所編『社会保障の潮流―その人と業績』全国社会福祉協議会，1977年
社会保障入門編集委員会編『社会保障入門』中央法規出版，各年版
『社会保障の手引―施策の概要と基礎資料』中央法規出版，各年版
『社会保険のてびき』社会保険研究所，各年版
社会・労働保険実務研究会編『社会保険・労働保険の実務百科』清文社，2012年
ジャーメイン，C. 著／小島容子編訳『エコロジカル・ソーシャルワーク』学苑社，1992年
小学館編『日本大百科全書』小学館
白澤政和『ケースマネジメントの理論と実際』中央法規出版，1992年
「シリーズ・21世紀の社会福祉」編集委員会編『社会福祉基本用語集』7 訂版，ミネルヴァ書房，2009年
シルバーサービス振興会編『改訂福祉用具専門相談員研修用テキスト』中央法規出版，2003年
新明正道『ゲマインシャフト』恒星社厚生閣，1970年
杉本貴代栄編著『フェミニズムと社会福祉政策』ミネルヴァ書房，2012年
スピッカー，P. 著／西尾祐吾訳『スティグマと社会福祉』誠信書房，1987年
スペクト，ハリー・ヴィッケリー，アン編／岡村重夫・小松源助監修訳『社会福祉実践方法の統合化』ミネルヴァ書房，1980年
関　宏之『障害者問題の認識とアプローチ』中央法規出版，1997年
セン，A. 著／大石リラ訳『貧困の克服―アジア発展の鍵は何か』集英社，2002年
全国老人保健施設協会編『介護白書』TAC 出版，各年版
『社会福祉学習双書』編集委員会 編『老人福祉論―高齢者の支援と介護保険制度』全国社会福祉協議会，2018年
総務庁行政管理局監修『個人情報保護法』第一法規出版，2003年
外林大作・辻　正三他編『心理学事典』誠信書房，1981年
高木邦明・福永良逸他編著『障害者福祉の研究課題と方法』学文社，2007年
高島　進『社会福祉の歴史―慈善事業・救貧法から現代まで』ミネルヴァ書房，1995年
高野史郎『イギリス近代社会事業の形成過程』勁草書房，1985年
高橋重宏他編著『子ども家庭福祉論』建帛社，2000年
竹内孝仁『介護基礎学』医歯薬出版，1998年
立川幸治・阿部俊子編『クリティカル・パス』医学書院，1999年

田中未来・井上　肇他編『子どもの教育と福祉の事典』建帛社，2000年
谷口明広・武田康晴『自立生活は楽しく具体的に』かもがわ出版，1994年
田畑洋一・岩崎房子・大山朝子・山下利恵子編著『社会保障─生活を支えるしくみ（第2版）』学文社，2017年
田村　誠『マネジドケアで医療はどう変わるのか』医学書院，1999年
中央法規出版編集部編『社会福祉制度の主な動きとポイント』中央法規出版，2012年
中央法規出版編集部編『六訂─社会福祉用語辞典』中央法規出版，2012年
中央法規出版編集部編『社会保障の手引き─施策の概要と基礎資料』中央法規出版，各年版
塚本哲他監修『新版　社会福祉事業辞典』ミネルヴァ書房，1977年
筒井のり子監修『施設ボランティアコーディネーター』大阪ボランティア協会，1998年
デイヴィド・クリスタル編『岩波＝ケンブリッジ世界人名辞典』岩波書店，1997年
同志社大学社会福祉学会編『社会福祉の先駆者たち』筒井書房，2004年
内閣府『高齢社会白書』各年版
内閣府国民生活局『ソーシャル・キャピタル─豊かな人間関係と市民活動の好循環を求めて』内閣府，2003年
法令用語研究会編『法律用語辞典』有斐閣，2012年
中島義明編集代表『心理学辞典』有斐閣，1999年
中島康晴『地域包括ケアの理論と実践』日本医療企画，2014年
仲村優一・児島蓉子・トムソン，L.H.『社会福祉英和・和英用語辞典』誠信書房，1981年
仲村優一編『ケースワーク教室』有斐閣，1992年
仲村優一・一番ヶ瀬康子編集委員会代表『世界の社会福祉─イギリス』旬報社，1999年
仲村優一・岡村重夫他編『現代社会福祉事典』全国社会福祉協議会，1988年
長嶋紀一・竹中星郎共編『老人医療・心理辞典』中央法規出版，1987年
成清美治・加納光子編集代表『現代社会福祉用語の基礎知識』第12版，学文社，2015年
成清美治・高間満他編著『公的扶助』学文社，2006年
西村洋子編『最新介護福祉全書14巻　介護概論』メヂカルフレンド社，1997年
日本社会事業大学救貧制度研究会編『日本の救貧制度』勁草書房，1960年
日本社会福祉実践理論学会編『社会福祉実践基本用語辞典』川島書店，2004年
日本精神保健福祉学会編『精神保健福祉用語辞典』中央法規出版，2004年
日本地域福祉学会編『地域福祉事典』中央法規出版，2006年
日本知的障害者福祉協会編『障害福祉の基礎用語─知的障害者を中心に』日本知的障害者福祉協会，2004年
日本知的障害福祉連盟編『発達障害白書』日本文化科学社，各年版
早川和男・岡本祥浩『居住福祉の論理』東京大学出版会，1993年
早川和男『居住福祉』岩波書店，1997年
バイステック，F.P.著／尾崎　新・福田俊子・原田和幸訳『ケースワークの原則』誠信書房，1996年
芳賀　登・一番ケ瀬康子他監修『日本女性人名辞典』日本図書センター，1998年
病院経営情報研究所編『最新医療業務用語辞典』経営書院，1994年
平岡公一・平野隆之他編『社会福祉キーワード　』補訂版，有斐閣ブックス，2002年
平岡　蕃・宮川数君他編『対人援助　ソーシャルワークの基礎と演習』ミネルヴァ書房，1988年
平松　毅『個人情報保護─制度と役割』ぎょうせい，1999年

平山尚他『社会福祉実践の新潮流』ミネルヴァ書房，1998年
廣松　渉・子安宣邦他編『哲学・思想事典』岩波書店，1998年
広井良則編著『福祉の哲学とは何か』ミネルヴァ書房，2017年
福祉臨床シリーズ編集委員会編『現代社会と福祉』弘文堂，2009年
福祉教育カレッジ編『社会福祉用語辞典』(第2版)，テコム，2017年
古川孝順・定藤丈弘他編『社会福祉士・介護福祉士のための用語集』誠信書房，2000年
古川孝順編『子どもの権利と情報公開』ミネルヴァ書房，2000年
古川孝順編『福祉ってなんだ』岩波ジュニア新書，2008年
古畑和孝・岡　隆編『社会心理学小辞典』有斐閣，2002年
フローレンス・ホリス著／本出裕之他訳『現代精神分析双書6　ケースワーク―心理社会療法』岩崎学術出版，1966年
マグワァイア，L.著／小松源助・稲沢公一訳『対人援助のためのソーシャルサポートシステム』川島書店，1994年
松尾英輔『園芸療法を探る―癒しと人間らしさを求めて』グリーン情報，2000年
松島綱治・酒井敏行・石川　昌・稲寺秀邦編『予防医学事典』朝倉書店，2005年
松原康雄・圷洋一・金子充『社会福祉』中央法規出版，2015年
三浦文夫『社会福祉経営論序説　政策の形成と運営』碩文社，1980年
見田宗介・栗原　彬・田中義久編『社会学事典』弘文堂，2000年
宮原　均・相川忠夫『憲法―人権編―』一橋出版，1995年
宮　淑子『セクシャルハラスメント』(朝日文庫) 朝日新聞社，2000年
村田久行『ケアの思想と対人援助―終末期医療と福祉の現場から』川島書店，1994年
村松常男『精神衛生』南山堂，1953年
村川浩一・須貝佑一『ケアマネジャー用語辞典』晶文社，2015年
森岡清美・塩原　勉他編『新社会学辞典』有斐閣，1993年
山岡義典編『NPO 基本講座』ぎょうせい，2005年
山縣文治・柏女霊峰編『社会福祉用語辞典』ミネルヴァ書房，2010年
山松質文『音楽療法へのアプローチ―ひとりのサイコセラピストの立場から』音楽之友社，1997年
ヤングハズバンド，E.L.著／本出祐之監訳『英国ソーシャルワーク史　下』誠信書房，1986年
遊佐安一郎『家族療法入門―システムズ・アプローチの理論と実際』星和書店，1984年
吉川　悟『家族療法入門―システムズアプローチの〈ものの見方〉』ミネルヴァ書房，1993年
吉川武彦『心の健康&心の病い』NOVA 出版、1986年
吉田久一『新版　日本社会事業の歴史』勁草書房，1981年
吉田久一他『人物でつづる近代社会事業史の歩み』全国社会福祉協議会，1971年
淀川キリスト教病院ホスピス編『緩和ケアマニュアル』最新医学社，2003年
『南山堂医学大辞典』南山堂，2006年
上月正博編集主幹『リハ医とコメディカルのための最新リハビリテーション医学』先端医療技術研究所，2010年
リッチモンド，M.E.著／小松源助訳『ソーシャルワークとは何か』中央法規出版，1991年

第３版　21世紀の現代社会福祉用語辞典

2013年３月30日　第１版第１刷発行
2019年６月30日　第２版第１刷発行
2022年２月25日　第３版第１刷発行
2022年12月15日　第３版第２刷発行

編　　者　九州社会福祉研究会

発 行 者　田 中 千 津 子

発行所　株式会社　学　文　社

〒153-0064　東京都目黒区下目黒3-6-1
電話03(3715)1501(代表)・振替00130-9-98842
http://www.gakubunsha.com

(落丁・乱丁の場合は本社でお取替します)　・検印省略
(定価は，売上カード，カバーに表示してあります)
印刷／東光整版印刷
ISBN 978-4-7620-3144-1